LÍNGUA PORTUGUESA descomplicada

Teoria e Prática

• Ensino Fundamental • Ensino Médio
• Convênios • Vestibulares • Enem
• Concursos Públicos • Leitores
• Profissionais Liberais • Revisores
• Professores

Cláudio Rodrigues da Silva

LÍNGUA PORTUGUESA descomplicada

Teoria e Prática

• Ensino Fundamental • Ensino Médio
• Convênios • Vestibulares • Enem
• Concursos Públicos • Leitores
• Profissionais Liberais • Revisores
• Professores

3.ª edição
revista e atualizada

2022

EDITORA *Jus*PODIVM
www.editorajuspodivm.com.br

EDITORA *Jus*PODIVM
www.editorajuspodivm.com.br

Rua Canuto Saraiva, 131 – Mooca – CEP: 03113-010 – São Paulo – São Paulo
Tel: (11) 3582.5757
• Contato: https://www.editorajuspodivm.com.br/sac

Capa: Ana Caquetti

Diagramação: Maitê Coelho e Cendi Coelho *(cendicoelho@gmail.com)*

S586l Silva, Cláudio Rodrigues da.
Língua Portuguesa descomplicada: Vestibulares e Concursos / Cláudio Rodrigues da Silva – 3. ed. rev. e atual. – São Paulo: Juspodivm, 2022.
592 p.

Bibliografia.
ISBN 978-65-5680-916-8

1. Linguagem. 2. Língua Portuguesa. I. Silva, Cláudio Rodrigues da. II. Título.

CDD 400

Agradecimentos

Aos meus leitores, aos meus colegas de trabalhos e aos meus amigos, pelo apoio, pelas sugestões, pelas orientações, pelas críticas e pelos comentários, os quais foram essenciais à publicação desta obra.

Aos meus pais, Sr. Armando Rodrigues da Silva e Sra. Júlia Santiago da Silva, em memória, pelo trabalho, pela atenção e pela educação que me deram.

À minha mulher e aos meus filhos, pela compreensão, pelo amor e pela dedicação.

A Deus, pela vida, pela saúde e pela lucidez, sem as quais esta obra não seria escrita.

Apresentação

Vivemos na era da comunicação, portanto é essencial não apenas haver uma língua-padrão, mas também é indispensável a conhecermos.

Denominamos a obra de Língua Portuguesa Descomplicada por dois motivos: porque é clara, precisa, didática e cativante, e porque descomplica de fato a língua, ou seja, elimina as regras e as exceções não fundamentadas e usa apenas as regras referentes à própria língua. Sem dúvida, as regras errôneas ora eliminadas serão também eliminadas paulatinamente pelas instituições.

Nesta 3ª edição, por ser mais abrangente e mais adequado, o nome da obra foi alterado para Língua Portuguesa Descomplicada, Teoria e Prática.

A obra contém toda a norma culta, inclusive figuras de linguagem, exercícios, respostas comentadas e os erros mais comuns, portanto se o teu objetivo é dominar a língua portuguesa ou te preparar para concursos públicos, Enem e vestibulares, esta, sem dúvida, é a gramática ideal.

São várias as contribuições à língua e aos leitores, principalmente nos assuntos: ortografia, substantivo, adjetivo, análise sintática, conjunções, verbos, regência verbal, topologia pronominal, crase e concordância, aliás, pela primeira vez na história, concordância verbal e concordância nominal são abordadas em capítulo único com regra única, salvo os casos particulares.

Como é necessário, por exemplo, respeitarmos as leis de trânsito para nos locomovermos organizada e seguramente, semelhantemente, é indispensável observarmos as regras gramaticais para nos comunicarmos eficazmente.

Prezados Leitores, estamos em festa, comemoremos, a língua portuguesa lógica, coerente e descomplicada que ansiávamos, agora está a nossa disposição.

Saudações,

O autor

Sumário

Parte 1
INTRODUÇÃO

Parte 2
FONOLOGIA

Parte 3

MORFOLOGIA

PARTE 1

Introdução

Língua portuguesa

1. ORIGEM DA LÍNGUA PORTUGUESA

A língua portuguesa surgiu do latim vulgar, o latim falado pelos soldados e pelos colonos romanos, e do latim clássico, usado pela administração. O nome da língua, semelhantemente ao nome do país de origem, originou-se da expressão latina "Portu Calens", um porto chamado Calens, que posteriormente se transformou em Portu Cale, Portucale, Portugale e finalmente Portugal. "Cale" deriva do grego "kallis", "belo", refere-se à beleza do vale do Douro, e deriva do latim "calens", quente, referência ao clima quente e úmido da região. O surgimento na encantadora região do Douro, certamente, prenunciava quão belíssima seria a língua portuguesa.

No século III a.C., na luta pelo domínio do Mediterrâneo, durante a expansão do Império Romano, Roma invade a Península Ibérica, atual Portugal e Espanha, domina-a, explora-a, incorpora-a ao Império Romano em 197 a.C. e a governa até o século V d.C.

A conquista não ocorreu pacificamente: houve luta contra os povos nativos e inclusive batalhas contra outros povos que também cobiçavam a região. Conquistada a região, o Império Romano implantava paulatinamente sua língua, sua cultura, seus costumes, aos povos conquistados, ou seja, tornava obrigatório o uso do latim nas escolas, no comércio, no serviço público, no serviço militar. O latim vulgar ou castrense (castra = quartéis), o falado pelos soldados e pelo povo em geral, foi imposto à região, o latim clássico ou culto, usado pela classe dominante (escritores, filósofos, políticos, magistrados, etc.), só posteriormente foi utilizado na região.

Lentamente os nativos absorveram o latim, fundiram-no com os dialetos locais e criaram o galego-português, que perdurou durante a Reconquista, séculos XII ao XIV, falado em Portugal e na Galiza (Espanha). Nos séculos XIV ao XVI, as diferenças entre as línguas galega e portuguesa acentuaram-se, ambas tornaram-se independentes, a portuguesa, ainda arcaica e com influência galega, estabeleceu-se em Portugal, e a galega igualmente firmou-se na Galiza. Após o século XVI, a intensa produção literária em língua portuguesa, principalmente a de Luis de Camões, uniformiza a língua, que adquire as características modernas atuais.

Outras línguas também influenciaram a língua portuguesa: os **árabes** conquistaram a Península Ibérica entre 711 e 713 d.C., durante a batalha de Guadalete ou Guadibeca, e a dominaram por oito séculos. Posteriormente, durante a Reconquista, período em que os portugueses retomam as regiões perdidas, os árabes perderam parte das áreas dominadas, principalmente a região norte de Portugal, e se limitaram à região sul, onde a contribuição foi mais sólida. Estima-se que o árabe contribuiu com mais 600 vocábulos na **formação** da língua portuguesa. Os **germânicos** (**alanos**, **búrios**, **suevos**, formaram reinos de curta duração, 409 a 585 d.C., **vândalos** e **visigodos** derrotarem os alanos, os Suevos e os Vândalos, que já estavam na região, e dominaram a Península de 585 a 711) também estiveram na Península Ibérica, portanto também contribuíram com palavras na formação da língua portuguesa.

Do latim, língua-mãe, originaram-se também o espanhol, o italiano, o francês e o romeno, que, como a nossa, são chamadas de romanas ou de neolatinas porque procederam do latim.

2. IMPORTÂNCIA DA LÍNGUA PORTUGUESA

A língua portuguesa é o fator principal de união dos povos que a falam. O domínio da língua portuguesa é essencial para expressarmos nossas ideias, para compreendermos a linguagem escrita e até mesmo para entendermos o que ouvimos.

Nos vestibulares e nos concursos públicos é clara a importância da língua portuguesa: a pontuação atribuída às provas "língua portuguesa" e "redação" reflete claramente a importância dessa disciplina para o desenvolvimento dos candidatos (em alguns concursos e vestibulares a pontuação apenas da prova de redação é igual à pontuação de provas como "conhecimentos gerais", "conhecimentos específicos")[1].

"No exercício de profissões a língua portuguesa é importante para o sucesso em todas as áreas"[2]: "os profissionais que dominam os conhecimentos técnicos, a fala e a escrita diferenciam-se dos que cometem erros banais. Falar e escrever bem produzem admiração, apreço, promovem as imagens do profissional e da empresa que representa perante os interlocutores."[3] Com a globalização da informação, é essencial que todos os profissionais independentemente do nível hierárquico se comuniquem tempestiva e eficazmente, por meio de correios eletrônicos, correspondências, certamente o domínio da língua portuguesa é fundamental para o exercício das profissões. "Companhias

1. MARQUEZI, Dagomir. Uma revolução linguística. *InfoExame*, São Paulo, maio 1997;
2. www.rhportal.com.br, alterado;
3. www.webartigos.com, alterado;

descobrem o valor dos trabalhadores que dominam a língua."[4] Até mesmo "No canteiro de obras empresas e organizações percebem que a qualificação profissional em língua portuguesa é tão importante quanto a especialização tecnológica... é cada vez mais importante que o profissional, mesmo de atividades de baixa complexidade, compreenda claramente as instruções que recebe, transmita suas experiências aos colegas e relate as situações que enfrenta aos superiores hierárquicos."[5]

Nas relações interpessoais a importância da língua portuguesa é essencial: "As relações certamente são beneficiadas se 'trilhamos' adequadamente os caminhos das ideias, ou seja, se interpretamos corretamente o interlocutor e se lhe expressamos claramente nossos pensamentos."[6]

3. FUTURO DA LÍNGUA PORTUGUESA

A língua portuguesa está em expansão: é o idioma oficial dos oito países que formam a Comunidade dos Países de Língua Portuguesa (CPLP), Angola, Brasil, Cabo verde, Guiné-Bissau, Moçambique, Portugal, São Tomé e Príncipe e Timor-Leste, é a 6ª mais falada no mundo, 269 milhões de locutores, inclusive é falada nos cinco continentes, é a 5ª língua mais falada por falantes nativos, 249 milhões, e é falada também nas comunidades portuguesas que residem em Macau, Goa e Malaca, inclusive nas comunidades de imigrantes lusófonos que residem em: África do Sul, Argentina, Canadá, EUA, Europa, Japão e Venezuela.

Pesquisas revelam que a valorização e a projeção internacionais da língua portuguesa são crescentes: entre os fatores que evidenciam a expansão, destacamos:

a) **internet**: pesquisas revelam que a língua portuguesa está entre as quatro mais usadas na internet (o crescimento médio anual de usuários é de aproximadamente 96% ao ano). "A língua portuguesa é suave ao ouvido e sedutora nas suas entoações, por isso é bem-amada na música, no teatro e nas novelas, é uma língua com plena capacidade de se tornar uma das grandes do mundo, diz Caetano, da Universidade Aberta. A internet uniu milhões de falantes dos países lusófonos espalhados pelo globo: ...de 7ª língua mais falada na web em 2007, o português é hoje a 5ª, atrás apenas do inglês, chinês, espanhol e japonês."[7]

b) **Internacionalização da língua portuguesa**: uma língua e uma cultura abrem caminhos à economia, tornam o país conhecido, divulgam o que ele faz, portanto expandir a língua é uma estratégia importante. A internacionalização

---

4. Guerreiro, Carmen e JUNIOR, Luiz Costa Pereira, revista *Língua Portuguesa*, ano 7, nº 72, 10/2011, capa;
5. FUHRMANN, Leonardo, revista *Língua Portuguesa*, ano 7, nº 72, 10/2011, pág. 22, alterado.
6. www.webartigos.com, alterado.
7. Guerreiro, Carmen e JUNIOR, Luiz Costa Pereira, revista *Língua Portuguesa*, ano 7, nº 72, 10/2011, pág. 40;

da língua portuguesa depende das presenças econômica, científica e cultural da CPLP no cenário internacional. É indispensável que os desenvolvimentos econômico, científico e cultural da CPLP despertem interesses perante as nações. Igualmente é importante aos países estrangeiros dominarem determinados idiomas para negociarem com os respectivos povos. É crescente a expansão da língua portuguesa na China e na Espanha, entre outras nações, nesta por causa das relações comerciais entre Portugal e Espanha, naquela por causa das relações comerciais entre África, Brasil e China.[8]

> "Os dados colocam nossa língua em 5ª posição de mais falada do mundo, mas o que tem feito crescer o português aos olhos dos estrangeiros é o destaque político, econômico e cultural que a comunidade de países de língua portuguesa, em especial o Brasil, vem recebendo nos últimos anos."[9]

Atualmente no Mercosul está previsto o ensino das línguas espanhola e portuguesa como idiomas oficiais; destacamos ainda as negociações comerciais do Mercosul com: EUA, União Europeia, Japão, África do Sul, Índia, Rússia, entre outros, que certamente contribuem para a expansão da língua portuguesa.

c) **Novo Acordo Ortográfico:** os representantes da CPLP desejam a unificação gráfica das duas variantes: a brasileira e a luso-africana, o Acordo Ortográfica de 1990 dirimiu 98% das divergências;

d) **emigrações:** 5 milhões de emigrantes portugueses, espalhados sobretudo por Canadá, Estados Unidos, França, Inglaterra, Luxemburgo, Suíça e Venezuela, 3 milhões de emigrantes brasileiros, 2 milhões de amantes da língua de outros países, sem contarmos as diásporas africanas.

4. PARA REFLEXÃO

Evolução da língua: A língua altera-se com o tempo e com as necessidades de uso, porém é necessário distinguirmos alteração na língua de alteração na norma-padrão da língua. A **língua** (palavras e expressões usadas por um povo) transforma-se constantemente: as inclusões de palavras novas, as exclusões de palavras obsoletas, as reduções ou as ampliações de outras são alterações normais e refletem a natureza dinâmica da língua. A **norma-padrão**, ou **norma culta**, é mais rígida e salvo exceções fundamenta-se em suas próprias regras. "Muitas normas e convenções da gramática representam experiência longa e coletiva em matéria de expressão linguística, portanto

8. Parágrafo elaborado segundo entrevista do magnífico reitor da Universidade Aberta ao Expresso, Carlos Reis, concedida ao "Jornal de Letras, Artes e Ideias", nº. 986;
9. Guerreiro, Carmen e JUNIOR, Luiz Costa Pereira, revista *Língua Portuguesa*, ano 7, nº 72, 10/2011, capa.

acatá-las é seguir uma estrada batida e correr menos riscos."[10] Não é razoável aceitarmos mudanças que destroem a norma-padrão: uma alteração nessa variedade é aceitável se de fato representa aprimoramento. A norma-padrão, embora complexa, é clara, concisa e singela.

Bem-vindo à belíssima Língua Portuguesa.

---

10. JÚNIOR, Joaquim Matoso Câmara *apud* Damásio de Jesus, Português Noções Textuais, http://minhateca.com.br, 20.12.2014

PARTE 2

Fonologia

CAPÍTULO 1

Fonologia

Do grego **"fono"** (som, voz) e **"logia"** (estudo): estuda os sons referentes a uma língua.

1. FONEMAS

(Do grego "phónema": som): são as menores unidades sonoras que diferenciam as palavras. Além de as diferenciarem, os fonemas estabelecem significados diferentes entre as palavras.

- **m**ala ≠ **b**ala porque **m** ≠ **b**; **c**ola ≠ **b**ola porque **c** ≠ **b**; **l**ama ≠ **c**ama porque **l** ≠ **c**
- **m**ato ≠ **p**ato porque **m** ≠ **p**; **s**om ≠ **t**om porque **s** ≠ **t**; **l**er ≠ **v**er porque **l** ≠ **v**

Fonema é o som referente à letra, e **letra** é a grafia correspondente ao som.

Normalmente os fonemas não possuem significados próprios mas, quando se ligam a outros fonemas, distinguem uma palavra de outra, conforme exemplos anteriores.

Existem **fonemas** que são representados por **letras** diferentes: o fonema /z/ é representado pelas letras /s/ (mesa), /z/ (dúzia) ou /x/ (exemplo), e existem **letras** que são representadas por **fonemas** diferentes: a letra /x/ possui os sons: /z/ (êxodo), /chê/ (enxergar), /s/ (próximo) e /ks/ (oxítona).

Em determinadas palavras, algumas letras não são fonemas porque são a nasalização de letras anteriores: o **m** e o **n** nas palavras seguintes não são fonemas:

- ca**m**po, ta**m**bé**m**, co**n**tar, da**n**ça, ma**n**ga, ro**m**bo, bo**m**ba

Há outras letras que não são fonemas porque não são pronunciadas, não possuem som:

- a**s**sento, a**s**censão, cre**s**cer, fi**lh**o, fa**lh**o, ca**rr**o, **h**ora, **h**orta, q**u**ilo, q**u**ero

A soma das letras e a soma dos fonemas, em algumas palavras, são diferentes:

- t ó x i c o = 6 letras, /t/ /ó/ /k/ /s/ /i/ /c/ /o/ = 7 fonemas
- a s s e p s i a = 8 letras, /a/ /ss/ /e/ /p/ /s/ /i/ /a/ = 7 fonemas

2. CLASSIFICAÇÃO DOS FONEMAS

Os fonemas são classificados em **vogais** , **semivogais** e **consoantes.**

- **Vogais:** são os sons formados pelo ar expelido livremente pelo pulmão: **a, e, o, i** e **u.**
- **Semivogais:** as vogais **i** e **u** são consideradas semivogais quando formam sílabas com as vogais **a, e, o:**
  - ca**i**xa, dire**i**to, pe**i**xe, histór**i**a, Core**i**a, co**i**sa, famíl**i**a, bloque**i**o, sumár**i**o
- **Consoantes:** (soar com as vogais): são os sons produzidos, com obstáculo, pelo ar expelido pelo pulmão: b, c, d, f, g, h, j, k, l, m, n, p, q, r, s, t, v, x, w, y, z.

3. CLASSIFICAÇÃO DAS VOGAIS

As vogais classificam-se em:

a) **quanto à intensidade:**

- **átonas:** são as vogais pronunciadas com intensidade fraca:
  - cas**a**, ram**o**, m**e**rcad**o**, flor**e**s, març**o**
- **tônicas:** são as vogais pronunciadas com mais intensidade, geralmente são as sílabas tônicas das palavras:
  - **á**rvore, c**a**sa, fl**o**res, m**a**rço, merc**a**do, p**ú**blico

b) **quanto ao timbre:**

- **abertas:** são as vogais que são pronunciadas com a boca aberta (/**a**/, /**é**/, /**ó**/):
  - n**o**rte, c**a**sa, m**a**rço, **a**lta, caf**é**, at**é**, mod**e**rno, cip**ó**, c**o**po
- **fechadas:** são as vogais que são articuladas com a boca semiaberta (/**ê**/, /**ô**/, /**i**/, /**u**/):
  - c**e**ra, c**é**rebro, f**ô**lego, p**e**ss**o**a, cr**í**tica, tur**i**sta, disp**u**ta, l**u**to, m**ú**sica
- **reduzidas:** são as vogais que são pronunciadas com sons intermediários entre abertos e fechados (/**a**/, /**e**/, /**o**/):
  - cas**a**, ênfas**e**, entr**e**, leit**e**, pálid**o**, camel**o**

c) **quanto à articulação:**

- **médias:** são articuladas com a língua praticamente em repouso: /á/ (mapa)
- **anteriores** ou **palatais:** são articuladas com a língua no palato duro, próxima aos dentes superiores (céu da boca):
  - /é/ (ré), /ê/ (dê), /i/ (time)
- **posteriores** ou **velares:** são articuladas com a língua no palato mole (véu palatino):
  - /ó/ (dó), /ô/ (globo), /u/ (útil)

d) **quanto ao modo de articulação:**

- **orais:** quando o ar transita apenas pela boca:
  - c**o**t**a**, n**o**t**a**, m**e**rc**a**d**o**
- **nasais:** quando o ar transita pela boca e pelo nariz:
  - **an**fitrião, compre**en**são, **in**sulto, a**in**da, **ô**nibus

4. CLASSIFICAÇÃO DAS CONSOANTES

As consoantes classificam-se em:

a) **quanto ao modo de articulação:**

- **oclusivas** (/p/, /b/, /t/, /d/, /c/ (k), /q/ e /g/ (guê));
- **constritivas** (/f/, /v/, /s/, /z/, /x/, /j/, /l/, /lh/, /r/, /rr/)

  subdividem-se em:
  - **fricativas** (/f/, /v/, /s/, /z/, /x/, /j/);
  - **laterais** (/l/, /lh/);
  - **vibrantes** (/r/, /rr/).

b) **quanto ao ponto de articulação:**

- /p/, /b/, /m/, /f/, /v/, /t/, /d/, /n/, /s/, /z/, /l/, /r/

  subdividem-se em:
  - **bilabiais** (/p/, /b/, /m/);
  - **labiodentais** (/f/, /v/);
  - **linguodentais** (/t/, /d/, /n/);
  - **alveolares** (/s/, /z/, /l/, /r/, /rr/);
  - **palatais** (/x/, /j/, /lh/, /nh/);
  - **velares** (/c/ (k), /q/, /g/ (guê).

c) **quanto à função das cordas vocais:**

- **surdas** (/p/, /t/, /c/ (k), /q/, /f/, /s/, /x/);
- **sonoras** (/b/, /d/, /g/, /v/, /z/, /j/, /l/, /lh/, /m/, /n/, /nh/, /r/, /rr/).

d) **quanto à função das cavidades bucal e nasal:**

- **nasais** (/m/, /n/, /nh/);
- **orais** (todas as outras)

5. CLASSIFICAÇÃO DAS PALAVRAS QUANTO AO NÚMERO DE SÍLABAS

a) **Monossílabas**: são as palavras que possuem uma sílaba:

✦ eu, tu, me, meu, nó, pá, pó, ré, sim, quais, te, teu

b) **Dissílabas**: são as palavras que possuem duas sílabas:

✦ car-ro, ma-nhã, quais-quer

c) **Trissílabas**: são as palavras que possuem três sílabas:

✦ a-ma-nhã, nú-me-ro, fe-cha-do

d) **Polissílabas** (gr. *poly*, muitos): são as palavras que possuem quatro ou mais sílabas:

✦ clas-si-fi-ca-ção, com-pre-en-sí-vel, fir-me-men-te

Observação: "**Silaba** (gr. *syl* = com e *lambanô* = lanço): é um ou mais fonemas enunciados com um impulso de voz; como a sílaba é a emissão da voz, e as vozes são enunciadas pelas vogais, não há sílaba sem vogal."[1]

6. ENCONTROS VOCÁLICOS

São os encontros de vogais numa palavra; há três tipos de encontros vocálicos na língua portuguesa: **ditongo**, **tritongo** e **hiato**.

6.1. Ditongos

(gr. di = duplo, phthongo = som): duplo som:

São os grupos vocálicos formados por **vogal** (a, e, o) e por **semivogal** (i, u) ou vice-versa em uma sílaba; as vogais e as semivogais são pronunciadas com um impulso de voz, porém com intensidades diferentes.

✦ pa<u>i</u>, pa<u>u</u>, pe<u>i</u>to, ba<u>i</u>xo, princípi<u>o</u>, ág<u>u</u>a, g<u>u</u>epardo, porq<u>u</u>e, q<u>u</u>e, substânci<u>a</u>

1. PEREIRA, Eduardo Carlos, Grammatica histórica, 9ª edição. São Paulo, 1935, p. 35.

"*Nota:* Os encontros -ia, -ie, -io, -ua, -ue, -uo, finais, átonos, seguidos, ou não, de s, classificam-se quer como ditongos, quer como hiatos: his-tó-ri-a e his-tó-ria; sé-ri-e e sé-rie; pá-ti-o e pá-tio; ár-du-a e ár-dua; tê-nu-e e tê-nue; vá-cu-o e vá-cuo."[2]

Classificação dos ditongos:

- **crescente:** quando a semivogal antecede a vogal; aquela é pronunciada com menos intensidade que esta: perícia, vácuo, ambíguo, influência, empório, calúnia, espécie, exímio, míngua, ténue/tênue, tríduo.

  Obs.: São também ditongos crescentes as formas **ea**, **eo** e **oa**: áurea, núcleo, mágoa, páscoa.

- **decrescente:** quando a vogal antecede a semivogal; aquela é pronunciada com mais intensidade que esta: pai, mausoléu, pau, fluido, gratuito.

- **orais:** quando são pronunciados somente pela boca:
  - gratuito, saia, anéis, pai.

- **nasais:** quando são pronunciados pela boca e pelo nariz (**ãe**, **ãi**, **ão**, **õe**, **ui**, **am**, **an**, **em** e **en**):
  - mãe, cães, cãibra, mão, não, quão, põe, orações, muito, mui, amam, deviam, puseram, também, cantaram, quanto, cem, sem, nem, quem, enfim, mantém, mantêm, desdém, desdéns, tem, tens, viagem, virgem, hífen.

- **abertos: au**, **eu**, **oi:** mau, chapéu, corrói.

- **fechados: ei**, **eu**, **oi**, **õe**, **ue**, **ui:** veia, teu, boi, põe, guepardo, porque, que, aqui.

6.2. Tritongos

(gr. tri = triplo, phthongo = som): triplo som:

São os grupos vocálicos formados por **semivogal**, **vogal** e **semivogal**, em uma mesma sílaba:

- Paraguai, paraguaio, iguais, quaisquer.

6.3. Hiatos

(*hiatus*, abertura):

São os encontros de duas vogais porém pertencentes a sílabas diferentes; as vogais e as semivogais são pronunciados com dois impulsos de voz.

2. Portaria Nº 36 de 28 de janeiro 1959, Nomenclatura Gramatical Brasileira, Fonética, III Tritongo.

✦ ba-ú, sa-ú-de, co-o-pe-rar, flu-í-di-co, flu-i-dez, pro-e-mi-nen-te, ra-i-nha, Par-na-í-ba, pa-ís, ri-o, vi-a

"*Nota* - Os encontros -ia, -ie, -io, -ua, -ue, -uo, finais, átonos, seguidos, ou não, de s, classificam-se quer como ditongos, quer como hiatos, uma vez que ambas as emissões existem no domínio da Língua Portuguesa: his-tó-ri-a e his-tó-ria; sé-ri-e e sé-rie; pá-ti-o e pá-tio; ár-du-a e ár-dua; tê-nu-e e tê--nue; vá-cu-o e vá-cuo."[3]

7. ENCONTROS CONSONANTAIS

São os encontros de consoantes numa mesma palavra:

✦ palavra, broco, frango, teclado, grandeza, festa, subtítulo, cravo

8. DÍGRAFOS (GR. *DI*: DOIS, *GRAPHO*: GRAFIA)

São os encontros de duas letras para formarem um fonema.

✦ Os dígrafos subdividem-se em:

a) **Dígrafos consonantais:** são os encontros de duas consoantes em um fonema:

✦ a**ss**ento, a**sc**ensão, cre**sc**er, e**xc**eção, fi**lh**o, fa**lh**o, ca**rr**o, ni**nh**o, **qu**eijo

b) **Dígrafos vocálicos:** São os encontros de duas letras, a última das quais é **m** ou **n**:

✦ **cam**po, **tam**b**ém**, **con**tar, **man**ga, **rom**bo, **bom**ba, **lim**po, **sem**pre, **som**bra

9. CLASSIFICAÇÃO DAS PALAVRAS QUANTO À PRONÚNCIA, À GRAFIA E AO SIGNIFICADO

9.1. Homófonas

(gr. "homo": igual, "phono": pronúncia):

São as palavras que possuem mesma pronúncia mas grafia e significado diferentes:

✦ **à** (a craseado), há (verbo haver);

✦ **acender** (queimar), ascender (subir);

✦ **acento** (sinal), assento (cadeira);

✦ **acerto** (acertar), asserto (afirmação);

✦ **apreçar** (pôr preço), apressar (acelerar);

3. Ministro do Estado da Educação e Cultura, Portaria N° 36 de 28.01.1959, apud http://www.portaldalinguaportuguesa.org.

- **brocha** (tacha), broxa (pincel);
- **cassar** (destituir), caçar (capturar);
- **cegar** (perder a vista), segar (ceifar);
- **cela** (prisão), sela (arreio);
- **censo** (contagem), senso (juízo);
- **cerrar** (fechar), serrar (cortar);
- **chá** (bebida), xá (soberano iraniano);
- **círio** (procissão), sírio (natural da Síria);
- **conserto** (reparo), concerto (acordo);
- **céptico** (descrente),
- **séptico** (contaminado);
- **cozer** (cozinhar), coser (costurar);
- **empoçar** (formar poça), empossar (investir);
- **esotérico** (secreto), exotérico (expor ao público);
- **espectador** (assistente), expectador (expectativa);
- **espiar** (olhar), expiar (remir);
- **esterno** (osso), externo (fora);
- **estrato** (camada), extrato (extraído);
- **taxa** (tributo), tacha (brocha);
- **xeque**, xeique (soberano), cheque

9.2. Homógrafas

(gr. "homo": igual, "grapho": grafia):

São as palavras que possuem mesma grafia mas significados diferentes:

- **pregar** (verbo), pregar (discurso);
- **célebre** (notável), celebre (verbo);
- **consolo** (alívio), consolo (verbo);
- **governo** (poder), governo (verbo);
- **quarto** (aposento), quarto (ordinal)

As **homógrafas** subdividem-se em:

- **homógrafas homófonas:** são palavras que possuem mesma grafia e mesma pronúncia mas significados diferentes:
  - **cedo** (adv.), cedo (verbo);
  - **manga** (fruta, parte da camisa),
  - **manga** (verbo);

- **para** (prep.), para (verbo);
- **quarto** (cômodo), quarto (ordinal);
- **são** (santo, saudável), são (verbo)

• **homógrafas heterófonas:** são as palavras que possuem mesma grafia mas pronúncia e significado diferentes:

- **consolo** (alívio), consolo (verbo);
- **gosto** (subst.), gosto (verbo);
- **governo** (poder), governo (verbo);
- **jogo** (substantivo), jogo (verbo);
- **pelo** (subst.), pelo (verbo);
- **colher** (subst.), colher (verbo)

9.3. Homônimas

(gr. "homo": mesmo, igual, "nymos": nomes):

São as palavras que possuem mesma pronúncia e mesma grafia mas significados diferentes:

- **amo** (senhor), amo (verbo amar),
- **cabo** (corda), cabo (militar),
- **caminho** (trajeto), caminho (verbo);
- **cedo** (advérbio), cedo (verbo);
- **leve** (pouco peso), leve (verbo);
- **morro** (monte), morro (verbo);
- **são** (santo, saudável), são (verbo),
- **manga** (fruta, parte da camisa), manga (verbo);
- **verão** (estação), verão (verbo)

9.4. Parônimas

(gr. "parónymas": para: próxima, nymos: nomes): sons semelhantes:

São as palavras que possuem grafia e pronúncia semelhantes mas significados diferentes:

- **acento** (sinal gráfico), assento (cadeira);
- **aprender** (conhecer), apreender (capturar);

- **arrear** (arreios), arriar (descer);
- **ascender** (subir), acender (ligar);
- **ascensão** (subir), assunção (assumir);
- **cela** (prisão), sela (peça usada sobre animal);
- **comprimento** (medida), cumprimento (saudação);
- **deferir** (atender), diferir (divergir);
- **delatar** (denunciar), dilatar (alargar);
- **descrição** (descrever), discrição (reserva);
- **descriminar** (tirar a culpa), discriminar (distinguir);
- **despensa** (depósito),
- **dispensa** (dispensar);
- **docente** (professor), discente (aluno);
- **emergir** (surgir), imergir (mergulhar);
- **emigrar** (sair da sua terra), imigrar (entrar em terra estrangeira);
- **retificar** (corrigir), ratificar (confirmar);
- **eminência** (elevado), iminência (breve);
- **estada** (permanência), estadia (permanência temporária);
- **flagrante** (evidente), fragrante (perfumado);
- **fluir** (escoar), fruir (desfrutar);
- **imergir** (afundar), emergir (surgir);
- **incerto** (impreciso), inserto (inserido);
- **incipiente** (principiante), insipiente (ignorante);
- **inflação** (alta de preço), infração (violação);
- **infligir** (castigar), infringir (violar);
- **mandado** (ordem), mandato (procuração);
- **sessão** (reunião), seção (departamento)

9.5. Cognatas

São palavras que pertencem à mesma família morfológica, ou seja, que são derivadas da mesma palavra:

- **firm**ar, **firm**amento, **firm**e, **firm**eza, **firm**emente, **ferr**o, **ferr**ar, **férr**eo, **fer**reiro, **ferr**oso.

CAPÍTULO 2

Ortoépia

É a pronúncia das palavras conforme o referencial da linguagem-padrão.

1. OXÍTONAS

São as palavras cuja sílaba tônica é a última sílaba; significa que a última sílaba será pronunciada com mais força.

São palavras oxítonas:

- cartoman**cia**
- al**goz**
- cate**ter**
- con**dor**
- fe**char**(ê)
- des**cer** (sc=c)[1]
- ne**gus**
- no**bel**
- no**vel**
- ne**on**
- nas**cer** (sc=c)[1]
- oblação(ob)
- mis**ter**
- pros**trar**
- Ocea**nia**
- re**ssoar**(s)[1]
- re**cém**
- re**fém**
- ru**im**
- su**til**
- sublimar(su-bli)
- sublide(sub-li)
- ure**ter**[2]
- sublevação(sub-le)
- sublinhar(sub-li)
- sublinear(sub-li)

1. Os dígrafos **sc** e **ss** são pronunciados como se fossem apenas uma consoante, respectivamente **c** e **ç**.
2. As grafias **sútil** e **uréter** são usadas em alguns países lusófonos.

2. PAROXÍTONAS

São as palavras cuja sílaba tônica é a penúltima sílaba; significa que a penúltima sílaba será pronunciada com mais força.

São palavras paroxítonas:

- ad**a**pto
- advogado(ad)
- alc**o**va(ô)
- am**né**sia[3]
- ace**ssó**rio(ss=ç)[2]
- anid**ri**do
- arria
- au**tóp**sia[1]
- av**a**ro
- barbárie
- bl**e**fe(é)
- bi**óp**sia[1]
- bodas(ô)
- boêmia[1]
- **cap**to
- c**o**xos(ô)
- con**sci**ência(c)[4]
- cere**be**lo(ê)
- clímax
- coeso(ê)
- caminhon**e**ta(ê)
- cu**pi**do
- con**si**gna
- cachorra(ô)
- convale**scen**ça(c)[2]
- cr**o**sta(ô)
- **do**lo (ó)
- de**si**gno
- destro(ê)
- eru**di**to
- estupro
- equi**da**de
- flore**scên**cia(c)[2]
- extra(ê)
- **fe**cho(ê)
- **flu**ido
- for**tu**ito
- filantr**o**po(ô)
- gra**tu**ito
- homi**li**a
- ho**mí**lia
- **i**b**e**ro(é)
- imp**u**gna
- ind**i**gno
- inexorável(z)
- in**tu**ito
- lepr**o**so(ô)
- lepr**o**sos(ó)
- látex
- meteorito
- mendigo
- **m**o**r**to(ô)
- meteorologia
- mortos(ó)

3. As formas **amnesia**, **autopsia**, **biopsia**, **necropsia**, **boemia**, **homília**, **néon**, **ortoepia**, **soror**, **projetil**, **reptil** e **transistor** também são consideradas como padrões.
4. Os dígrafos **sc** e **ss** são pronunciados como se fossem apenas uma consoante, respectivamente **c** e **ç**.

- obeso(ê)
- ne**cróp**sia[1]
- ob**sé**quio(zé)
- **o**pto(ó)
- ortoépia
- omel**e**te(ê)
- obsoleto(ê)
- problema
- poli**glo**ta
- pu**di**co
- privilégio(pri)
- próprio
- praxe(cs)
- práxis(cs)
- projétil[1]
- re**cor**de
- réptil[1]
- ru**bri**ca
- **ra**pto
- r**o**ubo(ô)
- saúdo
- sub**sí**dio(s)
- sub**s**iste(s)
- sintaxe(cs/s)
- **sú**til
- sóror
- sub**s**istência(s)
- tran**sís**tor(s=z)[1]
- trouxe
- tranquilo

3. PROPAROXÍTONAS

São as palavras cuja sílaba tônica é a antepenúltima sílaba; significa que a antepenúltima sílaba será pronunciada com mais força.

São palavras proparoxítonas:

- aeródromo
- álibi
- âmago
- alcoólatra
- antídoto
- aborígine
- acróbata[5]
- biótipo
- cúpido
- crisântemo
- elétrodo
- hieróglifo
- genótipo
- ínterim
- íngreme
- lêvedo
- lânguido
- Lúcifer
- líquido
- protótipo
- próstata
- quadrúmano
- séquito
- tóxico (x=cs)
- vermífugo
- zéfiro

5. A forma **acrobata** também é considerada como padrão.

CAPÍTULO 3

Ortografia

Do grego "ortho": correto, "graphía": escrita: parte da gramática que estuda a grafia correta das palavras.

Ressalvadas as exceções as palavras portuguesas vieram do latim, as quais durante os séculos sofreram diversas transformações. Nem sempre a variante definida atualmente como padrão é a forma mais semelhante à primitiva latina. Às vezes ocorre de a variante hoje considerada incorreta ser mais semelhante àquela.

Embora a ortografia seja um dos assuntos mais difíceis da língua portuguesa, é necessário que se defina qual variante será considerada padrão, pois caso contrário cada pessoa a escreveria como quisesse, consequentemente geraria má interpretação ou interpretação dúbia.

Se com as formas padrões muitos textos são confusos, sem elas as dificuldades seriam maiores, a ortografia, portanto, é importante, pois, embora exija estudo, permite a perfeita comunicação entre redator e leitor.

Citamos a origem das palavras para facilitarmos a compreensão. Se a origem da palavra primitiva **não está citada**, ela veio do latim. Se a origem é de **outro idioma**, ele é citado como: grego, italiano, francês etc. A fonte dos termos primitivos usados neste capítulo é o "Novo Aurélio Século XXI".

Regras que facilitam a compreensão da ortografia das palavras:

1. ÇÃO, CÇÃO, Ç, C, SÃO, S, SSÃO E SS

As terminações substantivas latinas **tione**, **ctione**, **sione** e **ssione** foram transformadas nas terminações portuguesas **ção**, **cção**, **são** e **ssão**, e as terminações verbais latinas **tare**, **ctare**, **sare** e **ssare** foram transformadas nas terminações verbais portuguesas **tar**, **ctar**, **sar** e **ssar**.

TERMINAÇÕES LATINAS E TERMINAÇÕES PORTUGUESAS			
Substantivos		**Verbos**	
latim	**português**	**latim**	**português**
tione	ção	tare	tar
ctione	cção	ctare	ctar
sione	são	sare	sar ou sionar
ssione	são	ssare	ssar ou ssionar

O **t** latino foi transformado no **ç** (**tione** = **ção**) apenas nos substantivos, o **t** latino foi mantido nos verbos portugueses (**tare** e **ctare** = **tar** e **ctar**), portanto, para sabermos se o fonema **ção** é escrito com **ç**, observamos o **verbo** ou o **particípio:** se um deles é escrito com **t**, o **ção** é escrito com **ç.**

Se soubermos a ortografia das **palavras primitivas**, facilmente saberemos a ortografia das **palavras derivadas.** O latim é citado somente para sabermos a origem das palavras.

- **"Ção"** e **"ç"**: o **substantivo** é escrito com **ç** se o **verbo** ou o **particípio** é escrito com **t:**
    - absor**ção**, absorp**tione**, absor**t**o
    - acep**ção**[1], accep**tione**, acep**t**ivo
    - asser**ção**, asser**tione**, asser**t**o
    - assun**ção**, assunp**tione**, assun**t**o
    - coer**ção**, coer**tione**, coerci**t**ivo
    - tin**ção**[2], tinc**tione**, tingir, tin**t**o
    - erup**ção**[3], erup**tione**, erup**t**ivo
    - exce**ção**, excep**tione**, exce**t**uar, exce**t**o
    - jun**ção**[4], junc**tione**, jun**t**ar, jun**t**a
    - inser**ção**, inser**tione**, inser**t**o
    - inven**ção**[5], inven**tione**, inven**t**ar
    - men**ção**, men**tione**, men**t**or
    - presun**ção**, praesump**tione**, presun**t**o
    - reden**ção**, redemp**tione**, reden**t**or
    - san**ção**, san**ctione**, san**t**o
    - sensa**ção**, sensa**tione**, sensa**t**o
    - ten**ção**[6], ten**tione**, ten**t**ar, ten**t**o
    - tor**ção**[7], tor**tione**, tor**t**o

As **palavras** derivadas dos substantivos seguintes, embora às vezes com significados diferentes, são escritas com **ç:**

- 1. **acepção:** concep**ção**, *concep**tione***, concep**t**ivo, decep**ção**, decep**c**ionar, intercep**ção**, intercep**t**ar, percep**ção**, percep**t**ível, recep**ção**, *recep**tione***, recep**t**ar;
- 2. **tinção:** distin**ção**, *distinc**tione***, distin**t**o, extin**ção**, extin**t**o;
- 3. **erupção:** corrup**ção**, corrup**t**o, *corrup**tione***, interrup**ção**;
- 4. **junção:** injun**ção**, conjun**ção**, disjun**ção**;
- 5. **invenção:** conven**ção**, *conven**tione***, conven**c**ionar, conven**t**o, reconven**ção**, preven**ção**, preven**t**ivo;
- 6. **tenção:** aten**ção**, *acten**tione***, aten**t**o, absten**ção**, conten**ção**, conten**c**ioso, deten**ção**, deten**t**o, inten**ção**, inten**t**ar, inten**t**o, manuten**ção**, obten**ção**, reten**ção**;
- 7. **torção:** contor**ção**, *contor**tione***, distor**ção**, distor**c**er;

Observações:

a) Usarmos o **ção** após **vogal** é facílimo porque se trocarmos **ção** por **são**, a pronúncia muda:

- a**ção**, *a**ctone***, a**t**o, a**t**or
- cole**ção**, *collec**tione***, cole**t**or
- condu**ção**, *conduc**tione***, condu**t**or
- prote**ção**, *protec**tione***, prote**t**or

b) Usarmos o **ção** após **consoante** não é tão fácil porque se o trocarmos por **são,** a pronúncia não muda, portanto, é necessário mais atenção:

- can**ção**, *can**tione***, can**t**ar, can**t**o
- deser**ção**, *deser**ctione***, deser**t**ar, deser**t**o
- extin**ção**, *extinc**tione***, extin**t**o
- isen**ção**, *exemp**tione***, isen**t**ar, isen**t**o

c) Alguns substantivos portugueses são formados com acréscimo do sufixo **ação**, ***actione***, ao verbo, porque não existem os substantivos latinos que terminam por **tione:**

- cassa**ção** (cassar+ação), anula**ção** (anular+ação), conversa**ção** (conversar+ação), defini**ção** (definir+ação), excita**ção** (excitar+ação), fixa**ção** (fixar+ação), tradu**ção** (traduzir+ação).

d) Em algumas palavras o **t** de **tione** foi transformado em **c:**

- **caução**, *cau**tione***, cau**c**ionar, cau**t**o, cau**t**ela; **canção**, *can**tione***, can**c**ioneiro; **condição** (*condi**tione***), condi**c**ional; **convenção**, *conven**tione***, conven**c**ionar; **função**, *func**tione***, fun**c**ionar, fun**c**ional

e) O prefixo **in** foi incorporado há pouco tempo a várias palavras: "Mangate Muta Caimal e hum seu irmão... se forão... pera a ilha de Vaipim, com **tenção** de fazerem dalli seus concertos com el Rei de Cochim..."[1]

- "CÇão" e "cç": o **substantivo** é escrito com **cç** se o **verbo** ou o **particípio** é escrito com **ct**:
  - convic**ção**, *convic**tione***, convi**ct**o
  - defe**cção**, *defe**ctione***, defeito
  - dete**cção**, *dete**ctione***, dete**ct**ar(or)
  - di**cção**, *di**ctione***, dito, ditar
  - fa**cção**, *fa**ctione***, fato
  - fi**cção**, *fi**ctione***, fi**ct**o, fi**ct**ivo
  - infe**cção**, *infe**ctione***, infe**ct**ar
  - prospe**cção**, *prospe**ctione***, prospe**ct**o
  - se(c)**ção**, *se**ctione***, se**t**or

  » **Exceções: flexo** (*flexu*), flexão (*flexione*); **fixo** (*fixu*), fixação (fixo-ação); **nexo** (*nexu*), conexão (com-nexo-ão); **plexo** (*plexu*), perplexo (*perlexu*); **vexo** (*vexu*), convexo, convexão (com-vexo-ão), também é usado **convecção**).

Outras derivadas dessas palavras há em "Uso do **x** por razões etimológicas".

Observação: Em algumas palavras o **t** de **ctione** foi transformado em **c**:

- confe**cção**, *confe**ctione***, confe**cc**ionar, dece**pção**, *dece**ptione***, decep**c**ionar
- fri**cção**, *fri**ctione***, fri**cc**ionar, se(**c**)**ção**, se(c)**c**ionar, su**cção**, *su**ctione***, suco

- "**São**" e "**S**": o **substantivo** é escrito com **s** se o **verbo** ou o **particípio** é escrito com **s**:
  - apreen**são**[1], apprehen**sione**, apreen**s**ivo
  - asper**são** aspersione, asper**s**o
  - ascen**são**[2], ascen**sione**, ascen**s**or
  - convul**são**, convul**sione**, convul**s**ivo
  - disper**são** disper**sione** disper**s**o
  - dimen**são**[3] dimen**sione** dimen**s**ionar, imen**s**o
  - dissen**são**[4], dissen**sione**, dissen**s**o
  - emer**são**[5], emer**sione**, emer**s**o
  - excur**são**, excur**sione**, excur**s**ionar
  - expan**são**, expan**sione**, expan**s**ivo
  - extor**são**, extor**sione**, extor**s**ivo

1. Damião de Goes *apud* Domingos Vieira, Grande Diccionario Portuguez, vol. 3, 1872, pág. 1104.

- incur**são**[6], incur**sione**, incur**s**o
- pen**são**[7], pen**sione**, pen**s**ionar
- persua**são**[8], persua**sione**, persua**s**ivo
- pul**são**[9], pul**sione**, pul**s**o, pul**s**ar
- ten**são**[10], ten**sione**, ten**s**or, ten**s**o
- ver**são**[11], ver**sione**, ver**s**o, ver**s**ar
- man**são**[12], man**sione**

As **palavras** derivadas dos substantivos seguintes, embora às vezes com significados diferentes, são escritas com **s:**

- 1. **apreensão:** compreen**são** (comprehen**sione**), compreen**s**ivo, repreen**são** (reprehen**sione**), repreen**s**ivo.
- 2. **ascensão:** censo, recenseamento, censura, censurar, incenso (*incensu*).
- 3. **dimensão:** imen**s**o, imen**s**idão, men**s**al, men**s**urável.
- 4. **dissensão:** consen**s**o, sensação, insensato, sensato, senso, siso, sensual.
- 5. **emersão:** imer**são** (immer**sione**), imer**s**o, submer**são** (submer**sione**), submer**s**o.
- 6. **incursão:** curso, concur**s**o, discur**s**o, percur**s**o, precur**s**or (praecur**s**ore), recur**s**o.
- 7. **pensão:** despensa (armário), dispensar, expensão (expor), expen**s**as (*expensa*), pen**s**ionista, propen**são** (propen**sione**), propen**s**o, pen**s**ar, pen**s**amento, suspen**são** (suspen**sione**), suspen**s**o, recompensa etc.
- 8. **persuasão:** per**s**a, Pér**s**ia, per**s**iana (francês *persienne*), per**s**onagem.
- 9. **pulsão:** compul**são**, expul**são** (expul**sione**), expul**s**ar, expul**s**o, impul**são** (impul**sione**), impul**s**o, impul**s**ionar, propul**são** (propul**sione**), propul**s**ar, repul**são** (repul**sione**), repul**s**a.
- 10. **tensão:** conten**são** (conten**sione**), disten**são** (disten**sione**), exten**são** (exten**sione**), exten**s**ivo, hiperten**são**, inten**são** (inten**sione**), inten**s**ivo, preten**são** (praeten**sione**), preten**s**ioso, uten**s**ílio (*utensile*).
- 11. **versão:** adver**s**ário, adver**s**o, aniver**s**ário, aver**são** (aver**sione**), conver**são** (conver**sione**), conver**s**a, controvér**s**ia, diver**são** (diver**sione**), diver**s**o, diver**s**idade, inver**são** (inver**sione**), inver**s**o, perver**são** (perver**sione**), perver**s**o, rever**são** (rever**sione**), rever**s**o, subver**são** (subver**sione**), subver**s**ivo, transver**s**al, univer**s**o, ver**s**átil (*versatile*), ver**s**ículo.
- 12. **mansão:** man**s**o, aman**s**ar, man**s**idão.

Observações:

a) **Estender** é variante incorreta consagrada pelo uso, a forma correta é **extender** do latim **extendere**;

b) Não confundas **tenção**, ten**tione**, tentar, intenção, com **tensão**, ten**sione** (**tenso**);

c) Não confundas **menção**, men**tione** (citação, nota), com **dimensão**, dimen**sione** (tamanho);

d) Cuidado, **conversão, conversa, converso, conversar**, mas há também os verbos **converter** e **convertido**; porque o **t** está após o **r**, e como o **t** foi transformado em **ç**, pensamos que **conversão** e seus derivados são escritos com **ç**, mas não existem as palavras **converção, converçar** etc.

- **"Ssão"** e **"SS"**: o **substantivo** é escrito com **ss** se o **verbo** ou o **particípio** é escrita com **ss**:

✦ agre**ssão**[1] aggre**ssione** agre**ss**ivo, agre**ss**or

✦ ce**ssão**[2], ce**ssione**, ce**ss**ar

✦ discu**ssão**[3], discu**ssione**, discu**ss**o, discu**ss**ar

✦ fi**ssão**[4], fi**ssione**, fi**ss**urar, fi**ss**ura

✦ mi**ssão**[5], mi**ssione**, mi**ss**ivo, mi**ss**a

✦ pre**ssão**[6], pre**ssione**, pre**ss**ionar, opre**ss**ivo

✦ se**ssão**[7], se**ssione** (reunião)

✦ trave**ssão**, trave**ss**a[8] + ão

As **palavras** derivadas dos substantivos seguintes, embora com significados diferentes, são escritas com **ss**:

✦ 1. **agressão:** congre**ss**o, digre**ssão**, ingre**ss**o, progre**ssão**, *progre**ssione***, progre**ss**o, pregre**ss**a, regre**ssão**, *regre**ssione***, regre**ss**o, transgre**ssão**, *transgre**ssione***, transgre**ss**or.

✦ 2. **cessão:** absce**ss**o, ace**ssão** (*acce**ssione***), ace**ss**o, antece**ss**or, conce**ssão** (*conce**ssione***) conce**ss**ivo, ce**ss**ionário, exce**ss**o (*exce**ssu***), exce**ss**ivamente, ince**ss**ante, nece**ss**idade, predece**ss**or,proci**ssão** (*proce**ssione***), proce**ss**o, proce**ss**ar, rece**ssão** (*rece**ssione***), rece**ss**o, retroce**ss**o, sece**ssão**, (*sece**ssione***), suce**ss**or, suce**ss**o (*succe**ssu***), suce**ss**ivamente.

✦ 3. **discussão:** concu**ssão**, *concu**ssione***, percu**ssão**, *percu**ssione***, repercu**ssão**, *repercu**ssione***.

✦ 4. **fissão:** confi**ssão**, *confe**ssione***, confe**ss**o, confe**ss**ar, confe**ss**ional, profi**ssão**, *profe**ssione***, profe**ss**o, profe**ss**ar, profi**ss**ional.

✦ 5. **missão:** comi**ssão**, comi**ss**ionar, compromi**ss**o, compromi**ss**ar, emi**ssão**, emi**ssione**, emi**ss**ivo, intromi**ssão**, *intromi**ssione***, mi**ss**a, mi**ss**ionário, omi**ssão**, *omi**ssione***, omi**ss**ivo, permi**ssão**, *permi**ssione***, pemi**ss**ivo, promi**ssão**, *promi**ssione***, prome**ss**a, promi**ss**or, promi**ss**ória, remi**ssão**, *remi**ssione***, remi**ss**ivo, reme**ss**a.

✦ 6. **pressão:** apre**ss**ar, às pre**ss**as, depre**ssão**, *depre**ssione***, depre**ss**ivo, expre**ssão**, *expre**ssione***, expre**ss**o, expre**ss**ivo, expre**ss**amente, impre**ssão**, *impre**ssione***, impre**ss**o, impre**ss**ionante, imprensa (*impre**ss**a*), opre**ssão**, *oppre**ssione***, opre**ss**ivo, repre**ssão**, *repre**ssione***, repre**ss**ivo, supre**ssão**, *suppre**ssione***, supre**ss**ivo.

- 7. **sessão:** assessor, obsessão (*obsessione*), obsessivo, possessão, possesso, possessivo.
- 8. **travessa:** atravessar, travesso, travessura.

Observações:

a) Não confundas **remição**, *remictione*, remir + ação, que significa **perdoar**, com **remissão**, *remissione*, **remessa**, que significa **remeter**. Consideramos incorreto **remissão** também significar **perdoar** porque causa confusão.

b) Não confundas exceção, *exceptione*, excetuar, exceto (que se desvia da regra) com excesso, *excessu*, excessivo (que excede, que ultrapassa).

1.1. Outras palavras escritas com "ão":

- brasão (fr. blason), gestão (gestione), opinião (opinione), paixão (passione), razão (ratione)

1.2. Outras palavras escritas com "ç":

- é usado nos "sufixos" **aça**, **aço**, **açu** e **ança** (substantivo ou verbo+sufixo):
  - arruaça, babaçu, fumaça, linhaça, vidraça, almaço, calhamaço,
  - cansaço, estilhaço, palhaço, ricaço, terraço, andá-açu, Iguaçu,
  - confiança, festança (festa+ança), fiança (fiar-ança), mudança.
- é usado nas palavras que em latim eram escritas com **c**:
  - açoitar (*a+coito+ar*), ameaça (a-*minacia*), balança (bilancia), berço (*berciolus*), calça (*calcea*), calçada (*calciata*), calçar (*calcare*), calçado, desfaçatez (it. *efacciatezza*), disfarçar, içar (*icare*), lançar (*lanceare*), lance, lançamento, laço (*laciu*), noviço (*noviciu*), vizinhança (*vicinu-anca*).
- é usado nas palavras que em latim eram escritas com **t**:
  - abraço, braço (*brachiu*), aguçar (*acutiare*), caça (*captia*), caçar (*captiare*), calça (*calcea*), coçar (*coctiare*), criança (*criantia*), endereço (*endirectia*), espaço (*spatiu*), espacial, força (*fortia*, forte), garça (*gartia*), garçom (fr. *garçon*), graça (*gratia*, grato), justiça (*justitia*), licença (*licentia*), maço (*matteo*), peça (gaulês *pettia*), peçonha (*potione*), poço (*puteu*), preço (*pretiu*), roçar (*ruptiare*), terça (*tertia*), viço (*vitiu*)
- é usado antes de **a**, **o**, **u**:
  - açaí, aço, açúcar, açude, caçamba, caçoar, expeço (expedir), impeço (impedir), maçar, maçante (maçar+ante), maciço (espanhol *macizo*), monção (ár. *mausim*), muçulmano, orçamento (italiano *orzare*), pinça (fr. *pince*), quiçá (*quiçab*), rechaçar (fr. *rechacie*), soçobrar (espanhol *sozobrar*), Suíça, taça (árabe *tasa*), tapeçaria (espanhol *tapicería*).

1.3. Outras palavras portuguesas escritas com "s"

"O 'z' (**zain**) surgiu no fenício, posteriormente foi usado no alfabeto grego, onde foi chamado de **zeta**, e só foi incorporado ao alfabeto latino após Roma conquistar a Grécia, mas, mesmo assim, era usado apenas nas palavras de origem grega."[2]

Como a grande maioria das palavras da língua portuguesa vieram do latim, e como no latim não havia "**z**", salvo as exceções, as quais veremos adiante, as palavras portuguesas são escritas com "**s**", inclusive os verbos derivados:

- **substantivos**: abuso (abusar), aguarrás, amnésia, análise (analisar), anestesia (anestesiar), apoteose (gr. *apothéosis*), asilo, atrás, atraso, aviso (avisar), baronesa (it. *baronessa*), brasa, base (gr. *básis*), catequese (gr. *katéchesis*), cônsul, consulesa, corte, cortesia, crise, diocese, duquesa, esboço, escabiosa, esdrúxulo (it. *sdrucciolo*), esôfago, espectador (*spectatore*), esplanada (it. *spianata*), esplêndido (*splendidu*), espontâneo (*spontaneu*), espúrio (*spuriu*), esterno (osso, *sternum*), estirpe (*stirpe*), estratégia, estrato (*stratus*), estratosfera (estrato+esfera), estremecer, freguês, hipótese (gr. *hypóthesis*), hipocrisia, liso, maisena, marquês, marquesa, miséria, misto (*mixtu*), pesquisa (pesquisar), resina, raso, riso, sintoma (gr. *sýmptoma*), sintonia (gr. *syntonía*), sisto, tese (gr. *thésis*), teste, transitório, turquesa, etc.

  » **Exceção** absurda: cuscuz (ár. *kuskus*).

  Observações: Os prefixos **des** e **iso** e os sufixos **esco**, **isco**, **estre**, **este**, **isa**, **ismo** e **ista** são escritos com "s":

  ✦ descansar, descentralizar, desculpar, de**s**cerrar, isósceles, isotérmico, gigantesco (gigante+esco), parentesco, chuvisco (chuva+isco), marisco, silvestre, agreste (agro+este), celeste, nordeste, poetisa (poeta+isa), profetisa, sacerdotisa, altruísmo, egoísmo (ego+ismo), otimismo (ótimo+ismo), pessimismo (péssimo+ismo), analista (análise+ista), motorista (motor+ista), normalista (normal+ista), psicanalista (psicanálise+ista) pessimista (péssimo+ista).

- **adjetivos**: cortês, estático (gr. *statikós*), esgotável, simples (*símplice*), aleiv**oso** (aleive), cautel**oso** (cautela), dolor**oso** (dor), fabul**oso** (fábula), gas**oso** (gás), gener**oso**, gost**oso** (gosto), gracioso (graça), grandi**oso**, horror**oso** (horror), majest**oso** (majestade), perig**oso** (perigo), pied**oso** (piedade), precioso (preço), preguiç**oso** (preguiça), ruin**oso** (ruim), vagar**oso** (vago), zel**oso** (zelo) etc.

Observação: Os **adjetivos** que derivam de **substantivos**, sufixos **oso**(s) e **osa**(s), flexionam-se em **gênero** e em **número**.

2. www.wikipédia.org, 28.3.2010, alterado.

- **adjetivos pátrios e substantivos derivados:** burguês, burguesa, camponês, camponesa, chinês, chinesa, holandês, holandesa, inglês, inglesa, libanês, libanesa, polonês, polonesa, português, portuguesa.
- **pronomes:** nós, nos, vós, vos, se, si, consigo, seu, sua, nosso, nossa, vosso, vossa, este, esse, isto, isso etc.
- **verbos:** acusar (acuso), alisar (liso), cansar, coser (*consuere*), espargir (derramar água, *spargere*), descender, descer, escamar, esclarecer, esmagar, esmerar, esmorecer, espalhar (es+palha+ar), espanar, espiar (espreitar), espraiar, espreitar, estagnar (*stagnare*), estirar (esticar), estorcer, estornar (it. *stornare*), estremecer (es+tremer+cer), esvaecer, usar (uso) etc.
- **advérbios:** apenas, aliás, atrás (*ad trans*), detrás (*de trans*), depois, mais (magis), sempre (semper), simplesmente, sim, somente etc.
- **conjunções:** mas (*magis*), pois, se, desde, senão, etc.

  » **Exceções:** catequizar (grego *katechízein*), catequese (*katéchesis*), gaze (fr. *hind gazi*), deslize, deslizamento (variantes incorretas consagradas pelo uso).

1.4. Outras palavras escritas com "c"

- o **t** dos **substantivos latinos** foi transformado em **c**, o **t** dos **adjetivos** permaneceu, portanto o **substantivo** é escrito com **c**, se o **adjetivo** é escrito com **t**:

  ✦ adolescência (*adolescentia*), adolescente, anúncio (*annuntiu*), anunciante, ausência (*absentia*), ausente, ciência (*scientia*), ciente, constância (*constantia*), constante, consórcio (*consortiu*), consorte, evidência (*evidentia*), evidente, frequência (*frequentia*), frequente, inércia (*inertia*), inerte, pertinência (*pertinentia*), pertinente, serviço (*servitiu*), servente, suplício (*suplitio*), suplente.

  » **Exceções:** confiança, confiante, diferença, diferente, governança, governante.

- diferenciação entre "**c**" e "**s**" no início de palavra ou no meio após consoante:

As sonoridades de **ca**, **co**, **cu** ("**c**" = "**k**") são diferentes de **sa**, **so**, **su** ("**s**" = "**s**"), portanto pela pronúncia facilmente descobrimos se antes de "**a**", "**o**", "**u**" usamos "**c**" ou "**s**". As sonoridades de "**ce**", "**ci**" são iguais às de **se**, **si**, logo o uso do "**c**" e do "**s**" é difícil apenas antes de "**e**" e de "**i**".

Ressaltamos ainda que, entre vogais, "**c**" tem som de "**k**" ou de "**s**" conforme a vogal, e "**s**" tem som de "**z**", por isso é fácil usarmos "**c**" ou "**s**" entre vogais.

✦ "**c**" = "**k**": caco, coco, cuscuz (ár. *kuskus*).

✦ "**s**" = "**s**": **avulso** (*avulsu*); **balsa**, bálsamo (*balsamu*), bolso; **cansar** (*campsare*), cansaço; **denso** (*densu*), densidade; **falso** (*falsu*), falsidade; **ofensa** (*offensa*), ofensivo; **remorso** (*remorsu*); **saco**, sacola; **sal**, salgar; **sabor**, insípido (*insipidu*); **salsa**, salsicha (it. *salsiccia*); **solo** (*solu*), consolidar; **sol** (*sole*), insolação (*insolatione*); **só**, sólito, insólito.

Nas palavras primitivas acima, as destacadas, se trocarmos o "s" por "c", muda a pronúncia, portanto é fácil usarmos "s" antes de "a", "o", "u", nas primitivas e consequentemente nas derivadas.

- "**s**" = "**s**": sebo, **s**iso, sítio.
- "**s**" = "**z**": lousa, tese, resíduo, resina, luso.
- "**c**" = "**s**": acidente; alicerce; cálcio (*calcium*), calcificar; cego (*caego*); cemitério (*coemeteriu*); cena (*scena*), cenário; cera, encerar; cesta, cesto; cetro (*sceptru*); céu (*caelu*), celeste; cérebro (*cerebru*), célebre (*celebre*), celebridade, celebrar; cílio (*ciliu*); ciclo (gr. *kýklos*), bicicleta, reciclagem; ciência (*scientia*), consciência; cima (gr. *kyma*), cimo, encima; civil (*civile*); címbalo (instrumento de corda, *cymbalu*); cínico (gr. *kynismós*), cinismo; cinto, cintura; cinza (*cinisia*); cisto (gr. *kytis*); incêndio (*incendiu*); imarcescível (*immarcescibilis*), parcial (*partiale*), prece, sincero.
- "**s**" = "**s**": as palavras primitivas e as palavras derivadas são escritas com "**s**":
- ânsia (*anxia*); anseio, ansiedade; seara (*senara*); sebo; século; siclo (unidade de peso); **semear** (*seminare*), semente; segar (*secare*); seda (*saeta*), sericultura; sela (*sella*); seleção; seguir, conseguir; **selo** (*sigillu*), selar, secreto, sigilo (*sigillu*); **signo** (*signu*), sinal (*signale*), senha (*signa*), sina (*signa*), ensino (*insignu*), ensinar, insinuar (*insinuare*); sinopse (gr. *synopsis*); síntese (gr. *synthesis*); seis, sena, sexta, sexto (*sextu*); sesta (descanso, *sexta*); seco (*siccu*); **seguro**; **servo** (*servu*), serviço, **s**evícia (*sevitia*); **símbolo** (*symbolu*); sênior (*senior*), senhor; **série**, **s**eriedade, in**s**erir; **senso** (*sensu*), **s**iso, **s**ensato; **sentir**, **s**entimento, **s**entinela; **s**iderurgia; **s**ilvo (som agudo), **s**ilêncio (*silentiu*); **s**ingelo (*singellu*), **s**ismo (grego *seismós*), **s**ísmico; **sítio**, sitiar; sub**s**ídio (*subsídiu*), sub**s**istência (*subsistentia*).
- **c**essão (*cessione*), ceder
- **c**isão (*cisione*), cortar
- **s**e(c)ção (*sectione*), **s**etor
- **s**essão (*sessone*), reunião
- **c**errar (*serare*), fechar / **s**errar (*serrare*), separar
- con**s**elho (*consiliu*), opinião
- con**c**ílio (*conciliu*), reunião
- con**s**erto (*consertu*), remendo / con**c**erto (*concertu*), acordo, composição
- **s**enso (*sensu*), juízo / **c**enso (*censu*), recenseamento
- **cessão:** abs**c**esso, ace**s**sório, pro**c**edimento, conhe**c**edor, geno**c**ídio, homi**c**ídio etc.
- **cisão**: circun**c**isão, de**c**isão, de**c**isivo, inde**c**isão, inde**c**iso, impre**c**isão, impre**c**iso, in**c**isão, inci**s**ivo, res**c**isão, res**c**indir etc.

- **se(c)ção:** subse(c)ção, interse(c)ção, etc.
- **sessão:** obsessão, obsessivo, possessão, possesso, possessivo etc.
- **conselho:** aconselhar, aconselhável, etc.
- **concílio:** conciliar, reconciliar, reconciliação etc.
- **senso:** sensato, sensual, consenso, sensação, sensacional, sentir, sentimento etc.

Observações:

a) No latim não havia "ç" portanto após o prefixo **in** usamos "**s**" ou "**c**", conforme o caso, mas não usamos "**ç**":

- insulto, insípido, insignificante, insinuar, insolação, inserir, insolúvel, incentivo (*incentivum*, que incita, impulso), incessante, incidente (*incidens*), incinerar (reduzir à cinza), incisão, incitar, encerar

b) Atenção às seguintes palavras:

- perpassar, perpetrar, perscrutar, perspectiva, perspicácia, superstição.
- farsa, embuste, (francês *farse*), disfarçar (encobrir), disfarce

1.5. Outras palavras escritas com "ss"

- É usado nas palavras compostas, inclusive nas derivadas, cujos **prefixos** terminam por **vogais** e os **nomes** começam por **s: anti, a, bi, co, cromo, des, eco, eletro, hidro, infra, macro, mini, pós, pré, pró, re, sobre, uni** etc.:

  - aerossol, antissemita, assacar, assalto, assassinar, assear, assedio (*assediu*), assemelhar, assentimento, assentir, asserção, assessor, assento (*assentu*), asseverar, assim, assimetria, assinar, Assíria, assobiar, associar, assolar, assumir, assustar (a+susto+ar), bissetriz, bissexto, cosseno, cromossomo, ecossistema, eletrossiderurgia, hidrossolúvel, infrassom, macrossistema, minissaia, possessão, presságio, prosseguir, ressarcir, ressentir, sobressalto, sobresselente, uníssono

Observação: **açúcar** (sanscrito *skarkara* → gr. *assokkar* → lat. *saccharum* → sácaro, sacarose), **açougue** (ár. *assocko*), **açude** (ár. *assodde*), **caçarola** (*fr casserole*) e **maçarico** são variantes incorretas respectivamente de **assúcar, assogue, assude, cassarola** e **massarico.** Atualmente existem variantes que confirmam a adulteração que fizeram com aquelas palavras: **assucar** e **assugrin.**

- "Arroz doce, o que é cosido com leite, ovos e **assuca**; prato bastante usado nas mezas portuguezas."[3]

---

3. VIEIRA, Domingos, *Grande Diccionário Portuguez*, Casa dos Editores, 1871, vol. 1, p. 584.

- É usado nos sufixos **íssimo** (superlativo absoluto sintético):
  - ✦ amiguíssimo, belíssimo, fortíssimo, péssimo, valiosíssimo
- É usado nas palavras escritas com **ss** por razões etimológicas, inclusive nas derivadas:
  - ✦ assar, assíduo, avesso, bossa, bússola, cassar (anular), cassetete, cassino, condessa, dissídio, dissipar, dissolver, dissuadir, espesso (*spissu*), fracasso, passo, crasso, devasso, dossiê, posse, endosso, escasso, escassez, essência (*essentia*), fissura, fóssil, fosso, gesso, grosso, impasse, insosso, interesse, massa, massacre, messe, mocassim, mussarela, musse, pássaro, passional, pêssego, possessivo, potássio, ressurreição (*resurrectione*), russo, sanguessuga, sossego, sussurar, tessitura, tosse (*tusse*), vassalo, verossímil, vicissitude (*vicissitudine*).

2. "SC": USA-SE POR RAZÕES ETIMOLÓGICAS NAS PALAVRAS PRIMITIVAS E NAS DERIVADAS

✦ abscesso, asceta, ascetismo, adole**sc**ência (*adolescientia*), aquie**sc**ência (*aquiescientia*), cô**nsc**io (*consciu*), cre**sc**er, consciência (*conscientia*), convalescência, de**sc**er, de**sc**ender, recrude**sc**er, di**sc**ente (aluno), di**sc**ernir (*discernere*), di**sc**iplina, di**sc**ípulo (*discipulu*), efervescência, fa**sc**ículo (*fasciculu*), fa**sc**inar (*fascinare*), imi**sc**ível (*immiscibile*), impre**sc**indível, pre**sc**indir (*praescindere*), intume**sc**er, ira**sc**ível, isó**sc**ele, mi**sc**elânea, né**sc**io, ob**sc**eno, onisciência (*omniscientia*), o**sc**ilar, pi**sc**ina, pi**sc**icultura, plebi**sc**ito, pre**sc**iência, re**sc**indir (re+*scindere*), sei**sc**entos, suscitar, ví**sc**era

Obs.: O "**s**" de "**s**cientia", "**s**ciu", foi mantido nas palavras derivadas.

3. "AS" (MOVIMENTO PARA CIMA)

✦ ascendência (*ascendentia*), ascensorista, aspersão, aspergir

4. "Z"

a) Os sufixos **ez**, **eza**, **izar**, **zal**, **zeiro**, **zinho**, **zana**, **zarrão**, **zil**, **zio** são escritos com "**z**" se as palavras primitivas **não** são escritas com "**s**":

- **ez** (geralmente esses substantivos derivados são **femininos** e **invariáveis**):
  - ✦ acidez (ácido), agudez (agudo), altivez (altivo), avidez (ávido), cartaz(es) (carta), embriaguez (embriagar), escassez, fluidez, gravidez, morbidez, nitidez, nudez, polidez, rapidez, rigidez, robustez, sensatez, solidez, surdez, timidez, xadrez(es)
- **eza** (são substantivos derivados exclusivamente **femininos**):
  - ✦ alteza (alto), aspereza (áspero), avareza (avaro), baixeza (baixo), beleza (belo), braveza (bravo), certeza, clareza, dureza, gentileza, grandeza, presteza, profundeza, pureza, realeza, riqueza, sutileza, tristeza, vileza

- **izar:** agilizar (ágil), agonizar (agonia), amenizar (ameno), amortizar (a-morte-izar), arborizar (árvore), atemorizar (temor), aterrorizar (terror), autorizar (autor), avalizar (aval), banalizar (banal), canonizar (cânon), capitalizar (capital), cauterizar (cautério), celebrizar (célebre), cotizar (cota), escravizar (escravo), especializar (especial), fiscalizar (fiscal), idealizar (ideal), imunizar (imune), modernizar (moderno), moralizar (moral), organizar (órgão), realizar (real), socializar (social), simbolizar, (símbolo), utilizar (útil), valorizar (valor)
- **zal:** cafezal, buritizal, manguezal.
- **zeiro:** buritizeiro, urucuzeiro.
- **zinho:** amor, amorzinho, sinal, sinalzinho, só, sozinho, tarde, tardezinha.
- **zana, zarrão, zil, zio:** rata**zana**, homen**zarrão**, corpa**zil**, copá**zio**.

  Observação: A **absurda** regra "A palavra derivada é escrita com **z** (prophetizare, latim, e profetizar, português) se a palavra primitiva não é escrita com **s** (propheta, latim, e profeta, português)" provavelmente originou-se no grego, foi usada no latim e posteriormente foi incorporada à língua portuguesa. O uso mais antigo que encontramos é:

  - "Prophetiza nobis Chiste quis est qui te percussit"[4] (Mattheum, 26:68)
    - » "Profeti**za**-nos, ó Cristo, quem é que te bateu!"
  - "Ego baptizavi vos aqua ille vero bapti**z**abit vos Spiritu Sancto"[5] (Marcum, 1:8)
    - » "Eu vos bati**z**o com água, Jesus, porém, vos bati**z**ará com o Espírito Santo."

b) **O "c" do latim foi transformado em "z" em algumas palavras**, portanto estas e suas derivadas são escritas com "**z**":

  - aduzir (*adducere*), aducente; amizade (*amicitate*), ami**c**íssimo; apaziguar (*apacificare*), pa**c**ífico; atriz (*actrice*); atroz (*atroce*), atro**c**idade; audaz (*audace*), audá**c**ia; azedo (*acetu*), á**c**ido; bezerro (latim hispânico *ibicerra*); bissetriz (*bi-sectrice*); buzina (*buccina*); capaz (*capace*), capa**c**idade; cicatriz (*cicatrice*), cicatrizar; contumaz (*contumace*), contumá**c**ia; cozer (*cocere*), cozinha (*cocina*); cruz (*cruce*), cru**c**ificar, dez (*decem*), dezena; dizer (*dicere*), do**c**ente, indi**z**ível; doze (*duodecim*), duodécimo, dúzia (*duocina*); induzir (*inducere*), indu**ç**ão; eficaz (*efficace*), eficá**c**ia; feliz (*felice*), feli**c**idade; jazer (*jacere*), jaz, jazida; juiz (*judice*) juizado, judi**c**iário; lazer (*licere*), luz (*luce*), lú**c**ido; mazela (*macella*); paz (*pace*), pacífico; pertinaz (*pertinace*), pertinácia; prezar (*pretiare*), prezado; prazer (*placere*), aprazível, apraz, plá**c**ito; prazo

4. Jerônimo, Eusébio Sofrônio, Biblia Sacra Vulgata, pág. 1570, editada entre 382 e 420, d.C.
5. Jerônimo, Eusébio Sofrônio, Biblia Sacra Vulgata, pág. 1575, editada entre 382 e 420, d.C.

(*placitu*), comprazer (*complacere*), complacente; raiz (*radice*), racial; rapaz (*rapace*); razão (*ratione*), racional; rezar (*recitare*), reza, recital; rodízio (*roticinu*); sagaz (*sagace*), sagacidade; talvez (*tal vice*); trazer (*tragere*), trago; vazio (*vacivu*), vácuo; veloz (*veloce*), velocidade; vez (vice), às vezes; verniz (*vernice*), vernizagem; voraz (*vorace*), voracidade; voz (*voce*), vocal.

c) **Palavras escritas com "z" por razões etimológicas:**

- Amazonas (gr. *amazón*), aprendiz (fr. *apprentiz*), Arizona (*Ari-zona*), armazém (ár. *al-mahzan*), arroz (ár. *ar-ruz*), assaz (*ad satie*), avestruz (*avistruthio*), azar (ár. *az-zahr*), azeite (ar. *az-zayt*), azul (persa *lazaward*), nazireu (gr. *nazeraîos*), ojeriza, ojerizar, chafariz (ar. *Sahrîj*), giz (ar. jibs), gozar (*gaudiu*), gozo, regozijo (cast. *regocijo*), horizonte (gr. *horízon*), magazine (fr. *magasin*), ozônio (gr. *ózein*); sazão (*satione*), sazonal; topázio (gr. *topázion*), trapézio (gr. *trapézion*).

  » **Exceção:** baliza (*palitia*) abalizar, abalizado, coalizão (fr. *coalition*).

5. "AB", "ABS", "AD", "OB"

São usados em palavras derivadas, às quais se unem normalmente:

- **ab**scesso, **ab**solvição (**ab**-solver-ação), **ab**soluto (**ab**-soluto), **ab**sorção, **abs**tração (**abs**-tração), **ad**vertir, **ad**vento, **ob**servação (**ob**-servo-ação), **ob**ter

6. C, COG, ET, IG, OB, OBS, P, PS, OP, RS, SIG, SUB E SUBS

São usados por razões etimológicas:

- expe**c**tativa, **cog**nição (*cognitione*), **ig**norância, ace**p**ção, conce**p**ção, cá**p**sula, eclam**ps**ia, eru**p**ção, exce**p**cional (*exceptionnel*), autó**ps**ia (gr. *autopsía*), la**ps**o, é**t**nica, **ob**soleto (*obsoletu*), **ob**vio, **obs**trução, **op**ção (*optione*), **ó**ptico, **ps**icologia, inte**rs**tício (*interstitiu*), **sig**nificar, **sub**sistir, **subs**tantivo (substantivu), **subs**trato, supe**rs**tição (*superstitione*).

7. "X": É USADO:

- **nas palavras que iniciam por "me" ou por "en"**, salvo as derivadas de palavras escritas com **ch:**

  - México, mexilhão (*muscellione*), mexerica (*miscere*), mexer (*miscere*), enxada (*asciata*), enxame (*examen*), enxergar, enxertar (*insertare*), enxurrada (en--chorro-ada)

    » **Exceções:** mecha (fr. *meche*), enchova (*genovês anciöa*).

- **depois de ditongos:**

  - ameixa, baixo, bauxita, caixa, faixa (*fascia*), frouxo, encaixe, paixão, peixe

    » **Exceção:** recauchutar.

- **nas palavras que iniciam pelos dígrafos "ex", "exo" e "extra"** (movimento para fora):

  + **ex**agero, **ex**altar, **ex**aminar, **ex**ceção, **ex**celso, **ex**certo, **ex**cesso, **ex**cetuar, **ex**cipiente, **ex**citar, **ex**clusivo, **ex**egese, **ex**emplar, **ex**ílio, **ex**ímio, **ê**x**ito, **ex**pectativa, **ex**pelir, **ex**pender, **ex**periência, **ex**perto, **ex**piar (remir), **ex**pirar, **ex**planar, **ex**pletivo, **ex**plicar, **ex**plorar, **ex**por, **ex**portar, **ex**umar (ex-humo-ar), **ex**tremo, **ex**trínseco, **êxo**do, **exo**dontia (extração dentária), **exo**nerar, **exor**cismo, **exó**rdio, **exó**tico, **ex**uberante, **êx**tase (gr. *ékstasis*), **ex**tensão, **extra**ção, **extra**dição, **extra**nho, **extra**ordinário, **extra**polar, **extra**to, **extro**versão.

    » **Exceções:** As palavras seguintes são escritas com os prefixos **ex**, **exo** e **extra**, em latim, mas lamentavelmente, na língua portuguesa, trocaram o **ex** por **es**, ou seja, aniquilaram a regra latina, não é possível a aplicarmos a todas as palavras porque algumas são escritas com **es**:

    » **escavar** (*excavare*), **escolher** (*excolligere*), **escusar** (*excusare*), **esfolar** (*exfollare*), **esgotar** (*exhauriunt*), **espantar** (*expaventare*), **espremer** (*exprimere*), **esquisito** (*exquisitu*), **estender** (*extendere*), **estrangeiro** (*extraneus*) etc.

- **nas palavras de origem árabe:**

  + xá, xamã, xadrez, xarope, xeque (ou xeique), xerife (*saríf*), xiita.

- **por razões etimológicas (x = ks):**

  + clímax; **doxo**, doxologia, paradoxo; fênix; **flexo** (*flexu*), flexe, flexão, flexível, reflexão (re-flexo-ão), reflexo (re-flexo); **fixo** (*fixu*), afixar, fixação, asfixia; inox, inoxidável; **laxi** (*laxu*), profilaxia, relaxe; **nexo** (*nexu*), anexar; conexão (com-nexo-ão), conexo (*connexu*); **oxi** (gr. *oxy*), oxigênio, oxítona; **plexo** (*plexu*), apoplexia, perplexão, complexo, perplexo; praxe; prolixo; **sexo** (*sexu*), sexual, sexologia, sexy; **taxi** (gr. *táxys*), sintaxe, taxionomia; tórax; toxo (gr. *tóxon*), tóxico; **vexo** (*vexu*), convexo, convexão (com-vexo-ão, também é usado **convecção**)

- **outras palavras escritas com "x":**

  + aproximar, auxílio, bruxo, caxumba, exasperar, exato, executar, exercício, exíguo, faxina (*fascina*), frouxo (*fluxu*), afrouxar, inexorável, máxima, próximo, rixa, roxo (*russeu*), sexta, sexto (ordinal), têxtil, texto, xangô, xampu (inglês *shampoo*), xará, xaréu, xavante, xaveco (árabe *shabaka*), xaxim, xeno, xerém, xerife (inglês *sheriff*), xícara (espanhol *xicalli*), xilografia, xingar

8. "CH"

- **é usado nas palavras latinas que eram escritas com "cl", "fl", "pl":**

  + chaga (*plaga*, praga), chama (*flamma*, inflamável), chamar (*clamare*, clamar, reclamar, clemência), chantar (*plantare*), chão (*planu*), chato (*plattus*), chave (*clavis*, clave, clavícula, claviculário, conclave), chegar (*plicare*), cheio (*plenu*), cheirar (*flagrare*, fragrância), encher (*implere*, preencher, trecheio), chorume (*florumen*) chumaço (*plumaciu*), enchumaçar; chumbo (*plumbu*), chuva (*pluvia*, pluvial), chorar (*plorare*, implorar).

- **outras palavras escritas com "ch":**
  - ✦ apetrecho, arrocho, bacharel (fr. *bacheler*), beliche, bolacha, bucha, cachaça (cacho+aça), cachimbo, cacho chá, chacina, chacota, charada, charco (basco *charcoa*), encharcar, charlatão (it. *ciarlatano*), charuto (tâmil *shuruttu*), chefe (fr. *chef*), cheque, chicória, chicote, chope, churrasco, chute, cochicho, cochilo, colchão, colchete, concha, fachada, facho, fantoche, fechar, ficha, flecha, gancho, inchar, lancha, lanche, guincho, linchar, machado (*marculatu*), machucar, mochila, pechincha, piche, prancha, rancho, rechaçar, salsicha, sanduíche, trapiche, trecho.

9. "G"

É usado:

- **nas terminações "ágio", "égio", "ígio", "ógio", "úgio":**
  - ✦ adágio, egrégio, prestígio, relógio, colégio, refúgio.
- **nos substantivos terminados por "agem", "igem" e "ugem", inclusive nos substantivos derivadas:**
  - ✦ Bagagem (fr. *bagage*), coragem (fr. *corage*), equipagem (equipe), ferrugem (ferro), folhagem (folha), fuligem (folha), garagem (fr. *garage*), lanternagem (lantera), linguagem (língua), miragem (mira), paisagem (fr. *paysage*), palhagem (palha), personagem (pessoa), postagem (postar), roupagem (roupa), vagem (*vagina*), viagem (via)

    » **Exceções:** pajem (fr. *page*, variante incorreta de *pagem*), lambujem (*lamber*, variante incorreta de *lambugem*).
- **são escritas com "g" as palavras terminadas por "ger" e "gir":**
  - ✦ eleger (*eligere*), proteger (*protegere*), fingir (*fingere*)
  - ✦ fugir (*fugere*), impingir (*impingere*), submergir (*submergere*)
- **usa-se "ge" ou "gi" depois do "a" no início das palavras:**
  - ✦ agenda, agente, agência, agiota (fr. *agioter*), ágil (*agile*).

    » **Exceção:** ajeitar (a+jeito+ar, jeito, *jactu*).
- **outras palavras escritas com "g":**
  - ✦ algema (ár. *al-jamâ´a*), apogeu (gr. *apógeion*), argila (*argilla*), auge (ár. *awg*), bege (fr. *beige*), elogiar (*elegiare*), gerir (*gerere*), gerência, digerir (*digerere*), ingerir, sugerir, efígie, esfinge, égide, Egito, estrangeiro, evangelho, exegese, falange, geada, gêmeo, gengiva, gengibre, gergelim, gesso, gesto, gibi,

Gibraltar, gíria, giz, herege, ligeiro, longe (*longus*), longitude (*longitudo*), longínquo (*longinquus*), monge, ogiva, rígido, tangente, tigela, urge, viageiro, vigência.

10. "J"

É usado:

- **nos tempos verbais dos verbos terminados com "jar":**
  - **viajar:** viajo, viajava, viajei, viajara, viajaria, viajarei; **ultrajar:** ultrajo, ultrajava, ultrajei, ultrajara, ultrajaria; **encorajar:** encorajo, encorajava, encorajei, encorajara
- **nas palavras de origem indígena:**
  - canjica, jenipapo, jerimum, jiboia, jiló, jirau, pajé.
- **outras palavras escritas com "j":**
  - ajeitar, jeito, rejeição, rejeitar; aracajé, berinjela (ár. *bâdinjâna*), caçanje, cafajeste, canja, canjica, enrijecer, gorjeta (*gorja+eta*), granjear (*granja+ear*); injeção (*injectione*), injetar, interjeição (*interjectione*), majestade (*maiestade*), projeção, projetar, projétil (fr. *projectile*); jejum (*jejunu*), jesuíta, laje (*lagena*), lisonja, loja, majestade, objeção, ojeriza, pajem (fr. *page*), rijeza, sarjeta, sujeito (*subjectu*), sujeira (sujo+eira), sujidade, traje (*trajar*).

11. "E"

É usado:

- **no presente do subjuntivo dos verbos terminados em "oar" e "uar":**
  - **abençoar:** abençoe, abençoes, abençoe...; **perdoar:** perdoe, perdoes, perdoe...; **ressoar:** ressoe, ressoes, ressoe...; **atenuar:** atenue, atenues, atenue...; **aguar:** ágΟue ou ague, águes ou agues, águe ou ague... **continuar:** continue, continues, continue...; **efetuar:** efetue, efetues, efetue...
- **no prefixo "ante"** (posição anterior):
  - antebraço, antecedência, antecipar, antedata, anteface.
- **no prefixo "des"** (separação, ação contrária, negação):
  - desacordo, desabrigado, desfazer, desleixo, despedaçar, desumano.
- **outras palavras escritas com "e":**
  - acarear, azulejo, bandeja, calejar, caranguejo, deferir (conceder), embutir, emergir, emigrar, eminência, empecilho, ensejo, erva, frear, lampejo, malfazejo, parêntese, quase, senão, sequer, tempero, varejo, vídeo.

12. "EI"

- aleijar, alqueire, ameixa, cabeleireiro, ceifar, colheita
- desleixo, madeireira, reiterar, reivindicar, seixo, treinar

13. "I"

É usado:

- na terceira pessoa do presente do indicativo dos verbos terminados por **air**, **oer** e **uir**:
  - **cair**: caio, cais, cai...; **doer**: dói; **roer**: roo, róis, rói
  - **influir**: influo, influis, influi...; **possuir**: possuo, possuis, possui.
- no prefixo **anti** (ação contrária, oposição):
  - antiácido, antiaéreo, antialérgico, anticárie, anticristo.
- outras palavras escritas com "**i**":
  - aborígine, calcário, cárie, chefiar, diferir, dilação, dilapidar, discrição (reserva), discriminar (separar), dispensa (licença), distorção, feminino, imergir, imigrar, iminente, júri, meritíssimo, premiar, privilégio, requisito.

14. "O"

É usado:

- abolir, agrícola, alcova, ampola, arroba, arrochar, barroco, bobina, bússola, comprimento (extensão), encobrir, explodir, silvícola, sortido, tribo, veio, vinícola.

15. "H"

É usado por razões etimológicas:

- Haiti, hangar, harmonia, Havana, Havaí, hebreu, hediondo, hélice, hemi (meio), hemisfério, hemorragia, herança, herbáceo, herege, hermenêutica, herói, hesitar, hiato, híbrido, hidráulico, hidro (água), hierarquia, hieróglifo, hífen, higiene, hino, hiper (sobre), hipo (sob), hipocrisia, hipoteca, hipótese, histeria, hodierno, homenagem, homeopatia, homicida, homilia, homologar, homogêneo, homônimo, honesto, honorário, honra, horizonte, horto (*hortus*), horta, hóspede, hostil, humilde, humor

16. "L"

É usado:

- **nas palavras que expressam movimento para "cima"**:

- alçar (*altiare*), alcançar (*incalceare*), alto, altivo, altaneiro, altura, planalto, salto

- **nos adjetivos formados por substantivo + al:**
  - casual (caso+al), colonial (colônia+al), especial, eventual, lateral, literal
- **outras palavras escritas com "L":**
  - álbum, alfabeto (gr. *alphabetu*), alcalino (ár. *al-qali*), álcali, algo (*aliquod*), algum (*aliquis+unus*), alma (*anima*), almaço, almofada (ar. *al-muhadda*), altar, alvo (*albu*), alvorada, calma (gr. *kauma*), cal (*cale*), calcário (*calcariu*), cálcio (*calcium*), cobalto (al. *kobalt*), cristal (*crystallu*), cristalino, falso (*falsus*), falta (*fallita*), maldade (*malitate*), mural (*murale*), palma, palmeira (palma+eira), respaldar (*spathula*), ribalta, rural (*rurale*), sal (*sale*), salinidade, saldar (verbo, *solidare*), saldo, salvar (*salvare*), solda (*solida*), soldar, voltar (*volvitare*).

17. "U"

É usado:

- no prefixo **auto** (por si mesmo, de si próprio, suficiente):
  - autismo, autoexame, automático, automóvel, autêntico, autor, autoridade
- Outras palavras escritas com "**U**":
  - acudir, acupuntura, agourar, arroubo, audácia, auge (ár *auj*), aumento (*augmentu*), ausente (*absente*), áureo, auxílio (*auxiliu*), bacurau, bônus, cacau(s) (náuatle *kakáwa*), cenoura, colorau, dourar (*deaurare*), cautela, cautério, cáustico, cauterizar, cinquenta, cumprimento (saudação), cúpula, entabular, estourar, exausto, Fausto (*faustus*) feliz, frouxo, lavoura, mau (*malu*), ônus, ouro (*auru*), pauta (*pacta*), pouco, pousar, régua, roubar, saudade (*solitate*), surtir, tábua, tesoura (*tonsoria*), tesouro, vírgula, vírus.

18. SEQUÊNCIAS CONSONÂNTICAS/CONSONÂNTICAS OU CONSONANTAIS

O "c" das sequências interiores "cc", "cç" e "ct", e o "p" das sequências interiores "pc", "pç" e "pt", ora se conservam, ora se eliminam:

- conservam-se nos casos em que são invariavelmente proferidos nas pronúncias cultas da língua:
  - compa**ct**o, convi**cç**ão, convi**ct**o, fa**cç**ão, fi**cç**ão, **fricção**, fri**cc**ionar, infe**cç**ão, **infectar**, ace**pç**ão, prospe**cç**ão, prospe**ct**o, assé**pt**ico, asse**ps**ia, **núpcias**, **opção**, **opcional**, **perfeccionismo**, **percepção**, **sucção**, **bactéria**, dete**ct**ar, **impacto**, **impactar**, **octogonal**, pa**ct**o, pi**ct**ural, ade**pt**o, **apt**o, **inapto**, dí**pt**ico, eru**pç**ão, eucali**pt**o, ine**pt**o, nú**pc**ias, ra**pt**o, ra**pt**ar.

- eliminam-se nos casos em que são invariavelmente mudos nas pronúncias cultas da língua:
  - ação, acionar, **adoção,** adotar, reação, reator, **transação,** afetar, afetivo, aflição, aflito, ativo, atividade, ato, atrativo, atual, coleção, coletivo, direção, diretor, **ereção**, fração, lição **lecionar**, exato, objeção, objetivo, objeto, **produto, projeto,** restrito, suscetível, tatear, adoção, adotar, batismo, dialetos, Egito, ótimo **teto;**
- conservam-se ou eliminam-se facultativamente quando se proferem numa pronúncia culta, quer geral, quer restritamente, ou então quando oscilam entre a prolação e o emudecimento:
  - **aspecto ou aspeto, cacto ou cato, caracteres ou carateres, característica ou caraterística, dicção ou dição, facto ou fato,** factível, **olfacto ou olfato, secção** ou **seção,** sector ou setor, intersecção ou interseção, ceptro ou cetro, concepção ou conceção, **anticoncepcional** ou **anticoncecional, corrupção** ou **corrução,** corrupto ou corruto, excepção ou exceção, recepção ou receção;
- quando, nas sequências interiores "mpc", "mpç" e "mpt" se eliminar o "p" de acordo com o determinado nos parágrafos precedentes, o "m" é substituído por "n", ou seja, escreve-se, respectivamente, "nc", "nç" e "nt":
  - assu**mpc**ionista e assu**nc**ionista, assu**mpç**ão e assu**nç**ão, assu**mpt**ível e assu**nt**ível, pere**mpt**ório e pere**nt**ório, su**mpt**uoso e su**nt**uoso, su**mpt**uosidade e su**nt**uosidade.
- Conservam-se ou eliminam-se, facultativamente, quando se proferem numa pronúncia culta, quer geral, quer restritamente, ou quando oscilam entre a prolação e o emudecimento:
  a) o "b" da sequência "bd", em sú**bd**ito;
  b) o "b" da sequência "bt", em su**bt**il e seus derivados;
  c) o "g" da sequência "gd", em ami**gd**ala, ami**gd**alite, ami**gd**alopatia e seus derivados;
  d) o "m" da sequência "mn", em a**mn**istia, a**mn**istiar, inde**mne**, inde**mn**idade, inde**mn**izar, o**mn**ímodo, o**mn**ipotente, o**mn**isciente etc.;
  e) o "t" da sequência "tm", em ari**tm**ética.

19. MAIÚSCULAS E MINÚSCULAS

a) **Maiúscula:** usa-se a letra maiúscula inicial:

- "nos **antropónimos/antropônimos** (nomes de pessoas), reais ou fictícios: *Pedro Marques; Branca de Neve, D. Quixote; Adamastor; Neptuno/Netuno;*
- nos **topónimos/topônimos** (nomes de lugares), reais ou fictícios: Lisboa, Luanda, Maputo, Brasília, Atlântida, Hespéria;

- nos **nomes de instituições** e de **pessoas jurídicas:** Instituto Nacional do Seguro Social;
- nos **nomes de festas** e de **festividades:** Natal, Páscoa, Ramadão, Todos os Santos;
- nos **títulos de periódicos:** Notícias, Diário de Notícias;
- no **primeiro nome dos bibliónimos/bibliônimos** (títulos de obras), salvo nos nomes próprios nele contidos: "O Senhor do Paço de Ninães", "O senhor do paço de Ninães", "Menino de Engenho" ou "Menino de engenho", "Árvore e Tambor" ou "Árvore e tambor";
- nos **pontos cardeais** ou **equivalentes** quando empregados absolutamente: *Nordeste*, por nordeste do Brasil, *Norte*, por norte de Portugal, *Ocidente*, por ocidente europeu, *Oriente*, por oriente asiático, *Meio-Dia*, pelo sul da França ou de outros países;
- em **siglas**, **símbolos** ou **abreviaturas**, reguladas com maiúsculas iniciais, ou mediais, ou finais ou toda a palavra: Aids, Alca, Bird, H2O, Nato, OMC, ONU, OTAN, SOS (Save Our Soul, Salve Nossa Alma), Sr., V. Ex.ª."1

  "*Observação*: As disposições sobre os usos das minúsculas e maiúsculas não obstam a que obras especializadas observem regras próprias, provindas de códigos ou normalizações específicas (terminologias antropológica, geológica, bibliológica, botânica, zoológica, etc.), promanadas de entidades científicas ou normalizadoras reconhecidas internacionalmente."[6]

b) **Minúscula:** usa-se a letra minúscula inicial:

- "ordinariamente, em **todos os vocábulos** da língua nos usos correntes;
- nos **nomes dos dias, meses, estações do ano:** segunda-feira, outubro, primavera;
- nas palavras **fulano, sicrano, beltrano;**
- nos **pontos cardeais** (mas não nas suas abreviaturas): norte, sul (mas: SW sudoeste);
- nos **axiónimos/axiônimos** (pronomes de tratamento: ilustríssimo senhor, excelentíssimo senhor, senhor Joaquim da Silva; se o pronome inicia frase, a primeira letra é escrita com maiúscula: Ilustríssimo senhor, Excelentíssimo senhor) e nos **cargos, postos** ou **funções** (bacharel Mário Abrantes, cardeal Bembo, ex-primeiro-ministro Miguel Trovoada, etc.)."[7]

---

6. Acordo Ortográfico da Língua Portuguesa de 1990, alterado.
7. Acordo Ortográfico da Língua Portuguesa de 1990, alterado.

c) **Maiúscula** ou **minúscula:** usa-se facultativamente na primeira letra:

- "nas **palavras usadas reverencialmente, aulicamente** ou **hierarquicamente** (Atenciosamente ou atenciosamente, Respeitosamente ou respeitosamente);
- no **início de versos**, nos **nomes de logradouros públicos** (rua ou Rua da Liberdade, largo ou Largo dos Leões, ilhas ou Ilhas de São Tomé e Príncipe) e nos **nomes de edifícios** (palácio ou Palácio da Cultura, edifício ou Edifício Azevedo Cunha);
- nos **hagiónimos/hagiônimos** (nomes de santos, santa Filomena ou Santa Filomena) e em **nomes de templos** (igreja ou Igreja do Bonfim, templo ou Templo do Apostolado Positivista);
- nos **cursos** e nas **disciplinas:** português ou Português, matemática ou Matemática, línguas e literaturas modernas ou Línguas e Literaturas Modernas."[8]

20. EXERCÍCIOS

1. Respondei certo ou errado quanto à grafia das palavras:

a)	( ) adoção	( ) coleção	( ) conversação	( ) isensão
b)	( ) intensão	( ) sanção	( ) dimenção	( ) excursão
c)	( ) penção	( ) pressão	( ) absorsão	( ) abstenção
d)	( ) detenção	( ) distorsão	( ) obtenção	( ) retensão
e)	( ) coerção	( ) distinção	( ) extinsão	( ) insersão
f)	( ) presunsão	( ) remissão	( ) remição	( ) extorsão
g)	( ) impreção	( ) omissão	( ) opressão	( ) infração
h)	( ) menção	( ) assersão	( ) assunção	( ) erupsão
i)	( ) acepção	( ) alicerçar	( ) cansaço	( ) sossobrar
j)	( ) ascensão	( ) espansivo	( ) suspenso	( ) imerção
l)	( ) transação	( ) catequisar	( ) catequese	( ) gase
m)	( ) amnésia	( ) discensão	( ) exdrúxulo	( ) explendor
n)	( ) extorno	( ) extrato	( ) expensas	( ) mixto
o)	( ) perspassar	( ) perspectiva	( ) suceção	( ) expedição
p)	( ) discução	( ) excencial	( ) seceção	( ) escassez
q)	( ) anarquizar	( ) globalizar	( ) banalisar	( ) abcesso
r)	( ) consciência	( ) recisão	( ) exceção	( ) escelso
s)	( ) excesso	( ) excetuar	( ) lambujem	( ) ageitar
t)	( ) exegese	( ) gengiva	( ) mexilhão	( ) enxada
u)	( ) enchurrada	( ) recauchutar	( ) champu	( ) confexão
v)	( ) convicção	( ) fixão	( ) abençoi	( ) efetue
x)	( ) reiterar	( ) influi	( ) acodir	( ) seguio
z)	( ) hediondo	( ) herege	( ) hesitar	( ) ostil

8. Acordo Ortográfico da Língua Portuguesa de 1990, alterado.

2. (CESGRANRIO, 2011, Petrobrás, Administrador Júnior) O emprego da palavra/expressão destacada está **incorreto** em:
a) Estava **mau-humorado** quando entrou no escritório.
b) Indaguei a razão **por que** se empenhou tanto na disputa pelo cargo.
c) Ninguém conseguiu entender **aonde** ela pretendia chegar com tanta pressa.
d) Não almejava mais nada da vida, **senão** dignidade.
e) Ultimamente, no ambiente profissional, só se fala **acerca** de eleição.

3. (FIP, 2009, CAMARA-SJC, Programador) Observe o enunciado abaixo e responda a seguir.
Nunca vi um homem tão _______! Nunca será capaz de agir como um _______, promovendo eventos _______ para o lazer e diversão da população.
As palavras que completam a primeira, a segunda e a terceira lacunas são, respectivamente:
a) ávaro, filantropo e gratuítos;
b) avaro, filantropo e gratuitos;
c) ávaro, filântropo e gratuitos;
d) avaro, filântropo e gratuitos;
e) ávaro, filântropo e gratuítos.

4. (CESGRANRIO - 2011 - Petrobras - Técnico de Informática) Segundo a "gramática do professor, do aluno e do mulato sabido" a que se refere o Texto II ("Pronominais"), em qual das frases abaixo, todas as palavras são adequadas à ortografia oficial da língua portuguesa?
a) A discução sobre o português mais correto rerpercutiu bastante da mídia.
b) A discussão sobre o português mais correto repercutiu bastante na mídia.
c) A discussão sobre o português mais correto repercutiu bastante na mídia.
d) A discusão sobre o português mais correto respercutiu bastante na mídia.
e) A discursão sobre o português mais correto respercutiu bastante na mídia.

5. (CESGRANRIO - 2011 - FINEP - Técnico - Apoio Administrativo e Secretariado) A palavra corretamente grafada é
a) admissão
b) distenção
c) discursão
d) excessão
e) extenção

6. (CESGRANRIO - 2011 - Petrobrás - Técnico de Administração e Controle Júnior) Os vocábulos "discussão", "atingimos" e "empresa" são grafados, respectivamente, com **ss**, **g** e **s**. São grafadas, respectivamente, com essas mesmas letras as seguintes palavras:
a) a___ambarcar, o___eriza, requi___ito.
b) la___idão, impin___ir, irri___ório.
c) ob___ecado, here___e, he___itar.
d) re___uscitar, gor___eta, parali___ar.
e) can___aço, la___e, morali___ar.

<table>
<tr><th colspan="8">RESPOSTAS</th></tr>
<tr><td>1</td><td colspan="7">a) c, c, c, e
b) e, c, e, c
c) e, c, e, c
d) c, e, c, e
e) c, c, e, e
f) e, c, c, e
g) e, c, c, c
h) c, e, c, e
i) c, c, c, e
j) c, e, c, e
l) c, e, c, e
m) c, e, e, e
n) e, c, c, e
o) e, c, e, c
p) e, e, e, c
q) c, c, e, e
r) e, e, c, e
s) c, c, c, e
t) c, c, c, c
u) e, c, e, e
v) c, e, e, c
x) c, c, e, e
z) c, c, c, e</td></tr>
<tr><td>2</td><td colspan="7">a (o correto é mal-humorado: adjetivo composto formado pelo advérbio mal e pelo adjetivo humorado).</td></tr>
<tr><td>3</td><td>b</td><td>4</td><td>c</td><td>5</td><td>a</td><td>6</td><td>b</td></tr>
</table>

CAPÍTULO 4

Acentuação gráfica

É o uso de sinal gráfico em determinada sílaba de uma palavra para indicar a pronúncia e a grafia corretas. Na linguagem falada a pronúncia da palavra é feita com pequena ênfase na sílaba tônica. Na escrita utilizamos os sinais de acentuação para indicarmos a pronúncia e a grafia da palavra.

A acentuação gráfica é feita por meio de quatro sinais: agudo (´), grave (`), circunflexo (^) e til (~).

1. CLASSIFICAÇÃO DAS PALAVRAS QUANTO À ACENTUAÇÃO:

- **Oxítonas** (gr. *oxytonos*: *oxy*, agudo; *tonos*, tom; tom agudo): são as palavras que possuem a sílaba tônica na última sílaba:
  - ✦ ca**fé**, jaca**ré**, ci**vil**, fran**gão**, Marapa**nim**, por**que**
- **Paroxítonas** (gr. *paroxytonos*: *para*: junto, perto, *oxy*: agudo, *tonos*, tom; tom agudo junto): são as palavras que possuem a sílaba tônica na penúltima sílaba:
  - ✦ An**go**la, Co**im**bra, es**co**va, **den**te, **Dou**ro, es**tá**vel, **hí**fen
- **Proparoxítonas** (gr. *proparoxytonos*: *pro*, antes; *para*, junto, perto; *oxy*, agudo; *tonos*, tom; tom agudo antes do junto): são as palavras que possuem a sílaba tônica na antepenúltima sílaba:
  - ✦ **fré**mito/**frê**mito, **grá**fica, **lâm**pada/**lám**pada, **mú**sica, tele**fó**nica/tele**fô**nica.

  Obs.: Sílaba **tônica/tónica** é a sílaba pronunciada com mais ênfase.

2. REGRAS DE ACENTUAÇÃO GRÁFICA

2.1 QUANTO À TONICIDADE:

- **Monossílabos tônicos**: são acentuados os monossílabos tônicos que terminam por **a**(s), **e**(s), **o**(s):

- má, más, pá, pás, fé, pé, pés, mês, cós, dó, nós, pó, pôs

- **Oxítonas:** são acentuadas as palavras **oxítonas** que terminam com **a, e, o, em**, estejam no singular ou no plural:
  - **a** (s): guaraná, guaranás, guajará, guajarás, taperebá, taperebás
  - **e** (s): jacaré, jacarés, mururé, mururés, café, cafés, poraquê, poraquês
  - **o** (s): avó, avós, só, sós, avô, avôs, robô, robôs, complô, complôs
  - **em** (éns): alguém, armazém, armazéns, também, parabéns, vintém

- **Paroxítonas:** são acentuadas as palavras paroxítonas que:

a) terminam com **ão, ã, om, i, um, us, l, n, r, x, ps**, estejam no **singular** ou no **plural**:
  - **ão** (s): acórdão, acórdãos, órgão, órgãos, sótão, sótãos
  - **ã** (s): órfã, órfãs, ímã, ímãs
  - **om** (ons): rádom, rádons, elétron, elétrons, nêutron, nêutrons
  - **ei** (s): hóquei, hóqueis, jóquei, jóqueis
  - **i** (s): bílis, íris, júri, júris, oásis, táxi, táxis, tênis
  - **um** (uns): fórum, fóruns, álbum, álbuns
  - **us:** bônus, húmus, vírus, Vênus
  - **l:** estável, estéril, difícil, cônsul, útil, frágil, têxtil
  - **n:** hífen, plâncton, pólen, líquen
  - **r:** açúcar, éter, mártir, fêmur
  - **x:** córtex, látex, tórax, fênix
  - **ps:** bíceps, fórceps

b) terminam com **ditongo crescente:**
  - ambíguo, adágio, elegância, ofício, privilégio, tendência, sacrifício

- **Proparoxítonas:** todas as palavras proparoxítonas são acentuadas:
  - **sí**laba, **tô**nica/**tó**nica, antepe**núl**tima, **lâm**pada/**lám**pada, jo**gá**vamos, **már**tires, **ét**nica.

2.2. Quanto aos encontros vocálicos

- **Ditongos abertos tônicos:** nas palavras **oxítonas** e nos **monossílabos**, os ditongos abertos tônicos **ei, eu, oi** são acentuados com o **agudo** (´) na primeira vogal:
  - anel, anéis, papel, papéis, réu, réus, réis, céu, céus, chapéu,

- chapéus, véu, véus, dói (verbo), herói, heróis, constrói, sóis

- **Hiatos tônicos:**
- os **hiatos tônicos "i"** e **"u"** são acentuados, nas palavras **oxítonas** e **paroxítonas**, se não formam sílabas com as consoantes seguintes, salvo com o **"s"**:
  - aí, al-tru-ís-ta, atraí, amiúde, ba-la-ús-tre, baía, baú, cajuí, cafeína
  - e-go-ís-mo, Esaú, fa-ís-ca, ju-í-zes, Lu-ís, pa-ís, pa-ra-í-so, sa-í-da
  - saúde, amá-la, amá-la-ia, atraí-lo, atraí-lo-ia, possuí-lo, possuí-lo-ia

  Observação: Os **hiatos tônicos "i"** e **"u"** não são acentuados, nas palavras **oxítonas** e **paroxítonas**, se formam sílabas com as consoantes seguintes:
  - a-in-da, atrair, ba-inha, mo-inho, pi-cu-inha, ra-inha, Ra-ul
  - Coimbra, ruim, oriundo, triunfo, demiurgo, influir, juiz, raiz
- os **hiatos tônicos "i"** e **"u"** são acentuados, nas palavras **oxítonas**, após ditongos, se estão na última sílaba:
  - Piauí, teiú, teiús, tuiuiú, tuiuiús

  Obs.: Se neste caso a consoante final é diferente de **s**, as vogais não são acentuadas: cauim.

2.3. Casos especiais

2.3.1. Acento diferencial: indica a diferença entre homógrafos e homófonos

- têm (plural), tem (singular)
- vêm (plural), vem (singular)
- pôde (pret. perf.), pode (presente)
- pôr (verbo), por (preposição)
- fôrma (substantivo), forma (verbo)

Observações:

a) **circunflexo:** é facultativo para diferenciar os substantivos **forma** e **fôrma**:
   - Qual a **forma** da **fôrma** de bolo?

b) **circunflexo:** é facultativo em **dêmos**, primeira pessoa do plural do presente do subjuntivo, para distinguir de **demos**, primeira pessoa do plural do pretérito perfeito do indicativo.

c) **agudo:** é facultativo nas formas verbais do pretérito perfeito do indicativo, amámos, louvámos, para distinguir das formas verbais do presente do indicativo, amamos, louvamos.

d) **agudo:** foi extinto o **agudo** que diferenciava as palavras:

✦ (5) A cantora **a** cuja voz me refiro virá ao Brasil.

» Substituamos **cuja** pelo antecedente: **refiro-me à voz da cantora; cuja** substitui **cantora**, porquanto o **a** que antecede **cuja** não será craseado.

Observações:

a) O **termo regido** aceita o artigo **a** se é possível usarmos **a** a sua frente:

✦ (1) *A Bahia* é a terra de Jorge Amado. (2) *A Eliana* é maravilhosa. (3) "Pelos seus hábitos se vê que não é da *terra*." (4) __ Vossa Excelência é admirado por todos. (5) __ Brasília é a capital do Brasil.

b) Só há crase antes de **que**, **quem**, **qual** e **quais** se eles substituírem palavra feminina:

✦ (1) "Senhor da alta torre de Sião, *à qual* não posso subir, se me vós não dais a mão" (**a qual** substitui **torre**). (Luís de Camões) (2) "Quebramos o regime ditatorial *a que* os jogadores sempre obedeceram por imposição dos clubes." (**que** substitui **regime**).

c) "Verbo pronominal: o que sempre vem acompanhado de um pronome oblíquo da mesma pessoa que o sujeito, como *arrepender-se, queixar-se, aborrecer-se, babar-se, considerar-se*. Chamam-se *essencialmente pronominais* quando, como se dá com os dois primeiros citados, nunca vêm desacompanhados do pronome, e *acidentalmente pronominais* quando, como é o caso dos três últimos, podem vir sem ele." (Novo Aurélio Século XXI)

Outros exemplos de crase antes de substantivo feminino:

✦ (1) Os turistas saíram em direção *a* Roma. (2) "A oposição de Paulo não era ao princípio mas *à* execução." (3) "O respeito *à* vida é o nosso maior propósito." (4) "Quanto *à* autoridade do governo, qualquer explicação adicional é supérflua, mas quanto *à* autoridade social orgânica..." (5) "O desacordo referia-se *à* proposta do PT e *à* do PMDB" (elipse de "proposta"). (6) "Não se meteu logo na cama; foi primeiro *à* do irmão ver se dormia." (7) "Uma boa gargalhada é semelhante *à* luz solar em uma casa."[2] (8) Ainda não avistamos *a* terra desconhecida ("avistar" é VTD, não exige preposição). (9) "Uma data histórica: 21.7.1969, o homem chega *à* Lua." (10) O ministro retornará hoje mesmo *a* Brasília. (11) Chegarei *à* casa do Paulo amanhã.

Outros exemplos de crase antes de pronomes relativos:

✦ (1) "Com datas e períodos relativos às diversas providências de natureza técnica e legislativa *à* que será submetido o projeto da lei do orçamento." (2) "Tudo *a* que estás reagindo pode mudar porque existe o real e o filtrado." (Tu estás reagindo *a* tudo: sem crase porque **tudo** não aceita o artigo **a**). (3) Essa chuteira é igual *à* que tu compraste (elipse do substantivo **chuteira** antes do

2. Thackeray, William M. *apud* Moisés M. de Oliveira, *Sete Mil Ilustrações e Pensamentos*, 2ª edição, Juerp, 1981.

relativo **que** ou **à** = **a** + **a** (demonstrativo). (4) "Quando uma afirmação soa bem ao teu ouvido, tu emites uma vibração positiva *à* qual a Lei da Atração responde." (5) Aqui estão as apostilas, *as* quais estudarás.

- **Casos particulares:**

a) **A crase e os substantivos: terra** e **casa:** Há crase se os **verbos** exigem **a** e **terra** (antônimo de bordo) e **casa** são particularizados (ou determinados por numerais, pronomes, adjetivos, locuções adjetivas e orações adjetivas):

+ (1) Os marinheiros voltaram **à** terra de seus pais. (2) "Babilônia lançará fogo **às** casas dos deuses do Egito e as queimará." (3) Mena voltou **à** casa onde sua irmã mora hoje. (4) Levaram a encomenda **à** Casa Santos.

Se os **verbos**, termos regentes, não exigem **a** ou se **terra** e **casa**, termos regidos, não são determinados, não há crase. Os termos regidos foram assim classificados para facilitar a compreensão mas na verdade são locuções adverbiais.

+ (1) A cliente comprou **a** bela casa por R$ 2 milhões. (2) O Vaporeto deixa **a** tua casa limpa e seca. (3) Os marinheiros voltaram **a** terra. (4) O navio chegou e os viajantes foram **a** terra. (5) Voltar **a** ou **para** casa, chegar **a** ou **para** casa, ir **a** ou **para** casa.

b) **A crase e as locuções verbais:** A regência do **verbo principal** prevalece sobre a regência do **verbo auxiliar**, independentemente de sua função:

+ (1) O documento foi *enviado* **à** impressora pelo Paulo.
+ (2) O Paulo enviou o documento **à** impressora.

O verbo principal **enviar** define a regência da locução **foi enviado**, **enviar** é VTDI, portanto o **a** é craseado.

c) **A crase e os substantivos próprios femininos:**

- Há crase antes dos nomes de mulheres com as quais há intimidade, ou quando o tratamento é informal:

  + (1) A simbolização referente **à** Cecília e **à** Clarice...

- Não há crase antes dos nomes de mulheres com as quais não há intimidade, ou quando o tratamento é formal, ou antes dos nomes de mulheres famosas:

  + (1) O devoto entregou a oferenda **a** Maria.
  + (2) A simbolização referente **a** Cecília Meireles e **a** Clarice Lispector...

- Há crase antes dos nomes de mulheres qualificados:

  + (1) Sempre fazia referências **à** escritora Rachel de Queiroz.
  + (2) O orador fez referência **à** prezada Cristina, **à** senhora Eliana, **à** ilustríssima Rosângela e **à** excelentíssima Adriana.

d) **A crase, os pronomes de tratamento** (vossa senhoria, vossa excelência, vossa alteza, etc.) e **o pronome "você"**: não há crase antes desses pronomes porque **vossa** e **você** não aceitam o artigo **a:**

✦ (1) Fiz elogios **a** vossa excelência.

✦ (2) Informamos **a** você sua convocação.

e) **A crase e o pronome "dona"**: a crase é facultativa porque o artigo é facultativo antes de **dona:**

✦ (1) Agradeceu o presente **à** (ou **a**) dona Francisca.

- *Regra 2*

O **a** é craseado se o **termo regente** exige **a**, preposição, e se o **termo regido** são os demonstrativos **a**(s), **aquele**(s), **aquela**(s) ou **aquilo**, independentemente do gênero do termo regido:

✦ (1) "Essa situação é **semelhante à** que vimos na televisão." (2) "Antes de **chegar àquele** ponto, Atanásio apresentara uma ampla lista de assuntos." (3) "Tópico significa **relativo àquilo** de que se trata."

» Os **termos regentes** exigem **a** e os **termos regidos** são os demonstrativos: **a** = **aquela, aquele** e **aquilo**, logo há crase.

✦ (4) "A Lei da Atração só **responde** aquilo à que tu dedicas atenção." (5) "Logo a maior idade já **sente** por pouquidade **aqueles** gostos passados." (Luis de Camões)

A **regra 2** é parcialmente satisfeita: **responder** e **sentir**, VTD, não exigem **a**, logo não há crase. Ressalto: o **a** que antecede **que** é craseado: tu dedicas atenção **àquilo.**

✦ **Outros exemplos:** (1) Eu me dedico **àquele** esporte. (2) "Quando os policiais chegaram **àquele** ambiente dominado pela tensão..." (3) Pratiquei por muitos anos **aquele** esporte.

- *Regra 3*

As **locuções prepositivas**, **conjuntivas**, **adjetivas** e **adverbiais** formadas de **núcleos femininos** serão craseadas, mesmo se estiverem implícitas:

✦ à moda de, à maneira de, à disposição de, à distância de, à custa de, à procura de, à prova de, à medida que, à proporção que, às claras, às ocultas, às pressas, às escondidas, às vezes, às tontas, às... horas, à toa, à vontade, à noite, à meia-noite, à tarde, etc.

» Embora o ACORDO ORTOGRÁFICO DE 1990 tenha **claramente** extinguido a crase dessas locuções, a Academia Brasileira de Letras, os autores, as bancas examinadoras e demais usuários as craseiam ordinariamente. Salvo melhor juízo, questões sobre essas crases são anuláveis porque não há normas que as estabeleçam.

- **Locuções prepositivas:** (1) Tu pintas **à maneira de** Cândido Portinari. (2) A pedra foi lançada **à distância de** cem metros. (3) Almoçaremos bacalhoada **à** portuguesa, churrasco **à** gaúcha e frango **à** passarinho (elipse da palavra **moda: à moda portuguesa**). (4) O galã usava cabelos **à** Castro Alves.
- **Locuções conjuntivas:** (1) Resolvo as demandas **à medida que** as recebo. (2) "**À proporção que** envelhecia, Huxley... apaziguava-se com a vida."
- **Locuções adjetivas:** barcos **à vela** e **a remo**, faculdade **à distância.**

  » As locuções destacadas modificam substantivos logo são locuções adjetivas.

- **Locuções adverbiais:** (1) Retornarei a Macau **à uma hora**, **às duas horas**, **às 18 horas**, **à tarde**, **à noite**, **à meia-noite**, ou **à zero hora**, **à uma hora**, **às duas horas...**
- **Outras locuções adverbiais:** à luz, àquela hora do dia, à vontade, às vezes, à duas milhas, à distância, à curta distância, à longa distância, à tona.

Observações:

a) As locuções prepositivas, conjuntivas, adjetivas e adverbiais cujos núcleos são palavras masculinas não são craseadas:

   - (1) Tudo **a preço de** banana. (2) Liquidação **a preço de** custo. (3) Fiscalização eletrônica **a 200 metros.**

b) Locução adverbial são duas ou mais palavras que modificam verbo, adjetivo ou advérbio:

   - (1) "Deixe os ombros **à mostra**, neste verão." (2) "Marduk abandonou Babilônia **à própria sorte.**" (3) **Àquela altura** a partida ganhava emoção.

Locuções adverbiais de instrumentos

Há divergência entre os autores quanto à crase das **locuções adverbiais de instrumentos** e das **locuções adverbiais de modo:** alguns dizem que essas locuções não são craseadas porque o **a** que as antecede é apenas preposição. Se não existe o artigo **a**, não há crase, pois a crase pressupõe **a + a**, mas a **condição** para crasearmos as locuções **prepositivas, conjuntivas** e **adverbiais** é seus **núcleos serem palavras femininas**, logo as locuções cujos núcleos são palavras femininas são craseadas.

Se a condição para crasearmos essas locuções fosse: serão craseadas as locuções cuja mudança **a** mais **núcleo feminino** é igual a **ao** mais **núcleo masculino**, as **locuções adverbiais de instrumentos** e as **locuções adverbiais de modo** não seriam craseadas, pois a mudança **a** mais **núcleo feminino** é igual a **a** mais **núcleo masculino**, portanto entendemos que todas as locuções, inclusive as de instrumentos e as de modo, que possuem núcleos femininos são craseadas, sem exceção.

Observa os seguintes exemplos:

- Ele foi ferido **à espada** → Ele foi ferido **a pau.**
- Escrevi a carta **à máquina.** → Escrevi a carta **a lápis.**
- Estava **à toa** na vida. → Estava **a esmo** na vida.
- Pagarei a dívida **à vista.** → Pagarei a dívida **a prazo.**
- Guardarei **à sete chaves.** → Guardarei **a sete segredos.**

» As locuções à esquerda são craseadas porque seus núcleos são palavras femininas, as locuções à direita não são craseadas porque seus núcleos são palavras masculinas.

Observações:

a) Qualquer situação de crase é resolvida por uma das três regras. As questões que não envolvem **locuções** ou **pronomes demonstrativos** são resolvidas pela **regra 1.**

b) Em pesquisa realizada, em aproximadamente 50 provas dos últimos concursos, não encontrei nenhuma questão de crase antes de **nomes próprios femininos**, de **locuções adverbiais de modo** e de **locuções adverbiais de instrumento**, portanto essas três situações jamais **cairão** em provas.

- *Crase facultativa*

a) antes dos pronomes possessivos **minha**, **tua**, **sua**, **nossa**, **vossa** (e flexões) seguidos de substantivo feminino, se o termo regente exige preposição:

- **(1)** "O próprio pensamento da moça não **escapava a** suas suspeitas."
- **(2)** "O próprio pensamento da moça não **escapava às** suas suspeitas."
- **(3)** "O próprio pensamento da moça não **escapava à** (ou **a**) sua suspeita."

» Em **(1)** há preposição mas não há artigo, **a** = **a** + __, logo não há crase.

» Em **(2)** há preposição e artigo, **às** = **a** + **as**, portanto há crase.

» Em **(3)** há preposição e artigo, **à** = **a** + **a**, porém a crase é facultativa porque o **a**, artigo, é facultativo antes de **sua.**

A crase é facultativa antes dos **possessivos** porque o uso do artigo **a** também é facultativo antes desses pronomes:

- **O** teu empenho foi decisivo ou _ teu empenho foi decisivo.
- **A** minha casa paterna ou _ minha casa paterna.

b) depois de **até**, preposição, a crase é facultativa porque o **a**, preposição, é facultativo após **até:**

✦ (1) Os raios ultravioletas são mais fortes das 10 até **as** (ou **às**) 16 horas. (2) "Arquelau foi até **o/ao** Templo e depois, até **o/ao** trono dourado." (3) "Até **à** minha chegada (ou **até a** ou **até minha**), aplica-te à leitura e ao ensino."

- *Não há crase*

As inexistências de crase foram citadas apenas para informação, porque se lhes aplicarmos a **regra 1**, verificaremos que as condições serão parcialmente satisfeitas portanto não serão craseadas.

a) Não há crase em locuções substantivas formadas por palavras repetidas como **lado a lado, dia a dia, gota a gota, face a face, ponta a ponta**, etc.:

✦ (1) "Um par de princípios permaneceu **face a face**, aparentemente irreconciliável." (2) "As vozes que invadiram o Brasil de **ponta a ponta** vieram mesmo nas asas dos pequenos rádios de pilha."

b) Não há crase se antes do substantivo feminino plural existe apenas a preposição **a:**

✦ (1) "Os biólogos dedicam-se **a** experiências genéticas."

✦ (2) "Os postos 'Ação Criança' dão alimentos **a** milhares de crianças." (Cespe)

c) Não há crase se **a**, artigo, é precedido de preposição diferente de **até:**

✦ (1) Estou aqui **desde** as 8 horas. (2) Retificamos o horário para **as** 8h.

d) Não há crase antes dos verbos:

✦ (1) "O ato de dirigir não é direito de todos mas dos cidadãos aptos **a** dirigir."

✦ (2) "Os eruditos foram persuadidos **a** ocupar as cadeiras amplamente dotadas."

e) Não há crase antes de **cada**, **todo**, **toda**, **tudo**, **nenhum**, **nenhuma**, **algum**, **alguma**, pronomes indefinidos, porque eles não aceitam o artigo **a:**

✦ (1) A **cada** jogador corresponde uma só jogada. (2) O chefe referia-se a **toda** a equipe de trabalho. (3) "Entre os povos indígenas todos têm direito à terra e a **tudo** que dela se obtém."

3. EMPREGO E GRAFIA DOS PORQUÊS

a) **por que:** é usado nas frases interrogativas diretas e nas frases interrogativas indiretas.

Frases interrogativas diretas:

✦ (1) **Por que** *(motivo)* a língua portuguesa é complicada? (2) A língua portuguesa, **por que**, é complicada? (3) **Por que** *(razão)* o leite materno é importante ao bebê? (3) O leite materno é importante, **por que**, ao bebê?

As frases interrogativas diretas terminam por **?**, e o **por que** (preposição e pronome interrogativo) equivale a **por qual motivo** ou **por que motivo** ou **por qual razão** ou **por que razão.**

Frases interrogativas indiretas:

- (1) "Daí **por que** a razão é considerada como a fonte básica do conhecimento."
- (2) ...nem das razões **por que** *(motivo)* não foram selecionadas como beneficiárias.
- (3) O procurador investigará os motivos **por que** a TMC acelerou a licitação.
- (4) Três motivos **por que** é recomendável uma empresa apurar seus custos.

As frases interrogativas indiretas terminam sem **?**, e o **por que** (preposição e pronome interrogativo ou preposição e pronome relativo) equivale respectivamente a **por qual motivo**, **por qual razão** ou a **pelo qual** ou **pela qual.**

- **por quê** (equivale a **por qual motivo**, **por qual razão**): é usado no fim de frases interrogativas diretas ou indiretas:
  - (1) A língua portuguesa é complicada, **por quê**?
  - (2) O leite materno é importante ao bebê, **por quê?**
  - (3) O leite materno é importante ao bebê, tu sabes **por quê.**
  - (4) Gosto de personagens difíceis mas não sei **por quê.**

Observações:

a) **Para que**, **de que**, **sobre que**, **com que** etc., locuções interrogativas, são acentuadas quando são usadas no fim de frases:

- (1) Tu falaste com o Paulo, **sobre quê**?
- (2) Tu compraste a semente de girassol, **para quê**?

b) Não vislumbramos a possibilidade de usarmos o **por que** nas orações subordinadas substantivas objetivas indiretas, porque os períodos ficam sem coesão:

- (1) Empenhei-me *por* que **ele fosse aprovado.**
- (2) Empenhei-me *para* que **ele fosse aprovado.**

» (1) não está coeso: **por** não é o conectivo adequado para ligar a oração subordinada adverbial final (OSAF) destacada à principal; **(2)** está coeso: o conectivo **para** liga perfeitamente a OSAF à principal.

c) **porque:** é usado como conjunção **explicativa** ou conjunção **causal:**

- **como conjunção coordenada explicativa** (liga duas orações se a segunda expressa explicação em relação à primeira):

✦ (1) "Uma pessoa em coma não é doadora de órgãos **porque** o coma é reversível." (2) "Muitos sismólogos dizem que não é possível prevermos os terremotos **porque** a crosta da Terra é muito heterogênea."

- **como conjunção subordinada adverbial causal** (liga duas orações se a segunda expressa causa em relação à primeira):

✦ (1) As casas foram destruídas **porque** a tempestade foi fortíssima.

✦ (2) A reciclagem protege o meio ambiente **porque** ela reutiliza os materiais.

d) **porquê:** é usado como **palavra substantivada** (significa causa, motivo, razão):

✦ (1) Não sei o **porquê** mas gosto de personagens difíceis. (2) "Um Playstation 3 a US$ 320 mil! Calma, há um **porquê:** ele é de ouro e possui 58 diamantes."

Observação: **Acordo Ortográfico de 1990** elimina acentos diferenciais dos porquês e dos quês:

> **BASE VIII: DA ACENTUAÇÃO GRÁFICA DAS PALAVRAS OXÍTONAS**
>
> "3 Prescinde-se de acento gráfico para distinguir palavras oxítonas homógrafas, mas heterofónicas/heterofônicas, do tipo de *cor* (ô), substantivo, e *cor* (ó), elemento da locução de *cor; colher* (ê), verbo, e *colher* (é), substantivo. Excetua-se a forma verbal *pôr*, para a distinguir da preposição *por*."

Se o acordo extingue os acentos diferenciais das palavras oxítonas, salvo de uma exceção (uma homógrafa homófona), **pôr**, verbo, para distinguir-se de **por**, preposição, não existem outras exceções, ou seja, o **porque** e o **que** substantivados e as infinitas locuções interrogativas no fim de frases, por quê?, de quê?, para quê?, sobre quê? etc., que também são homógrafas homófonas, não são acentuados. Somente uma decisão judicial definirá se a Base VIII aplica-se ou não aos porquês.

4. EXERCÍCIOS

1. Respondei C (certo) ou E (errado):

a) (Cespe, 2006, Anatel) Nas formas verbais "vêm" e "têm" foi aplicada a mesma regra de acentuação gráfica.

( ) certo ( ) errado

b) (FEPESE, 2010, SEFAZ-SC) Os vocábulos **evidência, espécie** e **tênis** são acentuados devido à mesma regra de acentuação gráfica:

( ) certo ( ) errado

2. (CESGRANRIO, 2010, Petrobrás) O par de palavras que **não** é acentuado, segundo o norma culta, é

a) interim – pólen

b) itens – pudico

c) juizes - prototipo
d) economico – refém
e) heroi – bíceps

3. Respondei certo ou errado quanto ao uso da crase:
a) ( ) Consult. O médico assistiu à população flagelada.
b) ( ) (FCC) À qualquer hora estávamos dispostos a assistir à cenas de guerra.
c) ( ) Esaf. Para os membros da CAE, a qual os acordos internacionais são submetidos, cabe ao Brasil novas solicitações de empréstimos ao FMB se este retirar...
d) ( ) "Há duas regras a obedecermos: à qual delas obedeceremos: à primeira ou à segunda."
e) ( ) Cesgranrio. Portanto já não basta à igualdade formal. É tempo de concretizar os direitos fundamentais.
f) ( ) "Os povos que aqui chegaram deram vários nomes a terra."
g) ( ) Quinze resultam em morte, cifra superior à verificada no trânsito.

4. (FCC) As lacunas da frase "Busca-se .... muito tempo uma linguagem adequada .... expressão das leis e .... outras questões sociais" serão corretamente preenchidas por:
a) a - à - à
b) há - a - a
c) a - à - a
d) há - à - a.

5. (FCC) É preciso limitar as conclusões .... poucas informações e .... discussões referentes .... pesquisa.
a) à - as - à
b) a - às - à
c) a - às - a
d) à - às - à.

6. (CESGRANRIO, 2010, BNDES) De acordo com o registro culto e formal da língua, os vocábulos que são acentuados, respectivamente, pelas mesmas regras de "aí" e "até" são
a) sabiá – fé
b) café – além
c) diário - reféns
d) egoísta – você
e) consciência – três

7. (VUNESP) Assinale a alternativa que completa corretamente o texto:
Quanto ____ perfil desejado, com vistas ____ qualidade dos candidatos, a franqueadora procura ser muito mais criteriosa ao contratá-los, pois eles devem estar aptos ____ comercializar seus produtos.
a) ao ... a ... à
b) àquele ... à ... à
c) àquele ... à ... a
d) ao ... à ... à
e) àquele ... a ... a

8. (Esaf/AFRF) Marque a opção que preenche corretamente as lacunas:
"Completamente excluídos das engrenagens de desenvolvimento da sociedade, os miseráveis são reduzidos ____ uma condição subumana. Seu único horizonte passa ____ ser ____ luta feroz pela sobrevivência. No lixão do Valparaíso, ____ poucos quilômetros de Brasília, ____ gente disputando os restos com os animais." (Veja)

a) a – à – à – há – há
b) a – a – a – a – há
c) à – a – a – à – há
d) a – à – à – há – a

9. (Cesgranrio) Completa corretamente as lacunas abaixo a opção:
_____ vezes, fico ____ buscar soluções para meus problemas, mas, ____ cada situação vivida, chego ____ conclusão de que ainda não sei viver.

a) As – a – à – a
b) As – à – à – à
c) Às – a – a – à
d) Às – a – a – a

10. (FGV, 2010, CAERN, Agente Administrativo) Assinale a palavra que **não é** acentuada pela mesma regra que as demais:

a) até
b) está
c) país
d) biogás
e) contará

11. (VUNESP, 2010, TJ-SP, Agente de Fiscalização Judiciária) Assinale a alternativa em que as palavras são acentuadas graficamente pelos mesmos motivos que justificam, respectivamente, as acentuações de: década, relógios, suíços:

a) flexíveis, cartório, tênis
b) inferência, provável, saída
c) islâmico, cenário, propôs
d) república, empresária, graúda
e) óbvio, após, países

12. (CESGRANRIO, 2009, BACEN, Técnico do Banco Central) As palavras que se acentuam pelas mesmas regras de **conferência**, **razoável**, **países** e **será**, respectivamente, são

a) exercício, balaústre, níveis e sofá
b) trajetória, inútil, café e baú
c) necessário, túnel, infindáveis e só
d) médio, nível, raízes e você
e) éter, hífen, propôs e saída

13. (FCC, 2015, TRT - 15ª Região Prova, Analista Judiciário - Tecnologia da Informação) O termo entre parênteses preenche corretamente a lacuna da frase em:

a) A mudança, começaram ...... senti-la apenas os descendentes dos escravos. (à)
b) Não foi apenas com o intuito de libertar ...... escravos que se promulgou a lei Áurea. (aos)

c) As condições iniciais dos libertos eram muito próximas ...... de escravidão. (as)
d) ..... vésperas do século XX ainda eram debatidas questões como a escravidão. (Às)
e) Muito embora lhes fosse conferida ...... condição de liberto, muitos continuavam subjugados. (à)

14. Respondei certo ou errado quanto à acentuação:

a)	( ) constroi	( ) mártires	( ) fé	( ) aguia	( ) rúbrica
b)	( ) feiúra	( ) ideia	( ) água	( ) moínho	( ) mantem
c)	( ) artífices	( ) leem	( ) ama-lo-ei	( ) atêu	( ) boia
d)	( ) heroi	( ) tambem	( ) obstruído	( ) argúi	( ) sôo
e)	( ) juízes	( ) possui-lo	( ) atraido	( ) orfã	( ) povôo
f)	( ) aveia	( ) caído	( ) ascetico	( ) alcançá-lo	( ) éco
g)	( ) caíu	( ) baiuca	( ) enxagúo	( ) gratuito	( ) idéia
h)	( ) alem	( ) lingua	( ) corsário	( ) própria	( ) nectar
i)	( ) essencia	( ) plateia	( ) crueis	( ) útero	( ) ovário
j)	( ) início	( ) época	( ) varios	( ) estavel	( ) colméia
k)	( ) carater	( ) híbrido	( ) carretel	( ) cônscio	( ) jôios
l)	( ) miúdo	( ) ninguem	( ) seqüência	( ) ate	( ) anéis

RESPOSTAS			
1	**a:** c.; **b)** c (são acentuadas as palavras paroxítonas que terminam por **i** (s) e as que terminam por ditongo crescente);		
2	b		
3	**a:** e; b: e; **c:** e (os acordos... são submetidos à CAE); **d:** c; **e:** e ("a igualdade formal" é sujeito da oração portanto não leva crase); **f:** e (**dar** exige **a** e **terra** aceita **a** logo o "a" é craseado); **g:** c (omissão de **cifra** após a crase; cifra superior **a** e **a** cifra verificada portanto há crase.		
4	d	**5**	b
6	d	**7**	c
8	b	**9**	c
10	c	**11**	d
12	d	**13**	d
14	**a)** e, c, c, e, e; **b)** e, c, c, e, e; **c)** c, c, e, e, c; **d)** e, e, c, e, e; **e)** c, e, e, e, e; **f)** e, c, e, c, e; **g)** e, c, e, c, e; **h)** e, e, c, c, e; **i)** e, c, e, c, c; **j)** c, c, e, e, e; **k)** e, c, c, c, e; **l)** c, e, e, e, c.		

CAPÍTULO 5

Hífen

É o sinal gráfico usado para ligar os elementos de uma palavra composta, para ligar os pronomes átonos aos verbos e para no fim de uma linha indicar a separação das sílabas de uma palavra em duas partes.

1. HÍFEN ENTRE PALAVRAS

a) O hífen **é usado** nos substantivos e nos adjetivos compostos formados por palavras (**substantivo**, **adjetivo**, **advérbio**, **preposição**, **palavra reduzida**, **numeral**, **verbo**).

Os substantivos e os adjetivos compostos são dois ou mais termos que formam palavras novas, embora mantenham seus significados próprios.

- **substantivo e substantivo:** auxílio-alimentação, bolo-rei, couve-flor, decreto-lei, diretor-geral, diretor não empregado, guarda-noturno, Grã-Bretanha, Grão-Pará, inspetoria-geral, licença-prêmio, matéria-prima, moto-táxi, operação-padrão, salário-família, sapo-arco-íris, sócio-gerente.

  » **Exceções:** planalto, pontapé.

- **substantivo e adjetivo:** cheiro-verde, erva-doce, estado-maior, feijão-verde, ficha-limpa.
- **adjetivo e substantivo:** altas-horas, altas-noites, alto-falante, alto-relevo, baixo-relevo, boas-vindas, bom-senso, branco-gelo, má-lingua, maus-tratos, puro-sangue.
- **adjetivo e adjetivo:** azul-celeste, azul-marinho, azul-turquesa, franco-atirador, latino-americano, médico-cirúrgico, surdo-mudo.
- **advérbio e substantivo:** além-fronteira, além-mar, aquém-mar, aquém-Pireneus.

Observação: O advérbio **não** não se liga por hífen aos termos seguintes:

✦ não agressão, não comuns, não essencial, não padrão, não conforme.

- **advérbio e adjetivo:** além-fronteiras, aquém-Pireneus, bem-amado, bem-aventurado, bem-casado, bem-criado, bem-ditoso, bem-falante, bem-humorado, bem-mandado, bem-nascido, bem-sucedido, bem-visto, bem-vindo, mal-afortunado, mal-entendido, mal-humorado, recém-casado, recém-nascido, recém-eleito.
  - » **Exceções:** benfazejo, benfeito, benfeitor, benquerença, benquerido, benquisto, malcriado, malditoso, malfalante, malmequer, malmandado, malnascido, malsucedido, malvisto.

Observação: Não há hífen entre o advérbio **não** e os termos seguintes:

- não alinhado, não efetivo, não ferroso, não localizado, não raro, não renovável.

- **advérbio e verbo** ou **advérbio e advérbio:** aquém-fiar, bem-estar, mal-estar, tão-somente.
- **preposição e substantivo:** entre-eixo, para-atleta, sem-cerimônia, sem-fim, sem-número, sem-terra, sem-vergonha.
- **palavra reduzida e substantivo:** bel-prazer.
- **palavra reduzida e adjetivo:** afro-asiático (afro=africano), greco-romano (greco=grego), ibero-romeno (ibero=ibérico), indo-chinês (indo=indiano), infanto-juvenil (infanto=infantil), luso-brasileiro (luso=lusitano), nipo-portuguesa (nipo=nipônico), póstero-superior.
- **numeral e substantivo:** dois-pontos, meia-lua, meio-campo, meio-dia, meio-fio, segunda-feira, primeiro-ministro.
- **verbo e substantivo:** conta-gota, guarda-chuva, guarda-volume, queima-roupa.
  - » **Exceções:** girassol, mandachuva, paraqueda, aguardente, varapau.

b) O hífen **é usado** nas palavras compostas que formam encadeamentos:

- a divisa Liberdade-Igualdade-Fraternidade, a ponte Rio-Niterói
- o percurso Lisboa-Coimbra-Porto, a ligação Angola-Moçambique

c) O hífen **é usado** nas locuções consagradas pelo uso[1], nos topónimos/topônimos[2] (topo: lugar, nymos: nomes), nas espécies botânicas[3] e nas espécies zoológicas[4]:

- 1. água-de-colônia, cor-de-rosa, mais-que-perfeito, pé-de-meia;
- 2. Albergaria-a-Velha, Baia de Todos-os-Santos, Entre-os-Rios, Montemor-o-Novo, Quebra-Costas, Traga-Mouros, Trás-os-Montes;
- 3. bem-me-quer, bênção-de-deus, castanha-do-pará, erva-do-chá, ervilha-de-cheiro, fava-de-santo-inácio, grão-de-bico;
- 4. andorinha-do-mar, bem-te-vi, cobra-d'água, estrela-do-mar, lesma-de-conchinha, louva-a-deus, mosca-da-fruta.

d) O hífen **não é usado** nas locuções substantivas, adjetivas, adverbiais, verbais, pronominais, prepositivas ou conjuntivas:

- **locuções substantivas:** cão de guarda, comum de dois, fim de semana, fogo de artifício, passo a passo, ponto e vírgula, pôr do sol, sala de jantar.
- **locuções adjetivas:** cor de açafrão, cor de café com leite, cor de vinho, porta a porta;
- **locuções adverbiais:** à parte, à vontade, de mais, de menos, depois de amanhã; fim de semana, cara a cara, face a face;
- **locuções verbais:** abre e fecha, estou estudando, sobe e desce, vai e vem, vaivém;
- **locuções pronominais:** cada um, ele próprio, nós mesmos, quem quer que seja;
- **locuções prepositivas:** abaixo de, acerca de, acima de, a fim de, apesar de;
- **locuções conjuntivas:** a fim de que, ao passo que, contanto que, logo que;

» **Exceções:** à queima-roupa, a deus-dará, **aparte** (substantivo): comentário que interrompe o discurso de alguém; **demais** (advérbio): estudar demais, andar demais, andar muito; **demais** (substantivo): 20% dos alunos passaram, os demais ficaram em recuperação.

2. HÍFEN ENTRE PREFIXOS E PALAVRAS

✦ **Prefixos mais comuns:** ante, anti, áudio, circum, contra, entre, extra, hiper, infra, intra, pré, pós, pró, rádio, recém, sob, sobre, sub, super, supra, ultra etc.

✦ **Falsos prefixos gregos e latinos mais comuns:** aero, agro, arqui, auto, cito, físio, eletro, geo, hidro, hio, histo, imuno, inter, intra, macro, maxi, mega, micro, mini, mono, multi, nefro, neuro, neo, orto, pan, pluri, proto, pseudo, psico, rádio, semi, sócio, tele etc.

- *Regras gerais*

a) o prefixo e o nome são separados por hífen se a primeira legra do nome é **h:**

✦ ante-histórico, anti-humano, circum-hospitalar, contra-harmônico, extra-humano, infra-hepático, intra-hepático, pré-história, pós-humano, pró-humanidade, sobre-humano, sub-hepático, super-homem, ultra-helênico, arqui-histórico, eletro-hidrômetro, geo-história, inter-hemisfério, neo-helênico, pan-helenismo, pseudo-humano, semi-hospitalar

b) o prefixo e o nome são separados por hífen se a **última** letra do prefixo e a **primeira** do nome são iguais (**vogal** ou **consoante**):

- ✦ anti-ibérico, contra-almirante, arqui-irmandade, auto-observação, infra-axilar, supra-auricular, eletro-ótica, micro-onda, semi-interno, inter-região, hiper-requintado, microcrédito, monoácido, neoliberal, neoplasia, super-requisito, sub-bloco, sub-bibliotecário
- ✦ agronomia, agroindustrial, antebraço, anteface, audiologia, audiovisual, autoescola, antiaéreo, aeroespacial, contraponto, extraordinário, geossociocultural, hidroelétrico, hiperacústico, hipertensão, histopatológico, imuno-histoquímica, multiuso, multimistura, neurologia, neurológico, ortoclínica, pernalta, plurianual, pseudoprefixo, radioscopia, radiotelescópio, retroescavadeira, semiaberto, subliminar, sociologia, socioeconômico, superefeito, ultrapassa, videoclipe, videoconferência

- *Regras particulares*

a) O prefixo junta-se ao nome, com duplo **r** ou **s**, se a última letra do prefixo é vogal e a primeira do nome é **r** ou **s:**

- ✦ antissemita, antissocial, arquirrival, autossuficiente, autorregulador, contrarregra, cosseno, ecossistema, eletrossiderúrgica, entressafra, infrassom, megassena, minissaia, oligossacarídeo, prosseguir, pseudossocial, psicossocial, sobressalto, suprarrenal, telesserviço

b) Os prefixos **circum** e **pan** também são separados por hífen se a **primeira** letra do nome é **vogal**, **m** ou **n** (os compostos com "**h**" já estudamos na alínea "**a**"):

- ✦ circum-ambiente, circum-hospitalar, circum-murado, circum-navegação
- ✦ pan-africano, pan-americano, pan-helênico, pan-mágico, pan-negritude

c) Os prefixos **ab**, **ad**, **ob**, **inter**, **hiper**, **super**, **sub** e **sob** também são separados por hífen se a **primeira** letra do nome é **r:**

- ✦ ab-rogar, ad-renal, ad-rogar, ob-rogar, sub-região, sub-reitor, sub-rogar
- ✦ interdição, obsessão, sobrecoxa, subemprego, subsolo, superação, subentendido, subestimar, superexplorado, superinteressante

d) Os prefixos **pré**, **pós** e **pró** (acentuados) também são separados por hífen, se o nome possui existência própria:

- ✦ pré-escolar, pré-natal, pré-requisito, pós-graduação, pós-modernismo, pró-africano, pró-europeu, pró-labore
- ✦ preconceito, preconceber, prefixo

e) Os prefixos **ex**, **sota**, **soto**, **vice** e **vizo** são separados por hífen quaisquer que sejam os outros nomes:

- ✦ ex-diretor, ex-presidente, ex-primeiro-secretário, sota-piloto, soto-mestre, vice-nider, vice-presidente, vizo-rei

f) Os prefixos **des** e **in** juntam-se ordinariamente aos nomes, mas contraem-se com perda do **h** se a primeira letra do nome é **h**:

- desarmonia, desumano, desfazer, inapto, inamovível, inábil, inumano

g) Os prefixos **co** e **re** juntam-se aos nomes ordinariamente, sem restrições:

- coeducação, coobrigação, coocupante, coordenação, cooperação, copiloto, coproprietário, reabastecer, reentrância, reimprimir, reiterar

3. HÍFEN ENTRE PALAVRAS E SUFIXOS

Nas formações por sufixação apenas se emprega o **hífen** nos vocábulos terminados por sufixos de origem tupi-grarani que representam formas adjetivas, como **açu**, **guaçu** e **mirim**, se o primeiro elemento termina com vogal acentuada graficamente ou se a pronúncia exige a distinção gráfica dos dois termos:

- andá-açu, capim-açu, amoré-guaçu, anajá-mirim, Ceará-mirim

PARTE 3
Morfologia

CAPÍTULO 1

Estrutura das palavras

As estruturas das palavras são as partes ou os elementos que as compõem, também chamados de morfemas.

As palavras geralmente são formadas pelos morfemas:

- **radical:** é a parte invariável da palavra, a parte que contém o significado principal:
  - » **filh**o, **filh**a, **carr**o, **carr**eta, **carr**uagem, **post**o, **post**agem, **form**a, **form**al
- **vogal temática:** é a vogal que sucede o radical:
  - » filh**o**, filh**a**, carr**o**, carr**e**ta, cas**a**, cas**e**iro, form**a**, públic**o**, pass**o**, pass**a**rela
- **tema:** é formado pelo radical e pela vogal temática:
  - » gênero, pequeno, mundo, casa, copa, sócio, chuva, sala, livro
- **desinência:** é o elemento que indica o gênero e o número das palavras:
  - » filh**o**, filh**os**, filh**a**, filh**as**, carr**o**, carr**os**, pequen**o**, pequen**os**, pequen**a**, pequen**as**
- **afixo:** são os prefixos e os sufixos acrescentados às palavras para formarem outros nomes:
  - » **prefixo:** **a**filhado, **in**venção, **con**venção, **en**corpar, **circun**screver, **des**fazer, **dis**torção, **con**tração, **pre**posição, **re**formar, **res**surgir, **re**escrever
  - » **sufixo:** cas**ebre**, chuv**isco**, drog**aria**, livr**aria**, pod**erio**, ferr**agem**, folh**agem**, boi**ada**
- **vogais e consoantes de ligação:** são as vogais ou as consoantes que são usadas entre palavras e sufixos para facilitar a pronúncia:
  - » gas**ô**metro, pau**l**ada, cafe**t**eira, cha**l**eira

1. PROCESSOS DE FORMAÇÃO DAS PALAVRAS

São os mecanismos pelos quais determinadas palavras são formadas. As possibilidades de formarmos novas palavras são várias: com palavras, prefixos e sufixos são formadas várias novas palavras (substantivos, adjetivos, verbos, advérbios etc.).

São os mecanismos pelos quais determinadas palavras são formadas. Palavras, prefixos e sufixos, combinados, formam várias novas palavras (substantivos, adjetivos, verbos, advérbios etc.). A flexibilidade e os vários prefixos e sufixos refletem as inúmeras e proveitosas possibilidades de formarmos novas palavras, ou seja, de uma palavra formarmos várias novas palavras (substantivos, adjetivos, verbos, advérbios etc.).

São os mecanismos pelos quais as palavras são formadas. São as combinações de palavras e afixos para a formação de novas palavras. A flexibilidade e os vários prefixos e sufixos refletem as inúmeras e proveitosas possibilidades de formarmos novas palavras, ou seja, de uma palavra formarmos várias novas palavras (substantivos, adjetivos, verbos, advérbios etc.).

Ou seja, palavras e afixos formam várias novas palavras (substantivos, adjetivos, verbos, advérbios etc.).

Palavras, prefixos e sufixos, combinados, formam várias novas palavras (substantivos, adjetivos, verbos, advérbios etc.).

São as combinações de palavras e afixos para a formação de novas palavras.

As novas palavras são formadas pela combinação de palavras, prefixos e sufixos.

As várias possibilidades de formarmos novas palavras refletem a riqueza que há na língua

A flexibilidade reflete a riqueza que há na língua

✦ firme, firmar, firmamento, firmeza, firmemente, firmadamente, firmado, confirmado

Os principais processos de formação das palavras são composição e derivação:

1.1. Composição

É o processo pelo qual a união de duas ou mais **palavras** formam uma terceira.

A formação por composição dá-se por **justaposição** ou por **aglutinação**:

- **justaposição:** quando as palavras formam uma terceira sem perda de fonemas:

  ✦ agência-barco, carro-som, célula-tronco, chá-mate, entressafra, girassol, irmão-herdeiro, radiotáxi, radioterapia, passatempo, madressilva, malmequer, salvo-conduto

- **aglutinação:** quando as palavras formam uma terceira com perda de fonemas:
  - ✦ aguardente (água+ardente), floricultura (flor+cultura), planalto (plano+alto)

1.2. Derivação

É o processo pelo qual palavras primitivas e prefixos ou sufixos formam palavras derivadas.

Os **prefixos** são os afixos que são acrescentados à frente das palavras, os **sufixos** são os afixos que são acrescentados após.

A derivação ocorre por **prefixação, sufixação** e **parassintética:**

- **prefixação:** a palavra derivada é formada por prefixo e por palavra primitiva; os prefixos mais importantes são: a, ad, ab, abs, ante, com, contra, circum, des, dis, de, es, ex, e, em, in, entre, inter, intro, extra, pos, post, per, pre, pro, re, cis, tras, tres, trans, ultra, so, sub, sobre, super, supra, soto, sota, vice, retro:
  - ✦ amadurecer, admirar, absolver, abstrair, antepor, consentir, contrapor, circundar, desatar, disparar, decompor, esquentar, expor, emigrar, enraizar, imprimir, entrelaçar, introduzir, extravasar, pospor, percorrer, preconceito, promover, reeditar, traspassar, transcrever, ultrapassar, soterrar, subjugar, sobrepor, superposto, supradito, sotapor, vice-presidente, retroceder
- **sufixação:** a palavra derivada é formada por palavra primitiva e por sufixo (radical e sufixo):
  - **substantivos derivados de substantivos** pelo acréscimo dos sufixos aumentativos **ão, ona, ierão, (z)arrão, alhão, ada, aço, aça, uça, asco, arra, orra, alha, aréu, az, anzil, ázio:**
    - ✦ casarão, mocetão, mulherão, pidão, mulherona, tabuona, asneirão, boqueirão, chapeirão, vozeirão, gatarrão, homemzarrão, saparrão, facalhão, ramalhão, vagalhão, nevada, filmaço, corpaço, amigaço, barcaça, mulheraça, dentuça, penhasco, bocarra, naviarra, cabeçorra, manzorra, fornalha, muralha, naviarra, fogaréu, povaréu, cartaz, lobaz, canaz, corpanzil, balázio, pratázio, copázio.
  - **substantivos derivados de substantivos** pelo acréscimo dos sufixos diminuitivos **inho**(**a**), **zinho**(**a**), **im, ejo, ela, ola, ote, isco, ete, eto, eta, ito, oto**(**a**), **zito, ebre, eco, ico, ulo, ula, culo, cula, acho:**
    - ✦ livrinho, padrinho, caixinha, casinha, pezinho, reizinho, florzinha, mãezinha, espadim, camarim, lugarejo, vilarejo, magricela, sacola, rapazola, caixote, chuvisco, morteirete, graveto, cruzeta, ilheta, lingueta, livrito, perdigoto, ilhota, raparigota, reizito, rapazito, florzita, casebre, livreco, burrico, corpúsculo, glóbulo, nódulo, riacho.

- **substantivos derivados de substantivos** pelo acréscimo dos sufixos **aria, io, ame, ume, agem, ismo, al, ada, ado, ato, eira, eiro, ário, ouço, oiço, açal, ugem, edo, tório:**
  - ✦ alfaiataria, cavalaria, drogaria, infantaria, livraria, mulherio, senhorio, vasilhame, chorume, cardume, clonagem, ferragem, capitalismo, heroísmo, jornalismo, neologismo, socialismo, cafezal, laranjal, olival, papelada, boiada, goiabada, moscada, ponticado, bacharelado, consulado, sindicato, sulfato, goiabeira, mangueira, porteira, pulseira, coqueiro, paliteiro, açucareiro, aquário, armário, erário, pedrouço, pedroiço, lodaçal, ferrugem, arvoredo, figueiredo, rochedo, vinhedo, cartório, escritório.
- **substantivos derivados de adjetivos** pelo acréscimo dos sufixos **agem, ismo, ia, eza, ez, ice, iça, icie, idão, or, tude, dade, ume, ura:**
  - ✦ politicagem, socialismo, alegria, melhoria, valentia, pureza, firmeza, gentileza, rapidez, gravidez, doblez, carioquice, modernice, velhice, justiça, calvície, mansidão, gratidão, elevador, frescor, amplitude, magnitude, bondade, humildade, azedume, alvura, brancura, doçura
- **substantivos derivados de verbos** pelo acréscimo dos sufixos **mento, ção, são, da, dura, tura, douro, doura, tório, ança, ância, ença, ência:**
  - ✦ ornamento, pensamento, rendimento, nomeação, obrigação, entrada, partida, saída, armadura, atadura, semeadura, escritura, clausura, ancoradouro, bebedouro, dobadoura, dormitório, laboratório, esperança, mudança, importância, diferença, regência.
- **adjetivos derivados de substantivos** pelo acréscimo dos sufixos **ar, or, eiro, ário, ejo, oso, udo, ano, ês, ense, esco, isco, ista, ento, ático, istico, ino, eno, ico, engo, al, il, ol, io, eu, aico, enho, onho, estre, este, fero:**
  - ✦ familiar, solar, ascensor, tradutor, inspetor, bombeiro, brasileiro, carteiro, copeiro, passageiro, porteiro, verdadeiro, empresário, diário, sertanejo, harmonioso, rigoroso, ossudo, cabeludo, pontudo, peruano, açoriano, francês, japonês, cabo-verdense, paraense, carnavalesco, mourisco, acionista, capelista, egoísta, existencialista, humorista, jornalista, marxista, telefonista, romancista, romanista, avarento, sedento, rabugento, corpulento, opulento, aromático, emblemático, heroístico, humorístico, jornalístico, linguística, cristalino, terreno, bíblico, ibérico, realengo, flamengo, causal, dorsal, mineral, natural, febril, espanhol, algarvio, europeu, hebreu, heroico, judaico, ferrenho, medonho, silvestre, agreste, celeste, mortífero.
- **adjetivos derivados de adjetivos** pelo acréscimo dos sufixos aumentativos: **ão, ona, ierão, alhão, astro, arrão, arrona, aço, aça:**
  - ✦ mocetão, poetão, mocetona, poetona, grandalhão, moçalhão, grosseirão, medicastro, poetastro, santarrão, santarrona, ricaço(a).

- **adjetivos derivados de adjetivos** pelo acréscimo dos sufixos diminutivos: **inho, zinho, iço, ito, ete, ote, ista:**
  - ✦ alegrete, amigote, docinho, flamenguista, verdinho.
- **adjetivos derivados de adjetivos** pelo acréscimo do sufixo do superlativo: íssimo(a), ílimo(a), érrimo(a):
  - ✦ amabilíssimo, frigidíssimo, justíssimo, santíssimo, sacratíssimo, asperérrimo, celebérrimo, paupérrimo.
- **adjetivos derivados de verbos** pelo acréscimo dos sufixos: **ante, ente, inte, ado, ido, dor, sor, or, ável, ível, úvel, douro, tório, iço, io, ivo:**
  - ✦ fertilizante, emigrante, governante, presidente, combatente, doente, depoente, gerente, solvente, contribuinte, ouvinte, azulado, barbeado, branqueado, prometido, querido, rendido, pedido, remido, sentido, empregador, jogador, lavrador, morador, pescador, professor, desejável, vulnerável, conversível, movível, móvel, removível, corrigível, visível, solúvel, volúvel, vindouro, transitório, quebradiço, movediço, escorregadio, lavradio, pensativo, lucrativo.
- **advérbios derivados de adjetivos** pelo acréscimo do sufixo **mente:**
  - ✦ justamente, livremente, firmemente, francamente.
- **verbos derivados de substantivos** pelo acréscimo dos sufixos **ar, ir, izar, ear, ejar, ecer, itar:**
  - ✦ agenciar, ancorar, beijar, beliscar, carimbar, censurar, gerenciar, numerar, gritar, perfumar, telefonar, lixar, ordenar, colorir, florir, dolarizar, favelizar, harmonizar, barbear, costear, escanear, laquear, passear, patentear, saborear, gotejar, favorecer, saltitar.
- **verbos derivados de adjetivos** pelo acréscimo dos sufixos **ar, ir, izar, ficar, ear, ejar, ecer, itar:**
  - ✦ assessorar, ativar, criticar, legitimar, inocentar, isentar, monitorar, agilizar, fossilizar, civilizar, falsificar, fortificar, sanear, escurecer, facilitar.

• **prefixação** e **sufixação** (derivação parassintética): a palavra derivada é formada por prefixo, radical e sufixo:

- **verbos derivados de substantivos:** acetinar, amanhecer, anoitecer, amortecer, apimentar, aveludar, enfaixar, enfileirar, engavetar, empalhar, enrolar, ensaboar, entardecer, enraivecer.
- **verbos derivados de adjetivos:** ajustar, alisar, alongar, amadurecer, apodrecer, aproximar, encurtar, engordar, engrossar, emagrecer, endurecer, enrijecer, envelhecer, enriquecer, empobrecer, enlouquecer.

- **Prefixos latinos principais:**

✦ **a-**, **ab-**, **abs-** (afastamento, ausência, privação, separação): aversão, abuso, abstinência, abdicar;

✦ **a-**, **ad-** (aproximação, direção, movimento, tendência): adjunto, adjacente, averbado, admirar, aposto;

✦ **ambi-** (duplicidade): ambidestro, ambiente, ambiguidade, ambivalente;

✦ **ante-** (anterioridade, procedência): antebraço, anteontem, antepor, antever;

✦ **bem**, **ben**(e)- (muito bom): bem-vindo, bem-estar, benfeitor, bendito, benefício;

✦ **bis-**, **bi-** (repetição, duas vezes): bisneto, bimestral, bienal, biscoito;

✦ **circu**(m, n)- (ao redor, movimento em torno): circunferência, circunscrito, circundante;

✦ **cis-** (posição aquém): cisalpino, cisplatino, cisandino;

✦ **co-**, **con-**, **com-** (companhia, concomitância): coação, coautor, colégio, cooperativa, consoante, compaixão;

a) perante b, p, conserva-se inalterado: combatimento, combinar, compadre, compartilhar;

b) perante c, d, f, g, j, n, q, s, t e v, muda o m em n: concórdia, condução, confrade, conglomerado, conjunto, conquista, consolo, conturbação, convergência;

c) perante l, m, n, r, s, perde o m: colocação, cometimento, conexão, correlação, cosseno;

d) perante vogal, perde o m: coerdeiro, coordenar, cooperativa.

✦ **contra-** (oposição, contrário): contrapeso, contra-ataque, contrabando, contradizer;

✦ **de-** (movimento de cima para baixo, separação, origem): decapitar, decair, depor, decurso, degradação;

✦ **de**(s)- (contrário, negação, separação): desfavorável, desacordo, desventura, desacordo;

✦ **di**(s)- (contrário, negação, separação): discórdia, discussão, disjunção;

✦ **ex-**, **exo-**, **extra-**, **es-**, **e-** (movimento para fora): excêntrico, exportação, exumar (ex-humo-ar), êxodo, exonerar, extradição, extraordinário, estrangeiro, extrato, escolha, escusar, espremer, elucidar, emersão, evasão;

✦ **in-** (movimento para dentro, passagem para um estado ou forma, revestimento, negação): informar, imerso, injeção, intocável, inviolável;

a) perante b, p, muda o n em m: impiedade, impossível, impor, importação, imundo;

b) muitas vezes muda-se em *en* e perante b, p muda-se em *em*: encarecer, enterro, embeber, envolver, empobrecer;

- **i**-, (sentido contrário): ilegal, imoral, imóvel, imortal,
- **inter**- (posição intermediária): intercâmbio, internacional, interposição, intersecção;
- frequentemente muda-se em entre: entreforro, entrelace, entretenimento, entrevista;
- **intra**- (posição interior): intramuscular, intravenoso, intraverbal;
- **intro**- (movimento para dentro): introduzir, introvertido, introspectivo;
- **justa**- (posição ao lado): justapor, justalinear;
- **ob**-, **o**- (posição em frente, oposição): obstruir, ofuscar, ocupar, obstáculo;
- **per**- (movimento através, superlatividade): percorrer, perplexo, perfurar, perseguir, perverter, perfeito;
- **pos**- (posterioridade): pospor, posterior, pós-graduado;
- **pre**- (anterioridade): prefácio, prefixo, preliminar, preposição, previsão;
- **preter**- (omissão, excesso): pretermissão, preternatural;
- **pro**- (movimento para frente, patrocínio, substituição): progresso, prosseguir, projeção, promoção;
- **re**- (repetição, reciprocidade): rever, reduzir, refrescar, reabrir, retoque;
- **retro**- (movimento para trás): retrospectiva, retrocesso, retroagir, retrógrado;
- **se**- (apartamento): sedução, segregação;
- **so**-, **sob**-, **sub**-, **su**-, **subter**- (de baixo para cima, inferioridade): soterrar, sobpor, subestimar, sub-rogar, subterfúgio;
- **super**-, **supra**-, **sobre**- (posição superior, excesso): supercílio, supérfluo, sobremodo, suprassumo;
- **salvo**- (isenção): salvo-conduto, salvaguarda;
- **soto**-, **sota**- (posição inferior): soto-mestre, soto-posição, sota-capitão;
- **trans**- (mutação, passagem): transcrição, transgressão, transatlântico, traspassar;

  » frequentemente muda-se em tra-, tras-, tres-: tradição, tradução, trasladação, tresnoitar, tresvario;
- **ultra**- (além do limite, excesso): ultrapassar, ultra-ativo, ultrassom, ultraleve, ultravioleta;
- **vice**-, **vis**- (substituição com inferioridade): vice-presidente, vice-reitor;

  » às vezes muda-se em vis: visconde.

Fontes: http://www.soportugues.com.br/secoes/morf/morf7.php, 26/07/2017 e RIBEIRO, Julio, Grammatica portuguesa, 5ª edição, Editora Miguel Melillo, São Paulo, 1899, pág. 151, modificados.

- **Prefixos gregos principais:**
  - **a** ou **an** (= **in**, privação, ausência): afônico, anônimo, acéfalo, anarquia;
  - **amphi** (ao redor, dos dois lados, duplo): anfisbena, anfiteatro, anfíbio;
  - **ana** (de baixo para cima, afastamento, decomposição, duplicação): anacronismo, anagrama, analogia, anabatista;
  - **anti** (oposição): antagonista, antártico, antítese, antídoto, antipatia, antipático;
  - **apo** (= **ab**, separação): apogeu, apóstata, apóstolo;
  - **archi** (= **arce**, preeminência): arcebispo, arcanjo, arquétipo, arquiduque;
  - **cata** (de cima para baixo): cataclismo, catacumba, catarro, catástrofe;
  - **dia** (através, intermediação): diálogo, dialético, diadema, diâmetro;
  - **dys** (dificuldade): disenteria, dispepsia, dispneia;
  - **ec** (= **ex**, apartamento): equimose, exantema, êxtase, êxodo;
  - **en** (= **in**, tendência): encéfalo, embrião, enema;
  - **endo** (dentro, internação): endocarpo, endoscopia, endosmose;
  - **epi** (sobre): epiderme, epígrafe, epílogo;
  - **eu** (bom): evangelho (eu-aggelion, boa notícia), eufonia;
  - **exo** (externação): exosmose;
  - **hyper** (= **super**, **supra**, excesso): hipérbole, hipertensão, hipertrofia;
  - **hypo** (= **sub**, submissão): hipoteca, hipótese;
  - **meta** (transposição, sucessão, fim): metamorfose, metáfora, metafísica, método, metonímia;
  - **para** (perto, ao lado, cognação): paradoxo, paráfrase, parágrafo, paralelo;
  - **peri** (entorno, acima, circuito): perímetro, período, periferia, perífrase;
  - **pro** (diante, antes, anteposição): programa, prognóstico, prólogo, prótese;
  - **pros** (tendência): prospecção;
  - **syn** (= **cum**, conjunção): sincronismo, sinótico, sintaxe, síntese, sistema;
  - **syn** perante *l* ou *m* perde *n*: sílaba, simetria; perante *b* e *p* muda o *n* em *m*: símbolo, simpatia.

Fontes: RIBEIRO, Julio, Grammatica portuguesa, 5ª edição, Editora Miguel Melillo, São Paulo, 1899, pág. 155 e M. Said Ali, Gramatica secundária, Cia Melhoramentos, pág. 166, modificados.

- **Radicais gregos principais:**
  - **acro** (*ákros*, alto, topo, extremidade): acrópole, acrobata, acróstico;
  - **aér, aéros** (ar): aeróbico, aeronáutica, aeródromo, aeronave;
  - **agogo** (guia, condutor): demagogo, pedagogo;
  - **ágon** (combate, luta): agonia, agonista, antagonista;
  - **agorá** (praça): agorafobia;
  - **agrós** (campo): agronomia, agrônomo, agromania,
  - **alélon** (um e outro): paralelo, paralelograma, paralelepípedo;
  - **áleuron** (farinha): aleurômetro, aleuroma;
  - **algia** (dor): nevralgia, odontalgia;
  - **álgos** (dor): nevralgia, mialgia;
  - **alós** (outro): alomórfico, alopatia, alotropia;
  - **acanta** (*ákantha*, espinho): acantocarpo, acantóforo;
  - **andro** (homem): andrógeno, andrógino, androide, androceu;
  - **anemo** (vento): anemômetro, anemoscópio, anemômetro;
  - **anér, andrós** (homem, macho): androgenia, androgênese, androceu;
  - **ánthos** (flor): antófilo, antógeno, antografia, antologia;
  - **ánthropos** (homem): antropologia, antropofagia, antropomorfismo, filantropia;
  - **ántrax** (carvão): antracose, antracômetro;
  - **arqueo** (*archaios*, antigo, velho): arqueologia, arcaísmo, arcaico;
  - **arché** (comando, governo): monarquia, monarca, anarquia;
  - **arctos** (urso): ártico, antártico;
  - **aristós** (ótimo): aristocracia, aristocrata;
  - **arithmós** (número): aritmética;
  - **ártos** (pão): artofagia, artófago, artólatra;
  - **árthron** (articulação): artrondinia, disartria, artralgia;
  - **astér, astéros** (estrela): astrologia, astrólogo, astrolábio;
  - **atmós** (vapor): atmosfera, atmômetro;
  - **autos** (próprio): autonomia, autópsia, autóctone, autolatria;
  - **barys** (pesado): barisfera, barítono, barita, barômetro;
  - **báros** (peso, pressão): barômetro, barologia, barometria;
  - **batós** (caminhante): acrobata, dendróbata, nefelibata;
  - **bátrakhos** (sapo, rã): batráquio, batracoide;

- **biblion** (livro): biblioteca, bibliografia, bibliófilo;
- **bíos** (vida): biografia; biologia, biópsia, biômetro;
- **botané** (planta): botânica, botanologia;
- **brachium** (braço): braquídeo, braquiotomia;
- **brakhýs** (curto): braquicéfalo, braquipneia;
- **broma**, **brômatos** (alimento): bromatologia, bromatólogo;
- **broncos** (garganta): bronquite, broncoscopia;
- **bule** (vontade): abúlico, abulia;
- **bútiron** (manteiga): butiráceo, butirômetro;
- **cacos** (mau, feio): cacografia, cacófato, cacófato;
- **calco** (cobre, bronze): calcografia, calcógrafo, calcosina;
- **cali** (*kallis*, belo): caligrafia, calígrafo, calipígio;
- **cárdio** (*kardia*, coração): cardiologia, cardíaco, cardiograma;
- **caris** (graça): carisma, eucaristia; carismático;
- **cele** (tumor): encefalocele, grastrocele;
- **carpo** (fruto): carpologia, endocarpo, carpogênese, pericarpo;
- **cephalo** (cabeça): acéfalo, cefaleia, cafaloide;
- **céramo** (argila, barro): cerâmica, ceramista;
- **cino** (*kýon*, *kýnos*, cão): cinografia, cinegética, cinocéfalo;
- **cisto** (*kýstis*, bexiga): cistoplegia, cistoide, cistocarpo;
- **cito** (*kýtos*, célula): leucócito, citologia, citologista;
- **chrys** (ouro): Crisóstomo, crisálida, crisântemo;
- **claustro** (fechado): claustrofobia;
- **clepto** (*klépto*, roubo): cleptocracia, cleptomania;
- **cloro** (*khlorós*, verde): clorofila, clorose;
- **coro** (*khóro*, região): corografia, corográfico, corógrafo;
- **córeo** (*khoreia*, dança): coreografia, coreógrafo;
- **coro** (*khoros*, medida): isocórico, anisocoria;
- **cosmos** (*kósmos*, mundo): cosmogonia, cosmologia, cosmopolita, cosmorama;
- **cripto** (*krýptos*, oculto): criptógamo, criptogamia, criptografia;
- **crisia** (juízo): cacocrisia, hipocrisia;
- **cratos** (*kratos*, governo, poder, força): aristocracia, democracia, plutocracia;
- **cromo** (*khrômo*, cor): cromolitografia, cromóforo, cromosfera;

- **crono** (*khrónos*, tempo): cronômetro, cronologia, cronograma;
- **cyano** (azul): cianogênio, cianídrico, cianose, cianípede;
- **cyelo** (círculo): cicloide, ciclótomo;
- **cysto**: cistócele, cistotomia, cistalgia;
- **doto** (dado): antídoto (dado contra);
- **dáctilos** (dedo): datilografia, datilógrafo, pterodátilo;
- **délos** (visível): urodelo, psicodélico;
- **demos** (povo): democracia, democrata, demagogo;
- **déndron** (árvore): dendrofobia, dendobrata;
- **derma**, **dermatos** (pele): dermatologia, dermatose, epiderme;
- **deuteros** (segundo): deuteronômio, deuteroscopia, deuterocanônico;
- **díkha** (em dois): dicotomia, dicotômico;
- **dínamis** (força): dinâmica, dinamômetro;
- **dipsia** (sede): dipsomania, dipsético;
- **dolikhós** (comprido): dolicocéfalo, dolicópode;
- **dóksa** (opinião, doutrina, glória): heterodoxia, ortodoxia, paradoxo, doxomania;
- **drómos** (corrida): autódromo, hipódromo;
- **dulia** (servidão): hiperdulia, dulocracia;
- **eco** (casa): economia, economista;
- **ectomia** (extração, corte): laringectomia;
- **edra** (base, lado): tetraedro, poliedro;
- **électron** (eletricidade): eletroscópio, eletrólise, eletrodinâmico;
- **enántios** (oposto): enantiomorfo, enantiopatia;
- **énos** (vinho): enologia, enelogista, enol;
- **enter** (entranhas): enterite, disenteria;
- **éntomos** (inseto): entomologia, entômico, entomozoário;
- **érgon** (trabalho): dramaturgia, energia, ergonomia, ergofobia, metalurgia;
- **erythrós** (vermelho): eritrose, eritrofobia;
- **éros**, **érotos** (amor): erótico, erotofobia;
- **etho** (costume, moral): etopeia, etografia, etologia, etocracia, etogenia;
- **éskhatos** (último): escatologia, escatológico;
- **étimo** (origem): etimologia, etimológico;
- **éthnos** (raça, povo): etnologia, etnia, etnologista;

- **fagia** (*phagia*, comedor): antropofagia, antropófago, carpófago;
- **fâneros** (*phanerós*, visível): fanerógamo, faneroscopia, faneroscópio;
- **farmaco** (medicamento): farmacologia;
- **fobo** (*phóbos*, medo, aversão): acrofobia, hidrofobia, fotofobia, heliofobia;
- **fono** (*phono*, voz, som): áfono, fonologia, fonografia, fonética;
- **foto** (*photos*, *phôs*, luz): fotografia, fotógrafo, fotômetro, fotosfera, fósforo;
- **foro** (*phoro*, produtor): fósforo, electróforo;
- **flebo** (*phlebo*, veia): fleborragia, flebotomia;
- **filo** (*phylo*, folha): filologia, filólogo, filófago, filódio;
- **filon** (*phyllan*, amigo): filodoxia, filantropia, filotaxia;
- **físio** (*physio*, natureza): física, fisiologia, fisioterapia, fisionomia;
- **fito** (*phyto*, nascido): neófito, zoófito;
- **fito** (*phytón*, planta): fitografia, fitologia, fitoide, fitognosia;
- **fren**, **freno** (*phren*, *phrenós*, mente, diafragma): esquizofrenia, esquizofrênico, frenologia, frenoplegia, frênico;
- **gala, gálactos** (leite): galactose, galactoscópio, galactosemia;
- **gamos** (casamento): monogamia, bigamia, poligamia;
- **gastér**, **gastros** (ventre, estômago): gastroenterite, gastronomia, gastrônomo;
- **geo** (terra): apogeu, geografia, geologia, geometria, geogenia;
- **genes** (geração): genealogia, genealógico, genealogista;
- **génos** (nascimento, gênero, espécie): andrógeno, eugenia, genética, homogêneo, heterogêneo;
- **géron**, **gérontos** (velho): geriatria, geriatra, gerontocracia;
- **glauco** (*glaukós*, verde): glauco, glauconita;
- **glifo** (*glypho*, grafar): hieróglifo, tríglifo;
- **glico** (*glykýis*, (doce): glicose, glicogênio;
- **glotta** ou **glossa** (língua): poliglota, glossário;
- **gnosis** (*gnósys*, conhecimento): autognosia, diagnóstico, diagnose, cosmogonia;
- **gonos** (ângulo): pentágono, polígono;
- **gónos** (sémen, formação, geração): gonócito, gonorreia, cosmogonia;
- **grafo** (escrita): geografia, ortografia, ortográfico, telegrafia;
- **grama** (letra): anagrama, telegrama;
- **gymnós** (nu): andrógino, ginofobia, gimnodonte, gimnossomo;

- **gyné**, **gynecós** (mulher): ginecologia, ginecologista;
- **gêneo** (espécie): heterogêneo, homogêneo;
- **gênia** (geração): androgênia, patogênia;
- **gênio/geno** (gerado): hidrogênio, oxigênio, andrógeno;
- **graphe** (escrita): epígrafe;
- **graphia** (escritura, descrição): caligrafia, estenegrafia, cosmografia, geografia;
- **grapho** (que escreve ou que descreve): calígrafo, estenógrafo, cosmógrafo, geógrafo;
- **hágios** (santo): hagiografia, hagiomaquia;
- **háima**, **hema**, **hemo**, **hemato** (sangue): anemia, hiperemia, hemorragia, hematologia, hematófago;
- **hebdomás**, **-ados** (semana): hebdômada, hebdomadário;
- **hedoné** (prazer): hedonismo, hedonista;
- **hedra** (base, face): poliedro, hectoedro;
- **helio** (sol): heliocêntrico, helioscópio, heliometria, heliografia;
- **heméra** (dia): hemeroteca, efêmero;
- **hêpar**, **hépatos** (fígado): hepatite, hepatólise;
- **hetero** (diferente, outro): heterogêneo, heterorgânico, heterodoxo, heterozigoto;
- **híalos** (vidro): hialino, hialossomo;
- **hidrós** (suor, água): hidráulico, hidrostática, hidrose, hidrosfera;
- **hierós** (sagrado) hieróglifo, hierarquia, hierofante;
- **hygiés** (sadio): higiene, higiologia, higienizar;
- **hygrós** (úmido): higrômetro, higrófilo, higroscopia;
- **hýpnos** (sono): hipnotismo, hipnose;
- **hippo** (cavalo): hipódromo, hipotálamo, hipomania;
- **hygro** (úmido): higrômetro, higroscópio, higrologia;
- **histos** (tecido): histologia, histononia;
- **hodós** (caminho): hodômetro, hodógrafo, hodometria;
- **hólos** (todo, inteiro): holoedro, holômetro, holofote;
- **homo**, **homeo** (igual, mesmo): homogêneo, homógrafo, homônimo, homeopatia;
- **horama** (vista): cosmorama, neorama, panorama;
- **icono** (imagem): iconografia, iconógrafo, iconófilo, iconolatria;

- **ictio** (*ichtys*, peixe): ictiologia, ictiografia, ictiógrafo, ictioide;
- **ideo** (ideia): ideologia, ideológico, ideografia;
- **idio** (próprio): idiopatia, ideopático, idiossincrasia;
- **ídolo** (imagem): idolatria, idólatra;
- **ísos** (igual): isótopo, isógono, isômetro;
- **ite** (inflamação): bronquite, hepatite;
- **lalia** (fala): eulalia, dislalia;
- **latria** (adoração): iconolatria, idolatria;
- **lépsis** (convulsão): epilepsia, catalepsia;
- **lete** (esquecimento): letargia, letárgico;
- **leukós** (branco): leucemia, leucócito, leucanto;
- **lexis** (*léksis*, dicção): dislexia, léxico, lexiologia;
- **limne** (lago): limnegrafia, limnemômetro;
- **lios** (liso): liócomo, liodermo, liótrico;
- **lipos** (gordura): lipemia, lipídeo, lipólise;
- **lisis** (dissolução, divisão): hidrólise, análise;
- **litho** (pedra): litografia, litólogo, litoglifia, litófilo, litófago;
- **logos** (palavra, discurso, doutrina, teoria, tratado): arqueologia, biologia, metrologia;
- **mania** (loucura): megalomania, manicômio;
- **manos** (pouco denso): manômetro, manometria;
- **maquia** (*machia*, combate): tauromaquia, logomaquia;
- **mancia** (advinhação): cartomancia, necromancia;
- **mania** (loucura): bibliomania, monomania;
- **matema** (ordem, discliplina): matemática;
- **mastós, mazós** (mama): mastologia, mastoide, amastia;
- **macro** (grande): macróbio, macrocéfalo, macropétala;
- **mega, magalo** (grande): megaprodução, megassena, megalópole, megalítico;
- **meios** (canto): melodia, melodrama;
- **melan, mélanos** (negro): melancolia, melanina, melanésio;
- **melo** (canto): melogia;
- **meros** (parte, porção): isômetro, homômero;
- **métron** (medida): metrologia, metrônomo, geometria, isométrico;
- **metro** (mãe): metrópole, metropolitano;

- **micro** (pequeno): micróbio, microcéfalo, microscópio, micro-onda;
- **mielós** (medula): mielocite, poliomielite;
- **meso** (meio): mesóclise, mesoderme, mesocrata, mesorregião;
- **mimos** (imitação): mímica, mimologia;
- **mito** (*mytho*, fábula): motologia, mitificar, mitológico;
- **mys**, **myos** (músculo): mioplegia, mioma;
- **misos** (aversão, ódio): misantropia, misogamia, misógino, misoginia, misantropia;
- **mneme** (memória): amnésia, mnemônico;
- **mono** (único, um): monarquia, monarca, monografia, monogamia;
- **morpho** (forma): morfologia, morfossintaxe, metamorfose;
- **necro** (*nekrós*, cadáver): necrologia, necropsia, necrofagia, necrofobia;
- **nephele** (nuvem): nefelibata, nefeloide;
- **oide** (forma): esferoide, ovoide;
- **rhino** (nariz): rinoceronte, rinoplastia, rinologia;
- **stereo** (sólido): estereoscópio, estereometria, stereótipo;
- **strato** (exército): estratagema, estratégia, estratocracia;
- **nephrós** (rim): nefrite, nefropatia, nefrotomia;
- **neo** (novo): neologia, neologismo, neófito, neolatino, neoplasma;
- **nevro** (nervo): nevropatia, nevrologia, nevralgia;
- **nésos** (ilha): micronésia, polinésia;
- **neuron** (nervo): neurastenia, neurônio, neurose;
- **nicto** (escuro): nictofobia;
- **nix**, **nictos** (noite): nictofobia, nictêmero,
- **nomos** (lei, regra): astronomia, astrônomo, agronomia, agrônomo gastronomia;
- **nosos** (doença): nosologia, nosogenia, nosografia, nosofobia;
- **nostos** (viagem, volta): nostalgia, nostálgico, nostofobia;
- **óclos** (multidão): oclocracia, oclofobia;
- **ode** (canto): palinódia, paródia;
- **odo** (caminho, via): êxodo, método, período;
- **odónto** (dente): odontologia, odontalgia, odontopediatria;
- **óphis**, **ophidion** (serpente): ofídio, antiofídico, ofiomancia;
- **ophtalmo** (olho): oftalmografia, oftalmologia, oftalmologista;

- **oligos** (pouco): oligarquia, oligotropia;
- **omamo** (igual, plano): anômalo;
- **onomato** (nome): onomatopeia;
- **onico** (unha): onicofagia;
- **oniro**, **óneiron** (sonho): onírico, oniromancia, oniromante, onirologia;
- **on**, **ontos** (ente): ontologia;
- **onymo**, **onoma** (nome): homônimo, sinônimo, pseudônimo, onomatopeia;
- **ónus**, **órnitho** (pássaro): ornitologia, ornitomancia, ornitofonia, ornitologista;
- **óps**, **opôs** (vista, olho): óptica, disopiaóptica, disopia;
- **orexi** (*óreksis*, fome): anorexia, cinorexia;
- **óros** (monte): orografia, orologia, orognosia;
- **ortho** (direito, reto): ortografia, ortodoxia, ortopedia;
- **osmós** impulso, corrente): endosmose, exo: smose;
- **osteo** (osso): osteologia, osteografia, osteófago;
- **ous**, **otós** (ouvido): otite, ototomia;
- **oxi** (*oksýs*, ácido, agudo, penetrante): oxítono;
- **paleo** (antigo): paleontologia, paleontologista, paleozoologia;
- **patho** (doença, moléstia, sentimento): alopatia, homeopatia, patologia, antipatia, simpatia;
- **pédia** (educação): enciclopédia, ginopédia;
- **pedia**, **paideia** (instrução, correção): ortopedia, enciclopédia, pedagogia;
- **pan**, **pantos** (tudo, todo): panteísmo, panorama, pan-africano;
- **paqui** (*pakhýs*, espesso, grosso): paquímetro, paquiderme;
- **parthénos** (virgem): partenologia, partenogênese;
- **pépsis** (digestão): dispepsia, péptico;
- **piezo** (comprimir): piezômetro;
- **pinas**, **pínacos** (pintura, quadro): pinacoteca, pinacoide;
- **píon** (pus): piorreia, podermite;
- **pyro** (fogo): pirotecnia, pira, pirômetro;
- **pyretós** (febre): antipirético, pirototerapia;
- **pythecos** (macaco): pitecantropo, pitecoide;
- **plágios** (oblíquo): plagiocefalia, plagióstomo;
- **platýs** (largo): platirrino, platirrostro;
- **plegia** (paralisia): hemiplegia, paraplegia, paraplégico;
- **plexia** (ferir, bater, acatar): apoplexia;
- **pléos** (cheio, pleno): pleonasmo;

- **plutos** (rico): plutocracia, plutocrata;
- **pneuma, pneumatos** (respiração): pneumático;
- **pneumon** (pulmão): pneumonia, pneumoplegia;
- **podo** (pé): poda, podocarpo, podoftalmo;
- **pólemos** (guerra): polêmica, polemarco;
- **pole, poli, polis** (cidade, pátria): metrópole, cosmopolita, Petrópolis;
- **poly** (muito): poliandria, poligamia, poliglota, polígono;
- **potamós** (rio): potamografia, Mesopotâmia;
- **pous, podós** (pé): apode, podômetro;
- **pólio** (vendedor): monopólio, bibliopola;
- **plebis** (velho): presbiterianismo, presbítero;
- **prósopon** (rosto, face): proposopopeia, prosopografia;
- **prôtos** (primeiro): protótipo, protagonista, prototipagem;
- **pseudo** (falso): pseudônimo, pseudonímia, pseudomintos;
- **psico** (*psykhé*, alma): psicologia, psiquiatria, psicofísica;
- **pteron** (asa): pterópodes, quirópteros, ápteros, pterodátilo;
- **queir, queirós, quir** (*kheir, cheiro*, mão): cirurgia, quiromancia, quironomia;
- **ragê** (corrimento): hemorragia, blenorragia;
- **rétor** (orador): retórica;
- **rheo** (correr, fluir): catarro, diarreia;
- **rhis, rhinós** (nariz): rinofonia, rinolalia;
- **rhiza** (raiz): arrizotônico, rizanto;
- **rhino** (nariz): rinoceronte, rinoplastia, rinologia;
- **sákaron** (açúcar): sacarose, sacaria;
- **sárks, sarkós** (carne): sarcoma, sarcófago;
- **sáuros** (lagarto): dinossauro, saurologia, saurólogo;
- **scopio** (vista): microscópio, estereoscópio;
- **skáphe** (barco): escafrando, batiscafo;
- **seléne** (lua): selenita, selenomancia;
- **sêma** (sinal, significado): semântica, semáforo;
- **esfigmo** (*sphygmós*, pulsação): esfigmômetro, esfigmógrafo;
- **sismos** (terremoto): sismógrafo, sísmico;
- **sophia** (sabedoria): filosofia, teosofia;
- **sôma, sômatos** (corpo): somático, somatologia;
- **sotero** (salvador): soteropolitano, soterologia;
- **spasmós** (convulsão): espasmo, espasmofilia;
- **splén** (braço): esplênico, esplenomegalia, megalosplenia;

- **statos** (que se mantêm): aerostática, hidrostática;
- **sthenia** (força, vigor): astenia;
- **stêthos** (peito): esternalgia, estetoscópio;
- **stereo** (sólido): estereoscópio, estereometria, stereótipo;
- **stylo** (coluna): diastilo, peristilo;
- **stikhós** (verso): hemistíquio, dístico;
- **stólos** (envio): apóstolo;
- **stóma,stómatos** (boca): estomatite, Crisóstomo;
- **strábon** (vesgo): estrábico, estrabismo;
- **strophe** (volta, virar): catástrofe, apóstrofe;
- **stratós** (exército): estratagema, estratégia, estratocracia;
- **táphos** (túmulo): epitáfio, tafofobia;
- **tálamos** (leito nupcial, casamento): tálamo, epitalâmio;
- **tánatos** (morte): tanatognose, tanatofobia;
- **taqui** (rápido): taquicardia, taquigrafia;
- **táuma, táumatos** (milagre): taumaturgo, taumaturgia;
- **tecno** (*tékhnikós*, arte, ciência): técnica, tecnologia, politécnica, pirotécnica;
- **teras**, **terart** (prodígio, fenômeno, monstro): teratologia;
- **tele** (longe, distante): telegrama, telepatia, telefone, televisão;
- **theo** (Deus): teologia, teocracia;
- **thermo** (calor): termômetro, termologia;
- **topo** (lugar): topologia, topografia, toponímia;
- **térmon** (calor): termodinâmica, termologia;
- **thymós** (mente): ciclotimia, lipotimia;
- **thánatos** (morte): tanatognose, tanatofobia;
- **tháuma**, **tháumatos** (milagre): taumaturgo, taumaturgia;
- **théke, théka** (caixa, depósito, coleção): biblioteca, iconoteca;
- **these** (posição): antítese, síntese;
- **thono**, **tono** (som): monótono, tonometria;
- **thermo** (calor): termômetro, termologia;
- **tipo** (caráter, figura, marca): tipografia;
- **tomia** (incisão, corte): anatomia, amigdalotomia;
- **tónos** (tensão): hipertonia, átono;
- **tópos** (lugar): topologia, topografia, toponímia;
- **trakheia** (garganta): traqueotomia;
- **trauma, traumatos** (ferimento): traumatologia, traumatológico;

- **trophia** (nutrição): atrofia, hipertrofia;
- **trópos** (mudança, direção): isótropo, troponômico;
- **zoo** (animal): zoologia, zoolatria, zoofagia.
- **ura** (cauda): melanuro, uroide, uromorfo;
- **urgia** (trabalho): liturgia, metalurgia;
- **úron** (urina): uricemia, urocrisia;
- **xénos** (*ksénos*, estrangeiro): xenofobia, xenófobo, xenelasia;
- **xero** (seco): xerografia, xerográfico;
- **xilon** (*ksýlon*, madeira): xilografia, xilofone, xilócopo;
- **zimé** (fermento): enzima, zimogenia;
- **zoon** (animal): zoologia, zoolatria, zoofagia, zootaxia.

Fontes: http://professor.luzerna.ifc.edu.br/hernandez-eichenberger/wp-content/uploads/sites/18/2016/03/Radicais-e-Prefixos-Gregos.pdf e M. Said Ali, Gramatica secundária, Cia Melhoramentos, pág. 167, modificados.

- **Numerais gregos:**
  - **mono**, **mon** (um): monossílabo, monopólio, monotonia;
  - **dis**, **di** (dois): dissílabo, dilema, ditongo, diedro;
  - **tri** (três): trigonometria, trilogia, tritongo;
  - **tetra** (quatro): tetraedro, tetragrama, tetraplégico, tetraavô;
  - **penta** (cinco): pentágono, pentandria;
  - **hexa** (seis): hexâmetro, hexágono, hexaedro;
  - **hepta** (sete): heptágono, heptaedro, heptarquia;
  - **octo** (oito): octógono, octopétala, octaedro;
  - **ennea** (nove): eneágono, eneapétalo, eneacórdio;
  - **deca** (dez): decágono, decálogo, decalitro;
  - **héndeca** (onze): endecágono, endecandria, endecassílabo;
  - **dodeca** (doze)> dodecágono, dodecaedro, dodecacórdio;
  - **icos** (vinte): icosaedro, icosandria;
  - **hécaton**, **hecato**, **hecto** (cem): hecatombe, hectolitro, hectare;
  - **kilo** (mil): kolograma, kololitro, kolômetro;
  - **myria** (dez mil): miriâmetro, mirianto, miriápode;
  - **proto** (primeiro): protocanônico, protótipo, protocolo, protagonista.

Fonte: PEREIRA, Eduardo Carlos, Grammatica expositiva, São Paulo, Weiszflog Irmãos, 1907, página 187, exemplar 641.

2. CLASSE DAS PALAVRAS

Na língua portuguesa as palavras possuem duas classificações:

a) **classificação morfológica:** estuda as classes das palavras (classes gramaticais).

b) **classificação sintática:** estuda a função sintática das palavras no período simples, ou seja, verifica se ela é sujeito, predicado, verbo transitivo, verbo intransitivo, objeto direto, objeto indireto, etc.

Pela tabela a seguir verificamos claramente as duas classificações das palavras: a **classificação morfológica** e a **classificação sintática.** 10 (dez) classes de palavras existem na língua portuguesa: substantivo, artigo, numeral, adjetivo, verbo, pronome, advérbio, preposição, conjunção e interjeição. Neste capítulo, estudaremos as 10 classes, as funções sintáticas abordaremos no capítulo Análise sintática.

Se o teu objetivo é dominar a língua portuguesa, é necessário memorizares as dez classes, seus conceitos, as próprias palavras, como os pronomes, as preposições, as conjunções, a fim de as reconheceres facilmente no texto. Sem esse conhecimento, será dificílimo aprenderes a língua portuguesa.

CLASSIFICAÇÃO DAS PALAVRAS	
Classes das palavras	**Funções sintáticas das palavras**
substantivo: são as palavras que designam os seres	sujeito, pred do suj, obj dir, obj indir, comp nom, ag. da pass, adj adn, aposto, vocativo
artigo: definem ou indefinem os substantivos	adjunto adnominal
numeral: numeram os substantivos	adjunto adnominal
adjetivo: expressam as qualidades dos substantivo	adjunto adnominal
verbo: expressam as ações e os estados dos subst., e os fenômenos naturais	núcleo do predicado verbal e predicativo do sujeito
pronome: substituem ou acompanham os substantivos	sujeito, obj direto, obj indireto, comp nominal, agente da passiva, adj adnominal
advérbio: modificam verbos, adjetivos, advérbios e numerais	adjunto adverbial
preposição: ligam termos de funções sintáticas diferentes	não exerce função sintática
conjunção: ligam palavras, orações coordenadas e orações subordinadas	não exerce função sintática
interjeição: expressam sentimentos ou emoções súbitas	não exerce função sintática

Observação: As classes de palavras acima exercem ordinariamente as funções sintáticas correspondentes, mas excepcionalmente é possível elas exercerem outras funções sintáticas.

CAPÍTULO 2

Substantivo

1. INTRODUÇÃO

Os **seres** estão em todo o Universo: tudo o que existe ou tudo o que imaginamos que existe são **seres.** Mesa, cadeira, casa, água, terra, pau, pedra, telefone, pessoa etc. existem, portanto são **seres.** Bruxa, fantasma, lobisomem, amor, ciúme, saúde, beleza, cansaço, plenitude, esperança, etc. imaginamos que existem, portanto, também são **seres.**

Os **substantivos** são as palavras que designam os seres, portanto, para sabermos se uma palavra é um substantivo, basta sabermos se ela é um ser ou se ela designa um ser.

Os substantivos são seres existentes, possuem qualidades, praticam ações, portanto diferem das outras palavras.

2. CONCEITO

- **Substantivo** (a substância do ser): são as palavras que designam os seres:
    - (1) "O **alvo** da **vida** não é a **felicidade**, mas o **aperfeiçoamento.**"[1]
    - (2) "Estimulada por **amigos** e por familiares, **Maria Verônica** publica sua **história:** no **livro** **"Câncer**? Não. Sou de **Aquário**" ela narra os altos e baixos vividos, as **dores**, os **risos**, as **viagens**, as **limitações** e as **superações.**" (Jornal da Caixa)

1. Stael, Anne *apud* Moisés M. de Oliveira, *Sete Mil Ilustrações e Pensamentos*, 2ª edição, Juerp, 1981.

✦ (3) "O **poder** torna as **pessoas** estúpidas e muito **poder** torna-as estupidíssimas."[2]

As palavras destacadas (alvo=objetivo) designam seres concretos ou abstratos portanto são substantivos.

3. CLASSIFICAÇÃO DOS SUBSTANTIVOS

Os substantivos são classificados em:

- **substantivo próprio:** são os substantivos que designam um ser (João, Sol, São Paulo, Terra, Física):

  ✦ **Matias Paxiúba** representava a ignorância, a superstição...

  » Em Matias Paxiúba, Matias é o pré-nome e Paxiúba é o nome ou o apelido. Atualmente Matias é o nome e Paxiúba é o sobrenome ou o apelido.

  » Patronímicos são os nomes que derivam de nomes próprios, Antunes é derivado de Antônio, Álvares é derivado de Álvaro.

- **substantivo comum** (apelativo): são os substantivos que designam os seres de uma mesma espécie:

  ✦ bolsa, casa, carro, comércio, maré, pandemia, pedra, pessoas, resplendor, saúde.

  » "Meu **pai** representava a **civilização**, a **ordem**, a **luz**, a **abastança**, Matias Paxiúba, a **ignorância**, a **superstição**, o **fanatismo**, a **rebelião** do pobre contra o rico..."[3]

- **substantivo simples:** são os substantivos formados por palavras que possuem **um** radical:

  ✦ banco, caderno, cadeira, caneta, colégio, comédia, cosmos, livro, sala, quadro.

- **substantivo composto:** são os substantivos formados por palavras que possuem dois ou mais radicais, ou são os substantivos formados por duas ou mais palavras:

  ✦ abelha-europeia, ataque-surpresa, ano-luz, banana-maçã, burro de carga, chá-mate, edifício-sede, elefante-marinho, frase-padrão, floricultura, garoto-propaganda, girassol, guarda-florestal, guarda-noturno, linguagem-objeto, linguagem-padrão, mosca-da-fruta, mercúrio-cromo, moto-táxi, motocicleta, norma-padrão, operação-padrão, passatempo, papel-alumínio, peixe-espada, pica-pau, radioatividade, radioterapia, radiotáxi, testemunha-chave, trem-bala.

---

2. R. Kurz, Revista Espaço Acadêmico, Ano I, Nº 8, Janeiro de 2002.
3. Inglês de Sousa, 1893, negrito acrescentado.

Observações:

a) O substantivo composto é ligado por hífen se os elementos, embora mantenham seus significados, formam palavras novas: **navio-escola** é ligado por hífen porque é um **navio** e é uma **escola**, semelhantemente, **linguagem-padrão** é ligado por hífen porque é uma **linguagem** e é um **padrão**, mas esses substantivos ligados formam novos substantivos. Os **substantivos simples** transferem seus significados aos **substantivos compostos.**

- **substantivo concreto:** são os substantivos que possuem existência própria, ou seja, corpo, figura, imagem.

  Os **substantivos concretos** subdividem-se em:

  - **concretos reais:** os que designam os seres que possuem existência real:
    - casa, cidade, copo, escola, homem, mulher, pedra, relógio, sapato etc.
  - **concretos fictícios:** designam os seres que possuem existência imaginária:
    - bruxa, curupira, ET, fantasma, lobisomem, mãe-d'água, saci.

- **substantivo abstrato:** são os substantivos que não possuem existência própria, ou seja, suas existências dependem das existências de outros seres; existem apenas em nossas mentes portanto não possuem corpo, figura, imagem; os **substantivos abstratos** designam qualidade, estado, sentimento, ação:
  - beleza, saúde, cansaço, esperança, amor, ciúme, combate, talento etc.
- **substantivo primitivo:** são os substantivos que não derivam de outras palavras:
  - água, café, carro, cidade, emprego, flor, jornal, livro, mar, pedra, tesouro.
- **substantivo derivado:** são os substantivos que derivam de outras palavras:
  - alegria, armário, cafezal, drogaria, firmeza, jornalismo, justiça, livraria, obrigação, regência.

Classificações de um substantivo:

- **casa:** primitivo, simples, comum e concreto;
- **peixe-espada:** primitivo, composto, comum, concreto;
- **jornalismo:** derivado, simples, comum, abstrato;
- **beleza:** derivado, simples, comum, abstrato.

- **substantivo coletivo** (apelativo): são os substantivos que, mesmo no singular, designam vários seres da mesma espécie:

✦ artistas – elenco
✦ aviões – esquadrilha
✦ abelhas – enxame
✦ armas – arsenal
✦ árvores – bosque
✦ acompanhantes – comitiva
✦ animais – fauna
✦ bispos – concílio
✦ bois – boiada
✦ bactérias – colônia
✦ bananas – penca
✦ chaves – molho
✦ cachorros – matilha
✦ cebolas – réstia
✦ cantores – coro
✦ camelos – cáfila
✦ desordeiros – cambada
✦ discos – discoteca
✦ estrelas – constelação
✦ espectadores – plateia
✦ elefantes – manada
✦ filhos – prole
✦ fotografias – álbum
✦ flores – ramalhete
✦ ilhas – arquipélago
✦ insetos – nuvem
✦ jornais – hemeroteca
✦ ladrões – quadrilha
✦ livros – biblioteca
✦ lobos – alcateia
✦ mapas – atlas
✦ médicos – junta
✦ marinheiros – tripulação
✦ músicos – orquestra
✦ montanhas – cordilheira
✦ navios – esquadra
✦ obras de arte – acervo
✦ ocas – taba
✦ ovelhas – rebanho
✦ pássaros – revoada
✦ peixes – cardume
✦ pessoas – multidão
✦ plantas – flora
✦ porcos – vara
✦ parlamentares – congresso
✦ roupas – enxoval
✦ soldados – tropa
✦ sacerdotes – clero
✦ textos – antologia
✦ viajantes – caravana
✦ sábios, literatos – academia

Fonte dos coletivos citados: https://br.answers.yahoo.com/question/index, 13.10.2014.

4. DIFERENÇA ENTRE SUBSTANTIVO E ADJETIVO

Os substantivos e os adjetivos são palavras diferentes, aqueles são as palavras que designam os seres e estes são as palavras que expressam as qualidades que há nos seres, portanto é indispensável não haver confusão entre eles, mas infelizmente muitos substantivos são classificados como adjetivos e muitos adjetivos, como substantivos. Tentaremos a distinção, embora saibamos que é dificílimo.

- **Seres** são tudo que existe ou tudo que imaginamos que existe, logo os animais, as plantas, as pessoas, os objetos, as ideias, as imaginações, as criações etc. são seres. Os seres não somente possuem diversas propriedades mas eles também são as próprias propriedades: altos, baixos, corpulentos, magros, novos, anciãos, bonitos, feios, fortes, fracos, brancos, pretos, verdes, amarelos, violentos, plácidos etc., portanto, quando observamos os **seres**, observamos suas propriedades, porque os seres são também as propriedades.
- **Substantivos** são as palavras que designam os "seres". Embora os seres possuam diversas qualidades, os substantivos não as expressam e neles não há qualquer ideia que expresse qualidade. Os substantivos também não modificam outros substantivos, logo dificilmente eles são usados ao lado de outros substantivos.

  ✦ Ato, elemento, luzeiro, espécie, ensino, gesto, gosto, sorriso, palavra, nome, priori, situação, enfoque, análise, aspecto, caso, mídia, ensino, reino, reinado etc. são palavras que designam algo, portanto são substantivos.

Nessas palavras não há qualquer ideia ou significado que expresse qualidade, logo não são adjetivos.

Os substantivos não designam **qualidades**, por ex., novo, velho, bonito, feio, corpulento, raquítico, etc., e não usam **orações adjetivas** para designar os seres, por ex., casa **que é nova**, casa **que é velha**, homem **que habita na cidade**, onça **que vive na fazenda**, cachorro **que é raquítico**, os substantivos apenas designam os seres, ou seja, o substantivo **casa** designa o ser **casa**, o substantivo **saúde** designa o ser **saúde**, o substantivo X designa o ser X.

Homem, **mulher**, **elefante**, **cachorro**, **saudade**, **amor**, **alegria**, **cidade**, **infância** etc. designam seres, portanto são substantivos.

> "Todo o nome ou he Substantivo, ou he Adjectivo. Substantivo he aquelle, que significa **completamente** huma cousa, ou pessoa. Adjectivo he aquelle, que significa a qualidade das cousas."[4]

4. Casimiro, João Joaquim. Methodo grammatical resumido da lingua portugueza – T01, pág 2, *apud* http://ctlf.ens-lyon.fr/, negrito nosso.

- **Adjetivos:** são as palavras que expressam as propriedades (qualidades, nacionalidades, naturalidades, funções, cargos, profissões etc.) que há nos seres (substantivos). Os substantivos possuem as propriedades, os substantivos são as propriedades, mas são os adjetivos que as expressam. Em **pessoa** anciã, o substantivo pessoa possui a propriedade **anciã**, o substantivo é a propriedade, **pessoa** é **anciã**, mas é o adjetivo **anciã** que a expressa. Quaisquer que sejam as propriedades que os substantivos possuam (**pessoa** trabalhadora, administradora, presidente, anciã, cidadã, procuradora), as palavras que as expressam não são substantivos e não são transformáveis em substantivos, mas são apenas palavras, são apenas adjetivos.

Os adjetivos são palavras dependentes, só existem se os substantivos (seres) são as propriedades que eles expressam, por ex., só existem as palavras **pai**, **mãe**, **filho**(a), **irmão**(ã), **menino**(a), **ancião**(ã) etc., se determinados substantivos são **pais**, **mães**, **filhos**(as), **irmãos**(ãs), **meninos**(as), **anciãos**(ãs) etc., se não existissem substantivos que são **pais**, **mães**, **filhos**(as), **irmãos**(ãs), **meninos**(as) etc., não existiriam estas palavras, portanto elas não são substantivos (seres) mas palavras dependentes, adjetivos (qualidades) que há em determinados seres.

Palavras cuja existência dependa de um ser não são seres, são qualidades que há nos seres.

Um substantivo é mãe, mas mãe não é um substantivo.

Aluno(a), avô, avó, bebê, criança, cunhado(a), menino(a), rapaz, moça, irmão(ã), filho(a), pai, mãe, marido, esposa, padrinho, madrinha, genro, nora, tio(a), garoto(a), gêmeo(a), primo(a), sobrinho(a), amigo(a), testemunha, vizinho(a) etc. expressam qualidades que há em determinados seres, portanto são adjetivos.

Substantivo designa ser.

Mãe designa qualquer ser que pariu filho, por ex., mulher que pariu filho, leoa que pariu filho etc.

Se um substantivo designa um ser e se mãe designa qualquer ser que pariu filho, mãe não é um substantivo porque um substantivo não designa qualquer ser que pariu filho, mas apenas um ser.

Aluno, criança, mãe, pai etc. não são seres porque os seres não são necessariamente aluno, criança, mãe, pai etc.

Os adjetivos modificam os substantivos, portanto, normalmente, são usados ao lado dos substantivos.

Em **placa**-mãe, irmã **Dani**, tia **Luísa**, avô **Bruno**, cunhado **Johny**, menino **Jesus** etc., as palavras sublinhadas designam propriedades que há nos substantivos destacados, portanto são adjetivos.

- **Locuções adjetivas:** são duas ou mais palavras que designam as propriedades que há nos seres.

  ✦ **pássaros** da cidade, **pássaros** habitantes da cidade, **macaco** da aldeia, **macaco** habitante da aldeia, **gato** da corte, **gato** habitante da corte etc.: as expressões sublinhadas designam propriedades referentes aos substantivos negritados, logo são locuções adjetivas.

- **Orações adjetivas:** são as orações que designam as propriedades que há nos seres. Não são só os **adjetivos** e as **locuções adjetivas** que expressam as qualidades, as **orações adjetivas** também designam as qualidades que há nos seres.

✦ (1) | Os | povos | que habitavam em aldeias | refugiaram-se nas terras interioranas. |

Os	povos	que habitavam em aldeias	refugiaram-se nas terras interioranas.
	substantivo	oração adjetiva	

✦ (2)

Muitas	pessoas	que vivem na cidade	também não preservam o meio-ambiente.
	substantivo	oração adjetiva	

» Nesses períodos, **que habitavam em aldeias** e **que vivem na cidade** (inclusive equivalem a adjetivos) designam as propriedades que há nos substantivos **povos** e **pessoas**, portanto são **orações adjetivas**.

Analisemos algumas palavras cujas classificações são confusas:

Ancião, velho, que é ancião e **que é velho:** não são seres e não são transformáveis em seres, são apenas as palavras que designam as qualidades que há nos seres, logo são adjetivos e orações adjetivas.

✦ (1)

Visitaram os	homens	anciãos	na minha Província.
	subst.	adjetivo	

✦ (2)

Visitaram os	homens	que são anciãos	na minha Província.
	subst.	or. adj. restritiva	

✦ (3)

Visitaram os	homens	que são velhos	na minha Província.
	subst.	or. adj. restritiva	

» **Homens** designa ser, logo é substantivo; **anciãos**, **que são anciãos** e **que são velhos** designam qualidades que há em **homens**, portanto são adjetivo e orações adjetivas.

O adjetivo e as orações adjetivas restringem **homens**, ou seja, visitaram só os **homens** que possuem aquelas qualidades, não visitaram os outros homens.

✦ (4) | Anão é | aquele | que é raquítico. |

pron. demonst. — or. adj. restritiva

✦ (5) | Aldeão é | aquele | que habita em aldeia. |

pron. demonst. — oração adjetiva restritiva

✦ (6) | Ancião é | aquele | que é velho | ou | que possui idade avançada. |

pron. demonst. — or. adj. restritiva — oração adjetiva restritiva

✦ (7) | Cidadão é | aquele | que habita em cidade | ou |

pron. demonst. — or. adj. restritiva

| que goza de direitos civis e políticos. |

oração adjetiva restritiva

✦ (8) Os substantivos são as palavras que designam os seres.

» **Aquele**, pronome demonstrativo, substitui qualquer ser; as **orações sublinhadas** designam as qualidades que há em **aquele** (restringem-no, modificam-no), portanto são orações adjetivas restritivas.

Segundo os modelos **(4)** a **(7)**, os "substantivos" designam seres que possuem as propriedades que os "substantivos" expressam.

Em **(4)**, **anão** significa **raquítico**, logo **anão** designa **aquele que é raquítico**, em **(5)**, **aldeão** significa **que habita em aldeia**, logo **aldeão** designa **aquele que habita em aldeia**, e, em **(6)**, **ancião** significa **velho**, portanto **ancião designa aquele que é velho.**

Naqueles conceitos, as orações adjetivas restritivas são obrigatórias, se as retirarmos, os conceitos são falhos ou inexistentes, ou seja, **anão** não é **aquele** (qualquer ser), **anão é aquele que é raquítico** (que possui a qualidade raquítico).

Segundo o conceito **(8)** os substantivos não designam seres que possuem qualidades, mas apenas designam os seres, por ex., o substantivo **casa** designa o ser **casa**, o substantivo **mulher** designa o ser **mulher** etc.

Aqueles conceitos não designam as classes daquelas palavras (substantivos ou adjetivos), mas apenas definem os seres que possuem as qualidades que elas expressam, por ex.:

- Que é anão? – Anão é aquele que é raquítico (aquele = qualquer ser).
- Que é ancião? – Ancião é aquele que é velho (aquele = qualquer ser).

» **Anão** (= **que é raquítico**) e **ancião** (= **que é velho**) expressam as qualidades que há em **aquele**, portanto **anão** e **ancião** são adjetivos.

Concluímos, **(1)** que os modelos **(4)** a **(7)** são artifícios para classificar **adjetivos** como **substantivos**, logo não classificam os substantivos; **(2)** que se **anão**, **aldeão**, **ancião** e **cidadão** fossem substantivos, designariam apenas os respectivos seres; **(3)** que **anão**, **aldeão**, **ancião** e **cidadão** significam respectivamente **que é raquítico**, **que habita em aldeia**, **que é velho** e **que habita em cidade**, qualidades que há em **aquele**, portanto são adjetivos; e **(4)** que os substantivos não designam **aquele que é velho** e muito menos **qualquer ser que é velho.**

Destacamos que os dicionários usam aqueles conceitos apenas para classificar os **adjetivos** como **substantivos.** Se eles são outra forma de classificar os substantivos, por que os dicionários não os usam para classificar os outros substantivos, por ex., **Casa é aquela que é casa** e **Mulher é aquela que é mulher**?

É errôneo também usarmos aqueles conceitos até mesmo para designar o **significado** daquelas palavras, pois, como vimos, seus significados são expressos apenas pelas orações adjetivas restritivas.

Anão, **aldeão**, **ancião** e **cidadão** não designam **seres** porque os **seres** não são necessariamente **anão**, **aldeão**, **ancião** e **cidadão.**

Tanto os **adjetivos** quanto as **orações adjetivas**, que inclusive equivalem a adjetivos, designam as qualidades referentes aos substantivos.

Há anos eu procuro o substantivo **ancião**, já o procurei nos hospitais, nas igrejas, nas feiras e até no INSS. Como não o encontrei em nenhum lugar, observei atentamente um homem muito idoso, por muitos dias, pois, olhando um homem muito velhinho, talvez veria o ser **ancião.** Eu ansiava muito ver um **ancião**, mas via apenas o **homem velhinho**, sequer vi um vestígio ou uma sombra de um **ancião.** Decepcionado, perguntei, por que não vi o **substantivo ancião**, não havia um **homem velhinho** a minha frente? A resposta é simples, não existe o substantivo ancião, ancião não é um ser, ancião é apenas a palavra que expressa a qualidade que há naquele homem, portanto veremos sempre e apenas o **homem ancião** ou o **homem que é ancião.**

Citamos ainda um conceito semelhante àqueles, mas expresso com outras palavras:

> "Todo **adjetivo** pois tem duas significações, designa o atributo; e designa o sujeito. A palavra **branco** designa diretamente um substantivo qualquer que tem brancura, e, indiretamente, a qualidade da cor. Portanto todo adjetivo designa um substantivo qualquer e exprime uma qualidade que lhe atribui."[5]

- Ancião, velho, que é ancião e que é velho (qualidades);
- cidadão, da cidade, habitante da cidade, que habita em cidade e que goza direitos civis e políticos (qualidades);
- anão, raquítico, que é anão, que é raquítico (qualidades);
- cristão, de Cristo, seguidor de Cristo, que professa o cristianismo (qualidades);
- aldeão, da aldeia, habitante de aldeia, que habita em aldeia (qualidades);
- cortesão, da corte, habitante da corte, que habita na corte (qualidades);
- ermitão, da ermida, habitante de ermida, que habita em ermida (qualidades);
- autocrata, barão, hóspede, infante, ladrão, parente, patrão, proprietário (qualidades);
- rei, reinante, que reina, rainha, que reina, governador(a), governante, que governa, imperador(a), que impera, presidente, que preside, juiz(a), que julga, assistente, que assiste, assessor(a), que assessora, alferes, capitão(ã), gerente, que gere, síndico(a), médico(a), que medica, professor(a), que professa, empresário(a), que empreende, ator, diácono, frei, mestre, profeta, sacerdote (funções, cargos, profissões etc.);
- cônsul(esa), duque(esa) abade(essa), príncipe(esa), magistrado, monarca, soberano, sultão etc. (títulos).

Rei é aquele que reina. Governador é aquele que governa. Presidente é aquele que preside etc.

Nesses períodos, **rei**, **governador** e **presidente**, adjetivos, designam seres que possuem as mesmas qualidades que eles expressam, ou seja, **que reina**, **que governa** e **que preside**.

Se essas palavras fossem substantivos, não designariam seres que possuem qualidades, mas apenas designariam seres.

5. Barboza, Jeronimo Soares, Gramatica Philosophica da Lingua Portugueza, Lisboa, Typographia da Academia Real das Sciencias, 1871, pág. 96, adaptado.

Essas palavras e outras semelhantes não são seres e não são transformáveis em seres, são apenas as palavras que designam as propriedades que há nos seres, portanto são adjetivos, locuções adjetivas e orações adjetivas.

As observações sobre os conceitos **(4)** a **(7)** aplicam-se às palavras citadas acima.

✦ (1) rei **Pelé**, rei **Juan Carlos I**, **abelha**-rainha, **homens** e **mulheres** cidadãos, **homens** e **mulheres** que gozam direitos civis e políticos, príncipe **Charles**, presidente **Juscelino**, professor **Marcos**.

> "Os substantivos são as palavras que são usados na oração, por si só, sem ajuda de outra: O *Amor* é suave. Os adjetivos são as palavras que só são usadas na oração com a ajuda de outra, clara ou oculta: *Meu filho é pequeno*. *Pequeno* só é usado na oração porque *filho* possui aquela qualidade. Quando na oração há só o adjetivo, considera-se que o substantivo de que necessita foi oculto: *Meu pequeno já sabe ler* (omissão de *filho*).
>
> Outra regra para conhecermos os substantivos e os adjetivos é verificar se eles aceitam a palavra *coisa* a sua frente, se não aceitam são substantivos, se aceitam, são adjetivos: *amor* é substantivo porque não dizemos *coisa amor*, porém *amoroso* é adjetivo porque dizemos *coisa amorosa*; *vencedor* e *assessor* são adjetivos porque dizemos *coisa vencedora* e *coisa assessora*."[6]

O autor informa que essa regra não funciona para os nomes terminados em *or* porque são substantivos, mas, como essas palavras geralmente são adjetivos, a regra funciona normalmente.

5. SUBSTANTIVAÇÃO DAS PALAVRAS

A substantivação é o uso de palavras que não são substantivos com funções sintáticas próprias dos substantivos. Na substantivação, as outras classes de palavras, adjetivo, verbo, conjunção, não exercem suas funções sintáticas habituais mas as funções sintáticas que os substantivos exercem, ou seja, sujeito, predicativo, objeto direto, objeto indireto etc. Ressalvamos que as palavras substantivadas não transformam-se em substantivos mas apenas exercem as funções sintáticas próprias dos substantivos: os adjetivos, os verbos, as conjunções etc., continuam adjetivos, verbos

6. Argote, Jerónimo Contador de, Regras da lingua portugueza, T01, pág. 21, adaptado

> do substantivo, e é disso confirmação o fato de poderem vir acompanhados de um artigo. Sempre que tal acontece, tais adjetivos se dizem adjetivos substantivados. **Adjetivos substantivados** é, pois, o adjetivo que exerce função de substantivo."[10]

> "SUBSTANTIVADAMENTE, adv. (De substantivado, e o suffixo «mente»). Usando do adjectivo como se fora substantivo. SUBSTANTIVADO, part. pass. de Substantivar. - Adjectivo substantivado; adjectivo que se usa como se fora substantivo. - O agradavel, o util. SUBSTANTIVAMENTE, adv. a maneira de substantivo, - Muitos adjectivos se tomam substantivamente. SUBSTANTIVAR, verbo ativo. - Substantivar os adjectivos; usar d'elles substantivados."[11]

Exemplos citados por Domingos Vieira: Um *rancoroso*. Os reaccionarios. Um *rebelde*. Um *recolhido*. As *recolhidas*. Um *recusante*. Um *relapso*. Uma *relapsa*. Um *relevador*. Remoinhar dos *remadores*. Ha muitos *renitentes* que tornam vãs... O *representativo*. Grande *republicano*. Verdadeiro *republicano*. *Republicano* austero, fogoso. Um *resolutivo* formidavel. Um *rico*. Um *rir* agradável, encantador. O *rolar* das pombas. Um *sabino*. Um *sacrílego*. Costumes dos *sertajejos*. Um *soberbo*. Um *sobrevivente*. Um *solteiro*. O *substancial* de uma causa. Um *sindicante*. O *Todopoderoso*. Um *traiçoeiro*. Os *transeuntes*. O *triste* de mim. Os *ungidos* do Senhor. Os *vacinados*. Um *veterano*. Os *virtuosos*.

> "Adjectivamente, adv. á maneira ou fôrma de adjectivo. Um substantivo póde empregar-se adjectivamente, e um adjectivo substantivamente, segundo as circunistancias. A palavra rei emprega-se adjectivamente; ex., o rei Affonso-, porque esta expressão denota que o indivíduo Affonso tem a qualidade de ser rei. A mesma palavra será empregada substantivamente, dizendo o rei esta em Lisboa, pois neste sentido designa um indivíduo."[12]

> "123. *Substantivo* é o nome de um objecto, de uma cousa, ex.: «*agua* – *floresta* – *passaro*». Qualquer palavra pertencente a qualquer categoria das partes do discurso torna-se substantivo, quando usada como nome de uma cousa distincta, ex.: «*Vives é um verbo*»; neste exemplo «*vives*» é substantivo porque é usado para indicar uma palavra particular."[13]

---

10. Almeida, Napoleão Mendes de, Gramática Metódica da Língua Porguesa, Editora Saraiva, 42ª edição, 1998, pag. 137.
11. VIEIRA, Domingos, Grande Diccionario Portuguez, Editores, E. Chardron e Bartholomeu H. de Moraes, edição 1874, Porto, volume 5, pág. 615.
12. FARIA, Eduardo de, Dicionario da Lingua Portugueza, Typograpuia Imperial e Constitucional de J. Villeneuve e C., Rio de Janeiro, 4ª edição, volume 1, pág. 76.
13. RIBEIRO, Julio, Grammatica Portugueza, Teixeira & Irmão, S. Paulo, 2ª edição, 1885.

6. FLEXÃO DE GÊNERO DOS SUBSTANTIVOS SIMPLES

Expressa o gênero (masculino ou feminino) dos substantivos.

O **gênero masculino** designa os substantivos masculinos, o **gênero feminino** designa os substantivos femininos. Não confundamos **gênero** com **sexo** porque determinados substantivos de **gênero masculino** ou de **gênero feminino** determinem o sexo (aluno, gato, menino designam o **sexo masculino**, aluna, gata, menina designam o **sexo feminino**), outros, porém, não o determinam (carro, árvore, planta, peixe, formiga, onça).

Os substantivos são **uniformes** ou **biformes:**

6.1. Uniformes (uma forma)

São os substantivos que possuem **uma forma**, que designa o masculino e o feminino. Os substantivos **uniformes** são **masculino**, **feminino**, **sobrecomum**, **comum de dois** e **epiceno.**

- **substantivo masculino** (uma forma): designa os substantivos de gênero masculino:
    - o acento, o advento, o alento, o assento, o bebê, o champanhe, o confronto, o evento, o fomento, o intento, o levante, o sustento, o recanto, o travesti, o vento, o ubre.
- **substantivo feminino** (uma forma): designa os substantivos de gênero feminino:
    - a academia, a alface, a cal, a casa, a couve, a enchente, a luz, a mascote, a omelete, a pedra, a saúde, a raiz, a venta.
- **sobrecomum** (uma forma): são os substantivos que designam com um gênero o masculino e o feminino:
    - o algoz, o bebê, a celebridade (homem ou mulher), o cônjuge (marido ou mulher), o ente, o membro, o monstro, a criança, a criatura, o ídolo, a pessoa, a sentinela, o talento, a testemunha, a vítima.
- **comum de dois** (comum aos dois gêneros, forma única): designa os dois gêneros (o masculino e o feminino). O gênero é determinado por artigo, pronome, adjetivo ou predicativo do sujeito:
    - o(a) avestruz, o(a) **elefante**, o(a) personagem, o(a) rinoceronte.
- **epiceno** (misturado, promíscuo, uma forma): são os substantivos que possuem uma forma que designa **animais** e **insetos**, o gênero é indicado por **macho** ou **fêmea:**

✦ a cobra macho, a cobra fêmea; a formiga macho, a formiga fêmea; o gavião macho, o gavião fêmea; o jacaré macho, o jacaré fêmea; a onça macho, a onça fêmea; o tigre macho, o tigre fêmea

6.2. Biformes (duas formas)

São os substantivos que possuem **duas formas:** uma que indica o gênero masculino e outra que indica o gênero feminino:

- **substantivos que possuem o mesmo radical:** se o masculino termina pela desinência **o**, **e** ou **eu**, o feminino termina por **a**, **essa**, **esa**, **isa**, **ã**, **oa**, **ona**, **ina**, **eia** etc.

  ✦ menino, menina; aluno, aluna; pavão, pavoa; herói, heroína; horto, horta.

- **heterônimos:** são os substantivos que possuem radicais diferentes quando estão no feminino:

  ✦ boi, vaca; cão, cadela; carneiro, cabra; cavalo, égua; homem, mulher; marido, mulher; pai, mãe; zangão, abelha.

7. FLEXÃO DE GÊNERO DOS SUBSTANTIVOS COMPOSTOS

Os gêneros dos substantivos compostos são dois: **masculino** e **feminino**.

Os substantivos compostos são **uniformes** ou **biformes:**

7.1. Uniformes (uma forma)

São os substantivos que possuem **uma forma** para o masculino e para o feminino.

Os substantivos **uniformes** são **masculino, feminino, sobrecomum, comum de dois** e **epiceno:**

- **substantivo masculino** (uma forma): designa os substantivos masculinos:

  ✦ peixe-boi, navio-escola, país-membro, papel-toalha, projeto-piloto.

- **substantivo feminino** (uma forma): designa os substantivos femininos:

  ✦ agência-barco, célula-tronco, lesa-pátria, mesa-redonda, placa-mãe, sereia-monstro.

- **sobrecomum** (uma forma): são os substantivos que possuem **um gênero** para indicar o masculino e o feminino. Não importa se o "ser" é masculino ou feminino, o substantivo designa os dois gêneros:

  ✦ criança-modelo, pessoa-chave, testemunha-chave.

- **comum de dois** (comum aos dois, uma forma): são os substantivos que possuem **uma forma**, que indica o masculino e o feminino. O gênero é indicado por: artigo, pronome, adjetivo ou predicativo.
  - ✦ o elefante-marinho, a elefante-marinho; o beija-flor, a beija-flor.
- **epiceno** (uma forma): são os substantivos que indicam o gênero dos **animais** e dos **insetos** por meio dos adjetivos **macho** e **fêmea**.
  - ✦ a abelha-europeia macho/fêmea, a mosca-da-fruta macho/fêmea, o peixe-espada macho/fêmea, o pica-pau macho/fêmea, o tatu-bola macho/ fêmea.

7.2. Biformes (duas formas)

São os substantivos que possuem **duas formas:** uma que indica o gênero masculino e outra que indica o gênero feminino: aluno(a)-mestre(a).

8. FLEXÃO DE NÚMERO DOS SUBSTANTIVOS SIMPLES

Como regra geral, para formarmos o plural dos substantivos terminados por **vogal**, acrescentamos a letra **s**; o plural dos demais substantivos, os terminados em consoante, é formado segundo critérios especiais:

a) **substantivos terminados por "vogal"**: acrescenta-se a letra **s:**

- ✦ cosmo, cosmos; livro, livros; lâmpada, lâmpadas
- ✦ mesa, mesas; quadro, quadros; suporte, suportes

b) **substantivos terminados por "ão"**: formam o plural com **ões**, **ãos** ou **ães**, alguns possuem mais de uma forma para o plural:

- ✦ balão, balões; leão, leões; papão, papões; tufão, tufões; limão, limões; eleição, eleições; pão, pães; escrivão, escrivães; cão, cães; órgãos, órgãos; bênção, bênçãos; grão, grãos; sótão, sótãos; balcão, balcões; Simão, Simões; cão, cães, vulcão, vulcões.

c) **substantivos aumentativos terminados por "ão"**: formam o plural com **ões:**

- ✦ casarão, casarões; anelão, anelões; pãozão, pãozões.

d) **substantivos terminados por "ão" que possuem dois ou mais plurais:**

- ✦ limão, limões, limãos, refrão, refrões, refrãos, corrimão, corrimões, corrimãos, verão, verões, verãos, zangão, zangões, zangãos.

e) **substantivos terminados por "r" ou por "z" formam o plural com o acréscimo de "es":**

- ✦ cor(es), catéter(es), flor(es), fôlder(es), mar(es), cruz(es), luz(es), raiz(es).

f) **substantivos terminados por "s":**

- se forem monossílabos ou oxítonos, recebem o acréscimo de **es:**
  - ✦ mês, meses; gás, gases; rês, reses; deus(es), filhós, filhoses, ilhós, ilhoses, adeus(es).
- se forem **paroxítonos** ou **proparoxítonos**, são invariáveis (substantivos de dois números):
  - ✦ o lápis, os lápis; o óculos, os óculos; o ônibus, os ônibus; o ourives, os ourives; o pires, os pires.

g) **substantivos terminados por "n"**: acrescenta-se "**s**" (mais usada) ou "**es**":

✦ dólmen, dolmens, dólmenes; hífen, hifens, hífenes; gérmen, germens, gérmenes; pólen, polens, pólenes; abdômen, abdomens, abdômenes.

h) **substantivos terminados por "al", "el", "ol", "ul" trocam o "l" por "is"**:

✦ cal, cais (ou cales); canal, canais; varal, varais; papel, papéis; tonel, tonéis; lençol, lençóis; farol, faróis; sul, suis.

i) **substantivos terminados por "il"**:

- oxítonos trocam o **l** por **s:**
  - ✦ barril, barris, funil, funis, fuzil, fuzis, projetil, projetis, reptil, reptis.
- paroxítonos trocam o **il** por **eis:** fóssil, fósseis, projétil, projéteis, réptil, répteis.

j) **substantivos terminados por "x" são invariáveis:**

✦ o(s) fax, o(s) clímax, a(s) fênix, o(s) ônix, o(s) tórax.

Observação: Algumas palavras paroxítonas mudam a pronúncia quando estão no plural: para descobrirmos se elas alteram ou não a pronúncia, usamo-las no feminino (se a palavra não possui feminino, usamos a forma verbal). Se a sílaba tônica mudar de "ô" para "ó", no plural a pronúncia será "ó".[14]

✦ amorôso, amorósa, amorósos; compôsto, compósta, compóstos

✦ dispôsto, dispósta, dispóstos; musculôso, musculósa, musculósos

✦ **Outros exemplos**: corajoso, corajosos; cuidadoso, cuidadosos; despojo, despojos; esforço, esforços; furioso, furiosos; idoso, idosos; jogo, jogos; malicioso, maliciosos; morno, mornos; olho, olhos; orgulhoso, orgulhosos; poderoso, poderosos; porco, porcos; porto, portos; posto, postos; povo, povos; revoltoso, revoltosos; volumoso, volumosos.

» **Exceções**: Palavras que permanecem com **o** fechado quando passam para o plural:

encosto, encostos; endosso, endossos; esboço, esboços; adorno, adornos; almoço, almoços; arroto, arrotos; cachorro, cachorros; corpo, corpos; coxo, coxos; esgoto, esgotos; gosto, gostos; sogro, sogros; gozo, gozos.

14. Mesquita, Antônio, Tira-dúvidas da Língua Portuguesa, CPAD, 2ª edição, pág. 126

9. FLEXÃO DE NÚMERO DOS SUBSTANTIVOS COMPOSTOS

a) Os substantivos compostos que não são ligados por hífen flexionam-se segundo as mesmas regras dos substantivos simples:

+ aguardente, aguardentes; malmequer, malmequeres; planalto, planaltos; pontapé, pontapés; sanguessuga, sanguessugas; varapau, varapaus.

b) Os substantivos compostos ligados por hífen variam segundo as regras:

- flexionamos os **dois elementos** se ambos são **palavras variáveis** (substantivos, adjetivos ou numerais):
- **substantivo e substantivo:** agência(s)-barco(s), aluno(s)-mestre(s), alto(s)-relevo(s), atividade(s)-fim(ns), atividade(s)-meio(s), célula(s)-tronco(s), mesa(s)-redonda(s), moto(s)-táxi(s), navio(s)-escola(s), país(es)-membro(s), papel-toalha, papéis-toalhas; placa(s)-mãe(s), projeto(s)-piloto(s).

Observações:

a) Nos substantivos compostos no plural, os dois elementos variam porque os dois designam dois ou mais seres. A flexão apenas do primeiro substantivo não é correta porque não expressa a realidade:

- o singular designa um **ser:**
  + (1) navio = um navio, escola = uma escola
- o plural designa dois ou mais **seres:**
  + (2) navios = dois ou mais navios, escolas = duas ou mais escolas
- um substantivo composto no singular designa um **ser** de cada elemento:
  + (3) um navio-escola = um navio e uma escola
- um substantivo composto no plural designa dois ou mais **seres** de cada elemento:
  + (4) dois navios-escolas = dois navios e duas escolas
  + (5) dois navios-**escola** = dois navios e **uma escola**

    » O exemplo **(5)** não está correto porque **escola**, no singular, designa uma escola, mas como existem dois navios e duas escolas, é necessário **escola** está no plural para designar dois seres.

  + (6) um homem-bomba = um homem e uma bomba
  + (7) dois homens-bombas = dois homens e duas bombas
  + (8) dois homens-bomba = dois homens e uma bomba (incorreto, não expressa a realidade)

b) Segundo os dicionários Aurélio, Dício, Michaelis, Priberam, as palavras **latino**, **norte**, **sul**, **porto** são substantivos, ou seja, são variáveis, portanto se elas formam com outro substantivo um **substantivo composto**, elas flexionam-se normalmente como os demais substantivos acima pois ambas são palavras variáveis.

✦ latino-americano, latinos-americanos; norte-americano, nortes-americanos; mato-grossense-do-sul, matos-grossenses-do-sul; porto-alegrense, portos-alegrenses

c) Destacamos que os termos que designam mais adequadamente os nascidos na América do Norte, na América do Sul, na África do Sul etc., embora não sejam usados, são: América do Norte → americano nortista; América do Sul → americano sulista; África do Sul → africano sulista etc., pelas seguintes razões: quem nasce na América é americano, quem nasce no norte é nortista, quem nasce na África é africano, quem nasce no sul é sulista, portanto quem nasce na América do Norte é **americano nortista**, quem nasce na África do Sul é **africano sulista** etc.

d) A regra "se o substantivo composto é formado por palavras variáveis mas **a segunda determina a primeira**, considera-se também correta a flexão apenas da primeira" não está fundamentada na língua portuguesa por dois motivos: **a)** o **segundo substantivo** não determina o **primeiro**, mas forma com este um substantivo composto; **b) se o segundo substantivo determinasse o primeiro**, o segundo substantivo seria **adjetivo**, e se o segundo substantivo fosse **adjetivo**, ele seria variável, concordaria com o primeiro, pois os adjetivos são variáveis.

✦ navio-escola, navios-escolas; peixe-espada, peixes-espadas

✦ palavra-chave, palavras-chaves; vale-refeição, vales-refeições

e) "É falso afirmar que não varia o segundo elemento quando este encerra ideia de *finalidade*. Isto de encerrar o segundo elemento de um substantivo composto idéia de finalidade é argumento inseguro. Por que o plural de *mestre-sala* é *mestres-sala*, e o de *navio-escola*, *navios-escola*? Muito bem chama Vasco Botelho de Amaral tais compostos de "espúrios"; a nosso ver, o plural deve trazer os dois elementos flexionados: *escolas-modelos*, *cafés-concertos*, *navios-escolas*, *pombos-correios*, *canetas-tinteiros*, *cidades-satélites*, etc. A extravagância vai mais longe quando recorrem para justificar o erro ao argumento de semelhança; porque o peixe nos lembra o boi iremos dizer *peixes-boi*? Vamos então dizer *couves-flor*? Nossa língua não se impõe com tais artifícios."[15]

15. Napoleão Mendes de Almeida, Gramática Metódica da Língua Portuguesa, 42ª edição, Editora Saraiva, pág. 116, 1998.

f) Se o segundo termo expressa **marca, tipo**, não é adjetivo, não expressa qualidade do substantivo, portanto não concorda com este; ressaltamos ainda que as palavras **marca, tipo**, estão subentendidas entre os substantivos:

- laboratório Colorama, laboratórios Colorama; pão careca, pães careca; rosquinha Jasmim, rosquinhas Jasmim; salsicha Sadia, salsichas Sadia
- **substantivo e adjetivo:** abelha(s)-europeia(s), altar(es)-mor(es), amor(es)-perfeito(s), azul(is)-celeste(s), barriga(s)-grande(s), boia(s)-fria(s), cabeça(s)-chata(s), elefante(s)-marinho(s), estrela(s)-marinha(s), guarda(s)-civil(is)[1], guarda(s)-florestal(is)[1], guarda(s)-noturno(s)[1], leão(ões)-marinho(s), malmequer(es)-amarelo(s), pão(ães)-duro(s), plano(s)-piloto(s), roseira(s)-rubra(s), rubro(s)-negro(s), tartaruga(s)-verde(s).

  » 1. Os **dois termos** variam porque são **palavras variáveis** (o **primeiro** sempre é um **substantivo**, ou seja, um homem, uma mulher etc., o **segundo** é sempre um **adjetivo**): guarda(s)-marinha(s).
- **adjetivo e substantivo:** alto(s)-falante(s), alto(s)-relevo(s), baixo(s)-relevo(s), boa(s)-vida(s), bom(ns)-senso(s), **lesa**(s)-**pátria**(s), longa(s)-metragem(ns), má(s)-língua(s), mau(s)-trato(s), meio(s)-dia(s), pronto(s)-socorro(s), puro(s)-sangue(s).
- **adjetivo e adjetivo:** leso-patriotismo, lesos-patriotismos.
- **numeral e substantivo:** meio(s)-fundista(s), quarta(s)-feira(s), quarto(s)-zagueiro(s), primeiro(s)-ministro(s).
- **um elemento** é flexionado se o outro é **palavra invariável** (verbo, advérbio, preposição, prefixo): arranha-céu(s), beija-flor(es), cessar-fogo(s), estraga-prazer(es), **guarda-roupa**(s)[1], guarda-sol(óis)[1], para-brisa(s)[1], pica-pau(s), porta-voz(es), porta-avião(ões), quebra-noz(es), saca-rolha(s), sempre-viva(s), bem-vinda(s), abaixo[2]-assinado(s), sem-teto(s), sem-terra(s), contra-aviso(s), pós-modernismo(s), pré-teste(s), pró-equidade(s), super-herói(s), vice-presidente(s), joão(ões)-ninguém, zé(s)-ninguém

  » **Exceção:** louva-a-deus, louva-a-deus.

  1. **Guarda** é verbo portanto é invariável: guarda-chuva(s), guarda-volume(s).

  2. **Abaixo** é advérbio, modifica assinado, portanto é invariável: as pessoas abaixo assinadas, os documentos descritos abaixo.

Observações:

a) Os verbos são palavras **variáveis** quando expressam ações dos substantivos, quando são substantivados, são **invariáveis**, pois não é função dos verbos designar seres. Ressaltamos que na língua portuguesa vários substantivos derivam de verbos, exatamente para designarem os substantivos:

- amor (de amar), cântico (de cantar), barba (de barbear).
- (1) Os **cantares** de Natal são tradição antiga e bastante difundida.
- (2) Shakespeare escreveu dramáticas histórias de **amar** difíceis.

Segundo a regra retrocitada as palavras destacadas não estão conformes a língua portuguesa: as formas corretas seriam:

- (3) Os **cânticos** (ou as cantigas) de Natal são tradição antiga...
- (4) Shakespeare e escreveu dramáticas histórias de **amor** difíceis.

- os **dois elementos** não variam se ambos são **palavras invariáveis** (verbos, advérbios, preposições, prefixos):
  - o bota-fora, os bota-fora; o(s) leva e traz, o(s) passo a passo, o(s) sobe e desce, o(s) vai e vem, o(s) vaivém, o(s) bem-estar
    » **Exceção:** os comes e bebes.
- apenas o **primeiro** termo é flexionado se eles são ligados por preposição:
  - burro(s) de carga, chefe(s) de seção, estrela(s)-do-mar, fim(ins) de semana, fita(s) de caixa, fogo(s) de artifício, mosca(s)-da-fruta, mosca(s)-de-mesa, burro(s) sem rabo, grão(s)-de-bico, papel(éis) de arroz, pé(s) de moleque, mula(s) sem cabeça
    » **Exceção:** "Si o segundo elemento já está com flexão numerica pedida pelo sentido, é claro que ella deve ser conservada, ex.: '*um mestre de meninos, dous mestres de meninos*'."[16]
- apenas o **último** é flexionado se os elementos são **palavras repetidas** ou **onomatopaicas:**
  - pisca-pisca, pisca-piscas; tico-tico(s), bem-te-vi(s), tique-taque(s), ruge-ruge(s), quebra-quebra(s), pingue-pongue(s), reco-reco(s)

Observação: Há ainda os substantivos compostos plurais: altos e baixos, belas-artes.

10. SUBSTANTIVOS INVARIÁVEIS

"Não são habitualmente usados no plural:

1. os nomes próprios, ex.: Pedro, Tito.
   » Exceptua-se um caso: quando são elles tomados figuradamente, para significar individuos da mesma classe, como *os Virgilios, os Homeros, os Cesares, os Alexandres*, etc., isto é, os poetas celebres como Virgilio e Homero; os grandes generaes, como Cesar, etc.
2. Os nomes de sciencias e artes, tomados individualmente, ex.: *a theologia, a philosophia, a esculptura, a pintura*, etc.
   » Exceptua-se o caso de serem taes nomes tomados como nomes de doutrinas scientificas, de obras de arte, ex.: *as*

16. RIBEIRO, Julio, *Grammatica Portugueza*, 5ª edição, revisada por João Vieira de Almeida, editor Miguel Melillo, São Paulo, 1899, p. 99 *apud* Coleção "gramáticas", iel.unicamp.br.

philosophias dos deístas, as esculpturas de Miguel Angelo, as pinturas de Raphael.

3. Os nomes de qualidades habituaes e os de necessidades e molestias do organismo, ex.: *a fé, a esperança, a caridade, a fome, a sede, a febre,* menos quando são tomados pelos actos e effeitos dellas, ex.: *duas fés e crenças – Deus aborrece avarezas,* isto é, *os actos viciosos da avareza; passei fomes e sedes; reinam febres paludosas.*

4. Os nomes de metaes ou substancias elementares inorganicas, ex.: ouro, prata, cobre, hidrogenio, azoto, carbono, etc.; excepto si quizermos significar peças, artefatos, porções, ou especies, accidentalmente differentes, como *estar a ferros, muitas pratas, aguas mineraes, aguas thermaes,* etc.

5. Os nomes de productos animaes ou vegetaes, ex.: *leite, mel, cera, canella, seda,* etc. Todavia diz-se: andar a *leites,* os *méis* do Brazil, as *sedas* de Lyão, etc.

6. Os nomes de ventos, etc.: *norte, sul,* etc.; todavia, cursando dias e temporadas, é costume dizer: *Entraram-lhe os suéstes, os nordéstes, as brisas – cursavam os levantes,* etc."[17]

11. GRAUS DOS SUBSTANTIVOS

Os substantivos possuem dois graus: o **aumentativo** e o **diminutivo.**

- **grau aumentativo:** classifica-se em:
  - **analítico:** é expresso por meio de um adjetivo que indique aumento:
    - "Mágoas **maiores** do que a dor dum dia."
    - sapato **grande**, bola **gigantesca**, peixe **enorme**
  - **sintético:** é expresso por meio de um sufixo que indique aumento (ona, aço, aça, astra, arra, alha, orra, zarrão, ázio, alhão, anha, alha, zana):
    - corpaço, corpanzil, copázio, cabeçorra, dramalhão,
    - homenzarrão, montanha, muralha, ricaço, ratazana, vidraça
- **grau diminutivo:** classifica-se em:
  - **analítico:** é expresso por meio de um adjetivo que indique diminuição:
    - sapato **pequeno**, peixe **ínfimo**, carro **diminuto**, bola **minúscula**
  - **sintético:** é expresso por meio de um sufixo que indique diminuição (im, isco, ito, ita, ejo, ebre, eco, ado, ela, ola, eto, eta, oto, ota, culo, cula, ulo, ula):

---

17. RIBEIRO, Julio, *Grammatica Portugueza*, 5ª edição, revisada por João Vieira de Almeida, editor Miguel Melillo, São Paulo, 1899, p. 100 *apud* Coleção "gramáticas", iel.unicamp.br.

- camarim, chuvisco, vilarejo, lugarejo, povoado, aldeola, aldeota, vileta, camiseta, corpúsculo, glóbulo, nódulo

Observação: Na linguagem informal, o **aumentativo sintético** é feito com os sufixos **ão, zão** e **lona**, e o **diminutivo sintético** é feito com os sufixos **inho, inha, zinho, zinha:**

- sapatão, peixão, pezão, bolona, sapatinho, surpresinha, anelzinho, avozinha, bebezinho ou bebezito, chapeuzinho(zito), heroizinho(zito), pezinho(-zito), florzinha

12. EXERCÍCIOS

1. (CESGRANRIO, 2009, IBGE, Recenseador) As palavras em destaque no período abaixo são classificadas, respectivamente, como:

"... Quando acabei a leitura estava duplamente feliz... feliz porque confirmava que, apesar do **olhar** profissional **crítico**, analítico..." (Colasanti, Marina, *Fragatas para terras distantes*, alterado)

a) substantivo e adjetivo
b) substantivo e substantivo
c) adjetivo e substantivo
d) verbo e adjetivo
e) verbo e substantivo

2. (CEPERJ, 2008, Prefeitura de Angra dos Reis, RJ) O diminutivo plural de "flores", "amores" e "primores" está corretamente grafado em:

a) florezinhas, amorezinhos, primorezinhos
b) florzinhas, amorzinhos, primorezinhos
c) florzinhas, amorezinhos, primorzinhos
d) florezinhas, amorzinhos, primorezinhos
e) florezinhas, amorezinhos, primorzinhos

3. (FCC, 2006, TRT-24R, Técnico Judiciário - Área Administrativa) A forma correta de plural dos substantivos compostos **mico-leão-dourado** e **ararinha-azul** é

a) micos-leão-dourados e ararinhas-azul
b) micos-leão-dourado e ararinha-azuis
c) mico-leões-dourados e ararinha-azuis
d) mico-leão-dourados e ararinhas-azul
e) micos-leões-dourados e ararinhas-azuis

4. (FIP, 2009, CAMARA-SJC, Programador) As palavras **TIETÊ** e **PESCA** são, respectivamente, substantivos:

a) próprio e concreto
b) comum e próprio
c) concreto e próprio

d) comum e abstrato
e) próprio e abstrato

5. (FGV, 2010, FIOCRUZ, tecnologista em Saúde) Na expressão "A era do sustentável" ocorre o seguinte fato gramatical:
a) a modificação da classe gramatical do vocábulo "sustentável"
b) o uso indevido de uma forma verbal como substantivo
c) a utilização de um substantivo por outro
d) o emprego inadequado de um adjetivo
e) um erro de concordância nominal

6. (FEPESE, 2010, SEFAZ-SC, Auditor Fiscal da Receita Estadual, Parte I, questão desmembrada) Leia atentamente as afirmativas abaixo e assinale a alternativa que preenche **correta** e sequencialmente as lacunas.
O substantivo "criança" tem um só gênero, quer se refira a menino ou menina. Esse tipo de substantivo é chamado, em termos de gênero, de ...
O substantivo "jovem" tem uma só forma para o masculino e o feminino. O que faz a distinção de gênero é o artigo ou o adjetivo que o acompanham. Esse tipo de substantivo é chamado, em termos de gênero, de ...
a) sobrecomum e comum de dois gêneros
b) comum de dois gêneros e sobrecomum
c) comum de dois gêneros e epiceno
d) epiceno e comum de dois gêneros
e) sobrecomum e epiceno

7. (CESPE, 2005, Instituto Rio Branco, Diplomata) "O ser humano nos é revelado em sua complexidade: **ser**, ao mesmo tempo, totalmente biológico e totalmente cultural. O cérebro, a boca, a mão são, ao mesmo tempo, totalmente biológicos e totalmente culturais..." (Edgar Morin)
No texto, considerando-se o paralelismo sintático, "ser", na segunda ocorrência, deve ser interpretado como substantivo.
( ) certo ( ) errado

8. Assinalai a alternativa em que se respeitam as normas cultas de flexão de grau.
a) Nas situações críticas, protegia o colega de quem era amiquíssimo.
b) Mesmo sendo o Canadá friosíssimo, optou por permanecer lá durante as férias.
c) No salto, sem concorrentes, seu desempenho era melhor de todos.
d) Diante dos problemas, ansiava por um resultado mais bom que ruim.
e) Comprou uns copos baratos, de cristal, da mais malíssima qualidade.

9. (UERJ) Assinale o par em que os vocábulos fazem o plural da mesma forma que a palavra **cristão.**
a) capelão, razão
b) tabelião, vulcão
c) grão, melão
d) questão, irmão
e) cidadão, bênção

10. (Cesgranrio – ANP) Em "Quando o juazeiro **flora...**", a palavra em negrito é verbo. Pode, no entanto, num outro contexto, ser usada como substantivo. Dentre as seguintes, as palavras que também podem ocorrer como verbo ou substantivo, dependendo do contexto, são:

a) bebo e falo
b) trafego e sirva
c) sento e banco
d) sofro e deixa
e) canto e passo

11. Quais os substantivos dos textos abaixo?

a) "A língua portuguesa é um bem. Se considerarmos que 'bens são aquelas coisas que, por serem úteis ao homem, são objetos de apropriação', verificaremos que a língua portuguesa é um bem. Ela é útil e vantajosa ao homem. É o nosso principal veículo de comunicação e não conseguimos viver em sociedade sem nos comunicar." (Ernani Terra, "Linguagem, língua e fala")
b) "A dúvida cartesiana detonou o pensar iluminista como meio para chegarmos à verdade e à compreensão do mundo."

12. Quais palavras foram substantivadas nos períodos abaixo?

a) "O meu olhar é nítido como um girassol" (Alberto Caeiro).
b) (Fep) "Volta à última folha, (sente) um roerzinho de rato na perna nua."
c) Os segredos da moda para um lindo parecer estão na Cilene Bonfim.
d) "Há um porquê das rosas exalarem seu aroma!" (Virotino Silva).
e) Se o parecer for aprovado, será enviado ao presidente.
f) O melhor da cultura musical cabo-verdiana são a Morna, o Zouk e Funáná;
g) "Hoje é minha despedida portanto vos convido para dizermos até logo ao som de música, no Restaurante Camarim." (Nelci Lopes, alterado)

RESPOSTAS			
1	a	**2**	a
3	e	**4**	e
5	a ("sustentável" é adjetivo mas na expressão é substantivo).	**6**	a
7	c	**8**	d
9	e	**10**	e
11	**a)** bens, coisas, homem, objetos, apropriação, língua, bem, homem, veículo, comunicação e sociedade; **b)** dúvida, pensar, meio, verdade, compreensão e mundo.		
12	**a)** olhar; **b)** roerzinho, inclusive a substantivação permitiu a flexão de grau **roerzinho;** **c)** parecer; **d)** porque; **e)** não há palavra substantivada, **parecer** (opinião, juízo, voto) é substantivo; **f)** melhor; **g)** até logo.		

CAPÍTULO 3

Adjetivo

1. INTRODUÇÃO

Os adjetivos são meros termos ou meras palavras que expressam as qualidades dos substantivos.

As qualidades pertencem aos substantivos, estão nos substantivos e são inseparáveis, portanto, quando as observamos, na verdade observamos os próprios substantivos.

Os adjetivos não possuem existência própria: eles só existem se há substantivos que os possuam. Em "aluno(a) estudioso(a)", aluno(a), substantivo, e estudioso(a), adjetivo, apenas expressa a qualidade referente a aluno(a).

Os adjetivos são importantes porque eles são os únicos termos que expressam qualidades. Se são usados adequadamente, enriquecem certamente os textos.

2. CONCEITO

Adjetivo ("adjetivu", a característica do ser): são as palavras que designam as características referentes aos substantivos.

As características são as qualidades, as nacionalidades, as naturalidades, as funções, os cargos e as profissões referentes aos substantivos ou às palavras substantivadas.

+ (1) "O **boto** encantado, o saltitante **caititu**, a assustadora **cobra** grande, o dócil **peixe-boi** encontramos nos belos **móveis** dos artesões das **Oficinas** Caboclas."[1]

1. Cooperativa Oficinas Caboclas, alterado.

As palavras sublinhadas expressam qualidades dos substantivos destacados porquanto são adjetivos.

- (2) "O elegante, cauteloso, pacífico e solitário **tamanduá-bandeira** está em extinção, estão ocupando seu habitat com pasto, soja e cana-de-açúcar."

Os termos sublinhados expressam qualidades do substantivo destacado porquanto são adjetivos.

- (3) "Teus **olhos** castanhos / De **encantos** tamanhos / São pecados meus, / São **estrelas** fulgentes, / Brilhantes, luzentes, / Caídas dos céus..." (Francisco José)

Os termos sublinhados referem-se aos substantivos destacados porquanto são adjetivos.

- (4) Nós cantamos **juntos** / Rimos **juntos**, sempre **juntos**. (Fábio de Melo)

Os termos destacados expressam qualidades do **Nós**, sujeito, logo são adjetivos.

- (5) Foot Works, **loção** desodorante e hidratante, para **pés** livres, leves e soltos.
- **Outros exemplos**: (1) "Uma elegante **orla**, um **museu** renovado e uma promissora **culinária** somam-se aos encantos da cidade."[2] (2) As **maçãs** e as **peras** produzidas em Tianguá são frescas, crocantes, doces... deliciosas. (3) Uma **criatura** dura, teimosa, orgulhosa e obstinada é inflexível. (4) **Arroz Tio João**, soltinho, nutritivo e saboroso, não precisa escolher, nem lavar.

Observação: Em determinados textos é necessário repetirmos os adjetivos para enfatizarmos os substantivos e darmos coesão aos textos:

- (1) "O melhor da vida é saber que um **novo** ano traz **novas** histórias, **novas** conquistas e **novos** motivos para sorrir." (Credicard Citi)
- (2) "Que a lembrança da abolição da escravatura seja um impulso na busca por **mais** cidadania, **mais** inclusão e **mais** dignidade para todos os brasileiros." (Jornal da Caixa)

O adjetivo **maior** eventualmente é usado incorretamente, como nestes exemplos:

- (4) "É possível imaginar que um dia as pessoas terão **maior** tempo livre (**mais**)."
- (5) "... O que conduziria também a uma sociedade de **maior** tempo livre (com **mais**...)."

Quais são os adjetivos das frases seguintes?

a) "Gostosas tragadas, bebedeiras deliciosas, viagens alucinantes são os principais atores da novela mortífera. Não participes desse perigoso elenco, não fumes, não poluas teu maravilhoso organismo." (Adesf, alterado);

2. San Sebastián, nytsyn.br.

b) "Um carro incrível. Uma viagem fascinante. Uma promoção imperdível. Compre um Mitsubishi e ganhe uma viagem inesquecível para Paris."

c) "Rodix, rodo multiuso. Ideal para pisos, vidros e azulejos. Prático, eficiente, durável, ergonômico."

d) "Novo Casting Creme Gloss: uma cor cintilante, com reflexos visíveis e ultrabrilhantes..., uma aplicação fácil e prática, em apenas 20 minutos, cores excepcionalmente luminosas, radiantes e ultrabrilhantes..."

3. CLASSIFICAÇÃO DOS ADJETIVOS QUANTO AO TIPO

- **primitivos:** são os adjetivos formados por palavras primitivas, isto é, não derivam de outras palavras:
  - alegre, azul, belo, fácil, falso, fiel, humilde, irmão, moço, novo, triste, voraz.
- **derivados:** são os adjetivos formados por palavras derivadas, ou seja, derivam de outras palavras (substantivo ou verbo):
  - aparente (aparentar) verdadeiro (verdade), depoente (depor), estudioso (estudo), dorsal (dorso), desejável (desejar), jornalista (jornal), morador (morar), pensativo (pensar), pintor (pintar), transitório (transitar), varredor (varrer), zelador (zelar).
- **simples:** são os adjetivos formados por uma palavra:
  - alto, antigo, árido, bonito, curto, esperto, lento, liso, meigo, útil, vegetal.
- **composto:** são os adjetivos formados por duas ou mais palavras:
  - azul-celeste, azul-marinho, latino-americano, médico-cirúrgico, médico-chefe, ministro-relator, primeiro-ministro, professor-doutor, professor-mestre, rei-carrasco, servidor-fantasma (servidor fictício), surdo-mudo, verde-claro.

Observação:

a) "1°) Emprega-se o hífen nas palavras compostas por justaposição que não contêm formas de ligação e cujos elementos, de natureza nominal, adjetival, numeral ou verbal, constituem uma unidade sintagmática e semântica e mantêm acento próprio, podendo dar-se o caso de o primeiro elemento estar reduzido:"[3]

Unidade sintagmática significa palavra, **semântica** significa significado e **acento próprio** significa existência própria, ou seja, os adjetivos compostos são ligados por hífen se os elementos, embora mantenham seus significados,

3. Acordo Ortográfico de 1990, Base XV, Do hífen em compostos, locuções e encadeamentos vocabulares.

formam palavras novas, isto é, locuções com significado e com independência próprios:

- *(lua)* **branco-prateada**, *(tecido)* **amarelo-esverdeado**, *(evento)* **étnico-cultural**, *(pensamento)* **jurídico-filosófico**, *(crise)* **político-econômica**, *(homem)* **professor-doutor**, *(homem)* **rei-carrasco**, *(aspecto)* **técnico-jurídico.**

b) Para mais informações sobre os adjetivos compostos, consulta flexão de gênero e flexão de número dos adjetivos compostos.

- **pátrios** ou **gentílicos**: são os adjetivos que designam a nacionalidade, a naturalidade ou a origem do ser:

  - angolano, brasileiro, guineense, moçambicano, português, paraense, amazonense.

  "Nomes Gentilicos ou Nacionaes são uns adjectivos, que declarão a gente, nação, ou patria, donde cada um é, como : Brasileiro, quer dizer natural do Brasil, Maranhense do Maranhão."[4]

  "Adjectivos qualificativos ou attributivos são os que exprimem qualidades ou attributos do substantivo, como: Sol brilhante. Terra fertil. Entre os qualificativos distinguem-se os gentilicos, os patrios, e os particípios. Adjectivos gentilicos são os que mostram a gente de que alguem procede, ou a nação a que alguma pessoa ou cousa pertence, como: Estirpe bragantina, Cidadão brasileiro. Adjectivos patrios são os que mostram a patria donde alguem é natural, como – paraense, maranhense."[5]

  "Patrio é o que indica a patria, v. g. Rio-Grandense, Fluminense, Maranhoto, Mineiro. Gentilico é o que indica a Gente, ou Nação, a que cada um pertence, v. g. Brasileiro, Peruviano, Aziatico."[6]

  "Adjectivo Gentilico he o que mostra a naçaõ de qualquer, como Castelhano, Portuguez. Adjectivo Patrio he o que mostra a patria, como Lisbonense. Positivo he o que significa simplesmente a cousa, como Bom, Máo..."[7]

---

4. Duarte, Antonio da Costa, Compendio da Grammatica Philosophica da Lingua Portugueza, Antonio Pereira Ramos d'Almeida, editor, Maranhão, 1877, 6ª edição, pág. 29.
5. Condurú, Filippe Benicio de Oliveira, Grammatica Elementar da Lingua Portugueza, Editor MF Vianna Pires, 1888, pág. 14.
6. Coruja, Antonio Alvares Pereira. Compendio da Grammatica da Lingua Nacional, Tipographia de VF de Andrade, 1835, pág. 6.
7. Casimiro, João Joaquim. Methodo grammatical resumido da lingua portugueza – T01, pág 2.

> **"Appendice sobre a formação do feminino nos substantivos**
>
> 189. Um certo numero de substantivos têm com os adjectivos a notavel analogia de variaveis, não só em numero, senão tambem em genero, o que mais de uma vez fê-los confundir, com summa impropriedade para a determinação das funcçõcs syntaxicas, com os genuinos adjectivos. Haja vista, a tal respeito, a tão elogiada grammatica franceza de Noël e Chapsal, e outras do igual jaez, que citão ingenuamente como adjectivos qualificativos: *ambassadeur (embaixador), gouverneur (governador), serviteur (servidor), auteur (autor), professeur (professor)*, etc., etc., etc. Só faltava accrescentar: *pére (pai), empereur (imperador), roi (rei)*... e quanto substantivo masculino tem correlativo feminino. **Taes substantivos são geralmente os que designão as pessoas pelo seu estado social**, e os animaes pelo seu genero dentro da especie. Ex. *senedicto, senedicta; – o esposo, a esposa; – o irmão, a irmãa; – o marquez, a marqueza; – o professor, a professora; – o cozinheiro, a cozinheira; – o gato, a gata; – o coelho, a coelha; – o leão, a leóa*, etc."[8]

4. CLASSIFICAÇÃO DOS ADJETIVOS QUANTO À FUNÇÃO

4.1. Adjetivos explicativos

São as palavras que expressam as qualidades essenciais referentes aos substantivos, ou seja, as qualidades próprias, inerentes, inclusas nos substantivos.

Os adjetivos explicativos não acrescentam qualidades novas aos substantivos, apenas expressam ou enfatizam as qualidades inerentes àqueles. Como não acrescentam qualidades e não modificam os substantivos, são facultativos.

+ **água** líquida, **corvo** negro, **cordeiro** manso, **fogo** quente, **globo** redondo, **homem** racional, **horizonte** vasto, **leite** branco, **mármore** duro, **mel** doce, **planeta** redondo, **universo** imenso

Os adjetivos explicativos são usados antes ou após os substantivos, mas, eventualmente, causam ambiguidade quando são usados após:

+ (1) O Sol que incidia sobre a **neve** branca ofuscava nossa visão.
+ (2) O **globo** terrestre arredondado flutua em um campo magnético.

---

8. Grivet, Charles Adrien Olivier, Nova Grammatica Analytica, Tipographia de G. Leuzinger e Filhos, Rio de Janeiro, 1881, pág. 148, negrito nosso.

4.2. Adjetivos restritivos

São as palavras que expressam as qualidades acidentais, eventuais, ocasionais, não inclusas nos substantivos.

Se expressam as qualidades não comuns aos substantivos, qualidades que os substantivos sozinhos não comunicam porque não as possuem, são necessários à frase, pois sem eles os substantivos não estariam restritos:

- novo, velho, forte, fraco, gordo, magro, saudável, doente, alto, baixo, ágil, lento.
- (1) **Lua** sangrenta ou **Lua** vermelha dá **espetáculo** multicolorido indescritível à humanidade: lilás-escuro-aveludado, amarelo-avermelhado, vermelho-sangrento...
- (2) "Um **nevoeiro** misterioso (ou um misterioso **nevoeiro**) assusta a China."[9]
- (3) "O **animal** macabro (ou macabro **animal**), um porco com cabeça de cachorro, é fruto de **experiências** alienígenas ou de **magia** negra."[10]
- (4) "Por causa da quimioterapia, a **Nicole** orfã, bela e rica perde suas belas **madeixas** ruivas e naturais."[11]
- **Outros exemplos**: Expressivo **déficit** habitacional; **pigmentos** marinhos azuis; **animal** mamífero marinho; **alga** vermelha marinha; autênticas **tormentas** financeiras; prestigiosa **psicóloga** infantil dinamarquesa.

5. LOCUÇÕES ADJETIVAS

São duas ou mais palavras que expressam qualidade, propriedade ou estado do substantivo.

A locução adjetiva é formada por preposição e substantivo ou por preposição e advérbio:

- azul **do céu**, azul celeste; azul **do mar**, azul marinho; carne **de boi**, carne bovina; olhos **de vidro**, olhos vítreos (lat. vitru); planta **do mar**, planta marinha; suco **do estômago**, suco gástrico; região **do abdome**, região abdominal; técnico **de banco**, técnico bancário; técnico **da sociedade**, técnico social.

---

9. http://www.smh.com.au, apud http://www.tecmundo.com.br, 14.10.2012, alterado.
10. http://www.megacurioso.com.br, 12.07.2013, alterado.
11. Época, nº 791, pág. 94, 22.07.2013, alterado.

- de abelha: apícola
- de abutre: vulturino
- de águia: aquilino
- de açúcar: sacarino
- de aluno: discente
- de alma: anímico
- de amor: erótico
- de anel: anular
- de anjo: angelical
- de ano: anual
- de aranha: aracnídeo
- de astro: sideral
- de asno: asinino
- de astro: sideral
- de audição: ótico, auditivo
- de baço: esplênico
- de bexiga: vesical
- de bílis: biliar
- de bispo: episcopal
- de boi: bovino
- de bode: hircino
- de boca: oral, bucal
- de bronze: brônzeo, êneo
- de cabeça: cefálico
- de cabelo: capilar
- de cabra: caprino
- de campo: campestre, rural, bucólico
- de cão: canino
- de carneiro: arietino
- de cavalo: equino, hípico
- de chumbo: plúmbeo
- de chuva: pluvial
- de cílio: ciliar
- de cidade: citadino, urbano
- de cinza: cinéreo
- de circo: circense
- de cobra: viperino, ofídico
- de cobre: cúprico
- de coelho: cunicular
- de coração: cardíaco, cordial
- de correio: postal
- de costas: dorsal
- de crânio: craniano
- de criança: pueril, infantil
- de couro: coriáceo
- de dedo: digital
- de dança: coreográfico
- de diamante: diamantino, adamantino
- de Descartes: cartesiano
- de dinheiro: pecuniário
- de direito: jurídico
- de eixo: axial
- de elefante: elefantino
- de enxofre: sulfúrico, sulfúreo, sulfuroso
- de erva: herbáceo
- de estômago: estomacal, gástrico
- de estrela: estelar
- de éter: etéreo
- de farinha: farináceo
- de fábrica: fabril
- de face: facial
- de fêmur: femural
- de fera: ferino
- de ferro: férreo
- de fígado: hepático
- de filho: filial
- de fogo: ígneo
- de folha: foliáceo
- de frente: frontal
- de embriaguez: ébrio
- de garganta: gutural
- de gado: pecuário
- de gafanhoto: acrídeo

- de galinha: galináceo
- de gato: felino
- de gelo: glacial
- de gesso: gípseo
- de guerra: bélico
- de homem: humano, viril
- de idade: etário
- de Idade Média: medieval
- de ilha: insular
- de igreja: eclesiástico
- de inverno: hibernal
- de intestino: celíaco, entérico
- de irmão: fraterno, fraternal
- de junho: junino
- de lago: lacustre
- de lágrima: lacrimal
- de leão: leonino
- de lebre: leporino
- de leite: lácteo, láctico
- de limão: cítrico
- de lobo: lupino
- de lua: lunar, selênico
- de mãe: materno, maternal
- de macaco: símio, simiesco
- de madeira: lenho, lígneo
- de manhã: matinal, matutino
- de marfim: ebúrneo
- de margem: marginal
- de mar: marinha, marítimo
- de mármore: marmóreo
- de mestre: magistral
- de memória: mnemônico
- de moeda: monetário
- de Moisés: mosaico
- de monge: monacal, monástico
- de morte: mortal, letal, mortífero
- de nádegas: glúteo
- de nariz: nasal
- de navio: naval
- de neve: níveo
- de norte: setentrional, boreal
- de noite; noturno
- de nuca: occipital
- de núcleo: nucleico
- de óleo: oleaginoso
- de orelha: auricular
- de olhos: ocular, óptico, oftálmico
- de osso: ósseo
- de ouro: áureo
- de outono: outonal
- de ovelha: ovino
- de palato: palatal
- de pâncreas: pancreático
- de pai: paterno, paternal
- de paixão: passional
- de paraíso: paradisíaco
- de peixe: písceo, ictíaco
- de parede: parietal
- do papa: papal
- de pântano: palustre
- de páscoa: pascal
- de pato: anserino
- de pescoço: cervical
- de pedra: pétreo
- de pênis: peniano, fálico
- de pele: cutâneo, epidérmico
- de Platão: platônico
- de plebe: plebeu
- de pombo: columbino
- de porco: suíno
- de prata: argênteo, argentino
- de professor: docente
- de proteína: proteico
- de pus: purulento
- de raposa: vulpino

- de pulmão: pulmonar
- de rio: fluvial
- de rato: murino
- de rim: renal
- de rocha: rupestre
- de selo: filatélico
- de selva: silvestre
- de serpente: ofídico
- do Sol: solar
- de sonho: onírico
- de sul: meridional, austral
- de quadris: ciático
- de tarde: vesperal, vespertino
- de tecido: têxtil
- de terremoto: sísmico
- de tijolo: laterário
- de terra: terrestre, terreno, telúrico
- de tórax: torácico
- de touro: taurino, táureo
- de trás: traseiro
- de túmulo: tumular
- de umbigo: umbilical
- de urso: ursino
- de vasos sanguíneos: vascular
- de vento: eólico, eóleo
- de velho: senil
- de verão: estio, estival
- de veia: venoso
- de vidro: vítreo, hialino
- de víbora: viperino
- de vida: vital
- de vinagre: acético
- de violeta: violáceo
- de virgem: virginal
- de vinho: vínico, vinário, vinoso, víneo
- de virilha: inguinal
- de visão: óptico, ótico
- de vontade: volitivo
- de voz: vocal

6. FLEXÕES DOS ADJETIVOS

Os adjetivos são palavras variáveis, ou seja, flexionam-se em: **gênero**, **número** e **grau** para concordarem com os substantivos. Os **substantivos** são os **termos subordinantes** porque são **seres**. Os **adjetivos** são apenas **termos subordinados**, ou apenas **palavras subordinadas**, cujas funções são exclusivamente expressar as qualidades referentes aos substantivos. Os **substantivos** subordinam os **adjetivos**, portanto estes concordam com aqueles.

6.1. Flexão de gênero dos adjetivos simples e compostos

São as formas que os adjetivos assumem para designarem **masculino** e **feminino**.

Quanto ao gênero os adjetivos classificam-se em:

- **Uniforme:** possui uma forma, que designa o masculino e o feminino:
  - **adjetivos uniformes simples:** homem **amável**, mulher **amável**; fato **antecedente**, causa **antecedente**; fato **corrente**, ideia **corrente**; aluno **humilde**, aluna **humilde**; povo **nômade**, família **nômade**; aluno **otimista**,

aluna **otimista**; pão **quente**, sopa **quente**; assunto **relevante**, ideia **relevante.**

- **adjetivos uniformes compostos:** olho/camisa **azul-celeste**, uniforme/camisa **azul-marinho**, vidro/cor **azul-turquesa**, homem/mulher **porta-voz**, olho/pedra **verde-esmeralda**, olho/pedra **verde-oliva**, homem/mulher **vice-presidente**, homem/mulher **vira-lata.**

- **Biforme:** possui duas formas, uma para o masculino e outra para o feminino:
  - **adjetivos biformes simples:** abade, abadessa; aldeão, aldeã; ancião, anciã; anfitrião, anfitriã; ateu, ateia; barão, baronesa; capitão, capitã; cidadão, cidadã; conde, condessa; cônsul, consulesa; diácono, diaconisa; galileu, galileia; garçom, garçonete; glutão, glutona; maestro, maestrina; marinho, marinha; poeta, poetisa; róseo, rósea, soldado, soldada; são, sã; violento, violenta.
  - **adjetivos biformes compostos:** varia apenas o segundo elemento se é adjetivo, o primeiro termo, embora seja adjetivo, é invariável:
    - **adjetivo e adjetivo:** suco **amarelo-cítrico**, bebida **amarelo-cítrica**; tumor **branco-pardacento**, mancha **branco-pardacenta**; cabelo **castanho-escuro**, peruca **castanho-escura**; relato **latino-americano**, empresa **latino-americana**; atendimento **médico-psiquiátrico**, clínica **médico-psiquiátrica**; tecido **pardo-amarelado**, superfície **pardo-amarelada**; assunto **político-econômico**, crise **político-econômica.**

    » **Exceções:** azul-celeste, azul-marinho, surdo(a)-mudo(a), rei-carrasco, rainha-carasca, médico(a)-chefe, ministro(a)-relator(a), primeiro(a)-ministro(a), professor(a)-doutor(a), professor(a)-mestre(a), servidor(a)-fantasma (servidor fictício).

    - **adjetivo e substantivo** ou **substantivo e adjetivo:** varia apenas o segundo termo se é adjetivo, o primeiro termo é invariável:

    ✦ vestido **amarelo-ouro**, blusa **amarelo-ouro**; tecido **branco-gelo**, tinta **branco-gelo**; vestido **branco-marfim**, blusa **branco-marfim**; homem **cabo-verdeano**, mulher **cabo-verdeana**; congresso **sul-americano**, conferência **sul-americana.**

6.2. Flexão de número dos adjetivos simples e compostos

São as formas que os adjetivos assumem para designarem **singular** e **plural**:

- **adjetivos simples:** seguem as mesmas regras de flexão dos substantivos simples:

✦ azul, azuis, celeste(s), marinho(s), latino(s), latina(s), luso(s), lusa(s), lusitano(s), lusitana(s), cortês, corteses, freguês, fregueses, mal, males.

- **adjetivos compostos:** varia apenas o segundo termo se é adjetivo. O primeiro termo, embora eventualmente seja adjetivo, é invariável como as demais palavras (substantivos, verbos, advérbios, preposições etc.). Os substantivos nessas formações são invariáveis porque não expressam qualidades.

- **adjetivo e adjetivo:** projeto(s) **artístico-cultural**(is), programação(ões) **artístico-cultural**(is), olho(s) **azul-escuro**(s), deputado(s) **democrata-cristão**(ãos), atividade(s) **físico-mental**(is), homem(ens) **franco-atirador**(es), empresa(s) **latino-americana**(s), procedimento(s) **médico-cirúrgico**(s), avaliação(ões) **médico-cirúrgica**(s), povo(s) **iraniano-canadense**(s), sociedade(s) **iraniano-canadense**(s), aspecto(s) **técnico-jurídico**(s), avaliação(ões) **técnico-jurídica**(s), tecido(s) **verde-amarelado**(s), blusa(s) **verde-amarelada**(s), Lua(s) **vermelho-alaranjada**(s).

  » **Exceções:** azul-celeste, azul-marinho, surdo(s)-mudo(s), rei(s)-carrasco(s), médico(s)-chefe(s), ministro(s)-relator(es), primeiro(s)-ministro(s), professor(es)-doutor(es), professor(es)-mestre(s), servidor(es)-fantasma(s) (servidor fictício).

- **adjetivo e substantivo:** varia apenas o segundo termo se é adjetivo. Como o segundo termo é substantivo, é invariável:

  ✦ olho(s) **azul-turquesa**, vestido(s) **amarelo-ouro**, camisa(s) **amarelo-ouro**, tecido(s) **branco-gelo**, calça(s) **branco-gelo**, blusa(s) **rosa-choque**, olho(s) **verde-esmeralda**, toalha(s) **verde-cana**, tecido(s) **verde-musgo**, blusa(s) **verde-abacate**.

- **substantivo e adjetivo:** varia apenas o segundo termo se é adjetivo, o substantivo é invariável:

  ✦ povo(s) **cabo-verdeano**(s), consulado(s) **norte-americano**(s), flor(es) **cor-de-rosa** (invariável: dois substantivo), povo(s) **matogrossense**(s), nação(ões) **sul-americana**(s).

  » **Exceção:** homens **linha-dura**, mulheres **linha-dura**, índio(a)(s) **pele-vermelha**.

- **palavras invariáveis** (verbos, pronomes, advérbios, prefixos, palavras reduzidas) e **adjetivos:** varia apenas o segundo termo se é adjetivo, as outras palavras são invariáveis:

  ✦ telefone(s) **disque-denúncia**, eletricista(s) **faz-tudo**, luta(s) **vale-tudo**, mulher(es) **mal-amada**(s), fatura(s) **pré-paga**(s), mulher(es) **afro-latino-americana**(s), sintoma(s) **cardiovascular**(es), soldado(s) **franco-atirador**(es), soldada(s) **franco-atiradora**(s), estudo(s) **luso-brasileiro**(s), estudo(s) **greco-romano**(s), história(s) **greco-romana**(s), sociedade(s) **luso-brasileira**(s), doença(s) **cérebro-vascular**(es), época(s) **proto-histórica**(s), cidadão **rubro-negro**, nação **rubro-negra**, pessoa(s) **vira-lata**(s).

Substantivos, verbos, pronomes, advérbios, prefixos etc., que formam adjetivos compostos, são invariáveis porque não expressam qualidades referentes aos substantivos, não há sentido nas expressões: vestidos ouros, eletricistas fazes e eletricistas tudos.

Observações:

a) **particípio presente latino**: é formado pelo **radical do verbo** mais as terminações da **terceira declinação (ans, antis; ens, entis; ins, intis; entu, enta, entus, entas)**: as seis primeiras declinações quanto ao **número** designam (**singular** e **plural**), e quanto ao **gênero** são **neutras** (lat. "neuter": nem um e nem outro), ou seja, não designam **masculino** e **feminino**, sem exceção; as quatro últimas declinações quanto ao **gênero** designam (**masculino** e **feminino**), e quanto ao **número** designam **singular** e **plural**:

✦ **ans**, **antis** (são usadas nos verbos da primeira conjugação, **ar**): *almirans* (almirante), *almirantis* (almirantes), *comandans* (comandante), *comandantis* (comandantes), *comedians* (comediante), *comediantis* (comediantes), *elefans* (elefante), *elefantis* (elefantes), *gigans* (gigante), *gigantis* (gigantes), *governans* (governante), *governantis* (governantes), *infans* (infante), *infantis* (infantes); não há base no latim para a existência das palavras: **almiranta**, **comandanta**, **comedianta**, **elefanta**, **giganta**, **governanta**, **infanta**, **mastodanta**;

✦ **ens**, **entis** (são usadas nos verbos da segunda conjugação, **er**): *assistens* (assistente, verbo *assistere*), *assistentis* (assistentes), *existens* (existente, verbo *existere*), *existentis* (existentes), *gerens* (gerente, verbo *gerere*), *gerentis* (gerentes), *parens* (parente), *parentis* (parentes), *presidens* (presidente, verbo *praesidere*), *presidentis* (presidentes), *ponens* (poente, verbo *ponere*), *ponentis* (poentes); não há justificativa no latim para a existência das palavras: **parenta** e **presidenta**;

✦ **ins**, **intis** (são usadas nos verbos da terceira conjugação, **ir**): *contribuins* (contribuinte), *contribuintis* (constituintes), *constituins* (constituinte), *constituintis* (constituintes), *pedins* (pedinte), *pedintis* (pedintes), *requins* (requinte), *requintis* (requintes);

✦ **entu**, **enta**, **entus**, **entas**: *poeirentu*, poeirento, *poeirentus*, poeirentos, poeirenta, poeirentas; *sangrentu*, sangrento, *sangrentus*, sangrentos, sangrenta, sangrentas; *sedentu*, sedento, *sedentus*, sedentos, sedenta, sedentas;

b) **língua portuguesa**: o **particípio presente latino** foi transformado em **adjetivo**; foram mantidas na língua portuguesa as **três** declinações **neutras** quanto ao gênero que designam plurais (**antis, entis, intis**), com pequenas alterações, e as **quatro** declinações latinas que designam o gênero e o número (**entu, entus; enta, entas**), também com pequenas alterações, portanto há na língua portuguesa **dez** terminações ou sufixos (**ante, antes; ente, entes; inte, intes; ento, entos; enta, entas**), mas bem mais fáceis do que as **dez** que há no latim; das dez terminações portuguesas apenas as quatro últimas flexionam-se em gênero e em número; as seis primeiras, quanto ao gênero, são **comuns de dois**, ou seja, não possuem masculino e feminino; a classificação **comum de dois** aplica-se a todos os **adjetivos** que possuem os sufixos **ante, antes, ente, entes, inte, intes**, sem exceção:

- **ante, antes:** almirante(s), comandante(s), gigante(s), governante(s), ignorante(s), infante(s), marcante(s), radiante(s), triunfante(s), vigilante(s) etc.;
- **ente, entes:** assistente(s), cedente(s), enchente(s), existente(s), gerente(s), inerente(s), parente(s), presidente(s), poente(s);

c) os sufixos **ante** e **ente** são **comuns de dois**, ou seja, são termos únicos para o masculino e para o feminino; **ante** e **ente** não são masculinos, e nunca foram, e não possuem femininos, por exemplo, os sufixos **anta** e **enta**; estes, como veremos a seguir, são respectivamente os femininos de **anto** e de **ento**; segundo a língua portuguesa não existem as palavras **almiranta, ajudanta, aspiranta, comandanta, comedianta, elefanta, giganta, governanta, infanta, mastodanta, parenta** e **presidenta**, porque **ante** e **ente** não possuem feminino; se os masculinos fossem **almiranto, ajudanto, comandanto, comedianto, elefanto, giganto, governanto, infanto, mastodanto, parento** e **presidento**, os femininos seriam **almiranta, ajudanta, comandanta, comedianta, elefanta, giganta, governanta, infanta, parenta** e **presidenta**; como na língua portuguesa não existem aqueles, também não existem estes. Segundo a língua portuguesa é erro gravíssimo, é arbitrariedade, usarmos aquelas palavras excêntricas, anormais;

d) "elefante" e "gigante" surgiram no grego, respectivamente "elephas" e "gigas".[12]

- **inte, intes:** contribuinte(s), constituinte(s), pedinte(s), substituinte(s) etc.
- **ento, entos, enta, entas:** atento(s), atenta(s); barulhento(s), barulhenta(s); corpulento(s), corpulenta(s); fraudulento(s), fraudulenta(s); poeirento(s,a,s); suculento(s,a,s); turbulento(s,a,s) etc.;

  » Esses sufixos demonstram claramente que, para existir um feminino com esses sufixos, é necessário existir um masculino, ou seja, só existiriam os femininos **parenta** e **presidenta**, se existissem os masculinos **parento** e **presidento**;

e) além daquelas declinações, havia ainda no latim as declinações **antu, antus, anta, antas**, que eram usadas em outras classes de palavras, principalmente nos substantivos: anta, canto, jamanta, manto, manta, quanto(s), quanta(s), quebranto(s), tanto(s), tanta(s) etc.

---

12. Antenor Nascentes e Antônio Houaiss

7. GRAUS DO ADJETIVO

São as formas que o adjetivo assume para designar os graus **comparativo** e **superlativo.** Com relação ao grau comparativo, não há flexão do adjetivo, o **comparativo** é expresso com auxílio dos advérbios **tão, mais, menos** e das conjunções **quanto, como, que** e **do que.**

- **Comparativo:** o adjetivo compara a(s) qualidade(s) de dois ou mais substantivos (as qualidades comuns a dois ou mais substantivos), ou compara as qualidades de **um** mesmo substantivo.
  - **comparativo de igualdade** (compara a(s) qualidade(s) de dois ou mais substantivos):
    - (1) Pedro é *tão* **aplicado** *quanto* (ou *como*) João.
    - (2) Pedro é *tão* **aplicado** e **educado** *quanto* João.
    - (3) Pedro e Paulo são *tão* **aplicados** e **educados** *quanto* João e Jorge.
  - **comparativo de superioridade** (compara a(s) qualidade(s) de dois ou mais substantivos):
    - (1) Pedro é *mais* **aplicado** *(do) que* João.
    - (2) Pedro é *mais* **aplicado** e **educado** *(do)* que João.
    - (3) Pedro e Paulo são *mais* **aplicados** e **educados** *(do) que* João e Jorge.
  - **comparativo de inferioridade** (compara a(s) qualidade(s) de dois ou mais substantivos):
    - (1) Pedro é menos **aplicado** *(do)* que João.
    - (2) Pedro é *menos* **aplicado** e **educado** *(do) que* João.
    - (3) Pedro e Paulo são *menos* **aplicados** e **educados** *(do) que* João e Jorge.
    - (4) "Nossos pais acham que nós somos muito mais inteligentes do que realmente somos. Em compensação, nossos vizinhos acham que somos muito menos." (Ziraldo)

O primeiro período é **comparativo de superioridade** e o segundo, **comparativo de inferioridade**, embora a comparação seja entre os mesmos seres.

- **comparativo de igualdade** (compara as qualidades de **um** mesmo substantivo):
  - (1) Pedro é *tão* **aplicado** *quanto* **inteligente.**
  - (2) Pedro é *tão* **aplicado** e **educado** *quanto* **inteligente.**
  - (3) Pedro é *tão* **aplicado** e **educado** *quanto* **inteligente** e **atencioso.**

- **comparativo de superioridade** (compara as qualidades de **um** mesmo substantivo):
  - (1) Pedro é *mais* **aplicado** (do) *que* **inteligente.**
  - (2) Pedro é *mais* **aplicado** e **educado** *(do) que* **inteligente.**
  - (3) Pedro é *mais* **aplicado** e **educado** *(do) que* **inteligente** e **atencioso.**
- **comparativo de inferioridade** (compara **duas** qualidades de **um** substantivo):
  - (1) Pedro é *menos* **aplicado** (do) *que* **inteligente.**
  - (2) Pedro é *menos* **aplicado** e **educado** *(do) que* **inteligente.**
  - (3) Pedro é *menos* **aplicado** e **educado** *(do) que* **inteligente** e **atencioso.**

Observações:

a) **Mais bom** e **mais mau**: são usadas se comparam as qualidades de um mesmo substantivo:
  - O Paulo é **mais bom** do que mau. Tu és **mais mau** do que o bom.

b) **Mais bem** e **mais mal** são empregadas em duas situações:
  - antes de particípio, classificado como adjetivo:
  - (1) Hoje os eleitores são **mais bem** informados do que no passado.
  - (2) No passado, os eleitores eram **mais mal** informados do que hoje.
  - quando comparam ações de um mesmo substantivo:
  - (1) O Paulo joga **mais bem** do que mal. (2) O Paulo anda **mais mal** que bem.

c) **Mais melhor** e **mais pior** não são conformes a norma-padrão:
  - (1) Eles são os **mais piores** estudantes que conheci.
  - (2) Eles são os **mais melhores** empregados da empresa.

d) **Melhor** não é usado antes de particípio adjetivado:
  - (1) Paulo foi **melhor** capacitado ou foi **melhor** preparado.

- **Superlativo** (**absoluto** ou **relativo**):

  O adjetivo expressa a qualidade em grau elevado:

  - **superlativo absoluto**: o adjetivo expressa a qualidade do substantivo mas não a compara com a qualidade de outro substantivo; subdivide-se em:

    a) **superlativo absoluto analítico:** o adjetivo expressa a qualidade do substantivo em grau máximo, modificado pelos advérbios **muito, assaz, bem, bastante, demasiadamente, extremamente, imensamente** etc.:
      - (1) Pedro é **muito aplicado.** (2) O teste foi **assaz difícil.**
      - (3) Menino **bastante forte.** (4) História **demasiadamente longa.**

b) **superlativo absoluto sintético:** o adjetivo expressa a qualidade do substantivo em grau máximo por meio dos sufixos **íssimo, imo** e **rimo:**

- (1) Chamdi tem imaginação **vivíssima.**
- (2) "A barba está negra, **negríssima** e **brilhantíssima.**"

- **superlativo relativo:** o adjetivo compara a(s) qualidade(s) referente(s) ao(s) substantivo(s) com a(s) do grupo a que pertence. É usado sempre na forma analítica e subdivide-se em:

a) **superlativo relativo de superioridade:**

- (1) Pedro é o aluno **mais aplicado** da turma.
- (2) Carlos e Pedro são os filhos **mais estudiosos** da família.

b) **superlativo relativo de inferioridade:**

- (1) Pedro é o aluno **menos aplicado** da turma.
- (2) Carlos e Pedro são os filhos **menos estudiosos** da família.

7.1. Comparativos e superlativos irregulares

Adjetivo	Comparativo de Superioridade	Superlativo	
		Absoluto	Relativo
bom	melhor	ótimo	o melhor
mau	pior	péssimo	o pior
grande	maior	máximo	o maior
pequeno	menor	mínimo	o menor

8. EXERCÍCIOS

1. Assinalai a alternativa incorreta quanto ao uso de **todo** e suas flexões.
a) Por lei, todo edifício urbano deve ter escadas de segurança.
b) Todo homem é mortal, mas todo o homem não é mortal.
c) Toda a cidade possui nome.
d) Toda a região ficou inundada.

2. (ACEP, 2004, BNB - Assistente Administrativo) Assinale a opção em que existe **erro**, quanto à classificação morfológica das palavras em negrito:
a) grandes instituições **estrangeiras** – adjetivo
b) tentando tomá-**las** – pronome pessoal caso reto
c) **Otávio Castello Branco** – substantivo próprio
d) **uma** nova geração – artigo indefinido
e) Formar **pessoal** – substantivo coletivo

3. (FGV, 2009, MEC, Analista de Sistema) "Trata-se da construção de uma alternativa à lógica dominante, ao ajustamento de todas as sociedades..." **Nesse trecho há:**
a ( ) quatro adjetivos b ( ) três adjetivos c ( ) dois adjetivos
d ( ) um adjetivo e ( ) nenhum adjetivo

4. (CESPE, 2011, Correios, Analista) A ordem das palavras nos sintagmas nominais "timidez excessiva", "cartas virtuais" e "obras literárias" confirma a regra de que, em geral, no português, o adjetivo vem posposto ao substantivo, principalmente quando restritivo.
( ) certo ( ) errado

5. (FGV, 2010, FIOCRUZ, Analista de Gestão em Saúde) "O uso de telefones celulares revolucionou a comunicação entre as pessoas de forma que muitos esqueceram como vivíamos sem este aparelho fundamental à evolução da espécie. Tão logo um cidadão adquire o santo instrumento da felicidade humana, imediatamente se torna seu escravo. Viciado em fazer ligações e responder imediatamente a chamados. Qualquer dúvida, por mais banal que seja, torna-se uma urgência inadiável..." (Carta Capital, julho 2009)
Celular é um adjetivo que se transformou em substantivo masculino, em função da elipse do vocábulo telefone, que antecedia esse adjetivo. O caso em que houve o mesmo é:
a) o micro-ondas
b) o caixa
c) o Municipal
d) o público
e) o lança-perfume

6. Assinalai a opção em que todos os adjetivos não se flexionam em gênero:
a) fenomenal, inteligente, carimbado
b) oval, redondo, simples
c) menor, ruim, forte
d) brilhante, fresco, saudável
e) comprido, inferior, descendente.

7. (FCC, 2007, TRE-MS, Técnico Judiciário, Área Administrativa) O adjetivo flexionado de maneira idêntica ao do grifado na frase "**Brasileiro se realiza em arte menor**" está na expressão:

a) com raras exceções

b) é bastante sintomático

c) de imenso apelo popular

d) grandes manifestações artísticas

e) por nossos melhores artistas plásticos

8. Quais os adjetivos dos períodos seguintes?

a) "A língua portuguesa é um bem. Se considerarmos que 'bens são aquelas coisas que, por serem úteis ao homem, são objetos de apropriação', verificaremos que a língua portuguesa é um bem. Ela é útil e vantajosa ao homem. É o nosso principal veículo de comunicação e não conseguimos viver em sociedade sem nos comunicar". (Ernani Terra, "Linguagem, língua e fala")

b) "Que luz celeste me esclarece agora? / Que sombras estas que vagueiam tristes, / Que se deslizam silenciosas, quietas, / Fantasmas negros na mudez da noite?" (Casemiro de Abreu)

c) "Num jardim todo florido, / No mesmo banco sentados, / Não te lembras dos olhares / Ardentes, apaixonados? / Como eu sorvia anelante, / Quase louco, delirante, / O sorrir interessante / De teus lábios tão corados?" (Casemiro de Abreu)

d) "Sonhei-a fria, já sem vida... morta! / Aquele corpo airoso, inanimado! / Aqueles lindos olhos já sem brilho! / Os lábios purpurinos já cerrados." (Casemiro de Abreu)

e) "Ribombo do canhão! Sinal de glória / P'ra sempre fortes vencedoras Quinas / Impávidas hasteadas nas muralhas / Das fortalezas índicas vaidosas..." (Casemiro de Abreu)

9. Quais as locuções adjetivas dos períodos seguintes?

a) A obra "A Ilha" é uma mensagem de amor e de confiança na humanidade.

b) "À medida que envelhecia, Huxley abandonava o ceticismo da juventude e apaziguava-se com a vida." (Revista Abril Cultural nº 25)

c) "Nesse mundo do futuro... a ciência transformou os homens em robôs condicionados, concebidos em tubos de ensaio." (Revista Abril Cultural nº 25)

10. Quais os graus dos adjetivos nas orações seguintes?

a) "Mais gostoso do que frango americano na mesa só mesmo maridão na cozinha."

b) A inteligência é muito mais rara do que se imagina".[13]

c) "O vapor d'água sobe porque é mais leve do que o ar."

d) Hoje é o dia mais importante do ano.

e) Ontem foi o pior dia de minha vida.

f) O pirarucu é o maior peixe de escamas de água doce do mundo.

g) "Oh! há dores tão fundas como o abismo."

h) "Teu rosto é mais puro que a neve e teus olhos, mais doces que as estrelas."

i) "Mauro era nobre demais."

j) "A obediência é melhor do que o sacrifício."

13. Frederico II *apud* Moisés Marinho de Oliveira, *Sete Mil Ilustrações e Pensamentos*, 2ª edição, Juerp, 1981.

l) "Vila Bela é mais uma povoação do que uma vila."

m) "O guepardo é o mamífero terrestre mais rápido em curtas distâncias: mantém velocidade de 100km/h."

<table>
<tr><th colspan="4">RESPOSTAS</th></tr>
<tr><td>1</td><td>c (uso do artigo a antes de cidade).</td><td>2</td><td>b</td></tr>
<tr><td>3</td><td>d</td><td>4</td><td>certo</td></tr>
<tr><td>5</td><td>c</td><td>6</td><td>c</td></tr>
<tr><td>7</td><td colspan="3">e</td></tr>
<tr><td>8</td><td colspan="3">a) portuguesa, úteis, portuguesa, útil e vantajosa.
b) celeste, tristes, silenciosas, quietas e negros.
c) florido, sentados, ardentes, apaixonados, anelante, louco, delirante, interessante e corados.
d) fria, morta, airoso, inanimado, lindos, purpurinos e cerrados.
e) fortes, vencedoras, impávidas, hasteadas, índicas e vaidosas.</td></tr>
<tr><td>9</td><td colspan="3">a) "de amor" e "de confiança"; b) "da juventude"; c) "do futuro" e "de ensaio".</td></tr>
<tr><td>10</td><td colspan="3">a) Comparativo de superioridade; ordem direta: "Maridão na cozinha é mais gostoso do que frango americano na mesa".
b) superlativo absoluto analítico: A inteligência é muito rara.
c) comparativo de superioridade.
d) superlativo relativo de superioridade.
e) superlativo relativo de inferioridade.
f) superlativo relativo de superioridade.
g) comparativo de igualdade.
h) comparativo de superioridade em ambas as orações.
i) superlativo absoluto analítico.
j) comparativo de superioridade.
l) comparativo de superioridade: compara dois predicativos de um mesmo ser.
m) superlativo relativo de superioridade.</td></tr>
</table>

CAPÍTULO 4

Artigo

1. CONCEITO

São as palavras variáveis que definem ou indefinem os substantivos e as palavras substantivadas.

Os artigos classificam em:

- **Definidos**: são os artigos que definem precisamente os substantivos e as palavras substantivadas (o, a, os, as):

  + (1) "**O** amarelo é **a** cor d**a** moda." (2) "**O** pôr-do-sol estava alaranjado, chamava **a** atenção dos banhistas."

    » **O** e **a** definem **cor**, **moda**, **pôr-do-sol** e **atenção**, substantivos, e definem **amarelo** e **banhistas**, adjetivos substantivados, portanto são os artigos definidos.

  + (3) "**A** TV Clarin seria vista apenas n**a** Grande Buenos Aires, enquanto **a** TV estatal alcançaria todo **o** país."

    » **A** e **o** definem **TV Clarin**, **Grande Buenos Aires** e **TV estatal** e **país**, substantivos, portanto são artigos definidos.

Observação: "*Todo*, no singular e no plural, requer o artigo, por isso mesmo que no singular *todo* anteposto a um nome appellativo designa a totalidade de cada individuo. Ex. *Todo o homem* significa a totalidade do genero humano; o *o homem todo*, a totalidade de cada indivíduo. Nas línguas em que o equivalente de *todo* não admitte ser transposto depois do nome, supprime-se o artigo, porque do contrario, em vez do sentido da totalidade dos indivíduos, exprimiria a de cada um delles. Todo é universal collectivo commum, e comprehendo designados pelos nomes communs, *homem*, *parte*: nas phrases *todo o homem*, *em toda a parte*, eqüivale a *todos os homens*, *em todas as partes*, com a única dilferenra que *todo* no singular é mais deterniinativo e individualisa mais. *Todo o mundo, toda a gente, toda a Asia, toda a Europa,* são locuções correctas, além de muito menos ingratas ao ouvido que *todo mundo, todo homem, toda parte, toda genle,* etc. *Toda a Ásia, toda a Europa,* eqüivalem a *a Ásia, a Europa na sua totalidade;* e *todo o homem* a *o animal homem* ou a *o genero humano na sua totalidade individual.* O artigo é indispensável."[1]

- **Indefinidos**: são os artigos que não definem os substantivos ou que os definem vagamente (um, uma, uns, umas):

  ✦ (1) Teria ela **uns** vinte anos. (2) "**Uma** pessoa muito querida te mostrará **uma** alternativa de progresso e **uma** mudança de vida." (Panda Express) (3) Para quem deseja **umas** férias inesquecíveis, Madeira é uma excelente opção. (4) "Nunca na história do planeta **uma** espécie, a nossa, destruiu tantas outras em tão pouco tempo." (Unama)

  » Os artigos **uns** e **uma** não definem os substantivos: não sabemos os **anos** precisamente, quem é a **pessoa** (se homem ou mulher), qual a **alternativa**, qual a **mudança**, quais as **férias**, qual a **espécie**, portanto são artigos indefinidos. **A**, artigo definido, define **nossa**, pronome possessivo substantivado.

Observação: Na linguagem escrita é recomendável tratamos igualmente, paralelismo, os substantivos de maneira que os apresentemos uniformemente, sem diferenciação entre uns e outros.

Se usarmos **artigo** no primeiro substantivo do termo, usaremos nos seguintes, mas se for possível omiti-lo, será melhor, pois o texto ficará mais conciso.

✦ (1) "Os sete pecados capitais são *(o)* orgulho, *(a)* avareza, *(a)* lascívia, *(a)* ira, *(a)* inveja, *(a)* glutonaria e *(a)* preguiça."

✦ (2) *(O)* bom humor, *(a)* risada, *(o)* lazer e *(a)* alegria recuperam a saúde e trazem vida longa.

✦ (3) "O PSDB implantaria *(um)* novo sistema de governo."

✦ (4) Na última eleição, houve *(uma)* renovação de 40% na Câmara dos Deputados.

Se usarmos artigo em um substantivo mas não o usarmos nos outros, o período ficará sem uniformidade, como se estivesse incompleto:

✦ (5) **O** Tumulto, reclamação e protestos marcaram o Enade, ontem à tarde, em São Paulo.

✦ (6) Uma pessoa muito querida te mostrará **uma** alternativa de progresso e mudança de vida.

1. 1. FARIA, Eduardo, Diccionário da Língua Portuguesa, Typographia Imperial e Constitucional de J. Villeneuve E C., 4ª edição, volume I, pág XI.

2. EXERCÍCIOS

1. Quais os artigos definidos e indefinidos existentes nos períodos abaixo?

a) "A leitura é para o intelecto o que o exercício é para o corpo." (Joseph Addison)

b) "Abandonar a Cruz e a vontade do pai era uma possibilidade tão horrível na mente de Cristo que ele a repeliu e aceitou a morte."

2. (UFBA, 2006, UFBA, Assistente Administrativo) "O poder, as paixões, as intrigas, as aventuras: estes seriam os elementos de qualquer história, a não ser por um detalhe: **o** personagem principal é **um** Presidente da República."

No texto acima, os termos "o" e "um" denotam, respectivamente, precisão e imprecisão.

a) ( ) certo

b) ( ) errado

3. (CESPE, 2011, STM, Analista Judiciário) "O debate voltou à tona após policiais da Delegacia Antipirataria apreenderem, nos mês passado, mais de duzentas pastas com textos para serem reproduzidos em uma universidade, sob alegação de crime de direitos autorais." (Luciani Gomes)

A inserção do artigo definido plural **os** imediatamente antes da palavra **policiais** não altera o sentido original do período.

a) ( ) certo

b) ( ) errado

4. (PaqTcPB, 2010, Prefeitura de Patos-PB, Professor - Língua Portuguesa) Considerando seu uso em um texto, oral ou escrito, os artigos servem para sinalizar:

a) partes do texto

b) referentes dentro do texto

c) informações extra-texto

d) ideias no texto

e) sentidos no texto

5. (Instituto AOCP, 2014, UFS, Técnico em Segurança do Trabalho) Todas as expressões destacadas a seguir funcionam como artigo definido, EXCETO:

a) "...sendo os humanos do jeito que são..."

b) "...confrontarmos os desafios da vida..."

c) "...são os que tiveram que trabalhar..."

d) "...ensinar os menos habilidosos..."

e) "...são os ídolos de todos..."

6. (IBFC, 2013, PC-RJ, Oficial de Cartório) Assinale a alternativa em que o vocábulo "a", destacado nas opções abaixo, seja exclusivamente um artigo:

a) "conta a um jornal sua conversa com um índio jivaro."

b) "desses que sabem reduzir a cabeça de um morto."

c) "Queria assistir a uma dessas operações."

d) "Ele tinha contas a acertar com um inimigo."

e) "Uma viagem de exploração à América do Sul."

RESPOSTAS			
1	**a)** artigos definidos: a, o, o, o, o; **b)** artigos definidos: a, a, o, a, a; artigo indefinido: uma.	**2**	certo
3	errado	**4**	b
5	c	**6**	b

CAPÍTULO 5

Numeral

1. CONCEITO

São as palavras que expressam quantidade ou posição numa determinada sequência.

Os numerais classificam-se em:

1.1. Cardinais

São as palavras que numeram os substantivos:

- (1) "As **sete** Brancas de Neve e **um** anão acompanharam o bloco 'As Vigienses', **50 mil** homens vestidos de mulher, do início ao fim do desfile."[1]
- (2) "Em **quatro** oportunidades, **duas** em casa e **duas** fora, o Macaé venceu os adversários por **três** gois ou mais de diferença."[2]
- (3) **Um** grama, **dois** gramas, **um** miligrama, **dois** miligramas, **duzentos** miligramas.

  » Os numerais destacados numeram os substantivos sublinhados.

1.2. Ordinais

Indicam a posição numa determinada sequência:

- (1) "Todos põem **primeiro** o bom vinho, tu, porém, guardaste o bom vinho até agora."
- (2) "Na pesquisa inglesa sobre a palavra mais bonita, mãe ficou em **1º**, amor, em **4º**, borboleta, em **31º**, água, em **36º**."

1. O Liberal, 21.2.2012, Atualidades, pág. 5.
2. http://www.orm.com.br/noticia, 8.11.2012, alterado.

✦ (3) "Seleção olímpica de vôlei vence os dois **primeiros** "sets" da sua **terceira** decisão olímpica consecutiva mas perde os três últimos."[3]

Observações:

a) Os algarismos romanos são pronunciados como **ordinais** até o décimo. Do décimo primeiro em diante, são pronunciados como **cardinais:** João Paulo VI (sexto), Século IX (nono), Colégio Pio X (décimo), Luiz Carlos XV (quinze), João XXIII (vinte e três).

b) Nos países **Angola**, **Cabo Verde**, **Guiné-Bissau**, **Portugal**, **São Tomé e Príncipe** e **Timor Leste**, os artigos de constituição, de lei, de decreto, etc., são pronunciados normalmente como **ordinais:** artigo 23º, art. 99º, art. 244º etc.

c) No **Brasil**, os artigos de constituição, de lei, de decreto, etc., são pronunciados como **ordinais** até o nono. Do décimo em diante, são pronunciados como **cardinais:** artigo 1º (primeiro), artigo 8º (oitavo), artigo 10 (dez), artigo 23 (vinte e três).

d) Em **Moçambique**, os artigos de constituição, de lei, etc., são pronunciados como **cardinais:** artigo 1, art. 10, art. 150.

1.3. Multiplicativos

Indicam o número de vezes pelo qual uma quantidade é multiplicada:

✦ (1) Jonathan Edwards (18,29m) é o recordista mundial de salto **triplo**.

✦ (2) O guloso Silvinho come o **triplo** de uma pessoa normal.

1.4. Fracionários

Indicam o número de vezes pelo qual uma quantidade é dividida:

✦ (1) "Dois dias e **meio** após a decolagem...". (2) Paulo partirá **meio**-dia e **meia** hora. (3) **Meia** tangerina, **meia** garrafa de suco.

3. http://esportes.terra.com.br/jogos-olimpicos/londres-2012/noticias, alterado.

CAPÍTULO 6

Pronomes

1. CONCEITO

Do latim "pronomen" (em lugar do nome): são palavras que substituem ou acompanham o antecedente (substantivos, orações ou frases).

- (1) "O mico-leão-dourado, **que** está em extinção, precisa ser salvo."
- (2) "Se o dinheiro não for teu servo, **ele** será teu senhor."[1]
- (3) "A **nossa** estrutura e a **nossa** tecnologia vão bem além do que tu imaginas."

» Em **(1)** o relativo **que** substitui o antecedente **mico-leão-dourado**, em **(2)** o pronome **ele** substitui o **dinheiro**, em **(3)** os possessivos **nossa** acompanham **estrutura** e **tecnologia**, portanto são pronomes.

Observações: Secundariamente os pronomes classificam-se em:

a) **pronomes substantivos:** quando eles substituem substantivos. Nos exemplos **(1)** e **(2)**, os pronomes **que** e **ele** substituem os substantivos **mico-leão-dourado** e **dinheiro**, portanto são pronomes substantivos.

b) **pronomes adjetivos:** quando eles acompanham substantivos ou se lhes referem. No exemplo **(3)**, os possessivos **nossa** referem-se aos substantivos **estrutura** e **tecnologia**, logo são pronomes adjetivos.

2. CLASSIFICAÇÃO DOS PRONOMES

Os pronomes são classificados em: pessoais, possessivos, demonstrativos, relativos, indefinidos e interrogativos.

1. Pierre Charron *apud* Moisés Marinho de Oliveira, *Sete Mil Ilustrações e Pensamentos*, 2ª edição, Juerp, 1981.

2.1. Pronomes pessoais

São os pronomes que designam as pessoas do discurso. São usados quando nos dirigimos a pessoas de nossa intimidade ou como se elas fossem:

Os pronomes pessoais da língua portuguesa subdividem-se em:

2.1.1. Pronomes pessoais do caso reto

singular	plural
eu	nós
tu	vós
ele (ela)	eles (elas)

Em qualquer situação de comunicação há três pessoas envolvidas:

- **emissor** (a pessoa que fala): **eu** e **nós;**
- **receptor** ou interlocutor (a pessoa com quem se fala): **tu** e **vós;**
- **assunto** (a pessoa de quem se fala): **ele, ela, eles** e **elas.**

- **pronomes pessoais retos de primeira pessoa**
  - **Eu** e **nós:** designam o emissor e os emissores respectivamente:
    - (1) "Ser feliz é ter maturidade para dizer: **eu** errei, ou ter sensibilidade para falar **eu** preciso de ti, ou ter capacidade para dizer **eu** te amo."
    - (2) "Cortar árvores, matar animais, poluir o meio ambiente! **Nós** somos responsáveis pela natureza."
    - (3) Certamente ele nada faria contra **nós.**
    - (4) "A leitura é fundamental para **nós.**"

    » **Plural de modéstia** é o emprego do **nós** em lugar do **eu** para reduzirmos a participação do **eu** no ato: (1) Nós, Governador de São Paulo, nomeamos os Secretários.

- **pronomes pessoais retos de segunda pessoa** (**tu** e **vós**)
  - **Tu** (latim *tu*): designa o interlocutor; é usado quando nos dirigimos à pessoa íntima ou como se fosse:
    - (1) "Pilatos o interrogou: és **tu** o rei dos judeus? – Respondeu Jesus: **tu** o dizes. – Tornou Pilatos: *(tu)* nada respondes? Vê *(tu)* quantas acusações te fazem! – Jesus, porém, não respondeu palavra alguma..."

- **Vós** (latim *vos*): designa os interlocutores; é usado quando nos dirigimos a pessoas de nossa intimidade ou como se fossem, ou quando nos dirigimos respeitosamente a um santo ou a Deus:
  - (1) "Se **vós** me amais, amai-me baixinho."[1]
  - (2) Dizei-me **vós**, Senhor Deus, se é loucura... se é verdade, tanto horror perante os céus..."[1] (Castro Alves)
  - (3) "Virgem Maria, Noiva eleita, a **Vós** recorro."[2] (Alphonsus de Guimarães)

    » Às combinações **com nós** e **com vós** acrescentamos **mesmos** e **próprios**, palavras de reforço: **com nós mesmos, com nós próprios** ou **com vós mesmos, com vós próprios.**

- **pronomes pessoais retos de terceira pessoa**
  - **Ele, ela, eles, elas** (latim *ille*): designam o(s) assunto(s), as pessoas de quem se fala:
    - (1) "Todas as mulheres já nascem um pouquinho mãe por isso **elas** são tão especiais." (2) "Se tens clareza com relação ao teu desejo, inclui-lo em tua vibração, pois é a **ela** que a Lei da Atração responde." (5) O Bruno estava aqui ontem logo acho que a arrumação do setor foi feita por **ele.**
  - **Ele** e **ela** causam ambiguidade se foram mal utilizados:
    - (1) "O ministro comunicou ao seu secretário que **ele** seria exonerado." (ambíguo)
    - (2) "O ministro comunicou que seu secretário seria exonerado." (correto)
    - (3) "O ministro comunicou **sua** exoneração ao seu secretário." (correto)
    - (4) Se o atleta levar acompanhante, **ele** não será hospedado na Vila Olímpica. (ambíguo)
    - (5) Se o atleta levar acompanhante, este não será hospedado na Vila Olímpica. (correto)

Observações:

a) Na **linguagem falada** sempre que possível é recomendável **omitirmos** os pronomes pessoais:

- (1) "Adoro meu estilo de vida, adoro alimentos naturais" (omissão do **eu**). (2) "Ama e faz o que queres"[3] (omissão do **tu**) (Santo Agostinho) (3) "Vivemos no presente, sonhamos com o futuro, mas aprendemos verdades eternas com o passado"[1] (omissão do **nós**) (Madame Chiang Kai-Sheik) (4) "Não sois máquinas. Homens é que sois" (omissão do **vós**) (Charles Chaplin)

---

2. Ferreira, Aurélio Buarque de Holanda, *Novo Aurélio Século XXI*, Nova Fronteira, edição 1999.
3. Oliveira, Moisés Marinho de, *Sete Mil Ilustrações e Pensamentos*, 2ª edição, Juerp, 1981.

b) Na **linguagem escrita** usamos os pronomes pessoais: **(1)** quando são necessários e **(2)** quando são enfatizados. O texto fica mais conciso mas com a mesma clareza, porque as desinências verbais designam as pessoas gramaticais. A omissão dos pronomes é um privilégio especial porque é possível praticarmos várias ações sem os repetirmos. Pouquíssimas línguas desfrutam essa prerrogativa porque os verbos são invariáveis, não concordam com os pronomes.

✦ (1) "Dengue: **eu** estou fazendo a minha parte e **tu** estás fazendo a tua?" (Sesma, alterado) "Ser **eu** mesmo é o núcleo de uma vida saudável." "Somos **nós** que construímos aquilo que somos." "Quando **eu** era pequeno, meus vizinhos brigavam como gato e cachorro."

✦ (2) **Eu** pessoalmente falarei com o Paulo. "Quando **tu** mesma não maltratares os outros, agirás com liberdade."

c) **Ele**(s) e **ela**(s) são contraídos normalmente com **de** e **em**, preposições, salvo quando eles são sujeitos de verbo no infinitivo:

✦ (1) "Bem, são homens que têm mulheres por trás **deles** a cuidar da casa."

✦ (2) Era momento de **ele** apontar a solução.

✦ (3) Chegou a hora de **ele** se importar com o povo.

2.1.2. Pronomes pessoais do caso oblíquo

		OBLÍQUOS ÁTONOS	OBLÍQUOS TÔNICOS
Singular	**1ª pessoa**	me	mim, comigo
	2ª pessoa	te	ti, contigo
	3ª pessoa	se, o, a, lhe	si, consigo
Plural	**1ª pessoa**	nos	conosco
	2ª pessoa	vos	convosco
	3ª pessoa	se, os, as, lhes	si, consigo

- **pronomes pessoais oblíquos de primeira pessoa**
  - **Me, mim, comigo, nos, conosco**: designam o(s) emissor(es):

✦ (1) "Se alguém quer **me** ajudar, ajude-**me**."[4] (2) "Cortei-**me**, feri-**me** seriamente."[1] (3) Certamente ele nada faria contra **mim**. (4) "Atrás de **mim** tu

4. Ferreira, Aurélio Buarque de Holanda, *Novo Aurélio Século XXI*, Nova Fronteira, edição 1999.

vês o Parthenon, a morada das virgens." (5) Abraçou-se **comigo.** (6) Fica **comigo.** (7) "Recebeu-nos com os braços abertos..."[1] (8) "Suas palavras não nos influíram entusiasmo."[1] (9) Almoce **conosco** domingo. (10) A tendência para o trabalho nasce **conosco.**

Na 3ª pessoa do plural, os verbos contraem-se com o **nos:**

✦ (1) Referimo-**nos** às decisões. (2) Colocamo-**nos** à disposição.

- **pronomes pessoais oblíquos de segunda pessoa**
  - **Te, ti, contigo, vos, convosco:** designam o(s) interlocutor(es); são usados quando nos dirigimos a pessoas de nossa intimidade ou como se fossem. **Vos** e **convosco** também são usados quando nos dirigimos respeitosamente a um santo ou a Deus:

✦ (1) Mateus, feliz aniversário! Tua família **te** ama. (2) "...levanta-**te**, entra na cidade e lá **te** dirão o que **te** convém fazer." (3) Trata bem a natureza e ela cuidará de **ti.** (4) "Velinha, tô de olho em **ti**, vou já te apagar." (5) Meu pai trabalhava longe de **ti.** (6) Compartilharei cada dia de minha vida **contigo.** (7) Olá Amigos! Com grande prazer **vos** apresento o meu sítio oficial. (8) Conversamos a sós **convosco.**

Após **preposição, eu** e **tu** são usados somente se são sujeitos de verbos no infinitivo:

✦ (1) Prestarei atenção para **eu** não errar a questão.

✦ (2) "Acaso não dei ordens para **tu** comprares o barco?"

- **pronomes pessoais oblíquos de terceira pessoa**
  - **Se, si, consigo** designam o assunto, refletem a ação verbal sobre sujeito:

✦ (1) "Anastácia, assustada, virou-**se**, seus olhos arregalaram-**se**". (2) "Em sessão rápida deputados aprovam aumento salarial para **si**" (3) Maria se ressente dos boatos criados em torno de **si.** (4) Senhora, não se preocupe, levarei sua mala para **si.** (5) Aguarde um momento, irei **consigo** até a porta. (6) "O cálice da grandeza traz **consigo** o inevitável vinho da derrota."

  - **O**(s), **a**(s), **lhe**(s): designam o(s) assunto(s):

✦ (1) "O erro é erro mesmo que todos **o** pratiquem; o certo é certo mesmo que ninguém **o** realize."[5] (2) "Eu ficarei recordando as duas barbas mortas, sem **as** entender agora, como não **as** entendemos então." (Machado de Assis) (3) "A empresa Alvorada é dirigida por Paulo e José, os quais **lhe** dedicam todas as energias." (4) "Todos esperam de ti, que **lhes** dás alimentos a teu tempo. Se **lhes** dás, eles os recolhem."

5. François La Rochefoucauld *apud* Moisés Marinho de Oliveira, *Sete Mil Ilustrações e Pensamentos*, 2ª edição, Juerp, 1981.

- **O, a, lhe** causam ambiguidade se foram mal utilizados:
  - (1) "Em contraposição a Descartes, Kant afirma que foi a fé que **o** levou a este ponto." (ambíguo)
  - (2) Kant afirma que foi a fé que **o** levou a este ponto, em contraposição a Descartes. (correto)
  - (3) Kant afirma que foi a fé que levou Descarte a este ponto, em contraposição a este. (correto)
  - (4) João e Paulo conversaram sobre publicidade e não sabemos o que o professor **lhe** recomendara. (ambíguo)
  - (5) João e Paulo conversaram sobre publicidade mas não sabemos o que o professor recomendara a este (referência ao mais próximo), ou ... recomendara àquele (referência ao mais distante). (correto)
  - (6) "Uma pessoa amiga o apresentará a alguém que lhe oferecerá uma grande oportunidade de negócios." (Panda Express) (ambíguo)
  - (7) "Uma pessoa amiga te apresentará a alguém que te oferecerá uma grande oportunidade de negócios." (correto)

Observações:

a) Verbos na primeira pessoa do plural seguidos de lhe, lhes **não** perdem o **s**:
  - (1) Remetemos-**lhe** os processos... (2) Entregamos-**lhes** os documentos.

b) Verbos terminados por **r**, **s** ou **z** perdem essa consoante e acrescenta-se **l** a **o**(s), **a**(s):
  - (1) "Procede corretamente com teu amigo para mantê-**lo** e com teu inimigo a fim de conquistá-**lo**" (George Eliot) (2) "Os grandes homens e as grandes mulheres não precisam de reconhecimento. Nós é que precisamos conhecê-**los**."[6]

c) Se o verbo terminar por **ão**, **õe** ou **m**, acrescenta-se **n** a **o**, **a**, **os**, **as**:
  - (1) Se os senhores têm ouvidos, usem-**nos**.
  - (2) Quando arrumares as compras, põe-**nas** nos devidos lugares.

- **Os pronomes pessoais oblíquos classificados como possessivos**

Excepcionalmente para revelar estilos ou formas diferentes, os pronomes oblíquos são usados em lugar dos pronomes possessivos:

  - (1) "Ouve-**me** as vozes súplices quando te clamar por socorro."
  - (2) "Queimou-**nos** fortemente a pele o sol de verão."[7]

---

6. François La Rochefoucauld *apud* Moisés Marinho de Oliveira, *Sete Mil Ilustrações e Pensamentos*, 2ª edição, Juerp, 1981.
7. Ferreira, Aurélio Buarque de Holanda, *Novo Aurélio Século XXI*, Nova Fronteira, edição 1999.

✦ (3) "Ascetas imortais da Idade Média, os joelhos sangraram-**vos** de tanto orar."[1] (Alphonsus de Guimarães)

✦ (4) "O homem nasce, cresce, alegre e crente... / E um dia o vendaval do desengano / Varre-**lhe** as flores do jardim da vida... / Trabalha, luta e se afadiga embalde, / Até que a morte **lhe** desmancha os sonhos." (Casemiro de Abreu)

Nesses períodos **me, nos, vos, lhe** e **lhe** designam posse, ou seja, equivalem aos possessivos **minhas, nossas, vossos, suas** e **seus**, portanto são pronomes possessivos.

» Com os possessivos correspondentes, os períodos seriam: **(1)** "Ouve as **minhas** vozes..." **(2)** "Queimou as **nossas** peles..." **(3)** "...os **vossos** joelhos sangraram..." e **(4)** "Varre as **suas** flores... Até que a morte desmancha os **seus** sonhos".

✦ (5) "Esbraseou-se-**me** no peito o coração" = O **meu** coração esbraseou-se no peito.

✦ (6) Quando os discípulos ouviram..., compungiu-se-**lhes** o coração = ...os **seus** corações compungiram-se.

» **Me** e **lhes** são pronomes possessivos e **se** é pronome oblíquo.

- **Combinações e contrações pronominais**

Os pronomes pessoais oblíquos unem-se por combinações e por contrações para substituírem os substantivos.

- **Combinações:** são as uniões de dois pronomes oblíquos, sem perda de fonemas, para substituírem os substantivos:

a) me + lhe = me lhe
b) te + lhe = te lhe
c) se + lhe = se lhe
d) nos + lhe = nos lhe
e) vos + lhe = vos lhe

✦ a) Meu dedo é verde mesmo: esta planta estava morrendo, foi só eu **me lhe** dedicar que ela reviveu.

✦ b) "Infelizmente a maioria não é modelo de sucesso porquanto não **te lhe** compares." (Roberto Shinyashiki, alterado)

✦ c) Algumas pessoas se unem à associação por razões mercenárias: unem-**se lhe** por motivos egoístas.

✦ d) Se for possível lhe agradecermos tudo e simplesmente **nos lhe** entregarmos, que segurança teremos.

✦ e) Conheceis o vosso deus mas não **vos lhe** inclinardes.

- **Contrações:** são as uniões de dois pronomes oblíquos, com perda de fonemas, para substituírem os substantivos:

a) me + o = mo, ma, mos, mas
b) te + o = to, ta, tos, tas

c) lhe + o = lho, lha, lhos, lhas

d) nos + o = no-lo, no-la, no-los, no-las

e) vos + o = vo-lo, vo-la, vo-los, vo-las

✦ (1) "Meu pai guardou o livro por anos, mas, às portas da morte, ele **mo** deu..." (**mo** = **me** + **o**). (Lima Barreto, alterado)

✦ (2) "Se eu tivesse fome, não **to** diria..." (**to** = **te** + **o**)

✦ (3) "Mas se ele queria dizer que levaria as contas e o colar, isso não o queríamos nós entender, porque não **lhos** daríamos. Depois tornou as contas a quem **lhas** dera." (**lhos** = **lhe** + **os** e **lhas** = **lhe** + **as**). (Pero Vaz de Caminha)

✦ (4) Nós lhe entregamos o trabalho no dia 20 e no dia 22 ele **no-lo** devolveria (**no-lo** = **nos** + **o**). (5) As correspondências já estão na cidade mas os Correios ainda não **no-las** entregaram (**no-las** = **nos** + **as**).

✦ (6) "Ó Imaculada Virgem, quando derramais graças sobre os que **vo-las** pedem, ajoelhados, expormo-vos as nossas mais prementes necessidades." (**vo-las** = **vos** + **as**). (ARNSG, alterado)

- **Erros mais comuns - pronomes pessoais**

a) Uso dos termos **o mesmo** e **a mesma** em lugar dos pronomes pessoais:

✦ (1) Todas as mulheres já nascem um pouquinho mãe por isso **as mesmas** são tão especiais (**elas** são tão especiais).

✦ (2) "O Brasil é rico em matérias-primas, mas não basta possuir **as mesmas** (não basta possuí-**las**), o desejável é industrializar **as mesmas** (industrializá-**las**) e auferir todo o potencial de lucro embutido **nas mesmas** (embutido **nelas**)."

✦ (3) A empresa Alvorada é dirigida pelos senhores Paulo e José, os quais dedicam **à mesma** (os quais **lhe** dedicam) todas as energias.

✦ (4) Os selvagens, com medo de serem descobertos, não mentiam mais aos espanhóis, obedeciam **aos mesmos** cegamente (obedeciam-**lhes** cegamente).

b) Uso de **ele**, **ela**, **a ele** e **a ela** em lugar de **o:**

✦ (1) "Ex-senadora pedirá ao Ministério Público que investigue **ela** e o marido (que **a** investigue, inclusive seu marido)."

✦ (2) O mal da igualdade é que nós só queremos **a ela** (só **a** queremos) em relação aos nossos superiores.

c) Uso de **a ele**(**a**) e **para ele**(**a**) em lugar de **lhe**(**s**):

✦ (1) "Nas sociedades democráticas, a aprovação das leis pelos deputados e senadores dá legitimidade **a elas**" (dá-**lhes** legitimidade)

✦ (2) Não é bom que o homem esteja só, farei uma auxiliadora **para ele** que seja idônea **para ele** (...far-**lhe**-ei uma auxiliadora que **lhe** seja idônea).

d) Uso de **mim** e **ti** em lugar de **eu** e **tu:**

✦ (1) Esta refeição é para **mim** comer (**eu** comer). (2) O exercício foi entregue para **mim** resolver (**eu** resolver). (3) Presta atenção para **ti** não errar (**tu** não errares).

• EXERCÍCIOS

1. (VUNESP) A maior parte das empresas de franquia pretende expandir os negócios das empresas de franquias pelo contato direto com os possíveis investidores, por meio de entrevistas. Esse contato para fins de seleção não só permite às empresas de franquias avaliar os investidores com relação aos negócios, mas também identificar o perfil desejado dos investidores. (Alterado)
Para eliminar as repetições, os pronomes apropriados para substituir as expressões sublinhadas são respectivamente:

a) delas ...... a elas ..... lhes ..... deles
b) seus .... lhes .... los .... lhes
c) seus .... nas .... los .... deles
d) delas ..... a elas ..... lhes ..... seu
e) seus ...... lhes .... eles ..... neles.

2. (FGV) Assinale a frase em que há **erro** no emprego de **o** ou **lhe** em relação à norma culta da língua.

a) O cronista não lhe entregou o texto que prometera.
b) A leitura daquela crônica decepcionou-lhe.
c) O cronista o encontrou numa livraria.
d) O conteúdo de suas crônicas o entristecia.

3. (VUNESP) Para eliminar as repetições, substitui as expressões sublinhadas pelos pronomes adequados:
O problema atual dos direitos do homem não é mais justificar os direitos do homem, mas proteger os direitos do homem, buscar as condições, os meios para realizar os direitos do homem e efetivamente desfrutar os direitos do homem. Trata-se, portanto, de passar a ação, ou seja, de um problema político.

4. (Cespe) No período "Quem quiser comer um spaghetti ao pomodoro realmente espetacular pagará uma fortuna ou terá de fazê-lo, se na arte for versado, ou recorrer a amigos que **o** são" que termo o oblíquo "o" substitui?

5. (FCC) Evitam-se as abusivas repetições do período substituindo-se os elementos sublinhados, respectivamente, por:
O advogado de defesa encaminhou uma apelação. Para fundamentar a apelação, organizou a apelação numa progressão de itens bem articulados. Ainda assim, recusaram a apelação os juízes do Supremo, porque consideraram a apelação totalmente inconsistente.

a) fundamentá-la - organizou-lhe - recusaram a ela - consideraram-na.

b) fundamentar-lhe - organizou-lhe - recusaram-na - a consideraram.
c) fundamentá-la - organizou-a - recusaram-na - a consideraram.
d) a fundamentar - organizou-a - recusaram-lhe - consideraram-na.

6. Respondei certo ou errado quanto às afirmações.
a) ( ) (FCC) O período "Lembro do olhar de censura que meu pai me dirigiu quanto certa vez lhe subtraí moedinhas do bolso do paletó" teria sido melhor escrever **moedinhas suas** para deixar bem claro a quem elas pertenciam.
b) ( ) (FCC) A preferência estilística pela primeira pessoa do plural em "Entretanto ainda que não prevaleça o critério racial, continuamos a ser testemunhas do trabalho escravo em nosso país" justifica-se por tornar o texto mais interativo e incluir o leitor como participante das afirmações do texto.

7. (FCC) Substituindo-se por um pronome a expressão sublinhada na frase "desde que as informações recebidas aconselhem <u>essa reconsideração</u>", obtém-se a forma:
a) aconselhem-a
b) aconselhem-lhe.
c) aconselhem-na
d) aconselhem-la.

8. Para evitar as repetições, substituí as expressões sublinhadas pelos pronomes adequados:
a) "O caranguejo paguro possui uma relação de simbiose com as anêmonas: **o caranguejo paguro** as carrega sobre sua casca, **as anêmonas** em compensação possuem células urticantes que repelem a maioria dos outros animais; quando **o caranguejo paguro** muda para outra concha, **as anêmonas** mudam juntamente com **o caranguejo paguro; as anêmonas** se alimentam dos restos das refeições do paguro, mas em compensação protegem **o caranguejo paguro** de seus predadores."
b) Os índios contaram que o padre João chegara à aldeia sozinho... Ao ver <u>o padre João</u> <u>os índios</u> em ataque dispararam sobre <u>o padre João</u> setas com ponteiras venenosas, porém, ao tocarem na batina <u>do padre João</u> as flechas simplesmente amoleciam, vindo ao chão sem sequer provocar arranhão. Depois foram alvejadas <u>no padre João</u> as lanças compridas e afiadas, mas <u>padre João</u> sequer fazia qualquer gesto de defesa e, como as flechas, as lanças também amoleciam e caíam ao chão.
c) "Entretanto, uma vez que os hereges acusam os oráculos divinos e impõem <u>aos oráculos divinos</u> uma interpretação errônea, de acordo com o entendimento <u>dos hereges</u>, torna-se necessário nos opormos <u>aos hereges</u> para justificar essas passagens, para mostrar <u>aos hereges</u> que <u>essas passagens</u> contêm um sentido ortodoxo, e que <u>os hereges</u> incorrem em erro."

9. Qual a classe de palavra dos termos destacados?
a) ...os pássaros... **lhe** vinham pousar sobre a cabeça... (Amaury Dantas)
b) "Se eu pudesse ao luar, Lucília bela, / Queimar-**te** a fronte de insensatos beijos, / Dobrar-**te** ao colo, minha flor singela, / Ao fogo insano de eternais desejos." (Fagundes Varela)
c) "Um espetáculo assombroso ofereceu-**se lhe** à vista." (Inglês de Sousa)
d) "Deus sabe que no dia em que do fruto comerdes se **vos** abrirão os olhos..."

10. (Fuvest-SP) Reescreva as orações abaixo, substituindo em cada uma o pronome de 1ª pessoa pelo de 3ª.

a) "... às vezes me repreendia..."
b) "... porque me negara uma colher de doce..."

11. (FCC, 2014, TRT/MA, Analista Judiciário, Área Administrativa) As leis humanas são falíveis, os homens desrespeitam as leis humanas e destituem as leis humanas do sentido de uma profunda equidade que deveria reger as leis humanas.
Evitam-se as viciosas repetições do período acima substituindo-se os elementos sublinhados, na ordem ada, por:

a) desrespeitam a elas - destituem-nas - deveria reger-lhes
b) desrespeitam-lhes - as destituem - deveria regê- las
c) desrespeitam-nas - lhes destituem - lhes deveria reger
d) lhes desrespeitam - destituem-lhes - deveria regê-las
e) desrespeitam-nas - destituem-nas - as deveria reger

<table>
<tr><th colspan="4">RESPOSTAS</th></tr>
<tr><td>1</td><td>b</td><td>2</td><td>b</td></tr>
<tr><td>3</td><td colspan="3">O problema atual dos direitos do homem não é mais justificá-los, mas protegê-los, buscar as condições, os meios para realizá-los e efetivamente desfrutá-los. Trata-se, portanto, de passar a ação, ou seja, de um problema político.</td></tr>
<tr><td>4</td><td>versado na arte.</td><td>5</td><td>c</td></tr>
<tr><td>6</td><td>a) errado; o pronome lhe já está designando posse; b) certo.</td><td>7</td><td>c</td></tr>
<tr><td>8</td><td colspan="3">a) "O caranguejo paguro possui uma relação de simbiose com as anêmonas: ele as carrega sobre sua casca, elas em compensação possuem células urticantes que repelem a maioria dos outros animais; quando ele muda para outra concha, elas mudam juntamente com ele; elas se alimentam dos restos das refeições do paguro, mas em compensação o protegem de seus predadores." (John MacArthur, alterado)
b) "Os índios contaram que o padre João chegara à aldeia sozinho... Ao vê-lo, eles em ataque dispararam sobre ele setas com ponteiras venenosas, porém, ao tocarem na sua batina, as flechas simplesmente amoleciam, vindo ao chão sem sequer provocar arranhão. Depois lhe foram alvejadas as lanças compridas e afiadas, mas ele sequer fazia qualquer gesto de defesa e, como as flechas, as lanças também amoleciam e caíam ao chão." (Amaury Dantas, alterado);
c) "Entretanto, uma vez que os hereges acusam os oráculos divinos e lhes impõem uma interpretação errônea, de acordo com os seus entendimentos, torna-se necessário nos lhes opormos para justificarmos essas passagens, para lhes mostrarmos que elas contêm um sentido ortodoxo e que eles incorrem em erro".</td></tr>
<tr><td>9</td><td colspan="3">a) pronome possessivo: os pássaros vinham pousar sobre a sua cabeça; b) O primeiro te é pronome possessivo: Se eu pudesse queimar a tua fronte; o segundo te é pronome oblíquo; c) se é pronome oblíquo e lhe é pronome possessivo: ofereceu-se à sua vista; d) pronome possessivo.</td></tr>
<tr><td>10</td><td>a) "... às vezes o repreendia..." e b) "... porque lhe negara uma colher de doce...".</td><td>11</td><td>e</td></tr>
</table>

2.2. Pronomes de tratamento

São as palavras que são usadas para tratar as pessoas respeitosamente. Os pronomes de tratamento são precedidos pelos pronomes possessivos **vossa** ou **sua.**

Empregamos **vossa** quando nos dirigimos à pessoa com quem falamos:

✦ (1) É necessário Vossa Excelência estar presente à inauguração.

✦ (2) Vossa Magnificência será um dos palestrantes do evento.

Empregamos **sua** quando nos referimos à pessoa de quem falamos (o assunto):

✦ (1) Sua Excelência não comparecerá à cerimônia.

✦ (2) Sua Santidade, o Papa, virá ao nosso país.

Embora os tratamentos **vossa excelência**, **vossa senhoria** etc. sejam usados à pessoa com quem falamos (o interlocutor), os verbos concordam na terceira pessoa, porque concordam com os substantivos **excelência**, **senhoria**, etc., não concordam com o possessivo de segunda pessoa **vossa.**

Os pronomes possessivos que concordam com os pronomes de tratamento são sempre os de terceira pessoa:

✦ (1) Sua **Excelência** estará com seu assessor na reunião.

✦ (2) Vossa **Excelência** reunirá com seu secretariado.

A concordância dos adjetivos com os pronomes de tratamento será sempre com o sexo da pessoa a que se refere:

✦ (1) Vossa Excelência foi **convidado** ao (ou foi muito **elogiado** no) evento.

✦ (2) Vossa Excelência foi **convidada** ao (ou foi muito **elogiada** no) evento.

De acordo com a pessoa, o cargo ou a função a quem nos dirigimos, os pronomes de tratamento são empregados:

Pronome de tratamento	Vocativo	Destinatário
Vossa Eminência	eminentíssimo senhor	cardeais, arcebispos
Vossa Magnificência	magnífico reitor	reitores de universidades
Vossa Reverendíssima	reverendíssimo senhor	sacerdotes, pastores e autoridades religiosas do mesmo nível.
Vossa Excelência	excelentíssimo senhor + cargo	presidente da República, presidente do Supremo Tribunal Federal, presidente da Câmara dos Deputados e presidente do Senado.

Pronome de tratamento	Vocativo	Destinatário
Vossa Excelência	senhor + cargo	senhor vereador, senhor deputado, senhor senador, senhor prefeito, senhor governador, senhor secretário de Estado, senhor ministro, senhor desembargador, senhor juiz, senhor presidente da CEF, senhor almirante, senhor general, senhor marechal.
Vossa Senhoria	ilustríssimo senhor	oficiais, servidores públicos graduados e na linguagem comercial.

2.3. Pronomes possessivos

Do latim "possessivu", indica posse: são os pronomes que designam posse, inclusive a pessoa gramatical à quem o bem pertence.

PESSOA	PRONOMES POSSESSIVOS			
	Masculinos		Femininos	
	Singular	Plural	Singular	Plural
Primeira	meu	meus	minha	minhas
Segunda	teu	teus	tua	tuas
Terceira	seu	seus	sua	suas
Primeira	nosso	nossos	nossa	nossas
Segunda	vosso	vossos	vossa	vossas
Terceira	seu	seus	sua	suas

São empregados conforme o gênero e o número do bem e conforme a pessoa gramatical à quem pertence.

- **primeira pessoa do singular** e **primeira pessoa do plural** (meu, minha, meus, minhas, nosso, nossa, nossos, nossas): designam o bem ou os bens que pertencem respectivamente à pessoa que fala (emissor) ou às pessoas que falam (emissores):
  - (1) "Eh! Meu amigo Charlie. Eh! Meu amigo Charlie Brown. (Benito Di Paula)
  - (2) **Nossas** vozes e **nossas** atitudes transformam o **nosso** ambiente de trabalho.
- **segunda pessoa do singular** e **segunda pessoa do plural** (teu, tua, teus, tuas, vosso, vossa, vossos, vossas): designam o bem ou os bens que pertencem

respectivamente à pessoa com quem se fala (interlocutor), ou às pessoas com quem se fala (interlocutores). Segundo a língua portuguesa, para nos dirigimos ao(s) interlocutor(es), usamos os possessivos de segunda pessoa.

- (1) "Que restou de ti, Babilônia? **Teus** prédios maravilhosos, **tuas** belezas, **tua** glória erigidas por mim?" (2) "Sê um doador de órgãos: a **tua** decisão salvará vidas." (3) Voltai a **vossa** pátria e levai convosco os **vossos** pertences.

  » Analisemos o seguinte exemplo: Suponhamos que o Paulo diga ao Marcos: "Marcos, o Carlos irá ao cinema em seu carro." No carro de quem o Marcos irá? Em seu carro ou no carro do Carlos? Para quem usa os possessivos corretamente não há ambiguidade, mas para quem usa os possessivos de **terceira pessoa** (seu, sua, seus, suas) para designarem os bens que pertencem à **segunda pessoa**, o interlocutor, há ambiguidade.

- (1) Marcos, o Carlos irá ao cinema em **teu** carro.
- (2) Marcos, o Carlos irá ao cinema em **seu** carro.
- (3) Marcos, o Carlos irá ao cinema no carro **dele.**

  » **(1)** e **(2)** estão conformes mas **(3)** não está conforme: o pronome pessoal **ele** designa posse.

Usamos também os pronomes de **segunda pessoa do plural** quando nos dirigimos a um santo ou à própria divindade, em sinal de respeito ou de cortesia:

- (4) "Senhor, concedei-me rejeitar tudo o que é mau aos **vossos** olhos e procurar a **vossa** vontade e o **vosso** beneplácito em todo tempo."[8] (Tomás de Kempis)
- (5) "Ascetas imortais da Idade Média, os **vossos** joelhos sangraram de tanto orar."[1] (Alphonsus de Guimarães)

- **terceira pessoa do singular** e **terceira pessoa do plural** (seu, sua, seus, suas): designam o bem ou os bens que pertencem à pessoa, ou às pessoas, de quem se fala (assunto); é usado também para concordar com os pronomes de tratamento.
  - (1) "Conta-lhe que morri murmurando o **seu** nome."[9] (Vicente de Carvalho)
  - (2) "Ela possuía mãos longas e **seus** olhos eram meigos."[1]
  - (3) Senhor, este cartão é seu. Senhora, estas canetas são suas.

8. Ferreira, Aurélio Buarque de Holanda, *Novo Aurélio Século XXI*, Nova Fronteira, edição 1999.
9. Jorge de Lima *apud*, Aurélio Buarque de H. Ferreira, *Novo Aurélio Século XXI*, Nova Fronteira, edição 1999.

+ **A Desconhecida**

"Numa tarde tão linda de sol, ela me apareceu

Com um sorriso tão triste, um olhar tão profundo já sofreu

Suas mãos tão pequenas e frias, sua voz tropeçava também..." (Fernando Mendes)

Uso correto dos possessivos **seus** e **sua**, não há ambiguidade, o autor fala conosco mas usa os possessivos para designarem os bens que pertencem à desconhecida.

Observações:

a) Os possessivos **seu**, **sua**, **seus** e **suas**, quando mal utilizados, causam ambiguidade:

+ (1) "O Deputado em seu discurso saudou o Presidente da República e solicitou sua intervenção no **seu** Estado."

» Não sabemos a quem se refere o pronome **seu**, correção:

+ (2) "O Deputado, em seu discurso, solicitou a intervenção federal em seu estado, quando saudou o Presidente da República."[10]

+ (3) "O PT discordou do PMDB por causa de sua proposta de aumento de salário."

» Não sabemos se **sua** refere-se à proposta do PT ou à do PMDB, correção:

+ (4) "O PT, por causa de sua proposta de aumento de salário, discordou do PMDB." (José Luiz Fiori e Francisco Savioli, alterado)

b) As locuções **o mesmo, a mesma** não são pronomes possessivos portanto é desvio as utilizarmos como tais: **(1)** Embora o estado de natureza tenha tal direito, a fruição do mesmo (sua fruição) é muito incerta.

• EXERCÍCIOS

1. Corrigi os textos seguintes:

a) Rute achou estranho Paulo esquecer sua data de aniversário.

b) O síndico cobrou o condômino por meio de um ofício e também cobrou pessoalmente em seu apartamento, porém não recebeu as cotas.

c) É essencial ao sucesso de um profissional que ele goste totalmente do trabalho dele. Estou falando do exercício prático dele, não apenas da ideia dele. Se alguém repudia detalhes da tarefa dele, não a realiza bem.

d) Quais são os problemas e as preocupações da mulher que cuida da família dela?

10. Manual de Redação da Presidência da República, alterado.

2. Nos fragmentos abaixo os possessivos **seu** e **sua** designam atributos pertencentes a quais antecedentes?

a) "Tu és a deusa da praça, / E todo o homem que passa / Apenas viu-te... parou! / Segue depois seu caminho / Mas vai calado e sozinho, / Porque sua alma ficou!" (Casemiro de Abreu)

b) Quando leres um bom livro, faz uma pausa a cada capítulo, e agita, por assim dizer, cada galho **seu**, para que possivelmente algum fruto caia.

RESPOSTAS	
1	**a)** Rute achou estranho Paulo esquecer a data de aniversário daquela, ou Rute achou estranho Paulo esquecer a data de aniversário deste; **b)** O síndico cobrou o condômino por meio de um ofício e também cobrou pessoalmente no apartamento deste, porém não recebeu as cotas; **c)** "...que ele goste... do **seu** trabalho. Estou falando do **seu** exercício prático, não apenas da **sua** ideia. Se alguém repudia detalhes da **sua** tarefa, não a realiza bem; **d)** ... da mulher que cuida da sua família?
2	**a)** Designam os atributos "caminho" e "alma" pertencentes a "todo homem que passa"; **b)** capítulo.

2.4. Pronomes demonstrativos

São os pronomes que indicam o lugar ou a posição dos seres com relação às três pessoas do discurso.

1ª pessoa	este, esta, estes, estas, isto
2ª pessoa	esse, essa, esses, essas, isso
3ª pessoa	aquele, aquela, aqueles, aquelas, aquilo

- **Este, esta, isto:** indicam o ser que está no campo de ação da pessoa que fala (emissor).
- **Esse, essa, isso:** indicam o ser que está no campo de ação da pessoa com quem falamos (interlocutor).
- **Aquele, aquela, aquilo:** indicam o ser que está fora do campo de ação do emissor e do interlocutor, o ser de quem falamos, o assunto.

✦ **(1)** Esta caneta é minha, essa aí é tua, aquela lá é sua. **(2)** Isto que tenho na mão é um livro, isso que tens na cabeça é um chapéu e aquilo que ela tem na orelha é um brinco.

» Os demonstrativos também localizam os termos da oração:

» **Este** e **esta** referem-se ao termo mais próximo, **esse** e **essa** referem-se ao termo anterior e **aquele** e **aquela** referem-se ao termo mais distante:

- (3) "Apesar da confusão intencional criada por Josefo, é preciso distinguir os sicários dos bandidos: quanto à localização, aqueles atacavam na cidade e estes, no campo; quanto à intenção, aqueles preferiam o anonimato e estes, a notoriedade." (Jhon Crossan)

  » **Aqueles** substitui **sicários** e **estes** substitui **bandidos.**

- (4) "Agora permanecem a fé, a esperança e o amor, esses três, porém o maior desses é o amor." (**Esses** substitui **fé**, **esperança** e **amor**).

Os demonstrativos **este**, **esta**, **esse**, **essa**, **aquele**, **aquela** expressam ideia de tempo:

- **Este** e **esta** dão ideia de tempo atual: Durante **esta** semana ligarei para ti.
- **Esse** e **essa** dão ideia de tempo próximo passado: Paulo partiu em 2001 para Belo Horizonte e **nesse** mesmo ano casou por lá.

Aquele e **aquela** dão ideia de tempo distante: N**aquele** período o Brasil teve bom crescimento. Os carros d**aquela** época eram extremamente resistentes.

- **O, a, mesmo, próprio, semelhante, tal**
  - **O, a, os, as**: como pronomes demonstrativos, equivalem a **isto**, **isso**, **aquilo**, **aquele**(s), **aquela**(s):
    - (1) "Não almejes **o** que ultrapassa a tua felicidade."[11]
    - (2) "**O** que foi difícil de conquistar é bem fácil de proteger." (Caixa Seguros)
  - **Mesmo, próprio, semelhante, tal**: como pronomes demonstrativos, reforçam as ideias expressas pelos demonstrativos, ou auxiliam os demonstrativos nas retomadas de termos já citados, ou substituem os demonstrativos:
    - (1) "Essas **mesmas** políticas reduzem o número de trabalhadores por navio."[12]
    - (2) "As informações estão postadas no **próprio** navegador."[2]
    - (3) "O **próprio** Parlamento Europeu prova **tal** afirmação..."[2]
    - (4) "Uma acção **semelhante** é necessária para apoiar a Comissão."[2]
    - (5) "**Tal** facto não constitui uma surpresa."[2]

11. Esopo *apud* Moisés Marinho de Oliveira, *Sete Mil Ilustrações e Pensamentos*, 2ª edição, Juerp, 1981
12. http://www.linguee.pt/portugues-ingles, 10.10.2014, alterado.

• EXERCÍCIOS

1. Qual a classificação dos termos destacados?

a) (Iesan) "A vila de Chugungo, no litoral do Chile, é tão seca, que seus moradores precisam espremer a neblina para ter **o** que beber."

b) (Cespe) "Tu tens **as** agravantes da surpresa e também **as** da premeditação." (Orestes Barbosa e Noel Rosa).

2. Corrigi os textos de maneira a evitar as repetições:

a) O que faz é insistir que a pobreza interna deve gerar a externa, e que a **pobreza externa** não deve substituir a **pobreza interna.**

b) As duas classes sociais fundamentais da sociedade capitalista são a burguesia e o proletariado: **a burguesia** vive de lucro e **o proletariado**, de salário.

3. Qual alternativa evita as repetições e substitui corretamente os termos destacados: "Quanto aos nossos atos, **os atos** que não são indiscutivelmente éticos apresentam-se como contraditórios, em relação tanto **aos atos** que se justificam eticamente, quanto aos fins, se **os fins** forem de fato éticos."

a) esses - à aqueles - aqueles

b) os mesmos - aqueles - os mesmos

c) aqueles - àqueles - estes

d) estes - àqueles - esses

4. "Nada se emenda bem nos livros confusos mas tudo se pode meter nos livros omissos. Eu, quando leio algum desta outra casta, não me aflijo nunca. **O que faço, em chegando ao fim**, é cerrar os olhos e evocar todas as coisas que não achei neles." O emprego da palavra "**o**" em **O que faço, em chegando ao fim...** é o mesmo que se encontra em:

a) "[...] com os seus eternos móveis e costumes, pessoas e afeições, é que se lhe grava tudo pela continuidade e repetição.

b) "Como eu invejo os que não esqueceram a cor das primeiras calças que vestiram!"

c) "Eu não atino com a das que enfiei ontem."

d) "[...] é cerrar os olhos e evocar todas as coisas que não achei nele."

e) "Assim preencho as lacunas alheias; assim podes também preencher as minhas."

5. (TJ-PR, 2013, TJ-PR, Administrador) Assinale a alternativa em que a forma gramatical em destaque está funcionando como pronome demonstrativo.

a) "Junto com **seu** inseparável companheiro."

b) "Cada vez que você passar por **uma** rua alagada."

c) "E esse alguém é sempre definido como **o** outro."

d) "...o poder público, as autoridades, **os** da rua de cima."

6. (IBFC, 2013, PC-RJ, Perito Criminal - Contabilidade) Nos versos seguintes, ocorre um pronome demonstrativo que tem seu uso justificado por fazer referência: "Hoje eu quero apenas uma pausa de mil compassos / Para ver as meninas / E nada mais nos braços / Só este amor / Assim descontraído..." (Marisa Monte)

a) temporal apontando para um fato passado.

b) textual substituindo uma palavra já citada anteriormente.

c) textual antecipando uma ideia que será apresentada.
d) temporal indicando um fato futuro.
e) espacial referindo-se a uma proximidade do enunciador.

RESPOSTAS	
1	**a)** pronome demonstrativo; **b)** artigo e pronome demonstrativo.
2	a) o que faz é insistir que a pobreza interna deve gerar a externa, e que **esta** não deve substituir **aquela**. b) as duas classes sociais fundamentais da sociedade capitalista são a burguesia e o proletariado: **aquela** vive de lucro e **esta**, de salário.
3	c
4	b (**o** no texto é pronome demonstrativo (**aquilo** que faço), e é usado com essa classe na alternativa **b** (Como eu invejo **aqueles** que não esqueceram...).
5	d (**os** = **aqueles**)
6	e

2.5. Pronomes relativos

Do latim "relativu" (relação, referência ao antecedente): são os pronomes que substituem substantivos das orações principais.

Os pronomes relativos são:

- **variáveis:** o qual, a qual, os quais, as quais, cujo, cuja, cujos, cujas, quanto, quanta, quantos, quantas.
- **invariáveis:** que, quem, onde, aonde.
- "**O qual**": os exemplos estão sem os pronomes e com os pronomes:
  - (1) O passaporte vale nos países, com os países Portugal mantém relações diplomáticas.
  - (2) O passaporte vale nos países com os quais Portugal mantém relações diplomáticas.

    » O relativo **os quais** substitui **países.**
  - (2) Em São Paulo foram entregues 46 obras e no Rio de Janeiro, 6, as quais representam novos empreendimentos a cada ano.
- "**Cujo**":
  - (1) A cantora virá ao Brasil, eu me refiro à voz da cantora.
  - (2) "A cantora a cuja voz me refiro virá ao Brasil." (**cuja** substitui **cantora**).

Observações:

a) Os relativos **cujo, cuja, cujos, cujas** indicam posse e ligam termos diferentes: o termo antecedente é sempre o possuidor e o termo consequente, o bem possuído:

✦ (1) "O Sol é uma esfera cujo diâmetro é 108 vezes maior que o da Terra."

» O relativo **cujo** indica posse, **diâmetro do Sol**; termos distintos: **Sol** e **diâmetro.**

✦ (2) "O primeiro filósofo de Atenas, cuja vida conhecemos em parte, foi Anaxágoras."

» O relativo **cuja** indica posse: **vida do filósofo**; termos distintos: **filósofo** e **vida.**

b) Os relativos **cujo, cuja, cujos, cujas** não são seguidos de artigo porque ele está subentendido:

✦ (1) A moça estará aqui, te falei d**a** beleza da moça.

✦ (2) A moça de cuja beleza te falei estará aqui.

✦ (3) A escritora está na cidade, estudamos o livro d**a** escritora.

✦ (4) A escritora cujo livro estudamos está na cidade.

Não estão conforme a linguagem-padrão expressões como:

✦ (1) A moça de cuja **a** beleza te falei estará aqui.

✦ (2) A escritora cujo **o** livro estudamos está na cidade.

• "**Quanto**":

✦ (1) José tem tudo, José conseguiu tudo por trabalho.

✦ (2) Tudo quanto José tem conseguiu por trabalho.

» O relativo **quanto** substitui o pronome indefinido **tudo.**

• "**Que**": substitui substantivo antecedente e o restringe ou o explica.

✦ (1) O sapo-arco-íris é reencontrado na ilha Bornéu, o sapo-arco-íris estava na lista dos 10 Sapos Perdidos Mais Procurados do Mundo.

✦ (2) "O sapo-arco-íris, que estava na lista dos 10 Sapos Perdidos Mais Procurados do Mundo, é reencontrado na ilha Bornéu."[13]

» O relativo **que** substitui **sapo-arco-íris.**

✦ (3) Só para teres uma ideia da força gravitacional na Lua, a mochila e a roupa de astronauta, que pesavam 86 quilos na Terra, lá pesavam apenas 14 quilos.

» O relativo **que** substitui **mochila** e **roupa de astronauta.**

---

13. Revista Galileu, junho/2011, alterado

- (4) "Há uma fragilidade nos mecanismos de controle instituídos por lei, que vai desde os tribunais de contas até os conselhos municipais, ocupados por nomeações políticas."

  » O relativo **que** substitui **fragilidade.**

- "**Quem**":
  - (1) Um amigo é uma pessoa, perante um amigo penso em voz alta.
  - (2) "Um amigo é uma pessoa perante quem penso em voz alta"[14] (**quem** substitui **amigo**).

Observação: "Quando se refere a pessoas (com função sintática de objeto indireto), empregar **quem** é mais elegante e correto que empregar **que:**

- (1) O homem a **quem** deste o livro. (2) As mulheres em **quem** concorrem estas virtudes. (3) Os amigos por **quem** nos sacrificamos."[15]

- "**Onde**":
  - (1) O verão começa aqui, aqui os ritmos se encontram.
  - (2) "O verão começa aqui... onde os ritmos se encontram." (Fest Music Hangar)

  » O relativo **onde** substitui o advérbio **aqui.**

Observação: Embora algumas mesas elaboradoras não considerem esta regra, as orações ficam mais coesas quando o relativo **onde** substitui antecedente que expressa espaço físico:

- (1) Uma decisão difícil **onde** a melhor solução seria adiar por alguns dias.
- (2) "Num estado febril e agitado iniciou uma existência **onde** só existiam personagens da cavalaria andante." (José Angeli)

  » Períodos sem coesão: o relativo **onde** substitui antecedentes que não expressam espaço físico: **decisão** e **existência.** Os relativos adequados são respectivamente **cuja** e **na qual.**

- "**Aonde**":
  - (1) O estande ficava no centro da feira, ele se dirigiu ao estande.
  - (2) O estande aonde ele se dirigiu ficava no centro da feira (**aonde** substitui **estande**).

---

14. Ralph W. Emerson *apud* Moisés Marinho de Oliveira, *Sete Mil Ilustrações e Pensamentos*, 2ª edição, Juerp, 1981.
15. Grande Diccionário Portuguez, Domingos Vieira, vol. 5, § 5º, pág. 29, alterado.

2.5.1. Os pronomes relativos e os verbos transitivos

De acordo com as regências dos verbos (transitivos diretos ou transitivos indiretos), os relativos serão ou não precedidos de preposição:

» **(1)** Estas são as regras as **quais** cumprirás. **(2)** A escritora **cujo** livro estudamos está na cidade. **(3)** Enviei a meus amigos alguns cartões **que** eu mesma fiz.

» Os relativos **destacados** não estão precedidos de preposição porque os verbos **cumprir**, **estudar** e **fazer** são transitivos diretos, não exigem preposição. **Fazer** nesse período possui apenas objeto direto.

✦ (4) O lugar a**onde** fomos é perigoso. (5) FCC, 2007, TRF-3R, Analista Judiciário: "Em cortiços de cimento, a **que** faltavam espaço e arejamento, comprimiam-se milhões de indivíduos para **quem** a natureza parecia representar uma ameaça." (6) "O próprio Aldous também se interessava pelas ciências naturais, a **cujo** estudo se dedicava aplicadamente." (Huxley) (7) As linhas de crédito à **que** os produtores rurais teriam direito estão fechadas.

» Os relativos **destacados** estão precedidos de preposição porque os verbos **ir**, **faltar**, **representar** e **dedicar**-se, e o substantivo **direito** as exigem.

2.5.2. Erros mais comuns - pronomes relativos

1. Uso do termo **o** antes do relativo **que**: as orações subordinadas adjetivas restringem ou explicam substantivos das orações principais, portanto é necessário estar claro que substantivo o pronome relativo substitui.

✦ (1) "Apenas entre janeiro e julho de 2008, foram criadas 6.410 novas empresas na Jucepa, o que representa uma média de 915 novos empreendimentos surgidos por mês."

» Período não conforme: não sabemos qual a finalidade do "o" e não sabemos que termo o relativo **que** substitui. Se "o" ou "o que" substitui "6410 novas empresas", a concordância está incorreta, pois **representar** não concorda com "empresas", conforme período seguinte :

✦ (2) 6.410 novas empresas *(que)* representa... 915 novos empreendimentos...

» O **o** e a oração **que representa... 915 empreendimentos**... são inclassificáveis: aquele não é artigo, não é pronome átono, não é pronome demonstrativo e não é partícula expletiva, esta não é oração adjetiva (não restringe e não explica um substantivo da oração principal) e não é substantiva. Se **o** e **que representa**... são inclassificáveis, eles não são língua portuguesa.

» Não é razoável descumprirmos duas regras da língua (a classe de palavra e a função sintática), para lhe incorporarmos uma expressão complicada, alheia à língua portuguesa; correção:

✦ (3) Apenas entre janeiro e julho de 2008, foram criadas 6.410 novas empresas..., as quais representam uma média de 915 novos empreendimentos surgidos por mês.

+ (4) "A fuga de capitais começou em julho de 1997, o que levou vários "Tigres Asiáticos" a desvalorizar suas moedas."

  » Período não conforme: o termo **o** e a oração **que levou vários "Tigres Asiáticos"** não exercem funções sintáticas no período; correção: duas versões:

+ (5) A fuga de capitais, pela qual (ou em decorrência da qual) vários "Tigres Asiáticos" desvalorizaram suas moedas, começou em julho de 1997 (**a qual** substitui **fuga de capitais**).

+ (6) A fuga de capitais, que levou vários "Tigres Asiáticos" a desvalorizar suas moedas, começou em julho de 1997.

2. Uso de conjunção em lugar dos relativos:

   + (1) "A sustentabilidade constrói-se a cada dia, a cada escolha, a cada atitude, e exige criatividade, engajamento e ação."

     » Período não conforme: a oração **exige criatividade**, **engajamento e ação** explica o antecedente **sustentabilidade**, portanto é necessário estar ao seu lado, ligada por pronome relativo:

   + (2) A sustentabilidade, que exige criatividade, engajamento e ação, constrói-se a cada dia, a cada escolha, a cada atitude.

3. Uso inadequado dos relativos:

   + (1) "A UHE Tucuruí, onde a etapa inicial fora construída pela Eletronorte, situa-se no rio Tocantins."

     » Período sem coesão: uso inadequado do relativo **onde**; a oração exige relativo que indique posse:

   + (2) A UHE Tucuruí, **cuja** etapa inicial fora construída pela Eletronorte, situa-se no rio...

4. Redundância: Se a oração anterior tiver mais de um antecedente precedido de artigo, é necessário cuidado ao empregarmos os relativos para não deixarem o período ambíguo:

   + (1) "Roubaram a mesa do gabinete em que eu trabalhava."

     » Não sabemos se o relativo **que** substitui **mesa** ou **gabinete**; correção:

   + (2) "Roubaram a mesa do gabinete no qual eu trabalhava, ou Roubaram a mesa do gabinete na qual eu trabalhava."[16]

   + (3) "O relatório foi concluído pelo integrante da comissão que coordenou o projeto."

     » Não sabemos se o relativo **que** substitui **integrante** ou **comissão**; correção:

   + (4) O relatório da comissão foi concluso pelo integrante que coordenou o projeto.

16. Manual de Redação da Presidência da República.

• EXERCÍCIOS

1. (CESPE, 2008, TRT 1ª REGIÃO (RJ), Analista Judiciário - Área Judiciária) A respeito do emprego dos pronomes relativos, assinale a opção correta.

a) É correto colocar artigo após o pronome relativo **cujo** (**cujo** o mapa, por exemplo)

b) O relativo **cujo** expressa lugar, por isso foi usado no texto seguinte ligado ao substantivo mapa: "A raça humana é o cristal de lágrima / Da lavra da solidão / Da mina, **cujo mapa** / Traz na palma da mão." (Gilberto Gil, negrito acrescentado)

c) O pronome **cujo** é invariável, ou seja, não apresenta flexões de gênero e número.

d) O pronome relativo **quem**, assim como o relativo **que**, tanto pode referir-se a pessoas quanto a coisas em geral.

e) O pronome relativo **que** admite ser substituído por o **qual** e suas flexões de gênero e número.

2. (Cespe) Para completar o período "Para implementar a nova numeração, a Secretaria de Informática vem adaptando diversos sistemas judiciários, __________: sistema de precatórios, sistemas de leilões..." qual ou quais das expressões abaixo podemos usar:

a) entre os quais podem serem destacados,

b) aos quais são destaques,

c) dos quais destacam-se,

d) pelos quais sobressaem,

e) com os quais se sobressai.

3. Que erro gramatical há nos períodos abaixo?

a) Esaf/MPO. "Mas, apesar da legitimação, a autoridade do gestor é constantemente desafiada por subordinados, a cujos direitos legais os resguardam de represálias imediatas, pois a ruptura do contrato de trabalho representa um custo não desprezível para a firma." (Paul Singer, alterado)

b) Esaf/MPO. "A economia brasileira experimentou ritmo de alto crescimento durante cinco décadas, de 1930 a 1980, onde o processo de industrialização expandiu-se por meio da substituição de importações e diversificação de exportações." (Sarita Coelho, alterado)

c) Esaf/MPO. "O Fórum Econômico Mundial este ano teve de repartir o generoso espaço que desfrutava na mídia internacional com a ensolarada Porto Alegre, aonde foi realizado o Fórum Social Mundial."

d) Esaf/MPO. "O FMI deixou de disciplinar a paridade das moedas, cuja a função foi criada há 59 anos para contentar-se com o crachá de auditor de confiança dos bancos credores..."

e) Esaf/MPO. "Seria implementado o plano no qual muitos funcionários falaram a respeito durante a assembleia anual."

4. (Consult) Na oração "Em um mundo **em que** predomina a produção alienada, também o consumo tende a ser alienado" a expressão em destaque pode ser substituída sem alteração de sentido por:

a) que;

b) o qual;

c) aonde;

d) o que;

e) onde.

5. Respondei certo ou errado quanto ao uso dos relativos:
a) ( ) O ator a cuja casa fomos é muito jovem.
b) ( ) O ator cuja casa estivemos é aposentado.
c) ( ) O ator cujas peças assisti é competente.
d) ( ) Há plantas de cujas sementes os pássaros se alimentam.
e) ( ) O ponto de chegada é a meta que necessito para a evolução.
f) ( ) A conclusão à que devo chegar.

6. (IESES, 2010, CRM, DF) Assinale a frase em que os termos destacados estão **corretamente** empregados:
a) Promoveu um evento grandioso em setembro deste ano **onde** gastou um fortuna;
b) O meu engenheiro é um cidadão **em cuja** capacidade podemos confiar;
c) Certificou **a** seus superiores no Ministério **de que** a Comissão de Licitações estava prestes s pedir demissão;
d) Prefiro ficar sozinho **do que** perdoar **os que** me deixaram neste estado deplorável de dependência física.

7. (FCC, 2010, SEFAZ-SP, Analista em Planejamento, Orçamento e Finanças Públicas, Prova 1) As expressões **de que** e **por que** preenchem corretamente, nessa ordem, as lacunas da frase:
a) O livro ...... Michel Löwy organizou constitui um painel admirável, ... as fotos são contundentes.
b) O livro **Revoluções**, ... se informa no texto, ficou famoso ...... apresenta imagens fortes e surpreendentes.
c) O batido clichê ...... se refere o texto não explica o fato ...... ficou tão famoso o livro de Michel Löwy.
d) As revoluções dos séculos XIX e XX, ... tanto já se escreveu, estão documentadas em fotos ...... muita gente se admirará.
e) As revoluções ...... essas fotos constituem um notável depoimento acarretam traumas ...... ninguém quer passar.

8. Respondei certo ou errado quanto ao uso de **onde** ou de **aonde**.
a) ( ) Onde vais com tanta pressa?
b) ( ) Aonde nos levas com tanta pressa?
c) ( ) Aonde estarás amanhã?
d) ( ) Gostaria de saber onde moras?
e) ( ) Onde tu gostarias de estar agora?
f) ( ) Onde me dirijo para obter esclarecimentos?
g) ( ) Não sei aonde ir.

9. Respondei certo ou errado quanto ao uso dos relativos.
a) (FCC) ( ) A transmissão do programa "nheengatu", contra a qual parece ter-se insurgido o Ministério das Comunicações, despertou polêmica acerca do que vem a ser língua nacional.
b) (FCC) ( ) O português e o espanhol, idiomas a cujos vieram somar-se termos indígenas, talvez já tenham merecido alguma contestação quanto ao fato de serem línguas nacionais.

c) (FCC) ( ) D. João IV, em 1727, já manifestava a preocupação em que o predomínio de uma língua estrangeira sobre a língua oficial representaria risco ao processo de colonização.

d) (FCC) ( ) A ilegalidade do programa radiofônico, cuja a língua é o nheengatu, foi aventada pelo Ministério das Comunicações, que recorreu a especialistas para melhor se informar a respeito da questão.

e) (FCC) ( ) A opinião de Marlei Sigrist, em favor da qual há argumentos antropológicos, é que a divulgação do nheengatu constitui uma forma de resistência cultural, por meio da qual devem se engajar os defensores das minorias.

f) (FCC) ( ) A percepção asséptica da cada bombardeio em que visam essas transmissões é uma violência em si mesma.

g) (FCC) ( ) A trágica experiência a qual todos os envolvidos numa batalha se submetem parece contar pouco para as emissões.

10) (FCC) O seguimento "Trata-se de uma questão..." está corretamente completado em

a) cujo o princípio é o respeito ao indivíduo.
b) cujo princípio é o respeito ao indivíduo.
c) com a qual o princípio é o respeito ao indivíduo.
d) pela qual o princípio é o respeito ao indivíduo.

11. (FCC) O segmento "...num quadro extremamente variado..." está incorretamente completado em:

a) no qual ocorre um intercâmbio permanente.
b) onde ocorre um intercâmbio permanente.
c) em cujo âmbito ocorre um intercâmbio permanente.
d) de cujo âmbito ocorre um intercâmbio permanente.
e) em que ocorre um intercâmbio permanente.

12. (Cespe, 2011, TJE-ES, Analista Judiciário) "A subjetividade, a vida interior e as opções mais íntimas são marcadas por um *êthus* em que a sociabilidade assume um tom caracteristicamente marcante." (Tânia Pereira, Linguagem e identidade, alterado)
A supressão da preposição em "**em que**" desrespeitaria as regras gramaticais, pois, por meio dela, se indica que o pronome "**que**" retoma "**subjetividade**".

( ) certo ( ) errado

13. Transformai os períodos simples num único período composto:

a) A notícia causou impacto; fizeste alusão à notícia.
b) O lagar era um importante equipamento de produção; no lagar eram esmagadas as uvas.
c) O rapaz era campeão de tênis; o nome do rapaz saiu nos jornais.
d) Cícero elaborou o conceito de humanismo como cosmovisão; na cosmovisão o homem ocupa ponto central.
e) Tu te erguerás robusto como o cedro; na copa do cedro se debruça a nuvem.
f) Tudo outrora foi escrito; tudo foi escrito para o nosso ensino.
g) A pripríoca é uma planta nativa do Brasil; as raízes da priprioca guardam em raras quantidades um óleo altamente aromático; o nome priprioca originou-se de uma lenda indígena; a lenda indígena associa-lhe misteriosos poderes de sedução.

Capítulo 6 • PRONOMES

<table>
<tr><th colspan="4">RESPOSTAS</th></tr>
<tr><td>1</td><td>e</td><td>2</td><td>c</td></tr>
<tr><td>3</td><td colspan="3">a) A preposição antes do relativo cujos prejudica a correção do texto; b) O relativo onde não pode ser usado para designar tempo; o relativo correto seria quando; c) O advérbio aonde só pode ser usado com verbos que expressam movimento; o relativo correto seria onde; d) O artigo a após cuja é desnecessário e incorreto; e) Seria implementado o plano do qual muitos funcionários falaram...</td></tr>
<tr><td>4</td><td>e</td><td>5</td><td>a) c; b) e; c) e;
d) c; e) e; f) c.</td></tr>
<tr><td>6</td><td>b</td><td>7</td><td>e (ressalvamos que a locução pelos quais complementa mais adequadamente a segunda lacuna).</td></tr>
<tr><td>8</td><td>a) e; b) c; c) e; d) c;
e) c; f) e; g) c.</td><td rowspan="4">9</td><td rowspan="4">a) certo
b) errado (aos quais)
c) errado (de que)
d) errado (cuja língua)
e) certo
f) errado (a que visam)
g) certo</td></tr>
<tr><td>10</td><td>b</td></tr>
<tr><td>11</td><td>d</td></tr>
<tr><td>12</td><td>e</td></tr>
<tr><td>13</td><td colspan="3">a) A notícia à que fizeste alusão causou impacto; b) "O lagar, onde eram esmagadas as uvas, era um importante equipamento de produção." c) "O rapaz cujo nome saiu nos jornais era campeão de tênis." (Vunesp) d) "Cícero elaborou o conceito de humanismo como cosmovisão, na qual o homem ocupa ponto central." e) "Tu te erguerás robusto como o cedro, em cuja copa se debruça a nuvem." (Fagundes Varela); f) Tudo quanto (ou que) outrora foi escrito foi escrito para o nosso ensino; g) A priprioca, cujo nome se originou de uma lenda indígena, que lhe associa misteriosos poderes de sedução, é uma planta nativa do Brasil, cujas raízes guardam em raras quantidades um óleo altamente aromático.</td></tr>
</table>

2.6. Pronomes reflexivos

Do latim "reflexivu" (voltar para trás, refletir): são os pronomes que refletem a ação verbal sobre o próprio sujeito (próprio autor).

- (1) Curvar-**se**, ajoelhar-**se** ou dobrar-**se** são atividades simples.
- (2) "Alegre-**se**, valorize-**se**, ame-**se**, depois apaixone-**se** por alguém."[17]
- (3) "Os juazeiros aproximaram-**se**, recuaram, sumiram-**se**." (Graciliano Ramos)
- (4) "Pensar é o trabalho mais difícil que existe, talvez, por isso, tão poucos **se** lhe dedicam."[18]

2.7. Pronomes indefinidos

São as palavras que expressam indefinição, ou seja, não definem a quantidade ou o ser: algo, alguém, algum, bastante, cada, certa, certo, diversos, nada, ninguém, nenhum, poucos, outrem, outro, qualquer, quanto, tal, tais e tais, tanto(s), tanta(s), toda, todo, tudo, um, uns, uma(s), vários, etc.

- (1) "Para os naturalistas **ninguém** vezes **nada** é igual a **tudo**."
- (2) "**Pouca** gente corre atrás da alegria, **todo** mundo corre atrás do prazer."[19]
- (3) "**Nada** do que foi será / De novo do jeito que já foi um dia / **Tudo** passa / **Tudo** sempre passará."[20]
- (4) "**Todos** vivem sob o mesmo céu mas nem **todos** veem o mesmo horizonte." (Konrad Adenauer)

Nesses exemplos os termos destacados expressam indefinição portanto são pronomes indefinidos.

- **Outros exemplos:** (1) Investir em cultura não custou **nada** (coisa alguma) para o Dorivan. (2) "Que só o respeito fale mais alto e deixe **mais** marcas. Respeite a Mulher." (3) "Veja aqui **várias** teorias, desde científicas até espiritualistas e místicas."[21]

Observação: A palavra **muito** classificada como pronome indefinido é variável:

- (1) **Muitas** instituições não governamentais desenvolvem projetos de educação básica.

---

17. Ghil, Sarah *apud* pensador.uol.com.br, 8.7.2012, alterado.
18. FORD, Henry *apud* pensador.uol.com.br, 8.7.2012, alterado.
19. C. Vasconcelos Jr *apud* Moisés Marinho de Oliveira, *Sete Mil Ilustrações e Pensamentos*, 2ª edição, Juerp, 1981.
20. Nelson Motta e Lulu Santos, negrito acrescentado.
21. http://www.youtube.com/watch, 10.7.2013.

- **Locuções pronominais indefinidas**

Além dos pronomes indefinidos, há as locuções pronominais indefinidas: cada qual, cada um, seja quem for, qualquer um, etc.

✦ (1) "**Cada um** puxa a brasa para a sua sardinha."[22]

✦ (2) "**Cada qual** tem o ar que Deus lhe deu."[23]

2.8. Pronomes interrogativos

São os pronomes indefinidos **onde**, **aonde**, **que**, **quem**, **qual**, **quanto** (referem-se a substantivos) empregados em frases interrogativas direta ou indireta:

✦ (1) "**Onde** está o conhecimento?" (2) "**Que** temos nós contigo, Jesus Nazareno?" (3) "**Quem** se contentou com o primeiro desejo?" (H. Pinto, 2, 67 *apud* M. Said Ali). (4) **Quantos** alunos não fizeram a prova? (5) **Qual** colega será nossa representante?

Observações:

a) Não usamos artigos antes dos pronomes interrogativos, salvo antes do **que**, por motivo de coesão, no fim de frase:

✦ (1) **Que** compraste, Marta? (2) Marta, compraste, **o que**? (3) "Pois de ti, Gallo indigno, direi, **o que**?"

b) "Omite-se o artigo: 11) antes dos pronomes conjunctivos empregados interrogativamente, ex.: *Que queres? Que te parece? "O que queres? – O que te parece?"* e outras construcções identicas são incorretas. Nos escriptores clássicos abundam exemplos do uso acertado: *"Pois de ti, Gallo indigno* ***que*** *direi?"* **Camões.** *"E* ***que*** *vos parece que façamos?"* **Vieira.** *"O' homem,* ***que*** *fizeste?"* **Sousa Caldas.**[24]

22. Ferreira, Aurélio Buarque de Holanda, *Novo Aurélio Século XXI*, Nova Fronteira, edição 1999
23. Machado de Assis apud Hildebrando André.
24. RIBEIRO, Julio, Grammatica Portugueza, 5ª edição, editor Miguel Melillo, 1899, São Paulo, pág. 232, *apud* Coleção "gramáticas", iel.unicamp.br, negrito nosso.

CAPÍTULO 7

Verbo

1. INTRODUÇÃO

Os verbos são meros termos ou meras palavras que apenas expressam as ações praticadas pelos substantivos ou os seus estados.

As ações verbais, que sempre estão nos substantivos e são inseparáveis destes, só ocorrem quando os substantivos as praticam.

Embora os verbos sejam meras palavras, ou seja, não tenham existência própria, eles são importantes porque são os únicos termos que expressam as ações ou os estados dos substantivos.

2. COMPONENTES VERBAIS / ESTRUTURAS VERBAIS

Os elementos que compõem os verbos são: **radical**, **vogal temática**, **tema** e **desinência.**

- **Radical:** é a parte, geralmente invariável, que fica antes das terminações **ar**, **er** e **ir:**
  - **am**ar, **cant**ar, **vend**er, ver, **part**ir, **sa**ir, **p**or
- **Vogal temática:** é a vogal que indica a conjugação:
  - **verbos de primeira conjugação:** am**a**r, cant**a**r, fal**a**r, and**a**r etc.
  - **verbos de segunda conjugação:** com**e**r, beb**e**r, vend**e**r, sab**e**r etc.
  - **verbos de terceira conjugação:** part**i**r, ped**i**r, sent**i**r, sorr**i**r, dorm**i**r etc.
- **Tema:** é formado pelo radical e pela vogal temática:
  - **anda**r, **canta**r, **fala**r, **come**r, **bebe**r, **sabe**r, **parti**r, **senti**r, **sorri**r, **dormi**r

  Observação: O verbo **pôr** (latim *pon**e**re*) e os seus derivados (antepor, compor, dispor, pospor, propor, supor) também são classificados como verbos da segunda conjugação.

- **Desinência:** são as partículas que indicam o **número** (singular ou plural), a **pessoa do discurso** (1ª, 2ª ou 3ª), o **modo** e o **tempo:**
  - cant**o**: **o** designa o **número** (singular), a **pessoa do discurso** (primeira pessoa), o **modo** (indicativo) e o **tempo** (presente);
  - canta**mos**: **mos** designa o **número** (plural), a **pessoa do discurso** (primeira pessoa) e o **modo** (indicativo);
  - canta**va**: **va** designa o **número** (singular), o **modo** (indicativo) e **tempo** (pretérito imperfeito);
  - canta**vam**: **vam** designa o **número** (plural), a **pessoa** (terceira pessoa), o **modo** (indicativo) e **tempo** (pretérito imperfeito);
  - canta**rás**: **rás** designa o **número** (singular), a **pessoa** (segunda pessoa), o **modo** (indicativo) e **tempo** (futuro do presente);
  - canta**sses**: **sses** designa o **número** (singular), a **pessoa** (segunda pessoa), o **modo** (subjuntivo) e **tempo** (pretérito imperfeito);
  - cantá**sseis**: **sseis** designa o **número** (plural), a **pessoa** (segunda pessoa), o **modo** (subjuntivo) e **tempo** (pretérito imperfeito);
  - canta**ríeis**: **ríeis** designa o **número** (plural), a **pessoa** (segunda pessoa), o **modo** (subjuntivo) e **tempo** (futuro do pretérito).

  – **Desinência número-pessoal:** são as desinências que indicam o número e a pessoa:
  - cantáva**mos**: **mos** indica o número (plural) e a pessoa (primeira).
  - cantava**m**: **m** indica o número (plural) e a pessoa (terceira).

  – **Desinência modo-temporal:** são as desinências que indicam o modo e o tempo:
  - cantá**va**mos: **va** indica o modo (indicativo) e o tempo (pretérito).
  - canta**ría**mos: **ía** indica o modo (indicativo) e o tempo (pretérito).

3. CONCEITO

- **Verbo** ("verbum", palavra): são as palavras que expressam ação ou estado:
  - cantar, girar, refletir, chover, trovejar, ver, ir, vir, ser, estar etc.

  > "São as palavras que expressam as ações ou as atividades praticadas pelos substantivos, relativamente ao tempo, modo, número e pessoa, indicados pelas suas flexões."[1]

1. PEREIRA, Eduardo Carlos. Grammatica histórica. 9ª edição. São Paulo, 1935, pág. 464, alterado.

"Verbo é uma voz ou palavra que demonstra obrar alguma coisa, o qual não se conjuga por casos como o nome ou o pronome, mas conjuga-se por modos e tempos."[2]

- (1) "O fino anel de poeira, que **gira** ao redor de Júpiter, **reflete** a luz do Sol."
- (2) "Leite dourado **usa** ingredientes saudáveis e **tem** propriedades anti-inflamatórias."
- (3) O debate passado **perdeu** um ponto essencial.

- **Locuções verbais**

São dois ou mais verbos classificados como um verbo.

- (1) "Língua dita morta, **continua** o latim **a inspirar** os estudantes em todas as áreas."
- (2) "O universo **está crescendo** em ritmo acelerado."
- (3) Parece que tudo no Chile **é influenciado** pela Cordilheira dos Andes.
- **Outros exemplos:** (1) "Actualmente, Macau **está a experimentar** um bom crescimento económico..." (2) A celu**lose está sendo produzida** será papel. (3) O clube **tinha sofrido** derrota humilhante.

Observação: Para mais informações sobre locuções verbais, consulta o item 2.1. Locuções verbais.

4. FLEXÕES DO VERBO

Os substantivos, as ações praticadas ou recebidas por eles, as pessoas gramáticas, os modos, os tempos e as vozes são diversos, portanto, para designar os sujeitos e expressar suas ações, os verbos flexionam-se em número, pessoa, tempo, modo e voz.

4.1. Número (singular e plural)

São as desinências ou sufixos que indicam singular e plural.

Os sujeitos são singulares (formados por um ser) ou são plurais (formados por dois ou mais seres), portanto os verbos, para concordarem com aqueles, expressam, pela desinência numeral, singularidade ou pluralidade.

- (1) Menino corr**eu** (menino, singular, um ser, a desinência **eu** expressa singularidade).
- (2) Meninos corr**eram** (meninos, plural, dois ou mais seres, a desinência **eram** expressa pluralidade).

---

2. BARROS, João de, Grammatica da lingua portuguesa, Olyssipone apud Lodouicum Rotorigiu, Typographum, 1540, pág. 18.

- (3) Menino e menina corr**eram** (menino e menina, plural, dois seres, a desinência **eram** expressa pluralidade).
- (4) Menino cant*a*, meninos cant*am*, aluno estud*a*, alunos estud*am*.

4.2. Pessoa

São as desinências ou sufixos que indicam as pessoas do discurso (as pessoas gramaticais do sujeito), ou seja, 1ª, 2ª e 3ª pessoas do singular e 1ª, 2ª e 3ª pessoas do plural:

- *eu* cant**o**,
  tu cant**as**,
  ele canta,
  nós cant**amos**,
  vós cant**ais**,
  eles cant**am**.

4.3. Tempo

São os momentos nos quais as ações ou os estados ocorrem.

Os tempos verbais são três: **passado** (pretérito), **presente** e **futuro.**

Há três pretéritos (**mais-que-perfeito**, **imperfeito** e **perfeito**) e dois futuro (**futuro do presente** e **futuro do pretérito**).

O passado e o futuro subdividem-se em outros, porque há ações conclusas e há ações não conclusas, naqueles momentos.

- Eu amava = ação passada mas não conclusa.
- Eu amei = ação passada e conclusa.

Quanto à forma os tempos dividem-se em **simples** e **compostos.**

São simples quando são expressos por um verbo: cantara, cantava, canto.

São compostos quando são expressos por dois verbos: pelos auxiliares **ter** ou **haver** e pelos verbos principais:

- tinha ou havia cantado, tenho ou hei cantado, terei ou haverei cantado.

  » Todos os tempos verbais são necessários e importantíssimos, porque cada um informa um momento diferente.

4.4. Modo

São as maneiras pelas quais os verbos expressam as ações ou os estados.

Os modos são três: **indicativo**, **subjuntivo** e **imperativo**; os modos indicam as diferentes maneiras de as ações realizarem-se.

4.5. Voz

São as formas pelas quais os verbos indicam se os sujeitos praticam ou recebem as ações.

Os verbos indicam **voz ativa** (o sujeito pratica a ação), **voz passiva** (o sujeito recebe a ação), e **voz reflexiva** (o sujeito pratica e recebe a ação).

- (1) O gato **quebrou** o espelho

  » O sujeito pratica a ação, o sujeito é o agente da ação, verbo está na voz ativa.

- (2) O espelho **foi quebrado** pelo gato.

  » O sujeito sofre a ação, o sujeito é o paciente da ação, o verbo está na voz passiva.

- (3) O gato **olhava-se** assustado, no espelho.

  » O sujeito pratica e recebe a ação, o sujeito é agente e paciente da ação, o verbo está voz reflexiva.

As **vozes verbais** serão estudadas detalhadamente em **Vozes verbais.**

5. MODO INDICATIVO

Expressa os fatos de realização certa, definida, real.

Chama-se indicativo (demonstrativo) porque demonstra a ação que é realizada.

- (1) O menino **estudou** a lição.
- (2) **Chovia** quando **chegamos.**
- (3) Neste fim de semana, **ficaremos** por aqui.

Esses verbos expressam afirmações certas, embora, às vezes, futuras.

6. TEMPOS DO MODO INDICATIVO

- **Pretérito mais-que-perfeito**: expressa fato passado mas anterior a outro fato que também é passado:

✦ cantara,
cantaras,
cantara,
cantáramos,
cantáreis,
cantaram.

✦ (1) "Ainda **preocupava**-se porque **descobrira** entre os passageiros do trem o coronel Betel."

» **Preocupava:** ação passada, **descobrira:** ação passada mas anterior à primeira.

✦ (2) "**Sairia** da lama, **faria** de si um homem novamente, **dominaria** o mal que o **possuíra.**"

» **Sairia**, **faria** e **dominaria:** ações passadas, **possuíra:** ação passada mas anterior àquelas.

Raramente usamos esse tempo verbal tão importante: nas linguagens falada e escrita, preferimos o mais prolixo, a locução verbal "ter/haver mais particípio do verbo principal": "havia sofrido", "havia descoberto", "tinha feito", "tinha sido", etc. Recomendamos o "mais-que-perfeito" nas situações formais e na linguagem escrita.

- **Pretérito perfeito:** expressa os fatos praticados e concluídos em momento passado:

✦ cantei,
cantaste,
cantou,
cantamos,
cantastes,
cantaram.

✦ (1) "Apesar do fim do império Asteca, os índios do Vale Central mexicano não **desapareceram** da face da Terra."

✦ (2) "Jesus falou-lhes por parábolas: um homem **plantou** uma vinha, **cercou**-a de uma sebe, **construiu** um lagar, **edificou** uma torre, **arrendou**-a a uns lavradores e **ausentou**-se do país."

Observações:

a) O verbo **intervir** segue a conjugação do verbo **vir:**

✦ (1) O governo **interveio** em favor da vítima.

✦ (2) Os empregados **intervieram** para garantir direitos.

» As formas "o governo **interviu...**" e "os empregados **interviram...**" são incorretas.

b) O verbo **prever** segue a conjugação do verbo **ver:**

- (1) Os comentaristas **previram** a derrota do time.

  » A forma "Os comentaristas **preveram**..." é incorreta.

c) Os verbos **abster, manter** e **obter** seguem a conjugação do verbo **ter:**

- (1) Dois sócios **abstiveram**-se na hora da votação. (2) Os egípcios e os hititas **mantiveram** boas relações até 100 anos depois da batalha. (3) Os hititas **obtiveram** vantagem porque criaram a técnica de fundição do ferro.

  » Estão incorretas as formas: "Dois sócios **absteram**-se", "Os egípcios e os hititas **manteram** boas relações" e "Os hititas **obteram** vantagem".

d) Os verbos **compor, dispor, propor, repor, supor** seguem a conjugação do verbo **pôr:**

- (1) Os alunos **propuseram** o adiamento da prova.
- (2) As guerras persas também **compuseram** o tema da obra de Heródoto.

  » Estão incorretas as formas: Os alunos **proporam** o adiamento... e As guerras... **comporam** o tema...

- **Pretérito imperfeito** (não perfeito, não acabado): expressa os fatos praticados no passado mas não concluídos naquele momento:

  - cantava,
cantavas,
cantava,
cantávamos,
cantáveis,
cantavam.
  - (1) "Babilônia **era** uma cidade tão bela que os homens de todas as raças **queriam** vê-la."
  - (2) "Um cavaleiro númida **montava** em pelo e **usava** escudo de couro e dardos que **disparavam** durante a corrida."

- **Futuro do pretérito:** expressa fato passado mas posterior a outro fato também passado; geralmente o fato anterior expressa condição para realização do fato posterior:

  - cantaria,
cantarias,
cantaria,
cantaríamos,
cantaríeis,
cantariam.

✦ (1) "**Faria** perguntas diferentes, se entrevistasse novamente o Django."

» **Faria:** ação posterior e dependente da primeira; **entrevistasse:** ação anterior e condição para a realização da posterior.

✦ (2) "Se eu não estivesse no fim ou se voltasse ao tempo, **faria** muitas amizades, **ouviria** mais as pessoas, **leria** mais livros, **amaria** mais as belezas naturais."[3]

- **Presente:** expressa os fatos praticados no presente:

✦ canto,
cantas,
canta,
cantamos,
cantais,
cantam.

✦ (1) Os bombeiros já **estão** no local do incêndio que **atinge** apartamento do 15º andar.

Verbos relativamente difíceis

Os verbos **ter** e **vir** e seus derivados são escritos com um "**e**" e são acentuados na terceira pessoa do plural (ele tem, eles têm; ele vem, eles vêm):

✦ (1) "Boas ideias não **têm** hora certa para surgir, mas agora elas **têm** um lugar certo para ficar." (2) Grande parte dos eleitores maiores de 70 anos **abstém**-se nas eleições. (3) O servidor público do alto escalão sempre **obtém** os reajustes salariais que deseja. (4) Os servidores públicos do alto escalão sempre **obtêm** os reajustes... (5) "A lembrança **vem** fria e as lembranças **vêm** frias." (Uepa) (6) As meninas desejam proeminência portanto logo **intervêm** na discussão. (7) Nós **intervimos** para garantirmos nossos direitos.

- **Ler**, **ver** e **crer** e seus derivados são escritos com dois **ee** apenas na terceira pessoa do plural: ele lê, eles leem; ele vê, eles veem; ele crê, eles creem:

✦ (1) "Muitos dos que **leem** jornal leem pela manhã." (Cespe)

✦ (2) "As pessoas **veem** mais facilmente os erros dos outros que os seus." (John Macarthur)

✦ (3) Os comentaristas **preveem** a derrota do time.

3. http://www.raizdavida.com.br/site/portugues/mensagem, 11.10.2014, alterado.

- **Prover** é escrito com dois **ee** na terceira pessoa do plural do presente do indicativo (**proveem**), porém é escrito com **e** no futuro do subjuntivo:

  + (1) As contribuições que **proveem** os sindicatos serão dificultadas pelo governo.
  + (2) A forma de os sindicatos prov**e**rem suas atividades será dificultada.

- **Futuro do presente:** expressa fatos que serão praticados em tempo futuro:

  + cantarei,
    cantarás,
    cantará,
    cataremos,
    cantareis,
    cantarão.
  + (1) "O que me preocupa não é quando **morrerei**, mas o que **farei** enquanto estiver vivo."[4]

Observações:

a) Na linguagem falada são aceitáveis orações iniciadas por pronome átono:

+ **Te** darei. **Te** mandarei. Combinado, **nos** veremos hoje à noite.

b) As locuções seguintes não estão conforme a linguagem-padrão: **ir** não é verbo auxiliar e os sujeitos não deslocam-se para nenhum lugar; para estas situações na língua portuguesa há um verbo:

+ (1) "O mundo **vai ser** (**será**) um só."
+ (2) "Nós **vamos cantar** (**cantaremos**) seu namoro e você **vai adorar** (**adorará**)."
+ (3) "A banda Foo Fighters avisa que **vai vir tocar** (**tocará**) no Brasil."

  » Se a banda tocará no Brasil, está subentendido que é necessário ela vir ao Brasil.

7. MODO SUBJUNTIVO

Expressa os fatos de realização duvidosa, indefinida, hipotética. Geralmente expressa condição para a realização de outro fato, por isso é característico de oração subordinada.

+ (1) Talvez te **empreste** o livro que me pediste.
+ (2) Se **tivesses** estudado, farias excelente prova.

---

4. Goerge W. Carver *apud* Moisés Marinho de Oliveira, *Sete Mil Ilustrações e Pensamentos*, 2ª edição, Juerp, 1981.

8. TEMPOS DO MODO SUBJUNTIVO

- **Pretérito imperfeito:** expressa fato passado, geralmente subordinado a outro fato também passado:
  - ✦ cantasse,
    cantasses,
    cantasse,
    cantássemos,
    cantásseis,
    cantassem.
  - ✦ (1) Iríamos ao campo se não **chovesse** demais. (2) "Marduk soprou no ouvido de Nabucodonosor para que **construísse** os jardins suspensos."
- **Presente:** expressa ação duvidosa, possível, que se desenvolve no momento atual, porém subordinada a outra ação:
  - ✦ cante,
    cantes,
    cante,
    cantemos,
    canteis,
    cantem.
  - ✦ (1) "**Mostremos** que amamos a vida: **façamos** a fila dos carentes de órgãos andar: **sejamos** um doador de órgãos."
  - ✦ (2) **Sejamos** nós mesmos pois lidaremos com valores reais, não fictícios."[5]
- **Futuro:** expressa possibilidade de acontecimento futuro; é típico das orações adverbiais:
  - ✦ cantar, cantares, cantar, cantarmos, cantardes, cantarem.
  - ✦ (1) Se tu **vires** o Bruno, avisa-o.
  - ✦ (2) Se eles **precisarem**, ajudar-los-emos.
    - » **Precisarem:** ação futura, condição; **ajudaremos:** ação futura.

Observações:

a) O futuro do subjuntivo do verbo **ver** é "vir, vires, vir, virmos, virdes, virem":
   - ✦ (1) "Se eu não **vir** o sinal dos cravos..., de maneira nenhuma crerei."
     - » A forma "Se eu não **ver** o sinal" não está conforme.

5. François La Rochefoucauld *apud* Moisés Marinho de Oliveira, *Sete Mil Ilustrações e Pensamentos*, 2ª edição, Juerp, 1981.

b) o verbo **repor** segue a conjugação do verbo **pôr:**

- (1) Somente voltaremos se eles **repuserem** as perdas salariais.
- (2) O partido somente negociará se o governo **repuser** as perdas salariais.

  » As formas **reporem** e **repor** não estão conformes.

9. MODO IMPERATIVO

Do latim "imperativu", ordem: É o modo que expressa sugestão, conselho, pedido, ordem. É o modo pelo qual pedimos ou mandamos que alguém faça alguma coisa.

O modo imperativo é apenas uma forma de nos dirigirmos ao interlocutor. Não imaginemos que ele expresse ordens desagradáveis, autoritárias, como de superior a inferior, mas se quisermos suavizá-lo, usemos a expressão **por favor.** O imperativo é de extrema importância porque a todo instante ordenamos, pedimos, convidamos, etc.

- **Imperativo afirmativo:** a **segunda pessoa do singular** e a **segunda pessoa do plural** derivam da **segunda pessoa do singular** e da **segunda pessoa do plural** do presente do indicativo menos o "**s**" final; as outras pessoas derivam do presente do subjuntivo:

  - canta (tu),
cante (ele/ela),
cantemos (nós),
cantai (vós),
cantem (eles/elas).
  - (1) "**Tira** o chapéu para o passado e **arregaça** as mangas para o futuro.
  - (2) **Tira** de cada dificuldade da vida a lição de que nada tem valor, salvo o que é conquistado."[1]

- **Imperativo negativo:** é formado pelas pessoas do **presente do subjuntivo** menos a primeira:

  - não cantes (tu), não cante (ele/ela), não cantemos (nós), não canteis (vós), não cantem (eles/elas).
  - (1) "Não te **entristeças** se alguém te virar as costas: isso significa apenas que essa pessoa não aguenta a firmeza de teu olhar."[1]
  - (2) "Não **consideres** os momentos difíceis como o fim do mundo mas como mais um obstáculo a ser superado, pois é nos momentos difíceis que crescemos."[6]

---

6. Anônimo, mensagensdobem.com.br, alterado.

10. FORMAS NOMINAIS DO VERBO

Além das formas verbais, **indicativo**, **subjuntivo** e **imperativo**, há as formas nominais do verbo, **infinitivo**, **gerúndio** e **particípio.** São chamadas **formas nominais** porque, em determinados períodos, são classificadas como **nomes** (**substantivo**, **adjetivo** ou **advérbio**).

10.1. Infinitivo (infinito ou indeterminado)

Expressa ação ou estado indeterminadamente, ou seja, não expressa modo, tempo, número e pessoa.

Classifica-se em pessoal e impessoal.

- **Infinitivo pessoal**: quando as desinências verbais infinitivas designam as pessoas gramaticais do sujeito ou do discurso.

  ✦ *eu* cant*ar*,
  tu cant*ares*,
  ele cant*ar*,
  nós cant*armos*,
  vós cant*ardes*,
  eles cant*arem*.

O infinitivo pessoal não expressa **tempo** (passado, presente, futuro) e **modo** (certeza, dúvida, ordem), isto é, a ação que ele expressa não está ligada a tempo ou a modo:

✦ **(1)** "Os emboabas, por **serem** em maior número, levaram a melhor."

✦ **(2)** "O fato de **estarmos** na África do Sul já é uma grande conquista para nós."

» **está**, plural, **estão** ≠ **estar**, plural, **estarem**

Usa-se **está** (presente do indicativo) se o plural é **estão**, usa-se **estar** (infinitivo pessoal) se o plural é **estarem.** Outra diferença é que o infinitivo é sempre precedido de preposição.

✦ **(1)** "A assistência divina **está** do lado dos romanos..." (as assist... **estão**)

✦ **(2)** *Apesar de* a relação entre os países **estar** cortada... (de as rel. **estarem**)

✦ **(3)** "O adolescente possui razões *para* **estar** estressado..." (os adol...p/ **estarem**)

- **Infinitivo impessoal**: é empregado nos seguintes casos:

  a) nas orações subordinadas subjetivas ou em expressões sem sujeito específico:

+ (1) "**Dormir** é quase sempre saudável."
+ (2) "**Lutar** sempre, **vencer** talvez, **desistir** jamais."

b) nas locuções verbais **verbo auxiliar** e **verbo principal no infinitivo:**

+ (1) "Eu estava a te **aguardar** pensando intensamente em ti."
+ (2) Os rapazes ficaram a **olhar** longamente a figura de Corina.

c) na complementação de **substantivos, adjetivos, preposições:** geralmente são precedidos das preposições **de, a** ou **para:**

+ (1) Eram semelhantes nos sentimentos, nos hábitos de **viver**, na maneira de **pensar**. (2) "A direção defensiva necessária para **evitar** acidente requer conhecimento, atenção, habilidade..." (3) Antes de **preparar** as malas, chegaram alguns parentes.

10.2. Gerúndio (gerar, obrar, operar)

É empregado nos seguintes casos:

a) **nas locuções verbais que expressam ação continuada:**

+ (1) "Se ainda estás **respirando**, podes melhorar."[7] (2) "A relação entre sono e saúde e pouco sono e doença está se **tornando** cada vez mais clara."

b) **nas orações subordinadas adverbiais reduzidas de gerúndio:**

Para usarmos o gerúndio nas orações subordinadas adverbiais, é necessário que elas expressem ideias definidas e que os períodos estejam coesos. Ressalvadas as exceções, as orações subordinadas adverbiais reduzidas de gerúndio possuem dupla classificação, ou seja, somente é possível transformarmos uma **oração adverbial desenvolvida** em **oração adverbial reduzida de gerúndio**, se a sua reversão resultar na oração desenvolvida que lhe deu origem.

Ressalvadas as exceções, as orações subordinadas adverbiais desenvolvidas **finais, consecutivas, comparativas, proporcionais, conformativas** e **concessivas não são transformáveis** em orações subordinadas adverbiais reduzidas de gerúndio, porque os períodos ficam ambíguos e as pronúncias ficam extremamente desagradáveis. Na maioria dos casos elas se tornam inclassificáveis, não sabemos que funções sintáticas exercem no período. A ambiguidade segundo a língua portuguesa é um **vício de linguagem.**

Analisemos alguns exemplos:

---

7. Eleanor L. Doan *apud* Moisés Marinho de Oliveira, *Sete Mil Ilustrações e Pensamentos*, 2ª edição, Juerp, 1981; **2.** Seleções, agosto/2009.

- **Temporais:** "Vou-me embora – disse ela **apanhando o chapéu** e **caminhando sem pressa em direção ao cavalo.**" (Machado de Assis)

  » As orações destacadas são adverbiais temporais porque expressam tempo. Suas formas desenvolvidas são **quando apanhava o chapéu** e **quando caminhava sem pressa...**

- **Condicionais:**

  ✦ "O que vale na vida não é o momento de partida e sim a caminhada. **Caminhando** e **semeando**, no fim terás o que colher." (Cora Carolina)

  » A orações **Caminhando** e **semeando** são adverbiais condicionais porque expressam condição; suas formas desenvolvidas são **se caminhares** e **se semeares...**

✦ (1) Executa cada ação **sendo a última de tua vida.**

✦ (2) O vendaval foi tão forte **derrubando a goiabeira.**

✦ (3) Aprender um idioma demanda tempo, **sendo as línguas sistemas complexos.**

✦ (4) A Lua é o corpo celeste mais brilhante do céu noturno visto daqui **sendo um astro iluminado.**

» Os períodos estão sem coesão, as orações destacadas não expressam ideias definidas, portanto não é possível as usarmos como subordinadas adverbiais respectivamente **comparativa**, **consecutiva**, **causal** e **concessiva** reduzidas de gerúndio; correções:

✦ (5) Executa cada ação como se **fosse** a última de tua vida.

✦ (6) O vendaval foi tão forte que **derrubou** a goiabeira.

✦ (7) Aprender um idioma demanda tempo porque as línguas **são** sistemas complexos.

✦ (8) A Lua é o corpo celeste mais brilhante do céu noturno visto daqui embora **seja** um astro iluminado.

✦ (9) "Ao todo serão expostas 56 caricaturas, **sendo oito de personalidades ligadas às práticas culturais da região.**"

» A expressão destacada não está conforme a norma-padrão: **(1)** se ela é uma **oração apositiva**, o verbo **ser** concorda com o sujeito, **(2)** se ela é um **aposto**, o verbo **ser** é desnecessário; correções:

(1) "Ao todo serão expostas 56 caricaturas, oito **são** de personalidades ligadas às práticas culturais da região."

(2) Ao todo serão expostas 56 caricaturas, oito de personalidades ligadas às práticas culturais da região.

+ (10) "Só na primeira semana de dezembro 299 prefeitos eleitos **tinham** seus registros questionados, **correndo** o risco de não assumir... Os casos analisados são apenas os que já **chegaram** ao TSE em fase de recurso, não **contando** os que ainda tramitam nos tribunais estaduais e nos juizados municipais."

  » Uso incorreto do gerúndio: os dois períodos são compostos por coordenação, não existe oração coordenada conclusiva reduzida de gerúndio, portanto é necessário ligarmos as orações por conjunções coordenadas; **registros questionados** e **em fase de recurso** são predicativos dos sujeitos das orações, logo são ligados por verbo de ligação; correções:

+ (11) Só na primeira semana de dezembro os registros de 299 prefeitos eleitos **foram questionados**, portanto eles **correm** o risco de não assumir... Os casos analisados são apenas os que **estão** no TSE em fase de recurso, logo não **estão inclusos** os que ainda tramitam nos tribunais estaduais e nos juizados municipais.

c) **como "nome" quando modifica substantivo ou verbo:**

+ (1) Os colegas que saíram **correndo** levaram minha bolsa.
+ (2) "Porque conhecia as más intenções do chefe, que a vivia **cobiçando**, a copeira servia-lhe o cafezinho e saía **correndo.**"

  » **Correndo** e **cobiçando** modificam **sair** e **viver**, portanto são advérbios.

+ (3) "Pessoas **chorando** chegam ao aeroporto de Düsseldorf, na Alemanha."

  » O gerúndio **chorando** modifica o substantivo **pessoas** portanto é adjetivo.

Observação: Em determinados períodos o adjetivo derivado do verbo é mais adequado que o gerúndio:

+ (1) A moça queimou-se com água **fervente** (adjetivo).

10.3. Particípio

Flexiona em gênero e em número, salvo nos tempos compostos.

É empregado em tempos compostos, em locuções verbais, em orações reduzidas e como adjetivo (chamado adjetivo verbal).

a) **Tempos compostos** (não concorda com o substantivo):

+ (1) Os votos que tinham **feito.** (2) As faltas que haviam **cometido.**
+ (3) Tínhamos nos **preparado** para o concurso.

b) **Locução verbal** (concorda com o substantivo):

+ (1) "A empresa Pereira e Cia **era investigada** há um ano mas não houvera ainda nenhuma prisão." (2) "O empresário **fora denunciado** como o principal articulador das quadrilhas que agem na região." (3) "A Terra era sem forma, **estava envolta** em trevas, em águas...".

c) **Oração reduzida** (concorda com o substantivo):

- (1) **Concluído** o projeto, iniciaremos a concorrência.
- (2) Saímos do casulo **alimentados** pelo néctar das flores.

d) **Como adjetivo** (concorda com o substantivo):

- (1) O anel **perdido** era de grande valor.
- (2) O amigo escutou a explosão e já encontrou a moça **ferida** no chão.
- (3) Durante a campanha, o candidato fez **reiteradas** críticas à imprensa.
- (4) "Eis o sinal das lágrimas **caídas**... Lágrimas quentes..., Arrancadas por uma dor imensa." (Casemiro de Abreu, negrito nosso)

» Nesses períodos os particípios destacados são adjetivos.

Observação: "Participio é uma parte de Oração, que participa juntamente da natureza do Nome e do Verbo, isto é, tirado do Nome o genero, e do Verbo o tempo e a acção: v. g. *amante, amado* "[8]

11. ERROS MAIS COMUNS – GERÚNDIO

a) As locuções **vou estar enviando, vou estar te mandando, vou estar chegando, vou estar te esperando, vou tá pensando** etc., não estão conformes, portanto evitemo-las na escrita e na fala.

Para essas situações a norma-padrão sugere apenas um verbo: **eu te enviarei** ou **enviar-te-ei**, **eu te mandarei** ou **mandar-te-ei**, **chegarei**, **eu te esperarei** ou **esperar-te-ei**.

b) Uso do gerúndio em lugar de verbo que possui pessoa:

- (1) "**Contando** com a colaboração e compreensão de todos."
- (2) Contamos com a colaboração e com a compreensão de todos.

c) As supostas **orações subordinadas adverbiais modais reduzidas de gerúndio**, as que modificam o verbo e expressam modo ou forma, não estão conformes porque são ambíguas:

- (1) *Remetemos* as *sugestões* anexas **visando à obtenção de melhores resultados.**

8. Coruja, Antonio Alvares Pereira, Compendio da Grammatica da Lingua Nacional, Topographia de VF de Andrade, 1835, pág, 39.

- (2) *Enviamos* os *documentos* anexos **objetivando subsidiar a elaboração do relatório.**

  » As orações destacadas são ambíguas: são classificadas como **adverbiais** (expressam indevidamente o **modo** ou a **forma** como enviamos ou remetemos, ou expressam **finalidade**), e são classificadas como **adjetivas** (modificam os substantivos **sugestões** e **documentos**; façamos as correções:

- (3) Remetemos as sugestões anexas para **obtermos** melhores resultados. (4) Remetemos as sugestões anexas, as quais **visam** à obtenção de melhores... (5) Enviamos os documentos anexos para **subsidiarem** a elaboração do relatório. (6) Enviamos os documentos anexos, os quais **subsidiarão** a elaboração do relatório.

- (7) "O protesto pró-Camargo percorreu as ruas do centro de Quito, **passando** pela embaixada dos EUA e **parando** em frente à embaixada brasileira."

  » Uso indevido do gerúndio: não existe oração adverbial modal reduzida de gerúndio, também é impossível os manifestantes estarem em dois lugares simultaneamente, ou seja, **percorrerem** as ruas **passando** e **parando** nas embaixadas; correções:

- (8) O protesto pró-Camargo **percorreu** as ruas do centro de Quito, **passou** pela embaixada dos EUA e **parou** em frente à embaixada brasileira.

- (9) "As instituições devem desenvolver atividades que envolvam as famílias **ajudando o jovem a desenvolver suas competências** e **garantindo a ele um futuro**. Tornando-se um jovem seguro, não se refugiará nas drogas."

  » Período ambíguo: as orações destacadas modificam o verbo **envolver** e restringem o substantivo **famílias**, mas certamente esses dois tipos de orações (adverbiais ou adjetivas) não são as intenções do autor, portanto a correção mais adequada é:

- (10) É necessário que as instituições desenvolvam atividades que envolvam as famílias e consequentemente ajudem o jovem no desenvolvimento de suas competências, a fim de lhe garantir um futuro. Se o jovem estiver seguro, não se refugiará nas drogas.

- **Outros exemplos:**

- (1) "Siga a orientação de seu médico, **respeitando sempre os horários, as doses** e **a duração do tratamento.**" → Siga a orientação de seu médico: respeite sempre os horários, as doses e a duração do tratamento.

- (2) "O cartão acima é o comprovante da sua inscrição no cadastro PIS, **sendo necessário para solicitar informações sobre PIS, Seguro-Desemprego e FGTS.**" → O cartão acima, que é o comprovante da sua inscrição no cadastro PIS, é necessário para solicitar informações sobre PIS, Seguro-Desemprego e FGTS.

12. CLASSIFICAÇÕES DOS VERBOS QUANTO À FORMA

Quanto à forma classificam-se em regular, irregular, anômalo, defectivo, abundante.

12.1. Verbos regulares

São os verbos que conservam os radicais em todas as conjugações e as suas terminações flexionam-se conforme as **desinências-modelos** ou **desinências-paradigmas** da conjugação.

Os radicais são as letras que antecedem as desinências do infinitivo (**ar**, **er** e **ir**), e as desinências-modelos ou as desinências-paradigmas são as terminações que são acrescentadas aos verbos regulares da mesma conjugação.

Para sabermos se o radical é invariável conjugamos o verbo no **pretérito perfeito** e no **presente do modo indicativo:** se nesses dois tempos o radical é invariável, ele é invariável em toda a conjugação.

Analisemos alguns exemplos:

VERBOS REGULARES DA 1ª CONJUGAÇÃO, AR (cantar, jogar, falar)					
Pretérito perfeito			**Presente**		
cantei	**jog**uei	**fal**ei	**cant**o	**jog**o	**fal**o
cantaste	**jog**aste	**fal**aste	**cant**as	**jog**as	**fal**as
cantou	**jog**ou	**fal**ou	**cant**a	**jog**a	**fal**a
cantamos	**jog**amos	**fal**amos	**cant**amos	**jog**amos	**fal**amos
cantastes	**jog**astes	**fal**astes	**cant**ais	**jog**ais	**fal**ais
cantaram	**jog**aram	**fal**aram	**cant**am	**jog**am	**fal**am

Os radicais dos três verbos foram conservados e as terminações do **pretérito perfeito** e as do **presente** são desinências-modelos ou desinências-paradigmas, ou seja, são usadas em todos os verbos da mesma conjugação, portanto **cantar**, **jogar** e **falar** são verbos regulares.

Se qualquer outro verbo regular da primeira conjugação fosse conjugado nesses dois tempos, as desinências seriam as mesmas.

VERBOS REGULARES DA 2ª CONJUGAÇÃO, ER (vender, correr, viver)					
Pretérito perfeito			**Presente**		
vendi	**corr**i	**viv**i	**vend**o	**corr**o	**viv**o
vendeste	**corr**este	**viv**este	**vend**es	**corr**es	**viv**es
vendeu	**corr**eu	**viv**eu	**vend**e	**corr**e	**viv**e
vendemos	**corr**emos	**viv**emos	**vend**emos	**corr**emos	**viv**emos
vendestes	**corr**estes	**viv**estes	**vend**eis	**corr**eis	**viv**eis
venderam	**corr**eram	**viv**eram	**vend**em	**corr**em	**viv**em

Igualmente, embora os verbos sejam diferentes, seus radicais, nos dois tempos, são invariáveis, e suas terminações são desinências-paradigmas, ou seja, são usadas em todos os verbos regulares da segunda conjugação, portanto **vender**, **correr** e **viver** são verbos regulares.

VERBOS REGULARES DA 3ª CONJUGAÇÃO, IR (partir, sair, assistir)					
Pretérito perfeito			**Presente**		
parti	**sa**í	**assist**i	**part**o	**sa**io	**assist**o
partiste	**sa**íste	**assist**iste	**part**is	**sa**is	**assist**es
partiu	**sa**iu	**assist**iu	**part**i	**sa**i	**assist**e
partimos	**sa**ímos	**assist**imos	**part**imos	**sa**ímos	**assist**imos
partistes	**sa**ístes	**assist**istes	**part**is	**sa**ís	**assist**is
partiram	**sa**íram	**assist**iram	**part**em	**sa**em	**assist**em

Novamente, nos dois tempos, os radicais foram conservados e as desinências são iguais, concluímos, portanto, que, nos verbos regulares, em toda a conjugação (tempos e modos), os radicais são invariáveis e as desinências são padronizadas.

Observações: "As mudanças que ocorrem nas últimas sílabas de alguns verbos, em determinados tempos verbais, para conservar os fonemas característicos dos verbos, não são consideradas como alterações nos radicais:

a) os verbos terminados em **car** mudam o **c** em **qu** perante **e**: embarcar > embarquei, embarque;

b) nos verbos terminados em **çar**, **cer**, **cir**, usa-se **ç** perante **a** e **o**: começar > começo, perecer > pereça(o), ressarcir > ressarça(o);

c) aos verbos terminados em **gar** acrescenta-se **u** após **g** perante **e**: carregar > carregue, entregar > entregue;

d) os verbos terminados em **ger**, **gir** mudam o **g** em **j** perante **a** e **o:** constranger > constranjo, fingir > finjo;

e) os verbos terminados em **guer**, **guir**, com **u** insonoro, perdem o **u** perante **a** e **o:** erguer > ergo, distinguir > distingo(a)."[9]

f) os verbos terminados em **ear** recebem **i** nas formas rizotônicas: bloquear, chatear, escanear, frear, grampear, nomear, pentear, rodear, rodear.

✦ passe**i**o, passae**i**as, passe**i**a, passeamos, passeais, passe**i**am.

g) os verbos terminados em **iar** são regulares portanto são conjugados normalmente, salvo os verbos mediar, ansiar, remediar, incendiar, odiar (suas iniciais formam a sigla mário), que recebem **i** nas formas rizotônicas:

✦ mede**i**o, mede**i**as, mede**i**a, mediamos, mediais, mede**i**am.

12.2. Verbos irregulares

São os verbos cujos radicais, ou desinências, ou radicais e desinências não seguem os paradigmas (modelos) das suas conjugações.

Três são os tipos de irregularidades:

a) radicais irregulares:

Odiar		Passear		Perder		Valer		Ferir		Dormir	
Pretérito perfeito											
odi	ei	passe	ei	perd	i	val	i	fer	i	dorm	i
odi	aste	passe	aste	perd	este	val	este	fer	iste	dorm	iste
odi	ou	passe	ou	perd	eu	val	eu	fer	iu	dorm	iu
odi	amos	passe	amos	perd	emos	val	emos	fer	imos	dorm	imos
odi	astes	passe	astes	perd	estes	val	estes	fer	istes	dorm	istes
odi	aram	passe	aram	perd	eram	val	eram	fer	iram	dorm	iram
Presente											
odei	o	passei	o	perc	o	valh	o	fir	o	durm	o
odei	as	passei	as	perd	es	val	es	fer	es	dorm	es
odei	a	passei	a	perd	e	val	e	fer	e	dorm	e
odi	amos	passe	amos	perd	emos	val	emos	fer	imos	dorm	imos
odi	ais	passe	ais	perd	eis	val	eis	fer	is	dorm	is
odei	am	passei	am	perd	em	val	em	fer	em	dorm	em

9. PEREIRA, Eduardo Carlos, Grammatica expositiva, Weiszflog Irmãos, São Paulo, 1907, exemplar 0641, pág 104, alterado.

b) desinências irregulares:

Dar		Estar		Crer		Prover		Ver		Vir	
Pretérito perfeito											
d	ei	est	ive	cr	i	prov	i	v	i	v	im
d	este	est	iveste	cr	este	prov	este	v	iste	v	ieste
d	eu	est	eve	cr	eu	prov	eu	v	iu	v	eio
d	emos	est	ivemos	cr	emos	prov	emos	v	imos	v	iemos
d	estes	est	ivestes	cr	estes	prov	estes	v	istes	v	iestes
d	eram	est	iveram	cr	eram	prov	eram	v	iram	v	ieram
Presente											
d	ou	est	ou	cr	eio	prov	ejo	v	ejo	v	enho
d	ás	est	ás	cr	ês	prov	ês	v	ês	v	ens
d	á	est	a	cr	ê	prov	ê	v	ê	v	em
d	amos	est	amos	cr	emos	prov	emos	v	imos	v	imos
d	ais	est	ais	cr	edes	prov	edes	v	edes	v	indes
d	am	est	am	cr	eem	prov	eem	v	eem	v	êm

c) radicais e desinências irregulares:

Fazer		Trazer		Querer		Poder		Saber		Construir	
Pretérito perfeito											
fiz	-	troux	e	quis	-	pud	e	soub	e	constru	í
fez	este	troux	este	quis	este	pud	este	soub	este	constru	íste
fez	-	troux	e	quis	-	pôd	e	soub	e	constru	iu
fiz	emos	troux	emos	quis	emos	pud	emos	soub	emos	constru	ímos
fiz	estes	troux	estes	quis	estes	pud	estes	soub	estes	constru	ístes
fiz	eram	troux	eram	quis	eram	pud	eram	soub	eram	constru	íram
Presente											
faç	o	trag	o	quer	o	poss	o	s	ei	constru	o
faz	es	traz	es	quer	es	pod	es	sab	es	constró	is
faz	-	traz	-	quer	-	pod	e	sab	e	constró	i
faz	emos	traz	emos	quer	emos	pod	emos	sab	emos	constru	ímos
faz	eis	traz	eis	quer	eis	pod	eis	sab	eis	constru	ís
faz	em	traz	em	quer	em	pod	em	sab	em	constró	em

Observação: No item 26. Conjugações verbais, há a conjugação de vários verbos irregulares.

12.3. Verbos defectivos

São os verbos que não possuem conjugações completas, ou seja, não são conjugados em determinadas pessoas, tempos ou modos, porque as respectivas pronúncias são desagradáveis:

- abolir, banir, colorir, demolir, falir, prazer, precaver, reaver, viger, etc.

12.4. Verbos anômalos

São os que apresentam profundas alterações nos radicais quando conjugados:

- sou, és, é, somos, sois, são;
- vou, vais, vai, vamos, ides, vão;
- fui, foste, foi, fomos, fostes, foram.

12.5. Verbos abundantes

São os que possuem duas ou mais formas para determinado tempo:

- aguar (águo ou aguo), concluir (concluído ou concluso), eleger (elegido ou eleito).

13. CLASSIFICAÇÕES QUANTO AO COMPLEMENTO

Quanto ao complemento classificam-se em transitivo, intransitivo e copulativo (ligação).

13.1. Verbo transitivo (VT)

São os verbos que exigem complementos para expressar as ações praticadas pelo sujeito.

- Se a ação praticada pelo sujeito é por exemplo **quebrar a vidraça**, dois termos são necessários para expressá-la: o verbo **quebrar** e o complemento **a vidraça**. O verbo **quebrar** exige o complemento **vidraça** para expressar a ação, portanto ele é transitivo.
- Em **O pedreiro constrói a casa**, a ação praticada pelo pedreiro, **construir a casa**, é expressa por dois termos: o verbo **construir** e o substantivo **casa**. Como **construir** exige **casa** para expressar a ação, ele é transitivo.

- Já em **A criança dormiu** ou em **A criança acordou**, as ações praticadas pela criança, **dormir** e **acordar**, são expressas apenas pelos verbos, os complementos não são necessários, **dormir** e **acordar**, portanto, são verbos intransitivos porque não exigem complementos para expressar aquelas ações.

  » Considerando esses exemplos, as ações praticadas pelos substantivos (sujeitos) são de dois tipos: **transitivas:** quando as ações exigem substantivos (complementos) para serem praticadas, e **intransitivas:** quando as ações não exigem substantivos (complementos) para serem praticadas.

- **Transitivo** (latim "transitivu": que passa, que transita): são os verbos que expressam ações que passam do sujeito, termo agente, para o objeto, termo paciente.

  - (1) O **cachorro** quebrou a **vidraça**.
  - (2) O **time** venceu a **competição**.

  » Nos períodos acima, as ações praticadas pelos sujeitos passam para os objetos, ou se lhes dirigem ou são recebidas por eles, logo são verbos transitivos.

A transformação das orações para a voz passiva demonstra claramente que as ações são recebidas pelos complementos:

- (3) A **vidraça** foi quebrada pelo **cachorro**.
- (4) A **competição** foi vencida pelo **time**.

Os substantivos (ou os complementos) são tão necessários que sem eles os sujeitos não praticam as ações, p. ex., para que **alguém quebre a vidraça**, é necessário que haja a vidraça. Se não existe a vidraça, não é possível alguém dizer: quebrei a vidraça.

Um substantivo (sujeito) só ama, se um substantivo (complemento) é amado. Se não existe um substantivo que receba a ação, não é possível um substantivo amar.

Um substantivo só fabrica, se um substantivo é fabricado. Se não existe um substantivo que é fabricado, não existe a ação fabricar.

As ações expressas pelos verbos transitivos materializam-se em substantivos, pressupõem substantivos, realizam-se em substantivos ou completam-se com substantivos, sem os quais não há ações.

Os verbos transitivos são verbos de predicações incompletas portanto os predicados ou as ações são expressos por verbos e por substantivos.

AÇÃO = **verbo** + **substantivos**

Ações ou atos { transitivas → verbos e substantivos
intransitivas → verbos

As elipses são omissões de termos que facilmente são compreendidos pelo contexto.

As elipses de complementos, recursos muito utilizados na língua, não alteram as regências dos verbos, portanto, os verbos transitivos continuam transitivos, embora, eventualmente, seus complementos estejam omissos.

Os verbos são os mesmos, seus significados e suas regências são os mesmos, suas características são as mesmas: as ações expressas por eles passam aos complementos omissos, ex., lavar roupa, varrer casa, cozinhar alimentos, a voz ativa expressa por eles é facilmente passada para a voz passiva, ex., a roupa foi lavada, a casa foi varrida, os alimentos foram cozidos, portanto, certamente, os verbos transitivos, com ou sem os seus complementos, são verbos transitivos.

- (5) "Os maridos de aluguel **lavam**, **passam**, **varrem** e até **cozinham**."
- (6) Faça seu som com Pedhuá: **anime**, **toque**, **cante**, **torça**, vibre.

  » As ações destacadas pressupõem complementos portanto são verbos transitivos, embora seus complementos estejam omissos.

- (7) O profeta não **comeu**[1] e não **bebeu**[2] por três dias. (8) O profeta não **comeu**[3] e não **bebeu** nada por três dias. (9) O profeta não **comeu** pão e não **bebeu** água por três dias.

  » Nesses períodos, os verbos destacados possuem os mesmos significados, as mesmas regências, portanto, embora, em 1, 2 e 3, os complementos estejam omissos, **comer** e **beber** são transitivos diretos.

- (10) Agora **vejo** mais claramente. (11) Agora **vejo** mais claramente a política interna. (12) Almoçarei ao meio-dia, hoje. (13) Convidou o novo sócio para **almoçar** ou **jantar** em seu escritório. (14) Zen, o monge, **meditou** por dez anos, em sua caverna. (15) Zen, o monge, **meditou** por dez anos os mistérios messiânicos.

  » Embora alguns verbos negritados estejam sem os complementos, todos são transitivos diretos.

- (16) "5) A **elipse do objeto direto** quando está representado pelo pronome átono que faz referência a um substantivo da oração anterior.

  » *Você comprou o livro de Português? – Comprei sim. (Comprei-o sim.)*"[10] (negrito nosso)

  » Se em "Comprei sim", o "o", pronome átono omisso, é objeto direto, "comprar", embora sem ele, é verbo transitivo.

  "7º A todo verbo activo, e a qualquer outra palavra de significação relativa, estando so e absoluta na oração, se deve

---

10. Montenegro, Leticia Gomes, https://www.infoescola.com/linguistica/elipse, 25.01.2019

entender hum complemento, que seja ou o objeto da sua acção, ou o termo de sua relação; e a toda linguagem subjunctiva se deve entender outra indicativa, que a determine. Assim: ***O turco arma***, supplemento, ***gente. Este homem está sempre lendo, meditando e escrevendo***, suppl., ***lendo escriptos, meditando couzas e escrevendo papeis.*** *Sou pai*, suppl., *de filhos. Os estudos são uteis, a ignorância prejudicial*, suppl. *ao homem. Eu vou agora, tu hirás depois*, suppl. *de mim. Praza a Deos que te encaminhe bem*, suppl. *Desejo que praza a Deus*; e assim em todas as mais."[11] (negrito nosso)

» A referência confirma: os verbos transitivos usados sós possuem complementos omissos, portanto são verbos transitivos.

- **Outros verbos transitivos:** abrir, acabar, amar, assustar, beber, carecer, chorar, desejar, emprestar, favorecer, fazer, inventar, obedecer, ouvir, perdoar, agradar, persuadir, sentir.

Observações:

a) Os verbos de ligação (ser, estar, ficar, parecer etc.) não expressam ações, logo não são verbos transitivos ou intransitivos, inclusive não formam voz ativa e voz passiva; os termos que os acompanham são predicativos do sujeito ou são adjuntos adverbiais, não são complementos porque os verbos não expressam ações que passem a aqueles.

b) Só os verbos transitivos possuem objetos pois só eles expressam ações que passam para os complementos.

c) Os verbos transitivos são complementados pelos pronomes oblíquos átonos (me, te, se, o, a, lhe, nos, vos, se, os, as, lhes), e os verbos intransitivos são usados com termos que substituem lugares (aqui, ali, lá, onde, aonde), indícios claros de que os termos que os acompanham são adjuntos adverbiais:

✦ (1) Recebeu a nota = recebeu-**a.**

✦ (2) Chegou a Lisboa = chegou **lá.**

d) Os **verbos transitivos** são usados com os pronomes interrogativos **que, quem, a que** e **a quem:**

✦ – **Que** viveste? – Vivi meu pior momento. – **Que** confirmaste? – Confirmei as suspeitas. **Meu pior momento** e **as suspeitas** complementam **viver** e **confirmar**, logo estes verbos são transitivos.

✦ – **Que** compraste? – Comprei um livro. – **Que** jogaste? – Joguei futebol. – **Que** falaste? – Falei alguma coisa. – **Que** amaste? – Amei a verdade. – **Que**

11. Barboza, Jerônimo Soares, Gramática filosófica, volume único, 1822, pág. 408.

e **a quem** aludiste? – Aludi um assunto ao meu irmão. – **A que** assististe? – Assisti a um filme. – **A que** obedeceste? – Obedeci às normas.

e) Salvo melhor juízo, a regra "se os VI são usados como VTD, automaticamente eles são VTD" não está fundamentada, porque viola a regência dos VI, é como se eles não regessem seus próprios termos, portanto são usados livremente. Os VI não exigem complementos, os termos que os acompanham são locuções adverbiais, portanto são usados sempre com preposições:

- (1) Houve noites em que dormimos *(por)* apenas quatro horas!
- (2) "O cabreiro **ia** *(por)* seu caminho mais devagar." (Conde de Ficalho)
- (3) **Correr** *(pelas)* terras estranhas, **subir** *(pelos)* morros, **descer** *(pelos)* vales.
- (4) A filha chorou copiosamente *(pela)* a morte do pai.

13.2. Verbo intransitivo

(latim "intransitivu": que não passa, que não transita): são os verbos que expressam ações completas, ou são os verbos que expressam ações que não passam do sujeito para o objeto.

Os verbos intransitivos expressam atos absolutos, independentes, que realizam-se apenas com a ação praticada pelo sujeito, portanto não exigem complementos para expressarem os atos. Se lhes acrescentamos substantivos, eles ficam sem coerência.

São verbos de predicações completas porque sozinhos expressam predicados completos.

AÇÃO = **verbo**

- (1) "**Partimos** quando **nascemos**, **andamos** enquanto **vivemos** e **descansamos** quando **morremos**."[12]
- (2) "Perfis Santa Luzia: não **mofam**, não **empenam**, não **apodrecem**..."
- (3) "Segundo Kátia Mendonça, a operação "Força pela Paz" é como fogos de artifício, **queimam**, **deslumbram** e **desaparecem**."
- (4) **Navego** no verão, ao outro lado do rio.

» Os verbos destacados não exigem complementos, as ações praticadas pelos sujeitos (partir, nascer, etc.) são expressas apenas pelos verbos, ação = verbo, logo são verbos intransitivos.

12. Carpinejar apud portaldoenvelhecimento.org.br, 13.01.2014

- **Outros verbos intransitivos:** andar, cair, chegar, chorar, comparecer, competir, correr, deitar, dormir, ficar, folgar, fugir, ir, levantar, lutar, morrer, morar, navegar, passear, pecar, residir, sair, sentar, viver, voar, voltar etc.

Observações:

a) Os verbos intransitivos são usados com os termos que substituem lugares (**onde**, **aonde**), indícios de que os termos que os acompanham são adjuntos adverbais:

- (1) – **Onde** assistes? – Assisto em São Tomé.
- (2) – **Aonde** vais? – Vou à Praia Jalé.
- (3) – **Aonde** chegastes? – Chegamos à Casa Tatô.
- (4) Espero que haja embarcação para a *Índia*, para **onde** irei brevemente.

b) Os verbos intransitivos não exigem complementos, logo não são complementados pelos pronomes átonos:

- (1) Ele **se** morre por ela. (2) Ele **se** foi embora. (3) Chegou-**me** hoje esta carta pelos correios.

c) Os termos que frequentemente acompanham os verbos intransitivos são adjuntos adverbiais:

- (1) Meu gato morreu **de acidente** (loc. adv. de modo).
- (2) Meu gato morreu **de causas naturais** (loc. adv. de modo).

d) Os verbos que expressam fenômenos naturais são intransitivos, por isso não exigem complementos verbais:

- (1) "Trovejou mas não choveu, balançou mas não caiu." (Gino e Geno)
- (2) "Amanheceu, peguei a viola, botei na sacola e fui viajar." (Renato Teixeira)

» Nesses períodos os verbos trovejar, chover e amanhecer expressam completamente as ações, ou seja, não necessitam de complementos, portanto são verbos intransitivos.

13.3. Verbos de ligação ou verbos copulativos

São estudados em **Verbos de ligação**.

14. CLASSIFICAÇÕES QUANTO À PESSOA OU AO SUJEITO

14.1. Verbos pessoais

Do latim "verbum personale": são os verbos que possuem números e pessoas, ou seja, suas desinências ou sufixos indicam o número (singular e plural) e a pessoa do discurso (1ª, 2ª e 3ª). Ex.:

✦ estud**o**, estud**as**, estud**a**, estud**amos**, estud**ais**, estud**am**

Os verbos pessoais possuem desinências ou sufixos próprios pelos quais são identificados a **pessoa do discurso** (1ª, 2ª e 3ª), o **número** (singular e plural), o **tempo** (passado, presente e futuro), o **modo da ação** (certa, duvidosa e imperativa) e a **voz** (ativa, passiva e reflexiva).

✦ (1) "O fino anel de poeira, que **gira** ao redor de Júpiter, **reflete** a luz do Sol."

» Os verbos **girar** e **refletir** indicam a pessoa do discurso (terceira pessoa), o número (singular), o tempo (presente), o modo (indicativo) e a voz (voz ativa).

✦ (2) Tu **foste queimado** pelo Sol.

» A locução verbal **foste queimado** indica a pessoa do discurso (segunda pessoa), o número (singular), o tempo (passado), a forma nominal (particípio) e a voz (voz passiva).

✦ (3) Milhões de pessoas **estarão** sem empregos.

» O verbo **estar** indica a pessoa do discurso (terceira pessoa), o número (plural), o tempo (futuro) e o modo (indicativo).

Observações:

a) Usarmos os verbos, segundo a norma-padrão, é difícil, é muito complexo, mas é importantíssimo dominá-los, porque a todo instante os utilizamos, quer quando falamos, quer quando escrevemos;

b) "Os verbos não concordam como os substantivos ou como os adjetivos (singular, plural, masculino e feminino), mas são conjugados por modos e por tempos, como veremos adiante."[13]

14.2. Verbos impessoais

São os verbos que são usados apenas na 3ª pessoa do singular.

- **Impessoal** (latim "impersonale", i: não, "personale": pessoa): verbos impessoais são os verbos que não possuem números e pessoas, ou seja, suas desinências não indicam o **número** do sujeito (singular e plural) e as **pessoas** do discurso (1ª, 2ª e 3ª).

Os verbos impessoais não possuem número e pessoa porque não possuem sujeitos (os substantivos ou as pessoas do discurso). Expressam ações mas não sabemos quais sujeitos as praticam, ex., **choveu**, **trovejou**, também não é possível as pessoas do

13. João de Barros, alterado, p. 18, 1540.

discurso praticarem as ações por eles expressas, ex., *eu* chovo, *tu* choves..., *eu* trovejo, *tu* trovejas...

Se não possuem sujeitos, não flexionam-se no singular, no plural e nas pessoas do discurso, ou seja, não concordam, não são conjugados e não possuem as desinências verbais, isto é, sempre são usados na 3ª pessoa do singular.

As desinências dos verbos impessoais indicam apenas o **tempo**, o **modo** e a **voz:**

- (1) Quando anoite**ceu**, pegamos o metrô.
- (2) Estava muito frio, vent**ava** forte mas nev**ava** levemente.

» A desinência **eu** indica: tempo: pretérito perfeito, modo: indicativo, voz: ativa.

» A desinência **ava** indica: tempo: pretérito imperfeito, modo: indicativo, voz: ativa.

São **verbos impessoais:**

a) os que expressam **fenômenos da natureza:** anoitecer, amanhecer, chover, entardecer, nevar, trovejar, relampejar, ventar:

- (1) "**Anoiteceu**, o sino gemeu..." (2) Hoje **amanheceu** brilhante. (3) **Trovejou**, **relampeou**, parece que **vai chover**. (Tuta Guedes) (4) **Venta** e **chove** muito na cidade. (5) **Invernou** rigorosamente. (6) **Está amanhecendo**. (7) **Está ventando**. (8) **Está chovendo**.

» Os verbos e as locuções verbais destacados expressam **fenômenos naturais**, portanto são **verbos impessoais**.

Se forem usados com **sentido figurado**, são pessoais, possuem sujeitos, portanto concordam normalmente:

- (1) "Homens **estão chovendo** na minha 'horta'."
- (2) Os gaviões **amanheceram** aterrorizando os pássaros.
- (3) Os facões indígenas **relampejavam** durante protesto, em Belo Monte.
- (4) Os relâmpagos **trovejaram**. (5) Os dias **entardeciam** amarelados em Urubici.

b) os que expressam fenômenos naturais, estação, tempo, para suprir a falta de outros verbos (calorar, friar, veranear): fazer, ser e estar:

- (1) Aqui **faz/é/está** calor/frio/verão (/ = ou).
- (2) **É** primavera. **É** alta noite. **É** cedo ainda.
- (3) **Está fazendo** calor/frio/verão.

c) **haver** com sentido de **existir:**

- (1) Duas pessoas **há/havia** (existem/existiam) na cozinha.

✦ (2) As dificuldades que **houve** (existiram) no passado...

» **Haver** é impessoal portanto é usado **somente** na 3ª pess. do sing., embora os sujeitos, Duas pessoas e As dificuldades, sejam plurais.

✦ **Outros exemplos:** (1) Que alterações **houve** na profissão militar durante a sua carreira? (2) Pensamos que quanto mais adversários **houvesse** melhor. (3) Valores familiares verdadeiros não **haveria** nesse mundo sem Jesus. (4) Os atentados que **houve** (ou que **ocorreram**) foram uma afronta aos Estados Unidos.

Observações:

1ª) Se **haver** é verbo auxiliar de tempo composto, é pessoal, portanto concorda com seu sujeito:

✦ (1) As testemunhas **haviam** declarado informações duvidosas.

✦ (2) "Sobre a escravidão os inconfidentes não **haviam** chegado a um acordo."

2ª) Segundo a norma culta, **ter** não é usado em lugar de **haver** = **existir:**

✦ (1) "No apartamento, **tinha** mais planta do que móveis."

✦ (2) "Não **tem** sentido falarmos de consumo alienado entre os paupérrimos."

✦ (3) Letícia, demorarei um pouco, **vai ter** uma reunião aqui no trabalho.

3ª) **Haver** (latim *habere*), significa **ter** ou **existir**; se significa **ter** (possuir), é VTD, se significa **existir** (haver), é VI:

✦ (1) **Há** homens = **tem** homens = (2) O mundo **tem** homens. (possuir)

✦ (3) **Houve** dias = **teve** dias = (4) O tempo **teve** dias. (possuir)

✦ (5) **Haverá** votos = **terá** votos = (6) A sociedade **terá** votos. (possuir)

✦ (7) Nós **havemos** papa = nós **temos** papa = nós **possuímos** papa.

» Em **(1)**, **(3)** e **(5)**, se **haver** significa **ter** (possuir), VTD, os sujeitos são eliptos e **homens**, **dias** e **votos** são objetos diretos. (Julio Ribeiro)[14].

» Em **(1)**, **(3)** e **(5)**, se **haver** significa **existir**, VI, não há objetos diretos e **homens**, **dias** e **votos** são sujeitos. **Haver**, verbo impessoal, é usado no singular embora os sujeitos sejam plurais e compostos.

» Em **(7)**, **Nós**, sujeito; **havemos**, **temos** e **possuímos**, VTD, e **papa**, objeto direto.

d) os que expressam **tempo decorrido: haver**, **fazer** e **ir**, portanto são usados no singular:

✦ (1) A Terra era uma pangeia **há** 250 milhões de anos.

14. RIBEIRO, João, Grammatica portugueza, Livraria Clássica de Alves & C, 3º anno, 3ª edição, Rio de Janeiro, 1889, pág. 265.

- (2) **Faz** vários anos que derrubaram o Muro de Berlim.
- (3) **Vai** para quatro meses que Felipe viajou.

e) excepcionalmente os verbos cujos sujeitos são orações subordinadas subjetivas:

- acontecer, bastar, constar, convir, importar, ocorrer, parecer, suceder etc.:
- (1) "Reduzir, reciclar e reutilizar **faz** bem para o meio ambiente."
- (2) Para ver a Lua de sangue, **basta** haver céu limpo e existir horizonte aberto.

Observações:

a) Quando se tratar de futuro ou de distância, usamos **a**, preposição:

- (1) Irei a Salinópolis daqui **a** dois dias. (2) A feira fica **a** quinhentos metros de minha casa. (3) **A** 23 dias da Feira da Indústria, empresários já se mobilizam.

15. CLASSIFICAÇÕES QUANTO À FORMAÇÃO

a) **primitivo:** são os verbos com existência própria, ou seja, que não derivam de outros verbos:

- cantar, chorar, pôr, ver, querer, voltar.

b) **derivado:** são os que derivam de outros verbos:

- encantar, choromingar, pospor, antever, prever, requerer.

c) **simples:** são os formados por um radical:

- cantar, brincar, jogar, ler, partir, dar.

d) **composto:** são os formados por dois ou mais radicais ou por afixos e radicais:

- comover, tremeluzir, desfazer, perdoar.

16. EXERCÍCIOS

1. Com relação aos textos, marca a alternativa correta.
"A casa de Letícia Sánchez fica há 10 Km de Madrid". "Açaí há toda hora."

a) apenas a primeira está correta
b) apenas a segunda está correta
c) ambas estão corretas
d) ambas estão erradas

2. (Esaf/MPO) Qual ou quais das expressões destacadas apresenta erro gramatical ou de grafia de palavra?

"Considerando que a constituição de uma nova cultura do trabalho nos empreendimentos populares **só pode ser** compreendida como um processo que **perspassa** o conjunto mais amplo das relações sociais, **seria** uma ilusão imaginar que é possível encontrar no interior da sociedade capitalista uma organização econômica que, mesmo **gerida** pelos próprios trabalhadores, **pode** se caracterizar, em seu conjunto, como cultura de novo tipo." (Lia Tiriba, alterado)

3. (Consult) A flexão do verbo **ser** no imperfeito do subjuntivo poderia ser alterada, sem prejuízo semântico para o texto, para a forma do presente do subjuntivo **seja.**
"O jornal publicou editorial condenando o CFJ. Foram editadas 12 cartas de leitores sobre o assunto: cinco a favor e sete contra. Esse desequilíbrio não permitiu que a proposta **fosse** debatida com mais profundidade." (Marcelo Beraba)

4. (Esaf. AFPS) Responde certo ou errado. A substituição da preposição **de** por **que** e a consequente substituição de **fazerem** por **fizessem** mantém as relações semânticas e a correção gramatical:
"É hora de os países ricos fazerem algumas concessões."

5. (VUNESP) A alternativa correta quanto ao uso dos verbos é:
a) A colega não se conterá diante da situação.
b) Ele reaveu, logo, os bens que havia perdido.
c) Quando ele vir suas notas, ficará muito feliz.
d) Se ele ver você na rua, não ficará contente.
e) Quando você vir estudar, traga seus livros.

6. (VUNESP) O particípio verbal está corretamente empregado em:
a) Não estaríamos salvados sem a ajuda dos barcos.
b) Os garis tinham chego às ruas às dezessete horas.
c) O criminoso foi pego na noite seguinte à do crime.
d) O rapaz já tinha abrido as portas quando chegamos.
e) A faxineira tinha refazido a limpeza da casa toda.

7. (TJ/SP/2004) O uso indiscriminado do gerúndio tem-se constituído num problema para a expressão culta da língua. Indique a única alternativa em que ele está empregado conforme o padrão culto.
a) Após aquele treinamento, a corretora está falando muito bem.
b) Nós vamos estar analisando teus dados cadastrais ainda hoje.
c) Não haverá demora, o senhor pode estar aguardando na linha.
d) No próximo sábado, procuraremos estar liberando o teu carro.
e) Breve, queremos está entregando as chaves de tua nova casa.

8. (VUNESP) Desejava o diploma, por isso lutou para obtê-lo. Substituindo-se as formas verbais de desejar, lutar e obter pelos respectivos substantivos a elas correspondentes, a frase correta é:
a) O desejo do diploma levou-o a lutar por sua obtenção.
b) O desejo do diploma levou-o à luta em obtê-lo.
c) O desejo do diploma levou-o à luta pela sua obtenção.

d) Desejoso do diploma foi à luta pela sua obtenção.
e) Desejoso do diploma foi lutar por obtê-lo.

9. Assinale a alternativa correta com relação ao emprego de verbo.
a) Preveu-se que faria mau tempo no fim de semana.
b) A mãe interviu na briga e acalmou os ânimos.
c) Os operários anteveram melhora salarial.
d) A babá entretinha os meninos enquanto eu cuidava do lanche.

10. Marcai certo ou errado quanto ao uso dos verbos.
a) ( ) Se ela não reaver o dinheiro, enfrentará dificuldades.
b) ( ) Se ele revir a filha, tudo será diferente.
c) ( ) "Com vida escolar conturbada, os estudantes veem poucas perspectivas de conquistar melhores empregos e salários."
d) ( ) "O profissional que deseja aprimorar-se não realiza suas tarefas do mesmo jeito que faz a muitos anos."
e) ( ) Quando terminarem as aulas, locarei filmes para tu veres.
f) ( ) Eles pressuporam que elas agiriam eticamente mas os fatos que adviram provaram o contrário.
g) ( ) "As árvores caíram nos pântanos mas não se decomporam pois foram cobertas por camadas de terra."

11. (Cesgranrio) Assinale a opção em que o verbo **ser** está empregado tanto semântica quanto sintaticamente de forma diferente das demais.
a) Tudo é uma questão de posicionamento.
b) Se oferecermos algo a alguém, e isso é aceito, deixa de nos pertencer.
c) Se o amor que sinto não é aceito, não posso doá-lo.
d) Ou melhor, se aceito levar uma carga que não me pertence é porque estou fazendo essa escolha.

12. (FCC) Marque certo ou errado quanto ao uso dos verbos.
a) ( ) Embora se requeram medidas locais, não haverá como abstermos-nos de medidas de caráter geral.
b) ( ) Se um país não se provir de planos econômicos próprios, estará cada vez mais dependente do ritmo que lhe impor a economia global.
c) ( ) Se não nos convier o ritmo ditado pela economia global, será necessário criar um modelo que melhor se adapte à nossa realidade.
d) ( ) Se convirmos em que os fins justificam quaisquer meios, justificar-se-ão até mesmo as maiores atrocidades.

13. (Consult) Marque certo ou errado.
a) ( ) O homem tinha aceso a lâmpada do quarto.
b) ( ) A lareira foi acesa pelo homem.
c) ( ) Os alunos haviam pego papel e caneta.
d) ( ) Tenho estado ocupada ultimamente.
e) ( ) Ana tinha abrido a janela do quarto.

RESPOSTAS	
1	d
2	perpassa e pudesse
3	O verbo **fosse**, imperfeito do subjuntivo, expressa ação passada, já concluída, ou seja, a proposta foi debatida. O verbo **seja**, presente do subjuntivo, expressa ação presente, ou seja, a proposta ainda não foi debatida, logo a mudança de tempo verbal mudaria as ideias do texto.
4	O verbo **fazerem** está na forma nominal infinitivo pessoal (não expressa ação ligada a tempo ou a modo), a ação não foi praticada; o verbo **fizessem**, pretérito imperfeito do subjuntivo, expressa ação passada, já concluída, portanto as relações semânticas seriam alteradas. O substantivo **hora** na oração está incompleto portanto necessita de complemento preposicionado (é hora de alguma coisa), logo a preposição **de** é necessária, não é correto a substituirmos por **que**.
5	c. Corrigindo as orações incorretas, temos: Ele reouve os bens perdidos. A colega não se contivera diante da situação. Se ele vir você na rua, ficará contente. Quando você vier estudar, traga seus livros.
6	c
7	a
8	c
9	d) Corrigindo as outras alternativas, temos: previu-se; a mãe interveio; os operários anteviram.
10	**a**) e (reouver); **b**) c; **c**) c; **d**) e (que faz **há** muitos anos); **e**) c (o infinitivo pessoal de **ver** é **veres**); **f**) errado (pressupuseram, advieram); **g**) errado (decompuseram).
11	d
12	**a**) errado; formas corretas: **requeiram** e **abstermo**-nos; **b**) errado; forma correta: **impuser**; **c**) certo; **d**) errado (conviermos).
13	**a)** e; **b)** c; **c)** e; **d)** c; **e)** e.

17. VOZES VERBAIS - TEMPOS SIMPLES

São as formas pelas quais os verbos indicam se os sujeitos praticam ou recebem as ações expressas pelos verbos.

Embora os sujeitos ordinariamente sejam formados por **artigos**, **numerais**, **substantivos**, **adjetivos** e **preposições**, apenas os **substantivos** que são núcleos dos sujeitos praticam ou recebem as ações verbais, as outras palavras, os adjuntos adnominais, apenas definem aqueles.

Nos tempos simples, um verbo na voz ativa transforma-se em dois (auxiliar e principal) na voz passiva, ou vice-versa.

São três as vozes verbais: **ativa**, **passiva** e **reflexiva**.

17.1. Voz ativa (latim "activu", que aciona, que age):

O sujeito pratica a ação expressa pelo verbo, portanto é chamado de sujeito agente.

+ (1) "**A prosperidade** faz amigos, **a adversidade** prova-os."[15]

+ (2) "**Um fino anel de poeira**, que gira ao redor de Júpiter, reflete a luz solar."

» Os sujeitos destacados praticam as ações expressas pelos verbos sublinhados logo são sujeitos agentes.

A voz ativa é formada pelos verbos que expressam ações, os verbos ativos, também chamados de verbos significativos, inclusive pelos verbos intransitivos, logo os verbos que não expressam ações (ser, estar, parecer, ficar) não formam a voz ativa.

+ (3) **O pão, as verduras e os cereais** subiram.

+ (4) **Grandes conflitos** houve entre os colonizadores e os indígenas.

+ (5) **A leitura** é o caminho da liberdade.

» Em **(3)** e em **(4)**, os sujeitos praticam as ações verbais portanto os verbos intransitivos sublinhados formam a voz ativa.

» Em **(5)**, o verbo **ser** não expressa ação, não é verbo ativo, logo não forma voz ativa.

17.2. Voz passiva (latim "passivu", que sofre, que padece):

O sujeito recebe a ação expressa pelo verbo.

- **Formação da voz passiva**

Na língua portuguesa não há **verbos passivos** (formas sintéticas ou simples) que correspondam aos **verbos ativos**, portanto para transformarmos estes naqueles (**voz ativa** na **voz passiva**), usamos locuções verbais (formas analíticas ou compostas), ou seja, o **verbo auxiliar** e o **particípio do verbo ativo**.

Há duas vozes passivas na língua portuguesa:

a) **passiva analítica**: é formada pelo verbo **ser** e pelo **particípio** do verbo ativo:

+ (1) **A ideologia** fora bem assimilada por todos.

15. Oliveira, Moisés Marinho de, *Sete Mil Ilustrações e Pensamentos*, 2ª edição, Juerp, 1981.

- (2) **A ação** será votada amanhã pelo Tribunal.
- (3) **O teste do olinho** é feito no primeiro mês de vida.
- (4) **Fornecedor e vendedor** são ligados por laços comerciais.

» Os sujeitos destacados recebem as ações verbais por isso são sujeitos pacientes.

- (5) "**A questão da graça**, tal como colocada por Agostinho, marcou o pensamento medieval cristão."

» O verbo colocar forma a voz passiva embora o verbo **ser** esteja omisso na oração.

- **Outros exemplos:** (1) Envergonhados sejam **os soberbos** porque me oprimiram. (2) Irmãos, seja-me permitido **dizer-vos claramente...** (3) Foi decidido pela empresa **que haverá reunião.**

Observações:

a) O verbo auxiliar e o particípio expressam que uma ação é praticada por um agente e é recebida por um sujeito paciente;

b) o termo que recebe a ação é o sujeito paciente, o termo que a pratica é o agente da passiva, **ser** é o verbo auxiliar e o **particípio** é o verbo principal;

c) o **particípio** é geralmente um **VTD**, porém, se excepcionalmente é um **VTDI**, somente o objeto direto é transformável em sujeito (é abordado adiante);

d) o verbo auxiliar e o verbo principal concordam com o sujeito, aquele, nos modos e nos tempos dos verbos ativos, este, em gênero e em número.

e) os verbos **estar**, **ficar** etc. e o **particípio** expressam estado ou qualidade do sujeito, não expressam ação praticada por agente, não formam voz passiva, portanto são predicados nominais, ou seja, **estar** e **ficar** são verbos de ligação e o **particípio** é predicativo do sujeito:

- (1) **A equipe** (é, está, fica) aguardada pela comunidade.
- (2) **O pagamento** (é, está, fica) efetuado nas agências bancárias.
- (3) Veja como uma placa-mãe (é, está, fica) produzida.
- (4) **Os contratos ativos** (são, estão, ficam) inclusos na renegociação.

» **Ser** e **particípio** formam períodos coerentes, expressam ações verbais, as ações são recebidas pelos sujeitos, portanto a voz passiva foi corretamente formada.

» **Estar** ou **ficar** e **particípio** formam períodos não coerentes, não expressam ações verbais, as "ações" não são recebidas pelos sujeitos, alteram os significados dos períodos, portanto a "voz passiva" foi incorretamente formada.

- (5) Estou ou fiquei parado, quieto, descansado, adoentado...

  » Esses predicados não expressam ação verbal, expressam qualidades do sujeito, **estar** e **ficar** são verbos de ligação e os **particípios** são predicativos do sujeito **eu**, portanto são predicados nominais.

- **Outros exemplos:** (1) **A ação** (será, estará, ficará) votada amanhã pelo Tribunal. (2) **Fornecedor e vendedor** (são, estão, ficam) ligados por laços comerciais e jurídicos. (3) **A casa** (era, estava, ficava) revirada pela polícia. (4) Os livros a (serem, estarem, ficarem) utilizados pelos empregados...

f) Os períodos ficam sem coesão se locução verbal e agente da passiva são ligados pela preposição **de**, a preposição **por** é sem dúvida mais adequada:

- (1) Não toques trombeta... para seres visto *dos* homens.
- (2) Vossa obediência é conhecida *de* todos.
- (3) A casa foi cercada *de* soldados.

g) "Muitas vezes elegantemente se empregam os auxiliares *ser* e *estar*, em vez de *ter* e *haver*, com certos verbos neutros:

- O tempo é chegado = O tempo tem chegado.
- Ella não era nascida ainda = Ella não tinha nascido ainda."[16]
- "Já cinco sóis eram passados = Já cinco sóis tinham passados."[17]

  » As locuções sublinhadas não são voz passiva, os verbos intransitivos (chegar e nascer) não formam voz passiva; simplesmente, por elegância, foi usado o verbo **ser**, períodos à esquerda, em lugar do verbo **ter** do tempo composto **tem chegado**, períodos à direita.

- **Outros exemplos**: (1) "Ainda não é chegada a minha hora." (2) "O que é nascido do Espírito é espírito." (3) A menos que seja nascido de novo da água e do Espírito... (4) Os refugiados são nascidos predominantemente na Síria.

b) **passiva sintética:** é formada por **VTD** e por **se**, pronome apassivador:

- (1) "Cobrem-se **botões**, fazem-se **cintos** e colocam-se **ilhoses.**"
- (2) "Escondeu-se **a informação** e enganou-se **a opinião pública.**"[18]

  » Os sujeitos destacados sofrem as ações verbais logo são sujeitos pacientes. O pronome **se** indica a passividade.

---

16. PEREIRA, Eduardo Carlos. Grammatica expositiva, São Paulo: Weiszflog Irmãos, 1907, pág. 136.
17. PEREIRA, Eduardo Carlos. Grammatica expositiva, São Paulo: Weiszflog Irmãos, 1907, pág. 289.
18. Antônio Barreto, apud Diário de Notícias.

✦ **Outro exemplo:** (1) "Hoje não só se apagam como se acrescentam **pessoas** ou se alteram **suas feições.**"[19] (2) "...que donde só se tira e não se põe."[20] (3) "Quando se reconhece **uma firma**, autentica-se **um documento**, lavra-se **uma escritura...** muito além do carimbo do cartório, agrega-se a *esse documento* **um seguro...**"[21] (4) "Quando se democratizam as possibilidades financeiras, é natural que se distribua o poder."[22]

17.3. Voz reflexiva (latim "reflexivu", voltar sobre si mesmo):

É a voz cuja ação verbal é praticada e recebida pelo sujeito. O sujeito é **agente** e **paciente** da ação verbal, porque a pratica e ao mesmo tempo a recebe.

A voz reflexiva é formada por verbo transitivo e por pronome reflexivo da mesma pessoa do sujeito:

✦ (1) "...era aliciante ver **um país** erguer-se novamente."

✦ (2) **A dona de casa** deparou-se com uma sucuri gigantesca perto da cama.

✦ (3) Junto aos rios babilônicos, assentávamo-nos e lembrávamo-nos de Sião.

- **Mudança de função dos termos**

✦ Voz **ativa**:

"Um processo natural	formou	a Lua."
sujeito	verbo	obj. direto

Voz **passiva**:

A Lua	foi formada	por	um processo natural.
sujeito	locução verbal	agente da passiva	

✦ **Outros exemplos:**

✦ (1) **Assessor** soltou ratos na Câmara = **Ratos** foram soltos por assessor = Soltaram-se **ratos** na Câmara.

✦ (2) **Extremistas** mataram 148 pessoas em Garissa. = **148 pessoas** foram mortas por extremistas em Garissa. = Mataram-se **148 pessoas** em Garissa.

✦ (3) **O projeto...** nem foi enviado ao Congresso. = "Não enviaram ao Congresso o projeto..."[23] = Nem enviou-se ao Congresso **o projeto.**

✦ (4) "**O termo** será empregado..." = "Empregar-se-á **o termo...**" = Empregará o termo.

19. Cesgranrio, 2014, Petrobras, Conhecimentos Básicos, Todos os Cargos de Nível Médio.
20. FCC, TRT/MG, 3ª Região, Técnico Judiciário - Contabilidade.
21. www.irtdpjbrasil.com.br *apud* Cespe/UnB, TJEAC.
22. Veja, edição 2596, 22/08/2018, pág. 7/7.
23. FUJB, 2011, MPE-RJ, Técnico.

+ (5) **Lei de Engenharias Públicas** ainda é pouco conhecida pelo poder público = Pouco se conhece ainda **Lei de Engenharias Públicas** = **O poder público** pouco conhece ainda Lei de Engenharias Públicas.
+ (6) "Todos os dias, acompanhávamos na televisão, nos jornais... as catástrofes climáticas..."
+ (7) "Todos os dias, eram acompanhadas por nós na televisão, nos jornais... **as catástrofes climáticas...**"[24]
+ (8) "Todos os dias, acompanhavam-se na televisão, nos jornais... **as catástrofes climáticas...**"

  » Em **(1)** e em **(2)** a passiva analítica é formada pelo particípio irregular.

Observações / Exceções:

a) As regências dos verbos são definidas conforme seus usos: se um VTDI é usado como VTD, ou seja, sem o objeto indireto, automaticamente ele é VTD, portanto é transformável em voz passiva:

+ (1) **Os corretores** alugaram os imóveis = **Os imóveis** foram alugados pelos corretores.
+ (2) **Os feirantes** vendem patos caipiras = **Patos caipiras** são vendidos pelos feirantes.
+ (3) Alugam-se **imóveis.** (4) Vendem-se **patos caipiras.** (5) Doam-se **livros usados.**

  » Em **(1)** e em **(2)**, **alugar** e **vender**, que são ordinariamente VTDI, são VTD, portanto são transformáveis para as vozes passiva analítica e passiva sintética, conforme os outros exemplos.

b) Excepcionalmente VTDI são transpostos para as vozes passiva analítica e passiva sintética, porém, nessas situações, apenas os **objetos diretos** são transformados em sujeitos nas vozes passivas, os objetos indiretos, não, pois as preposições que os ligam aos verbos impedem suas transformações em sujeitos das passivas.

+ (1) Antigamente comparávamos o cérebro a *um computador*.
+ (2) Antigamente **o cérebro** era comparado por nós a *um computador*.
+ (3) "Antigamente se comparava **o cérebro** a *um computador*." (UnB/Cespe)
+ (4) **O Rafael** informou ao Paulo que havia outros povos no outro lado da ilha.
+ (5) **Que havia outros povos no outro lado da ilha** foi informado pelo Rafael ao Paulo.

24. FCC - 2013 - TRT - 15ª Região (Campinas) - Analista Judiciário.

+ (6) **O Rafael** informou-lhe que havia outros povos no outro lado da ilha.
+ (7) **Que havia outros povos no outro lado da ilha** foi-lhe informado pelo Rafael.
+ (8) ***Ele*** foi informado pelo Rafael *de* que havia outros povos no outro lado da ilha.

» Apenas o exemplo **(8)** não está correto: **lhe**, objeto indireto, foi transformado em **ele**, sujeito da passiva, e **que havia outros povos no outro lado da ilha**, objeto direto, liga-se pela preposição **de** ao verbo.

+ (9) **Nós** fomos notificados pelos médicos de que há novos surtos de dengue.
+ (10) **Os médicos** notificaram-nos que há novos surtos de dengue.
+ (11) **Que há novos surtos de dengue** nos foi notificado pelos médicos.

» O período **(9)** não está correto: o objeto indireto **nos**, exemplo **(10)**, foi transformado em sujeito da passiva, **Nós**, e o objeto direto **que há novos surtos de dengue** liga-se pela preposição **de** ao verbo.

+ **Outros exemplos:** (1) "...os recursos que **a natureza** nos oferece e renova... = os recursos **que** nos são oferecidos e renovados pela natureza..."[25] (2) "O mágico fornece a eles... certos tratados de fé = **certos tratados de fé** são-lhes fornecidos pelo mágico."[26] (3) "Antes lhe chamarás refúgio de todos os males." = Antes **refúgio de todos os males** ser-lhe-á chamado por ti. (4) O campanário só chamava para a oração e para as festas um povo que se não via = **Um povo que se não via** só era chamado para a oração e para as festas pelo campanário.

c) As **orações ativas** cujos verbos são **transitivos indiretos**, sejam quais forem, não são transformáveis em **orações passivas:** as preposições que eles exigem obrigatoriamente, pois são VTI, impedem a mudança, salvo se futuramente esses verbos tornarem-se **transitivos diretos.**

+ (1) Os alunos assistiram ao concerto (voz ativa)
+ (2) Ao concerto foi assistido pelos alunos (sem coesão)
+ (3) O concerto foi assistido pelos alunos (suposta voz passiva)
+ (4) Os alunos assistiram o concerto (regência incorreta)

» O período **(2)** demonstra que **(1)** não é transformável em voz passiva; em **(3)** desprezamos a preposição "a" e passamos a voz ativa para a voz passiva; o período **(4)** demonstra que a voz passiva do período **(3)** não está correta, pois a reversão de **(3)** para **(4)** resulta em um período com regência incorreta.

---

25. CEPERJ, SEFAZ-RJ, 2010, Oficial da Fazenda.
26. FCC - 2010 - TRE-AC - Analista Judiciário - Área Judiciária.

+ **Outros exemplos:** (1) Os filhos obedeciam aos pais → Aos pais foram obedecidos pelos filhos. (2) Não se acredita mais em promessas eleitorais → Em promessas eleitorais não mais são acreditadas. (3) No Centro Espacial das Guianas aprende-se sobre naves espaciais → No Centro Espacial das Guianas sobre naves espaciais são aprendidas. (4) Precisa-se de operários → De operários são precisados.

d) A voz passiva constitui um recurso importante para **enfatizarmos** um termo da oração ou para **omitirmos** o agente da passiva, se não o conhecemos ou se não é interessante expressá-lo:

+ (1) **Atletas olímpicos** são recebidos pelo presidente (ênfase em **atletas olímpicos**).
+ (2) **Presidente** recebe atletas olímpicos (ênfase em **presidente**).
+ (3) Alguns cientistas acreditam que **a Lua** foi formada em outro lugar do sistema solar e, ... outros acreditam ainda que foi formada juntamente com a Terra, como um tipo de planeta gêmeo (**omissão do agente da passiva**). (John MacArthur, alterado)

- **Vozes verbais – orações desenvolvidas e orações reduzidas**

a) Uso da voz passiva em períodos compostos:

+ (1) **As atividades "que os alunos realizaram"[1] são importantes.** (VA)
+ (2) **As atividades "que foram realizadas pelos alunos"[2] são importantes.** (VP)
+ (3) **As atividades "realizadas pelos alunos"[3] são importantes.** (VP)

» **A oração adjetiva 1 está na VA e as orações adjetivas 2 e 3 estão na VP. 1 e 2 são orações adjetivas desenvolvidas e 3 é oração adjetiva reduzida.**

» **As orações expressam as mesmas ideias, apenas as vozes e as orações são diferentes.**

+ (4) "**O acordo**, 'mesmo elogiado por especialistas'[27], ou 'mesmo que seja elogiado por especialistas'[28], ou 'mesmo que **especialistas** o elogiem[3], se 'for implementado na íntegra pelos signatários'[4], ou se '**os signatários** implementarem-no na íntegra...'[5]"
+ (5) "**A existência de limites** ser reconhecida..."[6] = "...reconhecer a existência de limites..."[1] = "...reconhecer-se **a existência de limites.**" [7]
+ (6) "Há **muitos esforços** sendo despendidos..."[8] = "Despendem-se **muitos esforços...** [9]"[2] = "Há **muitos esforços** que estão sendo despendidos... [10]" = Há muitos esforços que ***pessoas*** estão despendendo.
+ (7) "'**A Regra** aplicada pela Visa International'[11] impediu que o Morgan Stanley operasse com cartões..."[3]

27. CEPERJ, 2010, SEFAZ-RJ, Oficial da Fazenda.
28. CEPERJ, 2010, SEFAZ-RJ, Oficial da Fazenda.

» As orações 1, 2, 4, 6, 7, 8, 9, 10 e 11 estão na voz passiva, as outras orações estão na voz ativa.

- **Vozes verbais – verbo auxiliar e gerúndio**

Se eu te perguntar: que fazes agora? Certamente responderás:

✦ **Estou lendo** este livro ou **Estou estudando** este livro.

» Jamais responderias: eu **leio** este livro ou eu **estudo** este livro.

Se, na voz ativa, habitualmente, usamos o **gerúndio** em lugar do **presente do indicativo**, na voz passiva, também usaremos aquele em lugar deste. Observa os exemplos:

✦ **(1)** O aluno **estuda** o livro (VA) = O livro **é estudado** pelo aluno. (VP)

✦ **(2)** O aluno **está estudando** o livro (VA) = O livro **está sendo estudado** pelo aluno. (VP)

» Na voz passiva, em **(2)**, há três verbos (estar, ser e estudar) porque não usamos habitualmente o **presente do indicativo.** Se o usássemos ordinariamente, na voz ativa, usaríamos, na voz passiva, apenas dois verbos (**ser** e **verbo principal**), conforme **(1)**.

✦ **Outros exemplos:**

✦ **(1)** Falta d'água **continua sendo considerada** grave pelas autoridades. (VP)

✦ **(2)** Autoridades **continuam considerando** falta d'água grave. (VA)

✦ **(3)** "Se as obrigações não **estiverem sendo cumpridas** pela empresa terceirizada..." (VP)

✦ **(4)** "Se a empresa terceirizada não **estiver cumprindo** as obrigações..." (VA)

✦ **(5)** "Um terço da capacidade **está sendo explorado** pelo Sistema Cantareira." (VP)

✦ **(6)** O Sistema Cantareira **está explorando** um terço da capacidade. (VA)

18. VOZES VERBAIS - TEMPOS COMPOSTOS

Uso da voz passiva com tempo composto:

- (1) A imprensa popular **tem usado** (ou **usou**) a "Revolução Verde". (VA)
- (2) A "Revolução Verde" **tem sido usada** pela imprensa popular. (VP)
- (3) O Senado **tinha elogiado** (ou **elogiara**) o governo. (VA)
- (4) O governo **tinha sido elogiado** (ou **fora elogiado**) pelo Senado. (VP)
- (5) (FGV/2014 - DPE/RJ - Técnico Superior Especializado - Administração) "Não foram os americanos que inventaram o shopping center". A forma de reescrever-se essa frase do texto que corresponde à estrutura significativa da frase original é:

  (A) Os americanos não foram os que inventaram o shopping center.

  (B) Os americanos não foram os inventores do shopping center.

  (C) O shopping center não tinha sido inventado pelos americanos.

  (D) Não foram os americanos quem inventaram o shopping center.

  (E) O shopping center, quem o inventou não foram os americanos.

  » Segundo a FGV a resposta certa é a alternativa C portanto analisemos as frases:

  » A frase "A" informa quem não inventou o shopping center (os **americanos**) e informa quem inventou (**os** = aqueles = os povos), antecedente do relativo **que**, a frase original informa quem não inventou (os **americanos**) e não informa quem inventou, portanto aquela não reescreve esta.

  A frase "B" informa que os americanos não foram os inventores, a frase original informa quem não inventou (os **americanos**) e não informa quem inventou, portanto aquela não reescreve esta.

  Em "C" a locução verbal (LV) **tinha sido inventado** expressa **um tempo**, a ação verbal ocorre em **um momento** ("3ª pessoa do plural do pretérito mais--que-perfeito composto"), na frase original os verbos **foram** e **inventaram** expressam **dois tempos**, as ações verbais ocorrem em **dois momentos** ("3ª pessoa do plural do pretérito perfeito" e "3ª pessoa do plural do pretérito mais-que-perfeito"), portanto o significado expresso por "C" não corresponde aos significados expressos pela frase original.

- (1) Os americanos não **tinham inventado** o shopping center. (VA, TC, PS)[1]
- (2) O shopping center não **tinha sido inventado** pelos americanos. (VP, TC, PS)[29]

29. VA: voz ativa, TC: tempo composto, PS: período simples, VP: voz passiva, TS: tempo simples, PC: período composto.

✦ (3) Não **foram** os americanos que **inventaram** o shopping center. (VA, TS, PC)[1]

✦ (4) Não **tinham sido** os americanos por quem o shopping center **foi** (ou **fora**) **inventado.** (TC, VP, PC)[1]

» **(2)** é voz passiva composta de **(1)** portanto **(1)** é transformável em **(2)** e vice-versa, e **(4)** é tempo composto e voz passiva de **(3)** porquanto **(3)** é transformável em **(4)** e vice-versa. **(2)** é um período simples e **(3)** é um período composto portanto **(3)** jamais é transformável em **(2)** e vice-versa. Não existe, segundo a LP, voz passiva composta formada pelo "tempo composto do verbo de uma oração principal e pelo particípio do verbo de uma oração secundária, logo é errôneo afirmar que **(2)** é a voz passiva composta de **(3)**, porque **tinha sido** é tempo composto de **foram** e **inventado** é particípio de **inventaram.** A suposta transposição de **(3)** em **(2)** não fundamenta-se na LP, cria uma regra confusa e violenta a regra simples de formação da voz passiva: **verbo auxiliar** e **particípio do verbo principal**, portanto é dever rejeitar, recorrer e, se necessário, processar as instituições que a usarem.

A frase "C" informa quem não inventou o shopping center (os **americanos**), a frase original informa quem não inventou (os **americanos**) e não informa quem inventou, portanto aquela também não reescreve esta.

A alternativa "D" é igual à frase original, **que = quem**, portanto aquela também não reescreve esta.

Em "E" os verbos **inventou** e **foram** expressam **um tempo** (3ª pessoa do pretérito perfeito), a frase original expressa **dois tempos**, como já visto, portanto aquela também não reescreve esta.

Como não há alternativa que reescreva a frase original, a questão é nula.

- **Diferença entre voz passiva sintética e voz reflexiva**

Na **voz passiva sintética** o sujeito apenas sofre a ação verbal, não a pratica porque não é possível ele a praticar, a ação verbal, aliás, é praticada por outro ser:

✦ (1) "**O futuro** se faz com o presente. Previna-se." (Sipat)

✦ (2) "Em 1951, iniciam-se **movimentos** para tornarem Angola independente."

✦ (3) Diante do inimigo, real ou virtual, lança-se **mão aos recursos nucleares.** (FCC)

» Nesses exemplos os sujeitos destacados apenas **sofrem** as ações verbais, não as praticam porque não é possível eles as praticarem:

em **(1)** o substantivo **futuro** não **faz** a si próprio, a desinência verbal da oração "Previna-se" define o sujeito que pratica a ação, **você: Você** faz o futuro com o presente, ou o futuro é feito por **você...;**

em **(2)** pessoas não identificadas iniciam os movimentos;

e em **(3)** a **mão** não lança a si própria, um **ser** não identificado é que a lança: ... a mão é lançada pelos **soldados** sobre recursos nucleares.

Na **voz reflexiva** o sujeito pratica e recebe a ação expressa pelo verbo:

- (1) "Em 1975, após 500 anos de colonização, **São Tomé e Príncipe** tornou-se independente." (2) "**Nacional da Madeira** prepara-se cuidadosamente para enfrentar o FC Porto no Dragão." (3) **A criança** feriu-se gravemente.

Nesses períodos os sujeitos destacados praticam e recebem as ações verbais, não são outras pessoas que as praticam, são eles mesmos, portanto estão na voz reflexiva.

19. VOZES VERBAIS – ERROS MAIS COMUNS

Os desvios que analisaremos, locuções verbais com verbos que expressam circunstâncias, são cometidos desde o surgimento da língua portuguesa, portanto considerá-los incorretos em provas, é impossível. Se desejamos mudanças, iniciemo-las por nós.

- (1) A decoração da capela **acabou sendo destruída** pelo tempo. (VP)
- (2) A decoração da capela *paulatinamente* **foi destruída** pelo tempo. (VP)
- (3) O tempo *paulatinamente* **destruiu** a decoração da capela. (VA)
- (4) 200 audiências **devem deixar** de **ser realizadas** pelo judiciário. (VP)
- (5) 200 audiências *não* **serão realizadas** pelo judiciário. (VP)
- (6) O judiciário *não* **realizará** 200 audiências se houver paralisação. (VA)
- (7) Sua maleta **pode ter sido usada** por outra pessoa. (VP, tempo composto)
- (8) Sua maleta *talvez* **tenha sido usada** por outra pessoa. (VP, tempo composto)
- (9) Outra pessoa *talvez* **tenha usado** sua maleta. (VA, tempo composto)
- (10) Sua maleta *talvez* **foi usada** por outra pessoa. (VP, tempo simples)
- (11) Outra pessoa *talvez* **usou** sua maleta. (VA, tempo simples)
- (12) "Lançamentos de residenciais **podem ser vistos surgir** todos os dias." (VP)
- (13) "É possível lançamentos de residenciais **serem vistos** todos os dias." (VP)
- (14) "Lançamentos de residenciais **são vistos** todos os dias." (VP)
- (15) "*Pessoas* **veem** lançamentos de residenciais todos os dias." (VA)
- (16) "Lançamentos de residenciais **surgem** todos os dias." (VA)
- (12) não está conforme: **poder** e **surgir** são desnecessários, **poder** expressa possibilidade.
- (17) "As casas legislativas... não **podem ser vistas**..."[30] (VP)
- (18) Não é possível as casas legislativas... **serem vistas**... (VP)
- (19) Não **podem ver** as casas legislativas... (VA)
- (20) Não é possível **ver** as casas legislativas... (VA)

30. FCC, 2010, AL-SP, Agente Técnico Legislativo Especializado - Biblioteconomia.

✦ (21) "**Um figurante** pode obscurecer a atuação de um protagonista."[31] (VA)

✦ (22) **A atuação de um protagonista** pode ser obscurecida por um figurante. (VP)

✦ (23) **Um figurante** *às vezes* obscurece a atuação de um protagonista. (VA)

✦ (24) **A atuação de um protagonista** *às vezes* é obscurecida por um figurante. (VP)

» Verbo não modifica verbo e verbo não expressa circunstância: **(17)**, **(19)**, **(21)** e **(22)** não estão conformes: **poder** modifica **ser**, **ver** e **obscurecer**, e **poder** expressa dúvida.

✦ (25) Empresas **proibiam** casamento ou gravidez a aeromoças. (VA)

✦ (26) Casamento ou gravidez **era proibido** a aeromoças pelas empresas. (VP)

✦ (27) Aeromoças **eram proibidas** de **casar** ou de **engravidar** pelas empresas. (VP)

✦ (28) Empresas **proibiam** aeromoças de **casar** ou de **engravidar**. (VP)

» Em **(27)** e em **(28)**, a regência verbal não está correta (verbo não complementa verbo, os verbos **casar** e **engravidar** complementam o verbo **proibir**, função sem respaldo na norma culta), e em **(27)** a voz passiva foi formada incorretamente (o objeto indireto **aeromoças** exerce a função sintática sujeito da voz passiva).

Observação: Para mais informações sobre locuções verbais incorretas, consulta o item 38. Erros mais comuns – Locuções verbais.

20. EXERCÍCIOS – VOZES VERBAIS

1. Quais as vozes verbais dos textos abaixo?

a) Castigavam-se as crianças que não sabiam tabuada.

b) Cespe. "O juiz frequentemente é visto como uma autoridade distante da realidade. Historicamente os juízes sempre foram vistos como aplicadores do direito posto à sua disposição."

c) Cespe. "Ele dedica-se agora ao trabalho e ao estudo e torna-se frequentador assíduo do Museu Britânico."

d) Esaf/AFPS. "...impõe-se, de forma inarredável e urgente, a adoção de uma ética de corresponsabilidade..." (Viviane Senna)

e) Unama. "A velocidade com que a humanidade estraçalhou plantas e bichos só se compara com a devastação promovida por grandes cataclismos geológicos." (Veja)

f) Esaf. Adotou-se então postura única: haveria três línguas oficiais.

31. FCC - 2011 - INFRAERO - Analista - Segurança da Informação.

2. (CESPE, 2002, Câmara dos Deputados, Analista Legislativo/Assistente Técnico, Prova 1) Julgue o item seguinte e responda:
"Na carta de Pero Vaz de Caminha, **observam-se** melhor as obsessões dos portugueses."
No texto, a estrutura da voz passiva em **observam-se** equivale a **foram observados**.

( ) certo ( ) errado

3. (FCC) Qual alternativa é exemplo de correta transposição da voz ativa para a passiva?
a) O nível de vida dessas populações as coloca à margem da modernidade = Essas populações são colocadas à margem da modernidade por seu nível de vida.
b) Até agora não se estabeleceu a difícil harmonia entre essas duas tendências = Até agora não foi estabelecida a difícil harmonia entre essas duas tendências.
c) Desenvolvem-se necessidades locais muito específicas = Foram desenvolvidas necessidades locais muito específicas.
d) Os países dependem, cada vez mais, dos centros do imperialismo econômico = Os países são dependentes, cada vez mais, dos centros do imperialismo econômico.
e) A nossa economia deve se ajustar a um ritmo variável = A nossa economia deve ser ajustada por um ritmo variável.

4. (FCC) A única frase que admite ser transformada para a voz passiva é:
a) ( ) ...sua expressão muda valeu por mil palavras...
b) ( ) ...como também ignorava o teor dos processos...
c) ( ) ...sentia-se suficientemente recompensado...
d) ( ) Sempre que podia, eu ia com ele...

5. (FCC) Transpondo-se para a voz passiva a frase "Esses meios desrespeitam a consciência e a liberdade da pessoa moral", a forma verbal resultante será:
a) serão desrespeitadas.
b) desrespeita-se.
c) é desrespeitada.
d) são desrespeitadas.

6. (FCC) "E os integrantes da advocacia pública são favorecidos por regras". Transpondo a essa frase para a voz ativa, a forma verbal passará a ser:
a) favoreceu
b) favorecem
c) tinha favorecido
d) estava favorecendo
e) estavam sendo favorecidos.

7. TRE-Pb) Considere o fragmento "...e com isso desviam para o consumo recursos que deveriam empregar para aumento do capital produtivo." Na voz passiva a construção verbal que substitui corretamente a expressão grifada é:
a) deveriam ser empregados.
b) deveria empregarem-se
c) deveria serem empregados.
d) deveria ser empregados.
e) dever-se-ia empregarem.

8. (FCC) Passando para a voz passiva a frase "A escrita das leis e atos normativos retiraria elementos da escrita usual" obtém-se a forma verbal

a) teriam sido retirados.
b) teriam retirado.
c) seriam retirados.
d) tinham sido retirados.

9. (UF/AC) Passe para a voz passiva analítica:

a) "Ouviram-se sucessivas e medonhas descargas de um tiroteio..." (Graça Aranha)
b) Anulou-se a prova.
c) "Os canoeiros metiam os remos na água..." (José Lins do Rego)

10. (FCC, 2013, TCE-AM, Analista Técnico de Controle Externo, Auditoria Governamental) Transpondo-se para a voz passiva as construções A gente a reverencia e Tínhamos visto juntos uma coleção de curtas-metragens antigos, as formas verbais resultantes serão, respectivamente:

a) reverencia-nos e teria sido vista.
b) é reverenciada e tinha sido vista.
c) reverenciamo-la e víramos.
d) tem sido reverenciada e fora visto.
e) sofre a reverência e tem sido vista.

11. Nos textos seguintes quais tipos de vozes encontramos?

a) "Costuma-se dizer que têm muita iniciativa e pouca 'acabativa'."
b) "Nas coisas simples e anônimas encontram-se os maiores tesouros da emoção."
c) "Povoem-se as águas"; "Ajuntem-se as águas" e "que se faça."
d) O dinossauros mais antigos que se conhecem foram desenterrados na América do sul.
e) "Quando descobriu a cura da doença que acometia os bichos-da-seda, Pasteur convenceu-se de que as doenças dos organismos maiores, homens e animais, deviam-se também à ação de minúsculos germes no organismo." (Francisco de Queiroz)
f) Não se podem desprezar, além disso, condições institucionais.

RESPOSTAS	
1	**a)** Passiva sintética (verbo transitivo direto mais pronome apassivador se); **b)** Voz passiva: os sujeitos juiz e juízes sofrem as ações de serem vistos; **c)** As expressões **dedica-se** e **torna-se** formam voz reflexiva: o sujeito pratica e recebe a ação verbal; **d)** Voz passiva sintética; equivale a **é imposta a adoção de uma ética de corresponsabilidade...**"; **e)** Voz ativa praticada por **humanidade**, sujeito do verbo **estraçalhou**, voz passiva formada por **se compara** e voz ativa praticada por **grandes cataclismos geológicos**, sujeito do verbo **promover**. A oração **promovida por grandes cataclismos** equivale a **que grandes cataclismos promoveram**; **f)** Passiva sintética; equivale a **postura única foi adotada.**
2	errado: **obsessões** é substantivo feminino portanto a locução equivalente é **foram observadas.**
3	**a)** voz ativa e voz passiva analítica; **b)** passiva sintética e passiva analítica; **c)** passiva sintética e passiva analítica; **d)** voz ativa e passiva analítica; **e)** voz reflexiva e passiva analítica.

RESPOSTAS	
4	**b**) O teor dos processos era ignorado.
5	d
6	b
7	a
8	c
9	na voz passiva os verbos concordam nos mesmos modos, tempos, números e pessoas, que os verbos daquelas orações concordam: a) Foram ouvidas sucessivas e medonhas descargas de um tiroteio; b) Foi anulada a prova; c) Os remos eram metidos na água pelos canoeiros.
10	b
11	**a)** passiva sintética (o verbo principal **dizer** define a regência: diz-se que têm muita iniciativa = que têm muita iniciativa é dito; que têm muita iniciativa é costumado dizer); **b)** passiva sintética (equivale a "os maiores tesouros da emoção são encontrados nas coisas simples e anônimas"); **c)** passiva sintética; **d) se conhecem:** voz passiva sintética equivalendo a **são conhecidos;** e **foram desenterrados:** passiva analítica; **e)** os verbos **descobriu** e **acometia** estão na voz ativa; **convenceu-se:** voz reflexiva; o **se** é objeto direto; e **deviam-se:** voz passiva sintética equivalendo a **eram devidas; f)** "Não se podem desprezar": passiva sintética equivalente a "condições institucionais não são desprezadas".

21. LOCUÇÕES VERBAIS

São dois ou mais verbos classificados como um verbo.

O termo "locução" significa duas ou mais palavras classificadas como uma, porquanto locução verbal ou locução de verbos são dois ou mais verbos classificados como um verbo.

O primeiro chama-se **verbo auxiliar** porque auxilia o segundo, expressa o modo e o tempo nos quais a ação se realiza, e o segundo chama-se **verbo principal** porque expressa a ideia principal, a ideia que realmente queremos.

Ordinariamente apenas o **verbo auxiliar** é variável, concorda com o sujeito, o **verbo principal** é invariável, permanece numa das formas nominais do verbo: **infinitivo**, **gerúndio** ou **particípio.** Os principais verbos auxiliares são **ser**, **estar**, **ter** e **haver.**

É importante distinguirmos **locução verbal** de **tempo composto:**

- **Locução verbal:** são dois verbos, auxiliar e principal, classificados como um.
- **Tempo composto:** são dois verbos, **ter** ou **haver** e **particípio** do verbo principal, classificados como um verbo.

✦ (1) O espaço **está carregando** as galáxias.

✦ (2) O clube **tinha sofrido** derrota humilhante.

» Como observamos, na **locução verbal**, o verbo auxiliar é qualquer verbo auxiliar (**ser**, **estar**, **ter**, **haver**), no **tempo composto** o verbo auxiliar é obrigatoriamente os verbos **ter** ou **haver**, portanto concluímos que todos os **tempos compostos** são **locuções verbais**, mas nem todas as **locuções**

verbais são **tempos compostos**, porque é possível o verbo auxiliar das **locuções verbais** ser um verbo diferente dos verbos **ter** e **haver**.

a) **Locuções verbais com verbo principal no infinitivo:**

✦ (1) "Actualmente, Macau **está a experimentar** um grande crescimento económico, em jogo e em turismo, as duas actividades económicas vitais."[32]

✦ (2) "Língua dita morta, **continua** o latim **a transmitir** às gerações que se sucedem o rico patrimônio da cultura clássica, **a formar** o bom gosto literário, **a nomear** descobertas científicas, **a inspirar** a reflexão dos juristas."

b) **Locuções verbais com verbo principal no gerúndio:**

✦ (1) "O universo cresce em ritmo acelerado porque o espaço **continua carregando** as galáxias."

✦ (2) "Como **continuei explorando** sua resposta, ficou claro que ele não **estava procurando** um fantoche."

c) **Locuções verbais com verbo principal no particípio:**

✦ (1) O governo afirma que as mochilas **serão entregues** aos alunos.

✦ (2) É possível o leitor **ser influenciado** pelas ideias do escritor.

✦ (3) Uma diversidade de produtos **está sendo produzida** no estado.

✦ (4) Há pessoas que sempre **parecem aborrecidas** com alguma coisa.

Observação: Para mais informações sobre locuções verbais, consuta o item 38. Erros mais comuns – Locuções verbais.

22. TEMPOS COMPOSTOS

São as locuções verbais formadas pelos auxiliares **ter** e **haver** e pelo particípio do verbo principal.

Nos tempos compostos o particípio do verbo principal é invariável.

✦ (1) Sócrates afirmou o tempo todo que tudo o que **tinha feito havia sido** (fizera fora) para o bem do Estado. (Jostein Gaarder)

✦ (2) "O time treinou o suficiente para reverter a derrota humilhante que **havia sofrido** (sofrera)."

Obs.: Sobre os tempos compostos dos modos indicativo e subjuntivo consulta o item 35. Conjugações verbais - tempos compostos.

32. www.pr.wikipédia.org, 7.7.2012, alterado; **2.** http://mural.mcampos.br, 7.7.2012, alterado.

23. VERBOS COM PARTICÍPIOS REGULAR E IRREGULAR

Há verbos que possuem dois particípios, **regular** e **irregular:**

Verbo	Particípio	
	Regular	Irregular
aceitar	aceitado	aceito
afetar	afetado	afeto
aspergir	aspergido	asperso
bem-querer	benquerido	benquisto
defender	defendido	defeso[33]
emergir	emergido	emerso
entregar	entregado	entregue
enxugar	enxugado	enxuto
espargir	espargido	esparso
expelir	expelido	expulso
exprimir	exprimido	expresso
extinguir	extinguido	extinto
findar	findado	findo
fritar	fritado	frito
gastar	gastado	gasto
imergir	imergido	imerso
isentar	isentado	isento
malquerer	malquerido	malquisto
morrer	morrido	morto
pagar	pagado	pago
prender	prendido	preso
romper	rompido	roto
segurar	segurado	seguro
sujeitar	sujeitado	sujeito
surgir	surgido	surto

Verbo	Particípio	
	Regular	Irregular
acender	acendido	aceso
anexar	anexado	anexo
benzer	benzido	bento
concluir	concluído	concluso
eleger	elegido	eleito
encher	enchido	cheio
envolver	envolvido	envolto
erigir	erigido	ereto
exaurir	exaurido	exausto
expressar	expressado	expresso
expulsar	expulsado	expulso
fartar	fartado	farto
frigir	frigido	frito
ganhar	ganhado	ganho
imprimir	imprimido	impresso
inserir	inserido	inserto
limpar	limpado	limpo
matar	matado	morto
ocultar	ocultado	oculto
pegar	pegado	pego
reeleger	reelegido	reeleito
salvar	salvado	salvo
submergir	submergido	submerso
soltar	saltado	solto
suspender	suspendido	suspenso

33. A forma defeso é usada com sentido de proibido.

Observações: Os verbos **chegar** e **trazer** possuem apenas os particípios regulares **chegado** e **trazido**: as formas **chego** e **trago** são os presentes do indicativo logo os seguintes usos não estão conformes:

✦ (1) O professor tinha **chego** até o lago (ou tinha **trago** os materiais até o lago), portanto precisava do barco para ir para casa.

24. VERBOS COM APENAS PARTICÍPIO IRREGULAR

Verbo	Particípio irregular
abrir	aberto
cobrir	coberto
descrever	descrito
encobrir	encoberto
escrever	escrito
inscrever	inscrito
prescrever	prescrito
reinscrever	reinscrito
transcrever	transcrito

Verbo	Particípio irregular
circunscrever	circunscrito
descobrir	descoberto
dizer	dito
entreabrir	entreaberto
fazer	feito
manuscrever	manuscrito
reabrir	reaberto
subscrever	subscrito

As formas **abrido**, **circunscrevido**, **cobrido**, **encobrido**, **escrevido**, **descobrido**, etc., supostos particípios regulares, não são usadas.

25. EMPREGO DOS PARTICÍPIOS DUPLOS

a) Usamos as **formas regulares** com os verbos auxiliares **ter** ou **haver** (voz ativa):

✦ (1) "Ele **teria salvado** sua vida se deixasse Atenas."

✦ (2) O mergulhador **tinha submergido** em meio às ondas.

b) Usamos as **formas irregulares** com os auxiliares **ser**, **estar**, **ficar** (voz passiva):

✦ (1) Um novo princípio de vida **é inserto** em nós.

✦ (2) A montagem do quebra-cabeça **está conclusa**.

✦ (3) **Ficaremos isentos** do pagamento da taxa.

- **Fundamentações:**

a) Os verbos **ganhar**, **gastar** e **pagar**, semelhantemente a: **aceitar, afetar, matar**, **pegar**, **salvar**, e tantos outros, possuem dois particípios respectivamente

ganhado/ganho, **gastado/gasto** e **pagado/pago**, portanto aplicam-se lhes as regras anteriores: usamos os particípios regulares com os verbos **ter** e **haver**, e os particípios irregulares, com os verbos **ser** e **estar**.

✦ (1) "A esperança do Governo é **ter ganhado** confiança com sua austeridade fiscal." (2) A confiança não **será ganha** sem austeridade fiscal. (3) "Se o governo não **tivesse gastado** tanto, o corte não seria necessário." (4) **Foi gasto** além do conveniente portanto o corte nas contas públicas foi necessário.

b) Segundo Maria Aparecida Ryan, "alguns autores admitem a forma regular gastado."[34]

c) Francisco Evaristo relaciona normalmente, sem ressalva, em sua gramática os particípios: "acceitado/acceito, affeiçoado/affecto, annexado/annexo, entregado/entregue, **gastado/gasto**, matado/morto, **pagado/pago**, accendido/acceso."[35]

d) "*Pagado* e *pago*: O port. ant. offerece-nos innumeros exemplos das duas formas usadas indiscriminadamente: Se a divida he já *pagada* (Foros de Beja) – Queremos e mandamos que sejão *pagos* pelos nossos almuxariffes) – E foi-lhe logo *pagado* o solldo dhun mês (F. Lopes) ... A origem do *pago* participio parece devida a uma nova adaptação semantica do substantivo deverbal *pago* (como mais tarde succedeu a *gasto*, *ganho*) em frases deste genero: *este dinheiro é pago* (= pagamento) *para tal serviço*. Inaceitavel é a hypothese da contracção ou syncopação da vogal tonica (e mais a consoante seguinte) no vocabulo portuguez *pagado*, nem se percebe a que propósito viria tão singular reducção de esforço, uma vez que perdurava o uso de *pagado* para os mesmos effeitos a que servia o particípio *pago*... *Gastado* e *gasto*: O verbo *gastar* nunca teve ou particípio do pretérito senão *gastado* no port. ant. e no port. mod. até o século XVIII, época em que se começa a introduzir na linguagem literária o substantivo deverbal *gasto* com função participial. Tem tomado tal incremento o seu uso, que já agora se evitaria o antigo particípio em frases como as seguintes: Munições *gastadas* (Castanh. 2, 79) – Tanta fazenda quanta tinha *gastada* (IB. 2, 10, 1) – O tempo se resgata dando... tempo bem *gastado* por tempo mal *gastado* (Vieira) – Se foy mal *gastado* está cativo (Vieira). *Ganhado* e *ganho*: Participio sempre usado em port. ant. e port. mod. é *ganhado*. Igual attribuição se deu ao vocabulo *ganho* no secuco XIX, e na incerteza entre as duas maneiras de dizer, vai-se manifestando hoje predilecção pelo particípio intruso. Cotejem-se com o falar hodierno: Vintém poupado, vintém *ganhado* (Proverbio) Sustentaremos a honra que temos

34. Conjugação dos Verbos em Português", página 160, editora Ática;
35. LEONI, Francisco Evaristo, Genio da Lingua Portugueza, ou Causas Racionaes e Philologicas de Todas as Formas e Derivações da Mesma Lingua, tomo 1, Typographia do Panorama, Lisboa, 1858, pág. 236 *apud* Coleção "gramáticas", iel.unicamp.br, negrito nosso;

ganhado (Castanh. 1, 83 – Estas cousas estam *ganhadas* (Barros) – Foram perdendo o que tinham *ganhado* (Vieira) – Adornos... *ganhados* pelo trabalho (Mello) – Tinham *ganhado* a immobilidade (Herc., Lend. Narr. 2, 90)."[36]

e) Vejamos os particípios em outras línguas que surgiram do latim: em **espanhol** há apenas os **particípios regulares** (ganado, gastado e pagado)[37], no **italiano** há os particípios regulares (pagato e guadagnato, e o particípio **speso** (não observa o radical), e no **francês** os particípios não observam os radicais (*payé, gagné, pépensé*).

f) Os tempos compostos formados pelos verbos auxiliares **ter** e **haver** e pelos particípios irregulares **ganho, gasto** e **pago (tinha pago, havia gasto** etc.) estabeleceram-se na fala e na escrita, mas não existe fundamento objetivo na língua portuguesa para tais exceções, que, aliás, contrariam as regras retrodescritas.

26. CONJUGAÇÕES VERBAIS

São as flexões pelas quais os verbos expressam tempo, modo, número, pessoa e voz.

É também a classificação dos verbos em todas as suas flexões, ou seja, em todos os modos, tempos, pessoas, números e vozes.

Os verbos na língua portuguesa são classificados conforme as terminações (desinências):

- à **primeira conjugação** pertencem os verbos que terminam com **ar**;
- à **segunda conjugação** pertencem os verbos que terminam com **er**;
- à **terceira conjugação** pertencem os verbos que terminam com **ir.**

As desinências dos verbos regulares são modelos de flexões dos seus respectivos verbos.

As conjugações de todos os verbos da língua portuguesa estão na internet ou em livros de conjugação verbos, portanto é recomendável termos um desses meios para resolvermos dúvidas.

- **Formação do imperativo afirmativo**

É formado pelas segundas pessoas do singular e do plural do presente do indicativo, sem o **s** final, e pelas outras pessoas do presente do subjuntivo.

---

36. ALI, M. Said. *Grammatica historica da lingua portugueza*. São Paulo: Melhoramentos. 2ª Ed. Melhorada e augmentada, editada em **1931**, São Paulo, pág. 164, (a primeira edição, publicada em **1921**, recebeu 1º premio Francisco Alves de **1921** e de **1927** *apud* Coleção "gramáticas", iel.unicamp.br, negrito nosso.
37. Ana Garcia Herranz e Ricardo Rebato, "La conjugación Verbal", Ediciones SM.

- **Formação do imperativo negativo**

É formado pelas pessoas do presente do subjuntivo menos a primeira.

CANTAR			
Presente do indicativo	**Imperativo afirmativo**	**Presente do subjuntivo**	**Imperativo negativo**
canto →		cante	
cantas →	canta (tu)	cantes →	não cantes (tu)
canta	cante (ele/ela) ←	cante →	não cante (ele/ela)
cantamos	cantemos (nós) ←	cantemos →	não cantemos (nós)
cantais →	cantai (vós)	canteis →	não canteis (vós)
cantam	cantem (eles/elas) ←	cantem →	não cantem (eles/elas)

- **Formas rizotônicas:** quando a sílaba tônica está no radical do verbo:
  - pos**su**o, plei**tei**o, me**dei**o, a**cei**to, **fi**ro, pro**í**bo, pro**í**bes, pro**í**be, re**ú**no, re**ú**nes, re**ú**ne.
- **Formas arrizotônicas** (a=não): quando a sílaba tônica está fora do radical:
  - possu**í**mos, pleite**a**mos, medi**a**mos, acei**ta**mos, fe**ri**mos.

GRÁFICO DOS TEMPOS VERBAIS				
Anterior ao passado	**PASSADO**	**Posterior ao passado**	**PRESENTE**	**Posterior ao presente**
pretérito mais-que-perfeito	pret. perfeito/ imperfeito	futuro do pretérito	presente	futuro do presente

Para facilitar a memorização dos tempos dos modos indicativo e subjuntivo, as conjugações estão dispostas de acordo com os tempos ou momentos que os verbos expressam.

Trocamos "pretérito" pelo sinônimo "passado" para facilitar a compreensão.

MODOS	TEMPOS					
Indicativo	passado mais-que-perfeito	passado perfeito	passado imperfeito	futuro do passado	presente	futuro do presente
Subjuntivo	–	–	passado imperfeito	–	presente	futuro do presente

27. VERBOS AUXILIARES

SER

MODO INDICATIVO

Pret. mais-que-perfeito	Pretérito perfeito	Pretérito imperfeito
fora	fui	era
foras	foste	eras
fora	foi	era
fôramos	fomos	éramos
fôreis	fostes	éreis
foram	foram	eram

Futuro do pretérito	Presente	Futuro do presente
seria	sou	serei
serias	és	serás
seria	é	será
seríamos	somos	seremos
seríeis	sois	sereis
seriam	são	serão

MODO SUBJUNTIVO

Pretérito imperfeito	Presente	Futuro
fosse	seja	for
fosses	sejas	fores
fosse	seja	for
fôssemos	sejamos	formos
fôssemos	sejais	fordes
fossem	sejam	forem

MODO IMPERATIVO		FORMAS NOMINAIS	
Afirmativo	**Negativo**	**Infinitivo pessoal**	**Infinitivo impessoal**
—	—	ser	ser
sê (tu)	não sejas (tu)	seres	**Gerúndio**
seja (ele/ela)	não seja (ele/ela)	ser	sendo
sejamos (nós)	não sejamos (nós)	sermos	**Particípio**
sede (vós)	não sejais (vós)	serdes	sido
sejam (eles/elas)	não sejam (eles/elas)	serem	

Ser: verbo irregular da segunda conjugação.

ESTAR		
MODO INDICATIVO		
Pret. mais-que-perfeito	**Pretérito perfeito**	**Pretérito imperfeito**
est ivera	est ive	est ava
est iveras	est iveste	est avas
est ivera	est eve	est ava
est ivéramos	est ivemos	est ávamos
est ivéreis	est ivest es	est áveis
est iveram	est iveram	est avam
Futuro do pretérito	**Presente**	**Futuro do presente**
est aria	est ou	est arei
est arias	est ás	est arás
est aria	est á	est ará
est aríamos	est amos	est aremos
est aríeis	est ais	est areis
est ariam	est ão	est arão
MODO SUBJUNTIVO		
Pretérito imperfeito	**Presente**	**Futuro**
est ivesse	est eja	est iver
est ivesses	est ejas	est iveres
est ivesse	est eja	est iver
est ivéssemos	est ejamos	est ivermos
est ivésseis	est ejais	est iverdes
est ivessem	est ejam	est iverem

MODO IMPERATIVO		FORMAS NOMINAIS	
Afirmativo	**Negativo**	**Infinitivo pessoal**	**Infinitivo impessoal**
—	—	est ar	est ar
est á (tu)	não est ejas (tu)	est ares	**Gerúndio**
est eja (ele/ela)	não est eja (ele)	est ar	est ando
est ejamos (nós)	não est ejamos (nós)	est armos	**Particípio**
est ai (vós)	não est ejais (vós)	est ardes	est ado
est ejam (eles/elas)	não est ejam (eles)	est arem	

Estar: verbo irregular da primeira conjugação.

TER		
MODO INDICATIVO		
Pret. mais-que-perfeito	**Pretérito perfeito**	**Pretérito imperfeito**
t ivera t iveras t ivera t ivéramos t ivéreis t iveram	t ive t iveste t eve t ivemos t ivestes t iveram	t inha t inhas t inha t ínhamos t ínheis t inham
Futuro do pretérito	**Presente**	**Futuro do presente**
t eria t erias t eria t eríamos t eríeis t eriam	t enho t ens t em t emos t endes t êm	t erei t erás t erá t eremos t ereis t erão
MODO SUBJUNTIVO		
Pretérito imperfeito	**Presente**	**Futuro**
t ivesse t ivesses t ivesse t ivéssemos t ivésseis t ivessem	t enha t enhas t enha t enhamos t enhais t enham	t iver t iveres t iver t ivermos t iverdes t iverem

MODO IMPERATIVO		FORMAS NOMINAIS	
Afirmativo	**Negativo**	**Infinitivo pessoal**	**Infinitivo impessoal**
— t em (t u) t enha (ele/ela) t enhamos (nós) t ende (vós) t enham (eles/elas)	não t enhas (t u) não t enha (ele) não t enhamos (nós) não t enhais (vós) não t enham (eles)	t er t eres t er t ermos t erdes t erem	t er **Gerúndio** t endo **Particípio** t ido

Ter: verbo irregular da segunda conjugação.

Abster, ater-se, conter, deter, entreter, manter, obter, reter seguem esta conjugação, inclusive são acentuados nas 2ª e 3ª pessoas do singular do presente do indicativo e na 2ª pessoa do singular do imperativo afirmativo: absténs, abstém.

HAVER		
MODO INDICATIVO		
Pret. mais-que-perfeito	**Pretérito perfeito**	**Pretérito imperfeito**
houvera houveras houvera houvéramos houvéreis houveram	houve houveste houve houvemos houvestes houveram	havia havias havia havíamos havíeis haviam
Futuro do pretérito	**Presente**	**Futuro do presente**
haveria haverias haveria haveríamos haveríeis haveriam	hei hás há havemos haveis hão	haverei haverás haverá haveremos havereis haverão
MODO SUBJUNTIVO		
Pretérito imperfeito	**Presente**	**Futuro**
houvesse houvesses houvesse houvéssemos houvésseis houvessem	haja hajas haja hajamos hajais hajam	houver houveres houver houvermos houverdes houverem

MODO IMPERATIVO		FORMAS NOMINAIS	
Afirmativo	**Negativo**	**Infinitivo pessoal**	**Infinitivo impessoal**
— há (tu) haja (ele/ela) hajamos (nós) havei (vós) hajam (eles/elas)	— não hajas (tu) não haja (ele/ela) não hajamos (nós) não hajais (vós) não hajam (eles/elas)	haver haveres haver havermos haverdes haverem	haver **Gerúndio** havendo **Particípio** havido

28. VERBOS REGULARES DA PRIMEIRA CONJUGAÇÃO (AR)

CANTAR

MODO INDICATIVO

Pret. mais-que-perfeito	Pretérito perfeito	Pretérito imperfeito
cant ara	cant ei	cant ava
cant aras	cant aste	cant avas
cant ara	cant ou	cant ava
cant áramos	cant amos	cant ávamos
cant áreis	cant astes	cant áveis
cant aram	cant aram	cant avam

Futuro do pretérito	Presente	Futuro do presente
cant aria	cant o	cant arei
cant arias	cant as	cant arás
cant aria	cant a	cant ará
cant aríamos	cant amos	cant aremos
cant aríeis	cant ais	cant areis
cant ariam	cant am	cant arão

MODO SUBJUNTIVO

Pretérito imperfeito	Presente	Futuro
cant asse	cant e	cant ar
cant asses	cant es	cant ares
cant asse	cant e	cant ar
cant ássemos	cant emos	cant armos
cant ásseis	cant eis	cant ardes
cant assem	cant em	cant arem

MODO IMPERATIVO		FORMAS NOMINAIS	
Afirmativo	**Negativo**	**Infinitivo pessoal**	**Infinitivo impessoal**
—	—	cant ar	cant ar
cant a (tu)	não cant es (tu)	cant ares	**Gerúndio**
cant e (ele/ela)	não cant e (ele/ela)	cant ar	cant ando
cant emos (nós)	não cant emos (nós)	cant armos	**Particípio**
cant ai (vós)	não cant eis (vós)	cant ardes	cant ado
cant em (eles/elas)	não cant em (eles/elas)	cant arem	

Verbos que seguem esse paradigma: acabar, acalmar, aceitar, acentuar, abreviar, adiar, adjudicar, adoçar, aguentar, alcançar, aliviar, almoçar, apoiar (verbos em **oiar**), arruinar (acentua-se o **i** nas formas rizotônicas), avançar, brincar, captar, capturar, cegar, copiar, **começar** (usa-se **c** antes de **e**), convocar, cuidar, deixar, deitar, desfrutar, desperdiçar, educar, enraizar (acentua-se o **i** nas formas rizotônicas), **ficar** (**c** muda-se em **qu** perante **e**), justificar, **laçar** (usa-se **c** antes de **e**), **ligar** (**g** muda-se em **gu** perante **e**), mobiliar (acentua-se **i** após **b** nas formas rizotônicas), pausar, pecar, peneirar, realçar, respeitar, revogar, saudar (acentua-se o **u** nas formas rizotônicas), soar (verbos em **oar**), suar (verbos em **uar**), suspeitar, viajar etc.

As variações que ocorrem nos radicais dos verbos terminados em **car** e **gar** (**c** em **qu** e **g** em **gu**) não são consideradas como alterações, porque são usadas para manter o último fonema do verbo (ficar → fiquei, jogar → joguei).

AGUAR

MODO INDICATIVO

Pret. mais-que-perfeito	Pretérito perfeito	Pretérito imperfeito
agu ara	agu ei	agu ava
agu aras	agu aste	agu avas
agu ara	agu ou	agu ava
agu áramos	agu amos	agu ávamos
agu áreis	agu astes	agu áveis
agu aram	agu aram	agu avam

Futuro do pretérito	Presente	Futuro do presente
agu aria	águ o / agu o	agu arei
agu arias	águ as / agu as	agu arás
agu aria	águ a / agu a	agu ará
agu aríamos	agu amos	agu aremos
agu aríeis	agu ais	agu areis
agu ariam	águ am / agu am	agu arão

MODO SUBJUNTIVO

Pretérito imperfeito	Presente	Futuro
agu asse	águ e / agu e	agu ar
agu asses	águ es / agu es	agu ares
agu asse	águ e / agu e	agu armos
agu ássemos	agu emos	agu ardes
agu ásseis	agu eis	agu ar
agu assem	águ em / agu em	agu arem

MODO IMPERATIVO

Afirmativo	Negativo
—	—
águ a / agu a (tu)	não águ es / agu es (tu)
águ e / agu e (ele)	não águ e / agu e (ele)
agu emos (nós)	não agu emos (nós)
agu ai (vós)	não agu eis (vós)
águ em / agu em (eles)	nãoáguem/aguem(eles)

FORMAS NOMINAIS

Infinitivo pessoal
agu ar
aguar es
aguar
aguar mos
aguar des
aguar em

Infinitivo impessoal
agu ar
Gerúndio
agu ando
Particípio
agu ado

Seguem este paradigma os verbos terminados em **guar**: apaziguar, averiguar, desaguar, enxaguar etc.

29. VERBOS REGULARES DA SEGUNDA CONJUGAÇÃO (ER)

VENDER

MODO INDICATIVO

Pret. mais-que-perfeito	Pretérito perfeito	Pretérito imperfeito
vend era	vend i	vend ia
vend eras	vend este	vend ias
vend era	vend eu	vend ia
vend êramos	vend emos	vend íamos
vend êreis	vend estes	vend íeis
vend eram	vend eram	vend iam

Futuro do pretérito	Presente	Futuro do presente
vend eria	vend o	vend erei
vend erias	vend es	vend erás
vend eria	vend e	vend erá
vend eríamos	vend emos	vend eremos
vend eríeis	vend eis	vend ereis
vend eriam	vend em	vend erão

MODO SUBJUNTIVO

Pretérito imperfeito	Presente	Futuro
vend esse	vend a	vend er
vend esses	vend as	vend eres
vend esse	vend a	vend er
vend êssemos	vend amos	vend ermos
vend êsseis	vend ais	vend erdes
vend essem	vend am	vend erem

MODO IMPERATIVO		FORMAS NOMINAIS	
Afirmativo	**Negativo**	**Infinitivo pessoal**	**Infinitivo impessoal**
—	—	vend er	vend er
vend e (tu)	não vend as (tu)	vend eres	**Gerúndio**
vend a (ele/ela)	não vend a (ele/ela)	vend er	vend endo
vend amos (nós)	não vend amos (nós)	vend ermos	**Particípio**
vend ei (vós)	não vend ais (vós)	vend erdes	vend ido
vend am (eles/elas)	não vend am (eles/elas)	vend erem	

Seguem este paradigma **comer**, **conhecer** (usa-se **ç** perante **a** e **o**), **tecer**, **torcer** (usa-se **ç** perante **a** e **o**) etc. As variações que ocorrem nos radicais (conhecer → conheço, tecer → teço, torcer → torço) não são consideradas como alterações, porque são usadas para manter o último fonema do verbo.

ELEGER

MODO INDICATIVO

Pret. mais-que-perfeito	Pretérito perfeito	Pretérito imperfeito
eleg era	eleg i	eleg ia
eleg eras	eleg este	eleg ias
eleg era	eleg eu	eleg ia
eleg êramos	eleg emos	eleg íamos
eleg êreis	eleg estes	eleg íeis
eleg eram	eleg eram	eleg iam

Futuro do pretérito	Presente	Futuro do presente
eleg eria	elej o	eleg erei
eleg erias	eleg es	eleg erás
eleg eria	eleg e	eleg erá
eleg eríamos	eleg emos	eleg eremos
eleg eríeis	eleg eis	eleg ereis
eleg eriam	eleg em	eleg erão

MODO SUBJUNTIVO

Pretérito imperfeito	Presente	Futuro
eleg esse	elej a	eleg er
eleg esses	elej as	eleg eres
eleg esse	elej a	eleg er
eleg êssemos	elej amos	eleg ermos
eleg êsseis	elej ais	eleg erdes
eleg essem	elej am	eleg erem

MODO IMPERATIVO

Afirmativo	Negativo
—	—
eleg e (tu)	não elej as (tu)
elej a (ele/ela)	não elej a (ele/ela)
elej amos (nós)	não elej amos (nós)
eleg ei (vós)	não elej ais (vós)
elej am (eles/elas)	não elej am (eles/elas)

FORMAS NOMINAIS

Infinitivo pessoal
eleg er
eleg eres
eleg er
eleg ermos
eleg erdes
eleg erem

Infinitivo impessoal
eleg er

Gerúndio
eleg endo

Particípio
eleg ido

Seguem esta conjugação **abranger**, **constranger**, **proteger**, **ranger**, **reeleger**, **reger**, **tanger** etc.
As variações que ocorrem nos radicais dos verbos terminados em **ger** (**g** em **j** perante **a** e **o**: ele**g**er → ele**j**o, ran**g**er → ran**j**o) não são consideradas como alterações, porque são usadas para manter o último fonema do verbo.

30. VERBOS REGULARES DA TERCEIRA CONJUGAÇÃO (IR)

PARTIR

MODO INDICATIVO

Pret. mais-que-perfeito	Pretérito perfeito	Pretérito imperfeito
part ira	part i	part ia
part iras	part iste	part ias
part ira	part iu	part ia
part íramos	part imos	part íamos
part íreis	part istes	part íeis
part iram	part ira	part iam

Futuro do pretérito	Presente	Futuro do presente
part iria	part o	part irei
part irias	part es	part irás
part iria	part e	part irá
part iríamos	part imos	part iremos
part iríeis	part is	part ireis
part iriam	part em	part irão

MODO SUBJUNTIVO

Pretérito imperfeito	Presente	Futuro
part isse	part a	part ir
part isses	part as	part ires
part isse	part a	part ir
part íssemos	part amos	part irmos
part ísseis	part ais	part irdes
part issem	part am	part irem

MODO IMPERATIVO		FORMAS NOMINAIS	
Afirmativo	**Negativo**	**Infinitivo pessoal**	**Infinitivo impessoal**
—	—	part ir	part ir
part e(tu)	não part as (tu)	part ires	**Gerúndio**
part a(ele/ela)	não part a (ele)	part ir	part indo
part amos(nós)	não part amos (nós)	part irmos	**Particípio**
part i(vós)	não part ais (vós)	part irdes	part ido
part am(eles/elas)	não part am (eles)	part irem	

Verbos que seguem esse paradigma:

abrir, admitir, assistir, colidir, confundir, consistir, contundir, deprimir, desistir, dirigir (verbos em **gir**, usa-se **j** perante **a** e **o**), distinguir (verbos em **guir**, perde o **u** perante **a** e **o**), dirimir, dividir, elidir, emitir, exibir, eximir, existir, exprimir, fugir, fundir, iludir, imprimir, inibir, incidir, inquirir, insistir, nutrir, omitir, oprimir, permitir, persuadir, prescindir, presidir, presumir, proibir (acentua-se o **i** nas formas rizotônicas) punir, residir, resistir, ressarcir (usa-se **ç** perante **a** e **o**), resumir, reunir (acentua-se o **u** nas formas rizotônicas).

As variações que ocorrem nos radicais dos verbos terminados em **gir** e **guir** não são consideradas como alterações, porque são usadas para manter o último fonema do verbo (fugir → fujo, fuja, conseguir → consigo, consiga).

ARGUIR		
MODO INDICATIVO		
Pret. mais-que-perfeito	**Pretérito perfeito**	**Pretérito imperfeito**
argui ra	argu i	argu ia
argui ras	argu iste	argu ias
argui ra	argu iu	argu ia
arguí ramos	argu imos	argu íamos
arguí reis	argu istes	argu íeis
argui ram	argu iram	argu iam
Futuro do pretérito	**Presente**	**Futuro do presente**
arguir ia	argu o	arguir ei
arguir ias	argu is	arguir ás
arguir ia	argu i	arguir á
arguir íamos	argu imos	arguir emos
arguir íeis	argu is	arguir eis
arguir iam	argu em	arguir ão
MODO SUBJUNTIVO		
Pretérito imperfeito	**Presente**	**Futuro**
argui sse	argu a	argui r
argui sses	argu as	argui res
argui sse	argu a	argui r
arguí ssemos	argu amos	argui rmos
arguí sseis	argu ais	argui rdes
argui ssem	argu am	argui rem

MODO IMPERATIVO		FORMAS NOMINAIS	
Afirmativo	**Negativo**	**Infinitivo pessoal**	**Infinitivo impessoal**
—	—	argu ir	arguir
argu i (tu)	não argu as (tu)	arguir es	**Gerúndio**
argu a (ele/ela)	não argu a (ele)	arguir	argui ndo
argu amos (nós)	não argu amos (nós)	arguir mos	**Particípio**
argu i (vós)	não argu ais (vós)	arguir des	argu ido
argu am (eles/elas)	não argu am (eles)	arguir em	

Os verbos regulares terminados em **guir** seguem este paradigma.

POSSUIR

MODO INDICATIVO

Pret. mais-que-perfeito	Pretérito perfeito	Pretérito imperfeito
possu íra	possu í	possu ía
possu íras	possu iste	possu ías
possu íra	possu iu	possu ía
possu íramos	possu ímos	possu íamos
possu íreis	possu ístes	possu íeis
possu íram	possu íram	possu íam

Futuro do pretérito	Presente	Futuro do presente
possu iria	possu o	possu irei
possu irias	possu is	possu irás
possu iria	possu i	possu irá
possu iríamos	possu ímos	possu iremos
possu iríeis	possu ís	possu ireis
possu iriam	possu em	possu irão

MODO SUBJUNTIVO

Pretérito imperfeito	Presente	Futuro
possu ísse	possu a	possu ir
possu ísses	possu as	possu íres
possu ísse	possu a	possu ir
possu íssemos	possu amos	possu irmos
possu ísseis	possu ais	possu irdes
possu íssem	possu am	possu írem

MODO IMPERATIVO		FORMAS NOMINAIS	
Afirmativo	**Negativo**	**Infinitivo pessoal**	**Infinitivo impessoal**
—	—	possu ir	possu ir
possu i (tu)	não possu as (tu)	possu íres	**Gerúndio**
possu a (ele/ela)	não possu a (ele)	possu ir	possu indo
possu amos (nós)	não possu amos (nós)	possu irmos	
possu í (vós)	não possu ais (vós)	possu irdes	**Particípio**
possu am (eles/elas)	não possu am (eles)	possu írem	possu ído

Os verbos terminados em **uir**, fluir, atribuir, construir, excluir, usufruir, substituir, seguem este paradigma.

31. VERBOS IRREGULARES DA PRIMEIRA CONJUGAÇÃO (AR)

DAR

MODO INDICATIVO

Pret. mais-que-perfeito	Pretérito perfeito	Pretérito imperfeito
d era	d ei	d ava
d eras	d este	d avas
d era	d eu	d ava
d éramos	d emos	d ávamos
d éreis	d estes	d áveis
d eram	d eram	d avam

Futuro d o pretérito	Presente	Futuro d o presente
d aria	d ou	d arei
d arias	d ás	d arás
d aria	d á	d ará
d aríamos	d amos	d aremos
d aríeis	d ais	d areis
d ariam	d ão	d arão

MODO SUBJUNTIVO

Pretérito imperfeito	Presente	Futuro
d esse	d ê	d er
d esses	d ês	d eres
d esse	d ê	d er
d éssemos	d emos	d ermos
d ésseis	d eis	d erdes
d essem	d eem	d erem

MODO IMPERATIVO

Afirmativo	Negativo
—	—
d á (tu)	não d ês (tu)
d ê (ele/ela)	não d ê (ele/ela)
d emos (nós)	não d emos (nós)
d ai (vós)	não d eis (vós)
d eem (eles/elas)	não d eem (eles/elas)

FORMAS NOMINAIS

Infinitivo pessoal	Infinitivo impessoal
d ar	d ar
d ares	**Gerúndio**
d ar	d ando
d armos	**Particípio**
d ardes	d ado
d arem	

MEDIAR

MODO INDICATIVO

Pret. mais-que-perfeito	Pretérito perfeito	Pretérito imperfeito
media ra	medi ei	medi ava
media ras	medi aste	medi avas
media ra	medi ou	medi ava
mediá ramos	medi amos	medi ávamos
mediá reis	medi astes	medi áveis
media ram	medi aram	medi avam

Futuro do pretérito	Presente	Futuro do presente
medi aria	medei o	medi arei
medi arias	medei as	medi arás
medi aria	medei a	medi ará
medi aríamos	medi amos	medi aremos
medi aríeis	medi ais	medi areis
medi ariam	medei am	medi arão

MODO SUBJUNTIVO

Pretérito imperfeito	Presente	Futuro
medi asse	medei e	medi ar
medi asses	medei es	medi ares
medi asse	medei e	medi ar
medi ássemos	medi emos	medi armos
medi ássemos	medi eis	medi ardes
medi assem	medei em	medi arem

MODO IMPERATIVO

Afirmativo	Negativo
—	—
medei a (tu)	não medei es (tu)
medei e (ele/ela)	não medei e (ele)
medi emos (nós)	não medi emos (nós)
medi ai (vós)	não medi eis (vós)
medi ei em (eles/elas)	não medei em (eles)

FORMAS NOMINAIS

Infinitivo pessoal	Infinitivo impessoal
medi ar	medi ar
medi ares	**Gerúndio**
medi ar	medi ando
medi armos	**Particípio**
medi ardes	medi ado
medi arem	

Seguem este paradigma ansiar, remediar, incendiar, intermediar, odiar (muda-se **i** em **ei** nas formas rizotônicas), recear, barbear, bloquear, bronzear, custear, grampear, pentear, pleitear (muda-se **i** em **ei** nas formas rizotônicas).

32. VERBOS IRREGULARES DA SEGUNDA CONJUGAÇÃO (ER)

CABER		
MODO INDICATIVO		
Pret. mais-que-perfeito	**Pretérito perfeito**	**Pretérito imperfeito**
coub era coub eras coub era coub éramos coub éreis coub eram	coub e coub este coub e coub emos coub estes coub eram	cab ia cab ias cab ia cab íamos cab íeis cab iam
Futuro do pretérito	**Presente**	**Futuro do presente**
cab eria cab erias cab eria cab eríamos cab eríeis cab eriam	caib o cab es cab e cab emos cab eis cab em	cab erei cab erás cab erá cab eremos cab ereis cab erão
MODO SUBJUNTIVO		
Pretérito imperfeito	**Presente**	**Futuro**
coub esse coub esses coub esse coub éssemos coub ésseis coub essem	caib a caib as caib a caib amos caib ais caib am	coub er coub eres coub er coub ermos coub erdes coub erem

MODO IMPERATIVO		FORMAS NOMINAIS	
Afirmativo	**Negativo**	**Infinitivo pessoal**	**Infinitivo impessoal**
—	—	caber caberes caber cabermos caberdes caberem	caber **Gerúndio** cabendo **Particípio** cabido

CRER		
MODO INDICATIVO		
Pret. mais-que-perfeito	**Pretérito perfeito**	**Pretérito imperfeito**
cr era cr eras cr era cr êramos cr êreis cr eram	cr i cr este cr eu cr emos cr edes cr eram	cr ia cr ias cr ia cr íamos cr íeis cr iam
Futuro do pretérito	**Presente**	**Futuro do presente**
cr eria cr erias cr eria cr eríamos cr eríeis cr eriam	cr eio cr ês cr ê cr emos cr edes cr eem	cr erei cr erás cr erá cr eremos cr ereis cr erão
MODO SUBJUNTIVO		
Pretérito imperfeito	**Presente**	**Futuro**
cr esse cr esses cr esse cr êssemos cr êsseis cr essem	cr eia cr eias cr eia cr eiamos cr eiais cr eiam	cr er cr eres cr er cr ermos cr erdes cr erem

MODO IMPERATIVO		**FORMAS NOMINAIS**	
Afirmativo	**Negativo**	**Infinitivo pessoal**	**Infinitivo impessoal**
— cr ê (tu) cr eia (ele/ela) cr eiamos (nós) cr ede (vós) cr eiam (eles/elas)	— não cr eias (tu) não cr eia (ele/ela) não cr eiamos (nós) não cr eiais (vós) não cr eiam (eles/elas)	cr er cr eres cr er cr ermos cr erdes cr erem	cr er **Gerúndio** cr endo **Particípio** cr ido

Crer: acrescenta-se **i** após **e** na 1ª pess. do sing. do pres. do indicativo e nas formas derivadas.
Perder: **d** muda-se em **c** na 1ª pess. do sing. do presente e nas formas derivadas.
Seguem este paradigma **descrer**, **ler** e **reler**.

PÔR (POER)		
MODO INDICATIVO		
Pret. mais-que-perfeito	**Pretérito perfeito**	**Pretérito imperfeito**
p usera	p us	p unha
p useras	p useste	p unhas
p usera	p ôs	p unha
p uséramos	p usemos	p únhamos
p uséreis	p usestes	p únheis
p useram	p useram	p unham
Futuro do p retérito	**Presente**	**Futuro do p resente**
p oria	p onho	p orei
p orias	p ões	p orás
p oria	p õe	p orá
p oríamos	p omos	p oremos
p oríeis	p ondes	p oreis
p oriam	p õem	p orão
MODO SUBJUNTIVO		
Pretérito imperfeito	**Presente**	**Futuro**
p usesse	p onha	p user
p usesses	p onhas	p useres
p usesse	p onha	p user
p uséssemos	p onhamos	p usermos
p usésseis	p onhais	p userdes
p usessem	p onham	p userem

MODO IMPERATIVO		**FORMAS NOMINAIS**	
Afirmativo	**Negativo**	**Infinitivo pessoal**	**Infinitivo impessoal**
—	—	pôr	pôr
põe (tu)	não ponhas (tu)	pores	**Gerúndio**
ponha (ele/ela)	não ponha (ele/ela)	pôr	pondo
ponhamos (nós)	não ponhamos (nós)	pormos	**Particípio**
ponde (vós)	não ponhais (vós)	pordes	posto
ponham (eles/elas)	não ponham (eles/elas)	porem	

Compor, entrepor, impor, interpor, justapor, pressupor seguem esta conjugação.

VER		
MODO INDICATIVO		
Pret. mais-que-perfeito	**Pretérito perfeito**	**Pretérito imperfeito**
v ira v iras v ira v íramos v íreis v iram	v i v iste v iu v imos v istes v iram	v ia v ias v ia v íamos v íeis v iam
Futuro do pretérito	**Presente**	**Futuro do presente**
veria verias veria veríamos veríeis veriam	vejo vês vê vemos vedes veem	verei verás verá veremos vereis verão
MODO SUBJUNTIVO		
Pretérito imperfeito	**Presente**	**Futuro**
visse visses viesse víssemos vísseis vissem	veja vejas veja vejamos vejais vejam	vir vires vir virmos virdes virem

MODO IMPERATIVO		**FORMAS NOMINAIS**	
Afirmativo	**Negativo**	**Infinitivo pessoal**	**Infinitivo impessoal**
— vê (tu) veja (ele/ela) vejamos (nós) vede (vós) vejam (eles/elas)	— não vejas (tu) não veja (ele/ela) não vejamos (nós) não vejais (vós) não vejam (eles/elas)	ver veres ver vermos verdes verem	ver **Gerúndio** vendo **Particípio** visto

Antever, entrever, prever, rever seguem esta conjugação.

33. VERBOS IRREGULARES DA TERCEIRA CONJUGAÇÃO (IR)

ATRAIR		
MODO INDICATIVO		
Pret. mais-que-perfeito	**Pretérito perfeito**	**Pretérito imperfeito**
atra íra atra íras atra íra atra íramos atra íreis atra íram	atra í atra íste atra iu atra ímos atra ístes atra íram	atra ía atra ías atra ía atra íamos atra íeis atra íam
Futuro do pretérito	**Presente**	**Futuro do presente**
atra iria atra irias atra iria atra iríamos atra iríeis atra iriam	atra io atra is atra i atra ímos atra ís atra em	atra irei atra irás atra irá atra iremos atra ireis atra irão
MODO SUBJUNTIVO		
Pretérito imperfeito	**Presente**	**Futuro**
atra ísse atra ísses atra ísse atra íssemos atra ísseis atra íssem	atra ia atra ias atra ia atra iamos atra iais atra iam	atra ir atra íres atra ir atra irmos atra irdes atra írem

MODO IMPERATIVO		FORMAS NOMINAIS	
Afirmativo	**Negativo**	**Infinitivo pessoal**	**Infinitivo impessoal**
— atra i (tu) atra ia (ele/ela) atra iamos (nós) atra í (vós) atra iam (eles/elas)	— não atra ias (tu) não atra ia (ele) não atra iamos (nós) não atra iais (vós) não atra iam (eles)	atra ir atra íres atra ir atra irmos atra irdes atra írem	atra ir **Gerúndio** atra indo **Particípio** atra ído

Abstrair, cair, distrair, extrair, retrair seguem esta conjugação.

FERIR		
MODO INDICATIVO		
Pret. mais-que-perfeito	**Pretérito perfeito**	**Pretérito imperfeito**
fer ira fer iras fer ira fer íramos fer íreis fer iram	fer i fer iste fer iu fer imos fer istes fer iram	fer ia fer ias fer ia fer íamos fer íeis fer iam
Futuro do pretérito	**Presente**	**Futuro do presente**
fer iria fer irias fer iria fer iríamos fer iríeis fer iriam	firo fer es fer e fer imos fer is fer em	fer irei fer irás fer irá fer iremos fer ireis fer irão
MODO SUBJUNTIVO		
Pretérito imperfeito	**Presente**	**Futuro**
fer isse fer isses fer isse fer íssemos fer ísseis fer issem	fir a fir as fir a fir amos fir ais fir am	fer ir fer ires fer ir fer irmos fer irdes fer irem

MODO IMPERATIVO		FORMAS NOMINAIS	
Afirmativo	**Negativo**	**Infinitivo pessoal**	**Infinitivo impessoal**
 fer e (tu) fir a (ele/ela) fir amos (nós) fer i (vós) fir am (eles/elas)	— não fir as (tu) não fir a (ele/ela) não fir amos (nós) não fir ais (vós) não fir am (eles/elas)	fer ir fer ires fer ir fer irmos fer irdes fer irem	fer ir **Gerúndio** feri ndo **Particípio** fer ido

Ferir: o **e** é substituído por **i** na 1ª pessoa do singular do presente do indicativo e nas formas derivadas; seguem esta conjugação: aderir, conferir, consentir, discernir, divertir, gerir, indeferir, inferir, inserir, pressentir, refletir, sentir, servir; **Tecer** (**c** leva cedilha perante **a** e **o**): seguem esta conjugação: abastecer, acontecer, obedecer;

Suprime-se o **u** perante **a** e **o**; dirigir (**g** é substituído por **j** perante **a** e **o**): agir, fingir, redigir; **ouvir** (o **v** muda-se em **ç** no presente do indicativo e nas formas derivadas); **pedir** e **medir** (o **d** muda-se em **ç** no presente do indicativo e nas formas derivadas).

SUBIR		
MODO INDICATIVO		
Pret. mais-que-perfeito	**Pretérito perfeito**	**Pretérito imperfeito**
sub ira sub iras sub ira sub íramos sub íreis sub iram	sub i sub iste sub iu sub imos sub istes sub iram	sub ia sub ias sub ia sub íamos sub íeis sub iam
Futuro do pretérito	**Presente**	**Futuro do presente**
sub iria sub irias sub iria sub iríamos sub iríeis sub iriam	sub o sob es sob e sub imos sub is sob em	sub irei sub irás sub irá sub iremos sub ireis sub irão
MODO SUBJUNTIVO		
Pretérito imperfeito	**Presente**	**Futuro**
sub isse sub isses sub isse sub íssemos sub ísseis sub issem	sub a sub as sub a sub amos sub ais sub am	sub ir sub ires sub ir sub irmos sub irdes sub irem

MODO IMPERATIVO		FORMAS NOMINAIS	
Afirmativo	**Negativo**	**Infinitivo pessoal**	**Infinitivo impessoal**
— sob e (tu) sub a (ele/ela) sub amos (nós) sub i (vós) sub am (eles/elas)	— não sub as (tu) não sub a (ele/ela) não sub amos (nós) não sub ais (vós) não sub am (eles/elas)	sub ires sub ir sub irmos sub irdes sub irem	sub ir **Gerúndio** sub indo **Particípio** sub ido

Subir: o **u** muda em **o**, no presente e no imperativo afirmativo;
divergir (**e** muda-se em **i** no presente do indicativo e no presente do subjuntivo, e **g** em **j** perante **a** e **o**);
dormir (**o** muda-se em **u** na 1ª pess. do sing. do pres. do indic. e nas formas derivadas);
fugir (atenção às mudanças: **u** em **o** no presente e no imperativo afirmativo, e **g** em **j** perante **a** e **o**);
seguir (**o** muda-se em **u**, na 1ª pess. do sing. do pres. do indic. e nas formas derivadas); e suprime-se o **u** perante **a** e **o**, no presente do indicativo, no presente do subjuntivo e no imperativo);
cobrir, tossir; distinguir e extinguir seguem esta conjugação.

VIR		
MODO INDICATIVO		
Pret. mais-que-perfeito	**Pretérito perfeito**	**Pretérito imperfeito**
v iera v ieras v iera v iéramos v iéreis v ieram	v im v ieste v eio v iemos v iestes v ieram	v inha v inhas v inha v ínhamos v ínheis v inham
Futuro do pretérito	**Presente**	**Futuro do presente**
v iria v irias v iria v iríamos v iríeis v iriam	v enho v ens v em v imos v indes v êm	v irei v irás v irá v iremos v ireis v irão
MODO SUBJUNTIVO		
Pretérito imperfeito	**Presente**	**Futuro**
v iesse v iesses v iesse v iéssemos v iésseis v iessem	v enha v enhas v enha v enhamos v enhais v enham	v ier v ieres v ier v iermos v ierdes v ierem

MODO IMPERATIVO		**FORMAS NOMINAIS**	
Afirmativo	**Negativo**	**Infinitivo pessoal**	**Infinitivo impessoal**
— v em (tu) v enha (ele/ela) v enhamos (nós) v inde (vós) v enham (eles/elas)	— não v enhas (tu) não v enha (ele) não v enhamos (nós) não v enhais (vós) não v enham (eles)	v ir v ires v ir v irmos v irdes v irem	v ir **Gerúndio** v indo **Particípio** v indo

Os derivados **intervir**, **convir**, etc. são acentuados na 2ª e na 3ª pess. do sing. do pres. do indicativo (intervéns, intervém) e na 2ª pess. do sing. do imperativo afirmativo (intervém tu).

34. VERBOS DEFECTIVOS

ABOLIR

MODO INDICATIVO

Pret. mais-que-perfeito	Pretérito perfeito	Pretérito imperfeito
abol ira	abol i	abol ia
abol iras	abol iste	abol ias
abol ira	abol iu	abol ia
abol íramos	abol imos	abol íamos
abol íreis	abol istes	abol íeis
abol iram	abol iram	abol iam

Futuro do pretérito	Presente	Futuro do presente
abol iria	—	abol irei
abol irias	abol es	abol irás
abol iria	abol e	abol irá
abol iríamos	abol imos	abol iremos
abol iríeis	abol is	abol ireis
abol iriam	abol em	abol irão

MODO SUBJUNTIVO

Pretérito imperfeito	Presente	Futuro
abol isse	—	abol ir
abol isses		abol ires
abol isse		abol ir
abol íssemos		abol irdes
abol ísseis		abol irmos
abol issem		abol irem

MODO IMPERATIVO		FORMAS NOMINAIS	
Afirmativo	**Negativo**	**Infinitivo pessoal**	**Infinitivo impessoal**
—	—	abol ir	abol ir
abol e(tu)		abol ires	**Gerúndio**
—		abol ir	abol indo
—		abol irmos	**Particípio**
abol i(vós)		abol irdes	abol ido
—		abol irem	

35. CONJUGAÇÕES VERBAIS - TEMPOS COMPOSTOS

Os tempos compostos são formados pelos auxiliares **ter** e **haver** e pelo particípio do verbo principal.

Aos tempos simples **pretérito mais-que-perfeito, pretérito perfeito, futuro do pretérito** e **futuro do presente** do **modo indicativo** correspondem respectivamente os tempos compostos seguintes:

TEMPOS COMPOSTOS DO MODO INDICATIVO	
Pret. mais-que-perfeito	**Pretérito perfeito**
tinha ou havia cantado	tenho ou hei cantado
tinhas ou havias cantado	tens ou hás cantado
tinha ou havia cantado	tem ou há cantado
tínhamos ou havíamos cantado	temos ou havemos cantado
tínheis/havíeis cantado	tendes/haveis cantado
tinham/haviam cantado	têm ou hão cantado
Futuro do pretérito	**Futuro do presente**
teria ou haveria cantado	terei ou haverei cantado
terias ou haverias cantado	terás ou haverás cantado
teria ou haveria cantado	terá ou haverá cantado
teríamos ou haveríamos cantado	teremos ou haveremos cantado
teríeis/haveríeis cantado	tereis/havereis cantado
teriam/haveriam cantado	terão/haverão cantado

Aos tempos simples **pretérito mais-que-perfeito, pretérito perfeito** e **futuro** do **modo subjuntivo** correspondem respectivamente os tempos compostos seguintes:

TEMPOS COMPOSTOS DO MODO SUBJUNTIVO		
Pretérito mais-que-perfeito	**Pretérito perfeito**	**Futuro**
tivesse ou houvesse cantado	tenha ou haja cantado	tiver ou houver cantado
tivesses ou houvesses cantado	tenhas ou hajas cantado	tiveres ou houveres cantado
tivesse ou houvesse cantado	tenha ou haja cantado	tiver ou houver cantado
tivéssemos/houvéssemos cantado	tenhamos/hajamos cantado	tivermos/houvermos cantado
tivésseis ou houvésseis cantado	tenhais/hajais cantado	tiverdes/houverdes cantado
tivessem ou houvessem cantado	tenham ou hajam cantado	tiverem/houverem cantado

36. CORRELAÇÃO VERBAL

O período composto por subordinação é formado por duas orações, principal e secundária. Como ambas apresentam verbos, a língua portuguesa estabelece regras lógicas de correlações verbais (relação mútua entre dois verbos).

- **Presente com presente:** usamos o **presente** com o **presente:**
  - (1) "Para mim a vida é maravilhosa: se não **tenho** nada para fazer, **faço** o que **quero.**"
  - (2) Quando **posso**, **estudo** todos os dias.
- **Futuro com futuro:** usamos o **futuro do subjuntivo** com o **futuro do presente do indicativo:**
  - (1) "Se **abrires** a caixa, **compreenderás** por que fiquei tão surpreso."
  - (2) "O candidato disse: se **for** eleito presidente, **combaterei** a inflação."

  » As formas **compreendes** ou **vais compreender** e **combato** ou **vou combater** não estão conformes a língua portuguesa.
- **Passado com passado:** usamos o **pretérito mais-que-perfeito** com **tempos passados** que expressam acontecimentos posteriores ao tempo passado:
  - (1) "Ainda **preocupava**-se porque **descobrira** entre os passageiros do trem o coronel Betel." (2) "**Sairia** da lama, **faria** de si um homem novamente, **dominaria** o mal que o **possuíra.**"
- **Tempo condicional com tempo condicional:** usamos o pretérito imperfeito do subjuntivo com o futuro do pretérito do indicativo:
  - (1) "Se Anita **visse** o tamanho da sucuri que encontramos, **desmaiaria** de susto."
  - (2) "Os cientistas disseram que o nível do mar **subiria** se a calota polar **derretesse.**"

  » As formas **desmaiará** ou **vai desmaiar** e **subirá** ou **vai subir** não estão conformes.
- **Imperativo com presente, com passado ou com futuro:**
  - (1) Quando **puderes**, **estuda** comigo.
  - (2) Se a lavadora não **funciona**, **leva**-a ao conserto.
  - (3) Se a lavadora não **funcionar**, **leva**-a ao conserto.
  - (4) Papai, como já **compraste** uma bola, não **compres** o outro brinquedo.

37. ORAÇÕES INFINITIVAS LATINAS

São as orações secundárias formadas por sujeito acusativo e verbo infinitivo. Sujeito acusativo é o termo que simultaneamente é sujeito da oração secundária e objeto direto (acusativo) da oração principal. O verbo infinitivo concorda com seu sujeito ou é usado no **infinitivo.**

- (1) Não **deixes**[1] as oportunidades **passarem**[2].
- (2) Não **deixes**[1] as oportunidades **passar**[2].
- (3) Não as **deixes**[1] **passar**[2] ou Não **deixes**[1]-as **passar**[2].
- (4) Não **deixes**[1] que **as oportunidades passem**[2].

» Em **(1)** e **(2)** as orações 2 são **infinitivas latinas**, porque **as oportunidades** é sujeito acusativo, ou seja, é sujeito de **passar** e objeto direto de **deixar**, e **passar(em)** é infinitivo.

» O período **(1)** é conforme: **Não deixes** concorda com **tu**, sujeito omisso, e **passar** concorda com **oportunidades**; 1 é OP e 2 é oração subordinada substantiva objetiva direta reduzida de infinitivo (OSSODRI);

- (2) não é conforme: **passar**, termo subordinado, não concorda com **oportunidades**, termo subordinante; 1 é OP, 2 é OSSODRI.
- (3) não é conforme: **passar**, termo subordinado, não concorda com **oportunidades**, substantivo subordinante substituído por **as**, aliás, **as**, pronome oblíquo, não é sujeito de verbo; **Não deixes** é OP e **as passar** é OSSODRI;
- (4) é conforme: **passar** concordar com **oportunidades**; 1 é OP, 2 é OSSOD desenvolvida e **que** é conjunção integrante.
- **Outros exemplos:** (1) Nunca, antes, ouvi o Paulo falar tão bem. (2) Não vimos os convidados sair(em). (3) Nós presenciamos pais e mães conversar(em) com crianças como se elas fossem adultas. (4) Às vezes ouvimos pessoas falar(em) sobre ditadores benevolentes.

38. ERROS MAIS COMUNS - LOCUÇÕES VERBAIS

Vimos anteriormente que **locução verbal** são dois verbos, **auxiliar** e **principal**, classificados como um verbo, e que os principais verbos auxiliares são **ser**, **estar**, **ter** e **haver**. Desse conceito deduzimos que as locuções verbais necessariamente, segundo a língua portuguesa, são formadas por verbo auxiliar (**ser**, **estar**, **ter** e **haver**) e por verbo principal (qualquer verbo, nas formas nominais, **infinitivo**, **gerúndio** e **particípio**).

Se determinadas locuções não observam esse modelo, elas não são locuções verbais.

Os desvios que analisaremos são cometidos desde o surgimento da LP: em dicionários antigos, em citações de 1067, já são encontrados fartamente, portanto não é possível serem considerados errôneos. O mais razoável é usarmos corretamente as classes.

Para entendermos as análises seguintes, vejamos os conceitos:

- (1) **substantivo:** são as palavras que designam os seres.
- (2) **verbo:** são as palavras que expressam ação, estado ou fenômeno natural.
- (3) **advérbio:** são as palavras que modificam verbos, adjetivos ou advérbios com circunstâncias de modo, tempo, dúvida, afirmação, negação etc.
- (4) **preposição:** são as palavras que ligam termos que mantêm relação de subordinação.

Ressaltamos que os verbos não modificam verbos, não expressam circunstâncias, não designam seres. Se usarmos corretamente as classes de palavras, expressaremos adequadamente as ações verbais.

Sempre que possível as expressões conforme a LP estarão entre parênteses.

1. Locuções verbais formadas por verbos que não são auxiliares:

- (1) "...o país **vem** passando (**está** passando) por essa crise...
- (2) "Nossa expectativa **é poder conseguir** (é) **reduzir** a burocracia..."
- (3) Nos portugueses, a influência romana **fez**-se **sentir** (**foi** sentida) no ensino, no direito e no movimento artístico.
- (4) "Lançamentos de novos projetos de residenciais **podem ser vistos surgir** praticamente todos os dias na capital." → Novos projetos de residenciais **são lançados** praticamente...
- (5) Nossas ações **vêm** trazendo (**estão** trazendo) muitos benefícios à sociedade."

2. Uso de **verbos** em lugar de **advérbios de tempo:**

- (1) Não sei onde o Carlos está porque **acabei de chegar**.
- (2) Não sei onde o Carlos está porque **cheguei agora** (ou nesse instante).
- (3) Um ou outro empregado **costuma trabalhar** até mais tarde.
- (4) Um ou outro empregado **trabalha eventualmente** até mais tarde.
- (5) As chuvas só **devem voltar a cair** com regularidade no próximo ano.
- (6) As chuvas só **cairão novamente**, com regularidade, no próximo ano.

  » Os períodos **(1)**, **(3)** e **(5)** não estão conforme a norma-padrão: **acabar**, **costumar** e **devem voltar**, verbos, expressam inadequadamente **tempo**.

  » Os períodos **(2)**, **(4)** e **(6)** estão conformes: os verbos destacados expressam **ação** e os advérbios destacados expressam **tempo**.

- **Outros exemplos:** (1) "Jesus **tornou a perguntar** (**perguntou** ***novamente***) pela segunda vez: Simão, tu me amas?" (2) "Se não **vai voltar a usar**, porquê

insistir em guardar?"[38] → Se não **usarás** ***novamente***, por que **guardas**? (3) "A Santa Casa **começou a recusar** bebês... Pacientes... **passam a viver** a mesma situação..." → A Santa Casa ***atualmente*** **está recusando** (ou **está a recusar**) bebês...: pacientes... ***atualmente*** **estão vivendo** (ou **estão a viver**) a mesma situação... (4) "Como acontece há décadas, os espetáculos que narram as últimas horas do Homem-Deus **começam a ser apresentados** hoje (**serão apresentados** ***a partir de hoje***)." (5) O carro capotou em uma curva, depois que eles **haviam acabado de sair.** → O carro capotou em uma curva, ***instantes depois*** que eles **haviam saído.** (6) A política do atual governo **passou a valorizar** mais os trabalhadores. (A política do atual governo, ***desde de então***, **valorizou** mais os trabalhadores). (7) "Durante séculos depois da Queda do Império Romano, o latim **continuou a ser utilizado** (**foi utilizado**) em toda a Europa como língua culta." (Geronet Services)

3. Uso de **verbos** em lugar de **advérbios de modo:**

- (1) As pessoas se **precipitaram em concluir** (**concluíram** ***precipitadamente***) que estavam bêbadas.
- (2) A decoração original da capela **acabou sendo perdida** (**foi perdida** ***paulatinamente***) com o tempo.
- **Outros exemplos:** (1) O condomínio é excelente, as casas são lindas mas não há privacidade: uma casa não **chega a ter** 3 metros de distância da outra → ... mas não há privacidade: elas não **estão sequer** a 3 metros uma da outra. (2) "Alessandra foi ao local do acidente e não **consegue entender** como o acidente ocorreu, pois, segundo ela, não **tinha** como ele cair de lá." → Alessandra foi ao local do acidente mas não **entende** ***exatamente*** como o acidente ocorreu, pois, segundo ela, não **havia** como ele cair de lá. (3) ...logo, **negligenciamos meditar** (**meditamos negligentemente**) nessa verdade. (4) "Ao comentar pesquisa... Marina **limitou**-se **a dizer** (**disse** ***exclusivamente***, ou ***somente***, ou ***simplesmente***) que consultas informais estão em cada canto." (5) "Ninguém se **atreve a dizer** (**diz ousadamente**) que estamos atrás de vida: **queremos achar** (**procuramos**) bactérias marcianas." (6) Aldous e Maria apenas **empenhavam**-se **em viver** (***empenhadamente*** **viviam**) o instante presente. (7) "Sara **está concentrada em encontrar** (**procura** ***concentradamente***) algum planeta que tenha semelhanças com a Terra."[39]

4. Uso de **verbos** em lugar de **advérbios de afirmação: haver** e **dever** expressam indevidamente **afirmação:**

- (1) "Ela **há de perdoar** (**perdoará certamente**) mas é que esta outra gravura custou-lhe mais cara..."

---

38. https://snt145.mail.live.com/default.aspx?id=64855#n=1967445285&fid=1&mid=89ac0c4a-394f-11e3-9b-87-002264c248f2&fv=1
39. Época, nº 791, pág. 96, 22.07.2013.

- (2) A vítima **deve ser chamada** (**será chamada obrigatoriamente**) para dar esclarecimentos após receber alta médica.
- (3) "As consequências dos atos da Mesa **devem começar** a se **revelar** (**revelar-se-ão certamente**) apenas na próxima semana, quando os parlamentares retomam suas atividades normais."
- **Outros exemplos:** (1) "Nossos adversários **vão tentar inventar** (**inventarão certamente**) o que sempre inventaram." (2) Se depender dos aliados, governo **vai ser obrigado a vetar** (**vetará obrigatoriamente**) o valor do salário mínimo que será aprovado pelo Congresso. (3) Considerando o nosso relacionamento, **posso dizer** (**digo sinceramente**) "faria tudo de novo". (4) Eu **vou ter de ir** (**irei obrigatoriamente**) lá no Sítio-Clube pegar os convites. (5) A teoria **deve poder ser submetida** (**necessariamente será submetida**) a um exame crítico.

5. Uso de **verbos** em lugar de **advérbios de negação:**

- (1) **Pare de absorver** (**não absorva**) toda a gordura dos alimentos.
- (2) **Esqueci de** vos **dar** (**não** vos **dei**) meu correio.
- (3) 200 audiências **devem deixar** de **ser realizadas** (**não serão realizadas**) nesta quarta-feira por causa da paralisação no judiciário.
- **Outros exemplos:** (1) **Desistirmos de falar** (**não falarmos**) do formato da "Encyclopédie" parece-nos mais razoável. (2) Cautelosos demais os dois times **evitavam se arriscar** (**não** se **arriscavam**) no ataque. (3) Atualmente as indústrias **pararam de fabricar** (**não fabricam**) farelo. (4) Sousa, **esqueci de trazer** teu livro → Sousa, *infelizmente* eu **não trouxe** ou **esqueci** teu livro. (5) "As economias poderosas... se **recusam a assumir** (**não assumem**) a responsabilidade." (6) O desejo de Pedro era **evitar ficar** (**não ficar**) visível a qualquer outra pessoa. (7) "A terra não **parou de tremer** no Japão desde que aconteceu o devastador terremoto." → Os tremores **não pararam** (ou a terra **está tremendo**, ou a terra **treme** *continuamente*) no Japão desde que... (8) "O jornal afirma que as fontes se **negaram a informar** (**não informaram**) se outras pessoas assistiram aos vídeos." (9) "Músicos internacionais **não deixaram de comentar** (**comentaram**) a morte da cantora."

6. Uso de até **dois verbos** em lugar de **um advérbios de dúvida:**

- (1) Os cientistas **pareciam procurar** (***provavelmente* procuravam**) grandes segredos.
- (2) A cura para o câncer **pode estar** (***provavelmente* está**) na enzima que o gene produz.
- (3) O técnico **deve poder escalar** (***provavelmente* escalará**) Felipe Melo contra a Holanda.
- (4) "O sítio que você está procurando **pode ter sido removido** (***provavelmente* foi removido**) ou o seu nome **pode ter sido alterado** (***talvez* foi alterado**)."

+ **Outros exemplos:** (1) Ferreira **poderia ser eleito** (***talvez* seria eleito**) no primeiro turno. (2) Saí na hora certa: se ficasse mais tempo, **poderia ter perdido** (***talvez* perderia**) o controle da situação. (3) Os Iluministas **parecem ter vivido** (***provavelmente* viveram**) de tudo um pouco. (4) "Os conteúdos que você se **dispõe a ver podem incluir** (que você **verá *talvez*** **incluam**) textos, imagens..."[40] (5) "...as ações de publicidade **devem ter surtido** (***provavelmente* surtiram**) efeito..." (6) "O governo **está disposto a levar** a questão ao STJ, se não tiver sucesso no TRF." (O governo **levará *se necessário*** a questão ao STJ... ou O governo **recorrerá *se necessário*** ao STJ...).

7. Uso de **dois verbos** em lugar de **dois advérbios:**
   + (1) "Eu acredito que a escola pública **possa voltar a ser** motivo de orgulho."
   + (2) Eu acredito que a escola pública ***talvez* seja *novamente*** motivo de orgulho.
   + (3) Os alunos **pareciam responder tentando fortalecer** a própria autoconfiança.
   + (4) Os alunos ***provavelmente* responderam *fortalecendo*** a própria autoconfiança.

   » **(1)** e **(3)** não estão conformes: **possa voltar** expressa **dúvida** e **tempo**, **parecer** expressa **dúvida** e **tentar** expressa **modo**, e **poderemos deixar** expressa **dúvida** e **negação.**

   » **(2)** e **(4)** estão conformes: verbos e advérbios destacados estão corretamente usados.

   + **Outro exemplo:** Ainda há bastantes áreas verdes na cidade contudo se não as cuidarmos, **poderemos** brevemente **deixar de tê**-las (***provavelmente não*** mais as **teremos**) em breve.

8. Uso de **verbos** em lugar de **preposições** (até, também, ideia de inclusão):
   + (1) Por causa da timidez Fernanda já **chegou a perder** (**perdeu até**) um estágio.
   + (2) Os dados pessoais **podem ser atualizados** (também **são atualizados**) pela "internet".
   + (3) Uma festa de formatura **chega a custar** até R$ 180 mil (**custa** até R$ 180 mil).
   + (4) Paulo comenta sua dor... e **chega a ponto de declarar** que... (e **até declara** que).

9. Uso de **oração subordinada substantiva objetiva direta reduzida** (OSSODR) em lugar de **oração subordinada substantiva objetiva direta desenvolvida**

40. http://noticias.terra.com.br/mundo/noticias, 22.8.2012

(OSSODD): ressalvadas as exceções, estas não são transformadas naquelas, porque os períodos ficam sem coesão ou suas ideias são alteradas:

- (1) "John **temia ser desvendada** a suposta impostura."
- (2) John **temia** que **fosse desvendada** a suposta impostura.
- (3) "**Aprenda** a **usar** os dois lados do cérebro."
- (4) "**Aprenda** como **usar** os dois lados do cérebro."
- (5) "**Aprenda** como são usados os dois lados do cérebro."

» **(1)** não está conforme: **ser desvendada**, locução verbal, não concorda com o sujeito, **a suposta impostura**, termo subordinante.

» **(2)** está conforme as regras gramaticais.

» **(3)** não é conforme: **usar**, verbo, complementa **aprender**, VTD, por preposição. **Formas adequadas**: Dicas (ou métodos, ou formas) para usar os dois lados do cérebro, ou uso correto dos dois lados do cérebro, ou **Use** corretamente os dois lados do cérebro.

» **(4)** também não está conforme: a oração reduzida liga-se por **como**, advérbio interrogativo, à oração principal; sempre após um conectivo haverá uma oração desenvolvida. Destacamos também a má sonoridade dos períodos não conformes.

» **(5)** está correto: a oração subordinada liga-se por advérbio interrogativo, **como**, à oração principal.

- (6) Sobre o suspeito que entraria no Museu, a polícia **disse ter parecido ser** um ataque terrorista. → ..., a polícia **disse** que talvez **seja** um ataque terrorista.
- (7) Nós **desejamos valorizar** os partidos políticos → Nós **desejamos** a valorização dos...
- **Outros exemplos:** (1) **"A aliança de pequenas ilhas exige limitar (exige que limitem) a alta da temperatura a 1,5°."** (2) "Telefônica **prevê demitir** (**prevê** que **demitirá**) 6 mil... e **prevê se desfazer** (**prevê** que se **desfará**) de ativos não estratégicos." (3) "Grandes amizades **fizeram**-me **crescer**... (**fizeram** que eu **crescesse**)." (4) "ONU **decidiu por enviar** (**decidiu** que **enviará**) o caso Líbia ao TPI." (5) "Barack Obama não é o paladino de uma nova era econômica americana como **quiseram fazer crer** seus aliados... (como **queriam** que **crêssemos** seus aliados)." (6) "... **hesitava em casar...** (**hesitava** se **casaria**). (7) Os organizadores **esperam receber...** (**esperam que recebam**). (8) "Julian Assange **negocia** se **apresentar** (**negocia** como se **apresentará**) à polícia britânica." (9) **Saiba** como **usar** (Dicas para usar) "look" neste verão.

10. Uso de **verbo** em lugar de **substantivo:**

- (1) O Acordo Ortográfico de 1990 já em vigor **visa a unificar** as (**visa** à unificação das ou **unificará** as) variantes da língua portuguesa atualmente existentes.

- (2) "Não **bastasse corrigir** (**bastasse** a correção de) falhas genéticas que culminam em doenças, o sono retardaria suas evoluções."
- **Outros exemplos:** (1) "O Uruguai **vai tentar conquistar** seu 15º título da Copa América..." → O Uruguai **tentará** a conquista do seu 15º título... (2) Desde o último sábado, quando **começou a funcionar** (quando **iniciou** os trabalhos), o Hospital da Marinha fez 2.018 atendimentos. (3) O Japão **começou a despejar** (**começou** o despejo das) 11,5 mil toneladas de água contaminada com radioatividade no Oceano Pacífico. (4) "País **começa** a se **redimir** de **ter apoiado** ditadores." → País **começa** sua remissão por **ter apoiado** ditadores.

11. Uso de **locução verbal** em lugar de **tempo simples:**

- (1) Se não lermos as denúncias, elas não **começam a tramitar** (elas não **tramitam**) nesta Casa.
- (2) Estava doente, mal **podia começar ouvir** (mal **ouvia**) as pessoas.
- (3) "Antes de **passarmos a analisar** isso, **sinto-me constrangido a perguntar...**" → Antes de **analisarmos** isso, **pergunto *constrangidamente*...**
- **Outros exemplos:** (1) "Fabiana **vai tentar conseguir** (**tentará**), por meio do Enem, uma vaga para Direito." (2) "Imediatamente o homem tomou seu leito e **pôs-se a andar**" (...tomou seu leito e **andou**). (3) "A RDC Férias sempre **pensa em oferecer** (sempre **oferece**) mais vantagens ao associado." (4) "Na preleção, Vagner Benazzi **tratou de apelar** (**apelou**) ao emocional dos jogadores..." (5) "Reitor **deve ir se explicar** (**explicar-se-á**) ao Senado em agosto." (6) **Hei** por bem **autorizar** os requerentes para que **possam receber** os valores retidos. (**Autorizamos** que os requerentes **recebam** os valores retidos ou **Autorizamos** aos requerentes que **recebam...**).
- **Outros exemplos:** (7) "Nossa decisão **vai buscar não causar** (não **causará**) prejuízos a ninguém..." (8) ... por isso **buscamos trabalhar mesclando** (por isso **mesclamos**) as danças tradicionais com as músicas dos nossos compositores."[1] (9) "Governo **vai procurar mostrar** (**mostrará**) aos parlamentares... (10) A encenação de "O Papa e a Bruxa" **vem celebrar** (**celebra**) o humor crítico, cheio de improvisos, de comunicação direta com a plateia. (11) Pouco tempo depois, o Papa **resolve procurar** (**procura**) a freira para resolver o problema. (12) O Vitória só **foi chegar** (só **chegou**) ao ataque aos 11 minutos...
- **Outros exemplos:** (13) ... seu marido **veio a falecer** (**faleceu**) 3 anos após o casamento. (14) É preciso que cada um contribua para que **possamos conseguir aprovar** (para que **aprovemos**) o que nos interessa. (15) "O valor do crédito **vai passar a ser** (o crédito **será**) de R$ 15 mil por família, no próximo ano." (16) "Logo depois das 8h, Lincoln e Mary **começaram a atravessar** (**atravessaram**) as ruas de Washington." (17) "Não **pude** me **comprometer** porque não sabia quando sairia do *reality*." → Não me **comprometi** porque não sabia quando sairia do *reality*.

12. Uso de **locução verbal** em lugar de **período composto por subordinação:**

- (1) "Espanha **busca suavizar** exigências de imigração." → Espanha **trabalha** para **suavizar** as exigências de imigração.
- (2) "Quando não estamos preparadas, eles se **cansam de olhar** nossos lábios." → Quando não estamos preparadas, eles **olham** tanto nossos lábios que se **cansam.**"
- (3) A reportagem **tentou conversar** com o delegado de Platão, mas ele não estava na Divisão de Homicídio. → A reportagem **procurou** o delegado de plantão para **conversar**, mas..."
- (4) O Zenon **ficou de vir** às 9 horas. → O Zenon **prometeu** que **virá...**
- **Outros exemplos:**
- (1) "Infelizmente, Athar **parece** não **estar conseguindo falar** com todos os jornalistas." → Infelizmente, talvez, Athar não **está falando...**, porque não **consegue.** (2) Os policiais ainda não **tiveram como conversar** com os feridos. → Não **foi possível** ainda os policiais **conversarem** com os feridos. (3) "Não **posso permitir** o que **aconteceu de dizerem** que o Lewandowski anunciou que **tinha de haver** uma nova eleição." → "Não **permito** que **digam** que o Lewandowski anunciou que **é necessário haver** nova eleição." (4) **Cansei de passar** noites em claro quando minha mãe estava doente. → **Passei** tantas noites em claro que **cansei...**

13. **As locuções "ter de"** e **"ter que" mais verbo:**

Ter ordinariamente é verbo transitivo direto, portanto sempre exige após si um **substantivo** que o complemente; complementá-lo com outro verbo é desvio da norma-padrão:

- (1) "O governo **teve de descer** à necessidade de desmentir a grotesca atoarda." → **Foi necessário** o governo descer à necessidade de desmentir a grotesca atoarda.
- (2) "Nós **temos** então **de ler** Josefo em comparação consigo mesmo, **temos de procurar** a presença dos movimentos apocalípticos..." → "**É essencial** então **lermos** Josefo em comparação consigo mesmo, **é fundamental procurarmos** a presença dos movimentos apocalípticos..." ou **Leremos** obrigatoriamente Josefo em comparação...
- (3) **Ter** como VTD: Xanana **tem** garantias de que o governo se manterá coeso.
- **Outros exemplos:** (1) "O primeiro-ministro Xanana **vai ter de se empenhar** muito para..." → **Será necessário** o primeiro-ministro Xanana se **empenhar** muito para... (2) O custo adicional seria o dinheiro que o governo **teria** de **investir** (que **seria obrigatório** o governo **investir**).

14. **Períodos mal elaborados:**

Verbos não complementam verbos portanto um complemento verbal nunca é um verbo. Um verbo só complementa um verbo se ele foi substantivado, e se ele foi substantivado, ele é substantivo, não é mais verbo. Verbos complementam verbos, em determinados períodos, porque faltam termos para solucionarem os desvios:

- (1) Aprender significa questionar, buscar os motivos...
- (2) Para aprender é necessário questionar, buscar os motivos...
- (3) Realizar objetivos significa vencer obstáculos.
- (4) Para realizar objetivos é essencial vencer obstáculos.

  » Conforme exposto, **(1)** e **(3)** estão incorretos porém **(2)** e **(4)** estão conformes.

- (5) Ser criativo é pensar diferente.
- (6) Reciclar materiais é preservarmos o meio ambiente.
- (7) "Acreditar no sonho das pessoas é melhorarmos o futuro de todo o mundo."

  » Períodos inconformes: não sabemos a que termo **ser** pertence, a qualquer termo que ele pertencer, o período estará incorreto pois não existem as locuções **é pensar**, **é preservarmos**, **é ser**, **é melhorarmos** etc.

- (8) **Pensar diferente** *é criatividade*. (9) **Reciclarmos materiais** *preserva o meio ambiente*. (10) **Acreditarmos nos sonhos das pessoas** e **lhes darmos o apoio necessário** para que os realizem *melhoram os seus futuros*.

  » Nesses, as orações negritadas são subordinadas substantivas subjetivas e os termos em itálico são as orações principais.

- **Outros exemplos**: (1) Ser eficiente é realizar o trabalho da melhor forma possível → Ser eficiente é a realização do trabalho da melhor..., ou A eficiência é a realização do trabalho... (2) Ser eficaz é realizar o trabalho certo → Ser eficaz é a realização do trabalho certo, ou A eficácia é a realização do trabalho certo.

15. Locuções cujos **primeiros verbos** não são auxiliares: nesses tipos de locuções há dois desvios: o primeiro termo não é verbo auxiliar e a regência do primeiro verbo é ignorada:

- (1) O governo não **quer ter de ficar negociando** (não **negociará**) a cada votação com os partidos da base...
- (2) O próprio camponês **poderia ter desejado enfatizar** que o galo cantou duas vezes. → Talvez o desejo do próprio camponês **era enfatizar** que o galo cantou duas vezes.
- (3) A operação **objetiva impedir** o derretimento das barras de combustível nuclear armazenadas no reservatório. → O objetivo da operação é impedir...
- (4) Ana Maria **quis saber** (**perguntou**) qual é o sentimento de Arthur.

- (5) "Ex-senadora disse que **quer esclarecer** (**esclarecerá**) denúncias feitas pelo deputado."
- **Outros exemplos:**
- (1) Todos quietos! Não **queremos chamar** a atenção dos vizinhos. → Todos quietos para não **chamarmos** a atenção dos vizinhos, ou Todos quietos, senão **chamaremos** a atenção dos vizinhos.
- (2) Não **sei fazer** nada neste telefone novo. → Não **faço** nada neste telefone... porque não **sei**.

Observação: Verbo não complementa verbo logo após os verbos **querer**, **poder**, **objetivar**, **desejar** etc. haverá necessariamente um substantivo, que se liga àqueles com ou sem preposição conforme a regência daqueles verbos; vejamos alguns usos corretos daqueles verbos:

- (1) O governo **quer** o voto dos partidos da base aliada. (2) "A criança não **podia** com o peso. Ninguém **pode** com este traquinas."[41] (3) O aluno **objetivava** a conclusão de seu curso. (4) Nós **desejamos** a valorização dos partidos políticos.

16. Uso de **locuções verbais** em lugar de **expressões explicativas:**

- (1) "Algumas arritmias ventriculares são malignas, **quer dizer**, causam a morte súbita."[2] (2) "Em 1999, 40% dos comboios de transporte foram impontuais, **quer dizer**, atrasaram mais de 30 minutos."[42]

» Substituir **quer dizer** por **ou seja**, ou **isto é**, ou **ou melhor**.

41. Ferreira, Aurélio Buarque de Holanda, *Novo Aurélio Século XXI*, Nova Fronteira, edição 1999.
42. http://www.linguee.pt, 06.02.2015

CAPÍTULO 8

Advérbio

1. CONCEITO

Advérbio ("adverbium", "ad": cerca, ao lado; "verbium": verbo): são as palavras que modificam verbos, adjetivos, advérbios e numerais.

Os advérbios são invariáveis, não concordam com as palavras que modificam.

Modificar significa mudar, alterar o significado da palavra.

- (1) "A exatidão em citar é um talento **muito mais** raro do que se imagina." (Pierre Bayle) (2) "**Finalmente** chegou a massa **mais** desejada do Brasil. Lasagna Spoleto. **Simplesmente** deliciosa."

  » **Muito** modifica o advérbio **mais**, **mais** modifica o adjetivo **raro**, **finalmente** modifica o verbo **chegar** e **simplesmente** modifica o adjetivo **deliciosa**, portanto os termos destacados são advérbios.

- (3) "Os cientistas acreditavam que o universo emergiu quando uma matéria **inimaginavelmente** enorme explodiu; mas a teoria **atualmente** aceita é a de que a matéria do universo emergiu de uma partícula **infinitesimalmente** pequena." (John MacArthur)

  » Os termos destacados modificam respectivamente o adjetivo **enorme**, o verbo **aceitar** e o adjetivo **pequena**, por isso são advérbios.

- (4) **Apenas** ou **somente** 10 pessoas viram o desabamento.
- (5) **Aproximadamente** 400 espectadores assistiram ao espetáculo.

  » Os termos destacados modificam os numerais 10 e 400 portanto são advérbios.

- **Outros exemplos**: (1) "O homem **mais** corajoso **não** é o **mais** agressivo, é o **mais** controlado." (Panda Express) (2) **Exatamente** 500 espectadores estavam no teatro. (3) Na **sempre** especial seção Páginas Azuis, conheça a trajetória de Ana Callado.

Observações:

a) O advérbio **então** faz referência a tempo passado ou a tempo futuro:

✦ (1) "Para garantir a proteção da França, D. João IV, **então** rei de Portugal, oferece sua filha ao filho do rei francês." (2) Agora conheço em parte porém **então** conhecerei como também sou conhecido."

b) Eventualmente empregamos **adjetivos** como **advérbios:**

✦ (1) "Brasil passa **fácil** pelo Canadá no vôlei do Pan Rio." (2) "Seja rápido. Pense **rápido**. Aja **rápido**. O mundo já foi dos fortes, agora é dos rápidos." (Tupperware) (3) Governo reduzirá impostos de setores que sofrem com a concorrência não **raro** predatória de produtos chineses. (4) "Se não houvesse gravidade, tudo, inclusive nós, flutuaria **livre** no espaço."[1]

» Os termos destacados, que equivalem respectivamente a **facilmente**, **rapidamente**, **raramente** e **livremente**, são normalmente adjetivos, mas nesses períodos são advérbios porque modificam **passar**, **pensar**, **agir**, **predatória** e **flutuar**.

c) Se usarmos dois ou mais advérbios juntos, apenas ao último acrescentaremos o sufixo **mente:**

✦ (1) A diretoria representará a associação **judicial** e **extrajudicialmente** perante órgãos públicos e perante empresas privadas.

✦ (2) "Uma centena de pessoas, homens, mulheres e crianças..., desembarcaram **desordenada** e **ruidosamente** em Óbidos." (Inglês de Sousa)

d) Sobre os "advérbios e a coesão textual" lê o capítulo **Coesão textual.**

2. CIRCUNSTÂNCIAS EXPRESSAS PELOS ADVÉRBIOS

"Pelo advérbio se denota a eficácia ou a remissão do verbo, pois quando digo "amo a verdade", demonstro simplesmente a ação de amar, mas quando digo "amo muito a verdade", pelo advérbio **muito** denoto a quantidade do amor pela verdade. Se digo "amo pouco a verdade", com este **pouco** diminuo o amor, e se digo "não amo a verdade", desfaço a ação de amar. Assim o advérbio aumenta, diminui ou destrói a ação do verbo, como o adjetivo aos substantivos."[2]

a) **tempo:** ontem, hoje, agora, antes, depois, amanhã, cedo, antigamente, nunca, jamais:

✦ (1) "O arco-íris só é visto **quando** há nuvens."

1. Coleção de Olho no Mundo, editora Abril, negrito acrescentado.
2. BARROS, João de, *Grammatica da lingua portuguesa*, Olyssipone apud Lodouicum Rotorigiu Typographum, 1540, pág. 28, alterado.

+ (2) "Mãe tem **sempre** mais de um coração batendo no peito."
+ (3) "Não se acredita **mais** na existência de gente honesta." (UFPA)

» O advérbio **mais** acrescenta à frase ideia de temporalidade.

b) **modo:** bem, mal, melhor, assim, depressa, devagar, felizmente, suavemente, sobremaneira:

+ (1) Respire **profundamente**, várias vezes ao dia. (2) "Arrastaram-se para lá, **devagar**, sinhá Vitória..., Fabiano, sombrio, cambaio..." (Graciliano Ramos)

c) **lugar:** aqui, ali, lá, adiante, atrás, onde, aonde, abaixo, acima, perto, longe, fora, dentro:

+ (1) "**Lá** vem meu boi, **lá** vem / Pelas ruas de Belém"[3]
+ (2) "De 2000 a 2011... a vida humana aumentou mais **aqui**, no Brasil, do que **lá**, na Venezuela."[4]
+ **Outros exemplos:** (1) "Aqueles que transtornaram o mundo chegaram também **aqui**." (2) "Alô, Boston *celtics*, um dia chegarei **aí** para fazer história, me aguardem."[5] (3) "Achavam-se **ali**, à frente da sepultura, Maria Madalena e a outra Maria."

Observação: Na linguagem coloquial os advérbios **aí**, **ali**, **lá**, são usados com vários significados:

+ (1) "É um mau sujeito, mas, em matéria de inteligência, *aí* não é possível senão elogiá-lo (aí = quanto a isso)."[1] (2) "Até *lá* já se terá resolvido o caso (lá = então)."[1] (3) "Eduarda era para *lá* de linda (lá = mais do que)."[1] (4) "Ninguém entende aquilo, *ali* há dente de coelho (ali = procedimento, atitude)."[1] (5) "Agora, eu que até *ali* havia resistido, ... também me sentia entregue (ali = aquele momento)."[6]

d) **dúvida:** possivelmente, provavelmente, porventura, quiçá, talvez, acaso:

+ (1) **Talvez** te darei a resposta ainda hoje.
+ (2) **Porventura** haverá tempo para nos prepararmos para o concurso?

e) **afirmação:** sim, certamente, realmente, efetivamente, claro, decerto:

+ (1) **Claro** que resolverei esse assunto ainda hoje.
+ (2) **Certamente** resolverei esse assunto ainda hoje.

f) **negação:** não, nem, nunca, tampouco, jamais:

+ (1) Ele **não** compareceu e **não** se justificou.

---

3. Nilson Chaves *apud* http://letras.mus.br/nilson-chaves;
4. Época, nº 797, p. 46, 2.9.2013, alterado.
5. www.flogao.com, alterado.
6. Ferreira, Aurélio Buarque de Holanda, *Novo Aurélio Século XXI*, Nova Fronteira, edição 1999.

+ (2) "**Não** é sensato um corrupto ocupar cargo público."

g) **intensidade:** muito, pouco, mais, menos, demais, assaz, bastante:

+ (1) "Vivo. Fale **muito mais** por **muito menos.**"
+ (2) "Quem tem Hapvida tem **muito mais** vantagens."

Observação: **Agir com mais cuidado** e **agir com maior cuidado:**

Não medimos o cuidado pela dimensão **maior/menor**, mas o medimos pela intensidade **mais/menos**, logo dizemos: agirei **com mais cuidado**; terei **mais cuidado** da próxima vez.

h) **conformidade:** segundo, conforme, consoante:

+ (1) "Sem redução dos gastos, **segundo os técnicos do Ministério do Planejamento**, é impossível equilibrar as contas do governo e manter os projetos de desenvolvimento."

3. LOCUÇÕES ADVERBIAIS

(Expressam circunstâncias) São duas ou mais palavras que modificam verbo, adjetivo ou advérbio.

+ (1) **No Mirante do Gritador**, **em Pedro II**, **a 720m de altura**, **na paisagem deslumbrante**, o grito ecoa sucessivamente até chegar **a Piripiri**.
+ (2) "**Em Coimbra**, **desde aquelle tempo até agora**, **sem interrupção alguma**, **com todo ardor** me entreguei, **entre outros**, aos estudos das sciencias naturaes e às utilidades publicas **aos cuidados de professores excelentes**, **para minha instrucção.**"[7]

  » Nesses períodos os termos destacados modificam respectivamente os verbos **ecoar** e **entregar**, logo são locuções adverbiais.

+ (3) "**Na ordem do dia** e **nas primeiras páginas da revista**, a reflexão sempre oportuna **sobre os caminhos para a vida urbana.**"

  » Os termos destacados modificam oportunar portanto são locuções adverbiais; oportunar expressa apenas a ação, não possui complemento, portanto é VI.

+ (4) **Cerca de** 40 espectadores viram o espetáculo.
+ (5) **Mais ou menos** 40.000 torcedores assistiram ao jogo.

  » Nesses períodos os termos destacados modificam os numerais **40** e **40.000**, consequentemente são locuções adverbiais.

---

7. BARBOZA, Jeronymo Soares. *Grammatica philosophica da lingual portugueza*, 2ª edição. Lisboa: Typographia da Academia Real das Sciencias, 183, pág. 402.

- **Outros exemplos:**
- (1) **Mais de** três jornais noticiou o acidente.
- (2) Beba diariamente, **em média**, 8 copos de água **fora das refeições.**
- (3) "Conair modela e alisa seus cabelos **em minutos, com uma única mão.**"

4. CIRCUNSTÂNCIAS EXPRESSAS PELAS LOCUÇÕES ADVERBIAIS

a) **de lugar**: à esquerda, à direita, à tona, à distância, à frente, à entrada, à saída:

- (1) "Vai pegar um cineminha **em casa**? Pegue trigolino."
- (2) **Daqui para lá** ou **de lá para cá** gastamos três horas de viagem.
- (3) **"No céu estrelado, no amplo mar**, seu grande poder contemplais."

b) **de tempo**: à tarde, à noite, à noitinha, às vezes, algumas vezes, em breve, nunca mais, hoje em dia, de tarde, por ora, por fim, de repente, de vez em quando:

- (1) **"Numa certa noite, durante uma tempestade de neve**, quando Nicolau e Marta entregariam os presentes, Doner e Blitz, suas renas, não resistiram e tombaram **durante a nevasca.**"
- (2) "O universo era menor e as galáxias estavam praticamente juntas **há 6 bilhões de anos.**"

  » A expressão destacada, embora tenha verbo, é uma locução adverbial de tempo, porque muda os verbos **ser** e **estar** e expressa tempo.

- **Outros exemplos:** (1) As mães merecem carinho e afeição **todos os dias.** (2) "Respire profundamente, **todas as manhãs** e várias vezes ao dia." (3) "O homem é um animal racional, racional **às vezes**, animal quase sempre."[8]

c) **de modo**: à vontade, à toa, às avessas, às claras, às pressas, ao léu, ao acaso, a contento, a esmo, cara a cara, face a face, de bom grado, de cor, de mansinho, a rigor, de preferência:

- (1) As trocas ocorriam **à curta distância.** (2) O aluno chegou **com ar de quem nada quer.** (Uepa)
- (3) Marchai como reis e rainhas **sobre a face da terra.** (4) Portugal cumpre satisfatoriamente seus compromissos **perante a UE.** (5) Os criminosos responderam **perante a Justiça.** (6) Os progressos estão **à vista de todos** (ou **perante todos**). (7) Seu rosto cobriu-se **de vergonha, à vista do inimigo** (ou **perante o inimigo**).

8. Waceny, Walther *apud* Moisés Marinho de Oliveira, *Sete Mil Ilustrações e Pensamentos*, 2ª edição, Juerp, 1981.

✦ **Outros exemplos:** (1) "O turista entendia **como grave mau exemplo** pisar em grama nas praças públicas." (Unama) (2) "Equilibrar as contas do governo **sem redução dos gastos** é impossível." (a locução modifica o verbo **equilibrar**).

d) **de intensidade:** de muito, de pouco, de todo, em demasia, em excesso:

✦ (1) André trabalhou **em demasia** para o evento.

✦ (2) "Respire profundamente, todas as manhãs e **várias vezes ao dia.**"

✦ (3) "A Harmonie Aromaterapia oferece óleos essenciais e vegetais **cem por cento** puros e naturais..."

e) **de meio ou de instrumento:** a pau, a pé, a cavalo, a martelo, à máquina, à tinta, à mão, à paulada, à facada, à picareta:

✦ (1) A carta foi escrita **à máquina** ou **à mão**? (2) O bilhete foi escrito **a lápis**.

f) **de afirmação:** na verdade, de fato, com certeza:

✦ (1) "É bom ser importante, mas, **na verdade**, o importante é ser bom."[9]

g) **de negação:** de modo algum, de modo nenhum, em hipótese alguma:

✦ (1) **De maneira nenhuma** farei isso.

✦ (2) **Em hipótese alguma** concordo com essa acusação.

h) **de dúvida:** por certo, quem sabe:

✦ (1) **Quem sabe**, um dia, reverteremos os estragos que causaram à língua portuguesa.

5. GRAUS DO ADVÉRBIO

São as formas que o advérbio assume para designar os graus **comparativo** e **superlativo.** Com relação ao grau comparativo, não há flexão do advérbio, o **comparativo** é expresso com auxílio dos advérbios **tão**, **mais**, **menos** e das conjunções **quanto**, **como**, **que** e **do que**:

- **Comparativo:** compara a circunstância expressa pelo advérbio entre dois ou mais seres:

✦ **de igualdade:** Pedro chegou tão cedo quanto (ou como) tu.

✦ **de superioridade:** Pedro chegou mais cedo (do) que tu.

✦ **de inferioridade:** Pedro chegou menos cedo (do) que tu.

---

9. Tahan, Malba *apud* Moisés Marinho de Oliveira, *Sete Mil Ilustrações e Pensamentos*, 2ª edição, Juerp, 1981.

✦ **Outros exemplos:** (1) "Ai, os anos passaram como as nuvens *(passaram)*!" (2) As maravilhas antárticas brilham **tão** intensamente **como** o sol *(brilha)*. (3) As maravilhas antárticas reluzem **mais** intensamente *(**do**)* **que** a luz *(reluz)*. (4) As maravilhas antárticas deslumbram **menos** esplendidamente ***(do)*** **que** o sol *(deslumbra)*.

» Os termos entre parênteses foram citados para demonstrar que eles estão subentendidos.

- **Superlativo:**

a) **absoluto analítico:** expresso por meio dos advérbios de intensidade **muito, pouco, demais, tão:**

✦ (1) "Tailândia fica na Indochina **muito perto** do Vietnam."

b) **absoluto sintético:** é expresso por meio de sufixo, expressa o mais alto grau:

✦ (1) Os alunos pensaram **rapidíssimo** e falaram **claríssimo.**

6. EXERCÍCIOS

1. (VUNESP) Felizmente, ninguém se machucou. Lentamente, o navio foi se afastando da costa.

I. felizmente completa o sentido do verbo machucar;
II. felizmente e lentamente classificam-se como adjuntos adverbiais de modo;
III. felizmente se refere ao modo como o falante se coloca diante do fato;
IV. lentamente especifica a forma de o navio se afastar;
V. felizmente e lentamente são caracterizadores de substantivos.

Está correto o contido apenas em

a) I, II e III
b) I, II e IV
c) I, III e IV
d) II, III e IV
e) III, IV e V

2. (UF/AC) Transcreva os advérbios e as locuções adverbiais que ocorrem em:
"Ele já andava meio desconfiado vendo as flores minguarem. E olhava com desgosto a brancura das manhãs longas e a vermelhidão sinistra das tardes." (Graciliano Ramos)

3. Respondei certo ou errado: nos versos *Agora eu era o herói e A gente agora já não tinha medo*, o uso do advérbio ***agora*** mostra-se inadequado, pois os verbos conjugados no pretérito imperfeito designam fatos transcorridos no tempo passado.

(   ) certo   (   ) errado

4. (ADVISE, 2010, SESC-SE, Biblioteconomista) As palavras destacadas na frase abaixo pertencem, respectivamente, as seguintes classes de palavras:
O material **didático mais barato que** existe na **praça** é o **professor.**

a) adjetivo; advérbio; adjetivo; conjunção; advérbio; e substantivo.
b) adjetivo; advérbio; adjetivo; pronome relativo; substantivo; e substantivo.
c) substantivo; advérbio; adjetivo; conjunção; substantivo; e substantivo.
d) adjetivo; conjunção; substantivo; pronome relativo; e advérbio.
e) adjetivo; advérbio; adjetivo; conjunção; substantivo e substantivo.

5. (FGV, 2010, SEFAZ-RJ, Fiscal de Rendas, Prova 1) "... Na verdade, somos obrigados a escolher. Somos obrigados a exercer a liberdade. Assim, a decisão supõe a possibilidade e, paradoxalmente, a necessidade de estimar as coisas e as ações humanas para atender as nossas demandas; supõe a avaliação de múltiplos fatores que perfazem uma situação humana complexa. Aí, portanto, temos também compreendida a esfera do valor. Não há liberdade sem valoração. Essa esfera, entretanto, é muito ampla, pois envolve não só o mundo da ética, mas também o da utilidade, da estética, da religião etc. ..."[10]
O advérbio Aí, no quinto parágrafo, refere-se ao processo compreendido nas etapas assim apresentadas pelo autor.
a) situação humana / múltiplos fatores / demandas.
b) liberdade / decisão / avaliação.
c) decisão / possibilidade / liberdade.
d) decisão / possibilidade / avaliação.
e) múltiplos fatores / demandas / ações humanas.

6. (FUNDEB, 2014) Assinale a alternativa em que a palavra sublinhada é um **advérbio.**
a) "Essa definição aparece por último, como informal e recente."
b) "Nada podia ser igual ao que a realeza usava."
c) "Não foi possível manter esse controle por muito tempo."
d) "As classes mais pobres passavam a ter acesso a cópias dos acessórios reais."

7. (VUNESP, 2015) Considere as frases seguintes:
- As pessoas são **tão** egocêntricas.
- O mundo seria **bem** melhor se elas parassem de pensar nelas mesmas...

É correto afirmar que os advérbios destacados nas frases expressam circunstância de:
a) dúvida
b) negação
c) intensidade
d) modo
e) afirmação

8. Respondei certo ou errado quanto ao uso das palavras destacadas.
a) ( ) Para não terminar **mau**, o dia precisa começar **bem.**
b) ( ) "Na verdade, temos o **mal** e o **bem** dentro de nós e o que devemos fazer é integrá-los. (Roberto Shinyashiki)
c) ( ) Os aviões atrasaram por causa do **mal** tempo.
d) ( ) Tu deste um **mau** exemplo.
e) ( ) Por que esse povo só determina o **mal**?

---

1. Adaptado de **ALVES, Alaôr Caffé.** In: www.centrodebate.org.

f) ( ) Um **mal** resultado para a União. Na verdade, muito **mal**.
g) ( ) As boas lembranças fizeram-no esquecer o **mau**-trato.

9. Quais os advérbios dos períodos seguintes?
a) "Tua mãe merece muito mais do que flores."
b) "O racismo atenta primeiro contra a própria organização política brasileira." (Alexandre Garcia)
c) "O calor é uma das formas de energia mais facilmente percebidas. No Brasil, só recentemente as hidrovias estão sendo valorizadas."[11]

10. Quais as locuções adverbiais dos períodos abaixo?
a) "Três anos mais tarde, durante uma estada na Suíça, Laura observa que Aldous está terrivelmente branco e que Aldous fala com dificuldade."[2]
b) "No colégio de Hillside, onde estudou em seguida, era uma espécie de menino prodígio." (Huxley)
c) "Huxley partiu à moda Huxley, de leve, na ponta dos pés, para não perturbar seus semelhantes..."[12]
d) Com uma marcante fragrância floral e com um suave toque adocicado Bouquet de Orquídeas cria uma atmosfera romântica e delicada.
e) "Ao escovares os dentes com Colgate Max White, com lâminas branqueadoras, experimentarás uma nova dimensão de branqueamento para um sorriso brilhante."

RESPOSTAS	
1	d
2	advérbios: já, meio; locução adverbial: com desgosto.
3	errado
4	b
5	d
6	d
7	c
8	**a**) e; **b**) c; **c**) e; **d**) c; **e**) c; **f**) ambos estão errados; **g**) c;
9	**a)** muito e mais; **b)** primeiro; **c)** mais, facilmente, só e recentemente.
10	**a)** locuções adverbiais: "Três anos mais tarde", "durante uma estada na Suíça" e "com dificuldade"; **b)** "No colégio de Hillside" e "em seguida"; **c)** "à moda Huxley", "de leve", "na ponta dos pés"; **d)** "com uma marcante fragrância floral" e "com um suave toque adocicado"; **e)** "com Colgate Max White" e "com lâminas branqueadoras".

11. Coleção de Olho no Mundo, editora Abril, negrito acrescentado.
12. Revista Abril Cultural nº 25.

CAPÍTULO 9

Preposição/Coesão textual

1. CONCEITO

São as palavras que ligam termos que mantêm entre si relação de subordinação.

O **antecedente** chama-se **regente** porque exige complemento, o **consequente** chama-se **regido** porque completa o antecedente. As preposições, que são palavras invariáveis, também expressam inclusão, limite etc.

- **Coesão textual:** é a ligação harmônica de determinados termos de um período.

A finalidade das preposições é ligar coesamente termos regentes e regidos, é produzir coesão textual, é contribuir para a clara expressão das ideias, porquanto o estudo das preposições é parte do estudo da coesão textual. O período ficará sem coesão, se ligarmos seus termos por preposições (conectivos) inadequadas.

✦ (1) "O contato **entre** sociedades provoca não apenas a difusão **de** descobertas e **de** invenções, tanto as materiais quanto as sociais, mas igualmente a difusão **de** valores, **de** crenças, **de** normas, **de** atitudes e **de** aspirações."

» As preposições são necessárias porque os termos antecedentes as exigem.

✦ (2) "A cada momento, somos invadidos **por** delírios, **por** sonhos, **por** excessos, **por** loucuras, que escapam **a** nosso controle explícito, consciente. Na verdade somos todos 'homo sapiens sapiens demens'. 'Demens' porque loucos e descomedidos, por vezes excessivos, lúbricos, lascivos. **Em** nosso cotidiano globalizado, pobre de significações cosmopolitas, é necessário mantermos um equilíbrio sempre instável, aliás, **entre** o 'sapiens' e o 'demens', **entre** o uno e o múltiplo, **entre** o universal e o particular, **entre** a ordem e a desordem, **entre** o global e o local." (Edgard Carvalho, alterado)

» As preposições são necessárias porque os termos antecedentes as exigem.

✦ (3) "É mais fácil ver os astros nas noites de céu escuro, livres de luzes artificiais, de nuvens ou de poluição. Pó e correntes de ar atrapalham a visualização dos astros, **por causa disso** muitos dos grandes telescópios estão localizados em desertos ou em montanhas." (Mª da Luz e Magaly Santos)

» A locução destacada faz referência às dificuldades que o pó e as correntes de ar produzem.

Antecedente	Preposição	Consequente
carro	**de**	corrida
chegamos	**de**	São Paulo
o português é útil	**a**	todos
ela chegou	**com**	um amigo
ela mora	**em**	Belém

As preposições classificam-se em:

- **Essenciais**

São as que sempre são classificadas como preposição: a, até, ante, após, com, contra, de, desde, em, entre, para, por, perante, sem, sob, sobre, trás.

✦ (1) "O mundo nada sabe **sobre** seus grandes homens."[1]

✦ (2) "Mês propício **para** o início **de** novos projetos." (Panda Express)

✦ (3) "O papagaio **de** papel precisa **de** vento contrário **para** subir."[2]

✦ (4) "Um programa educativo **relativo à questão dos** direitos humanos deve incluir os direitos da liberdade, igualdade e solidariedade." (Cespe)

» A expressão destacada é substituível pela preposição **sobre**.

✦ (5) "Há uma grande chance de que ela responda que **sem** uma boa escola não há remédio." (Uepa)

» A preposição destacada introduz ideia de **condição** para sair da crise.

✦ (6) "...enfiava estas minhas unhas **até** sumirem na pele da dita cuja." e "Tinha **até** graça o Tripa-de-boi ter que levar o colchão nas costas!" (Haroldo Maranhão *apud* Uepa)

» Os valores significativos de **até** são respectivamente **limite** e **quantidade**.

✦ (7) O TSE decidiu que as regras da lei "Ficha Limpa" serão aplicadas **também** aos políticos condenados antes de sua vigência.

» A preposição **também** expressa **inclusão:** a lei será aplicada aos políticos condenados após sua vigência e aos condenados antes de sua vigência.

---

1. Taylor, Henry *apud* Moisés M. de Oliveira, *Sete Mil Ilustrações e Pensamentos*, 2ª edição, Juerp, 1981.
2. C. Vasconcelos Jr *apud* Moisés M. de Oliveira, *Sete Mil Ilustrações e Pensamentos*, 2ª edição, Juerp, 1981.

- **Acidentais**

São palavras que pertencem a outras classes gramaticais mas são usadas como preposição: afora, consoante, exceto, mediante, segundo, conforme, durante, fora, salvo, tirante, menos, visto, etc.

✦ Mário estava **salvo.**	(adjetivo)
✦ Todos almoçaram em casa, **salvo** Marcos.	(preposição acidental)
✦ Hoje jantarei **fora.**	(advérbio)
✦ Havia na sala dez alunos, **fora** o professor.	(preposição acidental)
✦ Ele **fora** um grande orador.	(verbo)
✦ Nosso trabalho **vão** será...	(predicativo)
✦ Os turistas **vão** ao comércio.	(verbo)

✦ (1) "Nem doador, nem família escolhem o receptor, **salvo** nas doações em vida."

✦ (2) "**Exceto** Mercúrio e Vênus, todos os planetas do sistema solar possuem satélites naturais." (Mª da Luz e Magaly Santos)

Observações:

a) As preposições essenciais exigem os pronomes **oblíquos tônicos** (**mim**, **ti**, **si**), exceto a preposição **com** porque possui as formas aglutinadas **comigo**, **contigo** e **consigo:**

✦ (1) O calendário é para **mim.** (2) Helena lembrou de **ti.**

✦ (3) O aluno prejudicou a **si** mesmo. (4) Ela irá **contigo.**

b) As preposições acidentais exigem os pronomes **retos** e rejeitam os pronomes **oblíquos:**

✦ (1) Os alunos viajaram **exceto** eu. (2) **Salvo** nós, os outros estão bem.

2. AS PREPOSIÇÕES E OS VERBOS TRANSITIVOS

De acordo com as regências verbais, ligamos os verbos aos seus complementos por preposições ou sem preposições, ou seja, os verbos transitivos diretos ligam-se aos seus complementos **sem** preposição, e os verbos transitivos indiretos ligam-se aos seus complementos **por** preposições, inclusive essa regra aplica-se também aos nomes transitivos (substantivos, adjetivos e advérbios), ou seja, eles se ligam aos seus complementos por preposições ou sem preposições, conforme as exijam ou não.

Ressaltamos que nesses casos é necessário ligarmos por preposição todos os complementos porque os termos regentes (verbos ou nomes) as exigem.

- (1) "A proposta iluminista de homem como cidadão descarta o privilégio que outrora foi dado **a** uma religião, **a** uma raça, **a** uma classe social." (Antônio Pedro M. de Oliveira)
- (2) "A Constituição Federal de 1988 mudou a face do Brasil para melhor, inclusive quanto à liberdade de expressão, a liberdade de comunicação, o direito à informação, o sigilo da fonte e o fim da censura."

  » Texto não conforme: a preposição **a** foi omitida antes de **liberdade de comunicação** e antes dos termos seguintes. Se o termo regente **quanto** exige obrigatoriamente a preposição **a** nos dois primeiros termos (a + a = à), também a exige nos seguintes; correção:

- (3) "A Constituição Federal de 1988 mudou a face do Brasil para melhor, inclusive quanto à liberdade de expressão, à liberdade de comunicação, ao direito à informação, ao sigilo da fonte e ao fim da censura."
- (4) "O bom texto é o que se apresenta **com** vocabulário adequado, **com** frases bem construídas, **sem** contradições em seus argumentos e **com** o tema devidamente desenvolvido."
- (5) "A concepção **de** liberdade dos cínicos incluía se libertar **dos** desejos, **do** medo, **da** raiva, **do** pesar e **de** outras emoções." (John Crossan)
- (6) "A relevância da tese iluminista está na concepção de que o saber não é privilégio **de** uma elite eclesiástica, **de** um governo absolutista, **de** uma sociedade fechada, mas instrumento **de** melhoramento e **de** progresso para todos." (Idem)

3. COMBINAÇÕES E CONTRAÇÕES PREPOSITIVAS

São as unificações das preposições **a**, **de**, **em** e **por** com outras palavras.

As preposições combinam-se ou contraem-se com outras palavras para manterem a fluência ou a espontaneidade da pronúncia.

a) **Combinação:** quando a preposição se une a outra palavra sem perder fonema.

- a + o = ao

b) **Contração:** quando a preposição se une a outra palavra com perda de fonema.

- de + a = da, de + o = do, de + aquele = daquele
- de + um = dum, de + uma = duma
- de + aquela = daquela, de + outra = doutra
- em + a = na, em + o = no, em + algum = nalgum
- em + isso = nisso, em + outro = noutro
- em + um = num, por + a = pela

+ (1) "Essa visão nos preocupou quando resolvemos integrar todas as áreas de consultoria espalhadas pela América Latina **numa** única divisão de consultoria." (Esaf)
+ (2) "Liame é uma referência **num** texto à parte de outro documento."
+ (3) "Aldous procurava uma fotografia **duma*** mulher bonita para botar **na** sua carteira."

  » * Contração pouco usada.

- São considerados erros as contrações das preposições **de** e **em** com os artigos **o**, **a**, **os**, **as**, **um**, **uma**, **uns**, **umas** seguidos de substantivos, ou com os pronomes **ele**, **este**, **esse**, **aquele**, quando esses termos forem sujeitos de orações subordinadas cujos verbos estejam no infinitivo. Nas demais situações o uso das contrações é normal:
  + (1) Era momento **de** ele examinar e apontar a solução. (Contração incorreta - **CI**: Era momento **dele** examinar...).
  + (2) "Não vejo mal **em** o Governo proceder assim."[3] (CI: ... **no** governo proceder...).
  + (3) Já é hora **de** esse rapaz levar a vida a sério. (CI: Já é hora **desse** rapaz levar...).
  + (4) Apesar **de** as relações entre os países estarem cortadas... (CI: Apesar **das** relações... estarem...).
- **Ao** (a + o) e **no** (em + o) são diferenças quanto ao significado: a preposição **a** (latim **ad**), significa **ao lado**, e a preposição **em** (latim **in**), significa **dento.**
  + (1) O FMI concede ajuda financeira ao México, localizado **ao** sul dos Estados Unidos, a fim de recuperar a economia daquele país.
  + (2) Abel está sentado **à** beira da estrada, cansado (ao lado da estrada, p. ex., na sarjeta).
  + (3) O Governo Federal intensifica medidas de segurança **nas** cidades de maior conflito **no** sul do Pará.
  + (4) "Os jornais da capital tailandesa publicam reportagens sobre as operações subversivas **no** Sul, às margens da Malásia, e **no** Nordeste, fronteira com o Camboja, com a participação de soldados vietnamitas."[4]

---

3. Manual de Redação da Presidência da República.
4. Recorte citado por Salomão Serebrenick.

4. LOCUÇÕES PREPOSITIVAS

São duas ou mais palavras classificadas como preposição. Na locução prepositiva, a última palavra será necessariamente uma preposição:

✦ abaixo de, à base de, a despeito de, à frente de, ao modo de, ao encontro de, acerca de, à distância de, além de, acima de, adiante de, antes de, à custa de, a fim de, à maneira de, a par de, ao lado de, ao longo de, de acordo com, diante de, debaixo de, em torno de, por causa de, em virtude de, em razão de, embaixo de, em vez de, de cima de, em cima de, em via de, apesar de, de encontro a, em face de, fora de, até a, dentro de, em frente de, junto a, atrás de, devido a, em redor de, junto de, de trás de.

✦ (1) "**Por causa da** grande velocidade com que Júpiter gira, os gases da superfície distribuem-se formando faixas coloridas."

✦ (2) "Quem, de três milênios, não é capaz de se dar conta, vive na ignorância, na sombra, **à mercê d**os dias, do tempo." (Goethe)

✦ (3) "O gestores que omitem a prestação de conta e desrespeitam os prazos comprometem a gestão dos negócios públicos, **diante da** falta de eficiência, zelo e transparência para com a população."

» Texto sem coesão porque não usa a locução prepositiva correta; correção:

✦ (4) "O gestores que omitem a prestação de conta e que desrespeitam os prazos comprometem a gestão dos negócios públicos, **por causa das** faltas de eficiência, de zelo e de transparência para com a população."

Observação importante: **Atenção redobrada** sugerimos com as locuções seguintes, eventualmente elas são abordadas em provas e em concursos:

- **Em poder de, a posse de, em seu poder**
  - **Em poder de** (locução prepositiva, equivale a **com**):

✦ (1) Os documentos forjados estão **em poder da** CPI.

  - **A posse de** (**a:** artigo, **posse:** substantivo, **de:** preposição):

✦ (1) A CPI tem **a posse dos** documentos forjados.

  - **Em seu poder** (locução adverbial de modo):

✦ (1) A CPI tem **em seu poder** os documentos forjados.

  - Sugerimos que evites **de posse de:**

✦ (1) A CPI está **de posse dos** documentos forjados.

✦ (2) Dirija-se a uma unidade da Receita Federal **de posse deste** comprovante e carteira de identidade.

- **Acerca de, há cerca de, cerca de**
  - **Acerca de** (locução prepositiva): significa **a respeito de, com referência a:**

    ✦ (1) "A transmissão do programa "nheengatu" despertou polêmica **acerca do** que seja língua nacional."

    ✦ (2) "O homem pode analisar a realidade observável e teorizar **acerca do** invisível."
  - **Há cerca de** (locução adverbial de tempo): significa **tempo passado aproximado, há aproximadamente:**

    ✦ (1) "**Há cerca de** 15 bilhões de anos, toda a matéria do Universo formou-se com o 'Big-Bang'".

    ✦ (2) "**Há cerca de** 70 milhões de anos, o Pangeia já tinha formas similares aos continentes atuais."
  - **Cerca de** (locução adverbial): significa perto de, nas proximidades, aproximadamente:

    ✦ (1) "Achava-se aboletado, **cerca de** Chantilly, em castelo, onde havia um parque ameno."[5]

    ✦ (2) "**Cerca de** três semanas depois recebi um convite dele para uma reunião íntima."[6]
- **A expensas de, às expensas**
  - **A expensas de** (locução prepositiva): significa **com recursos de, à custa de, por conta de:**

    ✦ (1) Vive **a expensas do** sogro. (2) "Sem nenhum vício, comendo **a expensas do** colégio, não gastava um vintém com sua pessoa."[7]
- **A despeito de, apesar de, não obstante, nada obstante:** são locuções conjuntivas concessivas:

  ✦ (1) Saiu **apesar da** chuva. (2) **A despeito das** imagens de destruição, a atriz desejava filha e neto.
- **A fim de, afim**
  - **A fim de:** (locução prepositiva): significa **com propósito de, com intenção de:**

    ✦ (1) "O mundo é redondo *a fim de que* a amizade o possa envolver."[8]

---

5. Rosa, João G., *apud* Ferreira, Aurélio B. H., *Novo Aurélio Século XXI*, Nova Fronteira, edição 1999.
6. Assis, Machado de, *apud* Ferreira, Aurélio B. H., *Novo Aurélio Século XXI*, Nova Fronteira, edição 1999.
7. Ferreira, Aurélio B. H., *Novo Aurélio Século XXI*, Nova Fronteira, edição 1999.
8. Chardin, Pierre T. *apud* Moisés M. de Oliveira, *Sete Mil Ilustrações e Pensamentos*, 2ª edição, Juerp, 1981;

- **Afim** (adjetivo): significa afinidade:

✦ (1) Pai e filho têm objetivos **afins.**

✦ (2) "O acidentado teve pronta assistência de médico e **afins.**"[9]

- **Ao encontro de, de encontro a**

- **Ao encontro de** (locução prepositiva): significa **em busca de, em direção a:**

✦ (1) "Caminhar é ir **ao encontro de** uma vida biológica e psicológica mais saudável." (Dicas Tia Eda)

✦ (2) "As duas meninas foram, então, **ao encontro do** sábio, que meditava sob um eucalipto."[10]

- **De encontro a** (locução prepositiva): significa em **sentido oposto, contra**, mas há termos melhores na língua portuguesa:

✦ (1) O motoqueiro foi **de encontro a**o caminhão.

✦ (2) O motoqueiro **chocou**-se (ou **colidiu**) com o caminhão.

- **Ao nível de, em nível de, a nível de, em termos de**

- **Ao nível de**: significa **à mesma altura de:**

✦ (1) Florianópolis está **ao nível do** mar. (2) Belém está abaixo **do nível da** baia de Guajará.

- **Em nível de**: significa **nessa instância**: é usado quando há níveis:

✦ (1) "Darwin levou consigo um casal de irmãos selvagens da Tierra del Fuego, os quais foram um experimento **a nível** nacional."

✦ (2) Esaf. "Contudo, o movimento que se observa **em nível** mundial sinaliza perdas que ainda não podemos avaliar." (Roseli Fischmann)

- **A nível de** não está conforme a linguagem-padrão:

✦ (1) "A empresa está fazendo previsões **a nível de** mercado latino-americano."

✦ (2) "A empresa está fazendo previsões **para o** mercado latino-americano." (Reinaldo Polito)

- **Em termos de** (locução prepositiva): significa **com relação a, no que se refere a, relativamente a:**

✦ (1) **Em termos de** Brasil, a educação está dando sinais de melhora.

9. Ferreira, Aurélio B. H., *Novo Aurélio Século XXI*, Nova Fronteira, edição 1999.
10. http://www.psicologiapravoce.com.br/metafora, 17.7.2012.

- **A ponto de, ao ponto de**

  - **A ponto de** (locução prepositiva):

    ✦ (1) "Ying e Yang foram tão distintos em suas personalidades, que várias vezes estiveram em desacordo **a ponto de** pelejar entre si."

    ✦ (2) Governador, alunos e professores emocionaram-se durante a solenidade, **a ponto de** aquele pegar o violão e cantar "Romaria". (O Liberal)

    » Sugerimos que evites as expressões: **ao ponto de** pelejar entre si, **ao ponto de** o Governador pegar o violão e cantar "Romaria".

  - **Ao ponto de** é usada com verbos que expressam movimentos:

    ✦ (1) O chá chegou **ao ponto de** ebulição. (2) Voltaremos **ao ponto de** partida.

- **Através de:** significa passagem **de um lado para o outro** ou **por entre:**

  ✦ (1) Os telescópios terrestres "olham" para o céu **através da** atmosfera, a camada de ar que envolve a Terra. (2) A imagem obtida **através do** ar não é nítida: é semelhante a imagem vista **através de** vidro embaçado."

- **Devido a** (locução prepositiva): significa **por causa de**, sempre é usada com a preposição **a:**

  ✦ (1) Os agentes de saúde trabalharam várias dias para controlarem a epidemia de dengue, **devido às** fortes chuvas na região.

  ✦ (2) "A inflação de fevereiro será elevada **devido ao** acúmulo de reajustes que estão ocorrendo nesse período." (Salomão Serebrenick)

- **Em face de** (locução prepositiva): significa **perante**, **defronte**, **na presença**, **em virtude de:**

  ✦ (1) "O auto... galgou um serro adiante, ...estancando **em face do** hospital da empresa."[11]

  » Sugerimos que evites expressões como:

  ✦ (1) A reunião foi adiada **face os** pedidos dos associados. → (2) A reunião foi adiada **por causa** dos pedidos dos associados, ou (3) A reunião foi adiada **porque** os associados pediram.

- **Em frente de, à frente de** (locuções prepositivas):

  ✦ a primeira significa **em frente de alguma coisa:** (1) O guarda está **em frente da** repartição;

  ✦ a segunda significa **adiantado**, **adiante:** (2) O capitão caminha **à frente da** companhia.

---

11. Ferreira, Aurélio B. H., *Novo Aurélio Século XXI*, Nova Fronteira, edição 1999.

- **Em vez de, ao invés de, ao contrário de, em lugar de:** são expressões sinônimas de uso e de aceitação normais:

  ✦ (1) "**Em vez de** (ou **ao invés de**) pedir ajuda, Fidípedes fora enviado de Maratona a Atenas para dar a notícia da vitória. Mas ao chegar à cidade gritou vencemos e caiu morto."

  ✦ (2) "De volta à Tierra del Fuego, Darwin imaginava o casal como força civilizadora, **em vez disso** (ou **ao invés disso**), tiraram as roupas e voltaram ao primitivo estilo de vida."

  ✦ (3) "**Ao contrário do** que se pensa, ele é honesto."

- **Em meio à situação, no meio da situação**

É preferível usarmos a primeira, a segunda equivale a estar **envolvido, no meio:**

  ✦ (1) **Em meio à situação** difícil fábio reconsiderou sua decisão.

- **Mediante, por meio de, por, em forma de** (locuções prepositivas)

  ✦ (1) "As alterações do contrato foram feitas **mediante** termo aditivo."

  ✦ (2) "Transmitimos o vírus da gripe **por meio da** tosse, do espirro ou da conversação."

  ✦ (3) "A lei será regulamentada **por** decreto."

  ✦ (4) "Hamurabi implorou para que meu espírito viesse à terra dos homens, **em forma de** grande estátua de ouro."

  » Sugerimos que evites: (5) "Hamurabi implorou para que meu espírito viesse à terra dos homens, **através de** grande estátua de ouro."[12]

- **Por causa disso, por causa de, por conta de, em função de** (locuções prepositivas)

- **Por causa disso:** estabelece conclusão, inferência, dedução conforme premissas citadas:

  ✦ (1) "A incineração é vantajosa porque reduz o lixo a pequeno volume mas joga no ar materiais altamente tóxicos, **por causa disso** é usada apenas para o lixo hospitalar." (Maria da Luz e Magaly Santos)

- **Por causa de:** expressa a causa de determinado efeito:

  ✦ "O zagueiro Júlio Santos perdeu o voo para São Paulo **por causa da** longa espera na sede social bicolor."

- **Por conta de:** significa **a expensas de, à custa de:**

  ✦ **Sugerimos:** (1) "Na 'Bibfesta' o aniversário é teu mas a festa é **por nossa conta.**" (Habib's, alterado) (2) "O restaurante Pratiqueira cobra R$ 25,00

12. http://junkyclan.blogspot.com.br/2005/02.

por pessoa (entradas e prato principal), mas as bebidas são **por conta dos** clientes."

» **Evitemos: (1)** "Cautelosos demais os dois times não se arriscavam no ataque, **por conta disso**, os goleiros quase não apareceram." **(2)** "Pó e correntes de ar atrapalham a visualização dos astros, **em função disso** os telescópios são montados em desertos ou em montanhas."

- **Em função de** faz referência a funções matemáticas.

5. ERROS MAIS COMUNS - PREPOSIÇÕES

✦ (1) Pelo próprio Rafael eu fui informado de que do outro lado da ilha viviam outros povos.

Há dois erros o período: **me**, objeto indireto, foi transformado em **eu**, sujeito, e **que do outro lado da ilha...**, objeto direto, liga-se pela preposição **de** a **fui informado**; correções:

✦ (2) Que do outro lado da ilha viviam outros povos foi-me informado pelo próprio Rafael.

✦ (3) O próprio Rafael informou-me que do outro lado da ilha viviam outros povos.

✦ (4) "Estamos quebrando **com** o regime ditatorial a que os jogadores sempre obedeceram obrigatoriamente."

O verbo **quebrar** é transitivo direto, liga-se diretamente ao seu complemento, logo a preposição **com** é desnecessária.

✦ (5) "Depois da morte de seu padrinho, Trimálquio poderia ter **gozado** de uma vida confortável, tirando seu sustento das propriedades que acabara de herdar."

» O verbo **gozar** é transitivo direto portanto dispensa a preposição **de**.

✦ (6) Felicidade é a certeza que somos amados apesar de sermos como somos.

» **Certeza** liga-se por preposição: Felicidade é a certeza **de** que...

✦ (7) "Em breve quem mais entende de gastronomia, arquitetura e beleza estará com quem mais entende de habitação."

» **Entender** é VTI, liga-se por preposição, logo o correto seria:

» Em breve quem mais entende **de** gastronomia, **de** arquitetura e **de** beleza estará com quem mais entende de habitação.

✦ (8) "A violência, principalmente no plano local, segundo o cientista político Carlos Augusto, ocorre em função **da** cidadania inserir novos setores que contestam as autoridades."

» A loc. **em função de** não é adequada e a contração **de** + **a** não está conforme:

» "A violência, principalmente no plano local, segundo o cientista político Carlos Augusto, ocorre **em virtude de** a cidadania inserir novos setores que contestam as autoridades."

6. EXERCÍCIOS

1. (VUNESP, 2011, SAP-SP, Oficial Administrativo) Uma resolução da Organização das Nações Unidas (ONU) pede o fim do apedrejamento no Irã. A resolução ainda condena Teerã ______ silenciar opositores. O Brasil optou ______ não se manifestar sobre o assunto. A mesma preposição que preenche, corretamente, ambas as lacunas é

a) com
b) para
c) por
d) sob
e) sobre

2. Respondei certo ou errado.

a) ( ) (Consult) A supressão da preposição "de" é permitida pela gramática tradicional, como se observa em: "...derrubaram definitivamente a crença comum **de** que o sono era simplesmente uma interrupção..."

b) ( ) (Esaf/AFPS) Para que o texto fique gramaticalmente correto, é obrigatória a retirada da preposição **de** antes de **que** em: "A entrada dos anos 2000 tem trazido a reversão das expectativas de **que** haveria a inauguração de tempos de fraternidade..." (Roseli Fischmann)

c) ( ) (Esaf/AFPS) Para que o texto fique gramaticalmente correto, é obrigatória a inserção da preposição **de** diante de **que** em: "Os resultados das cúpulas mundiais alimentaram esperanças **que** novos tempos trariam novas perspectivas..." (Roseli Fischmann)

d) ( ) (FCC) Para que o período fique gramaticalmente correto é obrigatória a inclusão da preposição **de** antes de **que**: "É indiscutível o pressuposto que uma pessoa moral não existe como um fato dado."

3. (Esaf/AFRF) Assinale C ou E com relação ao uso dos termos destacados.

a) ( ) O homem é moderno na medida das senhas **de** que ele é escravo...

b) ( ) Os neurônios têm **que** guardar, sim, os bons momentos da vida.

c) ( ) **Sob** o direito, o administrador público não age contra a lei. **Sob** a moral, deve satisfazer o preceito da impessoalidade... (A preposição **sob**, nas duas ocorrências, tem o mesmo valor semântico do prefixo **sub** em palavras como **subtítulo** ou **subproduto**).

d) ( ) A expressão "atenção às suas reivindicações" equivale à "atenção para as suas reivindicações".

4. A expressão sublinhada em "relacionam-se necessariamente uns <u>com ou outros</u>" está corretamente substituída em

a) para com os outros
b) dos outros

c) pelos outros
d) aos outros

5. (CESPE, 2007, TRT-9R, Analista Judiciário, Área Administrativa) "O principal deles é a capacidade de as sociedades criarem regras de conduta que, caso desrespeitadas, sejam implacavelmente seguidas de sanções."
Sobre o período acima, o emprego da preposição **de** separada do artigo que determina **sociedades**, em "a capacidade de as sociedades", indica que o termo "as sociedades" é o sujeito da oração subordinada.
( ) certo ( ) errado

6. (FCC, 2010, SEFAZ-SP, Analista em Planej., Orçamento e Finanças Públicas, Prova 1) As expressões **de que** e **por que** preenchem corretamente, nessa ordem, as lacunas da frase:
a) O livro ...... Michel Löwy organizou constitui um painel admirável, ... as fotos são contundentes.
b) O livro **Revoluções**, ... se informa no texto, ficou famoso ...... apresenta imagens fortes e surpreendentes.
c) O batido clichê ...... se refere o texto não explica o fato ...... ficou tão famoso o livro de Michel Löwy.
d) As revoluções dos séculos XIX e XX, ... tanto já se escreveu, estão documentadas em fotos ...... muita gente se admirará.
e) As revoluções ...... essas fotos constituem um notável depoimento acarretam traumas ...... ninguém quer passar.

7. (CESPE, Instituto Rio Branco, Diplomata) "Antônio Carlos Pannunzio lembrou ainda que a Venezuela não cumpriu diversos requisitos estabelecidos pelo protocolo de adesão ao Mercosul."
O termo "pelo" é resultado da contração das formas antigas da preposição **per** e do artigo **lo.**
( ) certo ( ) errado

8. Respondei certo ou errado considerando o padrão culto:
a) ( ) Não vejo mal no Presidente emitir medidas de emergência devido às chuvas.
b) ( ) Não receberemos reclamações antes de estes requisitos serem cumpridos.
c) ( ) Antes da água da chuva chegar à cisterna, é necessário ela passar por telas que filtrem folhas.
d) ( ) Catanhede diz que é hora de o país desenvolver seu programa siderúrgico.
e) ( ) O fato dos documento relativos às concorrências e às tomadas de preços estarem em poder da CPI não atrapalha a apuração das irregularidades.
f) ( ) A pesar de a maior parte da Terra ser água, a quantidade de água potável é pequena.

9. Respondei certo ou errado quanto ao padrão culto:
a) ( ) As pessoas organizam suas vidas e procuram tudo aquilo que necessitam para satisfazer suas necessidades.
b) ( ) O Brasil já tem a maior área plantada de cana de açúcar e a expectativa é de que ela dobre em dez anos.
c) ( ) "Tem procurado por todos os meios para sair da má situação que vive."

d) ( ) "Os trabalhadores trabalhavam o suficiente para gozarem de uma vida simples com dignidade, sobrando tempo livre para o lazer."
e) ( ) Há indícios de que o cartão foi utilizado em equipamento adulterado.
f) ( ) Vai com confiança de que ele providenciará a ajuda que precisamos.
g) ( ) No livro havia muitas confirmações de que seu propósito era ensinar.
h) ( ) "Pena que Goebels e Hitler usaram de sua fé para propósitos tão desumanos!".
i) ( ) Trabalhador, conheça mais sobre os benefícios que o senhor tem direito.

RESPOSTAS	
1	c
2	**a**) e; **b**) e; **c**) c; **d**) c.
3	**a**) c; **b**) e (**ter** é VTD, ou seja, quem tem, tem algo, p. ex.: tenho um livro, temos uma casa, logo aquelas duas regências estão incorretas, mas entre elas a regência **ter de** e mais correta que a **ter que**); **c**) c; **d**) c.
4	d
5	certo (a preposição **de** não se contrai com o artigo **as** porque o substantivo **sociedades** é núcleo da oração subordinada "as sociedades criarem regras de conduta", cuja oração principal é "O principal deles é a capacidade".
6	e (ressalvamos que a locução **pelos quais** é mais adequada que a **por que:** As revoluções... acarretam traumas **pelos quais** ninguém quer passar.
7	c
8	**a)** errado; **b)** certo; **c)** errado; **d)** certo; **e)** errado; **f)** certo.
9	**a**) e (o verbo necessitar é transitivo indireto, exige preposição, portanto o correto é ...aquilo de que necessitam); **b**) c (a palavra expectativa exige preposição); **c**) eliminar "por"; **d**) eliminar "de uma"; **e**) c (o substantivo indícios liga-se por preposição ao seu complemento); **f**) e ("precisar" é VTI, exige preposição portanto o correto seria: Vai com confiança de que ele providenciará a ajuda de que precisamos); **g**) c (o substantivo "confirmações" liga-se ao seu complemento por preposição); **h**) eliminar "de"; **i**) e ("direito" liga-se por preposição portanto "que" é precedido de preposição: Trabalhador, conheça mais sobre os benefícios **a** que o senhor tem direito).

CAPÍTULO 10

Conjunção/Coesão textual

1. CONCEITO

Conjunção ("conjunctione", união, encontro): são as palavras invariáveis que ligam duas orações ou dois termos de mesma função sintática.

- **Coesão textual:** é a ligação harmônica de determinadas orações ou de determinados termos de um período. Estudar **conjunções** é estudar **coesão textual** pois o uso correto das conjunções **produz** coesão textual, contribui para a clara expressão das ideias.

As conjunções possuem **significados próprios** portanto para as usarmos corretamente, consideramos os tipos de orações ou os tipos de termos que elas ligam, e as ideias que as segundas orações ou os segundos termos expressam em relação às primeiras ou aos primeiros.

O período, e até mesmo o texto, ficará sem coesão se ligarmos as suas orações ou os seus termos pelas conjunções/conectivos inadequados.

As **conjunções** e as **locuções conjuntivas** são importantíssimas na fala e na escrita, portanto conhecê-las é fundamental.

+ (1) "A prosperidade faz amigos **mas** a adversidade prova-os."[1]
+ (2) "Os sonhos são de grande valor **se** eles são postos em prática."[2]

» Em **(1)** as orações são coordenadas, a segunda expressa oposição à primeira, portanto são ligadas por conjunções adversativas (mas, porém, contudo).

» Em **(2)** as orações são subordinadas, a segunda oração expressa condição em relação à primeira, logo são ligadas por conjunções condicionais (se, desde que).

1. Syrus, Publius *apud* Moisés Marinho de Oliveira, *Sete Mil Ilustrações e Pensamentos*, 2ª edição, Juerp, 1981,
2. Doan, Eleanor L. *apud* Moisés Marinho de Oliveira, *Sete Mil Ilustrações e Pensamentos*, 2ª edição, Juerp, 1981.

2. CLASSIFICAÇÃO DAS CONJUNÇÕES

As conjunções classificam-se em **conjunções coordenativas** e em **conjunções subordinativas.**

2.1. Conjunções coordenativas

São as conjunções que ligam orações coordenadas ou ligam termos de mesma função sintática.

CLASSIFICAÇÃO DAS CONJUNÇÕES COORDENATIVAS	
Aditivas	São as conjunções que ligam orações coordenadas ou termos de mesma função sintática, se a segunda oração expressa **adição** em relação à primeira
Adversativas	São as conjunções que ligam orações coordenadas ou termos de mesma função sintática, se a segunda oração expressa **oposição** em relação à primeira
Alternativas	São as conjunções que ligam orações coordenadas ou ligam termos de mesma função sintática, se a segunda oração expressa **alternância** ou **exclusão** em relação à primeira
Conclusivas	São as conjunções que ligam orações coordenadas se a segunda oração expressa **conclusão** em relação à primeira
Explicativas	São as conjunções que ligam orações coordenadas se a segunda oração expressa **explicação** em relação à primeira

Os conceitos são iguais, salvo as palavras destacadas, portanto são facilmente memorizáveis.

As **conjunções coordenativas** classificam-se em:

2.1.1. Aditivas

Expressam adição: e, também, não apenas... como também, não só... como também, não somente... mas também, não só... mas ainda, tanto... como, tanto... quanto, nem... nem:

- (1) "Presentes, comidas **e** bebidas são ingredientes de grandes comemorações."
- (2) "William e Kate foram amigos, moraram juntos **e** namoraram por oito anos."
- (3) "Tom Jobim **não apenas** operou verdadeira revolução harmônica e estilística **como também** abriu as portas do mundo para a produção nacional." (Unama)

- (4) "Como íamos à cidade, a mamãe pediu que eu fizesse compras no supermercado, **e** como passaríamos o dia todo fora, o papai pediu que eu resolvesse alguns assuntos pendentes."

  » Em **(1) presentes**, **comidas** e **bebidas** são termos de mesma função sintática, núcleos do sujeito, o último expressa adição aos anteriores, consequentemente são ligados por **e.**

  » Em **(2)** as três orações são coordenadas, a terceira expressa adição às anteriores, portanto são ligadas por conjunção aditiva. **William e Kate** subordinam os três verbos portanto são sujeitos das três orações.

  » Em **(3)** as duas orações são coordenadas, a segunda expressa adição à primeira, logo são ligadas por **não apenas... como também. Tom Jobim** é o sujeito dos verbos **operar** e **abrir.**

  » Em **(4)** os dois períodos são compostos por subordinação, o segundo expressa adição ao primeiro, porquanto são ligados pela conjunção aditiva **e.**

- (5) "E eu diria que o Itamaraty, em certo sentido, **não** é **somente** um Ministério das Relações Exteriores, é **também** um Ministério do Tempo."[3]
- Período coeso, apenas houve elipse do **mas** na segunda oração: não somente, mas também.
- (6) Bonitas, inteligentes, independentes e atraentes.
- (7) Bonitas, inteligentes, independentes e mulheres.
- (8) Ambiente, saúde e seres. (9) Ambiente, saúde e vivos.

  » As frases **(6)** e **(8)** estão coesas: **e** liga adjetivos e liga substantivos.

  » As frases **(7)** e **(9)** não estão coesas: em **(7)**, **e** liga adjetivos e substantivo, em **(9)**, **e** liga substantivos e adjetivo.

Observação: Analisemos cuidadosamente o significado da palavra **nem** nos seguintes exemplos:

- (1) "E **nem** tirou o caco de chapéu da cabaça, **nem** salvou ao menos." (Rachel de Queiroz)
- (2) "**Nem** sempre as coisas acontecem como queremos e **nem** sempre falamos o que sentimos."
- (3) "Há dois dias meu telefone não fala, **nem** ouve, **nem** toca, **nem** tuge, **nem** muge." (Rubem Braga apud Luiz Mazzarotto)

  » Claramente a palavra **nem**: em **(1)** modifica os verbos **tirar** e **salvar**, em **(2)** modifica o advérbio **sempre** e em **(3)** modifica os verbos **ouvir**, **tocar**, **tugir** e **mugir.** Como quem modifica **verbo**, **adjetivo** ou **advérbio** é advérbio, o **nem** é **advérbio.**

3. Araujo, Ernesto, http://www.itamaraty.gov.br/pt-BR/discursos-artigos-e-entrevistas, Brasilia, 2/1/2019.

» Nos três períodos o **nem** expressa negação à semelhança do advérbio **não**: **(3)** Há dois dias meu telefone **não** fala, **não** ouve, **não** toca, **não** tuge, **não** muge.

» Se o **nem** fosse conjunção aditiva, não aceitaria e não faria sentido usarmos outra conjunção aditiva, **e**, a sua frente como nos exemplos **(1)** e **(2)**. Duas conjunções juntas apenas é possível se forem de classificações diferentes: "**...mas porque** não procuro meus amigos assiduamente, não é possível eu lhes dizer o quanto gosto deles." "**...e embora** diminuída pela disciplina gramatical... essa irregularidade continua considerável."

» **Conclusão:** a palavra **nem** é advérbio de negação e não conjunção aditiva, alternativa, etc.

2.1.2. Adversativas (adversária, oposta):

Expressam oposição: mas, porém, contudo, todavia, entretanto, não obstante, no entanto, não... mas, não... porém:

✦ **(1)** "Fui novo, bonito e amado **mas** agora sou velho, feio e rejeitado."

✦ **(2)** "Uma bagana de cigarro não mata **porém** incendeia uma floresta."

» As duas orações são coordenadas, a segunda expressa oposição à primeira, logo são ligadas por conjunções adversativas.

✦ **(3)** "Engolimos de um sorvo a mentira que nos adula **mas** bebemos gota a gota a verdade que nos amarga."[4]

» Os dois períodos são compostos por subordinação, o segundo expressa oposição ao primeiro, consequentemente são ligados conjunção adversativa.

✦ **(4)** "Desconhecidos **e** fascinantes: conheça países pouco populares: Serra Leoa, Timor-Leste, Guiné-Bissau..."

» Período sem coesão: fascinantes expressa oposição a desconhecidos, portanto são ligados por conjunção adversativa: Desconhecidos **mas** fascinantes...

✦ **(5)** "Irai-vos, **e** não pequeis..."[5]

✦ **(6)** O apartamento não é nosso, **e** sim de nossos pais.

» Períodos sem coesão: as duas orações são opostas, logo são ligadas por conjunção adversativa:

✦ **(7)** "Irai-vos **mas** não pequeis..."

✦ **(8)** O apartamento **não** é nosso, **mas** *(sim)* de nossos pais.

4. Diderot *apud* Moisés Marinho de Oliveira, *Sete Mil Ilustrações e Pensamentos*, 2ª edição, Juerp, 1981.
5. https://www.bibliaonline.com.br/acf/ef/4:26

+ (9) "O Itamaraty existe para o Brasil, **não** para a ordem global. O Itamaraty existe para o Brasil, **não** para si mesmo."

  » Período sem coesão: as orações adversativas invertidas; correção:

+ (10) "O Itamaraty **não** existe para a ordem global **mas** para o Brasil. O Itamaraty **não** existe para si mesmo **mas** (ou porém) para o Brasil."
+ (11) "O Itamaraty **não** existe para a ordem global ou para si mesmo **mas** para o Brasil."
+ (12) "Comemora-se a justiça, e não a impunidade."
+ (13) "Isso é sim a simples lógica da vida, e não a política."

  » Período sem coesão: orações adversativas invertidas ligadas por **e**, conjunção aditiva; correção:

+ (14) "Não se comemora a impunidade, a justiça, sim" (apenas omissão do **mas**).
+ (15) "Isso não é política, é sim a simples lógica da vida" (apenas omissão do **mas**).

2.1.3. Alternativas

Expressam alternância ou exclusão: ou, ou... ou, ora... ora, já... já, seja... seja, quer... quer:

- Se as conjunções alternativas expressam **alternância**, as ideias de ambas as orações são realizadas mas se realizam alternadamente, em momentos diferentes.
- Se as conjunções alternativas expressam **exclusão**, a realização da ideia de uma oração exclui a realização da ideia da outra e vice-versa.

  + (1) "**Ora** ele controla as paixões, **ora** elas o controlam."
  + (2) Passei em dois concursos: assumirei o TJE **ou** assumirei o TRT.

    » **(1)** e **(2)** são orações coordenadas, em **(1)** a segunda expressa alternância à primeira, em **(2)** a segunda expressa exclusão à primeira, porquanto são ligadas por conjunções alternativas.

  + (3) "Os leões-marinhos vivem em grupos **seja** *no mar para procurarem alimentos*, **ou** *na terra para descansarem*." (Coleção de Olho no Mundo, alterado)

    » As orações em itálico são de mesma função sintática, adjuntos adverbiais finais, a segunda expressa alternância à primeira, portanto são ligadas por conjunção alternativa.

  + (4) "Um segundo **ou** um terceiro idioma é um diferencial, assim como um MBA **ou** outro curso de especialização, **ou** até uma experiência internacional." (Nahid Chicani, alterado)

» Os "**ou**" ligam termos de mesma função sintática, os sujeitos das orações, expressam alternância, qualquer um deles é um diferencial, por isso são ligados por conjunção alternativa.

Observações:

a) Paralelismo: é necessário as conjunções estarem entre as orações ou entre os termos, ou, quando repetidas, antes dos termos de mesma função sintática.

✦ (1) Capture o texto pelo seu PC **ou** capture-o pelo seu telefone.

✦ (2) **Ou** capture o texto pelo seu PC **ou** capture-o pelo seu telefone.

✦ (3) Capture o texto pelo seu PC **ou** pelo seu telefone.

✦ (4) Capture o texto **ou** pelo seu PC **ou** pelo seu telefone.

b) Excepcionalmente é possível ligarmos orações ou termos de mesma função sintática por conjunções diferentes. Observa o período **(3)** ligado por **conjunções aditivas:**

Os leões-marinhos vivem prazerosamente em grupos **tanto** no mar para procurarem alimentos, **quanto** na terra para descansarem.

A locução conjuntiva **tanto... quanto** expressa adição: os leões-marinhos vivem nos dois ambientes (mar e terra), mas claro não simultaneamente.

2.1.4. Conclusivas

Expressam conclusão: logo, portanto, consequentemente, assim, por consequência, por conseguinte, por isso:

✦ (1) "Bem dizia Descartes: penso **logo** existo."

✦ (2) "As relações Brasil-Argentina estão ficando caricatas **portanto** o Mercosul provavelmente será uma ficção." (Tales Alvarenga, alterado)

» As orações são coordenadas, as duas últimas expressam conclusão em relação às anteriores, por conseguinte são ligadas por conjunções conclusivas.

2.1.5. Explicativas

Expressam explicação: pois, porque, porquanto:

✦ (1) "O nosso crescimento foi contínuo **porque** sempre acreditamos no futuro."

✦ (2) "Não te compares à maioria **pois** infelizmente ela não é modelo de sucesso." (Roberto Shinyashiki, alterado).

» As orações são coordenadas, as duas últimas expressam explicação em relação às anteriores, por isso são ligadas por conjunções explicativas.

» Em **(1)** "sempre acreditamos no futuro" é uma explicação em relação a "o nosso crescimento contínuo", "sempre acreditamos no futuro" é um ato mental, não é a causa, não produz o efeito "o nosso crescimento foi contínuo", portanto a segunda oração é coordenada explicativa.

» Em **(2)** "infelizmente ela não é modelo de sucesso" é uma explicação em relação a "não te compares à maioria", "infelizmente ela não é modelo de sucesso" não é a causa, não produz o efeito "não te compares à maioria", logo a segunda oração é coordenada explicativa.

✦ **Outros exemplos:** (1) "À tarde, haverá bom tempo **porque** o céu está avermelhado, pela manhã, haverá tempestade **porque** o céu está sombrio." (2) "O povo está sendo destruído **porque** lhe falta conhecimento." (3) "Não é **porque** as condições de crédito melhoraram que te empolgarás e exagerarás nas compras."[6]

Observações:

a) Usamos as conjunções coordenadas apenas quando elas ligam orações coordenadas, se as orações não mantêm relações entre si, as conjunções não são necessárias:

✦ (1) "Quatro vitórias em quatro jogos, sendo o último com uma vitória incontestável, **e** agora a Seleção terá pela frente o seu primeiro clássico mundial na Copa do Mundo da África do Sul, contra a Holanda, nas quartas de final. **E** a Laranja Mecânica não fez feio neste Mundial até agora. Também venceu todos os seus jogos na primeira fase **e** mandou a Eslováquia para casa, também nesta segunda-feira, com um 2 a 1 convincente."

» Nesse texto os dois **e** são desnecessários, as orações não mantêm relações entre si:

✦ (2) "Quatro vitórias em quatro jogos, o último com uma vitória incontestável, agora a Seleção terá pela frente o seu primeiro clássico na Copa do Mundo da África do Sul, nas quartas de final, contra a Holanda, a Laranja Mecânica, que também não fez feio neste Mundial até agora: venceu todos os seus jogos na primeira fase, inclusive mandou a Eslováquia para casa, também nesta segunda-feira, com um 2 a 1 convincente."

b) As conjunções **porque**, **pois** e **porquanto** são mais adequadas (clareza e coesão) para ligarem orações explicativas, portanto é recomendável evitarmos o pronome relativo **que** com tal função:

✦ (1) "Otoch Fantástico: aproveite **que** os preços nunca caíram tanto."

6. http://www.mundocaixa.com.br/equilibriofinanceiro, 10.7.2012, alterado.

- (2) Marcos, não te preocupes com teu tamanho **que** tu crescerás no tempo certo.

c) As conjunções explicativas ligam suficientemente a segunda oração à primeira, portanto é desnecessário usarmos outros termos, **até**, **ainda mais**, para as complementarmos:

- (1) "É recomendável conhecermos os tipos de extintores **até porque** (ou **ainda mais porque**) há um agente extintor apropriado para cada classe de combustível."

d) A expressão **haja vista** não é conjunção explicativa, portanto é desvio a usarmos com esse sentido:

- (1) "O cliente solicita o 'Termo de Quitação' **haja vista** que o mesmo foi liquidado em 28/08/2006." **Linguagem-padrão:** (2) O cliente solicita o "termo de quitação" pois quitou o financiamento em 28/08/2006.

ERROS MAIS COMUNS - CONJUNÇÕES COORDENADAS

Para usarmos corretamente as conjunções coordenativas, é necessário que as orações que elas ligam sejam coordenadas ou que os termos que elas ligam sejam de mesma função sintática, e que as ideias expressas pelas **segundas orações** ou pelos **segundos termos** sejam compatíveis com as ideias expressas pelas **conjunções**. Se existe incompatibilidade entre as **conjunções** e as **segundas orações**, ou entre as **conjunções** e os **segundos termos**, os períodos estão sem coesão.

a) **Uso de conjunções em desacordo com a ideia da segunda oração:**

- (1) "A palavra convence **e** o exemplo arrasta."
- (2) Nova missão, novos valores **e** o mesmo compromisso com o cliente.

» Períodos sem coesão: as orações são coordenadas, as segundas expressam oposição às primeiras, portanto são ligadas por conjunções adversativas:

» A palavra convence **mas** o exemplo arrasta.

» Nova missão, novos valores **porém** o mesmo compromisso com o cliente.

- (4) "A gordura é um concentrado de energia presente em diversos alimentos **e** é importante restringir seu consumo."
- (5) "O Programa 5S teve início no Japão, logo após a Segunda Guerra Mundial, e **por isso**, cada S significa uma palavra iniciada com a letra S em japonês."
- Períodos sem coesão: em (4) a segunda oração expressa conclusão à primeira, logo são ligadas por conjunção conclusiva; em (5) a segunda oração **não** expressa conclusão à primeira, logo não são ligadas pela conclusiva **por isso**; correções:

- (6) A gordura é um concentrado de energia presente em diversos alimentos, **portanto** é importante restringir seu consumo.
- (7) O Programa 5S, cada S significa uma palavra iniciada com a letra S em japonês, foi criado no Japão, logo após a Segunda Guerra Mundial.
- (8) "Prezado cliente, não aceitamos devolução após 48h **e** verifique se as peças estão em perfeito estado."

  » Período sem coesão, a conjunção "e" liga orações conclusivas; correção:

- (9) Prezado cliente, não aceitamos devolução após 48h portanto verifique se as peças estão em perfeito estado.
- **Outros exemplos:** (1) "Este é um pequeno passo para o homem **e** um gigantesco salto para a humanidade."[7] (2) "Motoqueiro é atropelado por caminhão **e** sobrevive." (**gigantesco salto** ≠ **pequeno passo** e **atropelamento** ≠ **sobrevida**, por isso são ligadas por conjunções adversativas.

b) **Uso das conjunções para ligar termos de funções sintáticas diferentes:**

- (1) "Adquira já o seu exemplar diretamente com o autor **e** excelente leitura."
- (2) "No segundo escrutínio obtive 111 votos contra 90 dados ao meu concorrente **e**, consequentemente, a minha eleição para relator."

  » Períodos sem coesão: as conjunções **e** ligam termos de funções sintáticas diferentes: em (1) liga uma **oração** e um **termo** de uma oração aditiva, e em (2) liga uma **oração** e um **termo** de uma oração conclusiva; façamos as correções:

- (3) Adquira já o seu exemplar diretamente com o autor **e** tenha excelente leitura.
- (4) No segundo escrutínio obtive 111 votos e meu concorrente, 90, **consequentemente** fui eleito relator.
- **Outros exemplos:**
- (1) "O dono da agência de publicidade SPD afirma que decidiu contar o que sabe para atender aos apelos da opinião pública **e** demonstra a preocupação de não parecer um chantagista."
- (2) "Pelo aviso circular recomendou-se aos Ministérios economizar energia **e** que elaborassem planos de redução de despesas."[1]
- (3) "Neste momento não devemos adotar medidas precipitadas, **e** que comprometam o andamento do programa."[2]

  » Períodos sem coesão: as conjunções **e** ligam termos de funções sintáticas diferentes: em **(1)** liga "oração subordinada adverbial final" e "predicado verbal", em **(2)** liga "objeto direto" e "oração subordinada substantiva

7. Neil Armstrong, alterado.

desenvolvida objetiva direta", e em **(3)** conecta "objeto direto" e "oração subordinada desenvolvida adjetiva explicativa"; façamos as correções:

- (4) O dono da agência de publicidade SPD, que demonstra preocupação de não parecer um chantagista, afirma que decidiu contar o que sabe para atender aos apelos da opinião pública.
- (5) Pelo aviso circular, recomendou-se aos Ministérios economizar energia e elaborar planos para redução de despesas, ou "Pelo aviso circular, recomendou-se aos Ministérios que economizassem energia e que elaborassem planos para redução de despesas."[8]
- (6) Neste momento não é necessário adotarmos medidas precipitadas que comprometam o andamento do programa, ou Neste momento não é necessário adotarmos medidas que sejam precipitadas e que comprometam o andamento do programa.[9]
- (7) "Sou grato aos autores que trataram desse assunto antes e cujos trabalhos foram muito úteis na elaboração dos meus pensamentos."
- (8) "As partículas que eram abundantes no começo do universo e existirão somente frações de segundo no LHC."

» Períodos sem coesão: as conjunções **e** ligam termos de funções sintáticas diferentes: em **(7)** liga "oração subordinada adjetiva restritiva" e "oração subordinada adjetiva explicativa", em **(8)** liga "oração subordinada adjetiva restritiva" e o predicado **existirão somente frações...**; correções:

- (9) Sou grato aos autores que trataram desse assunto antes, cujos trabalhos foram muito...
- (10) As partículas que eram abundantes no começo do universo existirão somente frações...
- (11) "O empregado Paulo exerce suas atividades externamente não se subordinando, portanto, a controle de horário."

» Período sem coesão: a conjunção **portanto** liga a oração subordinada à principal; correção:

- (12) O empregado Paulo exerce suas atividades externamente, não se subordina, portanto, a controle de horário.

c) **Uso das conjunções para ligar termos de significados diferentes:**

- (1) O Presidente visitou Paris, Bonn, Roma **e** o Papa.
- (2) O projeto tem mais de cem páginas **e** muita complexidade.[10]

» Uso inadequado da conjunção **e:** em **(1)** coordena termos de significados diferentes: cidades e pessoa, e em **(2)** coordena um dado objetivo, "número

8. Manual de redação da Presidência da República.
9. Manual de redação da Presidência da República, alterado.
10. Manual de Redação da Presidência da República, alterado.

de páginas do projeto", e um dado subjetivo, "avaliação sobre ele"; correções:

- (3) "O Presidente visitou Paris, Bonn e Roma, nesta capital, inclusive, visitou o Papa."[1]
- (4) "O projeto tem mais de cem páginas e é muito complexo."[1]

d) **Uso das conjunções em lugares inadequados:**

- (1) A publicidade **não apenas** aumenta a abrangência **mas também** as vendas.
- (2) "**Ou** Vossa Senhoria apresenta o projeto, **ou** uma alternativa."[1]

» Os conectivos rompem a coesão/paralelismo porque estão em lugares inadequados; correções:

- (3) A publicidade **não apenas** aumenta a abrangência **mas também** aumenta as vendas.
- (4) A publicidade aumenta **não apenas** a abrangência **mas também** as vendas.
- (5) "V. Sa. apresenta o projeto **ou** apresenta uma alternativa."[1]
- (6) "V. Sa. **ou** apresenta o projeto **ou** apresenta uma alternativa."[1]

e) **Uso de "brasileirismos" em lugar das conjunções adversativas:** para corrigirmos estes períodos, substituímos as locuções destacadas por conjunção adversativa:

- (1) Várias teorias foram propostas para a previsão de tremores **sendo que** todas sem sucesso.
- (2) "Como um pião, a Terra possui um eixo de rotação, **só que** ligeiramente inclinado em relação à órbita. A Lua também realiza movimentos de translação e de rotação, **mas só que** ao redor da Terra." (Maria da Luz e Magaly Santos, alterado)
- (3) "Para os ovos de páscoa serem símbolos de fertilidade, é necessário que tenham certa quantidade de brinquedos e de guloseimas. **Acontece que** alguns deles não têm sequer um caramelo."
- (4) "Existem empresas que preferem empregados sem "vícios", novos no mercado. **Por outro lado**, também há quem valorize a mão de obra experiente."

f) **Uso de advérbios em lugar de conjunções:** para corrigirmos estes períodos, substituímos os advérbios respectivamente por conjunções adversativa e conclusiva:

» (1) "Mariana virou bruxa, **agora** era uma bruxinha sem diploma." (2) "A senhora é pensionista de seu ex-marido, **então** só sacará suas cotas do PIS quando completar 70 anos."

Observação: "Brasileirismos: expressões consagradas pelo uso mas contrárias à norma padrão; criação fonética, morfológica, sintática ou semântica tipicamente brasileira."

2.2. Conjunções subordinativas

São as conjunções que ligam orações subordinadas, ou seja, orações que exercem funções sintáticas em relação às outras.

As conjunções subordinativas classificam-se em **conjunções subordinativas integrantes** e em **conjunções subordinativas adverbiais.**

Conhecer as conjunções é essencial pois a todo instante as usamos na fala e na escrita.

2.2.1. Conjunções subordinativas integrantes

São as conjunções que ligam as orações subordinadas substantivas às orações principais, ou seja, ligam **orações secundárias** que exercem em relação às **orações principais** as mesmas funções sintáticas que os **substantivos** exercem no **período simples** (sujeito, predicativo, objeto direto, objeto indireto, complemento nominal e aposto): **que** e **se:**

✦ (1) O aluno respondeu **que** estava atrasado.

✦ (2) O anfitrião não sabia **se** os convidados ficaram satisfeitos.

» Nesses períodos, as conjunções **que** e **se** ligam orações subordinadas substantivas, as secundárias exercem em relação às principais função sintática própria de substantivo, **objeto direto**, portanto são conjunções subordinadas integrantes.

Observação: Eventualmente **pronomes interrogativos** (que, quem, qual e quanto) e **advérbios interrogativos** (onde, por que, como e quando) também ligam orações substantivas:

✦ (1) Já sei **quem** o Paulo contratou. (2) "Saiba **quais** agências abrirão neste sábado." (3) "A burguesia decide **como**, **que**, **quando** e **quanto** produzirá." (4) O turista não sabia **onde** ele estava. (5) Não entendo **por que** existe essa isenção. (6) Não sei **quando** voltarei.

2.2.2. Conjunções subordinativas adverbiais

São as conjunções que ligam as orações subordinadas adverbiais às orações principais, ou seja, ligam **orações secundárias** que modificam os verbos das **orações principais.**

CLASSIFICAÇÃO DAS CONJUNÇÕES SUBORDINATIVAS ADVERBIAIS	
Finais	ligam orações subordinadas se a oração secundária expressa **finalidade** em relação à oração principal
Conformativas	ligam orações subordinadas se a oração secundária expressa **conformidade** em relação à oração principal
Comparativas	ligam orações subordinadas se a oração secundária expressa **comparação** em relação à oração principal
Proporcionais	ligam orações subordinadas se a oração secundária expressa **proporcionalidade** em relação à oração principal
Temporais	ligam orações subordinadas se a oração secundária expressa **tempo** em relação à oração principal
Condicionais	ligam orações subordinadas se a oração secundária expressa **condição** em relação à oração principal
Concessivas	ligam orações subordinadas se a oração secundária expressa **concessão** em relação à oração principal
Causais	ligam orações subordinadas se a oração secundária **causa** ou **motiva** o efeito expresso na oração principal
Consecutivas	ligam orações subordinadas se a oração secundária expressa a **consequência** da causa expressa na oração principal

Os conceitos são praticamente iguais portanto são facilmente memorizáveis.

As **conjunções subordinativas adverbiais** classificam-se em:

2.2.2.1. Finais

São as conjunções que ligam orações subordinadas se a segunda oração expressa finalidade em relação à primeira: para que, a fim de que:

- (1) "O grupo 'Caixa Seguros' levará 200 empregados **para que** se divirtam em Bariloche." (Jornal da Caixa, alterado) (2) "Procede corretamente com teu amigo **para que** o mantenhas e com teu inimigo **a fim de que** o conquistes."[11]

2.2.2.2. Conformativas

São as conjunções que ligam orações subordinadas se a segunda oração expressa conformidade com alguma situação em relação à primeira: como, conforme, segundo, consoante:

11. Eliot, George *apud* Moisés Marinho de Oliveira, *Sete Mil Ilustrações e Pensamentos*, 2ª edição, Juerp, 1981, alterado.

+ (1) **Como** disse Buda: tudo é dor.
+ (2) "Eu esperei, **conforme** disseram as vozes / Pelo sinal do final do nosso tempo."[12]

2.2.2.3. Comparativas

São as conjunções que ligam orações subordinadas se a segunda expressa comparação em relação à primeira; a oração secundária, que eventualmente omite o verbo, compara a ideia da oração principal com as características de outro ser: como, igual, semelhante, tal ... tal..., tal ... qual..., tanto ... como..., tanto... quanto..., tão ... como..., mais ... do que..., menos ... do que...:

+ (1) "Vota Brasil. O Brasil é **tão** bom **quanto** o teu voto." (TSE, alterado)
+ (2) "Executa cada ação **como** se fosse a última de tua vida."[13]
+ (3) "As mais belas e perfumadas flores vicejam **tanto** em um sáfaro e árido deserto **como** *(vicejam)* em uma estufa carinhosamente cultivada."[2]

2.2.2.4. Proporcionais

São as conjunções que ligam orações subordinadas se a segunda oração expressa proporcionalidade em relação à primeira; a ideia expressa na oração secundária ocorre ao mesmo tempo ou à proporção do tempo da oração principal: à medida que, à proporção que, quanto mais... mais, quanto mais... menos, quanto menos... mais:

+ (1) "**Quanto mais** o bebê mama, **mais** a mãe produz leite."
+ (2) "A inteligência é semelhante a um rio: **quanto mais** profundo, **menos** ruído faz."[14]

Observações: A preposição **em** não compõe as locuções conjuntivas **à medida que** e **à proporção que**, portanto é desvio a usarmos nessas locuções:

+ (1) "**Ao mesmo tempo em que** o tempo passa, o número de pessoas que fazem uso dos medicamentos fitoterápicos vem aumentando."

  » Período não conforme: a preposição **em** não compõe a locução conjuntiva; as locuções **à medida que**, **à proporção que** são adequadas para expressar proporcionalidade:

+ (2) À medida que o tempo passa, o número de pessoas que usa os medicamentos fitoterápicos aumenta.

---

12. Matanza, http://letras.terra.com.br;
13. Whittier, Jhon *apud* Moisés Marinho de Oliveira, *Sete Mil Ilustrações e Pensamentos*, 2ª edição, Juerp, 1981, alterado.
14. A. Gilcrafter *apuds* Moisés Marinho de Oliveira, *Sete Mil Ilustrações e Pensamentos*, 2ª edição, Juerp, 1981.

+ (3) Cespe. "Sua linguagem é científica **na medida em que** as proposições descritivas vêm carregadas da harmonia...". É possível substituirmos a locução destacada pela locução **à medida em que**? Não porque ambas estão incorretas; a preposição **em** não compõe a locução. Sem a preposição, ambas estariam corretas.

2.2.2.5. Temporais

São as conjunções que ligam orações subordinas se a segunda oração expressa tempo em relação à primeira: quando, enquanto, apenas, mal, logo que, depois que, sempre que, antes que, até que, assim que, que:

+ (1) "Descontentamento é o preço que pagamos **quando** não estamos satisfeito com o que temos."[15] (2) "**Enquanto** a luta seguia nas Termópilas, os atenienses refugiaram-se na ilha-santuário de Salamina." (3) "Patrícia chorava **sempre que** se comovia."

Observação: Excepcionalmente é possível usarmos conjunções diferentes (**temporais** ou **condicionais**) para a mesma oração:

+ (1) Tu só sacarás as tuas cotas do PIS **quando** te aposentares.
+ (2) Tu ganharás um presente especial **quando** passares no vestibular.

» Nesses períodos a conjunção **quando** e as **orações temporais** indicam o **tempo** de realização da ideia da oração principal.

+ (3) Tu só sacarás as tuas cotas do PIS **se** te aposentares.
+ (4) Tu ganharás um presente especial **se** passares no vestibular.

» Nesses períodos a conjunção **se** e as **orações condicionais** indicam a **condição** para a realização da ideia da oração principal.

2.2.2.6. Condicionais

São as conjunções que ligam orações subordinadas se a segunda oração expressa condição para que ocorra a ideia da oração principal: se, caso, salvo se, exceto se, desde que, a menos que, a não ser que, sem que, contanto que:

+ (1) "**Se** é verdade que me amas, preocupa-te comigo."[16]
+ (2) **Se** é a razão que faz o homem, é o sentimento que o conduz. (Rousseau)

15. Runes, Dagobert D. *apud* Moisés M. de Oliveira, *Sete Mil Ilustrações e Pensamentos*, 2ª edição, Juerp, 1981.
16. J. C. Vasconcelos Jr *apud* Moisés M. de Oliveira, *Sete Mil Ilustrações e Pensamentos*, 2ª edição, Juerp, 1981.

✦ **Outro exemplo:** "**A menos que** as coisas mudem, a atual geração deixará o planeta com a metade das espécies atualmente existentes." (Veja *apud* Unama).

2.2.2.7. Concessivas

São as conjunções que ligam orações subordinadas se a segunda oração expressa concessão em relação à primeira; a oração secundária expressa ideia contrária mas insuficiente para impedir a realização da ideia da oração principal: embora, conquanto, ainda que, mesmo que, posto que, suposto que, se bem que, por mais que, por menos que, apesar de que:

✦ (1) "**Embora** seja um astro iluminado, a Lua é o corpo celeste mais brilhante do céu noturno visto daqui." (2) "Nunca interrompas teu aprendizado **ainda que** vivas cem anos."[17]

2.2.2.8. Causais

São as conjunções que ligam orações subordinadas, se a segunda oração causa o efeito expresso na oração principal ou motiva alguém para que o pratique: porque, porquanto, como, visto que, já que, desde que, posto que:

Ressaltamos que as conjunções **porque** e **porquanto** dão mais qualidade aos textos do que as locuções conjuntivas **visto que**, **já que** etc.

✦ (1) Paulo está com febre **porque** está com a garganta inflamada.

✦ (2) Vários animais estão em extinção **pois** pessoas sem consciência destroem seus hábitats.

» Em **(1)** a causa é direta: a garganta inflamada produz a febre; em **(2)** a causa é indireta: pessoas destroem os hábitats, os hábitats destruídos causam a extinção dos animais.

✦ **Outros exemplos:** (1) Paulo não foi ao cinema **porque** choveu muito. (3) Paulo não saiu às 12 horas **porquanto** o sol estava muito quente.

Observação: Para mais informações sobre causas diretas, indiretas ou motivacionais, consulta orações causais.

2.2.2.9. Consecutivas

São as conjunções que ligam orações subordinadas se a segunda oração expressa a consequência da causa expressa na oração principal: tão... que, tal... que, tamanho... que, tanto... que, de maneira que, de forma que, de modo que, de sorte que:

17. Provérbio persa *apud* Moisés Marinho de Oliveira, *Sete Mil Ilustrações e Pensamentos*, 2ª edição, Juerp, 1981.

✦ (1) O vendaval foi **tão** forte **que** derrubou a goiabeira. (2) "O homem destruiu **tanto** a natureza **que** a atual geração deixará o planeta com a metade das espécies vivas que encontrou." (Veja apud Unama)

Observação: As orações **causais** são transformáveis em **consecutivas** e vice-versa: **(1)** Os efeitos do Big-Bang foram tão fortes que o Universo ainda continua em expansão. **(2)** A goiabeira caiu porque o vendaval foi muito forte.

3. LOCUÇÃO CONJUNTIVA

São duas ou mais palavras que ligam orações e estabelecem entre elas relações de coordenação ou de subordinação. Quase sempre, a locução conjuntiva termina por "que": mas também, como também, não obstante, ainda que, visto que, contanto que, por mais que, desde que, uma vez que, apesar de que, de modo que, à proporção que, à medida que, assim que, a menos que, a não ser que, etc.

✦ (1) Meu pai **não só** trabalha **mas também** estuda. (2) "Em 421 a C, Atenas e Esparta assinaram um armistício **no entanto** o acordo durou pouco tempo." (3) "O homem foi feito segundo um desenho especial de Deus, **por conseguinte** não é obra da causalidade." (4) "**A menos que** a boa intenção seja seguida pela ação, não tem nenhuma valia."[18]

4. ERROS MAIS COMUNS/CONJUNÇÕES SUBORDINATIVAS

a) **Uso incorreto das conjunções:**

✦ (1) "Foi Cícero quem cunhou o conceito de humanismo **enquanto** cosmovisão, na qual o homem ocupa ponto central." (2) "Sem os sistemas de representação não construiríamos a nós mesmos **enquanto** seres humanos." (Nilson Machado apud UFPA)

» O termo **enquanto**, que é conjunção adverbial de tempo, não é conjunção comparativa:

✦ (3) Foi Cícero quem cunhou o conceito de humanismo **como** cosmovisão...

✦ (4) Sem os sistemas... não construiríamos a nós mesmos **como** seres humanos.

✦ (5) "De que adianta sermos gatas se amarmos os cachorros e eles só querem as galinhas."

» Período sem coesão: as orações primeira e segunda são coordenadas logo são ligadas por conjunção coordenativa; a terceira oração é subordinada

18. Jones, Franklin P. *apud* Moisés M. de Oliveira, *Sete Mil Ilustrações e Pensamentos*, 2ª edição, Juerp, 1981.

condicional em relação à segunda, portanto são ligadas por conjunção condicional:

- (6) De que adianta sermos gatas e amarmos os cachorros **se** eles só querem as galinhas.
- (7) "Quando **tu tens um dom**, desperdício é não usá-lo."
- (8) "**Eduquemos as crianças** e não será preciso castigar os adultos."

» As orações destacadas expressam condição em relação às principais portanto são ligadas por conjunção condicional:

- (9) Se tu tens um dom, desperdício é não usá-lo.
- (10) Se educarmos as crianças, não será preciso castigar os adultos.

b) **Omissão de palavras que prejudicam a ideia do período:**

- (1) O salário de um professor é mais baixo do que um médico. → "O salário de um professor é mais baixo do que o salário de um médico" ou "O salário de um professor é mais baixo do que o de um médico"[19]
- (2) "Enquanto o banditismo contesta a legitimidade do poder político, a magia contesta o poder espiritual." → "Enquanto o banditismo contesta a legitimidade do poder político, a magia contesta a legitimidade do poder espiritual", ou "Enquanto o banditismo contesta a legitimidade do poder político, a magia contesta a do poder espiritual."

c) **Uso de "advérbios" para ligar orações subordinadas:**

- (1) "Se um corpo celeste está a 2 milhões de anos-luz, **então**, a luz demorou 2 milhões de anos para chegar até aqui."
- (2) "Se o universo é ainda jovem, **então** a Terra é jovem também, pois ela não é mais velha que o próprio universo."

» As orações já estão ligadas pela conjunção **se**, o **então** é desnecessário e incorreto.

d) **Uso de "preposições" para ligar orações subordinadas:** é muito comum na linguagem falada e até mesmo na escrita, mas é desvio usarmos preposições como conjunções integrantes:

- (1) A atriz pediu **para** o diretor evitar cenas nuas mas ele não atendeu.
- (2) A atriz pediu **que** o diretor evitasse cenas nuas mas ele não atendeu.
- (3) A atriz pediu ao diretor **que** evitasse cenas nuas mas ele não atendeu.

19. Manual de Redação da Presidência da República.

e) **Uso de brasileirismos em lugar das conjunções comparativas:**

- (1) O mito se opõe ao logos **feito** a fantasia à razão, **feito** a palavra que narra à palavra que demonstra. (2) A Terra sem o homem seria **tipo** uma orquestra sem músico ou **tipo** uma plantação sem o agricultor. (3) A inteligência é **que nem** um rio: quanto mais profundo, menos ruído faz. (4) O velho sábio de manto azul tinha a barba branca **que só** a neve e cintilante **que só** os raios da estrela Polar. (5) Uma vida sem contentamento é **parece** uma candeia sem óleo.
- Correções: (6) "O mito se opõe ao logos **como** a fantasia à razão, **como** a palavra que narra à palavra que demonstra." (Pierre Grimal). (7) "A inteligência é **semelhante** a um rio: quanto mais profundo, menos ruído faz."[20] (8) "Uma vida sem contentamento é **igual** a uma candeia sem óleo."

f) **Uso de brasileirismos em lugar das conjunções causais:**

- (1) Muitas casas foram destruídas **de vez que** a tempestade foi fortíssima. (2) Não haverá despesas para os clientes **vez que** elas são cobradas mediante convênio.

Observações:

a) Sobre as locuções **saiba usar, aprenda negociar** etc., consulta o "Erros mais comuns - locuções verbais", "Ausência de conjunção integrante entre os termos".

b) "Brasileirismo: modo de falar aceito pelo uso mas contrário às normas gramaticais; idiotismo do português do Brasil." (Novo Aurélio Século XXI)

c) A palavra **feito** é substantivo ou é verbo mas não é conjunção:

- (1) "Somos o que repetidamente fazemos, a excelência, portanto, não é um **feito** mas um hábito." (Aristóteles) (2) "O amor não é **feito** de trocas de olhares mas de olharmos juntos na mesma direção." (Chocolates Garoto)

d) A palavra **tipo** é substantivo, não é conjunção:

- (1) "Arlequim, Dom Juan, e Romeu são **tipos** eternos."[21]
- (2) "Sou aquele amante à moda antiga, do **tipo** que ainda manda flores..." (Roberto Carlos)

---

20. A. Gilcrafter *apud* Moisés Marinho de Oliveira, *Sete Mil Ilustrações e Pensamentos*, 2ª edição, Juerp, 1981.
21. Ferreira, Aurélio Buarque de Holanda, *Novo Aurélio Século XXI*, Nova Fronteira, edição 1999.

5. EXERCÍCIOS

1. (COPEVE-UFAL, 2011, UFAL, Assistente Administrativo) "O Colégio Hugo Sarmento, em São Paulo, decidiu levar para a sala de aula uma ferramenta virtual **que** muitos adolescentes já dominam. O limite de 140 caracteres imposto pelo **microblog Twitter** está permitindo **que** alunos do ensino fundamental exerçam sua veia literária por meio do gênero conhecido como *microconto*."[22]

No texto a palavra **que** é, respectivamente,

a) conjunção subordinativa e conjunção integrante;
b) pronome relativo e conjunção integrante;
c) conjunção integrante e conjunção subordinativa;
d) pronome relativo e pronome relativo;
e) conjunção integrante e conjunção integrante.

2. (FCC, 2007, MPU, Analista Processual) Empregou-se de acordo com o padrão culto a forma grifada em:

a) Afirmou que a analogia pelas duas obras é claramente notada.
b) Habituou-se em observar os menores detalhes de cada tela do pintor.
c) O portão era ladeado com duas guaritas.
d) O susto emudeceu-lhe.
e) Desconfio que ele seja espião.

3. (VUNESP) A região alvo da expansão das empresas, ______, das redes de franquias, é a Sudeste, ______ as demais regiões também serão contempladas em diferentes proporções; haverá, ______, planos diversificados de acordo com as possibilidades de investimento dos possíveis franqueados.

A alternativa que completa correta e respectivamente as lacunas é:

a) como ... pois ... mas
b) ou seja ... embora ... pois
c) ou seja ... mas ... portanto
d) isto é ... mas ... como.

4. (FCC) Penso hoje que a vocação dele era de fato o serviço público: sentia-se suficientemente recompensado pela responsabilidade que lhe cabia...

Na frase acima, não haverá prejuízo para o sentido, caso se substitua o sinal de dois pontos por uma vírgula, seguida da expressão:

a) a menos que se sentisse...
b) muito embora se sentisse...
c) uma vez que se sentia...
d) a fim de se sentir...
e) por mais que se sentisse...

5. (FCC) Na frase "Entre outras razões, porque se sabe que as novas instruções produzidas..." altera-se o sentido original, substituindo-se o termo grifado por:

22. Revista "Língua Portuguesa", dez/2010, p. 8.

a) visto que
b) conquanto
c) porquanto
d) uma vez que.

6. (FCC) Na frase "...o problema é, não obstante, inerente ao método da discussão grupal" o sentido original será alterado, substituindo-se a expressão grifada por
a) no entanto
b) apesar disso
c) a despeito disso
d) além disso

7. (Consult) Qual das expressões abaixo tem o mesmo valor sintático e semântico da palavra destacada?
"Não pretendo analisar, hoje, a política de informação do governo, **embora** esse conjunto de iniciativas e várias declarações de ministros indiquem uma tendência a restringir a ação da imprensa e a disciplina-la".
a) uma vez que
b) de modo que
c) porque
d) ainda que

8. (FCC, TRT 23ª Região, Analista Judiciário) Na frase "não obstante essa diferença não dever gerar desigualdade de oportunidade", mantém-se o sentido original substituindo-se a expressão sublinhada por
a) por isso
b) porquanto
c) a despeito de
d) senão.

9. (FCC) O segmento "...podem ora ser consideradas como orientação geral, ora como disposição..." expressa ideia de ações
a) opostas
b) repetidas
c) alternadas
d) simultâneas
e) concomitantes.

10. (PUC-RJ) A grande utilização da conjunção *e* deve-se, em parte, ao fato de que ela pode assumir diversos significados. Substitua-a em cada frase abaixo por uma conjunção mais característica do significado em questão.
a) Todos se prepararam ansiosamente para o domingo na praia, *e* choveu;
b) Conformar-se com a situação *e* mobilizar-se para melhorá-la são as opções do brasileiro.

11. (Uepa) Indique a alternativa que apresenta a correlação entre o conectivo **como** e a relação sintática que esse conectivo estabelece entre as orações do período.
a) "Em tempos difíceis como os atuais, então, nada mais fácil..." **conformidade**

b) "Trata-se, como o próprio nome diz, de uma patologia." **conformidade**
c) "a distimia, como o problema foi denominado, causa prejuízos não só à saúde". **comparação**
d) "a grande preocupação de L. é a de que o filho acabe usando drogas como uma ponte para a convivência social." **causa**
e) "como é sabido que mau humor pega, há uma espécie de efeito cascata." **comparação**

12. (UFPA) A relação de ideias estabelecida entre os períodos do trecho "O lucro é decorrência do bom relacionamento com o consumidor. É bom lembrar: um consumidor satisfeito é um cliente fiel." pode ser explicitada por meio do conectivo:
a) porque
b) onde
c) porém
d) enquanto
e) por isso

RESPOSTAS	
1	b
2	**a**) errada (a preposição adequada é **entre**); **b**) errada (a preposição correta é **a**, habituar-se **a** observar; a oração seria melhor se fosse: Observava habitualmente os menores detalhes...); **c**) errada (O portão era ladeado **por** duas guaritas); **d**) errada (**emudecer** é VTD portanto o correto é "O susto emudeceu-o"); **e**) correta (**desconfiar**, VTD, liga-se ao complemento, a oração subordinada substantiva objetiva direta, sem preposição).
3	c
4	c
5	b (**porque** é conjunção causal, **conquanto** é conjunção concessiva, porquanto apenas esta muda o sentido).
6	d (**não obstante** é adversativa, **além disso** expressa adição, logo apenas esta altera o sentido).
7	d
8	c
9	c
10	**a)** mas, **b)** ou;
11	b
12	e

CAPÍTULO 11

Interjeição

1. CONCEITO

São as palavras que expressam sentimentos ou emoções súbitas como: alegria, tristeza, encorajamento, cansaço, chamamento, desejo, dor, surpresa, silêncio, suspensão, etc.

As interjeições expressam vários sentidos conforme a maneira como as pronunciamos.

✦ (1) "Ah, tu que destróis o santuário e o reedificas em três dias!" (**ah**!: escárnio, blasfêmia). (2) "Ora, queridos amigos, sejamos sinceros!" (**ora**!: oposição). (3) "Salve, Rei dos judeus!" (**salve**!: saudação). (4) Socorro, fomos assaltadas! (**socorro**!: súplica, pedido urgente). (5) Cruzes! Que rolo é esse? (**cruzes**!: reprovação). (6) "Ah, malhados! Ah, filhos do Diabo!" (**ah**!: reprovação). (7) Até logo!, disse Nelci Lopes em sua despedida.

2. LOCUÇÃO INTERJETIVA

São duas ou mais palavras, ou mesmo uma frase, que expressam sentimentos ou emoções súbitas: ai de mim!, valha-me Deus!, muito bem!, que pena!, muito obrigado!, puxa vida!, que horror!, qual o que!, triste de mim!, Deus me livre!, Deus me ajude!, ora bolas!, essa não!, pois sim!.

No fim das interjeições e das locuções interjetivas usamos ponto de exclamação. Se elas estiverem no meio da frase, usamos **vírgula** após a interjeição e **ponto de exclamação** no fim da frase.

✦ (1) Meu Deus, que acidente horrível! (2) Parabéns, gostei da tua apresentação! (3) Essa não, foste tu que fizeste isso!

CAPÍTULO 12

Expressões da norma culta

- **A meu ver, ao meu ver:** a combinação **ao** significa **ir para**, logo **a meu ver** (de acordo com o que penso, imagino, minha opinião) é a expressão certa.
- **Dia, mês** (passados): o dia/mês passado dispensa o adjunto **passado:**
  - ✦ Se hoje é domingo e o evento aconteceu quarta-feira (passada), é suficiente dizer quarta-feira porque subentende a passada. Se estamos em fevereiro e o evento aconteceu em janeiro, é suficiente dizer em janeiro conversei com ele, pois subentende o mês passado.
- **Semana, mês, ano** (anteriores ao passado):
  - ✦ (1) Na **penúltima** semana conversei com o Paulo. (2) Na **antepenúltima** semana completei aniversário. (3) Casei no **antepenúltimo** ano ou cita o ano: casei em 2002. (4) A palavra **retrasada** (muito utilizada na fala) não existe.
- **Em princípio, a princípio:** a primeira significa **em tese, teoricamente**; a segunda, **começo, início, inicialmente:**
  - ✦ (1) **Em princípio** será difícil sermos atendidos. (2) **A princípio** o acusado se calou.
- **Estada:** empregamos para a permanência de pessoas:
  - ✦ A **estada** do presidente na Argentina foi proveitosa.
- **Estadia:** empregamos para a permanência de navios ou veículos:
  - ✦ A **estadia** de automóveis em estacionamentos é um bom meio de evitar furtos.
- **Falar ao telefone, ao microfone:** ele está falando **ao** telefone ou **ao** microfone.
- **Haja vista:** é invariável e equivale a **vê, observa**, mas sugerimos que uses as orações condicionais porque são mais discretas e mais elegantes:

✦ (1) O Cruzeiro provavelmente será campeão, **haja vista** os excelentes resultados no campeonato. (2) O Cruzeiro provavelmente será campeão se **considerarmos** os excelentes resultados no campeonato.

- **Início de, fim de:** a semana ou qualquer evento possui **início** e **fim**, portanto é mais elegante dizermos no **início da semana** ou **fim da semana**; **inicial** e **final**, embora eventualmente sejam substantivo, são mais usados como adjetivos: números **iniciais**, números **finais**, provas **finais**, ponto **final**:

✦ (1) "Para eles não havia diferença entre dia útil e **fim** de semana." (2) "No **fim** de 1788 e **início** de 1789 era grande o descontentamento dos brasileiros com a Coroa portuguesa."

- **Não alongarei meu discurso, não me alongarei**

✦ (1) "A ministra foi a oitava a votar e, **sem se alongar**, rejeitou o recurso do peemedebista."

» Os ministros, os juízes etc. não fazem **alongamento** antes de proferirem suas decisões, portanto o correto é:

» "A ministra, que foi a oitava a votar, **sem demora** (ou **sem prolongar seu discurso**) rejeitou o recurso do peemedebista."

» **Evitemos as formas:** sem se alongar, não me alongarei, não serei longo.

- **O máximo, ao máximo:** são usadas de acordo com a regência do verbo:

✦ (1) Aproveitarei **o máximo**, desfrutarei **o máximo** minhas férias.

✦ (2) É essencial obedecermos **ao máximo** às normas de trânsito.

- **Perder o controle do veículo, perder a direção do veículo**

» **Sugerimos:** perdi o controle do veículo, **evitemos:** perdi a direção do veículo, ou perdi o controle da direção do veículo.

- **Em nosso meio:** quando alguém está presente entre nós; **no nosso meio:** dentro de nós, em nosso interior.

- **Sentar à mesa, sentar na mesa**

– **Sentar à mesa** é sentar ao redor, junto:

✦ (1) "Valéria tirou a panela do fogo e se sentou **à mesa.**" (2) "Pesquisas confirmam que boa parte dos motoristas, quando senta **à direção do veículo**, transforma-se em monstros irascíveis." (Veja)

– **Sentar na mesa** é sentar em cima, na própria mesa: Valéria em vez de sentar-se **na cadeira**, sentou-se **na mesa.**

- **Todo, todo o:**

– **Todo** (pronome indefinido) significa **qualquer, todos os:** (1) Toda vida piedosa tem um Getisêmane.

- **Todo o** significa o ser inteiro: (1) **Toda a** delegação estava presente no momento da partida.

Observação: Sobre o uso das locuções **acerca de/há cerca de/cerca de, a expensas de/às expensas, ao encontro de/de encontro a, ao nível de/em nível de** etc., sugerimos que leias a **observação** que está no capítulo **Locuções prepositivas.**

PARTE 4

Sintaxe

CAPÍTULO 1
Sintaxe

1. CONCEITO

Do gr. *syntaxys*: é a parte da gramática que estuda as relações de concordância, de regência e de colocação estabelecidas entre as palavras de uma oração ou de um período.

A análise sintática do período estuda a estrutura do período, dividi-o em orações e as orações em termos, nomeia cada termo e define sua função na oração.

Na língua portuguesa as palavras possuem duas classificações:

a) **classificação morfológica:** estuda as classes das palavras ou as classes gramaticais, ou seja, verifica se elas são substantivos, adjetivos, verbos, etc.

b) **classificação sintática:** estuda as funções sintáticas das palavras no período, ou seja, verifica se elas são sujeitos, verbos transitivos, verbos intransitivos, objetos diretos, objetos indiretos etc.

A classificação **morfossintática** determina a **classe de palavra** de determinada palavra e a **função sintática** que ela exerce no período.

- **Sintaxe de concordância:** é o mecanismo pelo qual as palavras alteram suas terminações para se adequarem ao período.
- **Sintaxe de regência:** é a relação que se estabelece entre as palavras, ou seja, a relação de dependência de um termo a outro.
- **Sintaxe de colocação:** é a ordem que as palavras ocupam no período.

2. FRASE

É o enunciado que expressa uma informação completa.

É possível a frase ter ou não ter verbo, ou seja, a frase é formada por um período simples ou por um período composto, ou é formada por uma ou por mais de uma palavra. O importante é que expresse uma comunicação completa ou definida.

✦ "Bom dia!", "Que barulho!", "Socorro!"

Os três enunciados expressam informações completas, **saudação, surpresa** e **pedido urgente**, portanto são frases.

✦ (1) "40 anos de FGTS: um fundo para toda a vida." (2) "Linha Lunare: básica para todos os ambientes. Arrojada, robusta, ideal para sua casa, loja ou escritório." (3) "Festividade do 80º Aniversário da Imigração Japonesa na Amazônia: comidas japonesas, danças teatrais, músicas, origami e muitas outras atrações."

» Os três enunciados expressam informações definidas portanto são frases.

✦ (4) "A extraordinária beleza dos anéis deu ao Saturno o apelido de *joia do universo*." (Maria da Luz e Magaly Santos)

» Período simples, expressa ideia definida, portanto é uma frase.

✦ (5) As estradas estão ruins e não existem alternativas.

✦ (6) "As linhas de crédito à que os produtores rurais teriam direito estão fechadas."

» Os dois períodos são compostos, expressam informações completas, portanto são duas frases.

✦ (7) A extraordinária beleza dos anéis deu ao Saturno.

✦ (8) As linhas de crédito à que os produtores rurais teriam direito.

» Os dois enunciados não expressam informações completas: no **(7)** falta o objeto direto e no **(8)** falta o predicado da oração principal, portanto não são frases.

✦ **Outros exemplos**: (1) "Dumond. As melhores tendências da moda internacional." (2) "8 de Março, Dia Internacional da Mulher: Um dia especial como todos os outros." (3) "Planos cheios de carinho e uma rede própria com 27 anos de experiência em saúde." (Hapvida)

As frases classificam-se em verbais e em nominais:

- **Frase verbal**: são as frases que possuem verbos com significado próprio:

  ✦ "As nuvens podem esconder uma estrela, mas elas passam e a estrela fica."[1]

- **Frase nominal**: são as frases que não possuem verbos ou possuem verbos sem significado próprio: **(1)** "Terra de Zebulon e terra de Naftali. Caminho do mar

---

1. Oliveira, Moisés Marinho de, *Sete Mil Ilustrações e Pensamentos*, 2ª edição, Juerp, 1981.

ao outro lado do Jordão. Galileia dos gentios." **(2)** "Seis de Dezembro – Dia mundial do laço franco. Homens pelo fim da violência contra a mulher." **(3)** "Cada louco com sua mania. Deus é bom e justo." (Universidade Corporativa Caixa)

3. ORAÇÃO

(Lat. *oratione*: discurso): é o enunciado que expressa um fato.

A oração, que possui os termos essenciais (sujeito e predicado), geralmente é formada por três termos: sujeito, verbo e complemento.

Ressaltamos que os termos essenciais, sujeito e predicado, expressam informação definida. O sujeito é o termo que ordinariamente pratica a ação verbal, e o predicado é o termo que expressa uma informação sobre o sujeito, ou seja, uma ação definida, um desejo, uma intenção, um pedido, uma ordem, um estado referente ao sujeito. A informação expressa pelo predicado depende em parte da intenção do emissor: se o emissor deseja apenas comunicar a ação verbal, os complementos verbais não são necessários, porém se a intenção do emissor é comunicar algo mais que a ação verbal, os complementos são necessários para complementarem as ações verbais. Se o enunciado possui os termos essenciais, expressa informação completa.

- (1) | "Governo | aprova as regras de teleatendimento." |
  sujeito — predicado

- (2) | "A alegria e o amor | são as duas asas às grandes ações."[2] |
  sujeito — predicado

Os enunciados acima possuem os termos essenciais, sujeito e predicado, portanto são orações.

- (3) Encontrei. (4) Mataram. (5) O Ulisses encontrou o livro. (6) Mataram o meu peru. (Pinduca)

  » Em **(3)** e em **(4)** há sujeitos: respectivamente **eu** e **eles** ou **elas**, e há verbos: **encontrei** e **mataram**, mas não há predicados, as ações verbais não estão definidas, faltam os complementos verbais, por isso não são orações; em **(5)** e em **(6)** existem sujeitos: **O Ulisses** e **eles** ou **elas**, e existem predicados: **encontrou o livro** e **mataram o meu peru**, porquanto são orações.

- (7) "**O amor** *não se ufana, não se ensoberbece, não se conduz inconvenientemente.*"

2. Oliveira, Moisés Marinho de, *Sete Mil Ilustrações e Pensamentos*, 2ª edição, Juerp, 1981.

» Em **(7)** há sujeito, **O amor**, e há predicado, os termos em itálico, o sujeito pratica as 3 ações verbais, portanto no período há 3 orações. O sujeito é citado apenas na 1ª oração porque, se for citado nas outras, causará redundância.

+ (8) **"Os maridos de aluguel** *lavam, passam, varrem* e *até cozinham."*

» Em **(8)** há sujeito, o termo negritado, e há predicado, os verbos em itálico, o sujeito, embora citado apenas na 1ª oração, pratica as 4 ações, subordina os 4 verbos, portanto no período há 4 orações. Os complementos verbais, embora omissos, são compreendidos pelo contexto.

+ (9) | "Por trás de toda beleza há | alguns minutos de cuidado." [1] |

predicado — sujeito

+ (10) | Alguns minutos de cuidado | existem por trás de toda beleza. |

sujeito — predicado

» Esses enunciados possuem os termos essenciais, sujeito e predicado, portanto são orações.

+ (11) **Há** 250 milhões de anos. (12) **Faz** 4 meses. (13) **Vai** para 2 anos.

» Nesses exemplos não há sujeitos e não há predicados portanto não são orações, inclusive não expressam informações definidas logo também não são frases. Ressaltamos ainda que não é possível lhes atribuirmos sujeitos porque nesses exemplos **haver**, **fazer** e **ir** expressam **tempo decorrido**, ou seja, são **verbos impessoais.**

+ **Outros exemplos**: (1) "Modernizaram a linguagem e tornaram-na também mais elegante."[3] (2 orações) (2) "O poeta Tomás Antonio Gonzaga foi degredado para a África, lá casou-se, negociou e enriqueceu..."[4] (4 orações)

As orações classificam-se em:

- **oração absoluta:** são as orações que formam os períodos simples, exs.: **(1)**, **(2)**, **(5)**, **(6)**, **(9)** e **(10)**;
- **oração principal:** são as orações que, no período composto por subordinação, subordinam as orações secundárias (são analisadas a seguir);
- **oração coordenada:** são as orações que formam período composto por coordenação (são analisadas a seguir);
- **oração subordinada:** são as orações que formam período composto por subordinação (são analisadas a seguir).

---

3. ALI, M. Said, Grammatica historica da lingua portuguesa, Ed. Melhoramentos, São Paulo, 2ª edição, pág. 4, 1921.
4. Época, nº 808, pág. 36, 18.11.2013, alterado.

Exceções/Observações:

a) **Exceções:** as únicas **orações sem sujeitos** são as orações que expressam **fenômenos da natureza.** Nelas não existem sujeitos porque não sabemos quem pratica as ações expressas pelos verbos, não é possível lhes atribuirmos sujeitos. Embora possuam apenas predicados, expressam informações definidas, portanto são orações.

- (1) **Relampejou** bastante, durante a chuva. (predicado)
- (2) **Amanheceu** chovendo. **Anoiteceu** rapidamente. (predicado)
- (3) **Está chovendo** na cidade. (4) **Trovejou** durante a chuva. (predicado)

b) Nos **períodos compostos por subordinação**, o conceito de oração não se aplica literalmente às orações subordinadas, porque há as orações subordinadas desenvolvidas (possuem sujeito e verbo conjugado) e há as orações subordinadas reduzidas, ou seja, orações cujos sujeitos foram retirados e os verbos estão nas formas nominais **infinitivo, gerúndio** e **particípio.** Para fins de análise sintática ou para fins de contagem das orações de um período, as orações coordenadas, as orações principais, as orações subordinadas desenvolvidas e as orações subordinadas reduzidas são consideradas orações.

- (1) *Os clubes* que a Federação multou *recorreram à Confederação.*
- (2) *Os clubes* que foram multados pela Federação *recorreram à Confederação.*
- (3) *Os clubes* multados pela Federação *recorreram à Confederação.*

» Os enunciados em itálico possuem sujeito e predicado portanto são orações. Em **(1)** e em **(2)**, nos enunciados sublinhados, há sujeito e predicado: em **(1)**, sujeito: **a Federação**, predicado: **multou que** (= **multou os clubes**); em **(2)**, sujeito: **que** (= **os clubes**), predicado: **foram multados pela Federação; portanto são orações; em (3), o enunciado sublinhado é uma oração subordinada adjetiva reduzida de particípio, ou seja, não possui sujeito e verbo pessoal, porque eles foram retirados.**

- (4) Último dia para *aderir ao novo plano de cargos e salários.*
- (5) *O último dia* para aderirmos ao novo plano de cargos e salários *é hoje.*

» Em **(4)**, a oração principal está incompleta, na oração secundária não há sujeito (o verbo está no infinitivo), porquanto há uma oração no período, chamada oração completiva nominal; em **(5)** há duas orações: **O último dia é hoje** e **nós aderirmos ao novo plano...**

- (6) FUNRIO, 2015, UFRB, Assistente em Administração:

"Porém, levando em consideração que muitas cidades da região estabelecem entre si importantes relações e formam uma complexa rede urbana, consideraremos neste estudo alguns dos 89 municípios baianos localizados na área que circunda a Baía de Todos os Santos e que mantêm relações econômicas, políticas, culturais, sociais e identitárias, alavancadas principalmente pelos meios e veículos de comunicação e de tecnologia."

» Nesse período extraído do segundo parágrafo, há exatas quantas orações?

a) quatro b) cinco c) seis d) sete e) oito

Transformemos as orações reduzidas em desenvolvidas e numeremos as orações:

✦ (7) "Porém, se ***(nós)*** *levarmos em consideração*[1] que **muitas cidades da região** *estabelecem entre si... relações*[2] e *formam uma... rede urbana*[3], ***(nós)*** *consideraremos... alguns... municípios baianos*[4] **que** *são localizados na área*[5] **que** *circunda a Baía de Todos os Santos*[6] e **que** *mantêm relações econômicas... e identitárias*[7], **que** *são alavancadas... pelos meios e veículos de comunicação... e de tecnologia*[8]."

» Há no período oito orações portanto a resposta certa é a alternativa "e". Ressaltamos:

- que **localizados na área** não só é uma oração reduzida mas também é necessário que, por motivo de coesão, ela esteja na forma desenvolvida como a oração **que mantêm relações econômicas...**, pois ambas ligam-se ao substantivo **municípios** pela conjunção aditiva **e;**
- que o termo **meios e veículos de comunicação...** é o agente da passiva da oração 8; se **alavancadas** fosse adjetivo, aquele termo seria inclassificável.

c) Para mais informações sobre verbos impessoais, consulta Verbo, item 14.2 Verbos impessoais.

4. PERÍODO

É o enunciado que possui uma ou mais orações.

✦ (1) | "A inteligência | é uma característica exclusiva do homem." |

"A inteligência	é uma característica exclusiva do homem."
sujeito	predicado

✦ (2)

"As nuvens	escondem uma estrela	mas	elas	passam
sujeito	predicado		sujeito	predicado

e	a estrela	fica."[5]
	sujeito	predicado

5. Carmem Namura.

» O enunciado **(1)** possui **uma** oração e o enunciado **(2)** possui **três** orações portanto são períodos.

O período é simples ou composto:

4.1. Período simples

É o enunciado formado por uma oração:

✦ (1) | "A felicidade | é o objetivo e a grande busca de todo ser."[2] |

sujeito — predicado

✦ (2) | "Algumas vezes, | a melhor inspiração | nasce do desespero."[3] |

adjunto adverbial — sujeito — predicado

Há uma oração em cada enunciado, portanto são dois períodos simples.

4.2. Período composto

É o enunciado formado por duas ou mais orações; o período composto é formado por orações coordenadas (período composto por coordenação), é formado por orações subordinadas (período composto por subordinação) ou é formado por orações coordenadas e por orações subordinadas (período composto por coordenação e composto por subordinação, ou período misto).

A regra de formação dos períodos compostos é a já consolidada: os períodos compostos são formados por: **coordenação**, **subordinação** e **coordenação e subordinação**, portanto, para formarmos períodos compostos, é necessário considerarmos as relações que as orações estabelecem (coordenação ou subordinação) e observarmos as ideias que elas expressam em relação às outras orações. A norma-padrão não aceita períodos ambíguos porquanto é necessário que as funções sintáticas das orações estejam definidas.

Elaborar conscientemente períodos-padrões não é tarefa fácil, talvez seja o assunto mais difícil da língua portuguesa, mas também não é tarefa impossível: conhecer as orações e as conjunções é indispensável para conseguiremos bons resultados.

Em correspondências, em artigos, em redações, etc., usarmos períodos médios (aproximadamente três a cinco orações) é fundamental para a qualidade do texto. É recomendável evitarmos períodos com "uma" ou com "duas" orações, também é

6. Oliveira, Moisés Marinho de, *Sete Mil Ilustrações e Pensamentos*, 2ª edição, Juerp, 1981.
7. Cooper, C. Eral *apud* Moisés M. de Oliveira, *Sete Mil Ilustrações e Pensamentos*, 2ª edição, Juerp, 1981.

necessário evitarmos períodos longos, enunciados que deixam o leitor perdido, que geralmente exigem nova leitura. Há situações nas quais os períodos simples são necessários: avisos, propagandas, etc., e há situações nas quais, mesmo em textos, os períodos de duas orações também são adequados. Em textos, sempre que for possível, é recomendável agruparmos períodos simples, ou mesmo períodos de duas orações, para formarmos períodos maiores.

No capítulo "Erros mais comuns – períodos simples" veremos os erros que são mais cometidos.

- **Período composto por coordenação:**

São os enunciados formados por orações que se ligam por coordenação, ou seja, elas **não exercem** funções sintáticas entre si:

✦ (1) "A ciência tem raízes amargas[1] mas os seus frutos são doces[2]." (Aristóteles)

✦ (2) "Economia rima com ecologia[1], responsabilidade rima com sustentabilidade[2], portanto faz tua parte[3], usa racionalmente os recursos a tua disposição[4]." (Jornal da Caixa, alterado)

» Os dois enunciados são formados por orações que ligam-se por coordenação (não exercem funções sintáticas entre si), portanto são períodos compostos por coordenação.

✦ (3) | A cabeça **está** doente | e | o coração, enfermo. |

primeira oração — segunda oração

✦ (4) | "**Chamou** Deus à luz dia | e | às trevas, noite." |

primeira oração — segunda oração

✦ (5) | "A economia **mora** aqui | e | os teus sonhos, também."[1] |

primeira oração — segunda oração

✦ (6) | "O contentamento **é** a riqueza natural | mas |

primeira oração

| a luxúria, a pobreza artificial."[2] |

segunda oração

» Em cada período há duas orações, os verbos **estar**, **chamar**, **morar** e **ser** estão omissos nas segundas, as vírgulas indicam claramente as omissões, o sujeito do verbo **chamar** também está omisso na segunda, as segundas

8. Farm. Pague Menos.
9. Sócrates *apud* Moisés Marinho de Oliveira, *Sete Mil Ilustrações e Pensamentos*, 2ª edição, Juerp, 1981.

orações ligam-se por coordenação às primeiras (não exercem funções sintáticas entre si) portanto os quatro períodos são compostos por coordenação.

- **Período composto por subordinação:**

São os períodos formados por orações que se ligam por subordinação, ou seja, as orações subordinadas **exercem** funções sintáticas em relação às principais.

No período composto por subordinação há pelo menos **uma oração subordinante** (a que rege ou governa o período) e **uma oração subordinada** (a oração regida ou dependente). Se faltar uma dessas orações, o período estará gravemente comprometido ou não será período composto por subordinação.

Excepcionalmente os períodos possuem duas ou mais orações subordinantes, e frequentemente possuem duas ou mais orações subordinadas. A **oração subordinada**, que geralmente se liga à **oração subordinante** por conjunção subordinativa, **exerce** necessariamente uma função sintática em relação a esta.

- **Oração subordinante** ou **oração principal:** é a oração do período composto por subordinação que expressa a ideia principal do período.
- **Oração subordinada** ou **oração secundária:** é a oração do período composto por subordinação que expressa a ideia secundária.

Analisemos alguns exemplos:

✦ (1) | É perigoso | empinarmos pipa próximo à rede elétrica. |

or. principal — oração secundária = sujeito

✦ (2) | "O verão começa aqui, | onde os ritmos se encontram."[10] |

oração principal — oração secundária = adj. adnominal

✦ (3) | "Amamos | consoante | as pessoas nos tratam."[11] |

or. principal — or. secundária = adj. adverbial

Os três enunciados são formados por orações que se ligam por subordinação, ou seja, as orações secundárias **exercem** funções sintáticas em relação às principais, respectivamente **sujeito, adjunto adnominal** e **adjunto adverbial**, portanto são períodos compostos por subordinação.

As primeiras expressam as ideias principais, **é perigoso, começar** e **amar**, por conseguinte são as orações principais; as segundas expressam as ideias secundárias logo são as orações secundárias.

10. *Fest music Hangar.*
11. Price, Eugênio *apud* Moisés Marinho de Oliveira, *Sete Mil Ilustrações e Pensamentos*, 2ª edição, Juerp, 1981.

✦ (4) É necessário[1] protegermos os manguezais[2] para preservarmos o caranguejo uçá[3].

No período há três orações: a 2 exerce função sintática, **sujeito**, em relação a 1, e a 3 exerce função sintática, **adjunto adverbial**, em relação a 2, portanto o período é composto por subordinação.

✦ (5) "Ficou mais fácil e confortável[1] usar lentes de contato[2] até mesmo quando você viaja de avião[3], quando está em ambientes refrigerados[4] e quando fica longos períodos no computador[5]." (O2optix, alterado)

» No período, que aliás é raro, há cinco orações: a 2 exerce função sintática, **sujeito**, em relação a 1, e a 3, a 4 e a 5 exercem função sintática, **adjunto adverbial**, em relação a 2, consequentemente formam um período composto por subordinação.

✦ (6) | Se a ansiedade te mantém acordado, | escreve o motivo |

oração secundária — oração principal

| e | o resolve no dia seguinte. |

oração principal

✦ (7) | Renu Plus possui uma fórmula exclusiva | que |

oração principal

| desinfeta | e que | lubrifica as lentes de contato. |

or. secundária — oração secundária

» Os dois períodos são compostos por subordinação: o primeiro período é composto por duas orações principais e por uma oração secundária, o segundo é formado por uma oração principal e por duas orações secundárias, portanto são períodos compostos por subordinação.

✦ (8) "Viver o Círio é um grande barato."

✦ (9) A novidade que faltava para turbinares teus lucros chegou.

Observações:

a) O conceito de oração que vimos anteriormente (enunciado que possui os termos essenciais) não aplica-se às orações dos períodos compostos por subordinação, porque ressalvadas as exceções as orações principais, para completarem suas ideias, necessitam das orações secundárias, e estas são dependentes daquelas. As orações principais e as orações secundárias são consideradas como "orações" apenas como uma condição para compreendermos os períodos compostos por subordinação.

» No período **(1)** a oração subordinada **Empinarmos pipa próximo à rede elétrica** possui sujeito, **nós**, mas o predicado está incompleto, não expressa ideia definida, portanto não é oração; a oração principal **é perigoso** não possui sujeito e não expressa ideia definida, logo não é oração, mas as duas juntas se complementam, formam um período composto por subordinação.

- **Período composto por coordenação e por subordinação** (período misto):

São os períodos formados por orações que se ligam por coordenação e por orações que se ligam por subordinação, ou seja, são os períodos formados por orações que **não exercem** funções sintáticas em relação às outras (orações coordenadas) e por orações que **exercem** funções sintáticas em relação a outras (orações subordinadas).

✦ (1) "Os iluministas adotaram essa forma de otimismo[1] porque perceberam[2] que venceriam a situação insatisfatória[3]."

» Em **(1)** há três orações: a 1 e a 2 não exercem função sintática entre si, porquanto se ligam por coordenação, a 3 exerce função sintática em relação a 2, **objeto direto**, logo a 3 liga-se por subordinação a 2, portanto o período é composto por coordenação e por subordinação.

✦ (2) "Nasci na água[1], na água me criei[2] mas se me botarem na água[3], na água morrerei[4]."

» Em **(2)** há quatro orações: a 1 e a 2 não exercem funções sintáticas entre si, logo se ligam por coordenação, a 3 exerce função sintática em relação a 4, **adjunto adverbial**, portanto a 3 liga-se por subordinação a 4, a 3 e a 4 não exercem funções sintáticas em relação a 1 e a 2, consequentemente a 3 e a 4 ligam-se por coordenação a 1 e a 2, porquanto o período é misto.

✦ (3) "É muito complicado[1] expormos nosso trabalho[2] portanto é necessário[3] corrermos[4] para conseguirmos contatos[5]." (Raquel Linhares, alterado)

» As orações 2 e 4 exercem a função sintática **sujeito** em relação às orações 1 e 3, a oração 5 exerce a função sintática **adjunto adverbial** em relação à oração 4, as orações 3, 4 e 5 não exercem funções sintáticas em relação às orações 1 e 2, portanto o período liga-se por coordenação e por subordinação.

✦ **Outro exemplo**: "As mulheres grávidas precisam de dietas especiais[1] **pois** é necessário[2] nutrir o feto[3], garantir a própria saúde[4] **e** garantir a normalidade da gestação[5]."

» As orações 2, 3, 4 e 5 ligam-se por coordenação a 1; as orações 3, 4 e 5 ligam-se por subordinação a 2; as orações 3, 4 e 5 ligam-se por coordenação.

5. COMO ELABORAR PERÍODOS COMPOSTOS

Como já afirmamos: para montarmos períodos coesos, é necessário conhecermos: período simples e seus termos, conjunções coordenativas e orações coordenadas, conjunções subordinativas e orações subordinadas, concordância, ortografia e pontuação. Sem isso não saberemos o que fazer ou não saberemos se o período que montamos está conforme a norma-padrão. Outra vantagem para quem domina esses assuntos é que quando lemos um período mal elaborado, facilmente vemos os seus defeitos.

Sugerimos que elabores textos com as orações seguintes e os confiras com as versões que elaboramos. Sem trabalho e sem estudo não aprendemos língua portuguesa. Se necessário usa outras palavras e muda a concordância.

(1) Título: Papel é ecologicamente correto

Fazemos a nossa parte diante da ecologia / Nossas embalagens são próprias para o gênero alimentício / Usar papel é ecologicamente correto / Pensar na ecologia e no bem-estar da sua família é nossa preocupação.

- **Versão 1:** Fazemos a nossa parte em relação à ecologia[1]: usamos embalagens de papel[2] porque são próprias para os gêneros alimentícios e são ecologicamente corretas[3]. Pensar na ecologia e no bem-estar da sua família[4] é nossa preocupação[5].

  » O período 1 é oração coordenada; 2 oração subordinada apositiva (explica o substantivo **parte**); 3 é oração coordenada em relação a 2; 4 é oração subordinada subjetiva em relação a 5; e 5 é oração principal em relação a 4.

- **Versão 2:** O seu bem-estar e a ecologia são importantes para nós[1] por isso usamos embalagens de papel[2], porque são próprias para os gêneros alimentícios e são ecologicamente corretas[3].

  » Período composto por coordenação: as orações 1, 2 e 3 ligam-se por coordenação, não exercem funções sintáticas em relação às outras.

- **Versão 3:** Pensamos na ecologia e no bem-estar da sua família[1] por isso usamos embalagens de papel[2], porque são próprias para os gêneros alimentícios e são ecologicamente corretas[3].

  » Período composto por coordenação: as orações 1, 2 e 3 ligam-se por coordenação, não exercem funções sintáticas em relação às outras.

✦ (2) Esclarecemos / O assunto está sendo discutido a nível de diretoria / Neste momento não tem previsão para a retomada das instalações.

» Esclarecemos[1] que o assunto está sendo discutido pelas diretorias responsáveis[2] e que neste momento não há previsão para a retomada das instalações[3].

» Período composto por subordinação: 1 é oração principal; 2 e 3 são orações subordinadas substantivas objetivas diretas em relação a 1.

✦ (3) Os brasileiros foram retirados da região de Albina / A maioria está hospedada em hotéis na capital / Alguns foram para casas de amigos / Outros retornaram ao Brasil.

» A maioria dos brasileiros[1] que foram retirados da região de Albina[2] está hospedada em hotéis na capital[1], alguns foram para casas de amigos[3] e outros retornaram ao Brasil[4].

» Período misto: 1 é oração principal; 2 é oração adjetiva restritiva (restringe o substantivo **brasileiros**); e 1, 3 e 4 são orações coordenadas (não exercem funções sintáticas entre si).

✦ (4) Criamos o serviço 0800 24 horas / E também implantamos a Plataforma de Telecomunicações com a finalidade de acompanhar as demandas dos clientes / Criamos ainda o Serviço de Atendimento Eletrônico por Voz / E além disso, disponibilizamos a Agência Virtual na Internet e a Agência Móvel para atendimento itinerante.

» Texto formado por frases soltas: os quatro períodos formam um enunciado:

» Criamos o serviço 0800 24 horas e o Serviço de Atendimento Eletrônico por Voz[1], implantamos a Plataforma de Telecomunicações[2] para acompanharmos as demandas dos clientes[3], e criamos ainda a Agência Virtual na Internet e a Agência Móvel para atendimento itinerante[4].

» Os períodos 1, 2 e 4 são compostos por coordenação (não exercem funções sintáticas entre si), e o período 3 é oração subordinada adverbial final em relação a 2.

✦ (5) Coruja é a ave soberana da noite / Ela significa mistério, inteligência, sabedoria e conhecimento / Ela tem a capacidade de enxergar através da escuridão, conseguindo ver o que os outros não veem / A coruja é escolhida como mascote dos cursos universitários de Filosofia, Pedagogia e Letras.

» Texto formado por frases soltas: as quatro frases formam apenas dois enunciados, portanto é necessário que os períodos que os compõem estejam ligados.

✦ (6) A coruja é a ave soberana da noite pois enxerga na escuridão o que os outros não veem. Porque ela significa mistério, inteligência, sabedoria e conhecimento, é escolhida como o mascote dos cursos Filosofia, Pedagogia e Letras.

✦ (7) O Taj Mahal é um mausoléu situado em Agra, na Índia, sendo o mais conhecido dos monumentos do país.

» Período sem coesão: uso indevido de oração adjetiva reduzida, inclusive muito distante do substantivo a que se refere; correções:

✦ (8) O Taj Mahal, o monumento mais conhecido do país, é um mausoléu situado em Agra, na Índia.

✦ (9) O Taj Mahal, que é o monumento mais conhecido do país, é um mausoléu situado em Agra, na Índia.

✦ (10) O Taj Mahal, mausoléu situado em Agra, na Índia, é o monumento mais conhecido do país.

6. ERROS MAIS COMUNS - FORMAÇÃO DOS PERÍODOS

Para elaborarmos conscientemente períodos de acordo com a norma-padrão, não é suficiente apenas conhecermos as orações e as suas funções sintáticas, é necessário conhecermos orações, funções sintáticas, conjunções, concordâncias, pontuação etc. Se temos um bom conhecimento sobre esses assuntos, haverá menos dificuldades e facilmente veremos se eles estão ou não conforme a norma-padrão.

- **Os erros mais comuns encontrados na formação dos períodos:**

a) termos acessórios separados das respectivas orações, ou orações secundárias separadas das respectivas orações principais:

✦ (1) "Pedestres desatentos, motoristas imprudentes, vias não sinalizadas, fiscalização precária e insuficiente. Os problemas de trânsito em Jacundá geram um resultado trágico a cada novo dia. Pelo menos três pessoas são atropeladas, uma a cada oito horas."

» As orações de um período composto e os seus respectivos termos acessórios formam um **enunciado**, porquanto é necessário que eles estejam ligados. Naqueles períodos, os termos acessórios, apostos do substantivo **problemas**, foram separadas por **ponto**, portanto façamos as correções:

✦ (2) Os problemas de trânsito em Jacundá, pedestres desatentos, motoristas imprudentes, vias não sinalizadas, fiscalização precária, geram um resultado trágico a cada novo dia: pelo menos três pessoas são atropeladas, uma a cada oito horas.

✦ (3) "As meias de compressão elástica não possuem um tempo determinado de durabilidade. Depende muito do uso e do cuidado que você tem com elas."

✦ (4) "A sigla 'mmHg' significa 'milímetros de mercúrio'. É a unidade convencional para medir pressão."

» Os dois períodos acima não estão conforme a linguagem-padrão: as suas orações formam dois períodos compostos por subordinação, portanto é necessário que elas estejam juntas, que formem um enunciado; correções:

✦ (5) As meias de compressão elástica, cuja duração depende muito do uso e do cuidado que você tem com elas, não possuem um tempo determinado de durabilidade.

✦ (6) A sigla "mmHg", que significa "milímetros de mercúrio", é a unidade convencional para medir pressão.

b) períodos incompletos:

✦ (1) "A alteração temporária do estado físico e psíquico do condutor[1], a qual pode afetar a sua habilidade em satisfazer as exigências da tarefa de dirigir e manter o controle do veículo[2]."

» Período sem coesão: possui sujeito: todo o termo 1, possui um adjunto adnominal: todo o termo 2, mas não possui predicado. Como o predicado é um termo essencial da oração, é indispensável. Para o corrigirmos, criamos um predicado, período **(2)**, ou transformamos o adjunto adnominal em predicado, período **(3)**:

- (2) A alteração temporária dos estados físico e psíquico do motorista, que às vezes afeta a sua habilidade de satisfazer as exigências da tarefa de dirigir e de manter o controle do veículo, é uma causa de acidente.
- (3) A alteração temporária dos estados físico e psíquico do motorista eventualmente afeta a sua habilidade de satisfazer as exigências da tarefa de dirigir e de manter o controle do veículo.

c) inversão de termos e uso incorreto das conjunções:

- (1) Segundo Agostinho, a vontade é uma força que determina a vida e não uma função específica ligada ao intelecto..., ou seja, a liberdade humana é própria da vontade e não da razão. Como é a vontade e não a razão que conduz seus atos, o homem eventualmente deseja o mal.

» Período sem coesão: os termos são adversativos (expressam oposição entre si), portanto são ligados por conjunções adversativas:

- (2) Segundo Agostinho, a vontade **não** é uma função específica ligada ao intelecto **mas** uma força que determina a vida..., ou seja, a liberdade humana **não** é própria da razão **mas** da vontade. Como **não** é a razão **mas** a vontade que conduz seus atos, o homem eventualmente deseja o mal.
- (3) Todos esperavam um dia festivo e se transformou numa tragédia.

» Período incorreto: a conjunção **e** liga o objeto direto e o predicado de outra oração:

- (4) Todos esperavam que fosse um dia festivo mas foi um dia trágico.

d) uso incorreto do gerúndio (ambiguidade):

- (1) "A meia de microfibra facilita o teu calçar **deixando tuas pernas mais bonitas...**"
- (2) "O amigo escutou a explosão e correu para a rua, **encontrando o rapaz já ferido no chão.**"

» Os dois períodos estão sem coesão: não existe oração subordinada adverbial modal, portanto as orações reduzidas destacadas não estão conforme a norma-padrão; correções:

- (3) "A meia de microfibra facilita o teu calçar e deixa as tuas pernas mais bonitas..."
- (4) O amigo escutou a explosão, correu para a rua e encontrou o rapaz já ferido no chão.

✦ (5) As influências de Cuiabá também ganham terreno, **traduzindo uma moda jovem com o melhor do abraço brasileiro.**

» Período ambíguo: a oração reduzida destacada é subordinada adverbial, modifica **ganhar**, verbo da oração principal, e é subordinada adjetiva reduzida, explica **terreno**, cuja oração desenvolvida é **onde traduzem uma moda jovem...**), portanto o período não está conforme a norma-padrão; correções:

✦ (6) As influências de Cuiabá também ganham terreno porque elas traduzem uma moda jovem com o melhor do abraço brasileiro.

7. EXERCÍCIOS

1. Classificai os fragmentos como frase, como período simples (uma oração) ou como período composto (duas ou mais orações).

a) "Mais uma data para festejar e para ficar na memória para sempre: 31 de outubro, Dia Mundial da Poupança."

b) "Quem bloqueia o seu aparelho, também bloqueia a sua liberdade." (Oi)

c) "Os políticos vulgares pensam sempre nas próximas eleições; os verdadeiros estadistas, nas futuras gerações."[12]

d) "Meu pai representava a civilização, a ordem, a luz, a abastança. Matias Paxiúba, a ignorância, a superstição, o fanatismo, a rebelião do pobre contra o rico..." (Inglês de Sousa, 1893)

e) "Energi Light. A tua barra de cereais ainda mais saudável."

f) "Simeón prefere a claridão das pastagens e a algazarra das ovelhas e das cabras à escuridão das celas e à monotonia das orações." (Amaury Braga Dantas)

g) "O mundo gira imóvel como um pião."

h) "Céu claro quase branco porém desnudo de nuvens."

i) "Trabalho escravo: duro suportar, difícil combater." (Fenae Agora)

2. Nos períodos seguintes respondei PCC se o enunciado é período composto por coordenação, PCS se é período composto por subordinação e PCCS se é período composto por coordenação e por subordinação:

a) (   ) "Sem a camada de ozônio, que filtra os raios ultravioletas do Sol, a vida na Terra se tornará bastante difícil."[13]

b) (   ) "Documentos antigos mostram-nos que os babilônicos criaram o zodíaco, que os egípcios alinhavam pirâmides e templos com as estrelas..." (Adauto Lourenço, alterado)

c) (   ) "Engolimos de um sorvo a mentira que nos adula mas bebemos gota a gota a verdade que nos amarga."[14]

d) (   ) "Ouço, esqueço; vejo, lembro; faço, compreendo." (Provérbio chinês)

e) (   ) "O teu cérebro é o teu maior bem logo trata-o melhor do que tratarias o teu segundo maior bem."

---

12. Clarke, James F. *apud* Moisés Marinho de Oliveira, *Sete Mil Ilustrações e Pensamentos*, 2ª edição, Juerp, 1981;
13. Coleção de Olho no Mundo, editora Abril;
14. Diderot *apud* Moisés Marinho de Oliveira, *Sete Mil Ilustrações e Pensamentos*, 2ª edição, Juerp, 1981.

Capítulo 1 • SINTAXE

RESPOSTAS	
1	**a)** frase; não é oração porque não possui sujeito; **b)** período composto: a segunda oração é consecutiva em relação à primeira; **c)** período composto: "pensar" foi omitido na segunda oração: "os verdadeiros estadistas pensam nas futuras gerações"; **d)** período composto: "representar" foi omitido na segunda oração; **e)** frase (não há os termos essenciais); **f)** período simples; **g)** período composto ("girar" foi omitido na segunda oração: um pião gira); **h)** frase; **i)** período composto: "ser", verbo da oração principal, foi omitido: Trabalho escravo: é duro suportar, é difícil combater).
2	**a)** PCS; **b)** PCS; **c)** PCCS (dois PCS ligados por coordenação; **d)** PCS: as primeiras orações são subordinadas condicionais em relação às segundas; **e)** PCCS (enunciado formado por um PCC e por um PCS).

CAPÍTULO 2

Análise sintática do período simples

1. CONCEITO

Estuda a função sintática dos termos (palavras) do período simples (uma oração), ou seja, verifica se eles são sujeito, verbo transitivo, verbo intransitivo, objeto direto, objeto indireto etc.

TERMOS DAS ORAÇÕES E PRINCIPAIS FUNÇÕES SINTÁTICAS DAS PALAVRAS		
Termos essenciais: são os termos indispensáveis da oração:	**Termos integrantes: são os termos que complementam verbos ou nomes:**	**Termos acessórios: são os termos não fundamentais da oração:**
Sujeito (**SUBSTANTIVO**): é o termo que geralmente pratica a ação verbal	**Objeto direto** (**SUBSTANTIVO**): é o termo que complementa um verbo sem preposição	**Adjunto adnominal** (**SUBSTANTIVO**, **ARTIGO**, **NUMERAL**, **ADJETIVO**): é o termo que modifica um substantivo
Predicado (**VERBO**, **SUBSTANTIVO** ou **ADJETIVO**): expressam a ação praticada pelo sujeito ou expressam o predicativo do sujeito	**Objeto indireto** (**SUBSTANTIVO**): é o termo que complementa um verbo por preposição	**Adjunto adverbial** (**ADVÉRBIO**): é o termo que modifica verbo, adjetivo, advérbio ou numeral
	Complemento nominal (**SUBSTANTIVO**): é o termo que complementa nomes (substantivo, adjetivo ou advérbio)	**Aposto** (**SUBSTANTIVO**): é o termo que explica um substantivo ou explica um pronome indefinido
	Agente da passiva (**SUBSTANTIVO**): é o termo que na voz passiva pratica a ação verbal	**Vocativo** (**SUBSTANTIVO**): é um substantivo que chama outro substantivo

Observações:

a) Essas são as funções sintáticas que as palavras exercem no período simples. Se o teu desejo é dominar a língua portuguesa, é necessário as compreenderes, as memorizares e as identificares facilmente no texto. Sem esse conhecimento, não aprenderás a língua portuguesa;

b) As palavras entre parênteses indicam que elas exercem ordinariamente a função sintática descrita pelo termo. Só excepcionalmente elas exercem outras funções sintáticas.

- **Termos essenciais da oração** (sujeito e predicado): são os termos da estrutura básica da oração, os termos indispensáveis, portanto se no enunciado faltar o **sujeito** ou o **predicado**, ele será **frase** ou será **termo de uma oração**, mas não será **oração.**
- **Termos integrantes da oração** (objeto direto, objeto indireto, complemento nominal e agente da passiva): são os termos que, ordinariamente, integram ou complementam verbos ou nomes.
- **Termos acessórios da oração** (adjunto adnominal, adjunto adverbial, aposto e vocativo): são os termos secundários (não fundamentais) da oração, são informações não essenciais que são acrescentadas ao sujeito ou ao predicado, para restringi-los, modificá-los, explicá-los etc.

2. TERMOS ESSENCIAIS DA ORAÇÃO

2.1. Sujeito

Como existem vários tipos de sujeito, três conceitos que o definem razoavelmente são:

- é o termo da oração sobre o qual se fala ou se afirma algo;
- é o termo da oração que geralmente pratica a ação verbal;
- é o termo da oração que pratica a ação, ou que a recebe, ou que a pratica e a recebe simultaneamente ou que se liga ao predicativo por verbo de ligação.

Observação: o conceito "sujeito é o termo da oração que pratica a ação expressa pelo verbo" não significa que todas as palavras que o compõem praticam a ação: na verdade, apenas, o núcleo do sujeito (um substantivo) a pratica, as outras palavras, os adjuntos adnominais, apenas definem o substantivo (núcleo do sujeito).

- **O sujeito pratica a ação verbal** (sujeito agente):
  - **(1)** "**A verdade** para na inteligência, **a beleza** chega até o coração."[1]

1. Drufréchou, Eduardo *apud* José da Silva Martins, Coletânea de Pensamentos, Martin Claret, 3ª edição, São Paulo, pág. 305;

+ (2) "**A poesia**, melhor que os mais belos atos, reflete o espírito do seu tempo."[2]

Os termos destacados praticam respectivamente as ações expressas pelos verbais sublinhados, portanto são os sujeitos das orações.

- **O sujeito recebe a ação verbal** (sujeito paciente):

  + (1) "Da rua se ouviam **as gargalhadas e as galhofas dos praticantes de tal infâmia.**" (2) "Consideram-se como restos a pagar **as despesas empenhadas mas não pagas até o dia 31 de dezembro.**"

    » Os termos destacados recebem as ações expressas pelos verbos **ouvir** e **considerar**, porquanto são os sujeitos das orações.

- **O sujeito pratica e recebe simultaneamente a ação verbal** (sujeito agente e paciente):

  + (1) **O menino** penteou-se.
  + (2) **O aluno** preparava-se antecipadamente para as provas.

    » Os termos destacados praticam e recebem as ações expressas pelos verbos **pentear** e **preparar**, porquanto são os sujeitos das orações.

- **O sujeito liga-se ao complemento verbal por verbo de ligação:** o sujeito não pratica e não recebe a ação verbal, apenas liga-se ao complemento verbal (predicativo do sujeito) por verbo de ligação.

  + (1) "**A poesia** é *o balsamo da alma.*"[3]
  + (2) "**A alegria e o amor** são *as duas asas para as grandes ações.*"[4]
  + (3) **A cabeça** está *doente* e **o coração**, *enfermo.*
  + (4) "**O desenho** é *a geometria dos olhos;* **a música**, a *geometria dos ouvidos.*"[5]

    » Os termos negritados ligam-se aos predicativos dos sujeitos, os termos em itálicos, pelos verbos de ligação **ser** e **estar**, que, aliás, em **(3)** e em **(4)**, estão omissos nas segundas orações, portanto os termos destacados são os sujeitos das orações.

  + (5) A tua satisfação é a nossa recompensa. (6) A nossa recompensa é a tua satisfação. (7) A tua segurança é o nosso segredo. (8) "O nosso segredo é a tua segurança." (Pado, alterado)

    » Em exemplos como esses, tanto os termos que estão **antes** dos verbos de ligação quanto os termos que estão **após** são **sujeitos das orações** ou **predicativos dos sujeitos** e vice-versa.

---

2. Lacordaire *apud* José da Silva Martins, Coletânea de Pensamentos, Martin Claret, 3ª edição, São Paulo, pág. 312.
3. Neto, Coelho *apud* José da Silva Martins, Coletânea de Pensamentos, pág. 298;
4. Goethe *apud* Moisés M. de Oliveira, *Sete Mil Ilustrações e Pensamentos*, 2ª edição, Juerp, 1981;
5. Nícolas, Jean *apud* José da Silva Martins, Coletânea de Pensamentos, pág. 302.

Um artifício para encontrarmos o sujeito é perguntar antes do verbo: "quem?" ou "quem é que?" (para pessoas) e "que?" ou "que é que?" (para outros seres), a resposta será o sujeito. Fazemos a pergunta antes do verbo porque o sujeito geralmente está antes do verbo.

(1)

"O inglês de verdade	está aqui."
Sujeito	predicado

(2)

"Conhecer o Brasil	ficou mais fácil."
Sujeito	predicado

(3)

"Terminaram	os Jogos Olímpicos de Pequim."
predicado	sujeito

(4)

"4º Feirão da Casa Própria.	A chave é	acreditar." (Caixa)
	predicado	sujeito

(5)

Sobre um pano de prato estavam	pires e copos empilhados.
predicado	sujeito

Se fizermos a pergunta antes do verbo, facilmente descobriremos o sujeito, portanto perguntemos: que é que está aqui? Sujeito: **O inglês de verdade**; que é que ficou mais fácil? Sujeito: **conhecer o Brasil**; que é que terminaram? Sujeito: **os Jogos Olímpicos de Pequim**; que é que é a chave? Sujeito: **acreditar**; e finalmente que é que estavam sobre um pano de prato? Sujeito: **pires e copos empilhados**.

(6) Aqui é muito mais barato. Barato de verdade é aqui.

» Em exemplos como esses, os sujeitos são identificados pelo contexto: se essas orações estão afixadas na frente de um comércio, o sujeito é a **mercadoria** ou **tudo** que está à venda:

Aqui	tudo	é	muito	mais	barato.	Tudo	é	barato	aqui.
ad adv	sujeito		ad adv	ad adv	predicativo	sujeito		predicativo	ad adv.

(7) "Para aproveitar os benefícios da energia elétrica sem gastar além do necessário, é preciso ter consciência." (Primeiramente botemos o período na ordem direta, depois façamos a pergunta antes do verbo):

» Ter consciência é preciso para aproveitar os benefícios da energia elétrica... (O que é preciso? Sujeito: **Ter consciência**).

(8) "Hoje o dia é teu, tudo o que fizeres será um sucesso." (Panda Express, alterado).

» No período há três verbos: **ser**, **fazer** e **ser**; façamos as perguntas antes deles: que é teu? Sujeito: **o dia**; **hoje** é advérbio; quem fará tudo? Sujeito: **tu**; que será um sucesso? Sujeito: **tudo o que fizeres**.

- **Núcleo do sujeito** (um substantivo, uma palavra substantivada ou um pronome): é a palavra mais importante do sujeito; às vezes, o núcleo do sujeito está acrescido de adjuntos adnominais ou de complementos nominais, exatamente para completá-lo ou ampliar seu sentido.

  ✦ (1) "**As mais lindas frases de amor** são ditas no silêncio de um sorriso." (Chocolates Garoto)

  ✦ (2) "**Um fino anel de poeira** gira ao redor de Júpiter e reflete a luz do Sol."

  » Os sujeitos das orações são os termos destacados; os núcleos dos sujeitos são **frases** e **anel**; as outras palavras (**as**, **mais**, **lindas**, **de**, **amor**; **um**, **fino**, **de**, **poeira**) são adjuntos adnominais (serão estudados adiante).

- **Tipos de sujeito**

a) **Sujeito simples:** sujeito que possui um núcleo.

✦ (1) "Não **tenho** tudo que **amo** mas **amo** tudo que **tenho**."

✦ (2) "O que **somos** hoje e o que **seremos** amanhã dependem de nossos pensamentos. Se **procedo** mal, **sofro** as consequência; se **procedo** bem, **eu** mesmo me **purifico**."[6]

✦ (3) "**O professor** propõe desafios, **a Filatelia** oferece seu potencial pedagógico e **o aluno** pratica o método científico: observa, formula hipóteses e investiga as diversas áreas do conhecimento."[7]

» Nesses períodos os sujeitos possuem um núcleo, respectivamente em **(1)**: **eu** (vê as desinências verbais), em **(2)**: **nós** e **eu** (vê as desinências verbais) e em **(3) professor**, **filatelia** e **aluno**, portanto são sujeitos simples.

✦ (4) "Que batam **os sinos de Belém**." (5) "**As mudanças econômicas e sociais** pelas quais **o Brasil** passa motivaram o MEC a instituir os Parâmetros Curriculares Nacionais."[2] (6) "**Abre e fecha dos bingos** durará enquanto Congresso não votar lei."

» Nesses períodos os sujeitos destacados possuem um núcleo, respectivamente **sinos**, **mudanças**, **Brasil** e **abre e fecha** (substantivo composto), consequentemente são sujeitos simples.

b) **Sujeito composto:** sujeito que possui dois ou mais núcleos.

✦ (1) "**Interesse** e **ambição** afastam os amigos verdadeiros." (Panda Express)

✦ (2) "Um fino **anel** de poeira e **rochas** giram ao redor de Júpiter e refletem a luz do Sol."

---

6. Sakyamuni, fonte frases.mensagensdobem.com.br, negrito nosso,
7. Informativo Filatélico.

» Nesses períodos os sujeitos possuem dois núcleos, os substantivos destacados, porquanto são sujeitos compostos.

+ (3) "Além de Activa, **praticar exercícios físicos** e **manter uma dieta equilibrada** auxiliam o bom funcionamento do intestino." (4) No Centro Espacial das Guianas é possível **aprender-se sobre naves espaciais** e **até presenciar um lançamento espacial.**

» Nesses períodos compostos os sujeitos possuem dois núcleos, respectivamente "**praticar** e **manter**" e "**aprender** e **presenciar**", por isso são sujeitos compostos.

+ **Outro exemplo:** "As grandes **invenções** do Império do Meio, o **confucionismo**, as **dinastias** gloriosas, as **tradições** culturais e as antigas **rotas** comerciais deram o tom da primeira parte do espetáculo de abertura dos Jogos Olímpicos de Pequim."

» O sujeito da oração possui cinco núcleos, os substantivos destacados, portanto é um sujeito composto.

c) **Sujeito indeterminado:** quando não é possível atribuirmos a ação verbal a um ser, o autor da ação verbal é desconhecido.

- **Há duas formas de indeterminar o sujeito:**

  – verbo na **terceira pessoa do plural** sem sujeito expresso (substantivos ou os pronomes **eles** ou **elas**):

  + (1) "Mataram o meu peru / Eu não fui, não sei quem foi / Eu também, se eu encontrar / O matador vou me vingar..." (Pinduca)

  » Quem matou o peru? O primeiro personagem diz "eu não fui"; o segundo, "eu também não". Não sabemos quem matou o peru porque o verbo **matar** está na **terceira pessoa do plural** e o seu sujeito não está expresso.

  + **Outros exemplos:** (1) **Falaram** sobre ti na escola. (2) Estima-se que **são** 600 mil. (3) O caranguejo uçá está ameaçado: **estão** exportando mensalmente 350 mil crustáceos a outros estados. (4) "**Fizeram**-me biopsias, estudos microbiólogos, em distintos laboratórios mas não há nenhum sinal de que seja maligno."[8]

  » Nesses períodos, os verbos **falar**, **ser**, **estar** e **fazer** estão na terceira pessoa do plural, não referem-se a substantivos ou a pronomes, portanto seus sujeitos são indeterminados.

  – O pronome **se** ligado a verbos intransitivos, transitivos indiretos ou de ligação na terceira pessoa do singular:

8. Chávez, Hugo *apud* http://www.rtp.pt, 10.7.2012.

+ (1) Naquela terra vive-se bem. (2) Precisa-se de operários. (3) Nem sempre se está feliz.

  » Nesses enunciados, não sabemos quem **vive bem**, quem **precisa de operários** e quem **está feliz**, logo os sujeitos são indeterminados.

d) **Sujeito oracional:** é a oração que no período composto por subordinação é sujeito da oração principal.

+ (1) "Não é possível **separarmos o homem do meio ambiente** portanto é importante **que cada um faça sua parte.**" (Jornal da Caixa)
+ (2) "Às vezes **pensar em teu desejo** torna-se excessivamente irresistível."

  » Nesses períodos as orações destacadas são sujeitos dos verbos **ser** e **tornar** consequentemente são sujeitos oracionais.

+ **Outros exemplos:** (1) "**Que as respostas sejam sinceras** é necessário na pesquisa de clima organizacional." (Idem) (2) "**Abraçar o Brasil** é nossa inspiração." (Malwee) (3) **Salvar vidas** é o nosso objetivo.

2.2. Predicado ("praedicatum": enunciado, qualidade, atributo)

Semelhante ao sujeito, o predicado é definido de várias formas:

+ são os termos que predicam/enunciam/proclamam os sujeitos;
+ são os termos que expressam as predicações ou as informações referentes aos sujeitos;
+ são os termos que expressam as ações praticadas ou recebidas pelos sujeitos (predicado verbal) ou expressam as qualidades ou os atributos dos sujeitos (predicado nominal).

A predicação/informação será uma ação praticada pelo sujeito ou um estado referente ao sujeito. Se o predicado é formado por verbo significativo, o predicado expressa a ação praticada ou recebida pelo sujeito (predicado verbal), e se o predicado é formado por verbo de ligação, o predicado expressa a qualidade ou o atributo existente no sujeito (predicado nominal).

No predicado há um verbo ou uma locução verbal, que indica a pessoa do discurso, o número, o tempo, o modo e a voz.

Os verbos de predicação completa são os que não exigem complementos e os verbos de predicação incompleta são os que exigem complementos, para expressarem as predicações sobre sujeito.

+ (1) "Terminaram os Jogos Olímpicos de Pequim."
+ (2) Darwin fez uma longa viagem.
+ (3) Darwin fez.

+ (4) "A vida é imperdível." (5) Hoje estou muito ocupado.
+ (6) Na Eletroluz tu pagas em até 4 vezes, sem juros. (7) Tu pagas.

» Em **(1)** o termo **terminaram** expressa a ação definida, portanto é um predicado; em **(2)** o termo **fez uma longa viagem** expressa a ação definida, portanto é um predicado; em **(3)** o termo **fez** não expressa ação definida, portanto não é um predicado, **(3)** não é oração; em **(4)** e em **(5)** os termos **é imperdível** e **estou muito ocupado** expressam estados referentes aos sujeitos, logo são predicados; em **(6)** a intenção é informar a forma de pagamento: o termo **pagas em até 4 vezes, sem juros, na Eletroluz** expressa definidamente a forma de pagamento, portanto é predicado; o complemento verbal **tuas compras** é desnecessário, é irrelevante, as três locuções adverbiais suprem sua falta; e em **(7)** o termo **pagas** não expressa ação definida, falta o complemento verbal, porquanto não é predicado, **(7)** não é oração.

» **Conclusão:** Há verbos que sozinhos são predicados, e há verbos que sozinhos não são predicados, porque eles necessitam de complementos para expressarem as informações sobre os sujeitos. Ser e estar são verbos de ligação (não possuem significados), portanto não expressam predicações ou informações sobre os sujeitos.

+ (8) "**É piração** cobrar boa forma logo após o parto."[9]
+ (9) "**É difícil** julgar a beleza porque ela é um enigma."[10]

» Nesses períodos os termos destacados expressam informações sobre os sujeitos consequentemente são os predicados.

- **Tipos de predicado**

a) **Predicado verbal**: é o predicado cujo núcleo (palavra mais importante) é um verbo. No predicado verbal, o núcleo do predicado será um verbo que expressa ação, inclusive fenômeno da natureza.

+ (1) "Ações, e não palavras, **revelam o homem.**"
+ (2) "A torneira elétrica **surpreende nas vendas** e **conquista mercado.**" (Fame)
+ (3) D. Henrique **continua a luta contra os mouros** e **anexa novos territórios a seu condado.**

» Os termos destacados são predicados, os verbos **revelar**, **surpreender**, **conquistar**, **continuar** e **anexar** são os núcleos dos predicados, logo os predicados são verbais.

---

9. Antonelli, Giovanna, http://diversao.terra.com.br, 29.6.2011,
10. Dostoievsky *apud* José da S. Martins, Coletânea de Pensamentos, pág. 304.

b) **Predicado nominal:** é o predicado cujo núcleo (palavra mais importante) é um nome. O núcleo do predicado nominal, substantivo, adjetivo ou advérbio, expressa qualidade, característica ou estado do sujeito, o **verbo** é mero elemento de ligação.

- (1) "Conhecimento **é ouro**." (2) "Tudo **é vaidade**."
- (3) "Quem disse que frescura não **é saudável**? Chegou Lucreteen!"
- (4) "**Fritas estão** as outras. Batatinhas Hileia: as mais crocantes e as mais fresquinhas."

  » Os termos destacados são predicados, os nomes **ouro** e **vaidade** (substantivos) e **saudável** e **fritas** (adjetivos) são os núcleos, portanto os predicados são nominais.

- **Outros exemplos:** (1) Paulo **sente-se feliz**, **surpreso**, hoje. (2) Pedro **considera-se feliz**. Paulo **encontra-se doente**. (3) "**Hoje**, **05/06**, **é** o Dia Mundial do Meio Ambiente." (4) O acaso **é tudo** ou **é nada**?

  » Os termos destacados são predicados, os nomes **feliz**, **surpreso**, **feliz**, **doente** (adjetivos), **hoje** (advérbio) e **tudo** e **nada** (pronomes indefinidos) são os núcleos, porquanto os predicados são nominais.

c) **Predicado verbo-nominal:** é o predicado cujos núcleos (palavras mais importantes) são um verbo e um nome.

- (1) "Os cães... **calavam-se tristonhos**." (2) Os alunos **chegaram molhados**. (3) O professor **esperou o aluno atrasado**.

  » Nesses períodos os termos destacados são predicados, os verbos **calar**, **chegar** e **esperar** e os adjetivos **tristonhos**, **molhados** e **atrasado** são respectivamente núcleos dos predicados, portanto os predicados são verbo-nominais.

- **Outros exemplos:** (1) Os repórteres **comunicaram** a notícia **emocionados**. (2) Jogadores **saíram** do campo visualmente **cabisbaixos**. (3) "Produtores e técnicos agropecuários **cumpriram juntos** as exigências."

VERBO DE LIGAÇÃO

São os verbos que apenas ligam os predicativos (estados ou qualidades) aos respectivos sujeitos.

Os verbos de ligação não expressam ações e não possuem significados, apenas ligam as qualidade ou os atributos aos respectivos sujeitos.

- ser, estar, ficar, parecer, permanecer, continuar, etc.
- (1) **A vacina contra a gripe** é segura.
- (2) Segundo o presidente, **o país** está hoje mais sólido.

✦ (3) "Atualmente não há ninguém pegando no meu pé: estou livre, leve e solta."

» Nesses períodos **ser** e **estar** ligam os predicativos sublinhados aos sujeitos destacados, portanto são verbos de ligação.

✦ (4) **Sinto-me** mais animado, hoje. (5) Pedro **considera-se** vitorioso. (6) Paulo **encontra-se** doente.

» Nesses exemplos, os verbos destacados não expressam ações, apenas ligam os predicativos aos sujeitos, portanto também são verbos de ligação.

Napoleão Mendes de Almeida faz excelente distinção entre os verbos de ligação **ser** e **estar**:

> "**Estar**: o verbo *estar* é também empregado como verbo de ligação, mas com a seguinte diferença: *Estar* (lat. *stare* = estar de pé) sempre implica idéia de *transitoriedade*, de *existência momentânea*, de *estado acidental*, ao passo que *ser* (lat. *sedére* = estar sentado) traz idéia de *permanência*, de *existência continuada*, de *estado permanente* ou *inerente*."[11]

Nos exemplos seguintes os verbos **ser** e **estar** ligam os predicativos aos sujeitos:

✦ (1) A vida **é** imperdível. (ser = permanência).

✦ (2) Minha vida **está** dificílima (estar = transitoriedade).

✦ (3) Hoje **estou** muito ocupado (estar = transitoriedade).

✦ (4) A leitura **é** o caminho da liberdade (ser = permanência).

Observação: No período **Os alunos estão em férias**, não concordamos com a expressão **estão em férias** porque expressa **estar em alguma coisa**; a expressão mais adequada seria:

» Os alunos gozam férias, ou Os alunos desfrutam férias, ou Os alunos estão gozando férias, ou Os alunos estão desfrutando férias.

VERBO DE LIGAÇÃO E VERBO AUXILIAR

Nas combinações formadas pelos verbos **ser** ou **estar** e pelo particípio do verbo principal, os verbos **ser** e **estar** são verbos de ligação ou são verbos auxiliares:

a) são **verbos de ligação** se os particípios são predicativos dos sujeitos:

✦ (1) "Me sinto (estou) **recompensada** pelas escolhas que fiz." (Patrícia Pillar)

✦ (2) Os eleitores estão **cansados** de desculpas e sem dúvida **desiludidos**.

11. Napoleão Mendes de Almeida, Gramática Metódica da Língua Portuguesa, Editora Saraiva, 42ª, 239.

- (3) Cinco Estados-Membros foram bem-**sucedidos** na abordagem preventiva.
- (4) As portas e as janelas eram/estavam **partidas** e havia restos por todo lado.
- (5) As comunidades estão **desconcertadas** e **entristecidas** com as respostas.

b) são **verbos auxiliares** se o particípio, que neste caso é verbo principal, expressa uma ação praticada pelo agente da passiva, que, eventualmente, é omisso:

- (1) Não sei que mal ou bem é **destinado** a mim.
- (2) As bordas são **esculpidas** e **polidas** pelos artesãos.
- (3) Arafat foi **sucedido** por Abbas, que daria passos corajosos.
- (4) Os dados fornecidos não serão **revelados** ou **vendidos** a terceiros.
- **Outros exemplos**: (1) Alguns títulos antigos ainda serão **escritos**. (2) É necessário que os criminosos sejam severamente **punidos**. (3) "Os projetos enviados serão **avaliados**, **classificados** e **selecionados** para a próxima fase do concurso."

- **Predicativo do sujeito**

É o termo da oração que expressa qualidade, estado ou classificação do sujeito.

Ressaltamos que o predicativo expressa qualidade de um substantivo que é núcleo do sujeito, não propriamente do sujeito.

- (1) "O menino mais velho... esperneou **acuado**, depois sossegou..., Fabiano... espiou os quatro cantos, **zangado**, praguejando abaixo... A cachorra Baleia, à frente do grupo, corria ofegando, **arqueada**..." (Graciliano Ramos, alterado)

  » Os termos destacados expressam qualidades dos sujeitos **o menino mais velho**, **Fabiano** e **a cachorra Baleia**, portanto são predicativos dos sujeitos.
- (2) Os cães calavam-se **tristonhos** ou "Os cães, **tristonhos**, calavam-se."
- (3) Todos, **atônitos** e **perplexos**, interpelavam uns aos outros: que isso significa?

- **Núcleo do predicativo do sujeito** (um substantivo ou uma palavra substantivada): é a palavra mais importante do predicativo; as outras palavras que o compõe são adjuntos adnominais ou complementos nominais:
  - (1) "Banco Pan-Americano é **tema** de audiência no Senado Federal."
  - (2) "A região duriense é o **cenário** perfeito para os amantes da natureza."

- **Predicativo do objeto**

É o termo da oração que expressa qualidade, estado ou classificação do objeto.

O predicativo do objeto sempre concordará com o objeto.

- (1) "Você nos faz mais **inovadores**, **rápidos**, **práticos**, **eficientes**."

✦ (2) O médico esperou o empregado e o paciente **atrasados.**

» Os termos destacados expressam qualidades dos objetos sublinhados, portanto são predicativos dos objetos.

3. EXERCÍCIOS

1. Todos os termos destacados exercem a mesma função sintática, exceto:

a) **Quem** avisa amigo é
b) Falta **um mês** para o casamento
c) Acabou-se **o encanto**
d) Ele é **tudo** o que sempre quis

2. (Uepa) Para entender os sentidos do texto, o leitor precisa recuperar elementos sintáticos da estrutura frasal. Assinale a alternativa que expressa respectivamente os sujeitos dos verbos destacados:

"Cada voz que **canta** o amor não diz tudo que quer dizer. Tudo que **cala** fala mais alto ao coração. Silenciosamente eu te falo com paixão". (Lulu Santos e Nelson Motta)

a) amor e voz
b) voz e tudo
c) voz e que
d) tudo e que
e) amor e tudo

3. Uepa. Marque a alternativa que contém período simples.

a) "tempo de Dondom"
b) "em outra vertente..."
c) "Geração tipo assim..."
d) "antigamente"
e) "há uma geração sem palavras."

4. (Cespe, 2006, TJ-SE) No período abaixo, a palavra "orgulhosos" é um adjetivo que exerce, no contexto, a função sintática de predicativo de "IRIB" e "Colégio Notarial", ambos objetos diretos:

"O IRIB e o Colégio Notarial sentem-se orgulhosos de contribuir com o desenvolvimento das atividades notariais e registrais do estado." (educartorio.com)

( ) certo ( ) errado

5. (FCC, 2008, TCE-AL, Analista de Sistemas) "Ser livre é tomar a iniciativa de principiar novas possibilidades. Desamarrar. Abrir novos tempos."

Nesse trecho, entende-se que **Desamarrar** e **Abrir novos tempos** exercem a mesma função sintática de:

a) a iniciativa de principiar
b) tomar a iniciativa
c) ser livre
d) de principiar novas possibilidades
e) novas possibilidades

6. É fundamental identificarmos facilmente o sujeito da oração, portanto nos períodos seguintes quais os sujeitos e os respectivos núcleos dos verbos destacados?

a) "**Derretem** as rochas e **mudam** a 'arrumação' de seus componentes o fortíssimo calor e a altíssima pressão do interior da Terra." (Maria da Luz e Magaly Santos)

b) Apostas na Bolsa de Londres **houve** sobre a viagem de Fogg.

c) Cespe. "Alguns dos atores nos mercados brasileiros **atravessam** período de agitação."

d) "Mas a linda Ericina, que aguardando / **Andava** sempre a gente assinalada, / Vendo a cilada grande e tão secreta, / **Voa** do céu ao mar como uma seta." (Luís de Camões)

e) "O aluno que entra em contato com manifestações artísticas **desenvolve** a percepção, **estimula** a imaginação e **adquire** maior senso artístico." (Informativo Filatélico)

f) Para o aprimoramento dos professores **contribui** a Rede Nacional de Formação de Professores de Educação Básica.

g) Uma das vítimas, em estado mais grave, **foi** necessário o Corpo de Bombeiros resgatar de helicóptero.

h) Cespe. "Há duas instâncias em que **existem** riscos significativos de aumento de desigualdade."

i) Cespe. "Para os especialistas nessas duas instâncias o diagnóstico e as políticas públicas **são** relativamente claros e até fáceis de executar."

j) Cespe. "Mas o grande desafio é a área em que se **encontram** as maiores perspectivas de rentabilidade."

7. Classificai os predicados (verbal ou nominal) dos períodos seguintes:

a) Esc. Fed. Eng. Itajubá-MG: "Eu era criança" e "... quando te falo dessas felicidades certas..."

b) PUC-SP: "És precária e veloz, Felicidade."

c) EFE/Itajubá/MG: "Sonhos que parecem os dias que acabam nesta madrugada."

8. (FCC, 2015, TRT/MG, Técnico Judiciário, Área Administrativa) A frase em que **ambos** os elementos sublinhados exercem a função de **núcleo do sujeito** é:

a) Os bens dos aristocratas deveriam ser considerados patrimônio de quem os tomou.

b) Os parisienses revoltados arrebentaram as casas dos nobres.

c) Os museus, ao contrário do que se imagina, são uma invenção moderna.

d) Muitos acham que não é justo apagar os vestígios do passado.

e) Dessa escolha da Assembleia Nacional nasceram os museus.

9. É essencial identificarmos facilmente o predicado da oração, portanto quais os predicados dos períodos seguintes?

a) Carla, com educação é possível tu cresceres intelectual, pessoal e emocionalmente.

b) Alguma coisa é necessário fazer.

c) Ser organizado é muito importante na execução das nossas atividades.

d) "É falha a justiça que tarda."

e) Numa leitura é necessário que os assuntos que são diferentes sejam destacados.

f) "Protesto de caminhoneiros e falta de combustível elevaram o preço do litro de gasolina a R$ 5 na capital paulista."[12]

---

12. http://br.msn.com, 9.3.2012, alterado.

RESPOSTAS	
1	d
2	b
3	e (sujeito: "uma geração sem palavras", verbo: "há").
4	errado
5	b
6	**a)** O fortíssimo **calor** e a altíssima **pressão** do interior da Terra; **b)** apostas; **c) Alguns** dos atores; **d)** a linda **Ericina**; **e)** "O **aluno** que entra em contato com manifestações artísticas"; **f)** a **Rede** Nacional de Formação de Professores de Educação Básica; **g)** "o Corpo de Bombeiros **resgatar** uma das vítimas, em estado mais grave, de helicóptero"; **h) riscos** significativos de aumento de desigualdade; **i)** o **diagnóstico** e as **políticas** públicas; **j)** as maiores **perspectivas** de rentabilidade.
7	**a)** predicado nominal e predicado verbal; **b)** predicado nominal; **c)** parecem os dias: predicado nominal; acabam nesta madrugada: predicado verbal.
8	Em **(a)**, **bens** e **quem** são núcleos dos sujeitos (NS) pois subordinam **dever** e **tornar**; em **(b) parisienses** é NS, subordina **arrebentar**, e **nobres** é núcleo do adjunto adnominal **os nobres**; em **(c) museus** é NS, subordina **ser**, e **invenção** é núcleo do predicado (NP) "são uma invenção moderna"; em **(d) justo** é NP "é justo" e **vestígios** é núcleo do objeto direto "os vestígios do passado"; em **(e) escolha** é núcleo da locução adverbial "Dessa escolha da Assembleia Nacional" e **museus** é NS pois subordina **nascer**. Apenas em **(a)** as palavras sublinhadas são NS portanto a resposta é **a)**.
9	**a)** com educação é possível; **b)** botemos o período na ordem direta: "Fazer alguma coisa é necessário"; agora o sujeito está claro; que é necessário? Sujeito: "fazer alguma coisa"; **c)** é muito importante; **d)** a justiça que tarda; **e)** Numa leitura é necessário; **(f)** predicado: elevaram o preço do litro de gasolina a R$ 5 na capital paulista.

4. TERMOS INTEGRANTES DA ORAÇÃO

Os termos integrantes da oração são: **objeto direto**, **objeto indireto**, **complemento nominal** e **agente da passiva.**

O **objeto direto** e o **objeto indireto** (complementos verbais) complementam verbos, os **complementos nominais** complementam nomes (substantivos, adjetivos e advérbios) e o **agente da passiva**, na voz passiva, pratica a ação expressa pelo verbo.

Os núcleos dos complementos verbais e dos complementos nominais são **substantivos**, só excepcionalmente são **palavras substantivadas**, portanto quem compra, compra um substantivo, quem pede, pede um substantivo a outro substantivo, quem assiste, assiste a um substantivo. Verbo, advérbio, adjetivo, etc. não complementam verbos ou nomes, salvo se forem substantivados.

Os verbos transitivos são **diretos**, **indiretos** e **diretos e indiretos.**

Verbo transitivo direto (VTD): são os verbos que se ligam diretamente, sem preposição, aos complementos verbais.

Para descobrimos se um verbo é transitivo direto, perguntamos após ele **que**? ou **quem**?. A resposta será o objeto direto.

4.1. Objeto direto (latin "caso accusativu")

São os complementos verbais que se ligam sem preposições aos verbos, ou seja, entre o verbo e o objeto direto não há preposição.

O complemento é um termo do predicado necessário, é um termo que sempre está ao lado do verbo, é o resultado da ação, é o objeto do ato praticado, é o objeto que recebe a ação.

Em "O aluno comprou um livro", o termo "um livro" é um complemento necessário, só será possível afirmarmos que "o aluno comprou", se um objeto foi comprado. Se não existe o objeto, não existe a ação. Todo verbo transitivo ou todo **ato transitivo** pressupõe um **objeto**, pois a ação realiza-se nele ou ele é o resultado da ação.

- (1) O aluno **comprou** um livro. (2) O pedreiro **reformou** a casa.
- (3) O pedreiro **construiu** a casa. (4) A mãe **ama** seus filhos.

Nesses períodos, os termos sublinhados são necessários, as ações praticadas pelos sujeitos pressupõem suas presenças, sem eles não existem as ações, por exemplo, para alguém praticar aquelas ações, comprar, reformar, construir ou amar, é necessário haver o substantivo que será comprado, reformado, construído ou amado.

Os termos sublinhados ligam-se diretamente, sem preposição, aos verbos, portanto são objetos diretos.

+ (5) "Darwin **fez** uma longa viagem ao redor do mundo, e **observou**, **mediu** e **comparou** cuidadosamente os animais e as plantas dos diversos lugares que **visitou.**"
+ (6) "Para a natureza, tua atitude **faz** toda a diferença: **usa** a torneira e a descarga racionalmente, comunica a existência de vazamentos aos responsáveis, dois papéis-toalhas são suficientes para **enxugares** as mãos, **apaga** as luzes quando saíres do banheiro." (Caixa Ecoatitude, alterado)

  » Os termos sublinhados complementam os verbos destacados, ligam-se-lhes diretamente, sem preposição, portanto são objetos diretos.

+ **Outros exemplos:**
+ (1) Uepa. "*As cartas de amor maluquíssimas* **que** escrevíamos."
+ (2) "Com *o dinheiro* **que** ele tem, talvez tenha marcado algum encontro."
+ (3) **Que** Gandhi pensava sobre a democracia ocidental?

  » Os "ques" ligam-se diretamente a escrever, ter e pensar, VTD, portanto são objetos diretos. Em **(1)** e **(2)** os ques substituem os termos itálicos.

- **Núcleo do objeto direto** (um substantivo ou uma palavra substantivada): é a palavra mais importante do objeto direto:
  + (1) "Darwin fez uma longa **viagem** ao redor do mundo."
  + (2) "Joaquim Cruz acende a **Pira** dos Jogos Pan-Americanos Rio 2007."
  + (3) Governo acompanha com atenção o **desenrolar** dos acontecimentos no Egito.

  » Os termos sublinhados são objetos diretos, **viagem**, **pira** e **desenrolar** são as palavras mais importantes, logo são os núcleos dos objetos diretos; **desenrolar** é verbo mas nesse período é substantivo, porque exerce função sintática própria de substantivo, objeto direto.

Observações:

a) **verbo** não complementa **verbo** consequentemente o complemento verbal será sempre um substantivo, ou uma palavra substantivada ou uma oração subordinada substantiva objetiva direta ou indireta, conforme o verbo.

b) os oblíquos **o, a, os, as** complementam exclusivamente VTDs:

+ (1) "Sonha o teu voo, o Hangar **realiza**-o."
+ (2) "Se o homem não controlar suas paixões, elas o **controlarão.**"

  » "o", que substitui "o teu voo" e "o homem", complementa VTD logo é objeto direto.

c) **objeto direto preposicionado:** excepcionalmente, para evitar ambiguidade, distinguir sujeito e complemento, quando designa seres animados, o objeto direto é ligado ao verbo por preposição:

+ (1) Convenceu o filho **ao** pai. (2) **A**o professor o aluno não engana. (3) **A** Pompeu venceu César. (4) Tenho um aluno **a** quem estimulo bastante. (5) A insolvência atingiu **a** todos.

d) **objeto direto pleonástico**: é a repetição do objeto direto por meio de pronome átono:

+ (1) "O mistério que o rei exige nem magos, nem astrólogos **o** revelam."
+ (2) "Os animais de todas as raças e tipos, é necessário protegermo-**los**, só assim teremos um mundo melhor."[13]

- **Verbo transitivo indireto** (VTI): são os verbos que se ligam indiretamente aos complementos verbais, ou seja, ligam-se por preposição.

4.2. Objeto indireto (latin "caso dativu")

São os complementos verbais que se ligam por preposições aos verbos, ou seja, entre o verbo e o objeto indireto há preposição:

+ (1) As reformas **visavam** ao bem público.
+ (2) "Josefenses **refletiram** sobre os 123 anos de abolição da escravatura."
+ (3) É necessário **obedecermos** aos sinais de trânsito.

» Os termos sublinhados complementam os verbos destacados, ligam-se-lhes indiretamente, por preposição (**ao** = **a** + **o**, **sobre** e **aos** = **a** + **os**), por isso são objetos indiretos.

» São também considerados como VTI os verbos que se ligam aos complementos pela preposição "de", que em latim eram classificados como "caso genitivo":

+ (4) **Preciso** de algumas definições. (5) **Necessitar** de cooperação. (6) O bom resultado **depende** de esforço.

- **Núcleo do objeto indireto** (um substantivo ou uma palavra substantivada): é a palavra mais importante do objeto indireto:

+ (1) "Os engenheiros alertaram os japoneses sobre os **perigos** das radiações.
+ (2) "Os discípulos ficaram indignados: a liberdade de Maria parecia-lhes extravagante."

» Os termos sublinhados são objetos indiretos, **perigos** e **lhes** são as palavras mais importantes, portanto são os núcleos dos objetos indiretos.

13. Verônica Maria, globorural.globo.com/planetabicho, 6.12.2011

Observações:

a) o **objeto indireto**, que em latim equivale ao "caso dativo" (aquele **a** quem se **dá** algo ou **a** quem se destina a ação), corresponde geralmente aos termos "a alguém", "a algum substantivo" etc.

Nestes exemplos, os termos sublinhados são OI e os entre aspas são locuções adverbiais:

+ (1) Raffaele **intercedeu** pelo povo ugandês "perante as autoridades".
+ (2) Norte Energia **responde** à imprensa "sobre as obras da hidrelétrica".

b) os oblíquos **lhe**, **lhes** complementam **VTI** e **VTDI**: na língua portuguesa, apenas o **lhe** substitui o objeto indireto, portanto se é necessário substituí-lo, o **lhe** é o pronome adequado:

+ (1) "O tão esperado 'Avatar' está em cartaz porquanto finalmente é possível lhe **assistirmos**."
+ (2) "O sábio, sem nenhum herdeiro para sucedê-lo, adotou Nadin, seu sobrinho, e lhe **ensinou** todo seu conhecimento."
+ (3) "Vestiram o corpo de Carabas com uma túnica real e alguém que vira um dos papiros da região atirado na rua lho **ofereceu** como um cetro." (John Crossan, alterado)

» **Assistir** é VTI por isso é complementado pelo oblíquo **lhe**; **ensinar** e **oferecer** são VTDI consequentemente são complementados pelos oblíquos **lhe** (substitui **Nadin**) e **lho** = **lhe** + **o** (substituem **Carabas** e **um dos papiros da região**).

c) **objeto indireto pleonástico:** é a repetição do objeto indireto por meio de pronome átono:

+ (1) "Ao avarento, tanto **lhe** falta o que tem como o que não tem." (Sermões)
+ (2) À esposa, revelou-**lhe** toda a situação.

- **Verbo transitivo direto e indireto** (VTDI): são os verbos que possuem dois complementos, um **objeto direto** e um **objeto indireto**, aos quais se ligam, respectivamente, diretamente (sem preposição) e indiretamente (por preposição).

+ (1)

"**Comunica**	ao banco	a perda, o roubo ou o extravio do cartão."
VTDI	obj. indireto	objeto direto

+ (2)

"**Desejamos**	Feliz Natal e próspero Ano Novo	aos nossos clientes."
VTDI	objetos diretos	objeto indireto

» Os **verbos destacados** possuem dois complementos, um direto e outro indireto (a + o = ao), portanto são VTDIs.

- **Outros exemplos:**
- (1) "Não menosprezes o dever que a consciência te **impõe**, valoriza a vida!"[14]
- (2) "Tua amizade é o melhor presente que a vida me **deu**. Muitos Parabéns!"[15]

  » Os termos sublinhados são respectivamente objeto direto e objeto indireto dos verbos destacados.

Observação: "A razão de uns complementos objetivos levarem preposição, e outros não, é porque muitos verbos ativos têm significação ativa e relativa, pedem, por consequência, não só um objeto, mas também um termo. Como aquele ordinariamente são coisas, as palavras que exprimem estas vão sem a preposição *a*, ficando esta reservada para o termo da relação, que as mais das vezes é pessoa."

- **Núcleos do objeto direto e do objeto indireto** (substantivos ou palavras substantivadas): são as palavras mais importantes do objeto direto e do objeto indireto:
  - "Desejamos Feliz **Natal** e próspero **Ano** Novo aos nossos **clientes**."

4.3. Complemento nominal

São as palavras que complementam nomes (substantivos, adjetivos ou advérbios) que não expressam ideias completas.

Os complementos nominais assemelham-se aos complementos verbais, ou seja, são necessários para complementarem os nomes, que sem eles não expressam ideias completas.

Ressalvadas as exceções, como as ações expressas pelos **verbos** se dirigem aos **complementos verbais**, as ações expressas pelos **substantivos** (geralmente derivados daqueles verbos) dirigem-se aos **complementos nominais**, ou seja, os **substantivos** expressam as ações, os **complementos nominais** as recebem.

- obedecer às leis = obediência às leis
- reduzir os gastos = redução dos gastos
- distribuir as agendas = distribuição das agendas
- passear em São Tomé = passeio em São Tomé

a) **o complemento nominal complementa um substantivo:**

- (1) A cartilha promove a **reflexão** sobre o assédio moral.
- (2) A **chegada** à Guiné-Bissau, a terra da biodiversidade, foi emocionante.

14. Chorão Cbj *apud* http://pensador.uol.com.br, 8.7.2012,
15. ALVES, Natália, http://pensador.uol.com.br/parabens, 8.7.2012.

✦ (3) "**Loucos** por novidades" foi criado para mostrar as novidades do mundo.[16]

» As ações expressas pelos **substantivos destacados** dirigem-se aos **termos sublinhados**, estes complementam aqueles, portanto os **termos sublinhados** são complementos nominais.

✦ (4) **Cobrança** de impostos, **cobrança** de pênalti, **cobrança** de juros = cobrar impostos, cobrar pênalti e cobrar juros = impostos são cobrados, pênalti é cobrado, juros são cobrados, a ação expressa pelo núcleo recai sobre os complementos, portanto os termos sublinhados são CN.

✦ **Outros exemplos: abuso** do direito, **amor** à mãe, **amor** por esfirra, **confecção** de maquetes, **confiança** na empresa, **compromisso** com o ambiente, **consulta** às decisões, **controle** de atividade, direito ao benefício, **escolha** dos acabamentos, **extravio** de documento, **discussão** sobre assédio, **alteração** de nome, **identificação** de empregado, **informações** sobre a vida, **investimento** em educação, **gerenciamento** de crise, **operador** do mensalão, **paixão** por línguas, **paixão** pelo jogo, **pesquisa** sobre valores, **pesquisador** de mercado, **portador** de necessidades, **promotor** de vendas, **publicação** de informe, **registro** das situações, **suporte** aos clientes, **viagem** ao passado, **voo** pela vida, **volta** ao assuntos, **volta** a Timor-Leste.

b) **o complemento nominal complementa um adjetivo:**

✦ (1) Grupos **compostos** por pessoas da comunidade escolar avaliam as dimensões.

✦ (2) "A escolha certa dos acabamentos é **importante** para o sucesso de um projeto."

✦ (3) O investimento em profissionais é **indispensável** a uma empresa.

» As ações expressas pelos adjetivos destacados dirigem-se aos termos sublinhados, estes complementam aqueles, portanto estes são complementos nominais.

✦ **Outros exemplos**: agência **equipada** com alarme, área **sujeita** a guincho, saques **decorrentes** de fraudes, documento **comprobatório** da mudança, entrada **restrita** a empregados, "Spontex, **ideal** para limpeza diária.", "Nouvelle: resultado **efetivo** da raiz às pontas."

c) **o complemento nominal complementa um advérbio:**

✦ (1) "**Depois** de múltiplas atividades Verne optou por narrações sobre temas científicos." (Júlio Verne) (2) **Sim** ou **não** à divisão do Pará? (3) **Bem-vindo** ao estudo.

• **Núcleo do complemento nominal** (um substantivo ou uma palavra substantivada): é a palavra mais importante do complemento nominal:

16. http://loucurasbubu.blogspot.com.br, 22.2.2012

- (1) Governo adia para quinta-feira a **decisão** sobre o leilão do trem-bala.
- (2) Grupos **compostos** por pessoas da comunidade escolar avaliam as dimensões.

» Os termos destacados complementam **decisão** e **compostos** portanto são complementos nominais, **leilão** e **pessoas** são as palavras mais importantes, logo são os núcleos dos complementos nominais.

4.4. Agente da passiva

É o termo que, na voz passiva, pratica a ação expressa pelo verbo:

- (1) Os bravos saldados foram elogiados pelo **comandante.**
- (2) " As mulheres são atraídas entre outras por **carteiras recheadas** e por **homens educados e mais altos que elas.**" (David Buss, alterado).

» Os termos destacados praticam as ações verbais **elogiar** e **atrair**, logo são agentes da passiva.

- **Núcleo do agente da passiva** (um substantivo ou uma palavra substantivada): é a palavra mais importante do agente da passiva:
  - (1) "A ideologia dominante, a do branco, fora assimilada **pela diretora da escola**, negra também." (Faci)

  » O termo destacado é o agente da passiva, **diretora** é a palavra mais importante, por isso é o núcleo do agente da passiva.

5. EMPREGO DO PRONOME "SE"

O **se** é empregado como:

a) **Pronome apassivador ou partícula apassivadora:**

O **se** é pronome apassivador se forma com **verbo transitivo direto** oração na voz passiva. Nesse caso o sujeito da oração recebe a ação expressa pelo verbo, por isso o chamamos de sujeito paciente. O verbo concorda normalmente com o sujeito da oração.

- (1) "Para os iluministas a valorização da razão é fundamental para **se** alcançarem quaisquer tipos de conhecimento."

b) **Pronome indeterminador do sujeito:**

O **se** é pronome indeterminador do sujeito se une-se: **(1)** a **verbos intransitivos**, **(2)** a **verbos transitivos indiretos**, **(3)** a **verbos transitivos diretos com objeto preposicionado** ou **(4)** a **verbo de ligação.** Nessas situações, como os verbos não possuem sujeitos, ficam obrigatoriamente na terceira pessoa do singular.

✦ (1) Vive-**se** bem nesta cidade. Aqui **se** dorme bem. (2) Precisa-**se** de operários. "Descarte recomenda o uso da dúvida racional para **se** chegar à verdade." "É covardia falar-**se** mal de um surdo ou de um ausente." (3) Ama-**se** a Deus. (4) Aqui **se** está contente. Aqui **se** é jovem.

c) **Objeto direto:**

O **se** será objeto direto se complementar **verbo transitivo direto:** a oração estará na voz reflexiva, ou seja, o **se** refletirá a ação verbal sobre o próprio sujeito:

✦ (1) "O rei Minotauro está tão gordo que não ergue-**se** do trono."

✦ (2) "Os juazeiros aproximaram-**se**, recuaram, sumiram-se." (Graciliano Ramos)

d) **Objeto indireto:**

O **se** será objeto indireto se complementar **verbo transitivo direto e indireto**: a oração também estará na voz reflexiva, ou seja, o pronome **se**, que equivalerá a **para si**, refletirá a ação verbal sobre o próprio sujeito:

✦ (1) O estudante impunha-**se** disciplina rigorosa.

✦ (2) O jovem arrogava-**se** o direito de decidir o próprio futuro.

e) **Partícula de realce ou expletiva:**

O **se** é partícula de realce se é usado com **verbos intransitivos** apenas para enfatizar que a ação verbal é praticada pelo sujeito. Nesse caso o **se** não exerce função sintática: se o retirarmos do período, não prejudica a compreensão:

Nossos anseios foram-**se** para sempre. O vencedor sorria-**se** agradecido.

6. ERROS MAIS COMUNS - OBJETO DIRETO E OBJETO INDIRETO

Termos iniciados por verbos no infinitivo: os **verbos transitivos** são complementados por **objeto direto** ou por **objeto indireto**, cujos núcleos são substantivos, são complementados por pronomes oblíquos átonos, substituem aqueles termos, e são complementados ainda por **orações** subordinadas substantivas objetivas diretas (OSSOD) ou objetivas indiretas (OSSOI), serão estudadas no capítulo "Classes das orações subordinadas". Não vislumbramos a possibilidade de um **verbo** complementar outro **verbo**, logo se em um período um **verbo** complementa outro **verbo**, é necessário o analisarmos pois provavelmente há algum desvio.

✦ (1) OIT obriga[1] **que o governo mude a Constituição**[2].

✦ (2) OIT obriga **mudar a Constituição.**

✦ (3) OIT obriga **o governo mudar a Constituição.**

✦ (4) OIT obriga o governo **a mudar a Constituição.**

✦ (5) OIT obriga ao governo **mudar a Constituição.**

- (6) OIT obriga ao governo **que mude a Constituição.**

  » **(1)** está correto, **obrigar**, VTD, é complementado pelo termo 2, OSSOD desenvolvida.

  » **(2)**, **(3)**, **(4)**, **(5)** e **(6)** não estão conformes: em **(2)**, **mudar**, verbo, complementa **obrigar**, outro verbo; em **(3)**, **mudar**, termo subordinado, não concorda com **governo**, substantivo subordinante; em **(4)**, **mudar**, verbo e suposto objeto indireto, complementa **obrigar**, VTD; e em **(5)** e em **(6)**, **ao governo**, suposto objeto indireto, complementa **obrigar**, VTD, e **mudar a Constituição**, suposta OSSODR, e **que mude a Constituição**, suposta OSSODD, complementam **obrigar.** Destacamos ainda que **(5)** e **(6)** estão sem coesão pois não sabemos se as orações destacadas são objetivas diretas ou adjetivas.

- **Outros VTD: estimular, orientar, autorizar, ajudar** e **auxiliar:**
- (1) Campanha **estimula** (ou **orienta**, **autoriza**, **obriga**) fumantes **a deixar(em)** o vício.
- (2) Campanha **estimula** (ou **orienta**, **autoriza**, **obriga**) que os fumantes deixem o vício.
- (3) Os Poupançudos **ajudam** (ou **auxiliam**) os clientes **a realizar(em)** seus sonhos.
- (4) Os Poupançudos **ajudam** (ou **auxiliam**) os clientes na realização de seus sonhos.
- (5) 10 anos de UCC: um projeto que você **ajudou a construir.**
- (6) 10 anos de UCC: um projeto construído com sua ajuda.

  » **(1)**, **(3)** e **(5)** não estão conformes porém **(2)**, **(4)** e **(6)** estão corretos: os motivos são os mesmos citados anteriormente.

7. EXERCÍCIOS

1. Qual a classificação do "se" nos períodos abaixo?

a) (Cespe) "Aquele que, ao **se** transplantar de lá para cá, recebeu benesses...".
b) (Esaf) O tema é debatido e não **se** chega a uma conclusão.
c) (Cespe) Os livros interessaram-**se** pelo habitante que buscava construir domínio..."
d) (Esaf) Quando **se** aprofunda o debate, os conflitos de interesses aparecem.
e) (Unama) "...quem sabe a gente poderia **se** ver."
f) (FCC) Caso **se** conte apenas com meios ilegítimos, não haverá como se possa trilhar caminhos éticos.
g) Secam-**se** as plantas sem água.
h) A modelo dava-**se** ar de importante.
i) "Não **se** pode amar ao que não **se** conhece."
j) "Há depois a declaração que **se** vê no fim do capítulo."

2. (UFMG) Assinale a alternativa em que, nos trechos transcritos, os **dois** termos destacados **não** exercem a mesma função:

a) "...acaba **se** convencendo..." e "Quando **se** irrita..."
b) "...olhava-**se** pela janela..." e "Ergue-**se** como novo sujeito..."
c) "**Se** chego de ônibus..." e "**Se** continuar assim..."
d) "Tudo **se** compra..." e "Vende-**se** até a imagem..."

3. Quais as funções sintáticas (ou as predicações) dos verbos destacados e quais as funções dos seus complementos?

a) "As nuvens **escondem** uma estrela mas elas **passam** e a estrela **fica.**"
b) "À medida que vários milhões de anos **passaram**, novos seres **surgiram**, muitos **desapareceram** mas outros **sobreviveram** e **deixaram** grande número de descendentes, os quais **garantiram** a continuidade da vida até os nossos dias."
c) "Ronaldo **correu** para **receber** os aplausos, **sorriu**, **chorou** e **desabafou.**"
d) "O bom humor **tem** importância vital para nossos relacionamentos: **traz** espontaneidade e alegria à rotina e **dá** leveza aos momentos mais tensos. Quatro casais **contam** como aprenderam rir de si mesmos, das pequenas coisas e também de alguns problemas. O humor **tempera** nossas vidas, **dá** sabor aos gestos simples e **amplia** a cumplicidade e o carinho." (Revista Natura de 08/2007, alterado)
e) "Algumas pessoas **são** viciadas em trabalho: **sonham**, **almoçam** e **respiram** trabalho."
f) "Expulsas dos seus habitats muitas aves **migram** a espaço urbano, mas como não **encontram** condições ideais de sobrevivência, **adoecem** e **morrem.**"
g) "Aristóteles **dizia** a seus discípulos: meus amigos, não há amigos."
h) **Reconhecemos** tua dedicação e te **desejamos** felicidades.

RESPOSTAS	
1	a) pronome reflexivo; **b**) indeterminador do sujeito; **c**) pronome reflexivo; **d**) pronome apassivador; **e**) objeto direto; **f**) pronome indeterminador do sujeito; **g**) partícula de realce; **h**) objeto indireto; **i**) pronome indeterminador do sujeito (o "se" liga-se a verbo transitivo direto com objeto preposicionado) e pronome apassivador (o "se" liga-se a verbo transitivo direto); **j**) pronome apassivador; "que se vê" corresponde a "que é vista".
2	b (o primeiro "se" liga-se a "verbos transitivos indiretos", logo é pronome indeterminador do sujeito; o segundo "se" liga-se a "verbo transitivo direto" portanto é pronome apassivador; o "como" é conjunção comparativa: "Ergue-se *como* novo sujeito se ergue").
3	**a) esconder** é VTD e **uma estrela** é OD; **passar** e **ficar** são VI, não exigem complemento. **b) passar, surgir, desaparecer** e **sobreviver** são VI, não exigem complementos; **deixar** e **garantir** são VTD, seus OD são respectivamente **grande número de descendentes** e **a continuidade da vida até os nossos dias.** **c) correr** é VI; **receber** é VTD; quem recebe, recebe alguma coisa; **os aplausos** é OD; **sorrir, chorar** e **desabafar** são VI, não exigem complementos. **d) ter** é VTD, **importância vital para nossos relacionamentos** é o OD; **trazer** é VTDI, **espontaneidade e alegria** é OD e **à rotina** é OI; **dar** é VTDI, **leveza** é OD; e **aos momentos mais tensos** é OI; **contar** é VTD e **como aprenderam rir de si mesmos...**, oração subordinada substantiva objetiva direta, é OD; **temperar** é VTD e **nossas vidas** é OD; **dar** é VTDI, **sabor** é OD; e **aos gestos simples** é OI; **ampliar** é VTD e **a cumplicidade e o carinho** é OD. **e) ser** é verbo de ligação e **viciadas em trabalho** é predicativo do sujeito; **sonhar, almoçar** e **respirar** são VTD e **trabalho** é OD referentes àqueles verbos. **f) encontrar** é VTD e **condições ideais de sobrevivência** é OD; **migrar, adoecer** e **morrer** são VI; e **a espaço urbano** é adjunto adverbial. **g) dizer** é VTDI, **a seus discípulos** é OI e **meus amigos, não há amigos** é OD. **h) reconhecer** é VTD e **tua dedicação** é OD; **desejar** é VTDI, **te** é OI e **felicidades** é OD

8. TERMOS ACESSÓRIOS DA ORAÇÃO

São os termos secundários (não fundamentais) da oração. São informações não essenciais que acrescentamos ao sujeito ou ao predicado de uma oração. Os termos acessórios da oração são adjunto adnominal, adjunto adverbial, aposto e vocativo.

8.1. Adjunto adnominal (AA)

São as palavras ou as locuções que se referem aos substantivos.

Os termos acessórios que se referem aos substantivos são os artigos, os numerais, os adjetivos, as locuções adjetivas e os pronomes (demonstrativos, possessivos, indefinidos, interrogativos e de tratamento).

O adjunto (particípio irregular de adjungir = jungir a, juntar-se a) é a palavra que se junta à outra, como os adjetivos e os advérbios, para lhe modificar o significado.

- **palavras que se referem aos substantivos:**

  - (1) "O¹ **aprendizado** é uma¹ **viagem** fantástica² pelo¹ mundo do¹ **conhecimento.**"
  - (2) "Um³ pequeno² **passo** para o¹ **homem**, um³ gigantesco² **passo** para a¹ **humanidade.**" (Neil Armstrong)

    » Os termos sublinhados, 1: artigos, 2: adjetivos e 3: numerais, referem-se aos substantivos negritados, portanto são AA.

  - (3) "Aqueles¹ **olhos** verdes² / Que inspiram tanta³ **calma** / Entraram em minha⁴ **alma.**"[17]
  - (4) "Veja aqui várias³ **teorias**, desde científicas² até espiritualistas² e místicas².”[18]
  - (5) "Outros³ cinco⁵ **policiais** serão a⁶ **"sombra"** do⁶ papa, ficarão ao⁶ seu⁴ **lado** em todos³ os⁶ **momentos.**"[19]

    » Os termos sublinhados (1: pronome demonstrativo, 2: adjetivos, 3: pronomes indefinidos, 4: pronomes possessivos, 5: numerais e 6: artigos) referem-se aos substantivos negritados, portanto são AA.

  - (6) "À boca da¹ noite o¹ almirante mandou dizer às naus que tirassem os¹ **enforcados** e lhes² cortassem as¹ **cabeças**, as¹ **mãos** e os¹ **pés.**" (Tomé Lopes)

17. Nilo Menendez, Adolfo Utrera, João De Barro, apud http://www.vagalume.com.br/trio-irakitan/aqueles-olhos-verdes.html, 26.08.2013.
18. http://www.youtube.com/watch, 10.7.2013.
19. Época, nº 791, página 45, 22.07.2013.

- (7) "Eu lembro-me de ti, porque saudosa / Sonho-te[2] a[1] **imagem** soluçando ao[1] longe." (Fagundes Varela)

  » Os termos sublinhados (1: artigos e 2: pronomes possessivos) referem-se aos substantivos negritados, portanto são AA.

- (8) "Josef Mengele, **cientista** nazista, sonhava com o **aprimoramento** da **raça** humana."

  » Os termos sublinhados referem-se aos substantivos negritados portanto são AA.

- **Outros exemplos:** (1) Moro na rua santa **Margarida da Escócia.** (2) "Camila Vallejo, carismática **líder** estudantil chilena, perdeu a **reeleição** à presidência da **Fech**..."[20] (3) "São inverídicas as **notícias** divulgadas nas **redes** sociais e em outros **meios** eletrônicos sobre um suposto novo **benefício** social que será pago aos **trabalhadores.**"

- **Fundamentações:** "Para particularizar a significação de modo certo, antepõe-se o artigo aos substantivos próprios de pessoas: a) quando modificados por um **adjunto atributivo** que os preceda, ex.: *O destemido Rabello, O sentencioso Sancho.*"[21]

- **locuções que se referem aos substantivos:** as locuções que se referem aos substantivos são locuções adjetivas, mesmo que não possuam adjetivos correspondentes:

  - (1) Smartshot Energy oferece **energia** em dose única.
  - (2) O **arroz** com galinha frequentemente é servido em festinhas.
  - (3) Os **diagnósticos** por imagem somam 182 mil procedimentos realizados.
  - (4) As **contas** a pagar ou as **contas** a vencer não são um bicho de sete cabeças.
  - **Outros exemplos: barco** à vela, **barco** a remo, **camisa** cor de vinho, **reforma** número um.

Conforme as ideias expressas pelas preposições as locuções adjetivas definem:

- **tipo:**

  - (1) "A **música** ao vivo... inicia antes da meia-noite, em São Felipe."[22]
  - (2) "**Acidentes** com aviões pequenos ocorrem com frequência na Amazônia."

    » **Ao vivo** e **com aviões pequenos** definem os substantivos **música** e **acidentes**, indicam o **tipo**, portanto são AA.

---

20. r7.com, 11.12.2011, alterado.
21. RIBEIRO, Julio, *Grammatica Portugueza*, 5ª edição, editor Miguel Melillo, 1899, São Paulo, pág. 228, *apud* Coleção "gramáticas", iel.unicamp.br, negrito nosso.
22. http://www.sapo.cv, 1.1.2012.

+ **Outros exemplos: ações** de prevenção (ações preventivas), **amor** de mãe (amor materno), **amor** de verdade (amor verdadeiro), **assessor** de comunicação, **bacalhau** de Natal gratinado (bacalhau natalino gratinado), **barras** de cereais, **carne** com batata, **centro** de inclusão, **cidade** de São Paulo, **cidade** de comércio, **cidade** de nascimento, **cinto** de segurança, **contrato** sem autorização, **coquetel** de framboesa, **homologações** com ressalvas, **leite** em pó, **manuais** com vigência, **mesa** de frutas, **prejuízos** com cartões, **premiações** por sorteios, **programa** da tarde, **programa** de televisão, **programa** de computador, **programa** de apoio, **reis** do sertanejo, **reveillon** das estrelas, **rolinhos** de peixe, **sabão** de coco Cutia, **seguro** de vida.

Observação: Os adjuntos adnominais que definem ou restringem os substantivos (núcleos dos termos), embora sejam termos acessórios, são necessários porque sem eles os substantivos não estarão suficientemente determinados. O termo é acessório não porque ele é retirável da oração, mas porque ele é secundário, não é núcleo.

- **composição:**

+ (1) A **reunião** com o relator da Comissão de Orçamento foi nervosa.
+ (2) "O **encontro** entre a China e os países lusófonos reuniu 500 empresários em Angola."[23]

» Os termos sublinhados definem os substantivos **reunião** e **encontro** (núcleos dos sujeitos), indicam **composição**, são termos acessórios, portanto são AA; **da comissão** define **relator** e **de orçamento** define **comissão.**

+ **Outros exemplos: base** de dados, **bolo** de amêndoa, **bolsa** de valores, **frasco** de soro, **linha** de fragrância, **salada** de frutas etc.

- **origem: castanha**-do-pará, **estrela** do mar, **índios** do Pacífico, **vinho** do Porto.

- **posse:**

+ (1) Os **candidatos** do partido (os seus candidatos) serão sabatinados...
+ (2) **Gênios** da Humanidade (os seus gênios) são pessoas inteligentes...

» Os termos sublinhados definem os termos negritados, núcleos dos sujeitos, indicam **posse**, são termos acessórios, portanto são AA.

+ **Outros exemplos: ajuda** dos experientes, **bravura** dos soldados, **Cidade** dos Espargos (as suas cidades), **menina** dos olhos (a menina dos seus olhos), **dados** do cliente, **direito** dos escravos, **informações** dos arquivos, **início** da vida, **lições** das vencedoras, **líder** do governo, **fulgor** do sol,

23. www.portugaldigital.com.br

mapa da mina, **molho** da salada, **segredos** do sucesso, **teto** da meta, **tucupi** da Eliete, **paixão** de Cristo, **voo** da vida etc.

✦ (3) "A **chegada** da Mirella em Bissau foi emocionante."

» O termo **da Mirella** define o substantivo **chegada**, núcleo do sujeito, indica **posse**, "a **sua** chegada", portanto é AA.

Observações:

a) Nesse exemplo e nos seguintes as ações expressas pelos **substantivos**, núcleos dos sujeitos, não se dirigem aos AA, pelo contrário, os núcleos dos AA é que praticam as ações e os núcleos dos sujeitos as recebem:

✦ (1) A **chegada** da Mirella = **a Mirella** chegou.

✦ (2) A **adesão** da população = **a população** aderiu.

✦ **Outros exemplos**: a **partida** da Mirella, a **vinda** dos teus colegas, A **volta** dos que não foram.

b) A classificação de alguns termos depende da ideia expressa pela preposição:

✦ (1) **Avaliação** dos alunos, **avaliação** dos riscos, **avaliação** de risco, **avaliação** dos resultados (avaliar os alunos, os alunos são avaliados, avaliar os riscos, os riscos são avaliados, os termos sublinhados recebem a ação, logo são CN).

✦ (2) **Avaliação** dos alunos e **avaliação** dos especialistas (avaliação feita pelos alunos, alunos avaliam, especialistas avaliam, **de** expressa posse, logo os termos sublinhados são AA).

✦ (3) **Passagem** de pessoas, **passagem** de ano, **passagem** de ônibus, **passagem** de ar (os termos sublinhados definem **passagem**, são termos ativos, praticam as ações expressas pelos núcleos: pessoas passam, ano passa, ônibus passa, portanto são AA).

✦ (4) **Passagem** das pessoas, **passagem** dos ônibus (a preposição **de** indica posse, suas passagens, portanto são AA).

✦ (5) **Passagem** para pedestres, **passagem** para regime fiscal (a preposição **para** indica o tipo, portanto os termos sublinhados são AA).

✦ (6) **Passagem** de uma agricultura de subsistência para uma agricultura de mercado (passar a agricultura, CN).

- **Núcleo do adjunto adnominal que se liga por preposição** (um substantivo): é a palavra mais importante do AA; possuem núcleos porque são termos que se ligam a outros termos:

✦ (1) "**Acidentes** com aviões pequenos ocorrem com frequência alarmante na Amazônia."

» O termo **aviões pequenos** é AA, **aviões** é a palavra mais importante, portanto é o núcleo do AA.

+ (2) "O **encontro** entre a China e os países lusófonos reuniu 500 empresários em Angola."

» Os termos **a China** e **os países lusófonos** são AA, os substantivos **China** e **países** são as palavras mais importantes, logo são os núcleos do AA; os termos **a**, **os** e **lusófonos** são AA de **China** e de **países**.

8.2. Adjunto adverbial

São as palavras que modificam verbos, adjetivos e advérbios.

Os adjuntos adverbiais exprimem circunstâncias: tempo, lugar, modo, causa, fim, dúvida, intensidade etc.

+ (1) Vivemos **aqui**. Cheguei **agora**.
+ (2) "A flor graciosa nem **sempre** é a mais perfumada."
+ (3) "Seja rápido. Pense **rápido**. Aja **rápido**. O mundo já foi dos fortes, agora é dos rápidos." (Tupperware)

» Os termos destacados modificam os verbos **viver**, **chegar**, **ser**, **pensar** e **agir**, portanto são adjuntos adverbiais; **nem** também é adjunto adverbial, modifica o advérbio **sempre**.

+ **Outros exemplos:** (1) O médico abriu o abscesso **num abrir e fechar de olhos**. (2) **"Muito cedo, no primeiro dia da semana**, **ao despontar o sol**, elas foram ao túmulo." (Os termos destacados modificam os verbos **abrir** e **ir**, são termos acessórios, portanto são adjuntos adverbiais).

1. "**Adjunto**, s.m., do latim *adjunctus*: sócio, agregado, circunstância, particularidade... **Adjunto**, adj.: junto, perto, contíguo, assistente..."[24]

2. "**Adverbial**, adj. 2 gen.: que diz respeito ao advérbio; que tem a força e a significação d'elle."[1]

8.3. Aposto

Do latim "appositu" (que se apôs, acréscimo, uso de um substantivo ao lado de outro substantivo): são as palavras que explicam substantivos e pronomes:

+ (1) "Anu, **o céu**, e Ea, **a sabedoria**, povoaram o mundo com o som." (2) "Em Lobito, **a sala de visita de Angola**, as praias e o pôr do sol fazem com que as belas paisagens vivam para sempre em nossa memória."[25] (3) "Eu, **João de**

---

24. Vieira, Domingos, *Grande Diccionário Portuguez*, vol. 1, pág. 158 e 177, 1872.
25. www.youtube.com, 10.4.2012, alterado.

Barros, escrevo esta gramática para ti, **Antônio**." (4) "Tudo quanto appetecemos na vida, **glórias**, **honras**, **riquezas**, não nos satisfaz."[26] (5) "Perdeu tudo, **casa**, **bens**, **roupas**, **joias**, mas não perdeu as esperanças."

» Os termos destacados explicam os substantivos **Anu**, **Ea** e **Lobito**, e explicam os pronomes **eu**, **ti** e **tudo** por isso são apostos.

✦ **Outros exemplos**: (1) Raul Seixas e Lhasa de Sela, **cantores latino-americanos**. (2) Júnior Cigano, **lutador mundialmente famoso**. (3) O conhecido poeta chileno, **Pablo Neruda**. (4) O respeitado historiador judeu, **Flávio Josefo**.

"**Appositio**, quer dizer, apostura, a quál se fáz quando ajuntamos dois nomes substantivos sem conjunçám, que hum expõe e declára o outro: como, o Teio, *rio principal da Európia*: entra no már em Lixboa, *cidade das mais nobres do mundo*."[27]

O aposto não determina o substantivo, não o especifica, não o resume, não o distribui, apenas explica os substantivos, aliás, as classificações seguintes resultam de análises incorretas de determinados termos que claramente não são apostos.

- **Aposto explicativo**: quando o aposto explica ou esclarece um substantivo:

✦ (1) **Marcos Pontes**, astronauta brasileiro, voltou à Terra deslumbradíssimo.

✦ (2) **Margaret Davis**, uma mulher comum, transforma-se em detetive em busca de justiça.

» Todo **aposto** é uma explicação portanto a classificação **aposto explicativo**, que equivale à **explicação explicativa**, é redundante e desnecessária.

» Nesses períodos, os termos sublinhados explicam os termos negritados portanto são apenas apostos.

- **Aposto enumerativo**: quando o aposto enumera termos. O **aposto enumerativo** é uma suposta distinção entre **enumeração** e **explicação**, mas na realidade ambos **explicam** um substantivo portanto são apenas **apostos. Explicar**, **enumerar**, **numerar**, **citar**, **desenvolver**, **narrar**, **referir**, **relacionar**, **aclarar**, **explanar** são sinônimos, o fato de a **explicação** eventualmente ser uma **enumeração** não justifica a subclassificação **aposto enumerativo**, aliás, a única forma de explicar o substantivo é **citar** ou **enumerar** os seres que o compõem.

---

26. Ribeiro, Julio, Grammatica Portugueza, editor Miguel Melillo, 1899, São Paulo, pág. 232, *apud* Coleção "gramáticas", iel.unicamp.br, negrito nosso.
27. Época, nº 796, pág. 62, 26.08.2013; **2.** Época, nº 796, pág. 64, 26.08.2013; **3.** João de Barros, *Gramática da língua portuguesa*, Olyssippone, 1540, pág. 36 *apud* Coleção "gramáticas", iel.unicamp.br.

- (1) "O Mangal das Garças recebe novos **moradores**, três colhereiros, dois cabeças-secas e uma cegonha cauauã, doados pelo Ibama."
- (2) "O Mangal das Garças recebe novos **moradores**, colhereiros, cabeças-secas e cegonha cauauã, doados pelo Ibama."
- (3) "O Mangal das Garças recebe novos **servidores:** Pedro Sousa, João Silva e Rodrigo Fonseca, contratados pelo governo do Estado.

» **Moradores** e **servidores** estão no plural portanto designam alguns seres, mas não sabemos quem eles são. Nos exemplos os **substantivos sublinhados** explicam quais seres **moradores** e **servidores** designam, portanto a função sintática daqueles substantivos é apenas **aposto.** Os numerais **três**, **dois** e **um** numeram apenas os respectivos substantivos (**três** colhereiros, **dois** cabeças-secas e **uma** cegonha cauauã), portanto também não são **aposto enumerativo.** Em **(1)** a explicação é completa, em **(2)** a explicação é parcial, os substantivos não foram enumerados, e em **(3)**, é completa, não é necessário informar a quantidade pois os substantivos são próprios, únicos, não existem outros.

- **Aposto especificativo:** quando o aposto especifica um substantivo.

Os termos da oração são formados por núcleos e por adjuntos, os núcleos são os substantivos mais importantes e os adjuntos são as palavras secundárias (artigos, numerais, adjetivos, locuções adjetivas e pronomes) que se referem àqueles.

A estrutura do termo não permite que os núcleos exerçam funções sintáticas diferentes, que dois termos formem um, que um substantivo refira-se a outro substantivo, ou que o determine ou que o especifique), ao lado de um substantivo, núcleo de um termo, não há outro substantivo, mas apenas adjuntos adnominais, portanto termos com núcleos que exercem duas funções sintáticas, por exemplo, aposto e sujeito ou aposto e complemento, não estão conforme a sintaxe da língua portuguesa. O aposto inserido em outro termo viola tanto sua própria estrutura como a estrutura do termo receptor.

Para que determinado termo seja aposto, é necessário: que ele explique o termo a que se refere, que ele tenha estrutura de termo, que ele esteja antes ou após o termo a que se refere, jamais dentro.

O aposto é sempre separado por vírgula, regrinha antiga porém eficaz.

- (1) "**O filósofo grego**[1] **Pirro**[2] fundou o ceticismo absoluto, segundo alguns..."
- (2) "Em 1989, assessorou **o então candidato à presidência**[1] **Guilherme Afif Domingues**[2]..." (Veja)
- (3) "**O neurocientista e criminólogo britânico**[1] **Adrian Raine**[2], em "Anatomia da Violência", explora a fronteira entre a neurociência e a criminologia."

» Períodos não conformes: os termos destacados exercem duas funções sintáticas: **aposto especificativo**, os termos 1, e **sujeito**, os termos 2, houve a junção de dois termos em um, logo o **aposto especificativo** (que por si só é viciado: o **aposto** não especifica o substantivo) é errôneo, decorre de termos malformados.

✦ (4) **Pirro**, filósofo grego, fundou o ceticismo absoluto, segundo alguns...

✦ (5) **Adrian Raine**, neurocientista e criminólogo britânico,... explora a fronteira..."

✦ (6) "... assessorou **Guilherme Afif Domingues**, então candidato à presidência..."

» Períodos conformes: os **substantivos destacados** são sujeitos em **(4)** e em **(5)**, e são objeto direto em **(6)**, os termos sublinhados explicam aqueles substantivos, portanto são apostos.

✦ (7) "**O escocês Adam Smith** foi o principal representante do liberalismo econômico."

» O termo destacado é sujeito, **Adam Smith** é núcleo do sujeito, **o** e **escocês** referem-se a **Adam Smith**, substantivo, portanto são adjuntos adnominais.

✦ (8) "**Adam Smith**, escocês, foi o principal representante do liberalismo econômico."

» **Adam Smith**, substantivo, é sujeito, e **escocês**, adjetivo, explica aquele portanto é aposto.

✦ **Outros exemplos**: (1) "Filósofo, matemático e físico, **Pascal** tematizou a condição trágica do homem." (2) "**Richard Rorty**, filósofo norte-americano contemporâneo, formulou a definição mais frequente."

- **Aposto resumitivo** ou **recapitulativo**: quando o aposto resume em uma palavra os núcleos do sujeito:

✦ (1) "Joias, dinheiro, documentos, **tudo** foi roubado."

✦ (2) "Angústia, dores, agonia, **nada** abalou os pensamentos do João."

✦ (3) "Homem, mulher, criança, **todos** estão ligados à terra por milhares de raízes."

» Nesses períodos **tudo**, **nada** e **todos** são sujeitos das orações, são termos essenciais. Como sabemos que o **aposto** é um termo acessório da oração, **tudo**, **nada** e **todos** jamais são **apostos resumitivos**. Na verdade os **apostos** são os substantivos sublinhados.

✦ (4) "**Tudo**, joias, dinheiro, documentos, foi roubado."

✦ (5) "**Nada**, angústia, dores, agonia, abalou os pensamentos do João."

✦ (6) **Todos**, homem, mulher, criança, estão ligados à terra por milhares de raízes.

» Agora está claro quem são os apostos: os **termos sublinados** explicam **tudo**, **nada** e **todos**, pronomes indefinidos, portanto são apostos.

» Façamos mais um teste: retiremos os "apostos resumitivos" daqueles exemplos: se eles realmente são apostos, termos acessórios, não causarão nenhum problema às orações:

- (7) Joias, dinheiro, documentos foi roubado.
- (8) Angústia, dores, agonia abalou os pensamentos do João.

A retirada dos "apostos resumitivos" causou erro grave às orações: os verbos não concordam com os sujeitos. Se tirarmos os verdadeiros apostos, não farão falta e não causarão erro às orações, os verbos concordam corretamente com os sujeitos:

- **Tudo** foi roubado. **Nada** abalou os pensamentos do João.

» Infelizmente esse erro surgiu em 1822 quando Jeronymo Soares classificou na oração seguinte os **apostos** como **sujeitos do período**:

"*O ouro, os diamantes, as perolas, tudo he terra, e da terra.*
Onde **os três sujeitos *Ouro, Diamantes, Perolas*,** estão na mesma rasão pela repetição do mesmo artigo; e os dous attributos *Terra*, e *Da terra*, isto he, *Couza da terra* estão também na mesma rasão pela conjuncção que os ata."[28]

» O sujeito da oração claramente é o pronome **tudo**, e os apostos são **ouro, diamantes, pérolas**, mas para Jeronymo Soares o sujeito são os substantivos: **ouro, diamantes, pérolas**, conforme a expressão destacada.

- **Aposto distributivo**: quando o aposto distribui separadamente as informações referentes aos termos:

  - (1) Meus filhos são diferentes: **este** é louro, **aquele** é moreno.

  » Claramente **este** e **aquele** são sujeitos do verbo ser, portanto não são apostos distributivos.

  - (2) "Ricardo e Mara moram em Angola[1]; 'aquele, **em Luanda**'[2], 'esta, **em Ambriz**'[3]."

  » Os termos destacados modificam **morar** logo são locuções adverbiais, a elipse de **morar**, nas orações 2 e 3, é indicada pelas vírgulas que estão após **aquele** e **esta**, portanto jamais os termos destacados são **apostos distributivos.**

  - (3) Ambos são bons alunos[1], **um** no português[2] e o **outro** na matemática[3].

---

28. BARBOZA, Jeronymo Soares, *Grammatica Philosophica da Lingua Portugueza*, Academia das Sciencias, 1822, Lisboa, pág. 374, negrito nosso.

» Nas orações 2 e 3, há a elipse do termo **aluno é bom** que, inclusive, não foi indicada pela vírgula após os termos **um** e **outro**, portanto o período completo seria:

✦ (4) Ambos são bons alunos[1], um **aluno** é bom no português[2] e o outro **aluno** é bom na matemática[3].

» **Um aluno** e **o outro aluno** são sujeitos das orações 2 e 3, **aluno** é núcleo dos sujeitos e **um**, **o** e **outro** são adjuntos adnominais de **aluno**, logo, em **(3)**, **um** e **outro** jamais são apostos distributivos.

- **Aposto comparativo:** quando compara um termo com outro:

✦ (1) "A inflação, **monstro devorador dos salários**, é sempre uma ameaça..."

» O termo destacado explica inflação, consequentemente é aposto. Se houvesse conjunção que comparasse inflação com monstro deverador, o termo destacado não seria aposto, mas oração comparativa.

- **Aposto oracional:** é o aposto que possui um verbo. Essa classificação é aceitável quando distinguimos o **aposto** formado por um **substantivo** do **aposto** formado por uma **oração subordinada substantiva apositiva**, mas se não há essa intenção, a função sintática de ambos é apenas **aposto.**

✦ Desejo uma única coisa: **que plantes novas árvores.**

8.4. Vocativo ("vocativu", chamar)

São as palavras que chamam os substantivos.

O vocativo é um termo independente, ou seja, não existe ligação sintática entre ele e os termos da oração. O emissor dirige-se ao interlocutor pelo vocativo.

✦ (1) "Canta, **irmão** / Canta, **meu irmão** / que a liberdade é hino / E o homem a certeza." (Cabo Verde)

✦ (2) "**Ó espírito invisível do vinho** - já que não tens nome - eu te chamarei de demônio."[29]

Os termos destacados são acessórios, são usados para chamar o interlocutor, portanto são vocativos.

29. Shakespeare, William *apud* Moisés M de Oliveira, *Sete Mil Ilustrações e Pensamentos*, 2ª edição, Juerp, 1981.

9. EXERCÍCIOS

1. (VUNESP) O termo oração, entendido como uma construção com sujeito e predicado que formam um período simples, se aplica adequadamente apenas a:

a) Amanhã, tempo instável, sujeito a chuvas esparsas no litoral.
b) O vigia abandonou a guarita, assim que cumpriu seu período.
c) O passeio foi adiado para julho, por não ser época de chuvas.
d) Os concorrentes à vaga de carteiro submeteram-se a exames.

2. (FCC) "A busca incessante por regras resulta da necessidade de organizar a vida." O mesmo tipo de exigência existente na relação entre as palavras grifadas está em:

a) um ramo de negócios;
b) 8,5 bilhões de dólares;
c) os funcionários de perfil tradicional;
d) no enfrentamento das mais diversas situações;
e) professor de Ética da Universalidade Estadual de Campinas.

3. (FUNDEP, 2010, TJ-MG, Assistente Judicial) O termo destacado no trecho abaixo, quanto à função sintática, classifica-se em:
"Anda tudo **muito desorganizado**, e, como deves notar, trago comigo um resto de verão."

a) adjunto adverbial
b) aposto
c) predicativo do sujeito
d) adjunto adnominal

4. (NCE-UFRJ, 2007, MPE-RJ, Analista Processual) Em "Muitos moços e moças estão simplesmente falidos, ou seja, estão na lista negra das entidades de proteção **ao crédito**", o sintagma em negrito tem a mesma função sintática que o termo destacado em:

a) "... José Vieira ainda divide o sofá **da sala**..."
b) "Além de adiar a saída **de casa**."
c) "...entram na lista negra **das entidades**..."
d) "...universo **dos inadimplentes** cresce..."
e) "...Antônio Praxedes, vice-presidente **da Telecheque**."

5. (UFSC) Observe os períodos abaixo e assinale a alternativa em que o lhe é adjunto adnominal:

a) "...anunciou-lhe: filho, amanhã vais comigo."
b) O peixe caiu-lhe na rede.
c) Ao traidor, não lhe perdoaremos jamais.
d) Comuniquei-lhe o fato ontem pela manhã.
e) Sim, alguém lhe propôs emprego.

6. (UF/MT) "... e come de meu pão e bebe de meu vinho." (Rubem Braga)
Nesse trecho, as expressões **de meu pão** e **de meu vinho** exercem a mesma função sintática. Indique-a e justifique o emprego da preposição.

7. (Vunesp-SP) Na oração "grossos **ribeiros** açodados saltavam com fragor de pedra em pedra..." o substantivo destacado ocupa o núcleo do sujeito (grossos *ribeiros* açodados). Baseando-se nesse comentário, analise a frase abaixo e indique as funções sintáticas que nela exercem os substantivos destacados: "Brancas rochas, pelas **encostas**, alastravam a sólida **nudez** do seu ventre polido pelo vento e pelo sol..."

8. (FGV, 2010, CAERN, Agente Administrativo) No trecho abaixo, há quantas ocorrências de aposto?
"O desenvolvimento sustentável é política de governo em algumas cidades, e não apenas um conjunto de medidas dirigidas a questões pontuais", diz Laura Valente de Macedo, diretora regional para América Latina e Caribe do ICLEI - Governos Locais pela Sustentabilidade.
a) uma
b) nenhuma
c) três
d) quatro
e) duas

9. (FCC, 2010, TRT 4ª Região, Analista Judiciário) Está correta a indicação, entre parênteses, da função exercida pelo elemento sublinhado em:
a) é um exemplo *corriqueiro* do poder das palavras (**qualificativo** de *corriqueiro*).
b) Graciliano Ramos, no romance Vidas secas, tratou a fundo dessa questão (**aposto** de *Graciliano Ramos*).
c) O narrador *desse romance é um escritor ultraconsciente* de seu ofício (**complemento** de *ultraconsciente*).
d) *um falante carrega consigo o* prestígio ou a humilhação (**sujeito composto**).
e) mas também *o acesso à sua mais alta representação* (**locução concessiva**, equivalente a **ainda assim**).

10. FUNDEP, 2010, TJ-MG, Oficial de Apoio Judicial: Assinale a alternativa em que a função do termo grifado está **corretamente** indicada.
a) "Pergunto eu: será só o incentivo à violência o resultado único desse processo de informação em escala mundial?" (**objeto indireto**)
b) "Sobre os atentados brutais: elas os veem." (**adjunto adnominal**)
c) "Hoje, ninguém idealiza nada." (**sujeito indeterminado**)
d) "A humanidade está secretando os anticorpos à violência e as atitudes necessárias à sua sobrevivência." (**objeto direto**)

11. Quais os adjuntos adnominais dos termos destacados?
a) "**Os maiores enigmas do universo** escondem-se dentro de cada ser humano." (Augusto Cury)
b) (VUNESP) "**O jardineiro daquele vizinho cuidadoso** podou os galhos da velha árvore."
c) **A montadora Fiat** divulgou **as duas primeiras imagens do novo Uno.**
d) **A volta dos moradores** ao prédio será em novembro.
e) "Raras rugas divisavam-se-**lhe nos cantos da boca e na fronte baixa**, algum tanto cavada." (Inglês de Sousa, negrito acrescentado)

12. Quais os adjuntos adverbiais dos períodos seguintes?

a) "Sem redução dos gastos, segundo os técnicos do Ministério do Planejamento, é impossível equilibrar as contas do governo e manter os projetos de crescimento econômico."

b) "Aguardar o retorno das expedições – muitas vezes durante meses – era verdadeira agonia."

c) "Depois de escapar na juventude à cegueira completa, Aldous está agora completamente mudo."[30]

13. Quais os apostos e os vocativos dos períodos seguintes?

a) "Coronel, onde está a bandeira do teu batalhão, a bandeira bordada pelas moças do Ceará."

b) "Aristóteles dividiu o reino das criaturas vivas em dois subgrupos, o dos animais e o do homem."

c) "Ó tu, divino aposento, minha pátria singular! Se só com te imaginar tanto sobe o entendimento, que se fará se em ti se achar?" (Luís de Camões)

d) "Todos os seres vivos – animais, plantas e pessoas – precisam de água para viver."

e) Com isso, muitos deles concordaram, mulheres gregas de alta posição e não pouco homens.

f) Pitágoras, sofista do século V a.C., dizia: "o homem é a medida de todas as coisas".

RESPOSTAS	
1	d
2	d (**busca** e **enfrentamento** são complementados pelos CN **regras** e **situações**).
3	c (tudo anda **muito desorganizado**, o termo destacado é predicativo do sujeito **tudo**)
4	b (os dois termos são complementos nominais de: **proteção** e **saída**)
5	b
6	função: objeto direto preposicionado; a preposição expressa partição, come parte de meu pão e bebe parte de meu vinho.
7	**encostas** é núcleo do adjunto adverbial de lugar e **nudez** é núcleo do objeto direto.
8	e ("diretora regional para América Latina e Caribe do ICLEI" é aposto do substantivo "Laura Valente de Macedo", e "Governos Locais pela Sustentabilidade" é aposto do substantivo "ICLEI".
9	c
10	d (nas locuções verbais prevalece a regência do verbo principal, **secretar** é VTD, portanto "os anticorpos à violência" e "as atitudes necessárias à sua sobrevivência" são objetos diretos daquele verbo).

30. Revista Abril Cultural nº 25.

RESPOSTAS	
11	**a)** os, maiores, do, universo são adjuntos adnominais (AA) de **enigmas**; **b)** O, daquele, vizinho e cuidadoso são AA de jardineiro; **c)** **Fiat** é o núcleo do sujeito, **a** e **montadora** determinam **Fiat**, logo são adjuntos adnominais; **imagens** é o núcleo do objeto direto, **as**, **duas**, **primeiras**, **do**, **novo** e **Uno** modificam/determinam **imagens**, portanto são AA; **d)** a, dos e moradores; **e)** lhe, nos, da, boca, na, baixa.
12	**a)** "Sem redução dos gastos, segundo os técnicos do Ministério do Planejamento": modificam o verbo **ser**; **b)** "muitas vezes durante meses": modifica o verbo **aguardar**; **c)** "depois", "na juventude", "agora" e "completamente".
13	**a)** vocativo: "Coronel" e aposto: "a bandeira bordada pelas moças do Ceará"; **b)** aposto: o dos animais e o do homem; **c)** vocativo: "Ó tu, divino aposento, minha pátria singular!"; **d)** aposto: animais, plantas e pessoas; **e)** aposto: "mulheres gregas de alta posição e não pouco homens", explica "muitos deles"; **f)** aposto: sofista do século V a.C.

CAPÍTULO 3

Classes e funções sintáticas das orações

- **Análise morfológica e sintática do período composto** (duas orações)

Semelhantemente às palavras, que possuem **classes** e **funções sintáticas**, conforme estudamos nos capítulos **Classe das palavras** e **Análise sintática do período simples**, as orações dos períodos compostos, salvo as coordenadas, possuem também duas classificações:

a) **classificação morfológica**: estuda as classes das orações ou as classes gramaticais;

b) **classificação sintática**: estuda as funções sintáticas das orações.

CLASSIFICAÇÃO MORFOLÓGICA DAS ORAÇÕES

CLASSIFICAÇÃO MORFOLÓGICA DAS ORAÇÕES			
Coordenadas	**Subordinadas**		
	Substantivas	**Adjetivas**	**Adverbiais**
- aditivas, - adversativas, - alternativas, - conclusivas, - explicativas.	- subjetivas, - predicativas, - objetivas diretas, - objetivas indiretas, - completiva nominal, - apositiva.	- restritivas, - explicativas.	- causais, - concessivas, - condicionais, - conformativas, - comparativas, - consecutivas, - finais, - proporcionais, - temporais.

1. ORAÇÕES COORDENADAS

As orações coordenadas são as orações que ligam-se por coordenação, ou seja, ligam-se mas **não exercem** funções sintáticas entre si, uma oração não corresponde a um termo da outra (sujeito, predicado, objeto direto, aposto, adjunto adnominal, adjunto adverbial etc.) e vice-versa, portanto as orações coordenadas possuem **apenas** a **classificação morfológica** ou a **classificação gramatical.**

O seguinte verbete esclarece como as orações coordenadas se ligam: "**Coordenação:** união de elementos linguísticos sintaticamente equivalentes."[1]

As orações coordenadas são sintaticamente equivalentes, são orações de mesma classificação, são as orações que estão em posição de igualdade, não estão subordinadas às outras, ou seja, **não exercem funções sintáticas** (sujeito, predicado, objeto direto, objeto indireto, complemento nominal, aposto, adjunto adnominal, ou adjunto adverbial) em relação às outras e vice-versa. A segunda oração coordenada liga-se à primeira apenas para estabelecer adição, oposição, alternância, conclusão ou explicação.

As orações coordenadas possuem seus próprios termos, expressam informações definidas, não precisam de outras orações para expressarem suas ideias.

- **Coordenadas sindéticas:** quando as orações coordenadas **estão ligadas** por conjunção:

  ✦ (1) | "A noite passa | **mas** | a proteção fica."2 |
  oração coordenada — oração coordenada

  ✦ (2) | "Come pescado | **porque** | ele faz bem." |
  oração coordenada — oração coordenada

  » As orações coordenadas dos períodos acima **ligam**-se por conjunção (**mas** e **porque**), portanto são orações coordenadas sindéticas.

- **Coordenadas assindéticas** (a = não): quando as orações coordenadas **não se ligam** por conjunção:

  ✦ (1) "Um pequeno passo para o homem, um gigantesco passo para a humanidade." (Neil Armstrong) (2) "Economia rima com ecologia, responsabilidade rima com sustentabilidade, faz tua parte, usa racionalmente os recursos a tua disposição." (Jornal da Caixa, alterado)

  » As orações coordenadas **não exercem** funções sintáticas entre si portanto possuem **apenas** a **classificação morfológica** ou a **classificação gramatical.**

---

1. Ferreira, Aurélio B. H., *Novo Aurélio Século XXI*, Nova Fronteira, edição 1999.
2. Hipoglós, alterado.

CLASSIFICAÇÃO DAS ORAÇÕES COORDENADAS	
Aditivas	são as orações que expressam **adição** em relação às anteriores
Adversativas	são as orações que expressam **oposição** em relação às anteriores
Alternativas	são as orações que expressam **alternância** ou **exclusão** em relação às anteriores
Conclusivas	são as orações que expressam **conclusão** em relação às anteriores
Explicativas	são as orações que expressam **explicação** em relação às anteriores

» As **orações coordenadas** classificam-se morfologicamente em:

1.1. Aditivas

Expressam adição em relação às anteriores:

- (1) "Acordei e fiquei olhando a noite de chuva."
- (2) "Fiz a barba, tomei banho e me aprontei em 15 minutos."

» As orações dos períodos acima são coordenadas, as últimas expressam adição à(s) anterior(es), portanto são orações coordenadas aditivas.

- (3) "A rebeldia do Marcelo **não apenas** selou o seu distanciamento da empresa[1] **como também** deixou claro que a relação com Emanoel, seu pai[2], que sempre havia sido turbulenta, chegava ao seu pior momento."

» As orações 1 e 2 são coordenadas, a 2 expressa adição a 1, portanto são orações coordenadas aditivas.

1.2. Adversativas (adversária, oposta)

Expressam oposição em relação às anteriores:

- (1) "Sonhar é de graça mas realizá-lo custa caro."[3] (2) "A prosperidade faz amigos mas a adversidade prova-os."[4] (3) "As alegrias do álcool são passageiras mas os seus resultados são duradouros."[5]

» As orações dos períodos acima são coordenadas, as segundas expressam oposição às primeiras, **caro** opõe-se à **graça** e **resultados duradouros** opõe-se a **alegrias passageiras**, portanto são orações coordenadas adversativas.

---

3. Provérbio árabe pensador.uol.com.br, 11.7.2012.
4. Syrus, Publius *apud* Moisés M. de Oliveira, *Sete Mil Ilustrações e Pensamentos*, 2ª edição, Juerp, 1981.
5. Holdcraft, Paul E. *apud* Moisés M. de Oliveira, *Sete Mil Ilustrações e Pensamentos*, 2ª edição, Juerp, 1981.

1.3. Alternativas

Expressam alternância ou exclusão em relação às anteriores:

- (1) "Ora ele controla suas paixões ora elas o controlam."
- (2) "Ou estudas ou certamente terás dificuldades na vida."

» As orações desses períodos são coordenadas, as segundas expressam alternância em relação às primeiras, consequentemente são orações coordenadas alternativas.

1.4. Conclusivas

Expressam conclusão em relação às anteriores:

- (1) "Até o computador precisa de descanso, dá um tempo para ti mesmo."
- (2) "Moçambique possui 2.500 km de costa marítima portanto as praias, as Ilhas e os lagos entre outros são seus grandes potências turísticos."

» A orações dos períodos acima são coordenadas, as segundas expressam conclusões em relação às primeiras, por isso são coordenadas conclusivas.

1.5. Explicativas

Expressam explicação em relação às anteriores:

- (1) "Que o homem seja prestativo, nobre e bom, **porquanto** só isso o distingue de todos os outros seres."[6]

» A segunda oração explica a primeira, a segunda não causa o efeito contido na primeira, por conseguinte é coordenada explicativa.

- (2) "O nosso crescimento foi contínuo **porque** sempre acreditamos no futuro."

» A segunda oração explica a primeira, a ideia contida na segunda não produz o efeito contido na primeira, "sempre acreditar no futuro" não produz o efeito "crescer continuamente", se houve crescimento, o motivo foi outro, portanto a segunda oração é coordenada explicativa.

- (3) "Integrante do gênero 'homo', a espécie 'sapiens sapiens' é 'fabens' **porque** fabrica instrumentos, é 'loquens' **porque** articula sons, palavras e frases e é 'simbolicus' **porque** atribui significados aos objetos." (Edgard Carvalho, alterado)

6. Goethe *apud* Moisés M. de Oliveira, *Sete Mil Ilustrações e Pensamentos*, 2ª edição, Juerp, 1981.

» As segundas orações explicam as primeiras, nas primeiras não há efeitos causados pelas segundas, portanto as segundas orações são explicativas.

✦ (4) "O povo está sendo destruído **porque** lhe falta conhecimento."

Observações:

a) **Orações coordenadas reduzidas:** As orações coordenadas desenvolvidas não são transformáveis em orações coordenadas reduzidas de infinitivo, de gerúndio ou de particípio.

b) Excepcionalmente é possível transformarmos as **orações coordenadas explicativas desenvolvidas** em **orações coordenadas explicativas reduzidas de infinitivo**, se substituirmos a conjunção **porque** pela preposição **por:**

✦ (1) "Rousseau foi censurado por **escolher** e por **viver** um modo filosófico de religião natural, principalmente por **contrapor** e por **rejeitar** alguns princípios da religião revelada."[7]

2. ORAÇÕES SUBORDINADAS

As orações subordinadas são as que se ligam por subordinação, ou seja, as orações subordinadas **exercem funções sintáticas** em relação às principais.

O seguinte verbete esclarece como as orações subordinadas se ligam:

> "**Subordinação:** estado de dependente, submissão. Modalidade de construção de períodos na qual uma ou mais orações, ditas *subordinadas*, dependem de outra(s) ou da principal. **Subordinado:** dependente; que, em conexão com outra coisa, ocupa lugar secundário. **Subordinar:** ligar por subordinação, tornar dependente."[8]

As orações subordinadas estão subordinadas às principais, ou seja, exercem funções sintáticas em relação às principais.

As orações subordinadas não são sintaticamente equivalentes, não são orações de mesma classificação, não são orações que estão em posição de igualdade como as coordenadas.

Em determinados períodos as **orações subordinantes** não expressam ideias completas, ou seja, precisam das **orações subordinadas** para completarem seus sentidos, e em determinados períodos as **orações subordinadas** dependem das **orações subordinantes.** Às vezes não é possível usarmos isoladamente tanto a **oração subordinante**

---

7. Revista Ciência e Vida, nº 5.
8. Ferreira, Aurélio B. H., *Novo Aurélio Século XXI*, Nova Fronteira, 3ª edição, 1999.

quanto a **oração subordinada**, ou porque uma completa o sentido da outra, ou porque uma é um termo da outra.

- **Classificação morfológica ou classificação gramatical**

Estuda as classes das orações, ou seja, verifica se a oração é **subordinada substantiva subjetiva, predicativa do sujeito** etc., ou se a oração é **subordinada adjetiva restritiva** ou **explicativa**, ou se a oração é **subordinada adverbial causal, comparativa, condicional** etc.

- **Classificação sintática**

Estuda as funções sintáticas que as orações subordinadas exercem nos períodos compostos, ou seja, verifica se a oração é **sujeito, predicativo do sujeito, objeto direto, objeto indireto, complemento nominal, aposto, adjunto adnominal** ou **adjunto adverbial.**

<table>
<tr><th colspan="3">CLASSES E FUNÇÕES SINTÁTICAS DAS PALAVRAS</th></tr>
<tr><th colspan="2">Classe</th><th>Funções sintáticas</th></tr>
<tr><td rowspan="6">Substantivos</td><td rowspan="6">substantivo</td><td>sujeito</td></tr>
<tr><td>predicativo do sujeito</td></tr>
<tr><td>objeto direto</td></tr>
<tr><td>objeto indireto</td></tr>
<tr><td>complemento nominal</td></tr>
<tr><td>aposto</td></tr>
<tr><td rowspan="2">Adjetivos</td><td>adjetivo restritivo</td><td rowspan="2">adjunto adnominal</td></tr>
<tr><td>adjetivo explicativo</td></tr>
<tr><td rowspan="5">Advérbios</td><td>de tempo</td><td rowspan="5">adjunto adverbial</td></tr>
<tr><td>de modo</td></tr>
<tr><td>de conformidade</td></tr>
<tr><td>de afirmação</td></tr>
<tr><td>de negação</td></tr>
</table>

<table>
<tr><th colspan="3">CLASSES E FUNÇÕES SINTÁTICAS DAS ORAÇÕES SUBORDINADAS</th></tr>
<tr><th>Orações subordinadas</th><th>Classes</th><th>Funções sintáticas</th></tr>
<tr><td rowspan="6">Substantivas</td><td>subjetiva</td><td>sujeito</td></tr>
<tr><td>predicativa</td><td>predicativo sujeito</td></tr>
<tr><td>objetiva direta</td><td>objeto direto</td></tr>
<tr><td>objetiva indireta</td><td>objeto indireto</td></tr>
<tr><td>completiva nominal</td><td>complemento nominal</td></tr>
<tr><td>apositiva</td><td>aposto</td></tr>
<tr><td rowspan="2">Adjetivas</td><td>adjetiva restritiva</td><td rowspan="2">adjunto adnominal</td></tr>
<tr><td>adjetiva explicativa</td></tr>
<tr><td rowspan="9">Adverbiais</td><td>condicional</td><td rowspan="9">adjunto adverbial</td></tr>
<tr><td>causal</td></tr>
<tr><td>comparativa</td></tr>
<tr><td>concessiva</td></tr>
<tr><td>conformativa</td></tr>
<tr><td>final</td></tr>
<tr><td>consecutiva</td></tr>
<tr><td>proporcional</td></tr>
<tr><td>temporal</td></tr>
</table>

Observemos as correlações que há entre os **substantivos**, os **adjetivos** e os **advérbios** e as **orações substantivas**, **adjetivas** e **adverbiais**:

a) as três palavras e as três orações subordinadas possuem classes e funções sintáticas;

b) os **substantivos** e as **orações substantivas** exercem as mesmas funções sintáticas: sujeito, predicativo do sujeito, objeto direto, objeto indireto, complemento nominal e aposto;

c) os **adjetivos** e as **orações adjetivas** exercem a mesma função sintática: adjunto adnominal;

d) os **advérbios** e as **orações adverbiais** exercem a mesma função sintática: adjunto adverbial;

e) para as funções exercidas pelas três palavras há funções exercidas pelas três orações.

As **orações substantivas**, **adjetivas** e **adverbiais** equivalem respectivamente a **substantivos**, a **adjetivos** e a **advérbios**, ou seja, aquelas exercem nos períodos compostos as mesmas funções sintáticas que estes exercem nos períodos simples.

Observação: Para compreendermos as orações subordinadas é essencial conhecermos as classes e as funções sintáticas das três palavras, pois se não conhecemos estas, não compreendemos aquelas.

- **As orações subordinadas também são classificadas como:**
  - **orações subordinadas desenvolvidas:** são as orações subordinadas que se ligam às orações principais por conjunções e cujos verbos são usados nas formas verbais (**indicativo**, **subjuntivo** ou **imperativo**).
  - **orações subordinadas reduzidas:** são as orações subordinadas que se ligam às orações principais sem conjunções e cujos verbos são usados nas formas nominais (**infinitivo**, **gerúndio** ou **particípio**).

2.1. Orações subordinadas substantivas desenvolvidas

ORAÇÕES SUBORDINADAS SUBSTANTIVAS	
Subjetivas	são as orações subordinadas que são **sujeitos** das orações principais
Predicativas	são as orações subordinadas que são **predicativos dos sujeitos** das orações principais
Objetivas diretas	são as orações subordinadas que são **objetos diretos** dos verbos das orações principais
Objetivas indiretas	são as orações subordinadas que são **objetos indiretos** dos verbos das orações principais
Completivas nominais	são as orações subordinadas que **complementam** nomes das orações principais
Apositivas	são as orações subordinadas que são **apostos** dos substantivos das orações principais

Classificam-se morfologicamente em:

2.1.1. Subjetiva

São as orações subordinadas que são **sujeitos** das orações principais:

As orações subordinadas substantivas subjetivas (OSSS) são **substantivas** porque exercem funções sintáticas próprias dos substantivos, e são **subjetivas** porque são sujeitos das orações principais.

✦ (1) É recomendável[1] que pratiquemos esporte regularmente[2].

✦ (2) É necessário[1] que reformemos os canais[2] e que eliminemos as palafitas[2].

» Em **(1)** e em **(2)**, os termos 1 são as orações principais, e os termos 2 são as OSSS; **ser** é verbo de ligação e **recomendável** e **necessário** são os predicativos das orações subjetivas.

Classe gramatical das orações 2: OSSS; funções sintáticas: sujeitos.

✦ (3) O propósito da cartilha é[1] que você conheça o Programa 5R[2].

✦ (4) Que você conheça o Programa 5R[2] é o propósito da cartilha[1].

» Usemos os interrogativos **que**, **quem**, **qual é** para descobrirmos o sujeito:

» Que **é que você conheça o Programa 5R**? Resp.: **o propósito da cartilha.**

» Qual **é o propósito da cartilha**? Resp.: **que você conheça o Programa 5R.**

» Não há coerência na primeira pergunta porque ela foi feita ao **sujeito**, mas há coerência na segunda pergunta porque foi feita ao **predicado**; conclusão: em **(3)** e em **(4)** o termo 2 é o **sujeito** do período, o termo 1 é o **predicado**, **ser** é o verbo de ligação e **o propósito da cartilha** é o predicativo do sujeito.

» Se o predicativo do sujeito fosse o termo **que você conheça o Programa 5R**, o predicado seria **é que você conheça o Programa 5R** (o verbo de ligação compõe o predicado com o predicativo do sujeito), ou seja, não haveria oração principal, pois no sujeito **O propósito da cartilha** não haveria verbo.

Classe gramatical da oração 2: OSSS; função sintática: sujeito.

✦ (5) O amor pelas pessoas é[1] quem nos engrandece[2].

✦ (6) Quem nos engrandece[2] é o amor pelas pessoas[1].

» O termo 2 é a OSSS e o termo 1 é a oração principal; **ser** é o verbo de ligação e **O amor pelas pessoas** é o predicativo da OSSS.

Observações:

a) As orações subjetivas também são sujeitos de determinados verbos na terceira pessoa do singular ou de verbos na voz passiva:

✦ (1) Importa ou urge **que pratiquemos esporte.**

✦ (2) Ocorreu ou sucedeu **que as testemunhas calaram-se.**

✦ (3) Foi comentado **que Jordi e Pablo fizeram a carta.**

✦ (4) Conta-se, ou comenta-se ou afirma-se **que Gattefossé queimou a mão.**

b) Para mais informações sobre as orações subjetivas, consulta as orações subjetivas reduzidas.

✦ **Outros exemplos:** (1) "A verdade é **que se escondeu a informação** e **se enganou a opinião pública.**"[9] (2) "Só fala e escreve bem, **quem pensa bem.**"[10] (3) Nos EUA, **votar** é uma escolha do cidadão. (4) "**Sustenta** e **abstem-te** eram o epítome da vida de um bom filósofo." (Lewis Bayly).

2.1.2. Predicativa

São as orações subordinadas que são **predicativos dos sujeitos** das orações principais: não encontramos exemplos em nossas pesquisas.

2.1.3. Objetiva direta

São as orações subordinadas que são **objetos diretos** dos verbos das orações principais:

As orações subordinadas substantivas objetivas diretas são **substantivas** porque exercem funções sintáticas próprias dos substantivos, e são **objetivas diretas** porque são objetos diretos dos verbos das orações principais (ligam-se sem preposições).

✦ (1) Não sabemos *quanto* **custará um ingresso para o espetáculo** (o **custo** de um ingresso para o espetáculo).

✦ (2) "Pedro garantiu *que* **Marcos seria bem sucedido.**" (UCC)

✦ (3) "Quatro casais contam *como* **riem de si mesmos**"[1] (seus **risos** de si mesmos).

✦ (4) Sugerimos aos condôminos *que* **acondicionem papéis... nos locais próprios.**

✦ (5) Sugerimos *que* **os condôminos acondicionem papéis... nos locais próprios.**

» Classe gramatical das orações destacadas: orações subordinadas substantivas objetivas diretas; funções sintáticas: objetos diretos.

✦ **Outros exemplos:** (1) Saiba quais agências abrirão neste sábado. (2) "O Vaticano já alertou à Polícia Federal que Francisco quebrará o protocolo para saudar fiéis."[2] (3) "Os avanços tecnológicos permitiram aos homens que viajassem à Lua, desenvolvessem redes de comunicação e aprimorassem a ciência médica." (4) Os avanços tecnológicos permitiram que os homens viajassem à Lua...

9. Barreto, Antônio apud Diário de Notícias.
10. Almeida, Fialho de *apud* José da Silva Martins, Coletânea de Pensamentos, pág. 306.

Observações:

a) Eventualmente períodos compostos por subordinação são **objetos diretos** em relação à oração principal:

- (1) "Consulte o sítio da programação e veja *como* **é fácil e divertido ganhar prêmios.**"
- (2) "Especialistas comprovam: **fazer passatempos é uma excelente maneira para se combater o estresse.**"[11]

b) As orações subordinadas objetivas diretas ligam-se por conjunções integrantes aos verbos das orações principais, portanto é desvio da norma-padrão as ligarmos às principais por preposição:

- (1) "Obama pede *para* **parlamentares evitarem paralisação do governo.**"
- (2) "Obama pede *que* **parlamentares evitem a paralisação do governo.**"
- (3) "Obama pede aos parlamentares *que* **evitem a paralisação do governo.**"

» **(1)** não está conforme: a oração secundária liga-se por preposição à principal; **(2)** e **(3)** estão conformes: as orações secundárias ligam-se por conjunções integrantes às principais.

2.1.4. Objetiva indireta

São as orações subordinadas que são **objetos indiretos** dos verbos das orações principais:

As orações subordinadas substantivas objetivas indiretas são **substantivas** porque exercem funções sintáticas próprias dos substantivos, e são **objetivas indiretas** porque são objetos indiretos dos verbos das orações principais.

- (1) O sucesso dependeria *de* que **fôssemos eficientes** (nossa **eficiência**).
- (2) Quando falamos das causas, referimo-nos *a* como **as coisas acontecem** (ao **acontecimento** das coisas).
- (3) Nós assistimos **quando os alunos conquistaram o título.**

» As orações subordinadas destacadas são **substantivas** porque exercem funções sintáticas próprias dos substantivos, e são **objetivas indiretas** porque são objetos indiretos das orações principais.

» Classe gramatical das orações destacadas: orações subordinadas substantivas objetivas indiretas; funções sintáticas: objetos indiretos.

11. Revista Natura, alterado; **2.** Época, nº 791, pág. 45, 22.07.2013; **3.** Revista Manequim, edição 606, alterado.

2.1.5. *Completiva nominal*

São as orações subordinadas que **complementam** nomes (substantivo, adjetivo, advérbio, preposição) das orações principais:

As orações subordinadas substantivas completivas nominais são **substantivas** porque exercem funções sintáticas próprias dos substantivos, e são **completivas nominais** porque complementam nomes das orações principais.

✦ (1) "Novo Magnum com chocolate é como o *prazer* de **recebermos um tratamento Belga** (do **recebimento** de um tratamento Belga)."

✦ (2) "Espero que isso cale as *teorias* sobre **eu ter uma vantagem desleal** (minha **vantagem** desleal)."

» Classe gramatical das orações destacadas: orações subordinadas substantivas completivas nominais; funções sintáticas: complementos nominais.

✦ (3) Sermos *agradecidos*[1] a **quem mostra nossos erros**[2] é nosso dever.

» A oração **2** complementa o adjetivo **agradecidos**, termo da oração secundária **1**.

✦ (4) "Vocês comprovam a nossa *convicção*[1] de que **é possível melhorarmos muito o atendimento**[2] que prestamos aos nossos clientes."[12]

» O termo **2**, um período composto por subordinação, complementa o substantivo **convicção**, termo da oração principal **1**.

» **Outro exemplo**: "A direção defensiva *necessária* para **evitar acidente** requer conhecimento, atenção, previsão, decisão e habilidade."

Observações:

a) As orações completivas nominais também complementam apenas nomes:

✦ (1) "Muitos, *ansiosos* para **voltarem mais cedo para casa**, superlotam o metrô e os pontos de ônibus."[13] (2) "*Antes* de **preparares as malas**, arruma um tempinho para aproveitares as ofertas especiais de férias."

» As orações destacadas complementam o adjetivo **ansiosos** e a preposição **antes**.

b) As orações completivas nominais são transformáveis em períodos simples: as expressões destacadas, no mínimo quatro palavras, são substituíveis por um **verbo**, conforme períodos abaixo:

✦ (1) Parques eólicos **são capazes de produzir** energia suficiente para 90 mil famílias. → Parques eólicos **produzem** energia suficiente para 90 mil famílias.

---

12. Válter Nunes, Jornal da Caixa, 23.4.2012
13. Época, nº 791, pág. 44, 22.07.2013.

+ (2) "Em Paris, a secretária de Estado, Hillary Clinton, **fez questão de enfatizar** que os EUA não comandam a operação." → "Em Paris, a secretária de Estado, Hillary Clinton, **enfatizou** claramente que os EUA não comandam a operação."

2.1.6. Apositiva

São as orações subordinadas que são **apostos** dos substantivos das orações principais:

As orações subordinadas substantivas apositivas são **substantivas** porque exercem funções sintáticas próprias dos substantivos, e são **apositivas** porque são apostos dos substantivos das orações principais.

+ (1) Só existe uma *alternativa* nesta crise: **serei um facilitador.**
+ (2) Só existe uma *alternativa* nesta crise: que **eu seja um facilitador.**
+ (3) "Só lhe pedimos um *favor*, **que não nos visitasse mais** (sua não visita), pois estávamos magoados com ela."

  » Classe gramatical das orações destacadas: orações subordinadas substantivas apositivas; funções sintáticas: apostos.

- **Orações subordinadas substantivas reduzidas**

São as orações subordinadas que se ligam às principais sem conectivos e seus verbos estão nas formas nominais, **infinitivo**, **gerúndio** ou **particípio.**

A classe dessas orações é oração subordinada substantiva reduzida de infinitivo, de gerúndio ou de particípio, e as funções sintáticas que elas exercem são as mesmas que as correspondentes desenvolvidas exercem no período, ou seja, sujeito, predicativo do sujeito, objeto direto, objeto indireto, complemento nominal e aposto.

Como veremos adiante, poucas orações subordinadas desenvolvidas são transformadas em orações subordinadas reduzidas, porque elas ficam sem coesão e sem funções sintáticas definidas. As orações subordinadas desenvolvidas são plenamente suficientes para expressarmos nossas ideias, as orações reduzidas são alternativas, recursos a mais que a língua permite.

- **Orações subordinadas substantivas reduzidas de infinitivo:**
  - **Subjetiva:** não há conjunção integrante e o verbo é usado no infinitivo:
    + (1) **Dormir bem** combate várias doenças.
    + (2) "Nos livros aprende-se **fugir do mal sem o experimentar.**"[14]

---

14. Camilo castelo Branco *apud* José da Silva Martins, Coletânea de Pensamentos, pág. 303;

» Classe gramatical das orações destacadas: orações subordinadas substantivas subjetivas; funções sintáticas: sujeitos.

✦ (3) "O sonho de todo chocólatra é **mergulhar em chocolate**." (Cacau Show).

✦ (4) "A batalha de todos os dias é **vencer a criminalidade**."[2]

» Os termos destacados são orações e são sujeitos portanto são orações subordinadas substantivas subjetivas; e os termos sublinhados são os predicados; o verbo de ligação **ser** liga os predicativos **o sonho de todo chocólatra** e **a batalha de todos os dias** àqueles sujeitos.

» Se os sujeitos são **O sonho de todo chocólatra** e **A batalha de todos os dias**, os predicados são **é mergulhar em chocolate** e **é vencer a criminalidade**, ou seja, não há as orações principais (nos dois sujeitos não há verbos), e os dois predicados estão incorretos, pois **é mergulhar** e **é vencer** não são locuções verbais, segundo a língua portuguesa.

✦ (5) **Salvar vidas** é o nosso objetivo.

✦ (6) "**Testar o poder na fraqueza do outro** é a pior forma de covardia."[3]

✦ (7) "**Conquistar os nove pontos na Finlândia** era a nossa meta."[4]

✦ (8) **Perceber que a inversão enfatiza uma nota** é interessante.

» Com os termos na ordem direta é mais fácil compreendermos os períodos: as **orações destacadas** são os **sujeitos**, os **termos sublinhados** são os **predicados** (claramente expressam informações sobre os sujeitos), **ser** é verbo de ligação, e **a nossa meta**, **a pior forma de covardia** e **interessante** são os predicativos dos sujeitos. Nos sujeitos (orações subordinadas subjetivas) e nos predicados (orações principais, **ser + predicativo**) não existem incoerências e ambos estão conforme a língua portuguesa.

Observação: Sobre os períodos formados por **verbo + verbo + verbo**, ex.: "Superar é viver", "Aprender significa questionar", consulta "Erros mais comuns – Locuções verbais", Períodos mal elaborados".

- **Predicativa:** Não encontramos exemplos em nossas pesquisas.
- **Objetiva direta:** não há conjunção integrante e o verbo é usado no infinitivo:

✦ (1) A professora afirmou conhecer os alunos = que conhecia os alunos.

✦ (2) O paciente não saiba escovar os dentes = como escovaria os dentes.

✦ (3) Governo estuda simplificar os impostos = se simplificará os impostos.

✦ (4) Sugerimos aos condôminos acondicionar papéis... nos locais próprios.

» As orações sublinhadas são objetivas diretas reduzidas de infinitivo.

+ **Outros exemplos:** (1) Sugerimos-lhes acondicionar papéis... nos locais próprios. (2) "Os avanços tecnológicos permitiram aos homens viajar à Lua, desenvolver redes de comunicação e aprimorar a ciência médica."

- **Objetiva indireta:** não há conjunção integrante e o verbo é usado no infinitivo:

  + (1) Nós assistimos aos alunos conquistarem o título.
  + (2) O sucesso dependeria de sermos eficientes.
  + (3) O sucesso dependeria de ser eficiente.

  » As sublinhadas são reduzidas de infinitivo, a sublinhada em **(3)** é incoerente.

- **Completiva nominal:** não há conjunção integrante e o verbo é usado no infinitivo:

  + (1) "Os módulos são fáceis de **montar** e permitem mais liberdade aos usuários."

- **Apositiva:** não há conjunção integrante e o verbo é usado no infinitivo:

  + (1) Nossa fórmula foi aprovada no mais rigoroso dos *testes*: **conquistarmos a sua confiança** (a conquista da sua confiança). (Repelex) (2) O jogador só tinha um objetivo: **fazer gol.**

Observação: Ressalvadas as exceções não é possível transformamos as **orações subordinadas substantivas desenvolvidas** em **orações subordinadas substantivas reduzidas de gerúndio** ou em **orações subordinadas substantivas reduzidas de particípio**, porque os períodos ficam sem coesão e com pronúncia extremamente desagradável. Na verdade elas se tornam inclassificáveis, não sabemos que funções sintáticas exercem no período:

+ (1) É recomendável que **pratiquemos** esporte regularmente. → É recomendável **praticando** esporte regularmente. → É recomendável **praticado** esporte regularmente.
+ (2) O motorista parecia que **estava** satisfeito. → O motorista parecia **estando** satisfeito. → O motorista parecia **estado** satisfeito.

EXERCÍCIOS

1. Nos períodos seguintes quais as **classes** e as **funções sintáticas** das orações destacadas?

a) "Na língua portuguesa é sabido que **tal foi a primitiva ortográfica.**" (Fep)
b) "Alimento e água são condições para que **homens e animais existam.**"
c) Duvido de que **esse aluno seja bem sucedido.**
d) Continuo firme em meu desejo: **irei à capital.**
e) O médico constatou que **rapidez no atendimento era necessário.**
f) Tenho a impressão de que **encontrarei o caso resolvido.**

g) "Sua última missão é **se divertir.**"
h) "É recomendável que **crianças com necessidades especiais estudem junto com os outros alunos.**" (youtube.com)
i) "Eis a razão da criminalidade: **existe o castigo mas ele não é aplicado.**"
j) O ministro disse que **é necessário dar prioridade às causas de desapropriações.**

2. (FGV, 2012, Senado Federal, Técnico Legislativo - Administração) "Mas, como é altamente improvável que a mudança resulte na correspondente redução dos preços nas gôndolas, os supermercados acabam se dando bem porque, numa canetada, eliminam um custo e ganham uma nova fonte de receita, posando ainda de campeões da ecologia."
Com base na estrutura sintática do período acima, analise as afirmativas a seguir:
I. O período apresenta uma oração reduzida.
II. Há somente uma oração subordinada adverbial causai.
III. Há uma oração subordinada substantiva subjetiva.
Assinale:
a) se apenas as afirmativas I e III estiverem corretas.
b) se apenas as afirmativas I e II estiverem corretas.
c) se todas as afirmativas estiverem corretas.
d) se nenhuma afirmativa estiver correta.
e) se apenas as afirmativas II e III estiverem corretas.

3. (CONSULPLAN, 2012, TSE, Analista Judiciário - Área Administrativa) "Aquele que age na direção da lei como que age contra a moral caracterizada pelo "fazer como a grande maioria", levando em conta que no âmbito da corrupção se entende que o que a maioria quer é "dinheiro".
A respeito do período anterior, analise as afirmativas a seguir.
I. O período apresenta orações coordenadas e subordinadas.
II. Há ocorrência de exemplo de oração reduzida.
III. Há ocorrência de exemplo de oração subordinada substantiva objetiva direta.
Assinale
a) se todas as afirmativas estiverem corretas.
b) se apenas as afirmativas II e III estiverem corretas.
c) se apenas as afirmativas I e II estiverem corretas.
d) se apenas as afirmativas I e III estiverem corretas.

4. (ACEP, 2010, BNB, Analista Bancário) Assinale a alternativa CORRETA em relação à classificação do período
"Nos seus olhos molhados, na surda língua inexpressiva e rude, chorava a amarga saudade de cativo." (Rachel de Queiroz)
a) período composto por subordinação, com duas orações;
b) período simples;
c) período composto por coordenação, com duas orações;
d) período composto por coordenação e subordinação, com duas orações;
e) período simples, com uma oração coordenada.

RESPOSTAS	
1	a) classe: oração subordinada substantiva subjetiva; função sintática: sujeito; b) classe gramatical: oração subordinada substantiva completiva nominal; função sintática: complemento nominal (complementa **condições**); c) classe gramatical: oração subordinada substantiva objetiva indireta; função sintática: objeto indireto (complementa o VTI **duvidar**); d) classe: oração subordinada substantiva apositiva; função sintática: aposto (explica o substantivo **desejo**); e) classe: oração subordinada substantiva objetiva direta; função sintática: objeto direto (complementa o VTD **constatar**); f) classe: oração subordinada substantiva completiva nominal; função sintática: complemento nominal (complementa o substantivo **impressão**); g) classe: oração subordinada substantiva subjetiva; função sintática: sujeito; h) classe: oração subordinada substantiva subjetiva; função sintática: sujeito; i) classe: oração subordinada substantiva apositiva; função sintática: aposto (explica o substantivo **razão da criminalidade**); j) classe: oração subordinada substantiva objetiva direta; função sintática: objeto direto (complementa o VTD **dizer**).
2	a (**I está correta:** há uma oração reduzida, "posando ainda de campeões...", secundária das principais: "eliminam um custo e ganham uma nova fonte..."); **II está incorreta:** há duas or. causais: "eliminam um custo" e "ganham uma nova fonte...", causas diretas, essas duas orações produzem a ideia expressa na principal "os supermercados acabam se dando bem"); **III está correta:** há uma or. subjetiva: "que a mudança resulte na correspondente redução...", secundária da principal "é altamente improvável"; a oração "os supermercados acabam se dando bem" é desenvolvida: "acabar" está no modo indicativo, e seu sujeito "os supermercados".
3	b (**I está incorreta:** não há or. coordenadas; **II está correta:** há or. reduzida: "caracterizada pelo..." e "levando em conta..."; **III está correta:** há uma or. obj. direta: "levando... que se entende...": "levar" é VTD, "que" é conj. integrante e "se entende..." é or. subord.. objetiva direta).
4	b (possui uma oração; **molhados** é apenas adjetivo, não é oração reduzida.

2.2. Orações subordinadas adjetivas desenvolvidas

São as orações subordinadas que se ligam às principais por pronomes relativos e cujos verbos estão nas formas verbais **indicativo**, **subjuntivo** ou **imperativo.**

São as orações que equivalem a adjetivos, ou seja, restringem ou explicam substantivos das orações principais, portanto exercem funções sintáticas de **adjuntos adnominais** daqueles substantivos.

A classe gramatical da oração adjetiva é o próprio nome, isto é, oração subordinada adjetiva, e a função sintática é adjunto adnominal.

As **orações subordinadas adjetivas** classificam-se em:

2.2.1. Adjetiva restritiva (equivale a adjetivo)

Restringe substantivo da oração principal portanto exerce a função sintática adjunto adnominal:

+ (1) "A sorte beneficia a *mente* **que se prepara.**"[15]
+ (2) O Sol é uma *esfera* cujo **diâmetro é 108 vezes maior que o da Terra.**
+ (3) "Chamamos indo-europeus aos *países* e às *culturas* **nos quais as línguas indo-europeias são faladas.**"

  » As orações destacadas são **adjetivas** (equivalem a adjetivos), e são **restritivas** (restringem **substantivos** das orações principais: em **(1)** restringe **mente**, núcleo do objeto direto; em **(2)** restringe **esfera**, predicativo do sujeito e em **(3)** restringe **países** e **culturas**, núcleos do objeto indireto); classe gramatical: orações subordinadas adjetivas restritivas; função sintática: adjunto adnominal.

Observações:

a) Restringir: limitar algo; explicar: expor algo a mais sobre alguém.

b) As orações subordinadas adjetivas restritivas, embora sejam termos acessórios, são necessárias aos períodos compostos porque restringem substantivos das orações principais.

c) As orações subordinadas adjetivas explicativas não são necessários, as orações principais não as exigem obrigatoriamente para complementarem seus significados.

2.2.2. Adjetiva explicativa (equivale a adjetivo)

Explica substantivo da oração principal portanto exerce a função sintática adjunto adnominal:

+ (1) O *tamanduá-bandeira*, **que está em extinção**, é cauteloso, pacífico e solitário.
+ (2) "Os criminosos foram presos em *Santarém*, **onde as quadrilhas atuavam.**"
+ (3) FCC. "As *casas* legislativas, **cujos membros são eleitos pelo povo**, não são uma síntese da sociedade..." (Demétrio Saraiva)
+ (4) "O *futuro*, **para o qual estudamos e nos preparamos**, começa hoje."

---

15. Pasteur *apud* José da Silva Martins, Coletânea de Pensamentos, pág. 316.

» As orações subordinadas destacadas são **adjetivas** (equivalem a adjetivos), e são **explicativas** (explicam substantivos das orações principais); em **(2)** a adjetiva explica **Santarém**, núcleo da locução adverbial **em Santarém**; classe gramatical: orações subordinadas adjetivas explicativas; função sintática: **adjunto adnominal** do substantivo da oração principal.

Observação: É necessário atenção quando usarmos a vírgula em determinadas orações adjetivas, pois ela faz grande diferença em suas ideias:

✦ (1) "A atriz confirma que a filha **que era diplomata** estava em Bangcoc."

» A oração destacada restringe o substantivo **filha**, a que era diplomata, portanto é adjetiva restritiva; segundo esse período, a atriz tinha outra(s) filha(s) que não era(m) diplomata(s).

✦ (2) "A atriz confirma que a filha, **que era diplomata**, estava em Bangcoc."

» A oração destacada explica o substantivo **filha**, acrescenta-lhe uma informação, por conseguinte é adjetiva explicativa; o antecedente **filha** já está definido pois se trata de apenas uma, a qual era diplomata.

- **Orações subordinadas adjetivas reduzidas**

Ressalvadas as exceções, não é possível transformarmos as **orações subordinadas adjetivas desenvolvidas** (OSAD) em **orações subordinadas adjetivas reduzidas** (OSAR), porque os períodos ficam ambíguos (as funções sintáticas das orações adjetivas reduzidas tornam-se indefinidas).

A classe gramatical das OSAR é oração subordinada adjetiva reduzida de infinitivo, de gerúndio ou de particípio, e as funções sintáticas que elas exercem no período são adjuntos adnominais.

- **Orações subordinadas adjetivas reduzidas de infinitivo:**

✦ (1) No início havia um ponto minúsculo **a concentrar toda a energia do cosmo.**

» Período ambíguo: a oração destacada é adjetiva restritiva, restringe **ponto**, e é adverbial, modifica **haver**; a oração desenvolvida é **que concentrava toda a energia do cosmo.**

✦ (2) A Terra, **a parecer tão grande ao homem**, é um grão de areia em comparação às grandes galáxias.

» Período ambíguo: a oração destacada é adjetiva explicativa, explica o substantivo **Terra**, e é adverbial, modifica o verbo **ser**; a oração desenvolvida é **que parece tão grande ao homem.**

» **Exceções:**

» **(1)** Anamã é o primeiro município **a receber** a Ag. Chico Mendes.

» **(2)** Anamã é o primeiro município que receberá a Ag. Chico Mendes.

» **(3)** Informamos aos condôminos **os valores a serem pagos** neste mês.

» **(4)** Informamos aos condôminos os valores que serão pagos neste mês.

- **Orações subordinadas adjetivas reduzidas de gerúndio:**

✦ (1) O "lagar" **sendo as uvas esmagadas** era importante na produção de vinho.

» Período sem coesão: a oração destacada está indefinida, não restringe **lagar**, portanto não está conforme a norma-padrão; a oração desenvolvida correspondente é **onde as uvas eram esmagadas.**

✦ (2) A Terra, **parecendo tão grande ao homem,** é um grão de areia em comparação aos grandes aglomerados de galáxias.

» Período ambíguo: a oração destacada explica **Terra** e modifica **ser**, portanto não está conforme a norma-padrão; a oração desenvolvida correspondente é **que parece tão grande ao homem.**

» **Exceções: (1)** "Espectadores **utilizando** óculos 3D assistem ao show da Kraftwerk, em Paris."[16] **(2)** Ouvimos a criança **chorando** na praça.

- **Orações subordinadas adjetivas reduzidas de particípio:**

Embora, às vezes, as **orações adjetivas reduzidas** sejam uma palavra, são classificadas como "orações", porque equivalem a orações. Eventualmente elas são uma palavra, um "adjetivo", porque estão incompletas: os sujeitos, os verbos auxiliares e os agentes da passiva foram omitidos.

- **adjetiva restritiva reduzida de particípio:**

✦ (1) "As informações **absorvidas** quando estamos sob algum tipo de emoção forte são justamente as aptas a conquistar, durante a noite, um lugar definitivo no cérebro." (Marcos Todeschini)

» A oração reduzida **absorvidas** equivale à oração desenvolvida **que são absorvidas.**

- **adjetiva explicativa reduzida de particípio:**

✦ (1) "O belíssimo Vale do Douro, **compreendido entre Barqueiros e a fronteira,** é fruto dos prodígios da natureza e da ação humana despendida na sua transformação."[17]

» A oração reduzida destacada equivale à oração **que está compreendido entre...**

16. http://g1.globo.com/fotos/fotos/2014/11/fotos-imagens-do-dia-7-de-novembro-de-2014.
17. douro-turismo.pt, alterado, 11.7.2012.

EXERCÍCIOS

Nos períodos seguintes quais as classificações e as funções sintáticas das orações destacadas?

1. "É tudo isso e outras coisas, **que só os anjos e os demônios saberão**." (Uepa)
2. "A criança **que tiraniza os animais** tiranizará sua família e sua pátria."[18]
3. "Sem a camada de ozônio, **que filtra os raios ultravioletas do Sol**, a vida na Terra se tornará bastante difícil."
4. "O código genético controla criteriosamente todas as fases **pelas quais a borboleta-monarca passa**."
5. "A espera por um doador, **geralmente não encontrado**, é dramática e às vezes adoece também os familiares."
6. "O primeiro filósofo de Atenas, **cuja vida conhecemos em parte**, foi Anaxágoras."

RESPOSTAS	
1	oração subordinada adjetiva explicativa; função sintática: adjunto adnominal
2	oração subordinada adjetiva restritiva; função sintática: adjunto adnominal;
3	oração subordinada adjetiva explicativa; função sintática: adjunto adnominal;
4	oração subordinada adjetiva restritiva; função sintática: adjunto adnominal;
5	oração subordinada adjetiva explicativa; função sintática: adjunto adnominal;
6	oração subordinada adjetiva explicativa; função sintática: adjunto adnominal.

2.3. Orações subordinadas adverbiais desenvolvidas

São as orações subordinadas adverbiais que se ligam às principais por conjunções e cujos verbos estão nas formas verbais **indicativo**, **subjuntivo** ou **imperativo.**

São as orações que equivalem a advérbios, ou seja, modificam verbos das orações principais, portanto exercem funções sintáticas de **adjuntos adverbiais** daqueles verbos. Semelhantemente aos advérbios, as orações subordinadas adverbiais expressam circunstâncias (condição, causa, comparação, concessão, conformação, finalidade, consequência, proporcionalidade e tempo). A classe da oração adverbial é o próprio nome, ou seja, oração subordinada adverbial, e a função sintática é adjunto adverbial.

18. Pitágoras *apud* Moisés M. de Oliveira, *Sete Mil Ilustrações e Pensamentos*, 2ª edição, Juerp, 1981.

CLASSIFICAÇÃO DAS ORAÇÕES SUBORDINADAS	
Condicionais	expressam **condições** em relação às orações principais
Causais	expressam **causas** ou **motivos** em relação às orações principais
Comparativas	expressam **comparações** em relação às orações principais
Concessivas	expressam **concessões** em relação às orações principais
Conformativas	expressam **conformidades** em relação às orações principais
Finais	expressam **finalidades** em relação às orações principais
Consecutivas	expressam **consequências** das orações principais
Proporcionais	expressam **proporcionalidades** em relação às orações principais
Temporais	expressam **tempos** em relação às orações principais

As **orações subordinadas adverbiais** classificam-se em:

2.3.1. Condicionais

São as orações subordinadas que expressam **condição** para que ocorra a ideia expressa na oração principal:

✦ (1) "Já me daria por satisfeito com a viagem a Roma se **visse os afrescos da Capela Sistina**." (2) "Se **o homem realizasse a metade dos seus desejos**, dobrariam os seus problemas."[19]

» As orações destacadas são adverbiais porque modificam os verbos **dar** e **dobrar** e são condicionais porque expressam condições em relação às principais; classe gramatical: orações subordinadas adverbiais condicionais; funções sintáticas: adjuntos adverbiais.

2.3.2. Causais

São as orações subordinadas que **causam** os efeitos expressos nas orações principais, ou **motivam** alguém para que os pratique.

- **Causa:** é o agente que **produz** ou **causa** um efeito, ou seja, uma causa que não existia **produz** um efeito que não havia, tanto a causa como o efeito são eventos novos, que até então não existiam.

---

19. Franklin, Benjamim *apud* Moisés M. de Oliveira, *Sete Mil Ilustrações e Pensamentos*, 2ª edição, Juerp, 1981.

- **Motivo:** é o agente que **move** ou que **motiva** alguém para que faça alguma coisa.

As causas são **diretas, indiretas** e **motivacionais:**

- **causas diretas:** são as causas que **produzem diretamente** os efeitos expressos nas orações principais;
- **causas indiretas:** são as causas que **produzem indiretamente** os resultados expressos nas orações principais;
- **causas motivacionais:** são as causas que **motivam** ou que **movem** seres, para que pratiquem os efeitos expressos nas orações principais.

- **Causas diretas:**

✦ (1) As ruas estão alagadas porque **choveu muito.**

» Uma causa nova, a chuva, produziu um resultado novo, ruas alagadas, portanto a oração destacada é causal; o nexo **causa-efeito** é direto: a chuva alagou as ruas.

✦ (2) O Universo continua em expansão porque **os efeitos do Big-Bang ainda não terminaram.**

» A explosão Big-Bang ainda causa a expansão do Universo, portanto a segunda oração é subordinada causal; o nexo causa-efeito é direto: a explosão Big-Bang produz a expansão do Universo.

✦ (3) "À tarde, haverá bom tempo porque **o céu está avermelhado**, pela manhã, haverá tempestade porque **o céu está sombrio.**"

» As duas orações subordinadas produzem diretamente os efeitos contidos nas principais: o céu avermelhado produz o bom tempo e o céu sombrio produz a tempestade, portanto são causais.

» Nos três períodos, as **orações destacadas** são adverbiais porque modificam os verbos das orações principais **alagar, continuar** e **haver**, e são causais porque produzem os efeitos contidos nas principais; classe gramatical das subordinadas: oração subordinada adverbial causal; função sintática: adjunto adverbial.

✦ **Outros exemplos:** (1) Estava muito calor porque a temperatura estava muito alta. (2) Estava com coriza porque estava muito gripado.

- **Causas indiretas:**

✦ (1) O aluno atrasou-se porque **choveu muito.**

» A chuva produziu um resultado (atrasou a saída de casa ou engarrafou o trânsito etc.), e este resultado causou o atraso, o nexo **causa-efeito** é **indireto**, logo a segunda oração causal.

✦ (2) O Bruno acidentou-se porque **dirigia imprudentemente.**

» A direção imprudente produziu um acidente, o acidente causou ferimentos em Bruno, o nexo **causa-efeito** é **indireto**, portanto a segunda oração é causal.

- **Causas motivacionais**

As ideias expressas nas subordinadas motivam ou movem alguém para que pratique os efeitos expressos nas principais.

- **Motivo:** que move, que motiva alguém para que faça alguma coisa.

Nesses tipos de orações causais, as ideias expressas nas subordinadas não produzem e não causam os efeitos expressos nas principais, não há o nexo **causa-efeito** entre elas, apenas as subordinadas **motivam** ou **movem** seres para que os pratiquem.

✦ (1) O Paulo não foi ao comércio porque **sua mulher adoeceu.**

» O Paulo iria ao comércio mas a ideia da segunda oração o motiva para que não vá, portanto a oração subordinada é causal.

✦ (2) "Não te preocupes porque logo a tua vida mudará para melhor." (Panda Express, alterado)

» A ideia da segunda oração, a vida mudará para melhor, motiva-o para que não se preocupe, portanto a segunda oração é causal.

✦ (3) A Adriana riu porque **está contente.**

✦ (4) Acorda o Fábio porque **o Caio teve uma convulsão.**

» Em **(3)** o contentamento moveu a Adriana para que risse, logo a oração subordinada é causal.

» Em **(4)** a convulsão moveu alguém para que acordasse o Fábio, por isso a subordinada é causal.

Observação: O artifício "a oração é causal se a conjunção **porque** é substituível pela conjunção **como**" não eficiente, porque ele é aplicável a todas as orações, ou seja, todas as orações serão causais, não existirão orações explicativas.

✦ **Outros exemplos:** (1) "Apressa-te" porque "estás atrasado". (2) "Volta rapidamente" porque "está tarde". (3) "Vestiu o agasalho" porque "fazia muito frio".

2.3.3. Comparativas

São as orações subordinadas que **comparam** a ideia expressa na oração principal com as ações de outro ser. Na oração secundária, eventualmente, há a omissão do verbo.

- (1) "Executa cada ação como **se fosse a última** *(ação)* **de tua vida.**"[20]
- (2) "O mito se opõe ao *logos* como **a fantasia** *(se opõe)* **à razão.**" (Pierre Grimal, alterado)

  » As orações destacadas são adverbiais porque modificam os verbos **executar** e **opor**, e são comparativas porque expressam comparação em relação às principais; classe gramatical: oração subordinada adverbial comparativa; função sintática: adjunto adverbial.

2.3.4. Concessivas

São as orações subordinadas que expressam **concessão**, ideia contrária à ideia expressa na oração principal, porém insuficiente para alterá-la:

- (1) "A alma pode cantar, mesmo que **os lábios permaneçam silenciosos.**"[21]
- (2) "Embora **a Lua seja um astro iluminado**, é o corpo celeste mais brilhante do céu noturno visto daqui." (Maria da Luz e Magaly Santos)

  » As orações destacadas são adverbiais porque modificam os verbos **cantar** e **ser**, e são concessivas porque expressam concessão em relação às principais; classe gramatical: oração subordinada adverbial concessiva; função sintática: adjunto adverbial.

2.3.5. Conformativas (modo)

São as orações subordinadas que expressam a **conformidade** da ideia da oração principal com outra ideia:

- (1) "Amamos consoante **as pessoas nos tratam.**"[22]
- (2) "Os ganhos dos bancos serão compreendidos conforme **refletirem o crescimento de riqueza e de oportunidade.**" (Paulo Guedes)

  » As orações destacadas são adverbiais porque modificam os verbos **amar** e **serão compreendidos**, e são conformativas porque expressam conformidade em relação às principais; classe gramatical: oração subordinada adverbial conformativa; função sintática: adjunto adverbial.

2.3.6. Finais

São as orações subordinadas que expressam a **finalidade** (ou o **objetivo**) da ideia expressa na oração principal:

---

20. Aurélio, Marco,
21. R. Choy,
22. Price, Eugênio e

✦ (1) "O mundo é redondo para que **a amizade o envolva.**"[23]

✦ (2) O general Aníbal botou o pé na estrada para que **surpreendesse o inimigo.**

✦ (3) Pedi (*permissão*) ao membro do conselho para que **eu conversasse com o condômino.**

» As orações destacadas são adverbiais porque modificam os verbos **ser**, **botar** e **pedir**, e são finais porque expressam finalidade em relação às principais; classe gramatical: oração subordinada adverbial final; função sintática: adjunto adverbial.

2.3.7. Consecutivas

São as orações subordinadas que expressam a **consequência** (ou o **efeito**) resultante da ideia expressa na oração principal:

✦ (1) O vendaval foi tão forte que **derrubou a mangueira.**

✦ (2) Os jogadores correram tanto que **vários sentiram cãibras nas pernas.**

» As orações destacadas são adverbiais porque modificam os verbos **ser** e **correr**, e são consecutivas porque expressam consequência em relação às principais; classe gramatical: oração subordinada adverbial consecutiva; função sintática: adjunto adverbial.

2.3.8. Proporcionais

São as orações subordinadas que expressam **proporcionalidade** em relação à ideia expressa na oração principal:

✦ (1) "**Quanto mais falamos**, menos as pessoas lembram, **quanto menos falamos**, mais as pessoas lembram."

✦ (2) "À medida que **os cometas se aproximam do Sol**, sua camada externa aquece, transforma-se em vapor e forma uma 'cabeleira'." (Mª da Luz e Magaly Santos)

» As orações destacadas são adverbiais porque modificam os verbos **lembrar**, **aquecer**, **transformar** e **formar**, e é proporcional porque expressa proporção em relação à principal; classe gramatical: oração subordinada adverbial proporcional; função sintática: adjunto adverbial.

23. Chardin, Pierre T., alterado *apuds* Moisés Martinho de Oliveira, *Sete Mil Ilustrações e Pensamentos*, 2ª edição, Juerp, 1981.

2.3.9. Temporais

São as orações subordinadas que expressam **tempo** em relação ao fato expresso na oração principal:

- (1) "Pensa em teu compromisso com o Meio Ambiente quando **imprimires qualquer texto.**"
- (2) "Quando **olhamos para o céu**, achamos que a distância entre as estrelas é pequena."

  » As orações destacadas são adverbiais porque modifica os verbos **pensar** e **achar**, e são temporais porque expressam tempo em relação às principais; classe gramatical: oração subordinada adverbial temporal; função sintática: adjunto adverbial.

- **Outro exemplo: "Sempre que investimos em conhecimento**, abrimos espaço para muitas descobertas." (Vale)

- **Orações subordinadas adverbiais reduzidas**

  » As orações subordinadas adverbiais reduzidas (as que ligam-se às principais sem conjunção e cujos verbos estão nas formas nominais infinitivo, gerúndio ou particípio) possuem a mesma classificação das orações subordinadas adverbiais desenvolvidas:

A classe gramatical dessas orações, as que são transformáveis em reduzidas, é seu próprio nome, por exemplo, oração subordinada adverbial causal reduzida (de infinitivo, de gerúndio ou de particípio), e as funções sintáticas que elas exercem são as mesmas que as correspondentes desenvolvidas exercem no período, ou seja, adjuntos adverbiais.

a) **orações subordinadas adverbiais reduzidas de infinitivo:**

- **Causais:** O Bruno acidentou-se por **andar com excessiva velocidade.**
- **Concessiva:** Apesar de **esforçar-se bastante**, não conseguiu a vitória.
- **Finais:** (1) Estamos nos virando para **organizarmos a festa de formatura.** (2) "Nada (*é tão bom*) como um pouco de teoria para **justificar a prática.**" (Veja) (3) Atendimento: o diferencial para **conquistar clientes** (omissão do verbo **ser** na oração principal).
- **Proporcionais:** O número de pessoas que usa os medicamentos fitoterápicos aumenta com o **passar** do tempo.
- **Temporais:** Ao **derrubarmos** florestas, provocamos problemas graves.

Observações: As orações subordinadas adverbiais **condicionais, comparativas, conformativas** e **consecutivas** desenvolvidas **não são transformáveis** em orações subordinadas adverbiais reduzidas de infinitivo, porque os períodos e as pronúncias ficam respectivamente sem coesão e extremamente desagradáveis. Na verdade elas se tornam inclassificáveis, não sabemos que funções sintáticas exercem no período.

- **Condicional:** A massa corpórea aumenta **ingerir** mais calorias que o necessário.
- **Comparativas:** O mundo gira imóvel **girar** um pião.
- **Conformativas:** O Colombo dos manuais, **aparecer** nas gravuras, não tem sequer contornos humanos.
- **Consecutivas:** O vendaval foi tão forte **derrubar** a goiabeira.

b) **orações subordinadas adverbiais reduzidas de gerúndio:**

- **temporais: Derrubando** florestas, provocamos problemas graves.
- **condicionais: Pensando desse jeito**, não conseguirás o apoio da equipe.

Observações:

a) Ressalvadas as exceções, as orações subordinadas adverbiais desenvolvidas causais, finais, consecutivas, comparativas, proporcionais, conformativas e concessivas **não são transformáveis** em orações subordinadas adverbiais reduzidas de gerúndio, porque os períodos ficam ambíguos e as pronúncias ficam extremamente desagradáveis. Na maioria dos casos elas se tornam inclassificáveis, não sabemos que funções sintáticas exercem no período.

Analisemos alguns exemplos:

- (1) O Bruno acidentou-se porque andava com excessiva velocidade (causal)
- (2) O Bruno acidentou-se **andando com excessiva velocidade.**
- (3) Eventualmente a alma canta embora os lábios permaneçam silenciosos (consecutiva)
- (4) Eventualmente a alma canta **permanecendo os lábios silenciosos.**
- (5) O mundo gira imóvel como gira um pião (comparativa)
- (6) O mundo gira imóvel **girando um pião.**

» Os períodos **(2)**, **(4)** e **(6)** estão sem coesão: as funções sintáticas das orações reduzidas destacadas estão indefinidas, não existem orações subordinadas adverbiais de modo ou de forma, portanto não é possível transformarmos as orações desenvolvidas **(1)**, **(3)** e **(5)**, respectivamente **causal**, **consecutiva** e **comparativa**, nas orações reduzidas de gerúndio **(2)**, **(4)** e **(6)**.

b) Excepcionalmente há orações reduzidas de gerúndio que possuem dupla classificação, **condicional** e **temporal**, porque é possível as transformarmos em desenvolvida condicional e em desenvolvida temporal:

- (1) Se a executamos bem, uma tarefa preserva-nos de aborrecimentos futuros.

- (2) Quando a executamos bem, uma tarefa preserva-nos de aborrecimentos futuros.
- (3) **Executando-a bem**, uma tarefa preserva-nos de aborrecimentos futuros.

  » A oração reduzida de gerúndio destacada é adverbial **condicional** e é adverbial **temporal**, expressa condição e expressa tempo, portanto é possível a transformarmos nas desenvolvidas condicional e temporal.

- (4) Quando votamos por não proibir a comercialização de armas de fogo, optamos por um sistema maior de controle.
- (5) Se votamos por não proibir a comercialização de armas de fogo, optamos por um sistema maior de controle.
- (6) "**Votando por não proibir a comercialização de armas de fogo**, optamos por um sistema maior de controle."

  » A oração reduzida de gerúndio destacada é adverbial **temporal** e é adverbial **condicional**, expressa tempo e expressa condição, portanto é possível a transformarmos nas desenvolvidas temporal e condicional.

c) **orações subordinadas adverbiais reduzidas de particípio:**

- **Condicional: "Postos** em prática, os sonhos são de grande valor."
- **Temporais: Chegados** hora e vez, intimidou-se.

Observações: Ressalvadas as exceções, as orações subordinadas adverbiais "concessivas", "finais", "conformativas", "comparativas", "proporcionais", "causais" e "consecutivas" desenvolvidas **não são transformáveis** em orações subordinadas adverbiais reduzidas de particípio, porque os períodos e as pronúncias ficam respectivamente sem coesão e extremamente desagradáveis. Na verdade elas se tornam inclassificáveis, não sabemos que funções sintáticas exercem no período. Na grande maioria dessas orações as conjunções são necessárias para estabelecerem as respectivas ideias.

- **Proporcionais:** Crescemos à proporção **amados.**
- **Causais: Pensado** desse jeito, não terá apoio da equipe.
- **Conformativas: Havido** dito, o concurso foi dificílimo.
- **Concessivas: Vivido** cem anos, nunca deixes de aprender.
- **Consecutivas:** O vendaval foi tão forte **derrubado** a goiabeira.
- **Finais:** Nada como um pouco de teoria para **justificado** a prática.
- **Comparativas:** Executa cada ação como **sido** a última de tua vida.

- **Orações intercaladas**

São orações independentes que intercalamos no período para introduzirmos citação, ressalva ou outra informação.

✦ (1) "Na sala, *contemplando o piano*, Alfredo fingia estudar." (Uepa)

✦ (2) "Ao piano, *entregue a si mesma*, era capaz de não comer um dia inteiro."

✦ (3) "Mas, *para o propósito que tenho em vista*, a simples afirmação deste importante fato é insuficiente."

✦ (4) "Natividade sentou-se e, *abrindo a folha*, dizia consigo mesma..." (Machado de Assis)

✦ (5) "Os homens, *enquanto ensinam*, aprendem."[24]

✦ (6) "O remorso, *perguntei o que é*? É a reação da virtude contra o crime."[25]

3. EXERCÍCIOS

1. Quais as classificações e as funções sintáticas das orações destacadas?

a) "**Se estás ouvindo muitos nãos na vida**, é hora de reavaliares teus métodos."

b) A qualificação é fundamental para **realizarmos nossos objetivos profissionais.**

c) "O filósofo italiano Nicolau Maquiavel é considerado o fundador do pensamento político moderno, porque **desenvolveu sua filosofia política em um quadro teórico completamente diferente do que se tinha até então.**" (Gilberto Cotrim)

d) "O fio dental é tão importante à higiene bucal quanto **a escovação.**"

e) "A ambição é uma paixão tão imperiosa no coração humano que, mesmo que **galguemos as mais elevadas posições**, nunca nos sentiremos satisfeito."[26]

f) Unama. "**Como se vê**, surgirá uma nova imagem de Colombo."

g) "**Quando é freado por montanhas, vegetação ou prédios**, o vento tem sua velocidade reduzida e fica bem mais suave." (Maria da Luz e Magaly Santos)

h) "Meu outro seguro saúde me deu tanta dor de cabeça que **fui parar no hospital.**" (Itaú Seguro *apud* Unama)

i) Os empregados não pagarão tarifas porque **elas são pagas pelos respectivos empregadores.**

j) "**Para compreendermos o valor da âncora**, necessitamos enfrentar uma tempestade."[27]

k) "**À medida que marchavam**, não deixavam brecha na linha de batalha."

l) "**Embora as fibras vegetais não sejam consideradas nutrientes**, elas não devem faltar em nossa dieta alimentar."

m) "A dificuldade de locomoção deve-se à dor na perna direita **em consequência de o nervo ciático estar inflamado.**"

---

24. Sêneca.
25. Branco, Camilo C. *apud* Moisés Martinho de Oliveira, *Sete Mil Ilustrações e Pensamentos*, 2ª edição, Juerp, 1981.
26. Machiavelli, Niccolò.
27. Doan, Leanor L. *apuds* Moisés Martinho de Oliveira, *Sete Mil Ilustrações e Pensamentos*, 2ª edição, Juerp, 1981.

2. (Esaf/AFPS. "A entrada dos anos 2000 tem trazido a reversão das expectativas de que haveria a inauguração de tempos de fraternidade, harmonia e entendimento da humanidade. Os resultados das cúpulas mundiais alimentaram esperanças de que novos tempos trariam novas perspectivas referentes à qualidade de vida e relacionamento humano em todos os níveis. Contudo, o movimento que se observa em nível mundial sinaliza perdas que ainda não podemos avaliar. O recrudescimento do conservadorismo e de práticas autoritárias, efetivadas à sobra do medo, têm representado fonte de frustração dos ideais historicamente buscados." (Roseli Fischmann)
No texto acima, se cada período sintático for representado respectivamente pelas letras X, Y, W e Z, as relações semânticas que se estabelecem no trecho correspondem às ideias expressas pelos seguintes conectivos:

a) X porque Y porém W logo Z
b) X mas Y e W porque Z
c) X e Y mas W e Z
d) Não só X mas também Y porque W e Z

3. (VUNESP) O segmento adequado para ampliar a frase "Ele comprou o carro...", indicando concessão é:

a) para poder trabalhar fora;
b) porque conseguiu um desconto;
c) como havia programado;
d) apesar do preço muito elevado.

4. (VUNESP) O segmento "que todos participem da reunião" em relação a "É importante" é uma oração subordinada

a) adjetiva com valor restritivo
b) substantiva com função de sujeito
c) substantiva com função de objeto direto
d) substantiva com função de predicativo

5. (VUNESP) A alternativa correta para substituir "Assim que as empresas concluírem o processo de seleção dos investidores" por uma oração reduzida, sem alterar o sentido da frase, é:

a) Concluído o processo de seleção dos investidores.
b) Depois que concluíssem o processo de seleção dos investidores.
c) Se concluído o processo de seleção dos investidores.
d) Quando tiverem concluído o processo de seleção dos investidores.

6. (Estratégia Concursos) Assinale a alternativa em que esteja **incorreta** a classificação do período e da oração sublinhada.

a) Soube-se que ela chega hoje. (Período composto por subordinação; oração subordinada substantiva subjetiva).
b) Carlos saiu cedo e voltou de madrugada. (Período composto por coordenação; oração coordenada sindética aditiva).
c) Parece que vai chover novamente. (Período composto por subordinação; oração subordinada substantiva objetiva direta).

d) O certo é que a cidade cresceu muito. (Período composto por subordinação; oração subordinada substantiva predicativa).

7. (Cesgranrio) As orações grifadas exercem a mesma função, exceto:
a) Não vi quando ele entrou.
b) Soubemos que ele comprou as entradas.
c) Se ela chega hoje eu não sei.
d) Que ela voltaria logo era esperado.

8. (Cesgranrio) Em "O caminho de cada um se faz ao caminhar" a oração reduzida pode ser substituída, sem alterar o sentido, por:
a) desde que se caminhe
b) porque se caminha
c) quando se caminha
d) pois se caminha.

9. (Cesgranrio) Assinale a oração que **não** expressa ideia de circunstância.
a) Procurando entender a logicidade do que não tem lógica.
b) O caminho de cada um se faz ao caminhar.
c) Procurando compreender o propósito das atitudes.
d) Aprendendo a fazer a leitura dos gestos.
e) Temos a possibilidade de transformar a situação que nos aflige.

10. (Cesgranrio) "Ao vivo, o coração comanda. Por e-mail é o cérebro que dá as cartas." Assinale a opção que reescreve adequadamente as orações acima em um período composto por subordinação, mantendo a ideia principal.
a) Ao vivo, o coração comanda quando, por e-mail, é o cérebro que dá as cartas.
b) Caso, ao vivo, o coração comande, por e-mail, é o cérebro que dá as cartas.
c) Ao vivo, o coração comanda no mesmo tempo em que, por e-mail, o cérebro é que dá as cartas.
d) Se ao vivo o coração comandar, por e-mail é o cérebro que dá as cartas.
e) Ao vivo, o coração comanda enquanto que, por e-mail, é o cérebro que dá as cartas.

11. (FGV) No trecho "Escrever prosa é uma arte ingrata. Eu digo prosa fiada, como faz um cronista" o segundo período estabelece com o primeiro relação de:
a) condição;
b) comparação;
c) explicação;
d) concessão

12. (FGV) Assinale a alternativa em que **não** ocorrem termos coordenados entre si.
a) Ele sabe que o tempo está correndo, que a sua página tem uma hora certa para fechar.
b) Senta-se ele diante de sua máquina, acende um cigarro...
c) Este é lido por puro deleite, aquele por puro vício.
d) Com um prosador do cotidiano, a coisa fica mais fino.

13. (FGV) Assinale a alteração feita que mantém o sentido da oração "se ele é cronista mesmo, ele pega pela gola".

a) Ainda que ele seja cronista mesmo
b) Desde que ele seja cronista mesmo
c) Uma vez que ele seja cronista mesmo
d) Pois que ele seja cronista mesmo

14. (FCC) No alusivo à transparência, esta será boa à magistratura. O segmento grifado está corretamente substituído sem alteração do sentido original por

a) À medida que se busca a transparência
b) Quanto à transparência
c) Segundo a transparência, no entanto
d) Conquanto se refira à transparência.

15. (FCC) "Os índices de desemprego continuam muito elevados. Abriram-se novos postos de trabalho. Há falta de mão de obra preparada para as atuais exigências do mercado."
As frases acima estão construídas com lógica, correção e clareza num só período em:

a) Os índices de desemprego continuam muito elevados, já que se abriu novos postos de trabalho, embora haja falta de mão de obra preparada para as atuais exigências do mercado.
b) Como está em falta de mão de obra preparada para as atuais exigências do mercado, e se abriram novos postos de trabalho, os índices de desemprego continuam muito elevados.
c) Abriram-se novos postos de trabalho, porém os índices de desemprego continuam muito elevados, porque há falta de mão de obra preparada para as atuais exigências do mercado.
d) Falta mão de obra preparada para o mercado exigente atual, com índices de desemprego muito elevados, e novos postos de trabalho, abertos.

16. (FCC) A substituição da expressão sublinhada em "...implicam a prevalência ou quando não o domínio de umas comunidades sobre outras..." mantém o sentido original em:

a) aliás
b) senão
c) ainda
d) também
e) assim.

RESPOSTAS	
1	**a)** oração subordinada adverbial condicional; função sintática: adjunto adverbial; **b)**: oração subordinada adverbial final; função sintática: adjunto adverbial; **c)**: causal: a segunda oração motiva alguém para que considere Nicolau Maquiavel como fundador do pensamento...; função sintática: adjunto adverbial; **d)** comparativa; função sintática: adjunto adverbial; **e)** oração subordinada adverbial concessiva; função sintática: adjunto adverbial; **f)** conformativa; função sintática: adjunto adverbial; **g)** temporal; função sintática: adjunto adverbial; **h)** consecutiva; função sintática: adjunto adverbial; **i)** causal: a ideia da segunda oração causa a ideia da primeira; função sintática: adjunto adverbial; **j)** final; função sintática: adjunto adverbial; **k)** proporcional; função sintática: adjunto adverbial; **l)** concessiva; função sintática: adjunto adverbial; **m)** causal; função sintática: adjunto adverbial.

RESPOSTAS			
2	c	**3**	d
4	b	**5**	a
6	a questão é nula pois há duas alternativas incorretas: as letras "c" e "d"; as classificações corretas das orações sublinhadas são "oração subordinada subjetiva".		
7	d (a oração "que ela voltaria logo", substantiva subjetiva, é a única que exerce função diferente; as outras orações são substantivas objetivas diretas).		
8	c	**9**	e
10	e	**11**	c
12	d	**13**	b
14	b	**15**	c
16	b		

CAPÍTULO 4

Coesão textual

1. CONCEITO

É a ligação harmônica entre determinados termos ou entre determinadas orações.

Classificamos os conectivos em três grupos: os que substituem substantivos (pronomes, sinônimos e advérbios), os que explicam ou concluem termos ou orações (expressões explicativas) e os que ligam termos ou orações (conjunções e preposições).

Por meio dos conectivos substituímos, explicamos, concluímos ou ligamos termos ou orações. Os conectivos possuem significados próprios logo não é possível os usarmos sem critérios, pois os termos ou as orações ficarão sem coesão. Um texto é coeso, é harmónico/harmônico, é claro, se seus termos estão substituídos, explicados ou ligados pelos conectivos adequados.

Neste estudo adotaremos as seguintes nomenclaturas:

- **Referente:** o termo que faz referência, que refere-se a outrem.
- **Referido:** o termo que foi referido, o termo citado.

> "O corpo humano é constituído **de** 65% **de** água mas **a** perde continuamente **para** o ambiente, principalmente **por** meio **dos** pulmões, **pela** transpiração, **pela** pele e **pela** urina. Toda perda **de** água é necessariamente reposta, ou seja, é necessário o **ser humano** ingeri-**la** novamente. Além de bebê-**la** diretamente, **ele a** obtém também por meio dos alimentos."

No texto acima, a expressão explicativa **ou seja** explica a oração anterior, o termo sinônimo/sinônimo **ser humano** refere-se a **corpo humano**, os pronomes oblíquos **a** e **la** referem-se à **água** e o pronome reto **ele** refere-se a **ser humano**. Todos os **referentes** foram usados para evitar a repetição dos **referidos.** No texto além desses conectivos, existem as preposições que ligam os termos regidos aos termos regentes.

2. CONECTIVOS QUE SUBSTITUEM TERMOS ANTECEDENTES:

a) **pronomes:** substituem substantivos para evitar sua repetição; todo pronome substitui um nome portanto se o nome já foi citado no texto, é substituído por pronome:

- (1) "Se o bóson de Higgs existir da maneira como a teoria prevê, **ele** aparecerá no LHC." (Andy Parker)
- (2) "Embora as fibras vegetais não sejam consideradas nutrientes, **elas** são necessárias à nossa dieta alimentar."
- (3) "A complexidade e a engenhosidade **que** encontramos numa simples célula revelam sinais de um modelo inteligente." (Adauto Lourenço, alterado)
- (4) "A ideia de colocar um telescópio no espaço parece esquisita, mas há uma explicação para **isso**: os telescópios terrestres 'olham' para o céu através da atmosfera, a camada de ar que envolve a Terra." (Maria da Luz e Magaly Santos, alterado)

» Os pronomes destacados substituem os respectivos termos sublinhados.

- **Elemento Anafórico:** quando o conector se refere a um termo anterior, já citado. Nesse caso há uma retomada de termos.
  - (1) "Brutus tão pequeno mas com um nome tão briguento assim, mas como **ele** comia muito e eu ia muito à escola, quase não observei como **ele** se tornou grande. De repente, **ele** era o terrível dóberman marrom que me derrubava no chão para lamber meu rosto."
  - (2) "As mulheres necessitam em torno de 18mg de ferro diariamente, os homens, de aproximadamente 10mg: a diferença decorre porque **elas o** perdem mais do que **eles** por causa das hemorragias menstruais." (Demétrio Gowdak e Eduardo Martins, alterado)

  » **Ele**, **elas**, **o** e **eles** são elementos anafóricos porque referem-se a **Brutus**, **mulheres**, **ferro** e **homens**, termos já citados, anteriores.

- **Elemento Catafórico:** quando o conector se refere a um termo que está à frente, adiante. Nesse caso há uma antecipação de termos.
  - (1) "Faz um ano que **ele** chegou dentro de uma caixa de sapatos: pelo marrom, olho marrom e uma pinta branca no meio da testa, ficaria grandão e muito bravo, almoçaria Verônica, o poodle chato, por isso **seu** nome seria Brutus."

  » Os pronomes **ele** e **seu** são conectores catafóricos porque referem-se a termo que está adiante, antecipam **Brutus**, o termo referido.

b) **advérbios:** substituem substantivos que expressam lugar para evitar sua repetição no texto:

- (1) Fabiano desejava muito conhecer *Guiné-Bissau* e passar **lá** um bom tempo.
- (2) "O Pórtico Metrópole é um cartão postal de nossa *cidade*, ou melhor, um cartão de visita para quem chega **aqui**."
- (3) Solicitamos aos gerentes de *agências* que orientem os empregados **aí** lotados sobre os novos procedimentos.
- (4) "E depois de accordado cegamente, / (Ou, por melhor dizer, desacordado. / Que pouco acôrdo logra hum descontente) / Daqui me vou, com passo carregado, / A hum *outeiro* erguido, e **alli** m'assento, / Soltando toda a redea a meu cuidado."[1]

  » Em **(1) lá** substitui **Guiné-Bissau**, em **(2) aqui** substitui **cidade**, em **(3) aí** substitui **agências** e em **(4) ali** substitui **outeiro**.

- (5) "De todos os artistas que receberam o troféu, Cleyde Yáconis foi a única que no pequeno 'speech' de agradecimento citou a Air France, **afinal**, é a companhia francesa que, por inspiração de seu então diretor José Halfin, promove a festa." (Diário do Pará, alterado, *apud* Uepa)

  » O advérbio **afinal,** que significa **afinal de contas,** justifica o elogio à elegância da atriz porque citou a empresa no pronunciamento.

- (6) "Os jovens de 68, que **hoje** têm os cabelos brancos e a cintura maior, estão comprometidos com quê?" (Uepa)

  » O advérbio **hoje** representa um mecanismo de sequência temporal porque assinala a continuidade da informação, progressão textual.

- **Outros exemplos:** (1) Este ano Mirella não irá a *Moçambique* mas no próximo estará **lá**. (2) "Assim como o Tiktaalik, o *laboratório de Shubin* na Universidade de Chicago, nos EUA, é um híbrido estranho. **Ali**, fósseis, moldes de fósseis e uma imensa prancheta para desenhar ossos dividem espaço com microscópios, uma máquina de amplificação de DNA, uma centrífuga e várias outras traquitanas de biologia molecular. As pesquisas **lá** desenvolvidas têm um objetivo nada modesto: 'Queremos entender a origem dos vertebrados terrestres e como os organismos surgem', diz o pesquisador." (Claudio Angelo, blogspot.com)

c) **sinônimos:** são palavras que substituem o antecedente para evitar sua repetição no texto.

- (1) "A principal característica da última década do século XX foi a globalização da economia. Dois estudiosos **desse fenômeno** sugeriram a substituição do desgastado termo 'globalização' por 'globalidade'."

  » A expressão **desse fenômeno** refere-se à **globalização da economia.**

1. Camões, Elegia, *apud* Domingos Vieira, vol. 3, pág. 1335.

(2) "Será neste ano que a **única forma de vida inteligente conhecida** colocará todo o seu engenho na tentativa de desvendar como se deu a origem do universo. A *humanidade* buscará resposta sobre o Big Bang, colidindo partículas, bem menores que um átomo, na maior máquina já construída – o LHC."[2]

» O substantivo **humanidade** substitui a expressão destacada.

(3) "O leite em pó é um resíduo seco obtido após a desidratação do leite, assim, esse **alimento**, que ao natural é um produto perecível, conserva-se meses à temperatura ambiente."

» **Alimento** substitui **leite em pó** como se fosse um sinônimo.

3. CONECTIVOS QUE EXPLICAM OU CONCLUEM TERMOS OU ORAÇÕES

a) **expressões explicativas:** são as expressões que explicam termos citados ou expressam conclusões sobre eles: desse modo, ainda, aliás, isto é, ou seja, ou melhor, etc.

(1) "Se observarmos o céu noturno a olho nu, **isto é** (ou seja, ou melhor), sem usarmos nenhum instrumento que aumente nossa capacidade visual, vemos milhares de astros." (Mª da Luz e Magaly Santos, alterado)

» O conectivo **isto é** explica o antecedente **a olho nu.**

(2) "Vários torcedores invadiram o vestiário para comemorarem a conquista ao lado dos jogadores e da comissão técnica, a festa corintiana, **aliás**, começou no gramado do estádio."

» O conectivo **aliás** introduz mais um argumento a favor da comemoração.

Observação: **Quer dizer** não é expressão explicativa portanto é recomendável a evitarmos em lugar dos conectivos padrões **isto é, ou seja, ou melhor**, que são de melhor entoação. **Quer dizer** também é substituível por **significa, revela, indica.**

» **Linguagem-padrão: (1)** "O homem é capaz de pensar, **isto é**, ordenar impressões sensoriais em diferentes grupos e classes." **(2)** "Kant afirma que o conhecimento começa com a experiência, mas a experiência sozinha não nos dá o conhecimento, **ou seja**, é preciso trabalho para organizarmos os dados da experiência." (Gilberto Cotrim) **(3)** "Olha nos olhos da pessoa com quem falas, porque isso **revela** (ou **significa**) que te importas de verdade com o que ela fala."

---

2. Rafael Correa, Veja, 25/06/2008.

» **Linguagem não recomendável: (1)** "O homem é capaz de pensar, **quer dizer**, ordenar impressões sensoriais em diferentes grupos e classes." **(2)** "Olha nos olhos da pessoa com quem falas, porque isso **quer dizer** que te importas de verdade com o que ela fala."

b) **Conectivos que ligam termos ou orações/conjunções e preposições**

Sobre esses conectivos sugerimos que leias os capítulos "Preposições", "Erros mais comuns – preposições", "Conjunção / Coesão textual", "Erros mais comuns – coesão / conjunções coordenadas", "Erros mais comuns – coesão / conjunções subordinadas", "Período e Erros mais comuns – formação dos períodos".

4. EXERCÍCIOS

1. Nas questões seguintes verifica a que antecedentes se referem os referentes destacados.

a) Unama. "Apesar de ser o único dos animais que modifica fortemente o ambiente para facilitar sua vida, o homem, como os **demais**, tem história evolutiva marcada por mudanças que lhe permitiram ir se adaptando ao meio. **Delas**, uma das mais significativas foi a que o levou a se transformar em bípede."

b) (Unama) "Tom Jobim, um dos autores da genial fusão do jazz e do samba **que** acabou se tornando conhecida como bossa nova, tornou a música brasileira acessível ao público externo."

c) (Cespe) "Grandes descobertas científicas e tecnológicas possibilitaram uma fantástica globalização, que os portugueses completaram no século XVI. **Esse processo** começou com a invenção da bússola: uma agulha imantada sobre uma palha, flutuando em um copo com água."

d) (Cespe) "Fundamentalmente, a violência é percebida como exercício da força física e da coação psíquica para obrigar **alguém** a fazer alguma coisa contrária a si, contrária aos seus interesses e desejos, contrária ao seu corpo e à sua consciência, causando-lhe danos profundos e irreparáveis..."
Se o pronome **alguém** for substituído por **as pessoas**, que outra alteração deveremos fazer para o texto continuar coeso? (Marilena Chauí)

2. (Cespe) No texto seguinte qual dos conectivos abaixo substitui os referentes destacados? "A aplicação do princípio da boa-fé sempre suscitou controvérsias, **pois** o Código Civil não consigna regra genérica... Tal concepção de boa-fé **uma vez que** é relacionada com o aspecto psicológico dos sujeitos, passou a não mais atender às novas exigências criadas pela sociedade moderna **que** busca mais segurança..."

a) porquanto
b) por conseguinte
c) porque
d) visto que.

3. (Iesam. No passado, lá ia aquele menino vendo as abelhas "Ele as via sorver da flor o próprio céu, / enquanto ansiava pelas coxas quentes da vizinha / onde se ocultava."

A relação coesiva entre as orações que compõem os versos destacados ocorre por meio de uma conjunção de valor

a) temporal e um advérbio de lugar
b) condicional e um pronome relativo
c) concessivo e um advérbio de tempo
d) conformativo e um pronome relativo
e) temporal e um pronome relativo

4. No seguinte texto quais conectivos são anafóricos e quais são catafóricos?
"Ela se move silenciosamente com a cabeça abaixada: as manchas de seu pelo constituem uma perfeita camuflagem. A onça é um bom pescador. Agita a cauda sobre a superfície do rio para atrair o peixe que ela pega com uma patada. Ao contrário da maioria dos felinos, ela nada frequentemente atravessando rios e riachos. A onça tem sido muito caçada por causa da sua bela pele. Por isso, a espécie está ameaçada pois sua reprodução é lenta."

5. A quem se referem os pronomes destacados?

a) "Sem dúvida alguém dirá que o proveito é um resultado garantido do amor genuíno, mas se **ele** for o motivo do amor, o amor não é verdadeiro."
b) "Há um conflito existencial dentro de cada ser humano, seja um religioso ou um ateu cético, **que** a psiquiatria e a psicologia não podem resolver." (Augusto Cury)
c) "No dia dos pais a melhor receita é comemorar com toda a família. Uma homenagem da Caixa a **quem** faz esse dia tão especial." (Jornal da Caixa)

6. (FGV, 2014, FUNARTE, Assistente Administrativo) No parágrafo abaixo há um conjunto de pronomes que se referem a elementos do texto ou da situação. O elemento referido está corretamente indicado em:
A GRATIDÃO
Desta vez, trago-vos algumas histórias e fico grato pelo tempo que possa ser dispensado à sua leitura. Falam-nos de gratidão e poderão fazer-nos pensar no quanto a gratidão fará, ou não, parte das nossas vidas. Estou certo de que sabereis extrair a moral da história.

a) trago-vos – o autor e leitores do texto;
b) que possa – o leitor individual do texto;
c) Falam-nos – os leitores do texto;
d) sua leitura – leitura do texto da prova;
e) nossas vidas – vidas dos livros lidos.

7. (UFMT , 2014, MPE-MT, Promotor de Justiça) O sentimento religioso não mora no mundo das coisas que existem. Se Deus existisse, então o mundo seria um Paraíso... Deus mora no mundo das coisas que não existem, o mundo da saudade, da nostalgia. Os deuses que moram no mundo das coisas que existem não são deuses. São ídolos.
Sobre a linguagem do trecho, assinale a afirmativa correta:

a) No trecho *coisas que existem*, existir pode ser substituído por haver, ficaria haviam.
b) Em todas as ocorrências, o pronome *que* é relativo, funciona como elemento coesivo e retoma o sentido do mesmo antecedente.
c) Em *Se Deus existisse*, existir pode ser substituído por haver, ficaria houvesse.
d) No trecho *Se Deus existisse, então o mundo seria um Paraíso...*, a correlação correta entre as formas verbais é pretérito imperfeito do subjuntivo e futuro do presente do indicativo.

e) Ideia de conformidade está presente no trecho Se Deus existisse, então o mundo seria um Paraíso...

<table>
<tr><th colspan="4">RESPOSTAS</th></tr>
<tr><td>1</td><td colspan="3">a) Os referentes destacados referem-se respectivamente a “animais” e a “mudanças”; b) O referente “que” substitui o referido “fusão”; c) O conectivo “esse processo” retoma e resume “globalização”; d) Se “alguém” for substituído por “as pessoas”, o pronome “lhe” será substituído por “lhes”.</td></tr>
<tr><td>2</td><td>A conjunção “porque”.</td><td>3</td><td>e</td></tr>
<tr><td>4</td><td colspan="3">Conectivos anafóricos: o segundo e o terceiro pronome “ela”, os dois possessivos “sua” e o conectivo “por isso” (substitui muito caçada). Conectivos catafóricos: o primeiro pronome “ela” e o possessivo “seu”.</td></tr>
<tr><td>5</td><td colspan="3">a) O “ele” refere-se a “proveito”; b) O “que” substitui “conflito existencial”; c) O “quem” refere-se a “os pais”.</td></tr>
<tr><td>6</td><td colspan="3">c (“vos” substitui apenas “os leitores do texto” portanto a “a)” está incorreta; “que” substitui “tempo” logo a “b” está incorreta; “nos” substitui “os leitores do texto” porquanto a “c)” está certa; “sua” substitui “algumas histórias” portanto a “d)” está incorreta; “nossas” substitui “vidas do autor e dos leitores” logo a “e)” também está incorreta).</td></tr>
<tr><td>7</td><td colspan="3">c (Se Deus existisse = Se houvesse Deus, existisse = houvesse).</td></tr>
</table>

CAPÍTULO 5

Coerência textual

1. CONCEITO

Coerência é a harmonia, unidade, entre as ideias principais e secundárias ou entre as palavras de um texto, de maneira que não haja nada ilógico ou contraditório entre elas. As ideias principais e as secundárias são compatíveis e se complementam para formar a ideia central.

Observa o seguinte texto:

- **Degradação Ambiental**

+ (1) "A degradação ambiental resulta de alterações introduzidas no ambiente pela atividade humana. (2) Há algumas décadas, tem aumentado a consciência ecológica, não mais limitada às áreas mais densamente povoadas, mas a toda a biosfera.

+ (3) Um dos principais responsáveis pela degradação ambiental é o acúmulo de resíduos ou lixo. (4) A necessidade cada vez maior de consumir obriga que o ser humano produza continuamente novos bens, que aliás (5) leva a um processo de estabilidade industrial em todo o mundo, consequentemente, a um controle razoável das sobras e dos detritos.

+ (6) Outro fator que contribui para a degradação ambiental é a explosão demográfica: (7) por causa das políticas governamentais, as taxas de crescimento populacional estão se mantendo, ou seja, permitem que o governo urbanize as áreas modificadas pelos seres humanos. (8) A exigência por alimentos, por exemplo, está estabilizada, mas, como as áreas cultiváveis são limitadas, há uma intensificação da agricultura nas áreas de cultivo.

+ (9) As práticas e as técnicas que aumentam a produção seguem princípios ecológicos, mas geralmente agridem e degradam o ambiente."[1]

1. Gowdak, Demétrio e Martins, Eduardo, *Ciências Novo Pensar*, FTD, 1ª edição, 124, **modificado.**

» O texto acima está com diversas incoerências: os períodos **(1)** e **(2)** são incoerentes; o primeiro informa-nos sobre a degradação ambiental, o segundo, sobre o aumento da consciência ecológica.

» Os períodos **(3)** e **(4)** informam-nos sobre a principal causa da degradação: aumento e acúmulo de lixo; o período **(5)** contraria o **(3)** e o **(4)** porque informa que a produção industrial está estabilizada e as sobras de detritos estão sob controle; o **(7)** e o **(8)** contrariam o **(6)** e o **(9)** é contraditório.

- **Desnutrição em meio à fartura**

✦ (1) "Encontramos pessoas desnutridas em classes sociais mais abastadas: (2) nesses casos, a desnutrição quase sempre ocorre devido à falta de informações sobre como seria uma dieta equilibrada e saudável. (3) Os indivíduos consomem grandes quantidades de carboidratos e de gorduras portanto se tornam obesos, (4) mas são desnutridos pela ingestão deficiente de certos componentes indispensáveis à boa saúde, como, por exemplo, vitaminas e sais minerais. A obesidade constitui uma doença que, como as outras, precisa de tratamento."[2]

» O texto acima é coerente: o período **(1)** é compatível com a ideia principal "desnutrição em meio à fartura". O período **(2)** informa a razão para a existência de desnutrição nas classes abastadas. O período **(3)** é aparentemente contraditório em relação ao título, mas é logo corrigido pelo período **(4)**. Este confirma a ideia principal: "são desnutridos pela ingestão deficiente de certos componentes indispensáveis à boa saúde".

Verifica as incoerências do texto abaixo:

Fumante "Involuntário"

"Uma das mais dramáticas consequências do tabagismo são os efeitos nocivos sobre a criança quando a mãe fuma durante a gravidez: a criança transforma-se em 'fumante involuntário' na vida intrauterina, mas provavelmente não estão postos em risco sua vida e seu desenvolvimento, sobretudo nos últimos quatro meses de gravidez.

Também o fato de se trabalhar em ambiente onde se fuma produz o fumante 'por tabela', ou seja, aspira-se até um sexto do fumo dos cigarros ali consumidos. Se alguém ficar exposto a esse ambiente por dez horas diárias contínuas, mesmo que seja não fumante, provavelmente não sofrerá os riscos de doença de um fumante de dez cigarros diários."[3]

2. Luz, Maria de La e Santos, Magaly Terezinha dos, *Vivendo Ciências*, FTD, 1ª edição, pág. 31.
3. Gowdak, Demétrio e Martins, Eduardo, *Ciências Novo Pensar*, FTD, 1ª edição, 124, **modificado**.

2. EXERCÍCIOS

Nas questões de 1 a 4, verificai as incoerências e corrigi os textos abaixo:

1. (Uepa. "Biomédicos) Juntos somos um caminho de luz para a vida da sociedade e parabéns pelo grande dia."

2. (Uepa). "O *populismo* de Itamar Franco tem deixado preocupadas várias empresas de consultoria do Rio, São Paulo e Brasília. Quem começa a fazer levantamentos sobre toda a literatura existente no mundo sobre o assunto. Para ver como encarar a questão – e ajudar assim seus assustados clientes." (Folha de São Paulo)

3. (Cespe) "A tecnologia ganha enorme significado hoje, em consequência do qual entramos na chamada terceira revolução industrial."

4. (Cespe) "Mesmo as identidades aparentemente mais sólidas, como a de mulher, o homem, país africano, país latino-americano ou europeu, escondem negociações de sentido..."

5. (Esaf/MPO) Assinale a opção em que a transformação sugerida, correspondente ao trecho em destaque, prejudica a correção gramatical do texto.
Para garantir funcionamento eficiente, o Estado deve **ter capacidade de** (1) formar consensos ou acordos **sobre as prioridades** (2) da sociedade, formular projetos políticos representativos e legítimos e **implementá-los** (3) com base em critérios tais como os imortalizados na análise de Weber **sobre a natureza** (4) do Estado Moderno. Weber afirmava que, para que o Estado exista, devem os homens obedecer a uma autoridade delegada. A relação ideal de dominação racional-legal ofereceria melhor garantia do arranjo institucional desejado. Ela requer simultaneamente a legitimidade do sistema jurídico, a aplicabilidade das leis gerais aos casos concretos, a hierarquização e responsabilização do governante, **bem como** (5) a impessoalidade nas relações entre governantes, burocratas e a sociedade.[4]

a) 1. ser capaz de
b) 2. em relação às prioridades;
c) 3. implementar esses projetos
d) 4. no que se refere à natureza;
e) 5. como também requerendo.

6. (Esaf/AFRF) Os textos a seguir foram adaptados de um texto de Gilson Schwartz, mas estão desordenados. Numere-os de forma que constituam um texto coeso e coerente e assinale a opção correspondente.

( ) No caso do Brasil, que já tem fundos setoriais em apoio ao desenvolvimento tecnológico, resta saber como será a distribuição desses recursos e que impacto terão no sistema econômico.

( ) Entretanto, criar a cultura organizacional necessária nessas redes para que os recursos e as políticas pública tenham mais eficácia não é algo trivial.

4. Luiz Alberto dos Santos, www.anesp.org/clad2001.htm.

( ) As pesquisas que se fazem internacionalmente sugerem que o segredo do desenvolvimento com base na inovação tecnológica está menos no volume de recursos e mais na qualidade das redes que se formam para recebê-los.

( ) Claro que a existência desses recursos para investir é condição necessária, mas não é suficiente. As políticas públicas brasileiras teriam, provavelmente, mais chance de êxito se incluíssem entre os seus objetivos a própria mudança cultural e comportamental das suas organizações.

( ) Exige, por exemplo, a formação de grupos articulados de cooperação para produção de conhecimento, ou seja, sistemas incompatíveis com as práticas institucionais e empresariais.

a) 3, 4, 1, 5, 2
b) 2, 5, 4, 3, 1
c) 4, 2, 1, 5, 3
d) 3, 4, 2, 1, 5

7. (Esaf). Ordene os períodos de maneira a formar um texto coeso e coerente:

( ) A Coroa portuguesa não tinha interesse no avanço intelectual no Brasil.

( ) Uma das principais características da história da ciência no Brasil é a criação tardia das universidades, mesmo em comparação a países de colonização espanhola.

( ) Assim, a não ser pelo curto intervalo que durou a permanência holandesa no Nordeste, a pesquisa científica, por força de lei não foi sistematizada no país.

( ) Desde as primeiras tentativas dos jesuítas, em 1583, até a inconfidência Mineira, em 1789, ocorreram pelo menos trinta tentativas frustradas de se dotar o Brasil de centros bem estruturados de pesquisa científica.

( ) Entre 1637 e 1644, os holandeses fizeram pesquisas pioneiras em áreas que vão da astronomia à botânica, passando pela meteorologia, sob o olhar sempre atento de Maurício de Nassau. (Ulisses Capozoli)

a) 2, 4, 3, 1, 5
b) 1, 3, 2, 5, 4
c) 1, 4, 2, 3, 5
d) 3, 1, 4, 2, 5

8. (FCC) "Até agora não se estabeleceu no Brasil a difícil harmonia entre essas duas tendências contraditórias."

Mantém-se o sentido original da frase acima em:

a) Essas duas tendências contraditórias não deixam de possibilitar que, no Brasil, ainda hoje se estabeleça uma difícil harmonia.
b) No Brasil a problemática conciliação dessas duas orientações conflituosas ainda não se efetivou.
c) Até hoje não se determinou, no Brasil, a dificuldade de equilíbrio dessas tendências inconciliáveis.
d) No Brasil, mesmo agora a difícil superação dessas forças harmônicas ainda não se estabeleceu.

RESPOSTAS			
1	O uso do conectivo **e** deixou o texto incoerente porque coordena termos diferentes. Texto correto: Biomédicos. Juntos somos um caminho de luz para a vida da sociedade. Parabéns pelo grande dia.		
2	O texto está incoerente por causa da má pontuação e do uso indevido do conectivo **quem**; correções: O *populismo* de Itamar Franco tem deixado preocupadas várias empresas de consultoria do Rio, São Paulo e Brasília, as quais estão a fazer levantamentos sobre toda a literatura existente no mundo referente ao assunto, para verem como encarar a questão e como ajudar assim seus assustados clientes.		
3	A expressão **em consequência do qual** deixou o período incoerente; para corrigi-lo, usamos uma das conjunções: **quando**, **porque**, **uma vez que**, **pois.**		
4	O artigo **o** antes de **homem** deixou o texto incoerente.		
5	e) o verbo **requerendo** prejudica a correção gramatical porque já foi citado no início do período "Ela requer...".		
6	c	7	d
8	d		

CAPÍTULO 6

Concordância verbal e nominal

1. INTRODUÇÃO

As palavras variáveis

As **palavras variáveis** (artigos, numerais, substantivos, adjetivos, verbos e pronomes) transmitem-nos a ideia de que elas são **iguais**, estão num mesmo nível hierárquico, mas há dentre outras três diferenças significativas entre os **substantivos** e as **outras**:

a) na língua portuguesa e até mesmo no Universo, os **substantivos** são **seres únicos**, ou seja, apenas os **substantivos** possuem existências concretas ou abstratas, as **outras palavras variáveis**, artigos, numerais, adjetivos, verbos e pronomes, são **apenas termos** ou **apenas palavras**, não são **seres**, não possuem existências concretas ou abstratas;

b) os **substantivos** possuem os atributos, as **outras palavras variáveis** os expressam, ou seja, os **artigos** os definem, os **numerais** os numeram, os **adjetivos** expressam as qualidades, os **verbos** expressam as ações ou os estados e os **pronomes** os substituem ou os acompanham;

c) os **substantivos** são **termos subordinantes**, as **outras palavras variáveis** são **termos subordinados**, ou seja, os **termos subordinantes** subordinam os **termos subordinados** portanto estes concordam com aqueles. Não é possível sequer considerarmos as **outras palavras variáveis** como **seres subordinados**, porque simplesmente elas não possuem existência própria, existência independente.

Por exemplo, só usamos os **numerais** se há substantivos a numerar, só existe um adjetivo, p. ex., **belo**, se um substantivo o possui, ou seja, se um substantivo é **belo**, só existe uma ação, p. ex., **cantar**, se um substantivo a pratica, isto é, se um substantivo **canta**.

Não é possível, p. ex., em **homem musculoso**, extrairmos o adjetivo **musculoso**, e o exibirmos, semelhantemente, em **pessoas andam**, **falam**, **dormem**, não é possível separarmos **andam**, **falam**, **dormem** e dizermos: estes são os verbos **andam**, **falam** e **dormem.** Os atributos (adjetivos, ações, predicativos) são dos substantivos, estão nos substantivos e são inseparáveis dos substantivos.

Termos que não possuem existência própria (artigos, numerais, adjetivos, verbos), portanto incapazes de praticar qualquer ação, jamais reivindicam alguma função ou jamais subordinam os **seres** concretos ou abstratos. Não há coerência, p. ex., nas expressões: **miar** mia, **latir** late, **pular** pula, **cantar** canta, porque os verbos não praticam sequer as próprias ações que expressam, mas existe total coerência nos períodos: o **gato** mia, os **cachorros** latem, o **macaco** pula, os **pássaros** cantam.

Não existe na análise sintática da língua portuguesa qualquer fundamento para afirmarmos: os **verbos** e os **adjetivos** também **definem** suas próprias concordâncias, portanto eles concordam no **singular** ou no **plural**, ou com o **núcleo do sujeito** ou com o **adjunto adnominal**, ou no **sujeito composto** com o **núcleo mais próximo** ou com **todos os núcleos**, aliás, isso viola totalmente os princípios a), b) e c), torna a língua incompreensível.

Quaisquer que sejam as ações que os substantivos pratiquem ou as qualidades que os substantivos possuam, os verbos e os adjetivos que as expressam são totalmente passivos, totalmente subordinados àqueles, não decidem suas próprias concordâncias. Embora haja diferenças entre os substantivos e as outras palavras variáveis, todos são importantes na língua portuguesa.

Certamente **se** os artigos, os numerais, os adjetivos e os verbos falassem (eles não falam), eles diriam reverentemente aos **substantivos:** Altíssimos, que quereis que façamos?

> *Resumindo:* os substantivos são **seres únicos**, as **outras palavras variáveis** são **apenas palavras** ou **apenas termos**, os substantivos possuem **atributos**, as outras palavras variáveis os expressam, e os substantivos são **termos subordinantes**, as outras palavras variáveis são **termos subordinados**.

2. CONCEITO

É a concordância dos **nomes** (artigo, numeral, adjetivo, verbo e pronome) com os **substantivos.**

O seguinte quadro esclarece-nos o funcionamento perfeito que há entre as palavras variáveis: artigos, numerais, substantivos, adjetivos, verbos e pronomes.

Substantivos
(reis únicos)

- **artigos:** definem ou indefinem os substantivos
- **numerais:** numeram os substantivos
- **adjetivos:** expressam as qualidades dos substantivos
- **verbos:** expressam as ações ou os estados dos substantivos
- **pronomes:** substituem ou acompanham os substantivos

- **Regra única:**

Os **substantivos** subordinam os **nomes** que expressam os seus atributos portanto **estes** concordam com **aqueles.**

Observações:

a) Concordar significa que, salvo exceções, artigos, numerais, adjetivos, verbos e pronomes flexionaram-se em **gênero** e em **número** para expressarem os atributos dos substantivos;

b) Para compreendermos concordância, é necessário conhecermos as **classes das palavras variáveis** (substantivos, artigos, numerais, adjetivos, verbos e pronomes) e suas respectivas **funções sintáticas**, portanto se porventura, não compreenderes as concordâncias seguintes, sugerimos que estudes aqueles assuntos;

c) Os substantivos estão **negritados**, as palavras subordinadas, sublinhadas.

- **Núcleo simples: um substantivo subordina artigo, numeral, adjetivo, verbo e pronome:**

✦ (1) "Se o teu **desejo** não for extravagante, ele será realizado."

✦ (2) "Se os teus **desejos** não forem extravagantes, eles serão realizados." (Panda Express)

✦ (3) O engraçado **tamanduá-bandeira** está em extinção.

✦ (4) Os engraçados **tamanduás-bandeiras** estão em extinção.

» Em **(1)** e em **(3)** as **palavras sublinhadas** estão no singular porque **desejo** e **tamanduá-bandeira**, substantivos, estão no singular.

» Em **(2)** e em **(4)** as **palavras sublinhadas** estão no plural porque **desejos** e **tamanduás-bandeiras**, substantivos, estão no plural.

» Os **substantivos destacados** são subordinantes, as **palavras sublinhadas** são subordinadas, expressam atributos daqueles ou se lhes referem, portanto estas concordam com aqueles.

✦ (5) Os **navios-escolas** da Marinha do Brasil aportarão em Portugal, para os **guardas-marinhas** praticarem os **conhecimentos** teóricos adquiridos na Escola Naval.

✦ (3) "**Ódios** arraigados e entranháveis eram comuns, naqueles **tempos** de fortes **paixões**, em que todos os **sentimentos** tinham **força** e **pureza** extremas." (Inglês de Sousa, alterado)

✦ (6) "Um **falar** doce e delicado quebra as **asas** do próprio diabo."[1]

» Os termos negritados, termos subordinantes, subordinam seus respectivos termos sublinhados, termos subordinados, portanto estes concordam com aqueles.

Observação: Nas locuções verbais, **verbo auxiliar** e **verbo principal**, o verbo principal varia somente se está no particípio, as formas nominais **infinitivo** e **gerúndio** são invariáveis:

✦ (1) Os **sistemas** estão desligados. (2) Continuaremos a atender os clientes no mesmo endereço. (3) Os alunos estão gozando férias.

✦ **Outros exemplos**: (1) O **sobe e desce** dos famosos está no "Famosidades". (2) "Os **países** latinos-americanos estão mais preparados para assumirem o desenvolvimento sustentável."[2]

- **Núcleo composto: dois ou mais substantivos subordinam artigo, numeral, adjetivo, verbo e pronome:**

No núcleo composto, dois ou mais **substantivos** ou duas ou mais **palavras substantivadas**, onde estiverem, subordinam os **termos subordinados**, portanto **estes** concordam no plural com **aqueles:**

- **concordância verbal:** dois ou mais substantivos (núcleos do sujeito) subordinam verbos:

✦ (1) **Japão** *e* **Coreia do Sul** sediaram a Copa do Mundo de 2002.

✦ (2) Sediaram **Japão** *e* **Coreia do Sul** a Copa do Mundo de 2002.

✦ (3) "O **praguejar** *e* o **jurar** antigamente não eram as vulgaridades que normalmente lhes associamos."

1. Provérbio Abissínio *apud* www.bilibio.com.br, 4.7.2012, alterado;
2. http://www.onu.org.br, 11.4.2012, alterado

- (4) "Tanto a **Moral** como o **Direito** baseiam-se em regras que estabelecem certa previsibilidade para as ações humanas."[3]
- (5) Foram infectadas pelo coronavírus não só a **mãe** mas também a **filha.**

» Os **termos negritados**, termos subordinantes, sujeitos plurais, praticam as ações, os **verbos sublinhados**, termos totalmente subordinados, as expressam, portanto estes anunciam, no plural, as ações praticadas por aqueles.

- **concordância nominal:** dois ou mais substantivos subordinam adjetivos, predicativo do sujeito e predicativo do objeto: se os substantivos são de mesmo gênero, os adjetivos concordam em gênero e em número com os substantivos; se os substantivos são de gêneros diferentes (masculino e feminino), os adjetivos concordam no masculino:

  - (1) o **estilo** e o **padrão** escolhidos; (2) as **vulgaridades** e as **imprecações** grosseiras; (3) a **dedicação** e o **preparo** intensos; (4) o **cuidado** e a **intervenção** amorosos.
  - (5) O **rapaz** e a **moça** estavam apavorados. (6) Estavam apavorados o **rapaz** e a **moça.** (7) O **aumento** do consumo e a **variação** dos juros foram considerados na revisão.
  - (8) O médico esperou o **empregado** e o **paciente** atrasados.
  - (9) O sapateiro devolveu consertados a **mochila** e o **tênis.**
  - (10) "Você **nos** faz mais inovadores, rápidos, práticos, eficientes."

No núcleo composto, se apenas um **substantivo** subordina o **adjetivo**, **este** concorda apenas com **aquele:**

- (1) um tênis e uma **camisa** branca; (2) terremotos e **erupções** vulcânicas.

- **É proibido, é necessário, é vedado, é fácil, é bom, é muito, é pouco**

Sobre essas expressões consulta "Concordância do verbo **ser**".

- **Um** e **outro/nem um, nem outro/nem um** e **nem outro**

(Expressam adição): os substantivos subentendidos subordinam os nomes, inclusive aqueles termos, portanto estes concordam com aqueles:

- (1) Um(a) e outro(a) **empregados**(as) trabalham até mais tarde.
- (2) Nem um(a), nem outro(a) **empregados**(as) trabalham até mais tarde.
- (3) Nem o **Carlos** e nem o **Sérgio** estão no evento.

3. http://www.bioetica.ufrgs.br, alterado.

- **Um** ou **outro**, **uma** ou **outra**

(Expressam alternância ou exclusão): o substantivo subentendido subordina os nomes, inclusive aqueles termos, portanto estes concordam com aquele:

✦ (1) Um(a) ou outro(a) **empregado**(a) trabalha até mais tarde.

- **Um** ou **dois**, **uma** ou **duas**, **dois** ou **um**, **duas** ou **uma**

(Expressam alternância ou exclusão): o substantivo subentendido mais próximo subordinada o verbo portanto este concorda com aquele:

✦ (1) Um(a) ou dois(duas) **empregados(as)** trabalham até mais tarde.

✦ (2) Dois(duas) ou um(a) **empregado(a)** trabalha até mais tarde.

3. CASOS PARTICULARES / CONCORDÂNCIA NOMINAL

3.1. Só, sós, alerta, alertas, salvo, exceto, obstante, fora, pseudo, junto, meio, mesmo, próprio, obrigado, bastante, caro, barato, sério, errado, abaixo, acima, demasiado, difícil, disparado, rápido, direto, incluso, anexo, quite, apenso

Suas concordâncias dependem de seus usos nos períodos: se são adjetivos, ou seja, se expressam qualidades dos substantivos, elas são variáveis, porém se são advérbios (modificam advérbios ou adjetivos), ou se são preposições, elas são invariáveis. Conhecer as classes gramaticais (**adjetivo**, **advérbio**, **preposição**, **verbo**) daquelas palavras é a solução para as usarmos corretamente. Aplica-se-lhes a **regra única**: elas concordam com os substantivos apenas se expressam suas qualidades:

✦ (1) "São **homens** alertas, nada lhes escapa."[4] (rápidos, sérios, errados, adjetivos).

✦ (2) Os **bombeiros** estão alertas (salvos, sós, quites, sérios, juntos, adjetivos).

✦ (3) "A alegria não está nas coisas, mas em **nós** mesmos."[5] (próprios, adjetivos)

✦ (4) Os **documentos** anexos foram analisados (inclusos, apensos, adjetivos).

✦ (5) As plantas estão anexas ao ofício (inclusas, apensas, adjetivos).

✦ (6) "A cidadezinha mal tinha umas cinco ruas **meio** tortas..." (advérbio).

✦ (7) Esboçou **meia** risada. (8) "Os fins não justificam os **meios**."[1] (adjet. e subst.)

---

4. Ferreira, Aurélio B. H., *Novo Aurélio Século XXI*, Nova Fronteira, 3ª edição, 1999;
5. Warner, Ira D. *apud* Moisés M. de Oliveira, *Sete Mil Ilustrações e Pensamentos*, 2ª edição, Juerp, 1981;

- (9) "**Produtores** e **técnicos** agropecuários juntos cumpriram as exigências."[6]
- (10) Encaminhamos os **documentos** anexos descritos abaixo (inclusos, apensos).
- **Outros exemplos:** (1) Todos se moviam **alertas** ao perigo. (2) "44 **municípios** possuem juntos 16 milhões de bovinos." (3) Os procuradores prepararam **conjuntamente** (ou juntamente ou em conjunto) a defesa.

Observações:

a) Em alguns exemplos, não é possível sabermos a classe da palavra pela função sintática que ela exerce, porque ela simultaneamente modifica o verbo e expressa qualidade do sujeito. Nesses períodos, a classe da palavra é definida pela própria palavra, ou seja, se é adjetivo, é predicativo do sujeito, se é advérbio, é adjunto adverbial:

- (1) Os alunos conversavam **distraídos.** (2) Os alunos conversavam **distraidamente.** (3) Os professores falaram **sérios.** (4) Os professores falaram **seriamente.** (5) Os jogadores disputaram **cautelosos** a partida. (6) Os jogadores disputaram **cautelosamente** a partida.

b) A classe gramatical é definida pela função sintática que a palavra exerce no período:

- (1) Para mais informações consulte os **artigos** em anexo (anexos).
- (2) **Enviamos** em anexo (anexo, anexamente) as providências recomendadas.
- (3) As pesquisas **enviadas** em anexo (anexo, anexamente) são esclarecedoras.

» Em **(1)**, **em anexo** e **anexos** modificam o substantivo **artigos** portanto são locução adjetiva e adjetivo; em **(2)** e em **(3)**, **em anexo**, **anexo**, **anexamente** claramente modificam o verbo **enviar**, indicam modo, a forma como são enviadas, logo são locução adverbial e advérbios de modo.

Em provas sempre considera **anexo**(s) e **anexa**(s) como adjetivo, portanto variável.

c) Os períodos ficam mais elegantes com os advérbios que terminam em **mente:**

- (1) A juíza falou **seriamente** com os jogadores. (2) As motociclistas chegaram **rapidamente.**

d) As locuções prepositivas **junto a, junto de** são invariáveis:

- (1) Os assessores trabalham **junto ao** deputado. (2) Os atletas correrão **junto do** pelotão de elite.

6. O Liberal, Poder, pág. 6, 12.5.2014.

e) Os substantivos não subordinam termos que não expressam seus atributos:

✦ (1) "**Obrigado**, exclamou ela: **obrigado**!"

✦ (2) Minhas amigas agradeceram com sincero **obrigado**.

» Em **(1) obrigado** é objeto direto do verbo **exclamar**, e em **(2) obrigado** é núcleo da locução adverbial "com sincero obrigado", portanto **obrigado** não concorda com **ela** e **amigas**, **núcleos dos sujeitos.**

f) Se o **obrigado** é predicativo do sujeito, concorda com o núcleo do sujeito:

✦ (1) Estou **obrigado/obrigada** pelo favor que me fizeste.

✦ (2) Estamos **obrigados/obrigadas** em relação à retribuição do favor.

» Nesses períodos não há dúvida de que **obrigado**(s)(a)(s) é predicativo do sujeito, portanto concorda em gênero e em número com o **núcleo do sujeito**, mas ninguém fala esses períodos, apenas dizemos **obrigado**, ou **muito obrigado**, ou **obrigada**, ou **muito obrigada**, ou seja, **obrigado** não é predicativo do sujeito, **obrigado** é interjeição, logo não concorda com o sujeito, é invariável.

3.2. Mal, bem, mau, bom, melhor e pior

Suas concordâncias dependem de seus usos nos períodos: se são advérbios, são invariáveis, porém se são adjetivos ou substantivos, são variáveis.

✦ **advérbio:** (1) As empresas **bem** sucedidas relacionam-se **bem**. (2) "Quando pensavam na infidelidade dos amigos, sentiam-se **pior**." (3) "Tu enxergas **melhor** o mundo e o mundo te enxerga **melhor**."[7]

✦ **adjetivo:** (1) Adoro bons **molhos**. (2) Os maus **governantes** trazem... (3) Os melhores **alunos**. (4) Os piores **alunos**. (5) **Paulo** e **Bruno** eram os melhores (ou os piores) estudantes.

✦ **substantivo:** (1) Os **males** que nos afligem. (2) Os **bens** só são **bens** se servem a comunidade.

3.3. Monstro, bomba, relâmpago, surpresa, chave

Se formam **substantivos compostos**, juntamente com outros substantivos, flexionam-se normalmente como os demais **substantivos compostos:**

7. Lentes antirreflexo Crizal, alterado.

✦ sereia-monstro, sereias-monstros; homem-bomba, homens-bombas; casamento-relâmpago, casamentos-relâmpagos; promoção-surpresa, promoções-surpresas; palavra-chave, palavras-chaves

Observações:

a) A regra "se **monstro**, **bomba**, **relâmpago**, **surpresa**, **chave** são adjetivos, são **invariáveis**" não está fundamentada na língua portuguesa por dois motivos: **a)** essas palavras não são adjetivos: claramente designam seres portanto são substantivos, e **b)** mesmo que fossem adjetivos (substantivos adjetivados), seriam **variáveis**, porque na língua portuguesa os adjetivos são variáveis, concordam com os substantivos.

b) Se o nosso desejo é qualificarmos determinados substantivos com as ideias expressas por aquelas palavras, usamos os adjetivos derivados:

✦ **sereias** monstruosas, **revelações** bombásticas, **promoções** súbitas (ou surpreendentes)

3.4. Um substantivo e dois adjetivos, dois substantivos e um adjetivo, dois substantivos e dois adjetivos

- **um substantivo** e **dois adjetivos**: se um substantivo (singular ou plural) possui dois ou mais adjetivos, estes concordam com aquele:

  ✦ (1) **camisa** branca e preta, **camisas** brancas e pretas; (2) **treinamento** técnico e tático, **treinamentos** técnicos e táticos; (3) **desenvolvimento** político, econômico, social e cultural, **desenvolvimentos** políticos, econômicos... (4) **realização** profissional e pessoal, **realizações** profissionais e pessoais.

- **dois substantivos** e **um adjetivo**: se dois ou mais substantivos possuem o mesmo adjetivo, este concorda individualmente com cada um (ênfase nos substantivos, paralelismo, tratamento uniforme aos substantivos), ou concorda no plural à frente do primeiro ou após o último:

  ✦ (1) "O melhor da vida é saber que um novo **ano** traz novas **histórias**, novas **conquistas** e novos **motivos** para sorrir." (Credicard Citi), **ou** ...um novo **ano** traz novos **motivos**, **histórias** e **conquistas** para sorrir, **ou** ...um novo **ano** traz **motivos**, **histórias** e **conquistas** novos para sorrir.

- **dois substantivos próprios** e **dois adjetivos**: se dois ou mais substantivos próprios possuem dois ou mais adjetivos, estes concordam no plural à frente daqueles; a repetição dos adjetivos antes de cada substantivo produz redundância, e após os substantivos próprios, não é habitual:

  ✦ (1) as belíssimas e elegantes **Angelina Jolie** e **Charlize Theron**

- **dois substantivos iguais** e **dois adjetivos**: se dois ou mais substantivos iguais possuem adjetivos diferentes, usamos o substantivo no plural e os adjetivos no singular, ou usamos os substantivos e os respectivos adjetivos; os adjetivos concordam com os respectivos substantivos:

  ✦ (1) **carnes** bovina e suína, ou **carne** bovina e **carne** suína; (2) as **línguas** inglesa e espanhola, ou a **língua** inglesa e a **língua** espanhola; (3) **temporadas** alta e baixa, ou **temporada** alta e **temporada** baixa, ou alta e baixa **temporadas**; (4) curto e médio **prazos**, ou **prazos** curto e médio, ou curto **prazo** e médio **prazo**; (5) **reformas** tributária e política ou **reforma** tributária e **reforma** política;

  ✦ (6) **governo** federal e **governo** estadual, ou **governos** federal e estadual (um **governo** federal e um **governo** estadual), ou **governos** federal e estaduais (um **governo** federal e dois ou mais **governos** estaduais); (7) **população** urbana e **população** rural, ou **populações** urbana e rural, ou **populações** urbanas e rurais; (8) **emprego** direto e **emprego** indireto, ou **empregos** direto e indireto (um **emprego** direto e um **emprego** indireto), **empregos** diretos e indiretos (dois ou mais **empregos** diretos e dois ou mais **empregos** indiretos).

- **um substantivo restringido** e **um adjetivo**:

  ✦ (1) **água** mineral natural. (2) **avaliação** educacional tradicional, (3) **avaliações** educacionais tradicionais.

- **dois numerais e um substantivo**:

  ✦ a primeira e a segunda **fileiras** ou as **fileiras** primeira e segunda; a sétima e a oitava **séries**, as **séries** sétima e oitava.

3.5. "A cobrar", "a pagar", "a vencer", "a classificar" etc.

São locuções adjetivas (modificam substantivos) logo são invariáveis:

✦ (1) Gastamos exageradamente com **ligações** a cobrar neste mês.

✦ (2) Não fomos à Sipat porque ainda havia **serviços** por fazer.

✦ (3) "O passivo exigível refere-se às obrigações com terceiros, como **duplicatas** a pagar, **contas** a pagar, **impostos** a recolher..." (wikipedia.org, alterado)

3.6. Concordância do aposto

O aposto concorda com o antecedente em gênero e em número:

✦ "... **Vitória**, imperatriz das Índias; Os **gregos**, leões da Europa..."[8]

---

8. RIBEIRO, Julio, Grammatica Portugueza, editor Miguel Melillo, 5ª edição, São Paulo, 1899, p. 227.

4. CASOS PARTICULARES / CONCORDÂNCIA VERBAL

4.1. Substantivo determinado por adjunto adnominal

Nesses tipos de sujeitos, embora haja dois ou mais substantivos, apenas um **substantivo**, o núcleo do sujeito, a palavra mais importante, subordina o **verbo**, portanto **este** concorda com **aquele.** O adjunto adnominal e o complemento nominal, termos acessórios da oração, não subordinam o verbo, não praticam a ação, logo o verbo não concorda com eles.

✦ (1) "O **conteúdo** das representações que a Corregedoria está fazendo contradiz a cúpula da Receita Federal."

✦ (2) O **teor** dos processos que entulhavam a maleta eram-me completamente alheios. (FCC)

» Em concurso público, a FCC considerou incorreta a concordância do verbo sublinhado: de fato, quem era alheio, o **teor** ou os **processos**? Resp.: o **teor**, **teor** está no singular, **ser** concorda no singular.

✦ **Outros exemplos:** (1) "Os **termos** das delações premiadas... não são verdadeiros." (2) "A **margem** de brancos e nulos se manteve em 6% e o **percentual** de indecisos oscilou de 9% para 7%."[9]

4.2 SUBSTANTIVO COLETIVO PRATICA A AÇÃO (SUJEITO SIMPLES)

Substantivo coletivo: são os substantivos que, mesmo no singular, designam um grupo de seres da mesma espécie.

Nesses tipos de sujeitos, embora haja dois ou mais substantivos, apenas um **substantivo**, o núcleo do sujeito, a palavra mais importante, subordina o **verbo**, portanto **este** concorda com **aquele.** O **outro substantivo** (adjunto adnominal ou complemento nominal, termo acessório da oração) não subordina o verbo, não pratica a ação, apenas restringe ou complementa o **substantivo coletivo**, logo o verbo não concorda com ele.

✦ (1) "**Multidão** aguarda o beijo do casal real."

✦ (2) "O **povo** se uniu, dias depois, porém se dividiu em várias agremiações."

✦ **Outros exemplos:** (1) A **população** da cidade, temendo a violência, permaneceu em casa. (2) "Um **grupo** de intelectuais, padres, donos de terras e mineradores..., decidiu que era hora de lutar para libertar o Brasil de

---

9. http://www.orm.com.br, capa, 28.10.2012.

Portugal."[110] (3) Um **número** entre 5 e 20 artigos é adequado à maior parte dos fóruns. (4) **Números** recentes mostram que milhares de imigrantes chegam à União Europeia por rotas perigosas.

4.3. Numerais (cardinais, percentuais, fracionários, partitivos)

- **Um dos que, uma das que etc.**: aplica-se a **regra única:**

O "substantivo subentendido" após o numeral e o "antecedente do relativo" **que** subordinam os termos que expressam os seus atributos, portanto estes concordam com aqueles.

+ (1) "Uma das **que** mais lutaram pelos direitos da mulher... foi Olympe de Gouges."
+ (2) Uma **mulher** dentre as **mulheres que** mais lutaram... foi Olympe de Couges.

  » **Mulher** subordina **ser**, **mulheres** subordina **lutar**, portanto estes concordam com aqueles.

+ (3) **Um** dos quatro **ex-ministros** da Justiça que emprestaram o peso de sua história ao manifesto lido ontem foi Miguel Reale Jr. → (4) Um **ex-ministro** dentre os quatro **ex-ministros...** que emprestaram o peso... foi Miguel Reale Jr.

  » **Ex-ministro** subordina **ser** e **ex-ministros** subordina **emprestar**, logo estes concordam com aqueles.

+ (5) Na Petrobrás, um dos cargos, com apenas uma vaga, é disputado por 15 mil candidatos.
+ **Outros exemplos**: (1) "Em 2008 e 2009, o Brasil foi **um** dos países **que** melhor reagiram perante a crise." (2) "O tenente **Antônio de Sousa** era um desses **moços** que se gabam de não crer em nada, que zombam das coisas mais sérias e que riem dos santos e dos milagres." (Inglês de Sousa, 1893)

- **Percentuais, fracionários, partitivos, numerais coletivos**

+ (1) **1%** das questões do caderno amarelo teve problema de impressão.
+ (2) 1 **questão** para cada 100 questões... teve problema de impressão.
+ (3) **2%** das questões do caderno amarelo tiveram problema de impressão.
+ (4) 2 **questões** para cada 100 questões... tiveram problema de impressão.

  » O **substantivo**, que sempre está subentendido após o **percentual**, subordina o verbo, portanto este concorda com aquele; o percentual apenas numera o substantivo.

10. Coleção de Olho no Mundo, 24.

- (5) "**70%** da valiosa **energia** produzida no rio Madeira, em 2013, será desperdiçada."

- **Energia**, substantivo singular, designa uma energia e **70%** da energia não designa 70 energias para cada 100 energias mas parte daquela energia, menos de uma, **energia** é singular portanto os termos sublinhados são singulares.

- (6) **Parte** dos leitores que tomam o café da manhã lê jornal.
- (6) **Parte** dos leitores lê jornal enquanto toma o café da manhã.

- **Parte**, substantivo, núcleo do sujeito, é singular, **ler** e **tomar**, verbos, termos subordinados, são singulares; **leitores**, adjunto adnominal, não subordina **ler** e **tomar**, portanto estes não concordam com aquele.

- (7) Dois **terços** da energia produzida no rio Madeira, em 2013, serão desperdiçados.
- (8) "50 pescadores chegaram ao Ministério da Pesca, a grande **maioria** questionava a suspensão de suas carteiras de pescador." (O Liberal)
- (9) "Uma **centena** de pessoas, homens, mulheres e crianças, caboclos na maior parte, desembarcou desordenada e ruidosamente em Óbidos." (Inglês de Sousa, alterado)

  » Os substantivos destacados, núcleos dos sujeitos, as palavras mais importantes, subordinam os respectivos termos sublinhados, portanto estes concordam com aqueles.

- **Outros exemplos:** (1) "Se você faz parte dos **8%** que apoiam este 'e-mail', encaminhe-o com o título 8%." (2) "Os dados mostram uma **população** cautelosa: **45%** prevê um Natal mais escasso, **31%** afirma que será semelhante ao do ano passado e **21%** planeja uma festa mais farta." (Dora Kramer) (3) "Quanto aos aerogeradores, a **maioria** tem duas ou três lâminas." (4) Qualquer **parte** significativa dos candidatos aprovados é bem-vinda. (5) Uma grande **parte** dos hábitos alimentares é adquirida na infância. (6) "Quase a **metade** dos desempregados nos grandes centros no Brasil é jovem."[1] (7) "**Centenas** de pessoas participaram da solenidade..." (Estadão)

Observações:

a) Para evitar conflitos com as bancas examinadoras, considera como válida a concordância do verbo com os **numerais** ou com os **adjuntos adnominais:**

- (1) "5% da população **têm**, ou **tem**, medo do apagão."[11] (2) "32% do consumo se **dirige** a supérfluos."[1] (3) "Um terço dos candidatos não **fez**, ou

11. FGV - 2014 - AL-BA - Auditor

não **fizeram**, a redação."[12] (4) "A maioria das entrevistadas **considera**, ou **consideram**, os concursos para a magistratura imparciais."[13] (5) "A maior parte dos brasileiros **deveria**, ou **deveriam**, abraçar a campanha da preservação ambiental."[14]

b) A expressão **por cento** (%) significa **para cada cem**, ou **em cada cem** ou **por cada cem**, por exemplo, "1%" = "1 para cada 100" ou "1 em cada 100", ou seja, 1% das questões = 1 **questão** para cada 100 questões = 1 **questão**.

c) Objeções à regra que estabelece que o verbo concorda com o adjunto adnominal:

✦ (1) Não expressa a realidade pois parte do todo é diferente do todo; e (2) Os adjuntos adnominais não subordinam os verbos que expressam ações de outros substantivos, os núcleos do sujeito.

4.4. Mais de, cerca de, perto de, menos de etc.

São locuções adverbiais que modificam numerais com ideia de aproximadamente:

✦ (1) Mais de um **jornal** noticiou o acidente. (2) Mais de um **inimigo** se reconciliou após o encontro. (3) Mais de dois **professores** debatiam... (4) Cerca de dez **pessoas** estavam na plateia. (5) Menos de dois **quarteirões** foram calçados em um mês.[15]

Observação: Se a expressão **mais de um** está repetida, o sujeito é composto, isto é, o verbo concorda no plural:

✦ (1) Mais de um **aluno**, mais de um **professor** falaram. (2) Mais de um **aluno** e mais de um **professor** falaram.

4.5. Algum(a), muitos(as), poucos, nenhum, quem etc.

(Pronomes indefinidos ou pronomes Interrogativos, sujeito simples):

✦ (1) **Algum** de vós me trairá. (2) **Nenhuma** das duas empresas está no SPC. (3) **Muitos** de nós representam a turma. (4) **Cada um** dos centros de pesquisa mantém programas para formação de professores.

» Em **(1)** "algum" = "alguma **pessoa**", em **(2)** "Nenhuma" = "nenhuma **empresa** das duas...", em **(3)** "Muitos de nós" = "muitas **pessoas** dentre nós",

12. FEPESE - 2014 - MPE-SC - Procurador do Estado;
13. IESES - 2014 - IGP-SC - Auxiliar Pericial - Criminalístico;
14. FUNDEP - 2014 - COPANOR - Administração.
15. FUNDEP - 2014 - IF-SP - Administrador.

em **(4)** "Cada um dos centros de pesquisa" = "cada **centro** dentre os centros de pesquisa", os **substantivos destacados** subordinam os **verbos sublinhados**, por isso estes concordam com aqueles.

+ **Outro exemplo:** (1) "**Qual** de vós (ou **quem** de vós) adiciona um côvado à vida?" (2) "**Nada** mais, dinheiro, poder, glória, o seduzia." (3) "Se não houvesse gravidade, **tudo**, inclusive nós, flutuaria livre no espaço."[16] (4) Cespe. "Além disso, **cada uma** das ideologias em que se fundamentam essas **teorias** políticas e econômicas constitui uma **visão** dos fenômenos sociais e individuais que pretende firmar-se em uma descrição verdadeira da natureza biológica, psicológica ou espiritual do ser humano." (Humberto Maturana)

4.6. Substantivo de dois números pratica a ação

Os substantivos de dois números são aqueles que designam, com uma palavra, os dois números (**singular** e **plural**). Se eles designam singular e plural, os verbos concordam no singular ou no plural, porém se eles são precedidos de determinantes plurais (artigos, numerais, pronomes indefinidos), os verbos concordam no plural.

+ (1) **Alpes** é (ou são) a maior cordilheira da Europa. (2) Os **Alpes** são a maior cordilheira da Europa. (3) **Estados Unidos** controla (ou controlam) rigorosamente seus aeroportos. (4) **Amazonas** é o maior rio em volume de água. (5) Vários **lápis** estavam sobre a mesa.

4.7. Pronomes de tratamento

O substantivo que integra o pronome subordina o verbo, portanto este concorda com aquele:

+ (1) Vossa **Santidade** irá ao Brasil.
+ (2) Suas **Excelências** chegarão alguns minutos antes.

4.8. Pronomes relativos "que" e "quem"

- Se **que**, pronome relativo, subordina o **verbo**, este concorda com o substantivo antecedente:

  + (1) "As pessoas **que** vencem neste mundo são as **que** procuram as circunstâncias de que precisam e, quando não as encontram, as criam."[1] (2) "Fomos nós **que** começamos com o jogo de imaginação."

16. Coleção de Olho no Mundo, editora Abril, negrito acrescentado.

» **Que** subordina os verbos sublinhados, portanto estes concordam com os antecedentes de **que:** respecitivamente **pessoas**, **as** (=aquelas) e **nós.**

✦ **Outros exemplos:** (1) "O futuro pertence àqueles **que** acreditam na beleza dos seus sonhos."[17] (2) "Nilson trabalhava em um dos três prédios **que** desabaram no Centro da cidade."[18]

- Se **quem**, pronome relativo, subordina o **verbo**, este concorda com o substantivo antecedente ou concorda na terceira pessoa do singular (**quem** é pronome de terceira pessoa):

✦ (1) "Os cupins são **quem** vai (vão) bem." (Maurício de Souza)

✦ (2) Os Estados-Membros são, infelizmente, **quem** fica(m) prejudicado(s).

✦ (3) São, infelizmente, os Estados-Membros **quem** fica(m) prejudicado(s).

✦ (4) "Sou **eu** quem pago (ou paga), és **tu** quem pagas (paga), somos **nós** quem pagamos (paga), sois **vós** quem pagais (paga), são **eles** quem pagam (paga)."[19]

- Se **quem** inicia a oração, o verbo concorda com aquele:

✦ (1) "**Quem** vai bem são os cupins."

✦ (2) "**Quem** começou com o jogo de imaginação fomos nós."

✦ (3) **Quem** fica prejudicado por isso são, infelizmente, os Estados-Membros.

4.9. Pronomes pessoais diferentes (sujeito composto):

Se o **sujeito composto** são pessoas gramaticais diferentes, o verbo concorda no plural: a primeira pessoa prevalece sobre a segunda e a terceira, e a segunda prevalece sobre a terceira:

✦ (1) **Tu** e o **Marcos** concluireis o trabalho. (2) É necessário **ele** e **eu** sermos mais diligentes. (3) **Tu** e **ele** sois amigos. (4) "**Tu, eu** e **Dawkins** julgaremos Behe sobre o conhecimento molecular."

Observação: Por força do hábito é aceitável a concordância do verbo na terceira pessoa do plural, se os núcleos do sujeito são formados por segunda e terceira pessoa: **Tu** e **ele** são amigos. O **Marcos** e **tu** concluirão o trabalho.

---

17. Shaw, George Bernard e Roosevelt, Eleanor *apuds* http://pensador.uol.com.br, 12.7.2012.
18. http://G1.com, 28.1.2012.
19. PEREIRA, Eduardo Carlos, Grammatica expositiva, São Paulo: Weiszflog Irmãos, edição 1907, Exemplar nº 0641, pág. 213.

4.10. Substantivos ligados por "ou"

O **primeiro** ou o **segundo sujeito** pratica a ação portanto a concordância é feita na terceira pessoa para permitir a alternância. Se um sujeito é singular, o verbo concorda no singular, se os sujeitos são plurais, o verbo concorda no plural:

- (1) **Tu** ou o **Paulo** ligou a luz. O **Paulo** ou **tu** ligou a luz.
- (2) **Eu** ou **ele** será titular do time. **Ele** ou **eu** será titular do time.
- (3) Ou **eles** ou **nós** serão titulares... **Nós** ou **eles** serão titulares...
- (4) **Ele** ou **eu** serei titular do time. **Eles** ou **nós** seremos titulares...

» Em **(4)** a concordância ignora o **ou**, o primeiro sujeito não praticará a ação, logo não é correta.

5. EXPRESSÕES INTERCALADAS E EXPRESSÕES CORRETIVAS

O verbo concorda com o substantivo que o subordina:

- (1) "Pesquisas pioneiras mostram como o **brasileiro** – e ainda mais a brasileira – se digladia no trânsito." (Veja) (2) "Agora o que se afirma é que o **país** inteiro, não apenas suas elites, precisa de impulso educacional..." (Veja *apud* Uepa) (3) O jogador, aliás, os **jogadores** não falaram sobre a confusão. (4) Os jogadores, ou melhor, o **jogador** não falou sobre a confusão.

6. ALGUMAS REGRAS NÃO FUNDAMENTADAS

Existem aproximadamente sessenta regras não fundamentadas, mas abordaremos apenas algumas:

- **Bem como, assim como, tanto quanto, como, inclusive**

"Se essas expressões **não estão separadas** do primeiro núcleo por vírgula, formam um **sujeito composto** portanto o verbo concorda no plural, se elas **estão separadas** do primeiro núcleo por vírgula, são **expressões intercaladas**, não pertencem ao período, portanto o verbo concorda no singular com o sujeito simples."

Os erros decorrem da má classificação do termo destacado:

- (1) A **vida** sempre existiu *assim como a energia* (existe...
- (2) A **vida**, *assim como a energia*, sempre existi...
- (3) A vida *assim como a energia* sempre e...

» A oração em itálico não é um n... ...ito composto mas uma oração subordinada adverbial ...): em **(1)** e em **(2)** a concordância é correta: em **(2)** a oração comparativa foi intercalada à principal, portanto é separada por vírgula; em **(3)** a concordância e a pontuação são incorretas: **existir** não concorda com **vida** e a oração comparativa intercalada não foi separada por vírgulas. A regra não é fundamentada porque considera uma OSAC como núcleo de um sujeito composto.

✦ **Outros exemplos:** (1) O **abricoteiro**, *tanto quanto a jaqueira*, é frondoso. (2) "O **Brasil**, *como os Estados Unidos*, combate o crime organizado."

- **Substantivos "ligados" pela preposição "com" (sujeito simples):**

  » "Se os núcleos do sujeito estão ligados pela preposição **com**, o verbo concorda no plural."

As preposições não ligam termos de mesma função sintática, p. ex., núcleos do sujeito, mas termos de funções sintáticas diferentes, ou seja, verbos ou nomes e seus complementos. As palavras que ligam os termos de mesma função sintática são as conjunções coordenadas:

✦ (1) O **Paulo** vai ao cinema **com o Jorge**. (2) O **Paulo** vai **com o Jorge** ao cinema. (3) O Paulo **com o Jorge** vai ao cinema. (4) O **Paulo** com o **Jorge** vão ao cinema. (5) O **Paulo** e o **Jorge** vão ao cinema.

» **(1)**, **(2)** e **(3)** são corretos: **Paulo**, sujeito simples, subordina **ir**, porquanto este concorda no singular com aquele; o deslocamento de um termo **não modifica** sua função sintática: se em **(1) com o Jorge** é locução adverbial, modifica **ir**, expressa modo, também é locução adverbial em **(2)** e em **(3)**, pois nestes aquele termo apenas foi deslocado; ressaltamos: locuções adverbiais não subordinam verbos, logo **com o Jorge**, locução adverbial, não subordina **ir**.

✦ (4) não está conforme, se **Paulo** e **Jorge** são núcleos do sujeito, termos de mesma função sintática, **não** são ligados pela preposição **com**.

✦ (5) está correto: **Paulo** e **Jorge** são termos de mesma função sintática, núcleos do sujeito, ligam-se pela conjunção **e**, subordinam o **ir**, logo este concorda no plural com aqueles.

✦ **Outro exemplo:** (1) **Representante do Governo** (RG) debateu durante duas horas a Gestão das Regiões Metropolitanas (GRM) **com representante do BID** (RBID). (2) **RG** debateu **com RBID**, durante duas horas, a GRM. (3) **RG com RBID** debateu durante duas horas a GRM. (4) **RG** e **RBID** debateram durante duas horas a GRM.

- **Subs[...] ligados pela conjunção "ou" (sujeito composto):**

  [...]njunção **ou**, que liga os núcleos do sujeito compos-[...] "Se [...] adição, o verbo concorda no plural."

✦ ([...] [...]**uva** já deixaram 837 cidades em estado de emergência. (2) [...]de que **professor** ou **aluno** não encontram mais sentido na escola?" (3) "**Vento**, **chuva**, **rio** ou **mar**, agentes de erosão, arrastam fragmentos para regiões mais baixas."

- Períodos incorretos: os segundos substantivos expressam adição em relação aos primeiros, os **substantivos destacados** claramente praticam as ações: a **seca** já deixou, a **chuva** já deixou, o **professor** não encontra e o **aluno** não encontra, portanto são ligados apenas por conectivo que expresse adição. Ressaltamos: nas cidades onde houve **seca**, não houve **chuva** e vice-versa e a conjunção **ou** não expressa adição. Façamos as correções:
- (4) **Seca *e* chuva** já deixaram 837 cidades.... (5) "Será mesmo verdade que **professor *e* aluno** não encontram mais sentido...?" (6) **Vento**, **chuva**, **rio *e* mar**... arrastam fragmentos...
- (7) **Toda** e **qualquer empresa** possui um modelo de gestão.

  » Uso incorreto do **e**: os termos destacados são equivalentes, **toda empresa** é igual a **qualquer empresa**, portanto a conjunção adequada é **ou**; correção:
- (8) Toda empresa *(ou qualquer empresa)* possui um modelo de gestão.
- (9) Toda ou qualquer empresa possui um modelo de gestão.

- **Dois ou mais substantivos sinônimos, ou quase sinônimos, ou dois ou mais substantivos em gradação (sujeito composto)**

  - (1) **Decência** e **honestidade** são virtudes raras atualmente.
  - (2) **Decência** e **honestidade** é virtude rara nos dias atuais.

    » **(1)** está conforme: os substantivos destacados, embora sinônimos, são diferentes, ambos claramente subordinam os termos sublinhados (TS), portanto estes concordam com aqueles.

    » **(2)** não está conforme: os TS não concordam com o sujeito composto.
  - (3) "A **alegria**, o **prazer** e o **êxtase** proporciona momentos de felicidade."
  - (4) "A **alegria**, o **prazer** e o **êxtase** proporcionam momentos de felicidade."
  - (5) Um **minuto**, uma **hora**, um **dia** passa rapidamente. (PCI Concursos)
  - (6) Um **minuto**, uma **hora**, um **dia** passam rapidamente.

    » **(3)** e **(5)** não são conformes: os verbos sublinhados não concordam com os substantivos destacados (SD), sujeitos compostos.

    » **(4)** e **(6)** são conformes: em **(4)** os SD, embora formem gradação, são diferentes, os três claramente praticam a ação, portanto o verbo concorda no plural; em **(6)** os SD praticam a ação, **minuto**, **hora**, **dia** passam, logo este concorda aqueles; **rapidamente**, adjunto adverbial, não interfere na subordinação dos substantivos.
  - (7) "Vê como o **Windows** 7 e o **Windows** Live facilitam tua vida e te mantêm em contato com as pessoas mais importantes." (hotmail.com, alterado)

» Período conforme, os substantivos são diferentes, são modificados por numeral e por adjetivo, "Windows 7" é diferente de "Windows Live", portanto subordinam os verbos sublinhados, consequentemente estes concordam com aqueles.

✦ (8) Uma **palavra**, um **gesto**, uma **olhada** bastava...

» Período não conforme: apenas um ato bastava (**ou** uma palavra, **ou** um gesto **ou** uma olhada), portanto é necessário haver uma conjunção que expresse alternância:

✦ (9) Uma **palavra**, um **gesto**, *ou* uma **olhada** bastava...

» Um substantivo subordina o verbo logo este concorda no singular com aquele.

7. CONCORDÂNCIA VERBAL - ORAÇÕES SUBORDINADAS

7.1. Orações subordinadas substantivas subjetivas (OSSS)

Os verbos das orações principais são considerados como impessoais, não designam as pessoas do discurso, não concordam com as OSSS, portanto são usados no singular, porém os verbos das OSSS são usados no infinitivo ou concordam com seus sujeitos:

✦ (1) **Manter uma dieta equilibrada** auxilia o bom funcionamento do intestino.

✦ (2) "**Reduzir**, **reciclar** e **reutilizar** faz bem ao meio ambiente." Jornal da Caixa

✦ (3) Para ver a Lua de sangue, basta **haver céu limpo** e **existir horizonte aberto**.

✦ (4) Falta **cadastrar** (ou falta eles **cadastrarem**) a senha.

7.2. Orações subordinadas adjetivas restritivas reduzidas de infinitivo

Os substantivos subordinam os verbos, logo estes, embora ligados por preposição, concordam com aqueles.

✦ (1) As **despesas** a serem pagas ou as **despesas** que serão pagas.

✦ (2) Os **arquivos** a serem entregues ou Os **arquivos** que serão entregues.

7.3. Orações subordinadas adverbiais finais

Os substantivos subordinam os verbos, inclusive os verbos das orações subordinadas adverbiais finais, portanto estes concordam com aqueles:

✦ (1) "O general **Aníbal** botou o pé na estrada... para surpreender o inimigo."

- (2) Os **centros** comunitários foram preparados para receberem a população.
- **Outros exemplos:** (1) Ministros conclamam os **trabalhadores** para fiscalizarem o FGTS e o INSS. (2) A criada incitou as **testemunhas** a repetirem o desafio a Pedro. (3) O Governo põe **placas** e **sinais** nas estradas para orientarem os motoristas. (4) "A médio e a longo prazos, **americanos, europeus** e **asiáticos** aceleram planos para buscarem mais petróleo em seus territórios." (5) "**Centros** comunitários preparados são uma solução comum para receberem a população." (6) Exorta **todos** a (ou para) praticarem a justiça. (7) Ainda há muitas **coisas** a (ou para) serem realizadas. (8) "Vários **servidores** serão chamados a (ou para) deporem sobre as fraudes na folha de pagamento."

7.4. Orações completivas nominais

Nas orações completivas nominais (as que completam nomes) os verbos permanecem no **infinitivo** ou **concordam** com seus sujeitos:

- (1) "Guaraná Jesus: o sabor de viver (ou vivermos) o Maranhão." (2) Kinder Joi: A maneira gostosa e divertida de saborear (ou saborearmos) um alimento. (3) "Antes de formarem-se o **firmamento** e a **terra**..."
- (4) "As **operações** para retirar a fuselagem do avião AF 447 começarão em um mês." (5) "O **despejo** faz parte das operações de emergência para estabilizar a usina nuclear de Fukushima."

  » **Operações** e **despejo** não subordinam **retirar** e **estabilizar**, estes determinam **operações** portanto não concordam com aqueles.

Observação: Em determinados períodos se os verbos não possuem sujeitos, geralmente complementam nomes, são invariáveis:

- (1) "Saiba quais documentos *apresentar* para registrar seu imóvel." (2) "Sete **presos** de justiça, acusados de *molestar* crianças, serão transferidos ao Centro de Recuperação." (3) Discussões não levam a nada *a não ser* a aborrecimentos.

  » Os verbos em itálicos não possuem sujeitos portanto são invariáveis; "a não ser a" é locução prepositiva.

8. CONCOND. VERBAL – SE, APASSIV. E INDETERMINANTE

a) Na voz passiva sintética (VTD + **se**), pronome apassivador, os verbos concordam com seus sujeitos.

- (1) "Mudam-se os **tempos**, mudam-se **as vontades**, / Muda-se o **ser**, muda-se a **confiança**, / Todo o mundo é composto de mudança..."[20]

20. Luis Vaz de Camões, negritos acrescentados

» Se há alguma dificuldade para identificar o sujeito, passamos a voz passiva sintética (VTD+se) para a voz passiva analítica (v. auxiliar e v. principal):

✦ Os **tempos** são mudados, as **vontades** são mudadas, o **ser** é mudado...

b) Na voz ativa (VTI[1], ou VI[2] ou VL[3] + **se**), pronome indeterminador do sujeito, as orações são sem sujeitos, portanto os verbos são usados na terceira pessoa do singular. VL, verbo de ligação.

✦ (1) Não se **acredita** mais em promessas eleitorais. **Precisa**-se de pessoas qualificadas. **Necessita**-se de operários. (2) **Vive**-se bem nesta cidade. Aqui se **dorme** bem. (3) Aqui se **está** contente. Aqui se **é** jovem. **Ama**-se a Deus.

9. CONCORDÂNCIA DO VERBO "HAVER"

- **Haver**, empregado pessoalmente, possui vários sentidos portanto concordará normalmente com o sujeito:

✦ a) Sentido de **ter**, **possuir**: (1) Os **filhos** haviam saúde invejável. (2) "Havemos canela, açúcar, sacos de carne salgada e farinha de mandioca."

✦ b) Sentido de **alcançar**, **obter**, **conseguir**: (1) "Os **sentenciados** houveram do juiz a comutação da pena."[21] (2) Paulo e Pedro houveram várias promoções à custa de bajulações.

✦ c) Sentido de **considerar**, **julgar**, **entender**: (1) **Nós** o havemos como merecedor dos prêmios. (2) Paulo e Pedro haviam o secretário como digno de confiança.

Observações: Sobre o **haver** como sinônimo de **existir**, consulta verbos impessoais.

10. CONCORDÂNCIA DO VERBO "SER"

10.1. Substantivos e pronomes

Excepcionalmente **ser** concorda com o **sujeito** ou com o **predicativo do sujeito**, ou seja, com o termo anterior ou com o termo posterior.

- **Nome de pessoas, palavras que designam pessoas** e **pronome pessoal reto** prevalecem sobre nomes de **coisas**, embora aqueles termos sejam sujeitos ou predicativos do sujeito:

✦ (1) O melhor do Japão são os **japoneses**. (2) Os **japoneses** são o melhor do Japão. (3) O Japão somos **nós**. (4) **Nós** somos o Japão. (5) Um és **tu** dos que ficarão aqui.

21. Ferreira, Aurélio B. H., *Novo Aurélio Século XXI*, Nova Fronteira, 3ª edição, 1999.

- Se o **sujeito** e o **predicativo** são substantivos, o plural prevalece sobre o singular:
  - (1) "O melhor **alimento** da autoestima são as **vitórias.**" (2) "As **vitórias** são o melhor **alimento...**" da autoestima." (Roberto Shinyashiki). (3) Ó mar salgado, quando do teu **sal** são **lágrimas** de Portugal. (Fernando Pessoa)
  - **Outros exemplos:** (1) Um **livro** são 30 **reais.** (2) **Conformar**-se com a situação ou **mobilizar**-se para melhorá-la são as **opções** do povo. (3) "**Relações** Públicas são a atividade de uma pessoa para promover o relacionamento com o público." (4) "Um dos fatores que interferem na comunicação eficaz são as **barreiras** na comunicação."
- Se o sujeito é um dos pronomes **tudo, isto, isso, aquilo**, o verbo **ser** concorda com o predicativo:
  - (1) "Na vida, nem tudo é **flor.**" (2) "Na vida, nem tudo são **flores.**" (3) Isso não são **respostas** que se deem. (4) Aquilo eram **atitudes de uma pessoa**?
- Os substantivos prevalecem sobre as oração subordinadas subjetivas:
  - (1) "Vencer a criminalidade e proteger as pessoas é a **batalha** de todos os dias."
  - (2) "Despertar e unir as pessoas para a causa 'Outubro Rosa' é o nosso **objetivo.**"
  - (3) "**Assumir** responsabilidade e **dar** desculpas são como **água** e **óleo**: não se misturam."
- Na voz passiva, o verbo **ser** das orações subordinadas substantivas completivas nominais concorda normalmente com seu sujeito:
  - (1) "O gerente apresentou técnicas passíveis de compreensão."
  - (2) "O gerente apresentou **técnicas** passíveis de serem compreendidas por nós."

10.2. É proibido, é vedado, é perigoso, é gostoso, é bom, é caro, é barato, é necessário, é obrigatório

São orações principais, são predicados das orações subordinadas substantivas subjetivas, ou seja, formam, juntamente com estas, períodos compostos por subordinação.

As omissões ou as substituições realizadas nas orações subjetivas e nas orações principais não modificam suas classificações, os períodos, embora modificados, continuam compostos por subordinação, portanto a concordância, tanto no período normal como no período desfigurado, é a mesma.

As orações principais[1] são consideradas como impessoais (são usados apenas na terceira pessoa do singular), quando seus sujeitos são orações subordinadas substantivas subjetivas[2], ou concordam com os substantivos, quando estes são determinados:

- **É proibido, é vedado**

  ✦ (1) É proibido[1] **vender** bebida alcoólica aqui[2]. (2) É proibido[1] **venda** de bebida alcoólica aqui[2]. (3) É proibido[1] **bebida** alcoólica aqui[2]. (4) Proibido[1] **vender** bebida alcoólica aqui[2]. (5) É proibida[1] a **venda** de bebida alcoólica aqui[2].

  » Nesses períodos, as orações subjetivas 2 são sujeitos, as orações principais 1 são predicados, **é proibido** é locução verbal, **ser** é verbo auxiliar e **proibido** é particípio.

As razões para essas concordâncias excepcionais são justificáveis:

a) se as locuções verbais pluralizassem-se quando as orações subjetivas fossem duas ou mais, suas pronúncias seriam desagradáveis, exemplos **(6)** e **(7)**;

b) as locuções verbais não concordam com os substantivos contidos nas orações subjetivas, porque eles não as subordinam, ou seja, eles não são sujeitos daquelas, inclusive não sofrem as ações expressas por elas, exemplos **(2)** e **(3)**;

c) a locução verbal concorda normalmente quando o substantivo subordinante é determinado, exemplo **(5)**, ou quando ela é subordinada por substantivo, exemplo **(8)**.

✦ (6) *São proibidos* entrar com animais e trazer comidas e bebidas.

✦ (7) *São necessários* reformar os canais e eliminar as palafitas.

✦ (8) São **práticas** proibidas pelo CDC: enviar cartão de crédito sem pedido, não honrar oferta anunciada, aumentar preços sem justa causa, fazer venda casada...

✦ **Outros exemplos**: (1) É vedado divulgar propaganda eleitoral aqui. (2) É vedado divulgação de propaganda eleitoral aqui. (3) É vedado propaganda eleitoral aqui. (5) É vedada a **divulgação** de... (6) Não é permitido *(levar)* na bagagem de mão: objetos perfurantes e armas de fogo. (6) É proibido animais. (7) Proibido animais. (8) É proibido subir na pedra furada. (9) Proibido subir... (10) É vedado afixar cartazes. (11) Vedado afixar cartazes.

- **É perigoso, é gostoso, é bom, é caro, é barato, é necessário, é obrigatório, é razoável, é possível**

  ✦ (1) Dirigir moto[1] é perigoso[2]. (2) Moto[1] é perigoso[2]. (3) Comer cajarana madura[1] é muito gostoso[2]. (4) Cajarana[1] é muito gostoso[2]. (5) A/esta/aquela **cajarana**[1] é gostosa[2]. (6) Comer carne[1] é bom[2]. (7) Carne[1] é bom[2]. (8) A/essa/aquela **carne**[1] é boa[2].

» Nesses períodos, as orações subjetivas são sujeitos, as orações principais são predicados, **ser** é verbo de ligação e **perigoso**, **gostoso** etc. são adjetivos.

✦ **Outros exemplos:** (1) Comprar cereja é muito caro. (2) Cereja importada é caro. (3) A/aquela/nossa **cereja** é cara. (4) "É razoável imaginar e desejar que as pessoas melhorem suas vidas." (5) Ser persistente é necessário. (6) Persistência é necessário. (7) A **persistência** é necessária. (8) É necessário reformar (ou que reformemos) os canais e eliminar (ou que eliminemos) as palafitas. (15) São necessárias a **reforma** dos canais e a **eliminação** das palafitas. (16) Não foi possível atualizar o Windows.

10.3. É muito, é pouco (expressam quantidade, peso ou medida)

a) Se **muito** e **pouco** são pronomes indefinidos, concordam com o substantivo a que se referem, que eventualmente é omitido na oração:

✦ (1) 400g de comida era muito ***(alimento)***, muita ***(comida)***. (2) 1000km é muito, ou é muita ***(distância)***. (3) 7 jogos em 7 dias foi muito ***(desgaste)***. (4) O(s) **progresso**(s) alcançado(s) foi(foram) pouco(s) ou nenhum(ns). (5) Eram poucas **pessoas** mas muito determinadas.

b) Se **muito** e **pouco** são advérbios, são invariáveis:

✦ (1) Os desafios eram muitos mas poucos eram **muito** agradáveis. (2) A Arte é **muito/pouco** divulgada na Academia. (3) Quando vi o produto final, pensei: é **muito/pouco** comum.

10.4. Hora, tempo, distância ou data

Se o verbo **ser** indica **hora, tempo, distância** ou **data**, o **sujeito** e o **predicativo** designam **coisas**, o plural prevalece sobre o singular:

✦ (1) Que prato é esse? - Este **prato** é quiche. Que prato é esse? - É quiche.

✦ (2) Quem é Paulo? - **Paulo** é estudante. Quem é Paulo? - É estudante.

✦ (3) Que hora é? - A **hora** é uma hora. Que hora é? - É uma hora.

✦ (4) Que horas são? As **horas** são 10 horas. Que horas são? - São 10 horas.

Nas orações **é quiche, é estudante, é uma hora** e **são 10 horas** os sujeitos estão subentendidos, são deduzidos pelas perguntas anteriores.

✦ (5) De 2000 a 2010 foram bons **tempos.**

✦ (6) Os anos de 2000 a 2010 foram bons **tempos.**

✦ (7) De Capanema a Peixe-Boi são 18 **quilômetros.**

✦ (8) A distância de Capanema a Peixe-Boi são 18 **quilômetros.**

» Em **(5)** e em **(7)**, os núcleos dos sujeitos, **anos** e **distância**, estão omissos, em **(6)** e em **(8)**, estão expressos.

✦ (9) Que data é hoje? - São **30** de dezembro.

✦ (10) Que data é hoje? - A **data** hoje são **30** de dezembro.

✦ (11) Que dia é hoje? - O **dia** hoje é **primeiro** de dezembro.

✦ (12) Que dia é hoje? - O **dia** hoje são **30** de dezembro.

✦ (13) Que dia é hoje? – Hoje é **dia** 30 de dezembro.

11. CONCORDÂNCIA DO VERBO "PARECER"

a) Se é verbo de ligação, liga o predicativo do sujeito ao sujeito:

✦ (1) As **estrelas** parecem brilhantes. (2) Há **pessoas** que parecem sempre aborrecidas.

✦ (3) Os **planetas** gigantes gasosos parecem estar envoltos por camadas de gás.

✦ (4) Os **planetas** gigantes gasosos parece estarem envoltos por camadas de gás.

» Os dois períodos estão incorretos: se **parecer** e **estar** são verbos de ligação, um deles é suficiente para ligar o **predicativo** ao **sujeito**, logo usamos **parecer** ou **estar**; se **parecer** expressa dúvida ("os planetas **parecem** estar envoltos", não há certeza se eles estão envoltos, eles **parecem** estar envoltos), ele também está incorreto porque apenas os advérbios expressam dúvida; correções:

✦ (5) Os **planetas** gigantes gasosos estão envoltos por camadas de gás.

✦ (6) Os **planetas** gigantes gasosos parecem envoltos por camadas de gás.

✦ (7) Os **planetas** gigantes gasosos *provavelmente* estão envoltos por camadas de gás.

b) Se é verbo intransitivo, não necessita de complementos verbais:

✦ (1) | Parece | que o Fábio virá às 9 horas. |

or. princ. — oração subord. subst. subjetiva

✦ (2) | Parece | que os motoristas estavam aborrecidos. |

or. princ. — oração subord. subst. subjetiva

12. EXERCÍCIOS

1. (VUNESP) Responda certo ou errado quanto à concordância nominal e verbal.

a. ( ) A olhos vistos Lúcia envelhecia mais do que rapidamente.

b. ( ) Ela parecia meia confusa ao dar aquelas explicações.
c. ( ) Envio-lhe, em anexo, a declaração de bens solicitada.
d. ( ) Os jogos a que a menina assistia lhe parecia emocionante.
e. ( ) Não nos parece que sejam irrelevantes qualquer medidas que visem à preservação de línguas utilizadas pelas minorias.

2. Responda certo ou errado quanto às afirmações.

a) ( ) (Cespe) "A diferença tem de estar contida no espaço privado porque é considerada um risco à identidade e à unidade nacionais." O adjetivo "nacionais" está no plural por referir-se a dois substantivos; todavia poderia nessa posição permanecer no singular, sem que com isso ocorresse erro de concordância.
b) ( ) (FCC) Na frase "expressão **meio** irônica que não escondia **de todo** seu afeto sempre reservado" os termos destacados deveriam ser substituídos por **meia** e **de toda**, respectivamente, em atendimento à norma culta.
c) ( )(Cespe) Somos sensíveis a novos tipos de violência, que antes não eram considerados como tal.
d) ( ) (Unama) "Geralmente temos pouquíssimos amigos mas bastantes conhecidos."
e) ( ) Há bastante razões para eu não comparecer à festa.

3. (FCC, 2010, BAHIAGÁS, Analista de Processos Organizacionais) As normas de concordância verbal estão plenamente observadas na frase:

a) Todas as eras durante as quais afligiram-no o pior dos sofrimentos, Prometeu via seu fígado ser devorado diariamente por uma águia.
b) Aos deuses irritavam sempre, em virtude de não admitirem contestação a seus poderes, qualquer lampejo criativo que proviesse dos homens.
c) Um fundamento das tragédias gregas, podemos lembrar, consistem nos desafios ao poder de Zeus, lançados por um mortal que não o teme.
d) Advirtam-se as crianças para que sejam cautelosas com o fogo, já que a sedução das chamas só faz aumentar o perigo que estas representam.
e) Mesmo com todas as advertências que se faz a uma criança, é quase inevitável que venham a queimar-se, mais cedo ou mais tarde.

4. (FGV, 2010, PC-AP, Delegado de Polícia, adaptada) De acordo com as regras de concordância verbal do padrão escrito culto, assinale a alternativa **incorreta:**

a) A maioria dos brasileiros já viveram situações violentas no cotidiano.
b) Sem dúvida, devem haver formas de combater pacificamente a violência.
c) No artigo em análise, trata-se de questões referentes à origem histórica da violência.
d) Faz séculos que se verificam situações de opressão na sociedade brasileira.
e) Sempre existirão pessoas dispostas a resistir ao comodismo.

5. (TJ-SC, 2010, Assistente Social) Relativamente à concordância, apenas uma das frases está **correta:**

a) Cada município dos cinco Estados selecionados receberão programas de incentivo.
b) Está sendo designado pela delegacia dois peritos para agir no caso.
c) É triste constatar que algumas pessoas que vem morar na ilha não conseguem ver as coisas positivas ao seu redor.

d) Também pode ser buscado no seu passado glorioso a justificativa para a vocação turística da cidade.
e) Houve ainda alguns gastos que, do ponto de vista legal, não poderiam ter sido realizados.

6. (CESGRANRIO, 2010, Petrobrás, Técnico de Administração, adaptada) Qual sentença está de acordo com o registro formal culto da língua, no que tange à concordância?

a) Fazem muitos anos que Claudia Souza virou a monja Coen.
b) As pesquisas sobre felicidade são as mais precisas possível.
c) Cada uma das atividades cotidianas conta para a felicidade.
d) A felicidade é difícil, haja vistos nossos esforços para alcançá-la.
e) Todos querem a verdadeira satisfação e não uma pseudafelicidade.

7. (CESPE, 2007, TRT-9R, Analista Judiciário - Área Administrativa) "Não somos livres como acreditamos ser. Quando se entende isso, fica evidente que a maior parte dos nossos atos e pensamentos não é tão livre de condicionamentos como gostamos de acreditar." (Planeta, set./2007, com adaptações)

A expressão **a maior parte dos** poderia ser substituída por **quase todos os**, sem prejuízo da coerência ou da correção gramatical do texto, já que as duas expressões têm função significativa semelhante.

( ) certo ( ) errado

8. (Uepa). A relação entre o verbo **sair** e o sujeito da oração em "Hoje, mais de um terço dos frutos do mar vendidos em todo o mundo sai de empresas, tanques de cimento ou gaiolas submersas":

a) expressa a impessoalidade do sujeito.
b) é inaceitável pela norma padrão da língua.
c) justifica-se pela referência a "frutos do mar", no sujeito da oração.
d) justifica-se pela referência a "um terço", elemento partitivo que compõe o sujeito.
e) é uma exigência da expressão temporal "hoje".

9. (FCC, 2011, TER, TO, Analista Judiciário) Com a substituição do segmento grifado pela expressão entre parênteses no final da transcrição, o verbo **que deverá ser mantido no singular** está em:

a) ... o raciocínio conservacionista tem sido puramente contábil ... (**o raciocínio dos conservacionistas**)
b) Mas, ainda que seja um assunto cada vez mais popular ... (**assuntos cada vez mais populares**)
c) ... de quem está mergulhado nas decisões mais prosaicas do dia a dia. (**daqueles que**)
d) ... nunca, na história do planeta, registrou-se um número tão grande de espécies ameaçadas. (**tantas espécies ameaçadas**)
e) ... um tema que se discuta nos bares ... (**daqueles temas**)

10. (FCC, 2010, TRF 4ª Região, Analista Judiciário, adaptada) O verbo indicado entre parênteses deverá flexionar-se numa forma do **singular** para preencher corretamente a lacuna da frase:

a) Em meio às carências, ... (**acabar**) faltando às personagens de **Vidas secas** até mesmo o que as palavras trariam como consolo.

b) Não ...... (**costumar**) suceder a um aluno de escola particular os mesmos embaraços de linguagem de que é tomado o da pública.
c) Sempre ...... (**haver**) de ocorrer, para uma pessoa como aquela senhora no banco, tão impiedosos constrangimentos?
d) Jamais ...... (**faltar**) a um escritor como Graciliano Ramos, de reconhecido rigor ético, convicções quanto ao poder das palavras.
e) A falta ou a precariedade da linguagem estão entre as carências que a ninguém ...... (**dever**) tomar de assalto.

11. (FCC, 2010, TRT 9ª Região/PR, Analista Judiciário) Está adequada a concordância verbal nesta construção:
a) nem negligência, nem incúria: a combinação letal do medo e da ganância trouxeram-nos até aqui.
b) dizem muito, sobre nós e nossa espécie, o que nos fez chegar até aqui?
c) diante do inimigo, real ou virtual, lançam-se mão dos recursos nucleares.
d) são cada vez mais difíceis considerar como permanentes as fronteiras entre os Estados.
e) repousa nas providências que levem a Estados sem fronteiras a expectativa de que sobrevivamos.

12. (FCC, 2009, MPE-AP, Técnico Administrativo, adaptada) Está plenamente adequada a concordância verbal da frase:
a) Não se debitem às velhinhas a culpa por essas imagens fabricadas.
b) O excesso de jovialidade faz parecerem caricaturas essas velhinhas.
c) A poucas pessoas parecem incomodar essa abordagem indigna da velhice.
d) Devem-se a tais comerciais o fortalecimento dos valores juvenis.
e) Atribuem-se aos genuínos valores da velhice pouquíssima importância.

13. Assinalai a opção que na ordem preenche as lacunas corretamente.
"Ao longo da história, o trabalho _______ recebendo um significado que _______ aos grupos dominantes para evitar o conflito social, beneficiar-se dos frutos do trabalho e manter o sistema estabelecido. _______ o conceito de cultura do trabalho por meio da _______ dos conceitos de cultura e trabalho, que sintetizam realidades dinâmicas que se materializam e se modificam no processo de construção da realidade humano-social." (Lia Tiriba)
a) vem - convêm - Se obtém - interseção
b) vêm - convém - Obtém-se - intersecção
c) vem - conveem - Obtêm-se - intersessão
d) vem - convém - Obtém-se - interseção
e) vêm - convém - Se obtêm - interseção

14. (FEC, 2010, MPA, Agente Administrativo, adaptada) A forma verbal usada no texto que pode ser substituída pela forma indicada, sem que isso resulte em erro de concordância verbal, encontra-se em:
a) que sempre me proporcionou pescarias inesquecíveis nas duas modalidades / proporcionaram.
b) que mal nos permitia ficarmos em pé para os arremessos / ficar.
c) que talvez passassem pelo local / passasse.

d) que, com suas lambretas, "plugs" e "jigs", dizimaram os cardumes do local / dizimou.
e) que separa o esportista do "matador" / separam.

15. (FCC, 2015, TRT/MG, Técnico Judiciário, Área Administrativa) As normas de concordância verbal estão plenamente respeitadas na seguinte frase:

a) Já quase não se coleciona em álbum, em função das técnicas digitais, as fotografias familiares que tanto contavam de nossa história.
b) Para muita gente já não são mais necessários conservar os velhos álbuns de fotografias, substituídos que foram pelos arquivos digitais.
c) Aquelas velhas fotos não convêm ninguém desprezar, estão sendo cada vez mais raras, e algum dia acabará por converter-se num precioso documento.
d) Uma sucessão de fotos pode ilustrar um segmento importante de uma história familiar, à qual pertenceram aqueles velhos rostos e expressões.
e) A todas as pessoas deveriam caber, em respeito aos que as antecederam, conservar as imagens de outro tempo, de outros hábitos.

RESPOSTAS	
1	**a**) c; **b**) e (**meia** modifica **confusa**, adjetivo, logo é invariável; **c**) c; **d**) e (**jogos** é sujeito plural portanto **parecia** e **emocionante** concordam no plural; **e**) e (**qualquer** não concorda com **medidas**, substantivo plural; **parecer**, verbo de oração principal, é invariável)
2	**a**) c (**identidade** e **unidade** subordinam nacional logo este concorda no plural); **b**) e (**meio** é advérbio, modifica **irônica**, adjetivo, e **de todo** é loc. adverbial, modifica **esconder**, verbo, logo são invariáveis); **c**) c (**tipos**, antecedente de **que**, é substantivo masculino plural, portanto **novos** e **eram considerados** concordam no masculino plural); **d**) e: (**bastante** é advérbio, modifica **conhecidos**, adjetivo, logo é invariável: ...mas são amigos bastante conhecidos); **e**) e: **razões**, substantivo, é plural, logo **bastantes**, adjetivo, também é plural.
3	d) (**crianças** é plural, logo **advertir**, **as**, **ser** e **cautelosas** são plurais; **sedução** é singular, **a** e **fazer** são singulares; e **chamas** é plural, **estas** e **representar** são plurais. **A**, **b**, **c** e **e** são incorretas, os verbos, termos subordinados, não concordam com os substantivos, termos subordinantes: em **a**, **afligir** não concorda com **pior**, núcleo do sujeito; em **b**, **irritar** não concorda com **lampejo**, núcleo do sujeito; em **c**, **fundamento** é singular, logo **consistir** concorda no singular; em **e**, **advertências** é plural, logo **fazer** é plural; **criança** é singular, logo **vir** é singular);
4	b (**haver**, v. principal, é impessoal, logo **dever**, v.auxiliar, é usado no singular).
5	e (**haver**, v. impessoal, é usado no singular embora **gastos** seja plural.
6	c (**atividade**, núcleo do sujeito, é singular, logo **contar** concorda no singular: Cada **atividade** dentre as atividades cotidianas conta para a felicidade).
7	e (na primeira o sujeito é singular e na segunda o sujeito é plural, portanto uma não é substituída pela outra: "a maior **parte** dos... é" diferente de "quase os nossos **atos** e **pensamentos** todos são".
8	d (**terço** é singular, **sair** é singular).
9	a (**raciocínio**, núcleo do sujeito, é singular, **ter** é singular).
10	a (**o**, demonstrativo, = aquilo, é singular logo **acabar** concorda no singular.

RESPOSTAS	
11	e (**expectativa**, subst. subordinante, é singular logo **repousar** concorda no singular)
12	b (**excesso** é singular, **fazer** é singular; **velhinhas** é plural, **parecer** é plural)
13	d (**trabalho**, **significado** e **conceito** são singulares, portanto os verbos concordam no singular: vem, convém, obtém-se e interseção.
14	b) **permitia ficarmos** é locução infinitiva latina, **que** subordina **permitir** e **nos** subordina **ficar**; como **nos** é pronome átono, **ficar** concorda no singular ou no plural.
15	a) incorreta: **fotografias** é plural, **colecionar** é plural; b) incorreta: os verbos das orações principais (VOP) são considerados impessoais, logo a concordância é: já não **é** mais **necessário** conservar... c) incorreta: os VOP são impessoais, logo **convir** é usado na 3ª pess. do sing.: desprezar aquelas fotos não **convém**; d) correta: uma **sucessão** pode ilustrar, e aqueles velhos **rostos** e **expressões** pertencem à história familiar; e) incorreta: os VOP são impessoais, logo **dever caber** é usado na 3ª pess. do sing.: conservar as imagens **deveria caber** a todas as pessoas.

CAPÍTULO 7

Regência

1. INTRODUÇÃO

Regência deriva de reger, que significa exigir, requerer, governar, ou seja, as palavras transitivas (substantivos, adjetivos, verbos, advérbios etc.), por serem de significação incompleta, regem ou exigem termos que completem seus significados, portanto regência são as relações que se estabelecem em os termos regentes e os termos regidos.

2. REGÊNCIA NOMINAL

É a relação de dependência ou de subordinação que se estabelece entre os nomes (substantivos, adjetivos ou advérbios) e os seus complementos. Por meio da regência nominal, conhecemos as preposições exigidas pelos nomes para se ligarem aos seus complementos. Os **nomes** são chamados de **regentes** ou de **subordinantes**, e os **complementos** são chamados de **regidos** ou de **subordinados**. Se os **nomes** derivam de verbos, geralmente suas regências são as mesmas regências referentes aos verbos.

- **substantivo:**
  - (1) "Conheça as **opções** *de* **presentes** *para* o **dia** *dos* namorados." (2) "Tinha tanto **medo** *de* que a sua vida não desse certo e *de* que a desgraça da infância se repetisse, que ele próprio acabou com tudo." (3) A **referência** *a* Cabo Verde, o **combate** *à* dengue, a **volta** *às* aulas.
- **advérbio:**
  - (1) "**Atrás** *de* mim tu vês o Parthenon, a morada das virgens." (2) "Manifestantes japoneses... diziam '**não** *à* energia nuclear e **não** *à* Fukushima'."
- **pronome:**
  - "**Quanto** *à* autoridade do governo, qualquer explicação adicional é supérflua, mas **quanto** *à* autoridade social orgânica..."

+ **Outros exemplos**: Funiversa: (1) "Todo ser humano tem direito **à** vida, **à** liberdade e **à** segurança pessoal." (2) "Todo ser humano tem o direito **de** deixar qualquer país, inclusive o próprio, e a este regressar." (Uno-Brasil)

  » Em **(1) à** = **a**, preposição exigida por **direito**, + **a**, artigo que define **vida**, **liberdade** e **segurança**; em **(2)** a preposição **de** é necessária porque **direito** a exige.

+ (3) "O sábio é **afável** *com* todos, com igual amor e fraternidade trata a todos..." (Bhagavad Gita).

+ (4) "Não existe prazer **comparável** *ao* de ficar firme sobre o vantajoso terreno da verdade." (Bacon)

  » Os adjetivos destacados não expressam completamente as qualidades dos substantivos sublinhados, portanto necessitam de complementos (**todos** e **prazer de ficar**...) aos quais se ligam pelas preposições destacadas.

3. REGÊNCIA VERBAL

É a relação de dependência (subordinação) que se estabelece entre os verbos e os complementos. Determinados verbos exigem preposições para ligarem-se aos complementos, outros não as exigem, portanto, por meio da **regência verbal**, sabemos quais verbos ligam-se por preposições aos complementos, nesse caso também sabemos quais são as preposições adequadas, e sabemos quais verbos ligam-se sem preposições. Nas relações entre verbos e complementos, os **verbos** são **termos regentes** ou **subordinantes**, e os **complementos** são **termos regidos** ou **subordinados**, ou seja, os verbos definem se eles ligam-se por preposições ou sem preposições aos substantivos.

Os verbos são transitivos ou intransitivos:

- **Verbos transitivos** (a ação praticada pelo substantivo **transita**, **passa** pelo verbo e encerra-se no objeto): são os verbos que geralmente **não expressam** completamente as ações praticadas pelos substantivos, logo necessitam de complementos para completarem seus significados.

  Observação: O complemento verbal, que raramente é uma palavra substantivada, sempre é um **substantivo** ou uma **oração subordinada substantiva** (objetiva direta ou objetiva indireta). Por exemplo, nas expressões "quem agrada, agrada **alguém**" ou "quem entrega, entrega **algo** a **alguém**", **algo** e **alguém** sempre são **substantivos**, próprios ou comuns.

Os verbos transitivos são classificados em:

a) **Verbo transitivo direto:** são os verbos que se ligam aos complementos diretamente, sem preposição (o complemento é chamado de **objeto direto**).

b) **Verbo transitivo indireto:** são os verbos que se ligam aos complementos por preposição (o complemento é chamado de **objeto indireto**).

c) **Verbo transitivo direto e indireto:** são os verbos que se ligam aos complementos (**objeto direto** e **objeto indireto**) sem preposição e por preposição respectivamente.

Verbos transitivos são os verbos que exigem complementos, são os verbos cujas ações passam para os complementos, as elipses, omissões de termos, não alteram suas regências, portanto, os verbos transitivos, embora, eventualmente, seus complementos sejam omissos, são transitivos.

Analisemos alguns exemplos:

- (1) "**Sonhe**, **busque**, **espere**, **deseje**, **ame** e seja amado..."
- (2) Faça seu som com Pedhuá: **anime**, **toque**, **cante**, **torça**, **vibre**.

  » Seus significados são os mesmos, suas regências são as mesmas, suas ações passam aos complementos omissos, ex., sonhe alguma coisa, busque alguma coisa, espere alguma coisa, etc., facilmente são passados para a voz passiva: alguma coisa foi sonhada, foi buscada etc., portanto, certamente, os verbos transitivos, com ou sem seus complementos, são verbos transitivos.

- (3) As flores **caíram** sobre a grama.
- (4) A vítima **morreu** em casa.
- (5) Todos **sentaram**-se no chão.
- (6) O jogador **chorou** para o técnico.

  » **Cair**, **morrer** e **sentar** não exigem complementos, as ações são expressas apenas pelos verbos, **sobre a grama**, **em casa** e **no chão** são locuções adverbiais de lugar, **se** é partícula de realce, facultativa, portanto aqueles verbos são intransitivos.

  » **Chorar**, sentido figurado, liga-se ao complemento por **para**, preposição, logo é VTI.

- (7) "Uma instituição caríssima recebe alunos melhores, não **cobra** nada deles e termina com resultados iguais ao da própria cria, que **cobra** e não tem os alunos com o mesmo perfil."[1]

  » **Cobrar** nos dois usos possui o mesmo significado, a mesma regência, **cobrar algo a** ou **de alguém**, portanto são VTDI.

  » No primeiro uso, **cobrar** é complementado por **nada**, objeto direto, e por **deles** (de+eles), objeto indireto (não lhes cobra nada); no segundo uso, os complementos foram omitidos, mas são subentendidos, **mensalidade**, objeto direto, e **lhes**, objeto indireto, logo ambos são VTDI.

---

1. CASTRO, Cláudio de Moura, Universidade Pública em Xeque, pág. 2, Veja, Editora Abril, edição Nº 2561, 20/12/2017.

✦ (8) "As nossas especificidades geográficas e as nossas castas bem adaptadas **jogaram** a nosso favor: conseguimos excelentes vinhos..."[2] (9) "Vários fatores **jogaram** a favor da proposta chilena."[2]

» Salvo melhor juízo, **jogar**, sintido figurado, não exige complemento, porquanto é VI.

Os pronomes **me**, **te**, **se**, **nos**, **vos** substituem objetos diretos ou objetos indiretos, conforme as regências verbais, os pronomes **o**, **a**, **os**, **as** substituem objetos diretos e os pronomes **lhe**, **lhes** substituem objetos indiretos.

A falta de hábito de não os usarmos para complementarem determinados verbos, aderir, aludir, aspirar, assistir, não os desqualifica como os pronomes adequados para substituírem os complementos verbais. Se o **lhe** não substitui determinados objetos indiretos, é necessário verificarmos as causas, os motivos por que ele não os substitui.

Na língua portuguesa não existe outro pronome de terceira pessoa cuja função seja substituir o objeto indireto, portanto se o objeto é indireto, é substituído pelo **lhe.**

- **Verbos intransitivos** (a ação praticada pelo substantivo **não transita**, **não passa** pelo verbo, encerra-se neste): são os verbos que geralmente **expressam** completamente as ações praticadas pelos substantivos, portanto não necessitam de complementos para completarem seus significados.

- **Regências dos principais verbos**

Vimos que as regências verbais são variáveis, portanto as regências que estudaremos são as regências normais, habituais destes verbos, mas eventualmente, conforme eles sejam usados, possuem outras regências (com ou sem os complementos).

3.1. Aderir

a) Se significa **colar**, **unir**, "aderir" é transitivo direto e indireto:

✦ (1) Tu **aderiste** o edital ao quadro de aviso? – Não, não **o aderi** ao quadro (ou não lho **aderi**). (2) Quando aprontarmos o álbum, nós lhe **aderiremos** as fotografias.

b) Se significa **unir-se a uma causa**, "aderir" é transitivo indireto:

✦ (1) Nós já **aderimos** à campanha "Paz nos Estádios" e tu já lhe **aderiste** também? (2) Greve dos servidores é expressiva mas é necessário todos lhe **aderirem**, para garantirmos as reivindicações.

---

2. http://www.linguee.com.br/portugues-ingles, 21.06.2015.

3.2. Agradar

a) Se significa **fazer agrados, acariciar**, "agradar" é transitivo direto:

+ O pai **agradava** o filho. O tio ficou **agradando** a sobrinha inquieta.

b) Se significa **ser agradável, satisfazer**, "agradar" é transitivo indireto:

+ (1) A gentileza do aniversariante **agradou** aos convidados.
+ (2) Para **agradar** aos pais, o aluno se esforçava nos estudos.

3.3. Agradecer, pagar, perdoar

São transitivos diretos e indiretos (agradecer algo **a** alguém; idem para **pagar** e para **perdoar**):

+ (1) Hoje é muito difícil **perdoar** as ofensas ao ofensor.
+ (2) **Agradeceu**-lhe o ensino da linguagem dos símbolos.
+ (3) Os empregadores **pagam** os salários aos empregados.

Observações: As formas **pagar *os* empregados** e **perdoar *os* pecadores** não são padrões, porque os verbos não estão ligados aos seus objetos indiretos por preposição.

3.4. Aludir

a) Se significa **mencionar algo a alguém**, é VTDI, aludir algo a alguém:

+ (1) Os selvagens, com medo de serem descobertos, não mentiam aos espanhóis, **aludiam**-lhes tudo francamente. (2) "O sábio, sem nenhum herdeiro para sucedê-lo, adotou Nadin, seu sobrinho, e lhe **aludiu** todo seu conhecimento." (3) Nadin, eu te **aludirei** todo o meu conhecimento.

b) Se significa **fazer alusão, menção**: "aludir" é transitivo indireto, alude a algo:

+ (1) Não **aludi** ao desagradável incidente. (2) É necessário determinadas informações estarem em segredo, quanto menos lhes **aludirmos**, melhor à sociedade.
+ **Outros exemplos:** (3) A publicação obrigatória dos atos governamentais é fundamental à democracia: esta é a razão porque lhe **aludimos**. (4) Chanceler, **aludiste** vagamente a insolências, a conspirações e não sei mais a que.[3]

---

3. Alexandre Herculano, apud Novo Aurélio Século XXI.

3.5. Anunciar, comunicar, participar

São VTDI, anunciar algo a alguém:

✦ (1) **Comunicamos** a decisão aos alunos. **Comunicamos**-lhes a decisão.

✦ (2) **Anunciamos** os resultados aos alunos. **Anunciamos**-lhes os resultados.

✦ (3) **Participaremos** as decisões aos associados. **Participar**-lhes-emos as decisões.

3.6. Arrasar, compartilhar, namorar, repetir

São transitivos diretos:

✦ (1) A seleção alemã **arrasou** a seleção argentina na Copa de 2010. (2) O médico **compartilhou** os sofrimentos do paciente. (3) O João **namorava** a filha do desembargador. (4) O aluno **repetiu** a terceira série.

3.7. Aspirar

a) Se significa **inspirar, sorver**, "aspirar" é VTD, aspirar algo:

✦ (1) É saudável **aspirarmos** o ar de floresta.

✦ (2) "As flores estavam postas numa jarra, Félix deu alguns passos e as **aspirou**."

b) Se significa **desejar**, **pretender**, "aspirar" é transitivo indireto, aspirar **a** algo:

✦ (1) "Éramos jovens e 'românticos', não **aspirávamos** aos cargos, nem às prebendas: fazíamos apenas política por urgência... cívica..." (Ademar Santos, alterado) (2) O estudante almejava a magistratura, impunha-se disciplina rigorosa pois lhe **aspirava** intensamente. (3) Nós **aspirávamos** a que nossos filhos fossem políticos.

3.8. Assistir

a) Se significa **socorrer, assessorar**, "assistir" é VTD:

✦ (1) "Paulo disse que o Senhor o **assistira** e o revestira de força." (2) "Daniel, por causa de sua extraordinária sabedoria, **assistia** o rei." (3) – Dr. Paulo, me **assista** por favor. – Não te preocupes, eu te **assistirei**."

b) Se significa **presenciar**, **ver**, **ter direito**, **competir**, "assistir" é VTI:

- **presenciar**, **ver:**

✦ (1) Privilegiadamente te **assistimos**, Joaquim Cruz, quando elegantemente venceste a prova de 800 metros. (2) "Obrigado por nos **assistirem**." (3) É recomendável lhe **assistirmos** porque, embora o enredo do filme "A Moça com Brinco de Pérola" seja uma fantasia, é tão real que acreditamos que verdadeiramente ocorreu. (4) Nós **assistimos** aos alunos quando eles conquistaram o título. (5) Nós lhes **assistimos** quando os alunos conquistaram o título.

- **ter direito, competir:**

    ✦ (1) O direito a férias **assiste** ao trabalhador. (2) "O direito de criticar os meios de comunicação não me **assiste.**" (3) É um dever os cidadãos conhecerem os direitos que lhes **assistem.**

- **Fundamentações:**

a) Os pronomes **me, te, se, nos, vos** exercem as funções sintáticas objeto direto e objeto indireto, ou seja, complementam VTDs e VTIs, os pronomes **o, a, os, as** exercem exclusivamente a função sintática objeto direto, isto é, complementam exclusivamente VTDs, e o pronome pessoal oblíquo **lhe(s)** exerce, salvo exceção, a função sintática **objeto indireto**, isto é, complementa VTIs, os pronomes pessoas retos (eu, tu, ele, ela, nós, vós, eles, elas) exercem principalmente as funções sintáticas **sujeito da oração** e **complemento nominal**, portanto é desvio segundo a língua portuguesa (LP) complementarmos VTDs ou VTIs com os pronomes pessoais retos eu, tu, ele, ela, nós, vós, eles, elas, pois eles não exercem as funções sintáticas **objeto direto** ou **objeto indireto.** Ressaltamos que se os **pronomes pessoais oblíquos de primeira e os de segunda pessoas** (**me, te, se, nos, vos**) complementam os VTIs, inclusive **aderir, aludir, aspirar, assistir**, como vimos acima, claro que o **pronome oblíquo de terceira pessoa, lhe**(s), também os complementa. Não existe razão objetiva na regência desses verbos, na fonética e na sintaxe para afirmarmos: apenas os **pronomes de primeira e os de segunda pessoas** os complementam, o de **terceira pessoa,** não.

Analisemos alguns exemplos:

✦ (1) Dr. Paulo, **assista eu** por favor; não te preocupes, eu **assistirei tu.** (2) Quanto à saúde do teu irmão, não te preocupes porque eu **assistirei ele.** (3) O direito de criticar os meios de comunicação não **assiste a eu.** (4) Privilegiadamente **assistimos a tu**, Joaquim Cruz, quando venceste a prova de 800 metros. (5) Obrigado por **assistirem a nós** (Grupo Musical). (6) Foi um privilégio **assistirmos a vós.** (7) Obrigado pela sugestão do filme "Vovó... Zona 3: Tal Pai, Tal Filho", **assistirei a ele** certamente.

» É evidente que esses períodos estão incorretos pelos motivos:

» a) os **pronomes pessoais retos** destacados não exercem a função sintática **complemento verbal:** em **(1)** e em **(2)**, **eu** e **tu** exercem a função sintática **objeto direto**; em **(3)**, **(4)**, **(5)**, **(6)** e **(7)**, **eu, tu, nós, vós** e **ele** exercem a função sintática **objeto indireto;**

» b) nestes exemplos, a preposição **a** liga pronome pessoal reto a verbo.

» **Correções: (1)**: ...assista-**me**; ...eu **te** assistirei; **(2)**: ...eu **o** assistirei; **(3)**: ...não **me** assiste; **(4)**: Privilegiadamente **te** assistimos...; **(5)** Obrigado por **nos** assistirem. **(6)** Foi um privilégio **vos** assistirmos; e **(7)** ... assistir-**lhe**-ei certamente...

b) O pronome **lhe** substitui o **objeto indireto** portanto se determinado termo é **objeto indireto**, seja do verbo **assistir**, ou de qualquer outro verbo, ele é substituído pelo pronome **lhe.** Ressaltamos que o **lhe** é ordinariamente pronome de terceira pessoa, designa o assunto, mas excepcionalmente designa a segunda pessoa quando é usado na linguagem respeitosa.

✦ (1) Assistimos **à inauguração da piscina** → Assistimos-**lhe.**

✦ (2) Aspirávamos a**o serviço público** → Aspirávamos-**lhe.**

✦ (3) Obedecíamos a**os mestres** → Obedecíamos-**lhes.**

✦ (4) Daria a resposta a**os senhores** ou a **vocês** → Dar-**lhes**-ia a resposta.

c) Não basta apenas afirmar que o **lhe** não complementa os VTI **assistir**, **aderir**, **aludir** e **aspirar**: é necessário fundamentar claramente por que o **lhe** não os complementa, por que quem os complementa é **a ele**, por que **a ele** complementa somente esses quatro VTI, por que **a ele** não complementa os outros VTI se os seus complementos também são objetos indiretos? Regra não fundamentada, como as 70 que eliminamos neste livro, não tem valor para a LP.

A regra que estabelece que depois da preposição **a** usamos **ele**, não usamos **lhe**, ou seja, a regência do verbo assistir é: "quem assiste, assiste **a ele**, não é assiste **a lhe**" não é válida, porque não se aplica tanto à própria terceira pessoa quanto à primeira e à segunda pessoas:

a) o pronome **lhe** substitui a preposição **a** e o **objeto indireto** que complementa o VTI, logo nunca haverá o complemento verbal **a lhe;**

b) não existem na LP as combinações destacadas: "quem assiste, assiste **a eu**, não assiste **a me**" e "quem assiste, assiste **a tu**, não assiste **a te**";

c) essa regra serve apenas para confirmar o que afirmamos anteriormente: **a eu, a tu** e **a ele** não complementam verbos, não exercem a função sintática complemento verbal; também as combinações **a me, a te** e **a lhe** não existem, pois os pronomes **me, te** e **lhe** substituem tanto preposição **a** quanto o **objeto indireto** que complementa o VTI, logo a regência é: "quem assiste, assiste-**me**", "quem assiste, assiste-**te**" e "quem assiste, assiste-**lhe**".

Questão de concurso: A Fundep considerou como incorreto o **lhe** complementar o verbo **assistir** com sentido de **presenciar**, analisemos a questão:

"Fundep, 2010, TJ-MG, Oficial de Apoio Judicial: Considerando a regência verbal, assinale a alternativa em que a associação está **INCORRETA**.

a) "Quem acompanha de boa fé assiste ao alerta diário destes meios contra todas as formas de violência..." - O complemento verbal pode ser substituído por **LHE**.

b) A violência assiste em qualquer parte do mundo - Nesta frase o verbo assistir é intransitivo.

c) Não me assiste o direito de criticar os meios de comunicação - No sentido de competência ou atribuição o verbo assistir é transitivo indireto.

d) Repudiar a violência na tevê é um direito que assiste ao telespectador - No sentido de caber, competir, o complemento verbal pode ser substituído por **LHE**."

» Para a **Fundep** a alternativa incorreta é a letra **a** porque segundo ela o **lhe** não substitui o objeto indireto do verbo **assistir** com sentido de **presenciar, ver.** O pronome **lhe** substitui o **objeto indireto**: na alternativa **a**, **assistir** é VTI, e **ao alerta diário destes meios** é objeto indireto, portanto **ao alerta diário destes meios** é substituível por **lhe. Ele** é pronome do caso reto, exerce principalmente a função sintática **sujeito da oração**, portanto não substitui o objeto indireto **ao alerta diário destes meios.** As alternativas **c** e **d** confirmam as afirmações que fazemos: em **c**, deduzimos que o **lhe** substitui o objeto indireto de **assistir**, com sentido de competência: não **me** assiste o direito, não **te** assiste o direito, não **lhe** assiste o direito (**lhe** substitui o objeto indireto); em **d**, a confirmação é claríssima: **o telespectador** é objeto indireto do verbo **assistir** por isso é substituível pelo pronome **lhe.** Nas alternativas **a**, **c** e **d** o verbo é o mesmo, sua regência é a mesma, logo o pronome que substitui os objetos indiretos é o mesmo.

» Quem **me** assiste, quem **te** assiste, quem **lhe** assiste = quem assiste ao alerta diário destes meios.

» Não **me** assiste, não **te** assiste, não **lhe** assiste o direito de criticar os meios de comunicação.

» Repudiar a violência na tevê é um direito que **me** assiste, que **te** assiste e que **lhe** assiste.

Esses exemplos, elaborados com base em períodos da própria questão, confirmam que o **lhe** complementa eficientemente **assistir**, VTI, e qualquer outro VTI, portanto certamente a questão é nula porque não possui alternativa incorreta.

✦ **(1)** Os meios de comunicação divulgam **o alerta diário contra todas as formas de violência** portanto quem **lhe** assiste, conclui que não é verdade que eles só disseminam a violência.

✦ **(2) Os meios de comunicação** divulgam o alerta diário contra todas as formas de violência portanto quem **lhes** assiste, conclui que não é verdade que eles só disseminam a violência.

» Nesses períodos, os termos destacados são objetos indiretos do verbo **assistir**, portanto são substituíveis pelos pronomes **lhe** e **lhes.**

c) Se significa **morar, residir**, "assistir" é VI: quem assiste, assiste em algum lugar, uma locução adverbial:

✦ (1) Paulo **assiste** a dois quilômetros da cidade.

✦ (2) "Ora, os que vestem roupas finas **assistem** *nos palácios reais*."

✦ (3) A cidade *em que* **assisto**, *em que* **resido**, *em que* **moro**, *em que* **habito**.

» Os verbos destacados são intransitivos e os termos itálicos são locuções adverbiais.

✦ (4) Há quanto tempo **assistes** *em Coimbra*? – **Assisto** *lá*, ou **resido** *aqui*, ou **moro** *lá*, ou **habito** *aqui*, há 10 anos.

» A locução **em Coimbra** é substituída por **lá** e **aqui**, advérbios de lugar, demonstração clara de que **em Coimbra** é locução adverbial.

3.9. Atender

É verbo transitivo direto (quem atende, atende alguém):

✦ (1) O médico **atendeu** os pacientes que o aguardavam.

✦ (2) "Para **atender** as necessidades comerciais, a Inglaterra criou uma marinha de guerra."

3.10. Autorizar, estimular, impedir, obrigar e orientar (VTD)

São complementados por substantivos (exemplos 1) ou são complementados por orações subordinadas substantivas objetivas diretas - OSSOD (exemplos 2):

- **autorizar:**

✦ (1) Em relação à divisão do Pará, o Congresso **autorizou** apenas o plebiscito.
(2) O gerente **autorizou** que os clientes paguem as prestações sem encargos.

- **estimular:**

✦ (1) **Estimulamos** o respeito mútuo entre as pessoas. (2) Campanha **estimula** que os fumantes deixem o vício.

- **impedir:**

✦ (1) Impostos excessivos **impedem** crescimento econômico. (2) Tropas australianas **impediram** que os soldados japoneses avançassem.

- **obrigar:**

✦ (1) Os contratos **obrigam** os signatários. (2) OIT **obriga** que o governo brasileiro mude a Constituição.

- **orientar:**

  ✦ (1) Sonhos **orientam** a vida de grandes homens. (2) O governo **orientou** que os japoneses saiam das áreas costeiras.

Observações:

a) Embora bastante usada, a regência **impedir alguém de fazer** não está conforme:

✦ (1) "Polícia **impediu** extremistas judeus **de chegarem** às Mesquitas."

✦ (2) "Polícia **impediu** que extremistas judeus **chegassem** às Mesquitas."

b) Para mais informações sobre esses verbos, consulta o item 6. Erros mais comuns – objeto direto e objeto indireto.

3.11. Ajudar, auxiliar (VTD)

São complementados por substantivos ou por pronomes:

✦ (1) Mary Martin **ajuda** (ou **auxilia**) nossas comunidades em questões financeiras.

✦ (2) Os intercâmbios **ajudam** (ou **auxiliam**) os jovens na compreensão de outras culturas.

✦ (3) Governos **auxiliam** (ou **ajudam**) pesquisadores que estudam a fauna e a flora.

✦ (4) Governo **ajuda** (ou **auxilia**) quem estuda a fauna e a flora.

» **Ajudar** e **auxiliar** ligam-se diretamente (sem preposição) aos complementos (os termos sublinhados), portanto são VTD. Em **(4)** o termo sublinhado é oração subordinada substantiva objetiva direta; **quem** é pronome interrogativo.

Observações:

a) As elipses, omissões de termos, não alteram as regências, portanto, **ajudar** e **auxiliar**, embora seus objeto diretos sejam omissos, são VTD:

✦ (1) Muito obrigado aos que ajudaram (ou auxiliaram) na realização desta festa. (me, nos)

b) **Ajudar** e **auxiliar** não são complementados por OSSOD, os períodos tornam-se sem coesão:

✦ (1) Os intercâmbios **ajudam** (ou **auxiliam**) que jovens compreendam outras culturas.

✦ (2) Grandes empresas **ajudam** (ou **auxiliam**) que pesquisadores realizem seus sonhos.

3.12. Avisar, certificar, informar, notificar, proibir

Possuem a mesma regência, VTDI, avisar algo **a** alguém ou avisar **a** alguém algo:

✦ (1) **Avisei** (ou **certifiquei**, **informei**, **notifiquei**, **proibi**) ao servidor *a promoção* = **Avisei**-lhe, **certifiquei**-lhe, **informei**-lhe... *a promoção.*

✦ (2) O filho **avisou** (ou **certificou**, **informou**, **notificou**) aos familiares *que ele seguiria para Bombaim* = O filho **avisou**-lhes (ou **certificou**-lhes, **informou**-lhes, **notificou**-lhes) *que ele seguiria para Bombaim.*

✦ (3) A representante **avisou**-me, **certificou**-me, **informou**-me *que tudo está bem.*

✦ (4) **Avisar**-vos-**ei**, (ou **certificar**-vos-**ei**, **informar**-vos-**ei**...) *que as coisas que me aconteceram...*

Os verbos são TDI (transitivos diretos e indiretos), os termos sublinhados são OI e os termos itálicos são OD.

✦ (5) A representante **avisou**-se, **certificou**-se, **informou**-se *que tudo está bem.*

✦ (6) **Avisei**-me, **certifiquei**-me, **informei**-me, **notifiquei**-me *a idoneidade dos sócio.*

» Embora haja uma aparente incoerência quando os pronomes oblíquos são da mesma pessoa que o sujeito, pois não avisamos ou notificamos a nós mesmos, as funções sintáticas são as mesmas, ou seja, os verbos são TDI, os termos sublinhados são OI e os termos itálicos são OD.

✦ (7) O governo **avisou** (ou...) a população *das medidas austeras.* (8) **Certifiquei** (ou...) o servidor *de meus objetivos.* (9) **Proibiram** (ou...) o investigador *da perícia do local.*

» Períodos ambíguos, não sabemos exatamente a função sintática referente aos termos itálicos, portanto não são conformes.

✦ (10) **Avisei** (ou...) os condôminos *sobre o regulamento.* (11) **Informei**-me (ou...) *sobre se seguimos um bom caminho.* (12) **Informar**-me-**ei** *sobre se eles foram atingidos pela pandemia.* (13) A representante **certificou**-se (ou...) *de que tudo está bem.* (14) **Informei** o Governo lituano *de que a Comissão, naturalmente, está disposta a fornecer também.*

» Regências incorretas (avisar alguém sobre algo ou avisar alguém de algo): os termos sublinhados, OI, ligam-se sem preposição aos verbos, e os termos itálicos, OD, ligam-se por preposição, **sobre** e **de**, aos verbos.

Na voz passiva, aqueles períodos seriam:

✦ (15) A promoção **foi avisada** (ou...) por mim ao servidor.

✦ (16) Que ele seguiria para Bombaim **foi notificado** (ou...) pelo filho aos familiares.

3.13. Chamar

a) Se significa **acordar**, "chamar" é transitivo direto:

+ (1) O filho pediu que o **chamassem** às seis horas.
+ (2) **Chamarei** o Rui às seis horas.

b) Se significa **convocar**, "chamar" é (1) transitivo direto, ou (2) transitivo direto e indireto:

+ (1) A vítima gritava: **chamem** a polícia, **chamem**-na.
+ (2) O sino **chamava** os fiéis à missa, o sino **chamava**-os à missa.

3.14. Chegar, sair, descer, subir, partir, ir, vir, voltar, fugir

Na edição anterior os classificamos como VTI quando se ligam pelas preposições **a** ou **para** aos complementos que designam lugar. Nesta edição, depois de acuradas pesquisas, retificamos suas classificações, conforme abaixo.

São chamados verbos de movimentos porque expressam deslocamento, ou seja, sempre que um substantivo praticar as ações **chegar**, **subir**, **partir** etc., haverá **deslocamento** de um lugar para outro; quem permanece no lugar que estava jamais diz: cheguei, fui, voltei, parti, vim etc.

a) Se expressam deslocamento, são **verbos intransitivos**, ou seja, não exigem complementos, portanto os termos que eventualmente os acompanham são adjuntos adverbiais:

+ (1) Nós **partimos** *a Rivendell* ou *de Rivendell, com sete companheiros.*"[4]
+ (2) **Viremos** *para o aniversário* ou *do aniversário*.
+ (3) Joseline **voltará** *a São Francisco* para admirar a Golden Gate.
+ (4) **Chegaremos** *ao porto* antes que o trem **parta**.
+ (5) **Saímos** *de Lisboa* e **fomos** *para Thomar*.
+ (6) Muitos **saíram** saudáveis de seus países.
+ (7) Mason **passou** *para o outro lado do rio*.
+ (8) "Como **iam** *para o paço*, continuei o discurso..."[5]
+ (9) "As tontas não **vão** *ao céu*." (sbt.com)

» Os verbos destacados não exigem complementos para expressar as ações praticadas pelos sujeitos, as ações são praticadas com ou sem os termos

4. http://pt.bab.la/dicionario/portugues-ingles/nos-partimos, 09.07.2013;
5. Bispo do Grão Para, Memorias, pag. 8, *apud* Domingos Vieira, Grande Diccionário Portuguez, vol. 3, edição de 1872, pág. 1166.

itálicos, estes informam apenas os locais para onde os sujeitos se deslocam, logo os termos itálicos são adjuntos adverbiais.

» Verificamos também que as ações praticadas pelos sujeitos não passam para os termos itálicos, não materializam-se neles, embora os sujeitos desloquem-se para aqueles, portanto os verbos são intransitivos.

✦ (10) O Dorian está aqui? – Não, ele **saiu.**

» O Dorian praticou a ação ou o ato de sair, ele estava aqui mas não está mais, ele saiu, a ação de sair foi praticada, a ação não exigiu um complemento para se materializar, a ação não passou para um complemento, o verbo sozinho expressou a ação de sair, não foi necessário um substantivo que o complementasse para ele expressar a ação de sair, ação = verbo, portanto sair é verbo intransitivo.

✦ (11) O Dorian **saiu** para o comércio.

» A ação foi a mesma, o verbo foi o mesmo, a regência foi a mesma, a ação de sair igualmente foi praticada, o verbo **sair**, como no exemplo **(10)**, não exigiu um complemento para expressar a ação, o termo **para o comércio** não complementa, apenas informa o lugar para onde o Dorian saiu, logo **sair** é verbo intransitivo nos dois períodos, e **para o comércio** é locução adverbial de lugar.

Se retirarmos o adjunto adverbial **para o comércio**, nenhuma falta fará ao período: a ação será igualmente praticada e o verbo **sair** sozinho a expressará, concluímos, portanto, que os termos que eventualmente são usados ao lado desses verbos são adjuntos adverbiais.

Igualmente com os demais verbos que expressam movimentos, por exemplo, em o Dorian **chegou**, **partiu**, **voltou**, **correu**, as ações foram realizadas, os verbos as expressam, se estivéssemos presentes, veríamos o Dorian chegar, partir, voltar, correr, não foi necessário substantivos que complementassem os verbos, portanto eles são intransitivos e os termos que os acompanham são locuções adverbiais.

Destacamos ainda que, nesses verbos, os sujeitos é que se dirigem às locuções adverbiais, as ações são intransitivas, não transitam, não se dirigem àquelas.

✦ **Outros exemplos**: (1) "As rãs **virão** sobre *ti*, sobre *teu povo* e sobre *teus oficiais.*" (2) "Aqueles que transtornaram o mundo **chegaram** também *aqui*." (3) "Quando **voltarás** / Quando **voltarás** / O meu amor onde tu estarás." (Marcelo Marrone) (4) "Nós **vamos** sem nada, **partiremos** esta noite, amar é o importante... **sairemos**, **partiremos** esta noite."[6]

b) também são verbos intransitivos quando são usados figuradamente, isto é, não expressam seus significados reais, denotativos, ou seja, os sujeitos não

6. http://www.vagalume.com.br/ambra/partimos-esta-noche.html, tradução adaptada.

se movimentam, não se deslocam, porquanto os termos que eventualmente os acompanham são adjuntos adverbiais:

✦ (1) "Finalmente **chegamos** à *Era Mesozoica*." (2) Todos os anos, quatro times do grupo B **sobem** para *o grupo A* e quatro do grupo A **descem** para *o grupo B*. (3) "Nós aqui **partimos** sempre d*o raciocínio de que uma reforma*, em última análise, deve sempre produzir mais eficiência."[7]

» Os verbos que expressam as ações reais desses sujeitos são:

✦ (4) "Finalmente **estudaremos**, ou **leremos** sobre..." (5) ...quatro times do grupo B **são promovidos**... e quatro do grupo A **são rebaixados**... (6) Nós aqui, sempre, **consideramos** que uma reforma, em última análise, sempre produz mais eficiência.

✦ **Outros exemplos**: (1) "Em 2013, os candidatos eliminados no Enem... **chegaram** *a 36* (**foram** 36), em 2012, **chegaram** *a 67* (**foram** 67)." (2) "Somente tu evitas que tua vida **vá** *à falência* (se **torne** insolvente)." (3) "Bolsas mundiais **voltam** a*o azul* (**aumentam**) após semana de fortes quedas." (abril.com)

Observações:

a) Se o substantivo (um lugar ou outro substantivo) já foi citado no texto, para evitar sua repetição, ele é substituído pelo advérbio correspondente (aí, acolá, aqui, daqui, daí, lá, onde etc.):

✦ (1) "No litoral cearense há várias *praias* espetaculares, para *lá* **chegarmos**, a maneira mais emocionante são os bugres, pela beira-mar, com a brisa no rosto e o Atlântico sempre ao lado."[8] (2) "Alô, *Boston* Celtics, um dia **chegarei** *aí* para fazer história, me aguardem."[9] (3) Espero que haja embarcação para a *Índia*, para *onde* **irei** brevemente. (4) Adorei as férias em *Fortaleza*, **voltaria** *aqui* (ou **viria** *aqui*) outras vezes. (5) *"Paris, aí* **vou** eu". (6) O jogo será excelente **vai** *lá*, **vai** *lá* (ou **vem** para *cá*, **vem** para *cá*). (7) Quando **vieste** de Moçambique? – **Vim** de *lá* semana passada. (8) A festa está preparada, **virás** para *cá* ou não?

b) Os verbos **chegar**, **sair**, **subir**, **descer**, **partir**, **ir**, **vir**, **voltar** são intransitivos, não exigem complementos, portanto é errôneo os complementarmos com os pronomes oblíquos **me**, **te**, **se**, **nos**, **vos** e **lhe**; na linguagem informal, ou mesmo na linguagem literária, eventualmente encontramos esses usos, mas eles não estão conforme a linguagem-padrão:

7. http://pt.bab.la/dicionario/portugues-ingles/nos-partimos, 09.07.2013.
8. viagem.br.msn.com, alterado.
9. flogao.com, alterado.

» Domingos Vieira cita no verbete **chegar** os seguintes usos: "Figuradamente falando das cousas: (1) Quando **te** chegaram estes presentes? (2) Chegou-**me** hoje esta carta pelos correios. (3) Chegam-**lhe** as idêas em grande numero."

» Façamos as revisões: (4) Quando chegaram estes presentes que **te** foram enviados? (5) A carta que chegou hoje **me** foi enviada pelos correios. (6) Chegam as ideias em grande número em sua mente.

✦ (7) "Se os alimentos não vêm ao povo, o povo vai a **eles**."

» O período faz referência ao ditado "Se Maomé não vai à montanha, a montanha vai a Maomé", logo é necessário seguir esse modelo ou usar os pronomes adequados para evitar as repetições:

✦ (8) "Se os alimentos não vêm ao povo, o povo vai aos alimentos", ou "Se os alimentos não vêm ao povo, este vai àqueles."

✦ (9) "Tempo de Copa do Mundo é para festa, confraternização, torcida e muito palpite. Vamos a **eles**." (10) "Na semana passada, numa agência bancária, vi um bocado de outros mundos: um grupo de mulheres negras, africanas, com suas roupas coloridas, deixava sair pela boca, pelos gestos, pelo brilho dos olhos, pelas palavras, tudo o que **lhes ia** na alma." (Guta Moura Guedes)

» Usos figurados do verbo **ir**: nos dois períodos não há deslocamento, os verbos que expressam as ações reais dos sujeitos e que certamente são mais adequados, inclusive favorecem o uso correto dos pronomes pessoais, são:

✦ (11) "Tempo de Copa do Mundo é para festa, confraternização, torcida e muito palpite, portanto **os** analisemos." (12) ...um grupo de mulheres negras... deixava que saísse... tudo que havia em suas almas.

✦ (13) "Foram-**se**-me os ganhos. Foi-**se**-te o cabedal. Foi-**se**-lhe a esperança." (Domingos Vieira)

» Períodos corretos: **ir** é VI (não exige complemento), **se** não é objeto indireto mas partícula de realce e **me**, **te** e **lhe** são pronomes possessivos (exceções à regra). Substituamos os "pessoais" pelos possessivos:

✦ (14) Foram-**se** os meus ganhos. Foi-**se** o teu cabedal. Foi-**se** a sua esperança.

c) **chegar**, **ir** e **voltar** ligam-se ao lugar por **a**, salvo se o lugar é **casa**:

✦ (1) Chegarei ao colégio (ou irei ou voltarei ao colégio).

✦ (2) Chegarei em casa (ou irei ou voltarei em casa).

✦ (3) Chegarei no colégio (ou irei ou voltarei no colégio).

✦ (4) Chegarei em colégio (ou irei ou voltarei em colégio).

» **(1)** e **(2)** são corretos, as locuções expressam lugar, porém **(3)** e **(4)** são incorretos, as locuções expressam meio.

d) são verbos transitivos diretos **chegar**, **voltar**, **partir**, com outros significados, quando ligam-se sem preposição aos seus complementos: **chegar** = **aproximar**, **voltar** = **mudar** a posição ou **volver**:

✦ (1) **Chega** tua cadeira para perto de mim. (3) "O motorista **voltou** o automóvel com perícia." (Novo Aurélio XXI) (5) O aniversariante **partiu** o bolo.

» **Chegar** = **aproximar** não é recomendado: os verbos **aproximar** e **trazer** são mais adequados:

✦ (1) **Aproxima** tua cadeira de mim ou **traz** tua cadeira para cá.

e) Os VI não regem objetos diretos, os termos que os acompanham são locuções adverbiais, portanto são usados sempre com preposições:

✦ (1) "O cabreiro **ia** *(por)* seu caminho mais devagar." (Conde de Ficalho) (2) **Correr** *por* terras estranhas, **subir** *por* morros, **descer** *por* vales. (3) **Subir** *pelo* elevador e **descer** *pela* escada.

3.15. Comprometer (VTD, compromete algo)

✦ (1) A má gerência comprometeu os lucros.

✦ (2) A falta de planos comprometeu as vendas.

- **Comprometer-se** (verbo pronominal): quem compromete-se, compromete-se **com** alguma coisa (alguma coisa sempre é um substantivo):

✦ (1) Os banqueiros **comprometeram-se** com os bancários relativamente ao pagamento da promoção (ou **comprometeram-se** com os bancários sobre o pagamento da promoção).

✦ (2) O contratado **compromete-se** com a não subcontratação de outra empresa para a execução deste contrato.

Observação: Embora muito usadas, as regências seguintes não estão conformes a língua portuguesa (verbo não complementa verbo):

✦ (1) Os banqueiros **comprometeram-se a pagar** aos bancários a promoção.

✦ (2) O contratado **compromete-se a** não **subcontratar** outra empresa para a execução deste contrato.

3.16. Confraternizar

É transitivo indireto ou intransitivo, mas não admite o pronome **se**, portanto expressões como **confraternizou-se** ou **confraternizaram-se** não estão conformes:

✦ (1) "Apesar de sua alta posição **confraterniza** com os humildes."

✦ (2) Conquanto oriundo de terras tão distantes, **confraternizaram** vivamente. (Aurélio B. Holanda)

3.17. Convidar e convocar

São VTD (convida alguém) ou VTDI (convida alguém a algo):

✦ (1) "Militantes opositores **convocaram** nova jornada de protestos nesta terça-feira, na Síria." (2) Quando me **convidaram**, ofereceram-me € 3.200, mas não sabia que o imposto de renda era tão alto.

» **Convidar** e **convocar** são VTD e os termos sublinhados são OD.

✦ (3) **Convocamos** os empregados para a reunião hoje, às 17h.

✦ (4) "Temos, portanto, um relatório excelente, que agora nos **convida** à ação."[1]

» **Convidar** e **convocar** são VTDI, **nos** e **os empregados** são OD e **a ação** e **a reunião** são OI.

Observação: Nos seguintes exemplos os termos destacados são orações subordinadas adverbiais finais:

✦ (1) "Convidámos as entidades americanas **a visitarem a Comunidade** e **a analisarem por si a situação.**"[10] (2) "É por essa razão que vos convidamos **a apoiarem as nossas alterações.**"[11]

3.18. Custar

a) Se significa **valor**, **preço**, "custar" é VTD, VTDI ou VI:

✦ (1) A crise da febre aftosa **custou** um bilhão reais. (VTD)

✦ (2) A negligência **custou** caro: expôs a incompetência do governo. (VTD)

✦ (3) É irrelevante quanto o bilhete **custou**. (VTD)

✦ (4) Quanto custou ser reconhecido e respeitado? (VTD)

✦ (5) A erradicação da doença **custou** à União Europeia € 100 milhões. (VTDI)

✦ (6) Não **custou** tanto *(dinheiro)* ao Dorivan intestir em cultura. (VTDI)

✦ (7) Investir em cultura não **custou** nada para o Dorivan. (VTDI)

✦ (8) Escrever meu testemunho **custou**-me muito *(trabalho)*. (VTDI)

» Em **(3)** e em **(4)**, **quanto** (pronome interrogativo) é objeto direto; em **(6)**, em **(7)** e em **(8)**, **tanto**, **nada** e **muito** (pronomes indefinidos) são objetos diretos.

b) Se significa **difícil**, **demorado**, **doloroso**, é conjugado apenas na 3ª pessoa do singular:

---

10. http://mymemory.translated.net/Portuguese/English, 09.06.2016
11. http://context.reverso.net/translation/portuguese-french, 09.06.2016

- (1) Assimilar os conselhos do pai **custava** aos filhos ou **custava**-lhes.
- (2) **Custou**-me habituar-me ao calor da cidade.
- (3) **Custou**-nos acreditar que o carro custou tão pouco.

Observação: Os períodos seguintes não estão conformes: o verbo **custar**, transitivo indireto, é conjugado apenas na terceira pessoa do singular:

- (1) **Custei** me habituar ao calor da cidade.
- (2) **Custamos** a acreditar que o carro custou tão pouco.

3.19. Desfrutar e usufruir

São transitivos diretos (quem desfruta, desfruta alguma coisa):

- (1) Os filhos **desfrutaram** a herança dos pais. (2) Os filhos **usufruíram** os bens paternos.

3.20. Dispor

a) Se significa **arrumar, pôr em ordem, prescrever**, "dispor" é transitivo direto:

- (1) "**Dispôs** a tropa de maneira que cortasse a retirada do inimigo."
- (2) "A lei **dispõe** que todo criminoso deve ir a julgamento."[1]

b) Se significa **aplicar, empregar, possuir**, "dispor" é transitivo direto e indireto:

- (1) "**Dispôs** os tijolos em várias camadas."[1] (2) "**Dispôs** toda a inteligência para tal fim."[12] (3) "... com os atuais meios de controle **de** que **dispomos** não teremos uma verdadeira política monetária."[13]

3.21. Esquecer: é VTD (quem esquece, esquece algo)

- (1) Nós **esquecemos** a chave em casa.
- (2) O povo **esquece** facilmente as boas ações dos governantes.

- **Esquecer-se, lembrar-se:** se são pronominais, são transitivos indiretos portanto exigem a preposição **de** (quem se esquece, se esquece **de** algo):

  - (1) **Esqueceu-se** da chave em casa. (2) "**Lembra-te** daquela tarde no Coliseu?" (Unama) (3) **Lembrai-vos** de que a reunião será amanhã.

---

12. Ferreira, Aurélio B. H., *Novo Aurélio Século XXI*, Nova Fronteira, 3ª edição, 1999;
13. Recortes citados por Salomão Serebrenick.

3.22. Estar

a) é verbo de ligação (VL): liga o predicativo ao seu sujeito; os outros termos que eventualmente os acompanham são locuções adverbiais:

- (1) Congo, Chade, Sudão **estavam** presentes *na reunião*.
- (2) As informações **estão** armazenadas *nos manuais normativos*.

b) é verbo auxiliar (VA): auxilia os verbos principais na expressão das ações; os termos que eventualmente se lhes referem são locuções adverbiais:

- (1) As coisas estão caminhando *rapidamente, em Cabo São Roque*.
- (2) O Conselho está a considerar suas atribuições *numa base permanente*.
- (3) Nossa empresa está *sempre* expandindo *em novas linhas de negócios*.

Observações: Razões que demonstram que **estar** não é VTI, consequentemente os termos que se lhes referem não são objetos indiretos:

a) Os verbos transitivos indiretos expressam ações que transitam para os complementos, o verbo estar apenas liga predicativo ou auxilia verbo principal, não expressa ação, nada transita por ele, portanto não é VTI:

- (1) As reformas **visavam** ao bem público (VTI).
- (2) Todos **estavam** (...) no treinamento (VL ou VA).
- (3) Os jogadores **estavam** (...) no vestiário (VL ou VA).

b) Nos VTI, os objetos indiretos são substituídos pelo pronome lhe, no verbo estar, as locuções adverbiais são substituídas por advérbios:

- (1) Obedecer *às normas* = obedecer-*lhes* / Estar *em casa* = estar *lá*.

c) Com os verbos transitivos são usados os pronomes interrogativos **que**, **quem**, característicos dos complementos verbais, com o verbo estar são usados os pronomes interrogativos **onde**, **aonde**, característicos das locuções adverbiais:

- (1) O senhor assistiu *a que*? Assisti *ao filme* (objetos indiretos).
- (2) O senhor está *onde*? Estou *em casa* (adjuntos adverbiais).

d) As dúvidas surgem quando o estar é usado só, quando é usado com predicativo ou com verbo principal, não há dúvida sobre a sua classificação e a função sintática das locuções:

- (1) Várias propostas estão *(postas ou mofando)* na mesa.
- (2) Todos estavam *(presentes ou conversando)* na sala de aula.
- (3) As duas plantas estão *(localizadas)* na sexta região do Chile.
- (4) As medidas em questão estavam *(descritas)* no anexo.
- (5) Gaza está à beira de um desastre.

3.23. Implicar

a) Se significa **tornar confuso, ter como resultado, tornar indispensável**, "implicar" é VTD:

+ (1) "A aquisição de conhecimento **implica** dedicação."
+ (2) "A supressão da liberdade **implica** não raro a violência."

b) Se significa **envolver, ser a causa de**, "implicar" é VTDI:

+ (1) **Implicaram** o secretário em desvio de verbas.
+ (2) "O desenvolvimento da ciência **implica** muitos benefícios à humanidade."

c) Se significa **ser incompatível, não se harmonizar, antipatizar**, "implicar" é VTI:

+ (1) A opinião do presidente **implicava** com a decisão dos sócios.
+ (2) João **implicava** com o irmão por causa dos brinquedos deste.

3.24. Interceder

Verbo transitivo indireto (interceder **por** alguém), ou bitransitivo indireto (interceder **por** alguém **perante** alguém, ou junto **a** alguém):

+ (1) Como o irmão fora discriminado, **intercedeu** por ele.
+ (2) O pai **intercedeu** pelo filho perante o clube (ou junto ao clube).

3.25. Lembrar

É transitivo direto ou é transitivo direto e indireto:

a) **transitivo direto**: quem lembra, lembra alguma coisa:

+ (1) "Na Biblioteca Municipal João Portela Freire, crianças **lembraram** a importância da conservação do meio ambiente." (2) Os jogadores do Coritiba **lembraram** que o jogo contra o Vasco continua na próxima semana. (3) **Lembramos** que é necessário o cliente renovar o seguro.

b) **transitivo direto e indireto**: quem lembra, lembra algo a alguém:

+ (1) Lembrai a reunião aos nossos colegas (lembrai-lhes a reunião). (2) Lembrei ao servidor os meus objetivos (lembrei-lhe os meus objetivos). (3) Lembrai aos nossos colegas que a reunião será amanhã. (4) Lembramos ao cliente que é necessária a renovação do seguro.

Observações:

a) Há ambiguidade na regência (lembrar alguém de algo), não sabemos exatamente a função sintática dos termos destacados, portanto não está conforme. Construções como estas são aceitáveis apenas na linguagem informal.

- (1) Lembrai os nossos colegas d**a reunião.**
- (2) Lembramos o cliente d**a necessidade de renovação do seguro.**

b) Semelhantemente os períodos seguintes não estão conformes, porque a regência está invertida: a regência é "lembrar algo a alguém", não é lembrar alguém de algo:

- (1) Lembrai os nossos colegas de **que a reunião será amanhã.**
- (2) Lembramos o cliente de que **é necessária a renovação do seguro.**

3.26. Morar, residir, habitar

Sempre são verbos intransitivos e os termos que os acompanham (os termos itálicos) são advérbios ou locuções adverbiais; não ligam-se pela preposição "a" às locuções adverbiais.

- (1) **Moro** *em um lugar maravilhoso.*
- (2) Elas **moram** juntas, trabalham juntas, mas são muito diferentes.
- (3) O mestre de meditação que **morava** *pelas redondezas da cidade...*
- (4) **Morou** (ou **residiu** ou **habitou**) *em Moçambique, alguns anos.*
- (5) *Em 1991, em Portugal*, 6,4% dos estrangeiros **moravam** *em barracas* ou *em alojamentos.*

3.27. Obedecer/desobedecer

São sempre transitivos indiretos:

- (1) "A Central de Transplantes **obedece** sempre aos critérios legais no cadastramento dos receptores de órgãos." (2) "Teclas invertidas e teclado que não te **obedecem**?" (Cenatec). (3) "Quem é este que até o vento e o mar lhe **obedecem.**" (4) "Já lhe **obedece** a Terra num momento." (Luis de Camões)

3.28. Pedir

É sempre VTDI (pedir algo a alguém):

- (1) O professor **pediu** aos alunos rapidez.
- (2) A coordenadora **pediu** às crianças que trouxessem merenda.
- (3) A coordenadora **pediu**-lhes que trouxessem merenda.
- (4) William e Kate pediram couve-de-bruxelas **para aumentar a fertilidade.**

+ (5) Os familiares pediram aos repórteres **para não serem fotografados.**
+ (6) Os familiares pediram aos repórteres **que não fossem fotografados.**

» **(4)** está conforme: o objeto indireto está omisso, pediram **a alguém** couve-de-bruxelas, a oração destacada é adverbial final.

» **(5)** não está conforme: a oração objetiva direta destacada liga-se pela preposição **para** ao verbo.

» **(6)** está conforme: a oração objetiva direta liga-se por conjunção integrante ao verbo.

3.29. Perder

a) se significa **perder a posse de algum bem**, é transitivo direto:

+ (1) **Perdeu** a grande oportunidade da vida.
+ (2) Por incapacidade **perdeu** bons negócios.

b) se significa **ser derrotado**, é VTI, exige a preposição **para:**

+ (1) Uruguai **perde** para Argentina de 3 a 1 na Bomboneira.
+ (2) Vôlei feminino **perde** para Cuba em pleno Mineirinho.

Observação: Não estão conformes estes usos:

+ (1) Uruguai perde **da** Argentina de 3 a 1. (2) Vôlei feminino perde **de** Cuba em pleno Mineirinho.

3.30. Pôr

É sempre transitivo direto:

+ (1) "Um grifo... **põe** uma coroa na cabeça de Oliver Gromwell."

Observação: Considerando o grande desgaste do verbo **colocar** (uso comum a diversas situações: "quero fazer uma **colocação**" etc.), sugerimos o uso do verbo **pôr** porque é mais elegante:

+ (1) "Por isso como dizia minha mãe: **ponhamos** o maior número de soldados no ponto mais fraco." (2) "Cheguei à meia-noite à beira do lago e **pus** cerco ao acampamento." (Inglês de Sousa)

3.31. Preferir, preferível

São sempre transitivos diretos e indiretos: preferir algo **a** alguma coisa.

+ (1) "Em um pacto de morte, os judeus rebeldes **preferiram** a espada amiga à servidão." (2) "Ao termo capitalismo **prefere**-se hoje a expressão anódina *sistema de mercado."* (3) "É **preferível** acender um fósforo a lamentar a escuridão." (4) Há a preferência a lidar com adolescentes tranquilos a lidar com adolescentes rebeldes.[14]

Observações:

a) Os **adjuntos adverbiais** modificam apenas o verbo **preferir** e o adjetivo **preferível**, aqueles não alteram as regências destes, ou seja, os termos regidos (objetos diretos e objetos indiretos) ligam-se normalmente (sem preposição e por preposição) aos termos regentes, portanto não há razões para afirmarmos que os períodos seguintes estão incorretos, como alguns autores afirmam. Se os adjuntos adverbiais modificam normalmente outros verbos e outros adjetivos, e, às vezes, é necessário os modificarmos para expressarmos precisamente nossas ações, certamente, também, é gramaticalmente correto modificarmos as ações expressas pelo verbo **preferir** e pelo adjetivo **preferível**.

- (1) Prefiro, de longe, a comissária Kroes ao comissário Michel.[15]
- (2) Prefiro, mil vezes (ou muito mais), carnes grelhadas ou assadas a carnes fritas.
- (3) É preferível, incomparavelmente, que haja cooperação entre nós a que haja tensão.
- (4) É mais preferível lidar com adolescentes tranquilos a lidar com adolescentes rebeldes.[16]

b) Se o verbo **preferir** for substituído por outro, é correto usarmos **do que**:

- (1) "Antes a morte **do que** um viver escravo."
- (2) "Às vezes, é melhor estar sozinho **do que** estar mal acompanhado."

c) Não estão conformes os seguintes usos:

- (1) Os judeus rebeldes preferiram a espada amiga **do que** a servidão.
- (2) É preferível acender um fósforo **do que** (ou **que**, ou **em vez de**) lamentar a escuridão.

3.32. Proceder

a) Se significa **fazer**, **realizar**, "proceder" é transitivo indireto:

- (1) Os escrutinadores **procederam** à contagem dos votos. (2) O interrogatório *a* que **procedemos** foi decisivo. (3) Muitas doenças **procedem** de má alimentação.

14. FCC, TRF 3ª Região, Analista judiciário, alterado.
15. http://www.linguee.pt/portugues-ingles, 20.05.2015, alterado.
16. FCC, TRF 3ª Região, Analista judiciário, alterado.

b) Se significa **ter fundamento**, "proceder" é intransitivo:

+ (1) Tuas declarações não **procedem.**
+ (2) As palavras da testemunha não **procediam.**

3.33. Querer

a) Se significa **desejar, intentar**, "querer" é transito direto:

+ (1) O estudante **queria** o curso de Direito. (2) Sempre **quis** o teu bem.

b) Se significa **gostar, estimar**, "querer" é transito indireto:

+ (1) **Queria** bem aos amigos como aos próprios irmãos.
+ (2) **Queria**-lhes bem como aos próprios irmãos.

3.34. Recorrer (apelar, propor recurso)

É VTI, recorrer **a** alguém: eventualmente o objeto indireto é omisso porque está subentendido:

+ (1) A vítima, não conformada com a sentença, **recorreu** ao Tribunal.
+ (2) "É possível revertermos a decisão no Tribunal, se **recorrermos.**"
+ (3) Desde 1930, com o desgaste na Segunda Guerra Mundial, o Japão **recorreu...**
+ (4) Uma ala dos republicanos **recorreu...**

» **(3)** e **(4)** não expressam ideias definidas porque faltam os objetos indiretos; citemo-los:

+ (5) "Desde 1930, com o desgaste na Segunda Guerra Mundial, o Japão **recorreu** ao comércio e aos investimentos para tornar-se a segunda economia mundial."[17]
+ (6) Uma ala dos republicanos **recorreu** a um general literalmente de pijama."[18]

Observação: O verbo **recorrer** não aceita o pronome **lhe,** porque também não aceita **me, te, se, nos, vos,** como objeto indireto.

17. NYE, Joseph S., *Cooperação e conflito nas relações internacionais*, Editora Gente, 2009, p. XIV.
18. Época, nº 796, pág. 62, 26.8.2013.

3.35. Suceder

a) Se significa **acontecer**, "suceder" é intransitivo:

- (1) O acidente **sucedeu** às 10 horas.
- (2) Pressenti o acontecimento antes que ele **sucedesse**.

b) Se significa **substituir**, "suceder" é transitivo indireto:

- (1) Pedro **sucedia** ao Paulo nas ausências. (2) Pedro **sucedia**-lhe nas ausências. (3) O filho **sucedeu** ao pai nos negócios.

3.36. Situar-se, estabelecer-se

São verbos pronominais, os termos que os acompanham são locuções adverbiais:

- (1) A praça **situa**-se *em Guiné-Bissau*.
- (2) **Estabeleceu**-se *em Lisboa, há muito tempo*.

3.37. Ter

a) Se significa **ter a posse**, **possuir**, **receber**, "ter" é transitivo direto:

- (1) "Os cabanos muito **têm** o que fazer em Óbidos." (Inglês de Sousa)
- (2) "Educadíssima **teve** de pronto a simpatia geral." (Novo Aurélio Século XXI)

Observações:

a) Embora sejam muito comuns nas linguagens falada e escrita, as locuções verbais formadas pelo verbo **ter** mais a preposição **de** mais o **infinitivo do verbo principal** (**ter de ler**, **ter de levar**, **ter de procurar** etc.) não estão conforme os conceitos de **locuções verbais** estabelecidos na língua portuguesa: **ter** é verbo auxiliar apenas nos **tempos composto**, ou seja, nas locuções formadas por **verbo auxiliar** mais **particípio do verbo principal**: tenho levado, tenho lido, tenho provado etc.

- (1) "Tinha até graça o Tripa-de-boi **ter de levar** o colchão nas costas!" (Haroldo Maranhão)
- (2) "**Teremos** então **de ler** Josefo em comparação consigo mesmo; **teremos de procurar** a presença dos movimentos apocalípticos..."

» Nos períodos precedentes há três desvios da linguagem-padrão: no primeiro a locução destacada não forma **tempo composto** e o verbo **ter** foi usado em lugar de advérbio de modo; no segundo há uso de **locuções verbais** em lugar de **período composto**; façamos as correções:

- (3) "Tinha até graça o Tripa-de-boi **levar *obrigatoriamente*** o colchão nas costas!"
- (4) "Será necessário então **lermos** Josefo em comparação consigo mesmo, será necessário **procurarmos** a presença dos movimentos apocalípticos..."
- **Outros exemplos:** (5) O custo adicional seria o dinheiro que o governo **teria de investir.** → O custo adicional seria o dinheiro que o governo investiria. (6) "Por que a emoção de voar **tem que começar** com o medo de cair? → "Por que a emoção de voar começa com o medo de cair?

b) Para mais informações sobre as locuções verbais, consulta o item 38. Erros mais comuns - locuções verbais.

3.38. Visar

a) Se significa **mirar, apontar** ou **dar visto,** "visar" é transitivo direto:

- (1) Os guardas **visavam** os meliantes. (2) O gerente **visou** o cheque. (3) O consulado **visou** o passaporte.

b) Se significa **almejar, desejar,** "visar" é transitivo indireto:

- (1) "As equipes de transplante **visam** ao bem-estar e ao prolongamento da vida."
- (2) Eis as razões porque o MEC **visa**-lhes constantemente: os cursos de pedagogia são estratégicos à formação de professores para a educação básica.
- (3) O equilíbrio na taxa de câmbio é fundamental aos países, portanto é dever de todo governante **visar**-lhe sempre.

3.39. Viver

Verbo de regência variável, sua classificação depende de seu sentido:

a) se significa **existir, ter vida,** "viver" é **VI,** ou seja, sozinho expressa ação completa, não é necessário objeto para complementá-lo; os termos que o acompanham apenas expressam circunstâncias (lugar, modo, tempo), portanto são locuções adverbiais; se determinado ser vive, não é necessário complementar o verbo para que ele viva, porque ele já vive:

- (1) Os timorenses nunca **viveram** *em paz.*
- (2) As pessoas que **vivem** *sob o clima do medo,* querem...
- (3) Aquele que **viver** *em mim* e eu **viver** *nele* produzirá muito fruto (modo).
- (4) Na Índia, famílias inteiras **vivem** *do dinheiro ganho por crianças* (modo).
- (5) Há três anos, as bolsas mundiais **viviam** *em euforia total* (sentido figurado).

- (6) "... perante a situação de pobreza *em que* **viviam** e **vivem** tantos dos nossos compatriotas..."
- (7) "...o objetivo deste artigo é mostrar quão bom este mundo é, e como é fácil **viver** *nele* (modo).
- (8) A paz e o amor *com os quais* **viviam** nossos antepassados não foram transmitidos à geração atual.

Observação: Viver é VI portanto as locuções que o modificam ligam-se-lhe por preposição; usar o verbo viver como VTD e a locução adverbial como objeto direto viola sua regência:

- (1) Todos que **viveram** *(n)*aquela época...
- (2) Os butaneses que **viveram** *(por)* uns 17 anos, em campos de refugiados...

b) se significa **morar**, **residir**, "viver" é **VI:** os termos itálicos são locuções adverbiais:

- (1) As vítimas **vivem** *em aldeias remotas*...
- (2) 800 famílias **viviam** *em áreas de risco, no entorno do shopping*.
- (3) O macaco-rhesus e o macaco-urso **vivem** *em climas quentes e temperados*.
- (4) Muitas pessoas que **vivem** e trabalham *num ambiente instável* seguem uma filosofia pragmática.
- (5) Ainda não teve herdeiros e hoje **vive** *num santuário particular, junto de outros gorilas*, também criados entre humanos.

Observação: Se o lugar já foi citado no texto, para evitar sua repetição, ele é substituído pelo advérbio correspondente (aí, acolá, aqui, daqui, daí, lá, onde etc.):

- (1) Nasci em Jerusalém, estudei lá, os meus filhos **vivem** lá, eu praticamente **vivo** lá.
- (2) Os meus amigos dizem que adoro o Douro porque não **vivo** lá.
- (3) A África do Sul está diferente de quando eu **vivia** aqui.
- (4) Vou simplesmente **viver** ali porque as coisas aqui são muito difíceis.

c) se significa **passar**, **apreciar**, **gozar**, "viver" é **VTD:** os termos que o complementam são objetos diretos:

- (1) As vítimas explicarão no Tribunal o que **viveram**.
- (2) Muitas crianças **vivem** boa parte de suas vidas sem conhecer um porto.
- (3) "Os hominídeos caçadores que habitavam no Vale do Rift **viveram** enorme avanço tecnológico há 329 mil anos."

d) se significa **dedicar**-se, "viver" é **VTI**: os termos que o complementam são objetos indiretos:

+ (1) A ASC da Libéria **viveu** para os liberianos.

e) se liga o predicativo ao sujeito, "viver" é verbo de ligação:

+ (1) Muitas pessoas vivem doentes.

4. VERBOS COM REGÊNCIAS DIFERENTES

Os verbos que possuem regências diferentes são complementados com os termos devidos:

+ (1) **Entrou** na sala e **saiu** dela (entrou **em** e saiu **de**).
+ (2) **Assisti** ao espetáculo e **gostei** muito dele (assisti **ao** e gostei **de**).
+ (3) Tu és **contra** a pena de morte ou **a favor d**ela? (És **contra** alguma coisa ou és **a favor de**).
+ (4) Li o livro e gostei dele (li o livro e gostei **do** livro).
+ (5) Ouvi o professor e lhe obedeci.

» **Usos não padrões: (1)** Entrou e saiu da sala. **(2)** Assisti e gostei muito do espetáculo. **(3)** Tu és contra ou a favor da pena de morte? **(4)** Li e gostei do livro. **(5)** Ouvi e obedeci ao professor.

5. EXERCÍCIOS

1. Quanto ao uso da regência verbal, respondei certo ou errado:

a) ( ) (Fep) "E vem um bruxo, em vez daquele catedrático, para ensiná-lo a fórmula que dá de repente a sabedoria e a fortuna." (Dalcídio Jurandir, alterado)

b) ( ) (Unama) "Ele desconfia de que as placas foram arrancadas e a PM propositadamente não fez reposição." (O Liberal)

c) ( ) (Unama) "Havia aquele cartão de Natal a que não respondi."

d) ( ) (Esaf/AFRF. Na oração "Sabendo os cidadãos como e quando **procede** o poder administrativo, programam seguramente o cumprimento de seus deveres" o verbo **procede** está empregado com o mesmo valor semântico que em "Esse argumento não **procede**"?

e) ( ) (FCC) Se havia algo de que meu pai não suportasse era a desonestidade.

f) ( ) (FCC) Uma coisa de que meu pai mantinha absoluta distância era a desonestidade.

g) ( ) (FCC) Somente são justificáveis os meios que estão em consonância entre seus fins.

h) ( ) (FCC) Para uma ação ética, os meios que se pode contar devem ser igualmente éticos.

i) ( ) (Esaf) A prisão, local de execução da pena, é, ao mesmo tempo, local de observação dos indivíduos punidos, o que implica dois dispositivos essenciais: manter o prisioneiro sob olhar permanente e contabilizar todas a anotações a seu respeito.

j) ( ) Esaf. Para analisar o investimento político do corpo e a microfísica do poder, é preciso renunciar – no que se refere o poder – a oposição violência-ideologia, ao modelo do contrato ou da conquista.
k) ( ) Esaf. Os fatores que acarretaram na maior credibilidade ao sistema de punição da sociedade ainda encontram resistência e incitam a lutas.
l) ( ) "Novo Casting Creme Gloss: ...Um tratamento que respeita e cuida da beleza dos seus cabelos."

2. Respondei certo ou errado quanto à regência verbal:
a) ( ) Comunicou as alunas que não haveria aula na semana seguinte.
b) ( ) Ainda não pagamos os honorários aos advogados do processo.
c) ( ) Tu tens tudo que precisas para seres feliz hoje.
d) ( ) Paguei o advogado mas não me sobrou muito dinheiro.
e) ( ) "Quando a pessoa faz algo que gosta, não diferencia se trabalha ou se se diverte."
f) ( ) Tua decisão obsta ao processo da empresa.
g) ( ) Se as esquerdas mobilizassem a massa humana que nós assistimos na Praça da Sé, já teriam tomado conta do País.
h) ( ) "Aquela manifestação acontece apenas uma vez por ano... Como era a terceira vez que eu a assistia, penso que já me encontrava entre os ximbuíras..."
i) ( ) "Assisto assiduamente o teu programa e gosto muito das receitas da Érica."

3. (Cesgranrio) Marque a opção cujo termo entre parênteses **não** preenche corretamente a lacuna.
a) O emprego ______ aspirava requeria mais preparo. (**a que**)
b) Muitos alunos _____ frequentavam a escola se formaram. (**que**)
c) A palmatória era a razão _____ os meninos temiam as sabatinas. (**com que**)
d) Mesmo nas escolas de antigamente havia aulas ____ os alunos gostavam. (**de que**)
e) Os jogos ______ a menina assistia lhe pareciam emocionantes. (**a que**)

4. (FCC, 2014, TRF - 4ª REGIÃO, Técnico Judiciário - Área Administrativa) Na frase *Ler um livro é desinteressar-se* a gente *deste mundo comum e objetivo para viver* noutro mundo, os elementos sublinhados têm, respectivamente, a mesma função que os sublinhados em:
a) ... pois refletia um ressentimento de namorado ainda ferido nas suas primeiras ilusões.
b) ... os românticos perdiam terreno em proveito dos naturalistas.
c) ... essa lei dos reflexos toma a forma de um desinteresse...
d) ... o excesso engendrava o excesso contrário.
e) ... de modo geral, nós nos lemos através dos livros.

RESPOSTAS	
1	**a**) errado (**ensinar** é VTDI logo a regência é "ensinar-**lhe** a fórmula"). **b**) certo (**desconfiar** é VTI logo sua regência é "desconfiar **de** algo"). **c**) errado (**responder** é VTDI, aceita **a**, e **aquele** é pronome demonstrativo, logo o **à** é crase-ado, embora **cartão** seja masculino). **d**) errado (em "como e quando **procede** o poder administrativo" **proceder** é VTI, e em "Esse argumento não **procede**" **proceder** é VI). **e**) errado (**suportar** é VTD, quem suporta, suporta algo, portanto a sua regência correta é sem a preposição **de:** "Se havia algo que meu pai não suportasse..."). **f**) certo (**distância** é substantivo transitivo indireto logo a preposição **de** é indispensável: "meu pai mantinha distância **de** uma coisa"). **g**) errado (a preposição correta é **com:** ...os meios que estão em consonância **com** seus fins). **h**) errado (**contar** no texto é VTI porquanto sua regência é: "os meios **com** que se pode contar". **i**) certo. **j**) errado. **k**) errado (**acarretar** é VTDI por isso sua regência é "Os fatores que acarretaram **a** maior credibilidade ao sistema...". **l**) errado (união de verbos com regências diferentes: **respeitar** é VTD e **cuidar** é VTI, logo a forma correta é "...Um tratamento que cuida da beleza dos teus cabelos e **a** respeita".
2	**a**) errado (comunicou **às** alunas; quem comunica, comunica algo **a** alguém); **b**) certo; **c**) errado (tu tens tudo **de** que precisas; quem precisa, precisa **de**); **d**) errado (paguei **ao** advogado; quem paga, paga algo **a** alguém); **e**) errado (quando a pessoa faz algo **de** que gosta; quem gosta, gosta **de**); **f**) certo (quem obsta, obsta **a** algo); **g**) errado (**assistir** é VTI portanto a regência é "a massa humana **à** que assistimos); **h**) errado (**assistir** = **presenciar** é VTI, ou seja, o pronome **lhe** substitui o objeto indireto **manifestação**, portanto a regência correta é: "... Como era a terceira vez que eu **lhe** assistia, penso que..."; **i**) errado (**assistir** = **presenciar** é VTI, logo o correto é: Assisto assiduamente **ao** teu programa...).
3	c.
4	**A gente** é **sujeito** de desinteressar-se e **noutro mundo** é **locução adverbial** (refere-se a viver). a) "ressentimento" é **núcleo do objeto direto** e "nas suas primeiras ilusões" é **adjunto adverbial** de **ferido**; b) "os românticos" é **sujeito** e "em proveito dos naturalistas" é **locução adverbial** de **perder**; c) "essa lei" é **sujeito** e "de um desinteresse" é **adjunto adnominal** de **forma**; d) "excesso" é **núcleo do sujeito** e "contrário" é **adjunto adnominal**; e) "nos" é **objeto direto** e "através dos livros" é **adjunto adverbial**; portanto "b" é a resposta, questão difícil, com muita análise sintática.

CAPÍTULO 8

Topologia pronominal / Emprego dos pronomes oblíquos átonos

1. INTRODUÇÃO

Os pronomes oblíquos átonos sempre foram usados na língua portuguesa, nas gramáticas antigas não havia regras sobre topologia pronominal, portanto perguntamos: as excessivas regras atuais são necessárias, suas existências fundamentam-se na língua, advérbios, pronomes, conjunções, preposições etc. atraírem ou repelirem aqueles pronomes?

No latim clássico e no latim vulgar não há regras sobre topologia pronominal, os pronomes átonos são usados livremente em quaisquer partes dos períodos, sequer a harmonia e a agradabilidade são consideradas, nas gramáticas de língua portuguesa, até aproximadamente 1850, também não existiam capítulos ou regras sobre topologia pronominal: os falantes, inclusive os gramáticos, desfrutavam relativa liberdade quanto ao uso daqueles pronomes, havia gramáticos que inclusive recomendavam o uso dos pronomes átonos no início das orações. Somente após 1850 foi iniciada a produção das regras sobre topologia pronominal, sobre as quais, destaca-se, havia muitas divergências entre os gramáticos.

> "Não existem em latim regras especiais para a colocação dos pronomes oblíquos; são usados em qualquer lugar na frase, como se fossem meros substantivos, e são sempre acentuados na leitura."[1]

Na língua portuguesa, semelhantemente ao latim, não há palavras atraentes: os advérbios, os pronomes, as conjunções e as preposições, que atualmente, no capítulo

---

1. ALMEIDA, Napoleão Mendes de, Gramática Latina, 26ª edição, Editora Saraiva, pág. 136, 1995.

topologia pronominal, são classificados como tais, existem há mais de 2000 anos, no latim não atraem os pronomes átonos, no português, também não atraíam, logo não é possível que essas palavras, que por mais de 2000 mil anos, não tiveram essas propriedades, as tivessem somente após 1850.

As relações entre verbos e pronomes átonos são claras na oração: os verbos regem sintaticamente os pronomes átonos, os pronomes átonos complementam os verbos, agregam-lhes informações essenciais para os verbos expressaram as ações, prosodicamente os pronomes átonos ligam-se, juntam-se, aos verbos como se formassem palavras com estes, portanto se há palavras que atraem os pronomes átonos, elas são os verbos.

Opostamente, não há relações sintáticas entre **pronomes átonos** e **advérbios**, **pronomes**, **conjunções** e **preposições**, é indiferente para aqueles haver ou não haver no período estes termos, logo não há razões objetivas para afirmarmos que estes atraem aqueles.

> "Como os pronomes **retos** e os **oblíquos átonos** exercem, na frase, funções de sujeito ou de complemento do verbo, seus lugares são, em geral, respectivamente antes ou depois dos verbos."[2]
>
> "As formas átonas dos pronomes oblíquos aparecem, em geral, na phrase como complementos de verbos, e, por isso, a sua posição normal é depois do verbo regente, isto é, a *enclise;* as outras posições desses pronomes em referencia a seus verbos regentes são deslocações, ou perturbação da *ordem direta*, determinada mais pela euphonia do que pela syntaxe. Judiciosamente observa o eminente professor Said Ali que a collocação dos pronomes obliquos é mais uma questão de ouvido do que de regras syntacticas."[3]

Abordamos neste capítulo próclise, ênclise, mesóclise, contrações verbo-pronominais, os oblíquos átonos e as locuções verbais e topologia pronominal em gramáticas antigas.

2. CONCEITO

- **Topologia pronominal** (gr. *topos*: lugar, *logos*: tratado): é o estudo das posições dos pronomes átonos no período.

Os pronomes átonos são usados segundo a eufonia (som bom), portanto a harmonia, a agradabilidade e a sonoridade definem suas posições.

---

2. PEREIRA, Eduardo Carlos, Grammatica histórica, 9ª edição. São Paulo Nacional, pág. 311, 1935.
3. PEREIRA, Eduardo Carlos, Gram Expositiva, São Paulo, 1907, pág. 241.

3. PRÓCLISE (GR. *PRO*, ANTES, *KLISIS*, INCLINAÇÃO)

Uso dos pronomes oblíquos átonos antes dos verbos.

4. ÊNCLISE (GR. *ÉG*, DEPOIS, *KLISIS*, INCLINAÇÃO)

Uso dos pronomes oblíquos átonos após os verbos.

5. MESÓCLISE (GR. *MESO*, MEIO, *KLISIS*, INCLINAÇÃO)

Uso dos pronomes oblíquos átonos no meio dos verbos.

- **Regra 1:** Os pronomes átonos são usados antes ou após os verbos segundo a eufonia.

  - (1) "Santos **se** arma (ou arma-**se)** com Ganso para semifinal."[4] (2) "O esforço certo dá-**te** mais rendimento."[5] (3) "Não **lhe** diga (ou não diga-**lhe**) coisa alguma." (4) "Não **se** nasce mulher, mas torna-**se.**" (Simone Beauvoir) (5) Ultimamente criaram-**se** (ou **se** criaram) leis e aprimoraram-**se** (**se** aprimoraram) doutrinas jurídicas. (6) Eu **lhe** dei trabalho, Eu **a** deixei cansada, Ele **a** chamou rapidamente, ou "Eu dei-**lhe** trabalho, Eu deixei-**a** cansada, Ele chamou-**me** analfabeto."[6]

  - **Outros exemplos:** (1) "O edital destina-**se** (ou **se** destina) ao preenchimento de cargo..."[7] (2) "Basicamente, alterou-**se** (ou **se** alterou) a acentuação de algumas palavras e simplificaram-**se** as regras do uso do hífen."[8] (3) "O poeta Tomás Antonio Gonzaga foi degredado para a África, **lá** casou-***se***, negociou e enriqueceu..."[9]

- **Regra 2:** Os pronomes átonos são usados antes ou no meio dos verbos, se estes estão no **futuro do presente** ou no **futuro do pretérito** do modo indicativo:

  - (1) Um grande segredo **te** será (ou ser-**te**-á) desvendado. (2) "Eu **me** esforçarei (ou esforçar-**me**-ei) para que conserveis lembrança de tudo." (3) "Certamente **nos** seria (ou ser-**nos**-ia) interessante estar convosco amanhã." (4) "De maneira alguma, respondeu o aluno, **me** afastarei (ou afastar-**me**-ei) daqui."

  - **Outros exemplos:** (1) O Coral Gidur **se** apresentará (ou apresentar-**se**-á) somente em eventos institucionais. (2) Nada **lhe** diremos (ou dir-**lhe**-emos)

---

4. http://br.msn.com, 11.6.2012;
5. BES *apud* Mundo Português, Ed. 701, p. 5, 3.5.2013;
6. http://www.ciberduvidas.com/pergunta;
7. Portal ORM, Notícias, 27.05.2012;
8. Ataliba T. de Castilho (Guia da Reforma Ortográfica, FMU);
9. Época, nº 808, pág. 36, 18.11.2013, alterado.

até a confirmação do fato. (3) "Eu atraí-lo-ei, tu atraí-lo-ás, ele atraí-lo-á..."[10]

- **Regra 3:** Por motivos tradicionais, os pronomes átonos não são usados:
  - no início das orações, inclusive nas deslocadas e nas assindéticas:

    ✦ (1) "Conservam-**se** ou eliminam-**se** quando se proferem numa pronúncia culta..."[11] (2) Publique-**se** e cumpra-**se.** (3) Se eu permanecer aqui, arrisco-**me** a ser atropelado. (4) Porque tinha compromissos, acordei-**me** cedo. (5) Os brinquedos estão aqui, distribui-**os.**

Observação: Uma boa regra antiga estabelecia: "Os pronomes átonos são enclíticos quando o predicado inicia o período, pois não se inicia o período com o pronome átono: *parece-me que vai chover*, e não *Me pare que vai chover – Dizem-me*, e não – *Me dizem.*"[12]

✦ **Outros exemplos:** (1) "Alegrai-**vos** e regozijai-**vos**, ó justos..." (2) Dá-**lhe** um abraço em meu nome e dize-**lhe** que contem comigo. (3) "Levanta-**te**, Senhor, defronta-**os**, arrasa-**os**, livra-**me** com a tua espada." (4) Prezado, revelar-**me-te**-ei brevemente. (5) Escrever-**vo-los**-emos.

- no início das orações **reduzidas de infinitivo** e das **reduzidas de gerúndio:**

  ✦ (1) "Coisas impossíveis, é melhor esquecê-**las** que desejá-**las.**"[13] (2) Adotar-**se** medidas preventivas é importante. (3) Mostar-**lhe** persistência é necessário. (4) Ser-**nos**-ia interessante estar convosco. (5) Esforçar-**me**-ei para que te lembres de tudo. (6) Tudo é possível aos adolescentes tratando-**se** de brincadeiras.

Observações:

a) A regra "Se o gerúndio está precedido da preposição **em**, a próclise é obrigatória" é desnecessária e sem base objetiva: oração subordinada reduzida de **gerúndio** é a oração subordinada que se liga à principal **sem conjunção** e cujo verbo está na forma nominal **gerúndio.**

✦ (1) **Quando** se **trata** de situação promissora, justifica-se tanto esforço.

✦ (2) "Tratando-se de situação promissora, justifica-se tanto esforço."

✦ (3) "**Em** se tratando de situação promissora, justifica-se tanto esforço."

» Para transformar a oração subordinada adverbial condicional desenvolvida **(1)** na oração subordinada adverbial condicional reduzida de gerúndio **(2)**,

10. http://www.conjugacao.com.br/verbo-atrair/. 02/10/2014.
11. Acordo Ortográfico de 1990, As sequências consonânticas/consonânticas ou consonantais;
12. PEREIRA, Eduardo Carlos, Grammatica histórica, São Paulo Nacional, 9ª edição. 1935, pág. 314.
13. http://www.citador.pt.frases Luis Vaz de Camões.

retira-se a conjunção condicional **quando** e passa-se o verbo **trata** (presente do indicativo) para o gerúndio.

» A preposição **em**, exemplo **(3)**, é desnecessária, contraria o processo de transformação da oração desenvolvida para a oração reduzida, e é uma exceção a mais para dificultar o estudo da língua.

+ (4) Tudo é possível aos adolescentes **se** se **trata** de brincadeiras.
+ (5) Tudo é possível aos adolescentes tratando-**se** de brincadeiras.

b) Se houvesse **palavras atraentes**, não seria possível escrevermos estes períodos porque, como todas atrairiam simultaneamente os pronomes átonos, eles não seriam usados em lugar nenhum.

+ (1) Nunca __ eu __ dera a roca. (**TE**).
+ (2) Eu __ não __ pertenço certamente __ (**ME**).
+ (3) "Nunca __ a tua filha __ acusara perante o supremo juiz." (**TE**)
+ (4) Mesmo que César fizesse tudo que Fabíola quisesse, ele __ não __ agradaria (**A**).
+ (5) Se __ ele __ nem __ lembrou de mim quando festejou seu aniversário, lembraria hoje! (**SE**)

- **Contrações verbo-pronominais**

a) Se o verbo termina por **r**, **s** ou **z**, ele se contrai com os pronomes **o**, **a**, **os**, **as**, ou seja, o verbo perde a consoante e os pronomes ganham **l**: **lo**, **la**, **los**, **las**:

+ (1) "Procede corretamente com teu amigo para **o** manter (ou mantê-**lo**) e com teu inimigo para **o** conquistar (ou conquistá-**lo**)." (2) Não o avisamos para não **o** desanimarmos (ou desanimarmo-**lo**). (3) "Olhamo-**lo** mas nenhuma beleza havia que nos agradasse."

b) Se o verbo termina por **ão**, **õe** ou **m**, acrescenta-se **n** aos pronomes **o**, **a**, **os**, **as**:

dão + **o** = dão-**no**, põe + **a** = põe-**na**, amam + **as** = amam-**nas**

- **Usos não eufônicos/eufônicos** (cacofonia):

+ (1) "Não nasce-**se** mulher, mas torna-se."
+ (2) "Entre e **se** sinta em casa." (3) Tu feriste-**te** gravemente.

6. PRONOMES OBLÍQUOS ÁTONOS E LOCUÇÕES VERBAIS

Locução verbal são dois verbos (**auxiliar** e **principal**) usados como um; os principais **verbos auxiliares** são **ser**, **estar**, **ter** e **haver**, e os **verbos principais** são qualquer verbo usado no **infinitivo**, no **gerúndio** ou no **particípio**.

- **Verbo auxiliar e infinitivo e verbo auxiliar e gerúndio**

- **Regra 1:** Os pronomes átonos são usados antes, no meio ou após as locuções verbais, segundo a eufonia.

Verbo auxiliar e infinitivo:

✦ (1) Em vez de jogarem futebol como os pais **lhes** estavam a pedir (ou como... estavam a **lhes** pedir, ou como... estavam a pedir-**lhes**), os filhos preferiram "videogame".

✦ (2) Preocupava-se demais com o filho, frequentemente a mãe **o** estava a aconselhar (ou estava a **o** aconselhar, ou estava a aconselhá-**lo**) sobre o que era melhor a ele.

✦ (3) Pedro talvez **se** estava a aproximar (ou estava a **se** aproximar, ou estava a aproximar-**se**) do portão.

Verbo auxiliar e gerúndio:

✦ (1) "Adivinhei agora mesmo o que o segredo **me** está dizendo (ou está **me** dizendo, ou está dizendo-**me**)."

✦ (2) Tu **te** estás preparando (ou tu estás **te** preparando, ou tu estás preparando-**te**) para escolheres os próximos governantes do país?

Observações:

a) Certamente os períodos ficariam melhores, inclusive haveria menos regras, se os pronomes átonos fossem usados apenas antes dos verbos principais, pois os verbos auxiliares são meros termos de ligação:

✦ (1) Os jovens estavam a **se** lamentar (ou estavam a lamentar-**se**) porque receberam livros de magia negra...

b) A seguinte oração é formada por **verbo** e por **advérbio** (o gerúndio exerce função sintática de **adjunto adverbial**), portanto não é locução verbal:

✦ (1) "Quando os sinos das igrejas badalarem **te** convidando à adoração, responde sim."[14]

- **Verbo auxiliar e particípio:**

- **Regra 2:** O pronome átono é usado antes ou após o auxiliar, nunca após o particípio:

✦ (1) Muito do que o professor **lhe** havia ensinado (ou havia **lhe** ensinado, ou havia-**lhe** ensinado) na revisão estava na prova.

---

14. Allen, Fred *apud* Moisés M. de Oliveira, *Sete Mil Ilustrações e Pensamentos*, 2ª edição, Juerp, 1981.

✦ (2) "Se não fosse meu advogado, já **me** haviam matado (ou haviam **me** matado, ou haviam-**me** matado) à pedrada."

✦ (3) Eu **lhe** tinha falado, ou eu tinha **lhe** falado ou eu tinha-**lhe** falado.

Observações:

a) Certamente os períodos ficariam melhores prosodicamente, inclusive haveria menos regras, se os pronomes átonos fossem usados apenas antes dos verbos principais, pois os verbos auxiliares são meros termos de ligação:

✦ (1) O índice de acidentes automotivos havia **se** aproximado de níveis intoleráveis.

✦ (2) "Os engenheiros e os arquitetos têm **se** especializado em suas áreas de atuação."

b) Vejamos alguns tipos de locuções verbais que, embora bastante usadas, não estão conformes a língua portuguesa, porque o primeiro verbo não é auxiliar:

✦ (1) Queremos **te** falar francamente ou Queremos falar-**te** francamente → Nosso desejo é **te** falar francamente. (2) Nós **te** podemos citar exemplo do dia a dia. → É possível nós **te** citarmos exemplo do dia a dia.

- **Regra 3**: Por motivos tradicionais, os pronomes átonos não são usados no início de orações que começam por locuções verbais:

✦ (1) Estás **te** preparando (Estás preparando-**te**) para escolheres os próximos governantes do país?

✦ (2) "O mercado nacional é a soma dos mercados regionais portanto é necessário ficarmos-**lhes** atentos, para conhecermos suas realidades regionais." (**Atentos** é particípio irregular do VTI **atentar**).

7. TOPOLOGIA PRONOMINAL EM GRAMÁTICAS ANTIGAS

Até aproximadamente 1850, o desconhecimento sobre a existência de **palavras atraentes** é demonstrado, claramente, por estes exemplos, nos quais os pronomes átonos são usados antes dos pronomes retos, antes dos advérbios, após "conjunções e verbos" e após "advérbios e verbos":

> "Que nos tempos simples, em cuja primeira pessoa do plural o accento nunca passa para traz da penultima, he couza indifferente pôr dantes ou depois do verbo o pronome, não havendo nisto alguma cacofonia, ou equivoco. Assim póde-se dizer igualmente bem: *Eu louvo-me* ou *Eu me louvo, Tu louvas-te* ou *Tu te louvas, Elle se louva* ou *Elle louva-se, Nós louvamos-nos* ou *Nós nos louvamos, Elles louvão-se* ou

Elles se louvão. Mas para evitar a cacofonia ou dissonancia nascida da colisão das consoantes asperas, já não fica bem dizer: *Vós louvais-vos;* mas deve-se dizer: *Vós vos louvais*."[15]

✦ (1) "...como as dos latinos de quem **âs** nós reçebemos."[16] (2) "Eu te mando o livro tamanho, quãmanho **mo'** tu mandaste..."[17] (3) "...Latinos nã tratã em suas Grammáticas por **ôs** nam terem..."[18] (4) "...a qual os latinos têm, e serve**nos** por tres regras."[19] (5) "A nossa linguagem declina**sse** em outras duas..."[20] (6) "...escrito a este modo, e acreçentãdo**lhe**..."[21] (7) "Chaman**se** derivados por que **se** derivã..."[22] (8) "Estes verbos conjugan**se** por todolos tempos..."[23]

✦ (9) "...assim usou-**se** o tratamento ducal de *vossa excellencia* e adoptaram-**se** na hietarchia ecclesiastica..."[24] (10) "Modernizaram a linguagem e tornaram-**na** tambem mais elegante."[25] (11) "*Coelho* ou é formação analogica portuguesa, ou originou-**se** de *cuniculu*."[26] (12) "Cerceou-**a** e vestiu-**lhe** o aveto; E ele benzeo-**os**; Vi-**os** num minholo... e comê'-**os** ambos."[27]

✦ (13) "...*este* esquiva-**se** aos perigos; *aquelle* mata-**se** a estudar, etc."[28] (14) "Assim, podemos dizer como os latinos: **me** juval **me** agrada, ou juval **me**, agrada-**me**; **te** rogo **te** rogo, ou rogo **te**, rogo-**te**, etc."[29] (15) "Neste exemplo **se** vê que o appellativo sultão não tem determinativo; porque seguindo-**se-lhe** o nome proprio Badur, fica declarado..."[30]

✦ (16) "Uma tarde de verão que **me** eu estava acompanhado só de minhas cogitações."[31] (A. de Castilho) (17) "Nomes com quem **se** o povo necio engana."[32] (Camillo) (18) "Ele não **me** fez ou **me** não fez."[33] (19) "A ma-

---

15. BARBOSA, Jerónimo Soares, **Grammatica philosophica da lingua portugueza ou principios de grammatica geral applicados à nossa linguagem**, Lisboa, Academia Real das Sciencias, 1822, pág. 260
16. João de Barros, Grammatica da Língua Portuguesa, Editora Olyssippione, 1540, pág. 3.
17. Idem, pág. 7
18. Idem, pág. 8
19. Idem, pág. 4
20. Idem, pág. 13
21. Idem, pág. 14
22. Idem, pág. 16
23. Idem, pág. 19.
24. ALI, M. Said. Grammatica historica da lingua portugueza. São Paulo: Melhoramentos. 2ª ed. Melhorada e augmentada, 1921, pág. 93
25. Idem, pág. 4
26. Idem, pág. 9
27. Idem, pág. 37
28. LEONI, Francisco Evaristo, 1804-1874. Genio da lingua portugueza, ou causas racionaes e philologicas de todas as reformas e derivações da mesma lingua / Francisco Evaristo Leoni, Lisboa : Typ. do "Panorama", 1858, pág. 198
29. Idem, pág. 198
30. Idem, pág. 203.
31. PEREIRA, Eduardo Carlos, Grammatica histórica, 9ª edição, São Paulo Nacional, 1935, pág. 243
32. Idem, pág. 243
33. Idem, pág. 310

neira em que **se** as mensagens dão."[34] (20) "Boca, que erra, nunca **lhe** pão falleça."[35] (21) "Como **lhes** elles chamavam."[36]

» Certamente a regra estabelecida por Eduardo Carlos Pereira contribuiu muito para que a regra que estabelece que as "palavras atraentes" atraem os pronomes átonos se consolidasse na língua:

"São proclíticos: 1º Quando a proposição é *negativa*, pois o pronome incorpora-se prosodicamente á negativa, que precede sempre ao verbo:

Não-**me** contou, nem-**me** faltou, nenhum-**te** ofendeu, ninguem-**se** mexeu, nunca-**vos** vi."[37]

"Segundo Said Ali, a pausa ou sua ausência na pronúncia das palavras de atração determina a ênclise ou a próclise, é o segredo de sua força atrativa; se houver pausa, não há atração: "Isto passava-**se** um dia antes" (R.S.) – "Ali falavam-**se** verdades aos reis e grandes" (Julio de Castilho) – "Aqui, canta-**se**; ali dança-**se**." Havendo pronúncia ligada, observa-se a regra: já **se** vê, cá **me** tens, aqui **se** canta."[38]

» Já sabemos que os advérbios não atraem pronomes, porém causa perplexidade alguém afirmar: há próclise quando não há pausa na leitura e há ênclise quando há pausa.

8. EXERCÍCIOS

1. (VUNESP) Assinale a alternativa correta quanto ao uso dos pronomes.

a) Quando possível, transmitirei-lhes mais informações.
b) Estas ordens, espero que cumpram-se religiosamente.
c) O diálogo a que me propus ontem, continua válido.
d) Sua decisão não causou-lhe a felicidade esperada.
e) Me transmita as novidades quando chegar de Paris.

2. Marcai a alternativa incorreta quanto à posição dos pronome átonos.

a) Maria não vai casar-se outra vez.
b) Disseram-me que a joia era falsa.
c) Os presos já tinham rebelado-se outra vez naquele ano.
d) Vê-la-ia mais vezes se pudesse.

34. Idem, pág. 310
35. Idem, pág. 310
36. Idem, pág. 310.
37. PEREIRA, Eduardo Carlos, Grammatica histórica, 9ª edição. São Paulo Nacional, 1935, pág. 315.
38. PEREIRA, Eduardo Carlos, Gram Expositiva, São Paulo, 1907, pág. 244.

3. (FCC) O emprego dos pronomes sublinhados estão adequados em:
a) Se queres a paz, não se descuide: se prepara para a guerra.
b) Se quiserdes a paz, não vos descuideis: preparai-vos para a guerra.
c) Se quereis a paz, não se descuidem: preparai-vos para a guerra.
d) Se queremos a paz, não nos descuidemos: nos preparemos para a guerra.

4. (FUNCAB, 2013, PC-ES, Assistente Social) Assinale a alternativa em que o complemento do verbo transitivo da frase foi, de acordo com a norma-padrão e as regras de colocação pronominal, corretamente substituído por um pronome oblíquo.
a) e a própria noite aguçou SEUS OUVIDOS. / e a própria noite aguçou-OS.
b) Romeu deu VOZ ao sublime Bardo. / Romeu deu-LHE ao sublime Bardo.
c) Esquece ESTE ÚLTIMO SÍMILE. / Esquece-LHE.
d) É verdade que admirava A SUA BOCA / É verdade que admirava-A.
e) As palavras do jovem desafiavam O SEU ENTENDIMENTO. / As palavras do jovem desafiavam-LHES.

5. (IBFC, 2013, EBSERH, Advogado) Considere o período e as afirmações abaixo.
Os estudantes que praticam atividades físicas sempre sentem- se mais dispostos.
I. Se a oração subordinada fosse colocada entre vírgulas, não haveria qualquer alteração de sentido.
II. Deveria ter sido usada a próclise.
Está correto o que se afirma em
a) somente I
b) somente II
c) I e II
d) nenhuma

6. (CESPE, 2013, Polícia Federal, Escrivão da Polícia Federal) No que se refere às ideias e aos aspectos linguísticos do texto acima, julgue os itens que se seguem.
Seriam mantidas a correção gramatical e a coesão do texto, caso o pronome **os**, em "não os haveria de ter", fosse deslocado para imediatamente depois da forma verbal **ter**, escrevendo-se **tê-los**.
( ) certo ( ) errado

7. (VUNESP, 2013, PC-SP, Agente de Polícia) Assinale a alternativa correta quanto à colocação pronominal, de acordo com a norma-padrão da língua portuguesa.
a) O passageiro ao lado jamais imaginou-se na situação de ter de procurar a dona de uma bolsa perdida.
b) O homem se indignou quando propuseram-lhe que abrisse a bolsa que encontrara.
c) Nos sentimos impotentes quando não conseguimos restituir um objeto à pessoa que o perdeu.
d) Para que se evite perder objetos, recomenda-se que eles sejam sempre trazidos junto ao corpo.
e) Em tratando-se de objetos encontrados, há uma tendência natural das pessoas em devolvê-los a seus donos.

8. (CESPE, 2014, TEM, Contador, Conhecimentos Básicos) No que se refere aos aspectos linguísticos e às ideias do texto acima, julgue os próximos itens.
"Não por menos, tal massa de compradores **se** converteu na locomotiva da economia brasileira..." (Carlos José Marques)
O pronome "se" poderia ser deslocado para imediatamente após a forma verbal "converteu", escrevendo-se **converteu-se**, sem prejuízo da correção gramatical do texto.

( ) certo ( ) errado

9. (VUNESP - 2013 - CTA - Analista em Camp; T Júnior - Administração) Os versos do poema reescritos assumem versão correta quanto à colocação pronominal em:

a) Aos da pesada, não diga-lhes que lamentamo-nos./ Me envie uma notícia boa.
b) Aos da pesada, não diga-lhes que nos lamentamos./ Me envie uma notícia boa.
c) Aos da pesada, não lhes diga que lamentamo-nos./ Envie-me uma notícia boa.
d) Aos da pesada, não lhes diga que nos lamentamos./ Envie-me uma notícia boa.
e) Aos da pesada, não lhes diga que nos lamentamos./ Me envie uma notícia boa.

10. (FCC, 2013, TRT, 18ª Região (GO), Analista Judiciário - Área Administrativa) ... *embutir ao longo dos oito lados da cúpula* nove anéis circulares horizontais - *referência aos círculos que compõem* o Paraíso *na Divina Comédia de Dante Alighieri. Os anéis neutralizam* as forças de tensão...
Fazendo-se as alterações necessárias, os segmentos sublinhados acima foram corretamente substituídos por um pronome, na ordem dada, em:

a) os embutir - compõem-lhe - as neutralizam
b) embuti-los - compõem-no - neutralizam-nas
c) embutir-lhes - o compõem - lhe neutralizam
d) embuti-los - lhe compõem - as neutralizam
e) embutir-lhes - compõem-o - neutralizam-nas

RESPOSTAS			
1	c (as alternativas "b" e "d" também estão corretas: os átonos são usados segundo a eufonia).		
2	c	3	b
4	a	5	b
6	certo.	7	d
8	certo.		
9	d (não há qualquer relação sintática entre "advérbios e conjunções" e "pronomes átonos", apenas os verbos regem os pronomes, portanto, segundo a eufonia, a alternativa "c" também está correta).		
10	b (os átonos são usados segundo a eufonia, portanto as formas "que o compõem" ou "que compõem-no" estão corretas).		

CAPÍTULO 9

Pontuação

1. CONCEITO

São os sinais gráficos empregados na linguagem escrita para indicarem a entoação da leitura. A linguagem escrita apresenta diferenças em relação à linguagem falada: na fala, usamos diversos recursos (entoação, gestos, etc.) para expressarmos nossas ideias, na linguagem escrita usamos os sinais de pontuação para as expressarmos.

Somos feitos de palavras

"As estatísticas escolares comprovam: nos vestibulares, o grande terror dos alunos é a prova de português. Sem dúvida, é a prova mais difícil porque aborda interpretação de texto, gramática, literatura e, além de tudo isso, uma redação. Um dos porquês da dificuldade está vinculado à leitura: o aluno que não desenvolveu o gosto pela leitura nas séries iniciais, ou mesmo na sétima ou oitava série, dificilmente conseguirá um bom ritmo no colegial.

O prazer da leitura passa evidentemente pelo domínio da língua portuguesa: dominar a nossa língua é importante, não apenas para concorrermos a uma vaga na faculdade, mas como ser humano que somos. Otávio Paz, poeta mexicano, prêmio Nobel de Literatura, tinha razão quando escreveu que também somos feitos de palavras.

Não há receitas mas os que leem sabem o prazer que é abrir um livro, mergulhar nas primeiras páginas, envolver-se com os personagens, acompanhar as aventuras. O livro possibilita uma viagem sem sairmos de nosso quarto ou de nossa casa.

A leitura é fundamental para nós. Lendo mais, expressamos melhor nossas ideias, nossos sentimentos, vemos o que somos: seres humanos. Quem lê elabora ideias e mais ideias, entende o que acontece a sua volta. Ler não é só passar os olhos sobre as palavras, é saber decifrar as transformações do mundo." (Luiz Puntel, alterado)

2. PONTO

É o sinal de pontuação que encerra frases e períodos.

O **ponto** indica que a frase ou o período terminou, portanto se for o caso iniciaremos outro. Usamos o **ponto** segundo a concatenação das palavras, a concatenação das orações ou a entoação da voz, as quais indicam claramente o fim do período. Usarmos o **ponto** em lugar indevido ou o omitirmos onde é necessário é erro grave, portanto é necessário compreendermos o **motivo** por que usamos o **ponto** se queremos usá-lo corretamente.

Para elaboramos um período simples, concatenamos as palavras, e para elaborarmos um período composto, concatenamos as orações. Se o período (simples ou composto) está concluso, está com os termos e as orações que queremos, encerremo-lo, usemos o **ponto.**

Observação: **frase** é qualquer enunciado que expressa uma informação definida, **período simples** é o enunciado formado por uma oração e **período composto** é o enunciado formado por duas ou mais orações.

a) **Pontuação segundo a concatenação das palavras:**

✦ "Vento[1], chuva[2], rio[3] e mar[4], agentes de erosão[5], arrastam[6] fragmentos[7] para regiões mais baixas[8]."

» Nesse exemplo, o autor concatenou palavras para formar um período simples: **1**, **2**, **3** e **4** são núcleos do sujeito, **5** é aposto, **6** é verbo transitivo, **7** é objeto direto e 8 é objeto indireto, portanto o **ponto** é usado em **8**; se o usarmos em **7**, a pontuação estará incorreta: haveria ponto entre o verbo e o objeto indireto.

b) **Pontuação segundo a concatenação das orações:**

✦ "As estatísticas escolares comprovam[1]: nos vestibulares, o grande terror dos alunos é a prova de português[2] Sem dúvida, é a prova mais difícil[3] porque aborda interpretação de texto, gramática, literatura e, além de tudo isso, uma redação[4] Um dos porquês da dificuldade está vinculado à leitura[5]: o aluno que não desenvolveu o gosto pela leitura nas séries iniciais, ou mesmo na sétima ou oitava série[6], dificilmente conseguirá um bom ritmo no colegial[7]."

» As orações **1** e **2** concatenam-se para formarem o primeiro período: a **1** é oração principal e a **2** é oração subordinada objetiva direta, o período está concluso, portanto é necessário usarmos o **ponto** em **2.** Seria incorreto usarmos o ponto em **1** (separaríamos a principal da subordinada), e seria incorreto o usarmos em **3** (incluiríamos no primeiro período uma oração que pertence ao segundo).

» As orações **3** e **4** também formam um período: a **3** é oração principal e a **4** é oração subordinada adverbial causal, o período está concluso, logo é necessário usarmos o **ponto** em **4**. Se o usarmos em **3**, separaremos a principal da subordinada, e se o usarmos em **5**, incluiremos no segundo período uma oração que pertence ao terceiro.

c) **Pontuação segundo a entoação da voz:**

Durante a leitura usamos a **entoação** para iniciar os períodos, para continuá-los e para encerrá-los. Por meio da **entoação** é perfeitamente possível identificarmos os lugares onde os pontos são usados.

Consideremos o texto anterior:

- "[1]As estatísticas escolares comprovam: [2]nos vestibulares, [3]o grande terror dos alunos é a prova de português [4]Sem dúvida, [5]é a prova mais difícil porque aborda interpretação de texto, [6]gramática, [7]literatura e, [8]além de tudo isso, [9]uma redação [10]Um dos porquês da dificuldade está vinculado à leitura: [11]o aluno que não desenvolveu o gosto pela leitura nas séries iniciais, [12]ou mesmo na sétima ou oitava séries, [13]dificilmente conseguirá um bom ritmo no colegial."

  » Em **1** usamos entoação para marcar o início, em **2** mantemos a entoação e em **3** encerramos o período; em **4** usamos entoação para marcar outro início, em **5**, em **6**, em **7** e em **8** mantemos a entoação, e em **9** encerramos o período; em **10** usamos entoação para iniciar o próximo período, em **11** e em **12** mantemos a entoação, e em **13** encerramos o período.

- "Festividade do 80º Aniversário da Imigração Japonesa na Amazônia: comidas japonesas, danças teatrais, músicas, origami e muitas outras atrações."

  » Nesse exemplo o **ponto** encerra uma frase.

3. PONTO E VÍRGULA

É o sinal de pontuação que encerra períodos.

O **ponto e vírgula** indica que o período (simples ou composto) terminou, portanto é necessário iniciarmos o próximo. O segredo para usarmos o **ponto e vírgula** é verificarmos onde se encerra o período. A entoação da voz e a concatenação das palavras ou a concatenação das orações indicam claramente o início e o fim do período, consequentemente o lugar de usarmos o **ponto e vírgula.**

O **ponto e vírgula** é empregado para:

a) encerrarmos períodos simples ou períodos compostos:

- "As estatísticas escolares comprovam: nos vestibulares, o grande terror dos alunos é a prova de português; sem dúvida, é a prova mais difícil porque aborda interpretação de texto, gramática, literatura e, além de tudo isso, uma redação; um dos porquês da dificuldade está vinculado à leitura: o aluno que não desenvolveu o gosto pela leitura nas séries iniciais, ou mesmo na sétima ou oitava série, dificilmente conseguirá um bom ritmo no colegial."

  » Nesse exemplo a concatenação das orações e a entoação da voz indicam o início e o fim dos enunciados, consequentemente o lugar de usarmos o **ponto e vírgula.**

b) separarmos as **enumerações** ou os **considerandos** se eles já possuem termos separados por vírgula:

- "Regras de segurança do trabalho: a distração é um dos maiores fatores de acidente, trabalha atenciosamente para evitá-lo; teus olhos não se recuperam depois de perdidos, usa óculos protetores sempre que o trabalho o exige; as tuas mãos produzem os alimentos que nutrem tua família, não as ponhas em lugares perigosos; a pressa é companheira inseparável dos acidentes, realiza teu trabalho no tempo necessário e com segurança; a oficina é um lugar de trabalho, reserva as brincadeiras para as horas de folga."[1]

  » Considerando o débito lavrado contra essa empresa, considerando a regularidade do processo e considerando a confirmação do débito, a Superintendência Regional notifica que no prazo de dez dias V. Sª. comprove o pagamento ou recorra à Secretaria de Inspeção.

Observação: Se entre os termos das enumerações não há vírgula, separamos as enumerações por vírgula, pois elas são termos de mesma função sintática e formam um período:

Analisemos alguns exemplos:

- (1) "Os cinco poderes mágicos do sono **proporcionam:** vida longa e saudável, boa aparência e bem-estar, mais felicidade e menos estresse, saúde física e mental, controle do peso."[2]

- (2) "Há três **espécies de escravos:** o escravo de condição servil, o escravo de suas paixões e o escravo de suas ambições."[3]

  » Nesses períodos as **enumerações** são termos de mesma função sintática: em **(1)** elas são **objetos diretos**, complementam **proporcionar**, e em **(2)** elas são **apostos**, explicam **espécies de escravos**, portanto são separadas por vírgula.

---

1. Carteira de Trabalho e Previdência Social, pág. 3, adaptado.
2. Revista Seleções, agosto/2008;
3. Schmitt, Johannes Peter *apud* Moisés Marinho de Oliveira, *Sete Mil Ilustrações e Pensamentos*, 2ª edição, Juerp, 1981.

4. VÍRGULA

- **A vírgula e os termos da oração**

  - **Vírgula:** é o sinal de pontuação que separa os termos de uma oração ou separa duas orações. A vírgula, diferentemente do **ponto** e do **ponto e vírgula**, não encerra o período. O uso da vírgula significa que o período continua, não encerrou.

Na língua portuguesa a construção das orações obedece à ordem sintática, ou seja, a disposição dos termos ocorre de acordo com a função sintática desempenhada na oração. Segundo essa ordem é possível os termos da oração se apresentarem na **ordem direta** (sujeito – verbo – complementos verbais – adjuntos adverbiais), ou na **ordem indireta** (quando os termos da oração se apresentam alternados ou deslocados entre si, exemplo, verbo – sujeito – adjuntos adverbiais – complementos verbais). Na **ordem indireta** a oração apresenta-se de diversas maneiras.

- **Ordem direta:** quando os termos da oração estão na seguinte disposição: sujeito, verbo, complemento verbal e adjunto adverbial.

✦ (1)

"Nenhum homem	se	transforma	em uma pessoa boa ou má
sujeito	verbo		complemento verbal

subitamente."
adj. adverbial

✦ (2)

"Ela e a raça dela toda	não	são
sujeito	adv	verbo

capazes de aguentar a minha raiva."
complemento verbal (predicativo do sujeito)

(H. Maranhão)

- **Ordem indireta ou inversa:** quando os termos da oração estão em posição diferente da ordem direta. A ordem indireta é um recurso importante para enfatizarmos um termo da oração. É possível embaralharmos os termos da oração seguinte e apresentá-la de outras formas.

✦ (1)

Subitamente	nenhum homem	se	transforma
adj. adverbial	sujeito		verbo

em uma pessoa boa ou má.
complemento verbal

✦ (2)

Em uma pessoa boa ou má	nenhum homem	se
complemento verbal	sujeito	

transforma	subitamente.
verbo	adj. adverbial

4.1. Regra geral

Se os termos da oração estão na **ordem direta** ou na **ordem indireta**, não são separados por vírgula; separamos por vírgula apenas os termos que enfatizamos.

Para efeito de pontuação não consideramos o **adjunto adverbial** como termo acessório da oração à semelhança do **aposto** e do **vocativo.** Se o equipararmos a esses termos, separá-lo-emos obrigatoriamente por vírgula todas as vezes que ele estiver na oração, como o **aposto** e o **vocativo** são separados. Para efeito de pontuação equiparamos o **adjunto adverbial** aos **termos essenciais** e aos **termos integrantes**, ou seja, ele é termo da oração, à semelhança do sujeito, do verbo e do complemento verbal.

Essa forma de pontuação preserva a clareza do texto, trata os termos da oração com igualdade e evita as "paradinhas" durante a leitura, ou seja, a entoação da leitura aproxima-se mais da entoação da linguagem falada.

Utilizamos essa regra neste livro por isso em determinados períodos o uso da vírgula é deferente do habitual.

- **Orações na ordem direta (OD) e na ordem indireta (OI):**

(3)

"Finalmente	chegou	a massa mais desejada do Brasil: Lasagna Spoleto." (OI)
adj.adverbial	verbo	sujeito

(4)

A massa mais desejada do Brasil	chegou	finalmente. (OD)
sujeito	verbo	adj. adverbial

(5)

Chegou	finalmente	a massa mais desejada do Brasil. (OI)
verbo	adj. adverbial	sujeito

(6)

Os estudantes	leram	o livro	com dedicação. (OD)
sujeito	verbo	comp. verbal	adjunto adverbial

(7)

Os estudantes	leram	com dedicação	o livro. (OI)
sujeito	verbo	adjunto adverbial	comp. verbal

(8)

Leram	os estudantes	com dedicação	o livro. (OI)
verbo	sujeito	adjunto adverbial	comp verbal

(9) O candidato apresentou seu plano de governo com desenvoltura e com tranquilidade (**OD**). (10) Com desenvoltura e com tranquilidade apresentou o candidato seu plano de governo (**OI**). (11) Apresentou o candidato com desenvoltura e com tranquilidade seu plano de governo (**OI**).

» Nas orações acima os termos estão na ordem direta e na ordem indireta, portanto não são separados por vírgula. Fizemos diversas alternâncias e é possível fazermos outras, porém, ainda assim, não os separamos por vírgula porque não há pausa na leitura dos termos. Ressaltamos que as funções sintáticas dos termos da oração não mudam quando eles estão deslocados: o **sujeito**, deslocado ou não, é sempre **sujeito**, e os outros termos, deslocados ou não, são sempre o que eram, e destacamos ainda que a **disposição dos termos** no período é livre, é **subjetiva**, depende de nossa vontade, ou seja, iniciarmos o período com o termo que queremos, isto é, ou com o **sujeito**, ou com o **verbo**, ou com o **adjunto adverbial** etc. Geralmente, na fala, automaticamente, iniciamos os períodos com os termos enfatizados.

Para fins de pontuação os termos são tratados com igualdade: se não separamos por vírgula o sujeito, o verbo e o complemento verbal deslocados, também não separamos por vírgula o adjunto adverbial deslocado, seja um advérbio, ou uma locução adverbial.

Se considerarmos que os termos deslocados são separados por vírgula, a pontuação das orações **(8)** e **(11)** seria da seguinte forma, pois todos os termos estão deslocados, porém jamais alguém pontuaria essas orações desta maneira:

- (8) Leram, os estudantes, com dedicação, o livro. (11) Apresentou, o candidato, com desenvoltura e tranquilidade, seu plano de governo.
- **Outros exemplos**: (1) *Hoje* o Botafogo será campeão. (2) O Botafogo *hoje* será campeão. (3) O Botafogo será *hoje* campeão. (4) "*Em Atenas* desenvolvia-se *pouco a pouco* uma democracia com assembleias populares e tribunais." (Jostein Gaarder). (5) "'Pois Hermes *de certa forma* nos mantém escondidos um do outro.' '*Às vezes* receava que os sonhos fossem apenas sonhos.' 'Levantou-se *ás dez horas* para almoçar.'" (Machado de Assis). (6) "*Para os empiristas* a mente é uma folha em branco a ser preenchida pela experiência." (Gilberto Cotrim)

• Ênfase nos termos da oração

É o destaque que damos a determinado termo da oração em relação aos outros.

Para enfatizarmos um termo da oração, separarmo-lo por vírgula, esteja ele no **início**, no **meio** ou no **fim** da oração, mas a ênfase será maior se ele estiver no **início** do período separado por vírgula.

Ressaltamos que o termo enfatizado, no meio da oração, é separado por duas vírgulas: uma antes, outra após. A separação de um termo, no meio do período, por uma vírgula, é erro de pontuação: no exemplo seguinte, a vírgula separa o sujeito do predicado.

- **pontuação errônea:** O Botafogo hoje, será campeão.
- **pontuação correta:** O Botafogo, hoje, será campeão.

A ênfase dos termos da oração é **subjetiva**, depende de nossa vontade, se é nosso desejo enfatizá-los, separamo-los por vírgula, se não é, não os separamos.

Observa as seguintes orações:

- (1) A linguagem-padrão está descaracterizada verdadeiramente.
- (2) Verdadeiramente, a linguagem-padrão está descaracterizada.
- (3) Tu percebes a beleza de um grande projeto nos detalhes.
- (4) A beleza de um grande projeto, tu percebes nos detalhes.

» Na oração **(2)** o adjunto adverbial **verdadeiramente** foi o termo enfatizado, na oração **(4)** a ênfase está no objeto direto **a beleza de um grande projeto**.

- **Outros exemplos:** (1) Seu plano de governo, o candidato apresentou com desenvoltura e tranquilidade (ênfase no complemento). (2) "Denso, colorido e envolvente, o Douro é sobretudo rio, vinha, panorama desigual em excesso."[4] (Ênfase nos apostos) (3) Em geral, ele inverte todas as nossas decisões. Ele, em geral, inverte todas as nossas decisões. Ele inverte todas as nossas decisões, em geral (ênfase no adjunto adverbial).

Observação: Há divergência entre os autores sobre a pontuação do **adjunto adverbial deslocado.** Como argumento para separarmos por vírgula apenas os adjuntos adverbiais deslocados enfatizados, citamos: trata-se de um termo da oração equiparado aos outros, não há pausa na sequência de leitura do período, e etimologicamente **adjunto adverbial** significa ao lado do verbo.

Observemos os seguintes ensinamentos:

> "Emprega-se a vírgula para dar *ênfase* a certas *conjunções, advérbios* e *locuções adverbiais*: '...cuja tez suaviza, *ainda mais*, o brando do raio do luar'. 'Mas, *apesar disso*, não deixarei...' 'Alguém, *talvez*, queira'. Não vá o aluno pensar que é obrigatória a vírgula depois de *mas, todavia, logo,* etc., quando tais conjunções iniciam uma coordenada. É ela colocada somente quando exigida para dar ênfase a alguma expressão que se segue a essas conjunções; em tal caso aparecem duas vírgulas: uma antes da expressão, outra depois. **É também erro colocar sistematicamente entre vírgulas advérbios** e **locuções adverbiais**; só devem elas aparecer quando indicam ênfase, obrigando o leitor a notar a força do advérbio ou da locução."[5]

> "O efeito de sentido e a clareza acredita-se serem os dois indutores mais fortes na tomada da decisão de pontuar. O efeito de sentido tem a ver com o aspecto semântico. O redator deixa no texto as pistas necessárias para o entendimento.

4. http://www.douro-turismo.pt/regiao.php, 16.7.2012.
5. Almeida, Napoleão Mendes de, *Gramática Metódica da Língua Portuguesa*, Saraiva, 1998, 574), negrito nosso.

> Ele procura, através desses sinais que aparecem no texto, no caso presente em especial a pontuação, dar ao texto ênfase a certos elementos. Antecipar um adjunto adverbial já é uma maneira de realçar, através do recurso da topicalização. E antecipar virgulando realça mais ainda a intenção de destaque do tópico." (Professor Normélio Zanotto)

Resumidamente estas duas formas de pontuação estão corretas: se o termo deslocado não está separado por vírgula, o autor não o enfatizou, se o termo deslocado está separado por vírgula, o autor o enfatizou:

- (1) No Estádio Zerão os jogadores trocam de hemisfério o tempo todo.
- (2) No Estádio Zerão, os jogadores trocam de hemisfério o tempo todo.
- (3) Por mais de dois séculos os Estados independentes se digladiaram.
- (4) Por mais de dois séculos, os Estados independentes se digladiaram.

4.2. Regras particulares

As **expressões intercaladas** são separadas por vírgula.

São expressões intercaladas:

- **aposto:** (1) "Otávio Paz, **poeta mexicano, prêmio Nobel de Literatura**, disse que somos feitos de palavras." (2) "'Hovercrafts', **veículo anfíbio**, são veículos marítimos com dois motores, **um de impulsão** e **outro de suspensão.**"
- **vocativo:** (1) "Que restou de ti, **Babilônia**, teus prédios maravilhosos, tuas belezas, tuas glórias...?" (2) "**Vaca profana**, põe teus cornos pra fora e acima da manada." (Caetano Veloso *apud* Unama)
- **expressões explicativas e corretivas:** isto é, ou seja, ou melhor, aliás, digo, a saber etc.:
  - (1) "O fim principal de nossas ações é melhorar nosso caráter, **isto é**, o progresso de nossas faculdades intelectuais, morais e espirituais."[6] (2) Apenas seis alunos obtiveram boas notas, **aliás**, sete.
- **termos de uma oração:** "Pesquisas pioneiras mostram como o brasileiro, **e ainda mais a brasileira**, se digladia no trânsito." (Veja)

- **A vírgula também é usada:**
  - **para separar os termos pleonásticos:**

6. Sócrates *apud* Moisés M. de Oliveira, *Sete Mil Ilustrações e Pensamentos*, 2ª edição, Juerp, 1981.

- (1) "Paxiúba já sabia perfeitamente que nos salvara, **à minha mãe e a mim**, do furor dos cabanos." (Inglês de Sousa) (2) "Pois Hermes de certa forma nos mantém, **a ti e a mim**, escondidos um do outro."

- **para marcar a elipse** (omissão de palavra, geralmente o verbo):
  - (1) "Os políticos vulgares pensam sempre nas próximas eleições; os verdadeiros estadistas, nas futuras gerações."[7]

- **para separar os termos de mesma função sintática** (núcleos do sujeito, predicados, complementos verbais, adjuntos): se na oração existem dois ou mais termos de mesma função sintática, eles são separados por vírgula e ou por conjunções:
  - (1) "**Governo estadual**, **prefeituras**, **ONGs**, **estudantes**, **empresas** e **entidades civis** plantarão **simultaneamente**, **em todo o estado**, **numa ação conjunta**, **aproximadamente** 46 mil mudas de plantas da Mata Atlântica."[8]
  - (2) "Geralmente os homens **são práticos**, **lidam melhor com os improvisos**, **realizam uma tarefa de cada vez**, **tomam decisões mais rápidas** etc. As mulheres **são mais sentimentais**, **planejam mais seu cotidiano**, **são mais detalhistas**, **fazem várias coisas simultaneamente**, cuidam mais da saúde, etc." (Zildinha Siqueira, alterado)

- **para separar o predicativo se ele está deslocado e não está precedido do verbo de ligação:**
  - (1) "Os cães, **tristonhos**, calavam-se." (2) Carlos, **abatido**, disse que renunciaria o cargo. (3) Todos, **atônitos** e **perplexos**, interpelavam uns aos outros: que isso significa?

- **para separar os topônimos: (1)** Maputo, 31 de outubro de 2004. **(2)** Bissau, 24 de agosto de 1998.

- **para separar o nome da rua nos endereços:** Av. João Paulo II, 652.

  Observação: A **data** é um adjunto adnominal do **número do documento**, portanto não é separada por vírgula: Of. Gidur/Be 243/2012 de 2.7.2012.

4.3. A vírgula e as orações

a) **orações coordenadas - período composto por coordenação:**

Um período composto por coordenação é um **enunciado** formado por duas ou mais orações que se ligam por coordenação, geralmente por meio de conjunções coordenativas. Se elas formam um **enunciado** e se elas se ligam por coordenação, é necessário elas estarem juntas.

---

7. Clarke, James F. *apud* Moisés M. de Oliveira, *Sete Mil Ilustrações e Pensamentos*, 2ª edição, Juerp, 1981.
8. http://oglobo.globo.com, 21.9.2009, alterado.

A concatenação das orações e a entoação da voz não permitem que usemos entre elas sinais de pontuação (**ponto** ou **ponto e vírgula**) que fragmentem o período.

As conjunções são conectivos que usamos para ligar, unir duas orações, portanto não separamos as orações coordenadas ligadas por conjunção. Se as separarmos, neutralizaremos a função do conectivo.

Por motivo de clareza e para indicarmos, durante a leitura, à meia voz, o momento de respirarmos, separamos por vírgula as orações coordenadas de "grande extensão" ligadas por conjunção.

Não há critérios para definirmos duas orações coordenadas como de "grande extensão". Sempre que for possível as ligarmos por conjunções sem vírgula, as conjunções cumprirão sua finalidade. Se a clareza recomenda que as unamos por conjunções mas as separemos por vírgula, é recomendável fazermos. Não há distinção entre as conjunções, todas são conectivos, cujas funções são ligar orações.

Aplicam-se aos termos de uma oração que compõe um período composto as mesmas regras que aplicam-se aos termos da oração.

Analisemos alguns exemplos:

- (1) "Acordei **e** fiquei olhando a noite de chuva." (2) "Todo dia faz algo amável **porém** faz sem esperar reconhecimento." (3) "Vivo de acordo com essas regras **ou** vivo de maneira contrária a elas." (4) "Uma pessoa em coma não é doadora de órgãos **porque** o coma é reversível." (5) "Não devemos ser covardes ou audaciosos mas corajosos, **e** não devemos ser avarentos ou extravagantes mas generosos." (6) "As crianças recém-nascidas são alimentadas com lei materno, **porque** ele contém os nutrientes necessários ao desenvolvimento do bebê e os anticorpos contra infecções."

  » Os enunciados **(1)** a **(4)** são períodos compostos por coordenação, estão ligados por conjunções, portanto não são separados por vírgulas.

Os enunciados **(5)** e **(6)** são períodos compostos por coordenação, estão ligados por conjunções, mas como são considerados períodos de **grande extensão**, por motivo de clareza é recomendável usarmos uma vírgula entre eles.

Observações:

a) se a conjunção está deslocada, a vírgula continua necessária para separarmos as duas orações coordenadas:

- (1) "Salvo exceções, todos nós somos doadores de órgãos, é importante, **portanto**, comunicarmos esse desejo à família."
- (2) "Os produtos esportivos ficaram, em média, 4% mais caros nos últimos 12 meses. O percentual, **no entanto**, é inferior à inflação do mesmo período, 5%. Os dados são de levantamento divulgado pela FGV."

» A locução **no entanto**, embora esteja deslocada, liga dois períodos de mesma função sintática, duas orações coordenadas, portanto é necessário que elas estejam ligadas; a última oração está isolada do período, ou seja, compromete a coesão; façamos as correções:

✦ (3) Os produtos esportivos ficaram, em média, 4% mais caros nos últimos 12 meses, esse percentual, no entanto, é inferior à inflação do mesmo período, 5%, segundo dados da FGV.

b) se no período há duas ou mais orações coordenadas, a vírgula é necessária para separar as orações não ligadas por conjunção:

✦ (1) O ouro é testado pelo fogo, os bravos são testados pela aflição.

✦ (2) Nasci na água, na água me criei mas se me botarem na água, na água morrerei.

c) embora às vezes sejam pequenas palavras, as conjunções coordenativas deslocadas são separadas por vírgula, porque não são termos da oração:

✦ (1) "Todo dia faz algo amável, faz, **porém**, sem esperar reconhecimento."

d) é possível usarmos **ponto** ou **ponto e vírgula** antes de conjunção coordenada se o período composto estiver invertido; a entoação da voz (pronúncia da conjunção) quando o período está invertido, quando a conjunção inicia o período, é diferente da entoação da voz quando o período está na ordem normal:

✦ (1) "**Porque** desenvolveu sua filosofia política em um quadro teórico completamente diferente do que havia até então, o filósofo italiano Nicolau Maquiavel é considerado o fundador do pensamento político moderno."

✦ (2) O filósofo italiano Nicolau Maquiavel é considerado o fundador do pensamento político moderno, **porque** desenvolveu sua filosofia política em um quadro teórico completamente diferente do que havia até então.

e) As orações coordenadas ligadas por conjunção são separadas por vírgula se a conjunção está reiterada:

✦ (1) "Babilônia assolará o Egito: os que a morte, a morte **e** os que a cativeiro, a cativeiro, **e** os que a servo, a servo, **e** os que a espada, a espada." (2) "Eu não devia te dizer **mas** essa lua, **mas** esse conhaque botam a gente comovido como o diabo." (Fcap) (3) "Um aqueduto é um grande fosso **ou** um túnel subterrâneo, **ou** uns canos na superfície."

b) **orações subordinadas - período composto por subordinação:**

Um período composto por subordinação é um **enunciado** formado por duas ou mais orações que se ligam por subordinação. Se elas formam um **enunciado** e se elas se ligam por subordinação, é necessário elas estarem juntas.

A concatenação das orações e a entoação da voz não permitem que usemos entre elas sinais de pontuação (**ponto** ou **ponto e vírgula**) que fragmentem a unidade do período.

- **Orações subordinadas substantivas:** apenas as **orações apositivas** são separadas por vírgula da oração principal, as outras orações substantivas (**subjetiva**, **predicativa**, **objetiva direta**, **objetiva indireta** e **completiva nominal**) não são separadas por vírgula.

Destacamos que as orações substantivas equivalem a um termo da oração principal (sujeito, predicado, objeto direto, objeto indireto, complemento nominal e aposto), portanto não são separadas sequer por vírgula, salvo as apositivas.

✦ (1) "Só lhe pedimos um favor, **que não nos visitasse mais**, pois estávamos magoados com ela." (2) Este é um dos mais agradáveis privilégios, **ter um livro para ler à noite.** (3) Comenta-se **que ele será candidato.** (4) O sucesso dependeria **de que fôssemos eficientes.** (5) É dever agradecermos **a quem mostra nossos erros.**

Observação: Aplicam-se aos termos de uma oração que compõe um período composto as mesmas regras que aplicam-se aos termos da oração:

✦ (1) "Não responder provocações **no trânsito**, **em bares** ou **em boates** é sinal de inteligência, não é covardia."[9]

» A vírgula separa adjuntos adverbiais da oração subordinada substantiva subjetiva.

- **Orações subordinadas adjetivas:** apenas as orações adjetivas explicativas são separadas por vírgula, as adjetivas restritivas, não:

Destacamos que as orações adjetivas equivalem a um termo acessório da oração principal (adjunto adnominal), logo não é possível as separarmos por sinais que fragmentam o período (**ponto** ou **ponto e vírgula**).

a) **orações adjetivas explicativas:**

✦ (1) O tamanduá-bandeira, **que está em extinção**, é cauteloso, pacífico e solitário. (2) "O primeiro filósofo de Atenas, **cuja vida conhecemos em parte**, foi Anaxágoras." (3) "Fred encerará suas atividades em Roma e voltará a Portugal, **onde não trabalhou por muito tempo.**"

b) **orações adjetivas restritivas:**

✦ (1) "A cerimônia **que abriu as Olimpíadas de Pequim** foi um espetáculo inesquecível." (2) "Chamamos indo-europeus aos países e às culturas culturas **nos quais são faladas as línguas indo-europeias.**" (3) "O nome do

---

9. Guia Caixa p/ uma vida melhor alterado, adaptado.

empregador **cujo processo transitou em julgado** vai para a lista" (a restritiva define o nome do empregador). (4) "As comunicações ainda não se normalizaram nos países **onde houve o terremoto.**"

Observação: Se no período há duas ou mais orações adjetivas restritivas, a vírgula é obrigatória para separar as orações não ligadas por conjunção:

✦ (1) "Para os empiristas, verdadeiro é aquilo que é útil, que dá certo, que serve aos interesses das pessoas na sua vida prática." (Gilberto Cotrim) (2) "Para os empiristas, verdadeiro é aquilo que é útil **e** que serve aos interesses das pessoas na sua vida prática."

- **Orações subordinadas adverbiais desenvolvidas e reduzidas:**

Destacamos que as orações subordinadas adverbiais são termos acessórios das orações principais (adjuntos adverbiais), porquanto não são separadas por sinais que fragmentam o período (**ponto** ou **ponto e vírgula**).

Por motivo de clareza e para indicarmos, durante a leitura, à meia voz, o momento de respirarmos, separamos por vírgula as orações adverbiais de "grande extensão" ligadas por conjunção. Não existe distinção entre as conjunções, todas são conectivos, cujas finalidades são ligar orações.

Analisemos alguns exemplos:

✦ (1) "Temos a impressão de que a distância entre as estrelas é pequena quando **olhamos para o céu.**" (2) "Em um plano ousado, Aníbal atravessou os inexplorados Alpes **acompanhado de 9 mil cavaleiros.**" (3) "Segundo o racionalismo a razão atinge o conhecimento verdadeiro se **trabalhar com princípios lógicos.**" (4) "A Gol oferece regularmente voos com horários que favorecem viagens tanto a lazer quanto a negócios, **pensando em facilitar a viagem de seus clientes.**"

» Os períodos acima são enunciados, as orações destacadas são termos acessórios das orações principais, adjuntos adverbiais, porquanto não são separadas por vírgulas, salvo o período **(4)**, que, porque é relativamente extenso, por motivo de clareza, é recomendável usarmos vírgula entre as orações.

Observação: As orações subordinadas adverbiais são separadas por vírgula se estão antepostas ou intercaladas à oração principal:

✦ (1) "**Assim que os jogadores entraram em campo**, os torcedores começaram a algazarra." (2) "Os torcedores, **assim que os jogadores entraram em campo**, começaram a algazarra." (3) **Quando bem executada**, uma tarefa preserva-nos de aborrecimentos futuros. (4) "Uma tarefa, **quando bem executada**, preserva-nos de aborrecimentos futuros."[10]

10. Doan, Eleanor L. *apud* Moisés M. de Oliveira, *Sete Mil Ilustrações e Pensamentos*, 2ª edição, Juerp, 1981.

c) **orações coordenadas** e **orações subordinadas**

Um período composto por coordenação e por subordinação é **um enunciado**, é **um grupo de orações** que se juntam para formarem **um período**, portanto suas orações não são separadas por sinais de pontuação (**ponto** ou **ponto e vírgula**) que o fragmentam, que o dividem.

As orações coordenadas **ligam-se** por coordenação (não exercem funções sintáticas em relação às outras), as orações subordinadas **ligam-se** por subordinação (exercem funções sintáticas em relação às principais: sujeito, predicado, adjunto adnominal, adjunto adverbial), portanto permanecem ligadas, são separadas, se necessário, apenas por **vírgulas** ou, se for possível, por **dois-pontos** (sinais de pontuação que não encerram o período).

A concatenação das orações e a entoação da voz não permitem que usemos sinais de pontuação que rompem a unidade do período (**ponto** ou **ponto e vírgula**).

Aplicam-se aos termos de uma oração que compõe um período composto as mesmas regras que se aplicam aos termos da oração.

Analisemos alguns períodos:

- (1) "No dia a dia, a mente pensa tolices, a emoção dá-lhes crédito e o eu ingênuo, que não aprendeu a decifrar os códigos da inteligência, paga a conta porque não soube filtrar os pensamentos." (Augusto Cury, alterado).

  » Período composto por coordenação e por subordinação portanto suas orações permanecem ligadas.

d) **As orações intercaladas são sempre separadas por vírgulas, duplo travessão ou parênteses:**

- (1) "José e Renato, **apesar de serem gêmeos**, são muito deferentes."
- (2) "Natividade sentou-se e – **abrindo a folha** – dizia consigo mesma..."
- (3) "A morte (**diz Guerra Junqueira**) é o prólogo da vida."

5. DOIS-PONTOS

É usado para introduzir explicação, enumeração, citação ou a fala de um personagem.

Os **dois-pontos** não encerram períodos, as informações que estão depois deles compõem juntamente, com o texto anterior, um enunciado. Após **dois-pontos** é facultativo o uso de maiúscula ou de minúscula, mas recomendamos minúscula porque o período não foi encerrado, o enunciado seguinte não inicia novo período. Se o texto citado inicia por maiúscula, usamos maiúscula. Se o texto citado é mera citação, usamos minúscula.

» **Explicação:** (1) "...Um outro ângulo formidável: não se tratava, apenas, de conteúdo da educação ministrada..." (Faci) (2) "Se duvidarem, eu provo: guardei um fio do rabo." (Haroldo Maranhão apud UFPA)

» **Enumeração:** (1) "São vários os sintomas da degradação ambiental: esgotamento dos recursos naturais, poluição e alteração da biosfera..." (2) "Eis os três fantasmas que costumam destruir o prazer de viver: o medo, o ciúme, o ódio."[11]

» **Citação:** (1) Como disse um filósofo de outros tempos: "quão difícil é convencermos as pessoas sobre o óbvio." (2) "Dica da Tia Eda para este verão: Caminhar." (3) Cespe. "Acreditamos que o mundo nunca foi tão violento como agora: pelo que nos contam nossos pais e outras pessoas mais velhas...

O sinal de **dois-pontos** depois de **agora** corresponde à ideia de **pois** colocado entre vírgula.

6. TRAVESSÃO

É usado para iniciar a fala de um personagem (discurso direto), indicar mudança de interlocutor nos diálogos, enfatizar determinada palavra, separar frases ou orações (substitui vírgulas ou parênteses).

O **travessão** não encerra período, as informações que estão entre dois travessões ou após um travessão compõem juntamente, com o texto anterior, um enunciado.

✦ (1) "Paulo perguntou: – quem és tu, Senhor? – Eu sou Jesus a quem tu persegues." (2) "Ele reiterou suas ideias e convicções – energicamente." (3) "Ser livre – como diria o famoso conselheiro – é não ser escravo." (4) "Caminhada – Uma grande amiga da saúde." (Dicas Tia Eda)

7. PARÊNTESES

É usado para separarmos expressões explicativas e para indicarmos os autores dos textos citados.

Os **parênteses** não encerram período, as informações que estão entre eles compõem juntamente, com o texto anterior, um enunciado.

a) separa palavras e expressões com função explicativa:

✦ (1) "O empirismo defende que as ideias são provenientes das percepções sensoriais (visão, audição, tato, paladar, olfato)." (Gilberto Cotrim). (2) "O alcoolismo (abuso do uso do álcool) é uma doença que pode levar à morte."[12]

11. Derossi, Aloísio *apud* Moisés M. de Oliveira, *Sete Mil Ilustrações e Pensamentos*, 2ª edição, Juerp, 1981.
12. Guia Caixa p/ uma vida melhor.

✦ (3) Cespe. "Embora a violência não seja um fenômeno dos dias atuais, **pois está presente em toda e qualquer sociedade humana**, sua ocorrência varia no grau, na forma..."

Se substituíssemos as vírgulas por parênteses, a pontuação também estaria certa:

✦ (4) "Embora a violência não seja um fenômeno dos dias atuais (**pois está presente em toda e qualquer sociedade humana**) sua ocorrência varia no grau, na forma..."

Se retirássemos a oração destacada, uma vírgula apenas seria necessária:

✦ (5) "Embora a violência não seja um fenômeno dos dias atuais, sua ocorrência varia no grau, na forma..."

b) indicar nomes de autores, obras, capítulos referentes aos textos citados:

✦ (1) "Cada vez que o homem sorri parece que adiciona algo a sua vida."[13] (Mckenzie)

✦ (2) "Quem luta com lealdade, mesmo derrotado, coloca-se na situação de vencedor."[14] (Sete Mil Ilustrações e Pensamentos)

8. PONTO DE INTERROGAÇÃO

É usado nas frases ou nas orações interrogativas diretas:

✦ (1) "De onde se originam os conhecimentos? De onde se originam as ideias, os conceitos, as representações?" (Gilberto Cotrim). (2) "Qual o animal que de manhã tem quatro pés, dois ao meio-dia e três à tarde?" (Gilberto Cotrim). (3) "Perguntamo-nos: qual é o valor da vida humana?" (Cespe). (4) Será que o sonho então não tem mais fim? Quem viu o Fantasma da Ópera? (Andrew Webber)

- **O Ponto de interrogação encerra o período:**

✦ (1) "O remorso, perguntei o que é? É a reação da virtude contra o crime."[15]

» Quando analisamos o exemplo acima, imaginamos que o **ponto de interrogação** não encerra o período, pois se encerrasse, seria necessário que a oração **É a reação da virtude contra o crime** tivesse sentido completo. Por que esta oração está incompleta? Por que só é possível a usarmos juntamente com a outra? Porque o sujeito da segunda oração foi omitido, já foi citado na primeira oração. Se o citarmos na segunda oração, ela estará com sentido completo, é possível a usarmos isoladamente, o **ponto de interrogação**,

13. Mckenzie, E. C.
14. D. Veoleci *apuds* Moisés M. de Oliveira, *Sete Mil Ilustrações e Pensamentos*, 2ª edição, Juerp, 1981.
15. Branco, Camilo C. *apud* Moisés M. de Oliveira, *Sete Mil Ilustrações e Pensamentos*, 2ª edição, Juerp, 1981.

portanto, encerra período, a segunda oração inicia outro período, outro enunciado.

» Que é o remorso? O remorso é a reação da virtude contra o crime.

✦ (2) "A essa altura tu e tua equipe já estais correndo com as metas, certo? Afinal esse pode ser um ótimo atalho para a Copa do Mundo na África."

» O texto acima é um enunciado, um período composto por coordenação, portanto é necessário que suas orações estejam ligadas; "certo?" é uma expressão intercalada; correção:

✦ (3) A essa altura tu e tua equipe já estais correndo com as metas, certo?, afinal, esse é um excelente atalho para a Copa do Mundo na África.

Observação: Nas frases e nas orações interrogativas indiretas não usamos ponto de interrogação:

✦ (1) Não sei por qual motivo ou por que falaste assim.

✦ (2) "Perguntamo-nos qual é o valor da vida humana."

✦ (3) "Quem, pois, conheceu a mente do Senhor? Ou quem foi o seu conselheiro? Ou quem primeiro lhe deu para que lhe seja restituído?"

» O enunciado é um período composto, as conjunções **ou** ligam orações de mesma função sintática, orações coordenadas alternativas, logo o uso do **ponto de interrogação** é devido apenas no fim do período composto; se a conjunção **ou** for omitida, o ponto de interrogação será necessário no fim de cada interrogação:

✦ (4) Quem conheceu a mente do Senhor, ou quem foi o seu conselheiro ou quem primeiro lhe deu para que lhe seja restituído?

✦ (5) Quem conheceu a mente do Senhor? Quem foi o seu conselheiro? Quem primeiro lhe deu para que lhe seja restituído?

9. PONTO DE EXCLAMAÇÃO

É usado para indicar palavras, frases ou orações exclamativas, ou seja, que indicam saudação, espanto, surpresa, admiração, ironia, alegria, etc.

✦ (1) "Ó Pátria amada, idolatrada, salve! salve!" (**Salve**: saudação). (2) "Cortar árvores! Matar animais! Poluir o meio ambiente! Nós somos responsáveis pela natureza." (admiração, reprovação). (3) "Que quadro de amarguras!"

✦ (4) "...Boa gente, os alemães! E pensar que eu já fui alemã!"

» O ponto de exclamação encerra período logo é indevido usarmos uma conjunção para ligarmos um período a um termo que foi encerrado; correção:

✦ (5) "...Boa gente, os alemães, e pensar que eu já fui alemã!"

✦ (6) "Se alguém vos disser: Eis aqui o Cristo! Ou: Ei-lo ali! Não acrediteis. Se vos disserem: Eis que ele está no deserto!, não saias. Ou: Ei-lo no interior da casa!, não acrediteis."

» Texto com pontuação incorreta: o primeiro período é composto por subordinação, a conjunção **ou** liga dois termos (duas citações) da oração subordinada **alguém vos disser**, e a conjunção **se** liga a oração principal **não acrediteis** à subordinada, portanto é necessário que a conjunção **ou** e que o advérbio **não** sejam grafados com letras minúsculas; no segundo período a conjunção **ou** liga dois períodos de mesma função sintática, dois períodos compostos por subordinação, consequentemente é necessário que esteja grafada com letra minúscula; é necessário que as citações que reproduzem as palavras do próprio autor estejam entre aspas; correções:

✦ (7) Se alguém vos disser: "Eis aqui o Cristo ou ei-lo ali!", não acrediteis. Se vos disserem: "Eis que ele está no deserto!", não saias, ou se disserem: "Ei-lo no interior da casa!", não acrediteis.

10. ASPAS

As aspas são empregadas para:

a) **indicar as citações textuais:**

» **(1)** Como disse um filósofo de outros tempos: "Quão difícil é convencermos as pessoas sobre o óbvio." **(2)** Disse Jesus: "Não penseis que vim trazer paz à Terra, não vim trazer paz mas espada."

b) **destacar palavras ou expressões:**

✦ (1) "O artigo sobre o processo de desregulamentação foi publicado no 'Jornal do Brasil'." (Manual de Redação da Presidência da República)

c) **indicar títulos (obras, jornais, revistas):**

✦ (1) "Sete Mil Ilustrações e Pensamentos" transmite-nos maravilhosas lições de vida.

✦ (2) "O Liberal" é o maior jornal de circulação da Amazônia.

d) **indicar palavras ou expressões alheias à norma-padrão**, como brasileirismos, estrangeirismos, arcaísmos, gírias:

✦ (1) "'WikiLeaks' divulga mais 'bombas' diplomáticas." (2) "A gente" pode ser mais astuto que um outro, mas não que todos os outros. (François L. Rochefoucauld) (3) Se "você" beber não dirija, se "você" dirigir não beba. (4) O "pessoal" foi para os pênaltis e fez o seu trabalho. (5) O artista apresentará o "show" às 22 horas. (6) Darei um "feedback" ao Marcos sobre a apresentação do trabalho. (7) Rico e Toti afirmaram que agarrarão a oportunidade com "unhas e dentes".

Observação: Em **(4)** há inconformidade porque **pessoal**, adjetivo, foi usado como substantivo; usos corretos: dados **pessoais**, pronomes **pessoais**, departamento de pessoas = departamento **pessoal**. Os **jogadores** foram para os pênaltis e fizeram o seu trabalho.

e) **indicar ironia** (dizer o contrário do que pensamos ou com intenção depreciativa):

+ (1) Estou impressionado com a "inteligência" do Chaves: compreende tudo errado.

f) **indicar palavras com sentido figurado:**

+ (1) Os telescópios terrestres "olham" para o céu através da atmosfera.
+ (2) "A Terra, o Sol e a Lua 'dançam' no gigantesco 'baile espacial'". (Maria Luz e Magaly Santos)

Observação: Atualmente há uma tendência de emprego do formato itálico em lugar das aspas, principalmente nos brasileirismos, estrangeirismos e palavras destacadas:

+ (1) O *playground* do prédio é maravilhoso.
+ (2) O *pessoal* foi para os pênaltis e fez o seu trabalho.

11. ERROS MAIS COMUNS - PONTUAÇÃO

a) separar os itens de uma enumeração por **ponto**:

+ (1) "O G20 deu passos importantes para a recuperação da economia. Entre eles, a manutenção dos pacotes de estímulos a empregos e a remoção desses pacotes quando a economia se estabilizar."

  » O enunciado é um período composto, a enumeração é uma continuação do período, logo é necessário ser precedida por dois-pontos:

+ (2) "...o G20 deu passos... para a recuperação da economia: dentre eles, a manutenção dos pacotes... e a remoção dessas medidas...
+ (3) "Segundo ele, constatadas as irregularidades cinco providências foram tomadas. A primeira foi a notificação de fornecedores de materiais. No prazo de 30 dias, eles terão que reconstruir as casas que não seguem os padrões da norma. Em 60 dias, ordenou a construção das casas que não foram entregues. Em terceiro, determinou a comunicação dos fatos ao MPF. Também abriu processo administrativo para apurar a responsabilidade eventual de servidores públicos. E, por último, a suspensão temporária de aplicação de novos créditos no município, até que as irregularidades sejam sanadas."

  » Claramente esse texto possui enumerações portanto não está de acordo com a linguagem-padrão as separarmos por **ponto**; como nas enumerações já existem termos separados por vírgulas, separemo-las por **ponto e vírgula**; correções:

✦ (4) Segundo ele, constatadas as irregularidades cinco providências foram tomadas: notificou os fornecedores de materiais, no prazo de 30 dias eles reconstruirão as casas que não seguem os padrões da norma; ordenou a construção, em 60 dias, das casas que não foram entregues; determinou a comunicação dos fatos ao MPF; abriu processo administrativo para apurar a responsabilidade eventual de servidores públicos; e por último suspendeu temporariamente a aplicação de novos créditos no município, até que as irregularidades sejam sanadas.

b) separar termos acessórios da oração por **ponto:**

✦ (1) "Criminalidade, mendicância, lixo, poluição, barulho, trânsito confuso, vendedores ambulantes. Um breve passeio pela principal entrada da cidade revela uma das suas piores faces. Assim é o Entroncamento: sujo, violento e carente de noções básicas de cidadania."

» O parágrafo é um período portanto é necessário que os apostos estejam ligados à oração à que pertencem, e é igualmente necessário que a última oração esteja no seu devido lugar: **entroncamento** é aposto de **entrada**, e os termos **sujo, violento e carente de noções básicas de cidadania** explicam **entroncamento**; correções:

» **(2)** Um breve passeio pela principal entrada da cidade, o entroncamento, que é sujo, violento e carente de noções básicas de cidadania, revela uma das suas piores faces: criminalidade, mendicância, lixo, poluição, barulho, trânsito confuso, vendedores ambulantes.

✦ (3) "A Floricultura Atlântica é uma empresa líder na fabricação de espuma floral no Brasil. **Sempre com produtos exclusivos e de qualidade, pronta entrega, preços competitivos e excelência no atendimento.** Uma empresa que foca todos os esforços na satisfação total dos clientes."

» Os termos destacados são **adjuntos adverbiais**, termos acessórios da oração, portanto é necessário que eles estejam ligados à oração; uma versão adequada do texto seria:

✦ (4) A Floricultura Atlântica, que foca todos os esforços na satisfação total dos clientes, com produtos de qualidade, preços competitivos, atendimento excelente e entrega imediata, é líder na fabricação de espuma floral no Brasil.

✦ (5) "Noveleiros de plantão sabem: não há melhores "boas-vindas" para um folhetim do que uma cena de barraco daquelas. De preferência, entre familiares, em uma comemoração, com xingamentos, bofetões e chuva cenográfica para encharcar os ânimos."[16]

16. Folha de São Paulo, 30/01/2011.

» O texto é um período, o termo **entre familiares** é adjunto adnominal do substantivo **barraco**, logo é necessário eles estarem no mesmo período; **de preferência** é uma expressão intercalada entre o substantivo e o adjunto adnominal; correções:

✦ (6) "Noveleiros de plantão sabem: não há melhores 'boas-vindas' para um folhetim do que uma cena de barraco daquelas, de preferência, entre familiares, em uma comemoração, com xingamentos, bofetões e chuva cenográfica para encharcar os ânimos."

c) separar por **ponto** as orações de um período composto:

✦ (1) "Neste blog postarei esporadicamente alguns poemas, músicas, vídeos, pinturas. **Além, claro, de algumas reflexões e comentários meus.** Porém hoje vai só um petisco."

» Pontuação gravemente comprometida: o texto é um enunciado, um período composto por coordenação, o termo destacado é um adjunto adverbial, termo acessório da primeira oração, a oração **hoje vai só um petisco** liga-se à primeira por coordenação, portanto é necessário que as orações estejam ligadas; correções:

✦ (2) Neste blog postarei esporadicamente alguns poemas, músicas, vídeos, pinturas, além, claro, de algumas reflexões e de alguns comentários meus, porém hoje vai só um petisco.

✦ (3) "Em 2010, vivemos um dos melhores momentos de nossa história. **Ampliamos** nossa presença no mercado, **cumprimos** nossa função social, **contribuímos** para o fortalecimento da economia. **Mantivemos** sempre presente as questões da sustentabilidade, da diversidade, do desenvolvimento regional. E **tivemos** – o que é igualmente importante – o reconhecimento da sociedade."

» Pontuação gravemente comprometida: o texto acima é **um enunciado**, um período composto por coordenação, as orações cujos verbos estão destacados são explicativas em relação à primeira, portanto é necessário que elas estejam ligadas; há quatro formas de as ligarmos: por dois pontos, por conjunção, por expressão explicativa ou por vírgulas:

✦ (4) Em 2010, vivemos um dos melhores momentos de nossa história: ampliamos nossa presença no mercado, cumprimos nossa função social, contribuímos para o fortalecimento da economia, mantivemos sempre presente as questões... e obtivemos – o que é igualmente importante – o reconhecimento da sociedade.

✦ (5) Em 2010, vivemos um dos melhores momentos de nossa história porque ampliamos..., cumprimos..., contribuímos..., mantivemos... e obtivemos... o reconhecimento da sociedade.

✦ (6) Em 2010, vivemos um dos melhores momentos de nossa história, ou seja, ampliamos..., cumprimos..., contribuímos..., mantivemos... e tivemos... o reconhecimento da sociedade.

+ (7) "Sempre que alguém aposta nas loterias, muita gente sai ganhando. **Isso** porque quase a metade do que é arrecadado vira investimento em educação, cultura, seguridade social, etc."

  » O texto acima é um enunciado, a conjunção **porque** liga dois períodos compostos por subordinação, portanto o uso do **ponto** antes do demonstrativo **isso** é inadequado; façamos as correções:

+ (8) Sempre que alguém aposta nas loterias, muita gente sai ganhando, porque quase a metade do que é arrecadado é investido em educação, em cultura, em seguridade social, etc.

+ (9) "Existem empresas que preferem empregados sem "vícios", novos no mercado. Por outro lado, também há quem valorize a mão de obra experiente."

  » O texto acima é um enunciado, o termo **por outro lado**, que é recomendável o evitarmos porque não é conjunção, liga dois períodos compostos por subordinação, consequentemente o uso do **ponto** no meio do período é incorreto; façamos as correções:

+ (10) Existem empresas que preferem empregados sem "vícios", novos no mercado, mas também há quem valorize a mão de obra experiente.

d) separar por **ponto** a oração subordinada e a oração principal:

+ (1) "Em grande parte dos casos, a visita à biblioteca é motivada por um trabalho em equipe. O que, segundo os estudantes, estimula a busca por outras fontes de pesquisa, diferente da internet."

  » O texto acima é um enunciado, um período composto por subordinação, a oração adjetiva explicativa é um termo da oração principal, um adjunto adnominal, consequentemente é necessário que elas estejam ligadas; o demonstrativo **o** é desnecessário; façamos as correções:

+ (2) Em grande parte dos casos, a visita à biblioteca é motivada por um trabalho em equipe, que, segundo os estudantes, estimula a busca por outras fontes de pesquisa, diferente da internet.

+ (3) "A esterilização pelo calor consiste na eliminação de bactérias e de seus esporos pela elevação da temperatura. Esse *processo* é utilizado principalmente para conservar os alimentos enlatados."

  » O enunciado é um período composto por subordinação, por isso é obrigatório segundo a língua portuguesa que o segundo período esteja ligado ao primeiro, o substantivo **processo** refere-se à **esterilização pelo calor**, corrijamo-lo:

+ (4) A esterilização pelo calor, que é utilizada principalmente para conservar os alimentos enlatados, consiste na eliminação de bactérias e de seus esporos pela elevação da temperatura.

12. EXERCÍCIOS

1. (Esaf/MPO) No texto "a realidade histórica indica que os mercados apenas passam de um desequilíbrio a outro, em função de fatores naturais e sociais – quantidade de chuva e sol, guerras, expedições, invenções etc. – que afetam a posição relativa de cada agente..." (Paul Singer) os travessões podem ser substituídos por parênteses sem alterar a coerência e a correção?

2. (Esaf/MPO) Em relação ao emprego dos sinais de pontuação no texto, assinale a opção correta.

   "O modo solidário de produção e distribuição parece **à primeira vista** um híbrido entre o capitalismo e a pequena produção de mercadorias. Mas, na realidade, ele constitui uma síntese que supera ambos. A unidade típica da economia solidária é a cooperativa de produção, cujos princípios organizativos são: posse coletiva dos meios de produção pelas pessoas que as utilizam para produzir; gestão democrática da empresa ou por participação direta (quando o número de cooperadores não é demasiado) ou por representação; repartição da receita líquida entre os cooperadores por critérios aprovados após discussões e negociações entre todos; destinados do excedente anual (denominado sobras) também por critérios acertados entre todos os cooperadores..." (Paul Singer).

a) Se a expressão "à primeira vista" estivesse entre vírgulas, o período ficaria gramaticalmente prejudicado.
b) O sinal de dois-pontos justifica-se por anteceder citação de depoimento alheio ao autor do texto.
c) As três ocorrências de sinal de ponto e vírgula têm justificativas gramaticais diferentes.
d) Se o emprego de parênteses for substituído por vírgula, a coerência do texto ficará prejudicada.
e) Os parênteses que isolam a expressão denominado sobras podem, sem prejuízo para o texto, ser substituídos por travessões ou por vírgula.

3. (TRE) "Vamos, por um momento que seja, cair na real..."; a regra abaixo que justifica o emprego das vírgulas nesse segmento do texto é:

a) isolar o aposto;
b) isolar o adjunto adnominal antecipado;
c) indicar a supressão de uma palavra;
d) marcar a intercalação de elementos.

4. Pontuai os textos abaixo:

a) (VUNESP) Por sinal o próprio Senhor Governador na última entrevista revelou que temos uma arrecadação bem maior que a prevista.
b) (VUNESP) O cidadão foi preso em flagrante e interrogado pela autoridade policial confessou sua participação no furto.
c) (VUNESP) Impunha-se pois a recuperação dos documentos as certidões negativas de débitos e os extratos bancários solicitados.
d) (Esaf/AFRF) "O racismo no sentido de prática discriminatória em razão da etnia de uma pessoa ou grupo atenta primeiro contra a própria organização política".
e) (Esaf/AFRF) "O racismo é crime de ação múltipla ou de conteúdo variado, de maneira que a prática, no mesmo contexto de ação de mais de um núcleo acarreta uma única incriminação".

f) (Esaf/AFRF) Incorreu data vênia o ato decisório ora analisado em dois grandes e manifestos equívocos.

g) (Esaf/AFRF) De outra parte tenha-se que devido ao simples fato do caráter abstrato da norma a existência de lacunas em face de situações concretas é algo implícito.

5. (Esaf/AFRF) Marque certo ou errado com relação às afirmações a respeito do deste texto: "... Ao contrário: o novo modelo – cuja arrogância chegou ao extremo de considerar-se o ponto final, senão culminante, da história – promove brutal concentração de renda em âmbito mundial, multiplicando a desigualdade e banalizando de maneira assustadora a perversão social." (Ari Roitman)

a) ( ) Os travessões demarcam intercalações e desempenham função análoga à de parênteses.

b) ( ) O emprego de dois-pontos após "contrário" justifica-se por introduzir esclarecimento sobre o que foi dito antes.

c) ( ) A função das vírgulas que isolam a expressão "senão culminante" é a de destacá-la sintaticamente e dar-lhe relevo estilístico.

6. Assinalai a alternativa cujo trecho grifado deva ocorrer **obrigatoriamente** entre vírgulas.

a) O médico a quem sempre paguei em dólares recusou-se a me receitar pelo telefone.

b) A lei promulgada em 1928 ainda está em vigor na cidade.

c) A garota que ainda ontem vimos pela TV acabou de sair daqui.

d) Amanhã que é domingo poderei dormir até tarde.

7. (Cesgranrio) Na passagem "A juventude de hoje vive processo inusitado na história: tem saudades daquilo..." os dois pontos podem ser substituídos, sem alterar o sentido, por:

a) desde que

b) porque

c) quanto

d) mas também

8. (FCC) Os dois pontos em "Na discussão democrática, diferenças individuais são inevitáveis, qualquer que seja a escolha dos grupos. E, o que é mais: qualquer tentativa rigorosa de formar grupos homogêneos viciará..."

a) introduzem uma explicação

b) substituem reticências

c) equivalem a um ponto de exclamação

d) Interrompem a sequência da frase

9. (FCC) Os parênteses em "Pelas mesmas razões (e também por outras que ora não vêm a pelo), implicam a prevalência ou quando não o domínio puro e simples de umas comunidades sobre outras"

a) separam uma indicação de ordem explicativa;

b) incluem um dado necessário ao conjunto do texto;

c) adicionam uma informação não explicitada;

d) esclarecem.

RESPOSTAS			
1	sim.	**2**	e.
3	d.		
4	**a)** Por sinal, o próprio Senhor Governador, na última entrevista, revelou que temos uma arrecadação bem maior que a prevista; **b)** Vunesp. O cidadão foi preso em flagrante e, interrogado pela autoridade policial, confessou sua participação no furto; **c)** Vunesp. Impunha-se, pois, a recuperação dos documentos: as certidões negativas de débitos e os extratos bancários solicitados; **d)** "O racismo, no sentido de prática discriminatória, em razão da etnia de uma pessoa ou grupo, atenta primeiro contra a própria organização política"; **e)** "O racismo é crime de ação múltipla ou de conteúdo variado, de maneira que a prática, no mesmo contexto de ação de mais de um núcleo, acarreta uma única incriminação"; **f)** Incorreu, data vênia, o ato decisório ora analisado em dois grandes e manifestos equívocos; **g)** De outra parte, tenha-se que, devido ao simples fato do caráter abstrato da norma, a existência de lacunas, em face de situações concretas, é algo implícito.		
5	c, c, c.		
6	d (a oração "que é domingo" é adjetiva explicativa, explica o substantivo "amanhã", portanto é separada por vírgula; as outras orações são adjetivas restritivas logo não são separadas por vírgula).		
7	b.	**8**	a.
9	c.		

PARTE 4

Semântica

CAPÍTULO 1

Semântica

1. CONCEITO

Do grego "semantiké": a arte da significação. 1. Estudo das mudanças ou das translações sofridas, no tempo e no espaço, pela significação das palavras. 1. É o estudo dos significados de uma palavra e sua aplicação em um contexto.

Etimologia do grego "etymologia" ("étymo": o significado de uma palavra; "logia": ciência, tratado): estudo das palavras, de sua história e das possíveis mudanças de seu significado.

> "Denotação do latim 'denotatione': ato de denotar; l. revelar por meio de notas ou sinais; fazer notas; fazer ver; manifestar; indicar; mostrar: 'Sua fisionomia denota preocupação.' 'Suas ações denotam verdadeira amizade.' 2. significar; exprimir; simbolizar: 'A espada e a balança denotam o caráter da justiça.'"
>
> "Conotação do latim 'connotatione': 1. relação que se nota entre duas ou mais coisas. 2. Sentido translativo ou subjacente, às vezes de teor subjetivo, que uma palavra ou expressão pode apresentar paralelamente à acepção em que é empregada."[1]
>
> "Quanto á *significação*, as palavras podem ainda ser tomadas no sentido **proprio**, como, p. ex.: *pé, cabeça, braço*, falando-de das partes do corpo humano; ou no sentido **translato** ou **figurado**, como, p. ex.: *pé de vento, cabeça da revolta, braço da revolução*. Todas as vezes que uma palavra é desviada de seu sentido natural, primitivo, *proprio*, e é applicada, por

1. Ferreira, Aurélio B. H., *Novo Aurélio Século XXI*, Nova Fronteira, 3ª edição, 1999.

analogia, a designar um objecto differente do primitivo, adquire um sentido chamado *figurado* ou *translato*."[2]

- **Denotação:** é o sentido real, objetivo, independente do contexto, igual para todas as pessoas, comum em qualquer dicionário, expresso por uma palavra.

  ✦ A palavra **manga**, dependendo do contexto, significa **fruta**, **parte de uma camisa**, **peça de candeeiro**, ou o presente do indicativo do verbo **mangar.**

- **Conotação:** é o sentido figurado, subjetivo, variável, dependente do contexto, expresso por uma palavra.

  – O verbo **cair**, conotativamente, significa:

  a) destituir do cargo:

  ✦ (1) "Delegado-Geral **cai** e delegacia será demolida" (**cair** = **destituir**).

  b) constar em um objeto, estar em um objeto:

  ✦ (1) "Os assuntos que estudamos **caíram** na prova" (**cair** = **constar**).

  ✦ (2) "O depósito não **caiu** na conta do cliente" (**cair** = **estar**, **ser creditado**).

  c) perder a validade, tornar-se nulo:

  ✦ (1) **Caíram** os acentos circunflexos dos verbos **leem**, **veem** e **voo.**

  Observação: Denotativamente **cair** significa despencar sobre um objeto:

  ✦ (1) "Ipice Girl **cai** do palco e desfalca o grupo" (**cair** = **despencar**).

  – **cabeça**, denotativamente, significa **parte superior do corpo**, e, conotativamente, **líder**, **chefe:**

  ✦ (1) O ciclista feriu gravemente a **cabeça** (sentido denotativo).

  ✦ (2) Estevão será o **cabeça** do grupo (sentido conotativo).

  – **burro**, denotativamente, significa o **animal**, e, conotativamente, **sem inteligência:**

  ✦ (1) Nas colônias o **burro** ainda transporta carga (sentido denotativo).

  ✦ (2) O menino era muito **burro**, não entendia nada (sentido conotativo).

– **frita**, denotativamente, significa **que se frigiu**, e, conotativamente, significa **em maus lençóis, em má situação:**

  ✦ (1) Prefira alimentos grelhados ou assados a **fritos.** (sentido denotativo)

  ✦ (2) "**Fritas** estão as outras. Batatinhas Hileia: as mais crocantes e as mais fresquinhas." (sentido conotativo)

---

2. PEREIRA, Eduardo Carlos. Grammatica Expositiva. São Paulo: Weiszflog Irmãos, 1907, pág. 152, exemplar nº 0641.

- **Outros exemplos:**
- (1) "A gloria, a prosperidade, o amor, o poder, **embriagam** o homem." (Domingos Vieira)
- (2) "**Fome** de leitura: uma campanha para **alimentar** a cultura dos brasileiros" (**alimentar** significa **desenvolver**).
- (3) Fepese. "Os incentivos existem em três tipos de sabores básicos: econômico, social e moral. É muito comum que um único esquema de incentivos inclua as três variedades. Tomemos a campanha antitabagista dos últimos anos. O acréscimo da "taxa do pecado" de $ 3 em cada maço é um forte incentivo econômico contra a compra de cigarros. A proibição do fumo em restaurantes e bares é um poderoso incentivo social. E a afirmação do governo americano de que os terroristas angariam fundos com a venda de cigarros no mercado negro atua como um incentivo moral bastante estridente."[3]

  » As palavras sublinhadas possuem sentido figurado: **sabores** significa incentivos, **negro** significa proibido, ilegal e **estridente** modifica figuradamente **incentivo**.

2. SIGNIFICADO DAS PALAVRAS

a) **Sinônimo** (gr syno: significado, nymos: nome): são as palavras que possuem significados semelhantes:

- informar, anunciar; nascer, surgir; ousado, corajoso; persistente, perseverante

b) **Antônimo**: são as palavras que possuem significados opostos:

- dia, noite; claro, escuro; bom, mau; rápido, lento; ousado, tímido; corajoso, medroso

c) **Polissemia** (gr. "poly": muitos; "semos": significado): são as palavras que possuem vários significados:

- **assistir** (presenciar, cuidar, residir); **visar** (mirar, desejar); **ordem** (disposição, mandado, comando, confraria); **ordinário** (habitual, grosseiro, vulgar), **segurança** (proteção, confiança, garantia); **sentir** (perceber, ouvir, melindrar-se, sofrer)

d) **Parônima** (gr. "para": próximo, semelhante, "nymos": nome): são as palavras que possuem grafias e pronúncias semelhantes mas significados diferentes:

- **acento** (sinal gráfico), assento (cadeira); **aprender** (conhecer), apreender (capturar); **arrear** (arreios), arriar (descer); **ascender** (subir), acender (ligar); **ascensão** (subir), assunção (assumir)

3. LEVITT, Steven D., DUBNER, Stephen J. Freakonomics, *O lado oculto e inesperado de tudo que nos afeta*, tradutora Regina Lyra, Rio de Janeiro: Elsevier, 2005, p. 23.

Observação: Para mais exemplos, consulta Fonologia, 9.4 Parônimas.

e) **Homônima** (gr. "homo": igual, "nymos": nomes): são as palavras que possuem o mesmo nome (grafia) mas significados diferentes.

✦ **amo** (senhor), amo (verbo amar); **cedo** (adv.), cedo (verbo); **para** (prep.), para (verbo); **são** (santo, saudável), são (verbo); **manga** (fruta, parte da camisa), manga (verbo)

f) **Homógrafa** (gr. "homo": igual, "grapho", grafia): são as palavras que possuem a mesma grafia mas significados diferentes.

✦ **cedo** (adv.), cedo (verbo); **colher** (subst.), colher (verbo); **consolo** (alívio), consolo (verbo); **governo** (poder), governo (verbo); **para** (prep.), para (verbo); **quarto** (aposento), quarto (ordinal); **são** (santo, saudável), são (verbo)

Observação: Para mais informações, consulta Fonologia, 10.2 Homógrafas.

g) **Hiperônimo:** são as palavras cujos significados compreendem os significados de outras palavras:

✦ animal, cão; flor, rosa; hortaliça, alface

h) **Hipônimo:** são as palavras cujos significados estão compreendidos nos significados de outras palavras:

✦ cão, animal; rosa, flor; alface, hortaliça

3. LINGUAGEM / TIPOS DE LINGUAGEM

São as linguagens que os falantes usam para se comunicarem. Os tipos de linguagem variam de acordo com o grau de instrução, a região, a profissão e a idade dos falantes, dentre outras situações.

Os principais tipos de linguagem são:

a) **Linguagem-padrão** ou **linguagem culta** (usada nas **situações formais**): é a linguagem escrita ou falada elaborada predominantemente conforme as regras gramaticais. Caracteriza-se pela observação das normas gramaticais e pelo uso de expressões padrões. Evidentemente que para a utilizarmos é necessário conhecermos as normas da língua portuguesa. Como citações de terceiros ou entre aspas, é possível usarmos na linguagem-padrão expressões da linguagem coloquial.

b) **Linguagem coloquial** ou **popular** (usada nas **situações informais**): é a linguagem escrita ou falada elaborada espontaneamente, ou seja, sem a preocupação de observarmos cuidadosamente as normas gramaticais. Caracteriza-se pela espontaneidade, pela observação predominante das normas gramaticais, pelas expressões não padrões, pelos vícios de linguagem, pelos regionalismos, pelas gírias etc.

c) **Linguagem técnica** ou **profissional** (usada nas **situações formais** ou **informais**): é a linguagem escrita ou falada elaborada com expressões de determinados grupos profissionais (advogados, economistas, engenheiros, médicos etc.).

d) **Linguagem vulgar** (usada pelas pessoas de baixíssima instrução): é a linguagem escrita ou falada elaborada predominantemente não conforme as regras gramaticais.

e) **Gíria:** é a linguagem escrita ou falada usada por pessoas de determinados grupos sociais (estudantes, esportistas, marginais, etc.). São exemplos de gírias:

- Cesupa: "Pois é, cara, foi legal encontrar você. Tô numa pior. Preciso levar um papo firme. Por causa da idade me botaram na rua."
- UCC: "Ô cara, aprende-se com material vivo, descolando um papo legal, morou?"

Observação: Para mais informações sobre gírias, consulta Vícios de linguagem, Plebeísmo.

4. EXERCÍCIOS

1. (IIME) Que alternativa apresenta o prefixo **in** com o mesmo valor semântica encontrado no vocábulo insólito?

a) instante
b) inteligência
c) invulgares
d) instrução

2. (TRE-Pb) O valor semântico do termo grifado classifica-se **incorretamente** em:

a) ...e com isso desviam <u>para</u> o consumo recursos... (**direção**).
b) ...desviam (...) recursos que deveriam empregar <u>para</u> aumento do capital produtivo. (**finalidade**).
c) Mas <u>já</u> o professor Wallich lança uma nesga de dúvida sobre essa tese. (**consequência**).
d) ...despertando-lhe a ambição de (...) tornar-se <u>mais</u> eficiente e produtivo. (**intensidade**).
e) <u>Donde</u> ser possível que o consumo de bens dispensáveis venha a facilitar a absorção de tecnologia... (**conclusão**).

3. (Uepa) Observe as expressões: "Hoje eu preciso te abraçar / Sentir teu cheiro de roupa limpa" e "Logo que você foi embora (confesso que senti, não nego, nos primeiros instantes), procurei reequilibrar minha vida sentimental da maneira mais objetiva possível." Nelas o verbo "sentir" adquire, respectivamente, o sentido de:

a) cheirar/sorver
b) sofrer/viver
c) viver/ouvir
d) ouvir/sofrer
e) respirar/sofrer

4. (UFPA) Considerando-se os grupos de palavras em destaque, a mudança de posição do adjetivo em relação ao substantivo mudaria por completo o sentido em:
a) "E o que significa o caso desse simples vendedor de praia?"
b) "Ele representa o melhor exemplo de como o empresário deve tratar o consumidor."
c) "O fornecedor tem como alvo final de seu negócio o consumidor, devendo respeitar seus reais desejos e necessidades...".
d) "O lucro é decorrência do bom relacionamento com o consumidor."
e) "É bom lembrar: um consumidor satisfeito é um cliente fiel."

5. (Uepa) Considere as seguintes afirmações sobre a expressão "certas coisas":
I. Alterada a ordem dos termos da expressão, o sentido não se altera.
II. Nessa ordem a palavra "certas" assume o sentido de "corretas".
III. Por ter valor indefinido, "certas" significa "algumas".
IV. A alteração da ordem (coisas certas) daria à palavra "certas" função adjetiva.
São corretas as afirmações da alternativa:
a) I e III
b) I e II
c) II e IV
d) II e III
e) III e IV

6. (Uepa) Nas expressões "O eterno super-homem **tornou-se** o mais célebre defensor das experiências com células-tronto" e "O irmão Helder **virou** o anjo da guarda que escolta o músico a todos os lugares", a relação que se estabelece entre os termos destacados é de:
a) sinonímia, porque um termo substitui o outro sem prejuízo de sentido.
b) antonímia, porque seus sentidos se opõem.
c) hiperonímia, porque virou engloba o sentido de tornou.
d) hiponímia, porque tornou é englobado pelo sentido de virou.
e) polissemia, porque os termos apresentam o mesmo sentido.

7. Considerando o texto abaixo, qual o sentido (denotativo ou conotativo) e qual o significado das palavras destacadas?
"O cigarro avisa: hoje tu me **acendes**, amanhã eu te **apago**."

8. Considerando as orações "Não podemos considerar o criacionismo como fábula ou como mera saga poética" e "Não podemos considerar o criacionismo como fábula nem como mera saga poética", podemos afirmar que:
a) a conjunção **ou** e o advérbio **nem** possuem significados iguais.
b) a conjunção **ou** e o advérbio **nem** possuem significados diferentes.
c) nenhuma das alternativas.

Capítulo 1 • SEMÂNTICA

RESPOSTAS			
1	c (em insólito **in**, que significa não, é prefixo, dentre as alternativas a única em que **in** é prefixo e significa **não** é **invulgares**).		
2	c.	3	e.
4	a.	5	e.
6	a.		
7	a ("acendes": sentido denotativo; ato de acender, pôr fogo em; "apago": sentido conotativo; matar).		
8	a (nas duas orações o criacionismo não é considerado fábula e não é considerado saga, portanto **ou** e **nem** possuem o mesmo sentido).		

PARTE 5
Estilística

CAPÍTULO 1

Estilística

1. CONCEITO

Estuda os estilos de linguagem, os recursos expressivos, as formas apuradas e elegantes, escritos ou falados, que caracterizam as linguagens afetiva, emocional, publicitária, política, religiosa etc., e suas aplicações segundo os respectivos contextos.

2. FIGURAS DE LINGUAGEM

É o uso das palavras com sentido figurado, sentido diferente do denotativo. Usamos as figuras de linguagem para darmos mais qualidade aos textos ou torná-los mais expressivos. As palavras além do sentido denotativo possuem sentidos conotativos, os quais constituem as figuras de linguagens.

As figuras de linguagem classificam-se em figuras de palavra, em figuras de sintaxe e em figuras sonoras.

3. FIGURAS DE PALAVRA

3.1. Metáfora (transformação)

Comparação de um termo com outro sem uso de conjunção comparativa (há semelhança entre os termos comparados):

- (1) "O riacho de águas claras, muito lindo, *serpenteava* entre as montanhas."
- (2) Fatec. "Seus óculos eram imperiosos."
- (3) Fatec. "O bonde passa cheio de pernas."

3.2. Metonímia

Uso de uma palavra em lugar de outra porque existe entre elas relação ou proximidade:

- a) **autor pela obra:** (1) Ler Graciliano Ramos. (2) "...nem um dos *autores nacionais ou nacionalizados* de oitenta pra lá faltava nas estantes do major." (PUC-SP);
- b) **agente pelo objeto:** comprar um Portinari;
- c) **continente pelo conteúdo:** (1) Beber uma xícara de café, comer um pacote de biscoito, tomar um copo de suco. (2) Os *livros* mudam o ser humano;
- d) **lugar de origem pelo produto:** (1) Fumar um havana (charuto produzido em Havana). (2) Beber um delicioso porto (vinho produzido em Porto);
- e) **o instrumento por quem o utiliza:** (1) Ser um bom garfo. (2) Rui é um bom taco de sinuca.
- f) **a parte pelo todo:** (1) Ray tem vinte cabeças de gado. (2) Cinco bocas para sustentar.
- g) **o todo pela parte:** (1) Cetap. "Durante séculos, a Inglaterra dominou os mares...";
- h) **o cargo por quem o ocupa:** (1) "O **relações-públicas** do Corpo de Bombeiros afirmou que, além dos 11 mortos, 18 pessoas foram feridas." (Estadão)

Observação: "**Sinédo que**, entendimento, parte entendemos o todo: como se me perguntassem quantas velas traz el rei nosso senhor (velas = naus)."[1] Há controvérsia entre autores sobre a **sinédoque** ser uma **metonímia** ou vice-versa:

- (1) "Mas já o Príncipe Afonso aparelhava / O Lusitano exército ditoso / Contra o Mouro que as terras habitava"[2]

  » Para alguns autores **Mouro** seria **sinédoque** porque designa **exército mouro**, ou seja, um termo menor, **Mouro**, designa algo maior, **exército mouro.** É perfeitamente possível afirmarmos que **Mouro** é **metonímia**, isto é, designa o **todo pela parte** (**mouro:** povo que habitava a Mauritânia, África), ou seja, a luta não seria contra o **povo mouro** e sim contra o **exército mouro.**

- (2) "A cidade inteira viu assombrada, de queixo caído, o pistoleiro sumir de ladrão, fugindo nos cascos de seu cavalo."[3]

  » Para alguns autores **cidade inteira**, termo maior, designa **povo**, termo menor, e **cascos**, termo menor, designa **cavalo**, termo maior, portanto seria

---

1. João de Barros, *Gramática da língua portuguesa*, Olyssippone, 1540, pág. 36 *apud* Coleção "gramáticas", iel.unicamp.br;
2. Camões, Os Lusíadas, III, 42, apud answers.yahoo.com;
3. J. Cândido de Carvalho, apud coladaweb.com.

uma **sinédoque**. É perfeitamente possível afirmarmos que **cidade inteira** e **cascos** são **metonímias**, ou seja, **a cidade pelo povo que nela habita** (o povo inteiro viu...), e **a parte pelo todo** (o pistoleiro fugiu no cavalo e não nos cascos do cavalo).

3.3. Catacrese

Uso de palavras que designam determinados objetos para designar outros objetos ou outras ações que não possuem denominação própria: braço de rio, dente de alho, pé da mesa, asa de avião, embarcar no ônibus.

+ (1) "O cavaleiro *enterrou* a espada no dragão." (2) "Perseguindo o guerreiro peçonhento, o raio foi atingi-lo no *olho* da palmeira." (Amaury Dantas). (3) "Partindo ainda do largo da matriz se vê a *boca* da rua quarta." (Amaury Dantas) (4) "Empregados e clientes premiados *embarcam* em avião para Pequim."[4]

3.4. Polissemia (gr. *poly*, muito, *sema*, significado)

Uso de palavras que possuem mais de um significado:

+ (1) "O casal negociava suas **diferenças**" (**diferenças** significa móveis).
+ (2) "Novo Aurélio Século XXI: **bom pra burro**" ("pra burro" significa "muito bom", "excelente", e significa equivocadamente "para os burros").

3.5. Sinestesia

Fusão de impressões sensorias percebidas por diferentes órgãos:

+ (1) ESPM-RJ. "Palavras duras em voz de veludo." (Os Paralamas do Sucesso)

  "Sinestesia é o cruzamento dos sentidos, a qualidade de um sentido atribuído a outro, expressão típica de uma determinada categoria de poetas. Quanto mais sentidos cruzados em apenas um sintagma, ou sob uma única conjunção sensorial, mais rica será a frase ou a poesia sinestésica."[5]

+ (2) "Como era áspero o aroma daquela fruta exótica"[2] (áspero = tato; aroma = olfato).

4. http://www.ibfc.org.br/concurso, 19.7.2012.
5. http://pt.wikipedia.org/wiki/Sinestesia, 19.7.2012,

- (3) "Na floresta uma luminosidade perfumada aquecia os pássaros"[6] (luminosidade = visão; perfumada = olfato; aquecia = tato).
- (4) "Há perfumes frescos como carnes de crianças, / Doces como aboés, verdes como as pradarias, / - e outros, corrompidos, ricos, triunfantes."[7]

3.6. Antonomásia ou perífrase

Substituição de um termo por outro que expresse um atributo daquele ou identificação de um ser por seus atributos:

- (1) "O poeta dos escravos foi o mais inspirado poeta condoreiro."
- (2) "Cidade maravilhosa / Cheia de encantos mil / Cidade maravilhosa / Coração do meu Brasil." (André Filho)

  » **Poeta dos escravos** e **Cidade maravilhosa** designam respectivamente Castro Alves e Rio de Janeiro, portanto são antonomásias.

3.7. Prosopopeia, personificação ou animismo

Atribuição de ações humanas a animais, a vegetais ou a seres inanimados:

- (1) "Agora como os ventos *descansam*, os nativos remam cadenciados com seus músculos divididos e a respiração ritmada." (Amaury Dantas)
- (2) "...o sol, no poente, *abre* tapeçarias..."[8]
- (3) Dona Cômoda tem três gavetas e *um ar confortável de senhora rica*. (Mário Quintana, alterado, *apud* FIP)

4. FIGURAS DE PENSAMENTO

4.1. Alegoria

Uso de palavras que expressam outros significados além do significado literal:

- (1) Fundep. "Ninguém aguenta tensões prolongadas, a humanidade está se vendo a cada dia, está julgando e avaliando a que leva os seus desvarios, está se conhecendo em seus máximos e em seus mínimos, em suas grandezas e em suas patologias, como nunca antes da televisão fora possível, **está secretando os anticorpos à violência e as atitudes necessárias, à sua sobrevivência.**"[9]

---

6. Fratin, Giuliano *apud* http://pt.wikipedia.org/wiki/Sinestesia, 19.7.2012,
7. Baudelaire, Charles *apud* http://www.ebah.com.br, 20.7.2012.
8. Cruz e Souza *apud* vestibular.uol.com.
9. Dias Carneiro, Agostinho & Farias, Livro Técnico, alterado;

- (2) "**Alegoria**, significação alheia, quando por uma palavra entendemos outra, como por *cordeiro pascal dos judeus* entendemos *Cristo nosso redentor imolado por nossa redenção*."[10]

4.2. Antítese (gr. *anti*, contra, *thésis*, tese)

Uso de palavras que expressam ideias opostas:

- (1) "Isaac e Jacó foram condenados por razões díspares e antagônicas: um por *roubo*; o outro por *honestidade*." (Amaury Dantas)
- (2) "A *felicidade* não é apenas valorizar o sorriso mas refletir sobre a *tristeza*, não é apenas comemorar o *sucesso* mas aprender lições com os *fracassos*, não é apenas ter júbilo nos *aplausos* mas encontrar alegria no *anonimato*." (Augusto Cury, alterado)
- (3) FIP. Vieram os *gentios*, e tornaram-se *fiéis*; vieram *idólatras*, e tornaram-se *cristãos*. (Antônio Vieira)

4.3. Comparação

Compara as características de um substantivo com as de outro:

- (1) "Ai, os anos passaram como as nuvens!" (2) "Os homens em sociedade são como as pedras em uma abóbada, resistem e se ajudam simultaneamente."[11]

4.4. Epíteto (gr. *epíthetos*: postura debaixo do nome): uso de adjetivo para exaltar ou denegrir um substantivo:

- (1) As **belíssimas** joias indianas encantam o mundo.
- (2) A **princesa** Fanni Illés treina para ser campeã nas Olimpíadas.
- (3) O **liberal** Alexandre, o **traidor** Judas, o mar **perigoso**, o **venturoso** Dom Manuel.

4.5. Eufemismo (gr. "euphemismós", presságio, augúrio, auspício)

Uso de palavras suaves em lugar de palavras "fortes" para amenizar uma realidade desagradável.

---

10. João de Barros, *Gramática da língua portuguesa*, Olyssippone, 1540, pág. 39, *apud* http://www.iel.unicamp.br/biblioteca/gramatica.
11. Marquês de Maricá, apud Novo Aurélio Séc. XXI.

✦ (1) FIP. "Onde estão todos? Estão todos dormindo. Estão todos deitados. Dormindo." (Manuel Bandeira). (Dormindo = mortos).

✦ (2) O senhor está faltando com a verdade. (= O senhor está mentindo).

4.6. Hipérbole (gr. "hyperbolé", exagero)

Aumento exagerado ou diminuição de uma realidade:

✦ (1) "Vivo *sonhando* / Sonhando *mil horas* sem fim/ Tempo em que vou perguntando / Se gostas de mim." (Tom Jobim)

✦ (2) "A chegada em Bissau: quando o avião parou, desci as escadas *com um sorriso que cruzava as orelhas* e *cujas pontas se encontravam lá na nuca*." (Mirella Domenich)

4.7. Ironia (gr. "eironeia", dissimulação, disfarce)

Dizer o contrário do que pensamos com intenção depreciativa, sarcasmo:

✦ (1) "Como o julgamento sobre a má conduta de torcedores foi adiado, a vantagem imediata para o clube é a presença da torcida nos jogos contra Oeste e Palmeiras (não da "organizada" que fez a baderna no jogo contra o Avaí) na luta contra o rebaixamento..."[12]

O termo "organizada" é irônico pois expressa desorganização, ideia contrária ao seu significado normal.

✦ (2) "Ninguém sabe ainda o que acontecerá com os embriões de lampreia que receberam o DNA do peixe paulistinha. No melhor dos cenários, caso a hipótese de Igor Schneider esteja certa, a sequência reguladora do paulistinha produzirá daqui a duas semanas bichos bem bizarros - lampreias com pares de barbatanas laterais. 'Pode ser que da primeira vez não dê certo, algo raro em ciência', ironiza (coisas dão errado o tempo todo em ciência)." (Claudio Angelo, blogspot.com)

4.8. Paradoxo (gr. "parádoxon", contrário ao comum)

Uso de palavras aparentemente absurdas que expressam ideias opostas e que excluem-se mutuamente:

✦ (1) UFPa. "Positivamente, era um diabrete Virgília, um diabrete angélico, se querem, mas era-o." (Machado de Assis)

» Os termos **diabrete** e **angélico** expressam ideias contrárias: diabo e anjo.

---

12. Jornal O Liberal, Esporte, pág. 2, 30.10.2013, alterado

- (2) "Se ficou notório porque é tímido, é necessário se explicar, afinal, que retumbante timidez é essa, que atrai tanta atenção?" (Luís Fernando Veríssimo)

  » Os termos **retumbante** e **timidez** expressam ideias contrárias: ribombar e acanhado.

4.9. Gradação

Exposição de ideias em gradação ascendente ou descendente:

- (1) Cesgranrio. "O fio da ideia cresceu, engrossou e partiu-se."
- (2) Cesgranrio. "O carro arrancou, ganhou velocidade e depois capotou."

4.10. Apóstrofe

Uso de vocativo para chamar o interlocutor:

- (1) "**Ó espírito invisível do vinho**, já que não tens nome, eu te chamarei de demônio."[13]
- (2) "**Ó mar salgado**, quando do teu sal são lágrimas de Portugal." (Fernando Pessoa)

4.11. Anástrofe

Inversão dos termos de um período:

- (1) "Tão leve estou que nem sombra tenho."[1]
- (2) Ordem direta: Estou tão leve que nem tenho sombra.
- (3) "No rigor da verdade, estás pintada / No rigor da aparência, estás com vida."[14]
- (4) Estás pintada no rigor da verdade / Estás com vida no rigor da aparência.

4.12. Anáfora

Repetição de uma palavra ou de uma expressão no início de frases ou de períodos:

- (1) "**É** pau, **é** pedra, **é** o fim do caminho / **É** um resto de toco, **é** um pouco sozinho..." (Tom Jobim, negrito nosso)

---

13. Shakespeare, William *apud* Moisés M. de Oliveira, *Sete Mil Ilustrações e Pensamentos*, 2ª edição, Juerp, 1981.
14. Mário Quintana *aplud* coladaweb.com; **2.** Gregório de Matos *apud* Massaud Moisés.

- (2) "**Jamais desistas** de ti mesmo, **jamais desistas** das pessoas que amas, **jamais desistas** de ser feliz, pois a vida é um espetáculo imperdível e és um ser especial." (Augusto Cury, alterado)

4.13. Reiteração

Repetição de ideias no texto como recurso coesivo:

- (1) "Antes porém é necessário abordar a Ética sob uma ótica mais ampla, do ser humano e da sua vida em sociedade. Sob esse prisma, **Ética é tudo**... ...Com isso vê-se que **Ética é tudo.** É você sozinho, com sua capacidade de se sentir pleno..."

5. FIGURAS DE SINTAXE

5.1. Anacoluto

Interrupção abrupta de uma frase ou de um período com o início de outro:

- (1) "A Ilha de Marajó, uma aventura sem limite no paraíso tropical."
- (2) "**O PRESIDENTE DA REPÚBLICA**, faço saber que o Congresso Nacional decreta e eu sanciono a seguinte Lei."

5.2. Assíndeto

Ligação de orações coordenadas ou de termos de mesma função sintática sem os respectivos conectivos:

- (1) Fei. "Isaac a vinte passos, divisando o vulto de um, pára, ergue a mão em viseira, firma os olhos."
- (2) "Economia rima com ecologia, responsabilidade rima com sustentabilidade, faz tua parte, usa racionalmente os recursos a tua disposição." (Jornal da Caixa, alterado)

5.3. Elipse (gr. *eclypsis*: desfalecimento, obscurecimento)

Omissão de termo da oração, identificado pelo contexto:

- (1) Cespe. "O mais provável é que o latim fosse usado nas relações com as autoridades romanas; o grego, nas grandes cidades; e o osco, nas regiões rurais." (omissão de **fosse usado**) (Mário Perini).
- (2) "Chamou Deus à luz dia e às trevas, noite" (omissão de **chamou Deus**).

- **Outros exemplos:** (1) Cesgranrio. "Durmo na hora que quero, durante o tempo que preciso e às vezes até no lugar indevido." (2) Cesgranrio. "É que um estudo revelou recentemente que dormir ou cochilar depois do almoço faz bem à saúde, principalmente à mental."

  "**ELLIPSE**, s. f. (gr. elleipsis). Termo de Graramalica. Figura pela qual se supprime ou cada uma ou mais palavras, que seriam necessárias para regular a construcção da phrase, mas não para intelligencia do que se exprime."[15]

5.4. Hipérbato

Inversão dos termos de um período simples (oração) ou inversão das orações de um período composto:

- (1) "*Na dança ligeira qual silfo voando*, caiu-lhe do rosto *seu cândido véu*! (Casemiro de Abreu).
- (2) Seu cândido véu caiu-lhe do rosto qual silfo voando na dança ligeira!
- (3) "Mas assim como os raios espalhados / *Do sol foram* no mundo, e num momento / *Apareceu* no rúbido horizonte / Da moça de Titão a roxa fronte." (Luís de Camões)
- (4) Mas assim como os raios do sol foram espalhados no mundo, a roxa fronte da moça de Titão apareceu no rúbido horizonte, num momento.

5.5. Polissíndeto

Repetição de conectivos para ligar orações ou termos de uma oração:

- (1) "O amor que a exalta **e** a pede **e** a chama **e** a implora." (Manuel Bandeira)
- (2) "Aprendi **que** a felicidade é encontrável, **que** jamais saberemos tudo, **que** o silêncio é a melhor resposta quando ouvimos uma bobagem." (William Shakespeare, alterado)

5.6. Silepse

Concordância verbal ou nominal com o termo subentendido:

- **Silepse de gênero:** (1) Preferiu a terra natal à *agitada* São Paulo. (2) "Moro n*a magnífica* São Paulo..." (OMEC) (3) "Hoje, os pacientes são encaminhados ao Hospital das Clínicas ou a*o* Santa Marcelina, na Zona Leste."[16] (4) *A* São Paulo que queremos hoje e no futuro não depende..."[17]

---

15. Vieira, Domingos, Grande Diccionario Portuguez, Porto, vol. 3, pág. 34, 1873.
16. Cristina Chahestian.
17. Celso Massom, Época, São Paulo, outubro de 2012, pág. 20 e pág.10, http://edicao-epoca.digitalpages.com.br.

✦ **Silepse de número:** (1) "Os Lusíadas" *conta* a história dos portugueses." (2) A maioria concordava nos pontos essenciais, nos pormenores porém, *discordavam*.

✦ **Silepse de pessoa:** (1) "Em 1900, em Madrid, havia muitos cafés porém as mulheres não *entrávamos* sós, porque *éramos* mal vistas." (2) "Ao fim do dia, quando o sol já ameaça desaparecer..., *voltamos* os três remando para a freguesia da cidade." (Amaury Dantas)

» Os verbos destacados concordam na primeira pessoa do plural, **nós**, para que os emissores se incluam entre as pessoas descritas.

5.7. Sínquise (confusão)

Deslocamentos distantes de termos do período que dificultam sua compreensão:

✦ (1) "A grita se alevanta ao Céu, da gente."[18] (A grita da gente se alevanta...).

5.8. Zeugma

Omissão de um termo já citado anteriormente:

✦ (1) "Do mal ficam as mágoas na lembrança, / E do bem, se algum houver, as saudades." (Luis Vaz de Camões) (Omissão do verbo **ficar** antes de **as saudades**).

✦ (2) "Há coisas na vida que devem ser questionadas; outras, simplesmente aceitas." (Roberto Shinyashiki)

6. FIGURAS SONORAS OU HARMÔNICAS

6.1. Aliteração

Repetição ordenada de consoantes (sons consonantais):

✦ (1) "As **fo**lhas **fi**nas **fa**zem **fe**lizes os homens."[19]

✦ (2) "**Mordidas Mortais**" **mos**tra um ataque de urso. (hotmail.com)

✦ (3) FIP. As cantilenas de **serenos sons** amenos **fo**gem **flui**das. (Eugênio de Castro)

18. Camões apud passeiweb.com.
19. http://www.gabarite.com.br/simulado, 19.7.2012.

6.2. Assonância

Repetição ordenada de vogais (sons vocálicos):

- (1) FIP. "No dia lindo vi que vinhas vind**o**, minh**a** vid**a**." (Guilherme de Almeida)
- (2) "Sou um mulat**o** nat**o** no sentido lat**o** mulat**o** democrático do litoral." (Caetano Veloso)

6.3. Onomatopeia (onoma: nome)

Uso de palavras que imitam sons de algum ser:

- (1) O **tic tac** do relógio prejudicou meu sono.
- (2) Os **blem**, **blem**, **blem** dos sinos chamavam os fiéis à igreja.

6.4. Paronomásia

Uso de parônimos, palavras com sons semelhantes mas com significados diferentes:

- (1) FIP. "Conhecer as *manhas* e as *manhãs*."
- (2) "Levou seu retrato / Seu *trapo*, seu *prato*..."
- (3) "Com tais *premissas* ele... leva-nos às *primícias*."

7. VÍCIOS DE LINGUAGEM

São os desvios das normas gramaticais.

7.1. Ambiguidade

Uso de palavras que expressam dois significados; a ambiguidade é um desvio gramatical ou é um excelente recurso de comunicação.

- **Desvio gramatical:**
  - (1) Urca. "Coitado do burro do meu irmão! Morreu." (2) "Mataram o porco do meu tio." (3) "Jacinto, vi a Célia com sua irmã!"[20] (4) UFPA. "Pois fui eu que cortei o rabo do cavalo da mulher do comandante..." (Haroldo Maranhão)
- **Recurso de comunicação:**
  - (1) "Presentes Bemol porque **coração de mãe não se engana.**"

20. Conceição Araújo, apostila do 3º ano do ensino médio, EEEFM Paulo Mendes.

» A oração destacada expressa dois sentidos: "não é correto enganarmos o coração de nossas mães" e "coração de mãe não se engana, ele distingue a qualidade dos presentes".

✦ (2) "O momento é difícil mas escolher um trabalho ético e qualificado é fácil." (Funerária Santa Clara)

» A oração **o momento é difícil** expressa dois significados: "a situação econômica do país" e "a situação difícil quando perdemos um ente querido". A palavra **trabalho** expressa profissão, mas também expressa os serviços prestados pela Funerária Santa Clara.

✦ (3) "Invista nos maiores ativos de sua empresa: seus funcionários. Plano Garantia de Saúde."

» A expressão **maiores ativos de sua empresa** remete aos **bens da empresa**, mas na realidade refere-se aos empregados.

✦ (4) "Quem lê, aprende voando." (Varig)

» O verbo **voar** possui dois sentidos: significa **rapidamente** e faz referência à atividade exercida pela empresa Varig: voar.

7.2. Arcaísmo

Uso de palavras arcaicas, palavras antigas que estão em desuso:

✦ (1) "Depois, viram as gerações reclinadas nos campos do sepulchro, as arvores derribadas no fundo dos vailes, seccas e **carcomidas**, as flores pendidas e murchas pelos raios do sol do estio."[21]

✦ (2) "Lhe dissera que lhe daria huma **caçoar**."

✦ **Outros exemplos:** carcunda, fremosa, mundiar.

7.3. Barbarismo

São os desvios gramaticais relacionados à:

a) **pronúncia:** asterístico, defamar, interviu, mendingo, maliante, nóbel, recem, rúbrica;

b) **grafia:** "As mina pira quando vê meus olho porque eles é verde." → As meninas "piram" quando veem meus olhos porque eles são verdes.

21. Alexandre Herculano, Eurico, cap. 4.

7.4. Cacofonia (*kakos*: mau, *phonia*: som)

Uso de sons desagradáveis ou obscenos formados pelas sílabas finais de uma palavra com as sílabas iniciais de outra:

- (1) "Ora faze, filha minha. Eu estava-me já indo, E Menoba está saindo. No meio da camarinha."[22] (2) Flamengo deixa Cuca ir. (3) Qual a diferença entre a padaria e a lagoa? – Na padaria assa pão e na lagoa há sapinho. (4) Falta avisar só a Norma, comunica ela. (5) "Entre e **se** sinta em casa." (6) "Não nasce-**se** mulher, mas torna-se." (Simone Beauvoir)

7.5. Colisão

Uso de consoantes semelhantes que produzem sons desagradáveis:

- (1) "**S**ua **s**aia **s**aiu **s**uja da máquina."[23]
- (2) "Eram **c**omunidades **c**amponesas **c**om **c**ultivos **c**oletivos."[24]

7.6. Eco

Uso de palavras que terminam por sons semelhantes:

- (1) "A deci**são** da elei**ção** não causou como**ção** na popula**ção**."[25]

7.7. Estrangeirismo

Emprego de palavras estrangeiras em lugar das da própria língua:

- bunker blau, buquê, chance, chofer, delivery, fictas, madame, marketing, ok, pedigree, premiê, privé, site, links, show, status quo, xerox.

7.8. Hiato

Encontro de vogais que produzem sons desagradáveis:

- (1) "Assava a asa da ave."[1] (2) "A crise chegou ao auge."[1]
- (3) "Não há aula aos sábados."[26]

---

22. Gil Vicente, Fasças, vol. 3, 147, *apud* Domingos Vieira.
23. http://www.infoescola.com/portugues, 19.7.2012;
24. http://pt.wikipedia.org, 19.07.2012;
25. http://www.algosobre.com.br/gramatica, 19.7.2012.
26. http://br.answers.yahoo.com, 20.7.2012.

7.9. Neologismo

Uso desnecessário de palavras novas:

- almiranta, presidenta, piriguete, a gente.

7.10. Prolixidade

Uso de expressões desnecessárias para expressar uma ideia: antes de mais nada, pelo contrário, por outro lado, por sua vez:

7.11. Solecismo

Uso de expressões com erros sintáticos:

a) **de concordância**: são erros de concordância verbal ou nominal:

- (1) Permanece em má situação os **desabrigados**. (2) **Falhas** nos julgamento sempre haverão mas a excessiva burocracia dos ritos jurídicos as multiplica. (3) Às vezes, de tanto dirigirmos, forma **calos** em nossas mãos.

b) **de regência**: são os erros de regência verbal ou nominal:

- (1) Nós já aderimos **a** campanha "Paz nos Estádios" e tu já aderiste também?
- (2) Por sugestão de amigos, assistimos **o** filme "Como treinar o seu Dragão" em 3D.

» Nesses períodos **aderir** e **assistir** são VTIs portanto as regências corretas são:

» "Nós já aderimos **à** campanha..." e "...assistimos **ao** filme 'Como treinar o seu Dragão'".

c) **de colocação:** são os erros de colocação de pronomes:

- (1) "Seria-**nos** interessante estar convosco amanhã."
- (2) **Se** conservam as letras mudas quando são proferidas numa pronúncia culta.

7.12. Plebeísmo/gírias

Uso da linguagem falada por determinados grupos sociais (estudantes, esportistas, marginais, etc.).

As gírias não são totalmente condenáveis porque muitas estão incorporadas ao nosso vocabulário. É recomendável estarmos cientes da quantidade de gírias e da frequência com que as utilizamos. O uso das gírias está limitado às situações de comunicação informal (falada ou escrita). As linguagens escrita e falada formais não as aceitam, salvo se ressalvadas. Se são usadas no momento certo, denotam expressividade.

Linguagens como as seguintes não são recomendáveis: provavelmente as usamos apenas para expressarmos empatia com o grupo que as utiliza.

- (1) Cesupa. "Pois é, cara, foi legal encontrar você. Tô numa pior. Preciso levar um papo firme. Por causa da idade me botaram na rua."
- (2) "Entende... era um negócio legal. Aquele lago muito na sua, curtindo um vale cheio de ervas, sacou? O vento transava pela cuca das árvores no baratino mais legal, mais chuchu beleza da paróquia."[27]
- (3) "Ô cara, aprende-se com material vivo, descolando um papo legal, morou?"[28]
- **Outras gírias**: bacana, baita, babado, bagunça, beleza, bicho, bicha, biruta, bolar, calçola, cafundó, cagada, cara, catatau, chilique, credo, é issio aí, forrobodó, gaita, giro, ligeiro, magote, né, numa boa, pesado, percebe, pirado, pifar, pileque, refri, saco, tá.

7.13. Pleonasmo literário

Uso de expressões para ressaltar o significado de uma palavra:

- (1) "...rir meu *riso* e derramar meu pranto / Ao seu pesar ou seu contentamento."[29]

7.14. Pleonasmo vicioso ou redundância (sobra de palavras)

É o uso desnecessário de palavras para complementarem termos que já expressam claramente a ideia, ou é a repetição desnecessária de uma informação, ou é o uso de muitas palavras para comunicar o que é explicável por poucas:

- (1) Urca. "Não teve dó: decapitou *a cabeça do condenado*."

- **Começar a partir de, iniciará a partir de, terá início a partir de, entrará em vigor a partir de** são expressões redundantes: os verbos expressam continuidade portanto dispensam a locução prepositiva **a partir de.**
  - **Linguagem redundante:**
    - (1) A empresa Camargo iniciou suas atividades *a partir de* 15.7.1980.
    - (2) O pagamento do "abono salarial" terá início *a partir de* 15 de agosto.
    - (3) As novas regras de aposentadoria entrarão em vigor *a partir de* 1.6.2004.

---

27. Luiz Mazzarotto, Davi Camargo e Ana Maria Soares, Manual de Redação, DCL, 30;
28. Universidade Corporativa Caixa.
29. Moraes, Vinicius de apud http://pensador.uol.com.br/frase, 20.7.2012

– **Linguagem-padrão:**

✦ (4) A empresa Camargo iniciou suas atividades em 15.7.1980.

✦ (5) O pagamento do "abono salarial" será a partir de 15 de agosto.

✦ (6) As novas regras de aposentadoria vigorarão a partir de 1.6.2004.

- **Há muito tempo atrás** é expressão redundante: o verbo **haver** expressa tempo passado portanto dispensa o advérbio **atrás**:

✦ (1) **Há um ano** fui transferido para este departamento.

✦ (2) "Segundo nossos pais, há dez, vinte ou trinta anos, a vida era mais segura..."

- **Hemorragia de sangue** é expressão redundante: hemorragia significa derramamento de sangue logo dispensa a locução **de sangue**:

✦ (1) O paciente está com *hemorragia* pulmonar.

- **Elo de ligação** é expressão redundante: **elo** significa ligação:

✦ (1) Juninho será o **elo** entre a defesa e o ataque. (2) De acordo com a teoria de Darwin, o "pithecanthropus erectus" seria o **elo** entre o macaco e o homem.

- **Ambos os quais**, **ambos os dois** são expressões redundantes: o pronome **os quais** refere-se aos substantivos citados:

✦ (1) "Temos de tratar com duas formas de conhecimento: a *Ciência* e a *Teologia*, *(ambas) as quais* reivindicam o conhecimento completo do conhecimento humano, e *ambas (as quais)* têm uma sugestão acerca de seu próprio ser supremo como o ponto de partida para sua cosmovisão."

✦ (2) "Balão e Clodoaldo fizeram cobranças parecidas, *ambas* no canto esquerdo, mas suficientemente bem cobradas para enganar Cristiano."

✦ (3) "Rico e Toti, *ambos* de 25 anos, terão grande desafio no novo clube."

- **Tu entendeste** ou **tu estás entendendo**: em conversação, repetir diversas vezes essas expressões é redundância porque se comunicamos informações simples, não há necessidade de perguntarmos se o interlocutor entendeu. Tais expressões somente serão adequadas se de fato, durante a conversa, assuntos complexos forem tratados.

- **Carona de graça** é expressão redundante: **carona** significa condução grátis:

✦ "A Rússia não fornecerá mais **carona de graça** para astronautas dos Estados Unidos ruma à Estação Espacial Internacional."

- **Como sendo** é expressão redundante, é prescindível:
  - (1) Maradona almejava ser considerado *(como sendo)* o melhor jogador de todos os tempos. (2) Fernanda Montenegro é considerada *(como sendo)* grande destaque do teatro brasileiro.
- **Tipo assim** é redundante e desnecessária: Judite exigia que o pai desse uma "mesada" ao filho: **tipo assim** de meio salário mínimo.
- **Muito em breve**, **muito breve**, **logo em breve** são expressões redundantes: **breve** já significa **logo**, **rápido** portanto dispensa aqueles adjuntos.
- **Encarar de frente** é redundância: encarar significa olhar de frente, estar frente a frente:
  - (1) "Sempre encarei **de frente** a disputa com setores do PT com espírito político e lúdico." (2) "Quando a experiência traumática volta ao consciente, o paciente tem a chance de encará-la *de frente*, de se 'entender' com ela e de se curar."
- **Canja de galinha** é expressão redundante: **canja** é prato preparado com carne de galinha, caldo e arroz.
- **Outra alternativa** é expressão redundante: **alternativa** significa **outra opção**:
  - "Ricardo tem uma alternativa ou Ricardo tem outra opção.
- **Única alternativa** é expressão redundante, pois se é uma alternativa não é única. É preferível dizer única possibilidade, única saída.
- **Vítima fatal**: vítima: pessoa que sofre um acidente; fatal: que produz a morte. Quem produz a morte é o acidente, a **vítima** não o produz, portanto a expressão está viciada:
  - (1) No acidente houve duas **vítimas fatais** → No acidente houve duas mortes.
  - (2) Ludugero sofreu acidente fatal na Baia do Guajará.
- **Outras redundâncias**: adiar para *depois*, aviso de alerta, cair *para baixo*, conviver *junto*, decisão por unanimidade *de todos*, descer *para baixo*, entrar *para dentro*, erário *público*, expelir *para fora*, flutuar *no ar*, hábitat *natural*, labaredas *de fogo*, levantar *para cima*, mansão *luxuosa*, mendigo *de rua*, manter *o mesmo* time, monopólio *exclusivo*, oca *por dentro*, opostos *incompatíveis*, panorama *geral*, *pequenos* detalhes, prefeitura *municipal*, prioridade *primeira*, protagonista *principal*, subir *para cima*, sair *para fora*, senador *federal*, vereador *municipal*, voltar *para trás*.

8. EXERCÍCIOS

1. (Uepa) O emprego da expressão "frutos de mar" exemplifica a figura de linguagem denominada:

"A julgar pelas cifras, a maré é boa para a criação de peixes e crustáceos em cativeiro. Hoje, mais de um terço dos frutos do mar vendidos em todo o mundo sai de represas, tanques de cimento ou gaiolas submersas."[30]

a) metáfora
b) catacrese
c) metonímia
d) hipérbole
e) pleonasmo

2. (Unama) Para alcançar o sentido da palavra destacada no texto, o leitor, necessariamente, percebe uma relação de contiguidade. Essa relação se materializa com a seguinte figura de linguagem:

Poesia

Gastei uma hora pensando um verso que a **pena** não quer escrever. No entanto ele está cá dentro inquieto, vivo. Ele está cá dentro e não quer sair. Mas a poesia deste momento inunda minha vida inteira.

a) sinestesia
b) antítese
c) metonímia
d) ironia

3. (Uepa) No fragmento de texto seguinte, a sequência de nomes e elementos circunstanciais evidencia a seguinte figura de linguagem:

"Não existiria som se não houvesse o silêncio. Não haveria luz se não fosse a escuridão. A vida é mesmo assim dia e noite, não e sim..." (Lulu Santos e Nelson Motta)

a) antítese
b) metáfora
c) prosopopeia
d) metonímia
e) eufemismo

4. (Uepa) Em qual dos versos o poeta se vale explicitamente da linguagem metafórica?

a) "... e Dalcídio Jurandir já morreu..."
b) "...A chuva não é um epílogo..."
c) "...Falei em Dalcídio Jurandir..."
d) "...como poderia falar em Rui Barbosa..."
e) "...É eu não ter nascido e sentir..."

30. 1. Alexandre Mansur. Revista Época, 2.9.2002.

5. (FEBA-SP) Assinale a alternativa em que ocorre aliteração:
a) "A gente almoça e se coça e se roça e só se vicia." (Chico Buarque)
b) "Ouço o tique-taque do relógio: apresso-me então." (Clarice Lispector)
c) "Minha vida é uma colcha de retalhos, todos da mesma cor." (Mário Quintana)
d) "Água de fonte ...... água de oceano .... água de pranto." (Manuel Bandeira)
e) n.d.a.

6. (UFPE) Assinale a alternativa em que o autor NÃO utiliza prosopopeia.
a) "A luminosidade sorria no ar: exatamente isto. Era um suspiro do mundo." Clarice Lispector
b) "As palavras não nascem amarradas, elas saltam, se beijam, se dissolvem..." Drummond
c) "Quando essa não-palavra morde a isca, alguma coisa se escreveu." Clarice Lispector
d) "A poesia vai à esquina comprar jornal." Ferreira Gullar
e) "Meu nome é Severino, Não tenho outro de pia." João Cabral de M. Neto

7. (FUVEST) A catacrese, figura que se observa na frase "Montou o cavalo no burro bravo", ocorre em:
a) Os tempos mudaram, no devagar depressa do tempo.
b) Última flor do Lácio, inculta e bela, és a um tempo esplendor e sepultura.
c) Apressadamente, todos embarcaram no trem.
d) Ó mar salgado, quanto do teu sal são lágrimas de Portugal.
e) Amanheceu, a luz tem cheiro.

8. (UFF) Assinale dentre as alternativas abaixo, aquela em que o uso da vírgula marca a supressão (elipse) do verbo:
a) "Ao vencido, ódio ou compaixão, ao vencedor, as batatas."1
b) "A paz, nesse caso, é a destruição; a guerra é a conservação..."1
c) "Daí a alegria da vitória, os hinos, as aclamações, recompensas públicas e todos os demais efeitos das ações bélicas."1
d) "... mas, rigorosamente, não há morte..."1
e) "Se a guerra não fosse isso, tais demonstrações não chegariam a dar-se..."[31]

9. (ITA) Em qual das opções há erro de identificação das figuras?
a) "E fria, fluente, frouxa claridade / Flutua..." (**aliteração**)
b) "Oh sonora audição colorida do aroma." (**sinestesia**)
c) "A neblina, roçando o chão, cicia, em prece." (**prosopopeia**)
d) Já não são tão frequentes os passeios noturnos na violenta Rio de Janeiro. (**silepse de número**)
e) "Um dia hei de ir embora / Adormecer no derradeiro sono." (**eufemismo**)

10. (VUNESP) Na frase "O pessoal estão exagerando, me disse ontem um camelô" encontramos a figura de linguagem chamada:

---

31. ASSIS, Machado fr. Quincas Borba. Rio de Janeiro, Civilização Brasileira/INL, 1976.

a) elipse
b) anacoluto
c) hipérbole
d) silepse de pessoa
e) silepse de número

11. (PUC-SP) Nos trechos: "O pavão é um arco-íris de plumas" e "...de tudo que ele suscita e esplende e estremece e delira..." enquanto procedimento estilístico, temos, respectivamente:
a) metonímia e aliteração
b) anáfora e metáfora
c) hipérbole e metáfora
d) comparação e repetição
e) metáfora e polissíndeto

12. (Cesgranrio) A realidade é constituída por contrastes e também por semelhanças. A metáfora é uma das formas de estabelecimento de semelhanças por comparações. Em qual das sentenças abaixo há metáfora?
a) "sabe-se lá por que arcaico crime por eles cometido."
b) "O insone é um imortal de olheiras."
c) "O momento mais temido pelo insone, (...) é a hora de ficar a sós..."
d) "Escolhia um filme desinteressante..."
e) "um murmúrio indiscernível..."

13. (ACEP) A construção "Era a aurora de um país destemido" contém a seguinte figura de linguagem:
a) prosopopeia
b) metáfora
c) hipérbole
d) metonímia

14. (FIP) Observe a sequência de frases abaixo e responda a seguir:
(1) Onde estão todos? Estão todos dormindo. Estão todos deitados. Dormindo. Manuel Bandeira
(2) Dona Cômoda tem três gavetas. E um ar confortável de senhora rica. Mário Quintana
(3) Vieram os gentios, e tornaram-se fiéis; vieram idólatras, e tornaram-se cristãos. Antônio Vieira
Nas frases **(1)**, **(2)** e **(3)**, há respectivamente as seguintes figuras de pensamento:
a) alegoria, eufemismo e antítese;
b) eufemismo, ironia e prosopopeia;
c) prosopopeia, antítese e alegoria;
d) eufemismo, alegoria e prosopopeia;
e) eufemismo, prosopopeia e antítese.

15. (FIP). Observe a sequência de frases abaixo e responda a seguir.
(1) E no dia lindo vi que vinhas vindo, minha vida. (Guilherme de Almeida)

(2) Conhecer as manhas e as manhãs. (Almir Sater e Renato Teixeira)

(3) E as cantilenas de serenos sons amenos fogem fluidas. (Eugênio de Castro)

Nas frases **(1)**, **(2)** e **(3)**, há respectivamente as seguintes figuras de estilo que exploram a sonoridade das palavras:

a) assonância, paronomásia e aliteração;
b) onomatopeia, assonância e paronomásia;
c) aliteração, onomatopeia e assonância;
d) paronomásia, assonância e aliteração;
e) assonância, onomatopeia e paronomásia.

16. (IBFC) Assinale a alternativa que indica corretamente a figura de linguagem presente na oração:

"O cavaleiro enterrou a espada no dragão."

a) catacrese
b) antítese
c) zeugma
d) eufemismo

17. (TJ-SC) Marque a única alternativa que **não** contém nenhum erro gramatical considerado barbarismo:

a) Quando nada mais couber, bastará uma telefonema do seu procurador.
b) Caso eles virem armados, serão pegos pela polícia.
c) Com o pronto-socorro grátis ao jornalista, a categoria terá cobertura quando, no exercício de sua profissão, se vir, por qualquer meio legal ou abusivo, tolhida no seu direito de informar.
d) Se o advogado não intervir a tempo, ninguém reaverá o investimento feito e o montante que já tinha gastado.
e) Qualquer economista que se dispor a analisar os dados pedirá que o governo afroxe as medidas objetivando a contenção das despesas.

18. (FUNRIO) Observe o trecho de "O Cortiço", de Aluísio de Azevedo:

"Eram cinco horas da manhã e o cortiço acordava, [...]. Um acordar alegre e farto de quem dormiu de uma assentada sete horas de chumbo."

a) eufemismo
b) gradação
c) comparação
d) antítese
e) personificação

19. (PUC-SP) Nos trechos "...nem um dos autores nacionais ou nacionalizados de oitenta pra lá faltava nas estantes do major" e "...o essencial é achar-se as palavras que o violão pede e deseja" encontramos, respectivamente, as seguintes figuras de linguagem:

a) metonímia e eufemismo
b) perífrase e hipérbole
c) metonímia e prosopopeia
d) prosopopeia e hipérbole
e) hipérbole e metonímia

20. Assinale a alternativa em que se encontra o mesmo recurso de linguagem empregado em "o carro não é o escudo protetor que se supõe".

a) O Brasil quer ver o alto índice de acidentes de trânsito diminuir.
b) Prevaleceu no caso a sua vontade de ferro.
c) Precisamos proteger as árvores e os rios.
d) As folhas finas fazem felizes os homens.
e) Tudo que sei é que nada sei.

RESPOSTAS			
1	a.	**2**	c.
3	a.	**4**	b.
5	a.	**6**	e.
7	c.	**8**	a.
9	d.	**10**	e.
11	e.	**12**	b.
13	b.	**14**	e.
15	a.	**16**	a.
17	c.	**18**	e.
19	c.	**20**	b.

Bibliografia

Acordo Ortográfico da Língua Portuguesa, Lisboa, em 16 de Dezembro de 1990.

ALI, M. Said. *Grammatica historica da língua portugueza*. São Paulo: Melhoramentos. 2ª Ed. Melhorada e augmentada, editada em 1931, São Paulo, pág. 164, (a primeira edição, publicada em 1921, recebeu 1º premio Francisco Alves de 1921 e de 1927, *apud* http://www.iel. unicamp.br/biblioteca/gramatica.

ALMEIDA, Napoleão Mendes de, *Gramática Metódica da Língua Portuguesa*, Editora Saraiva, 42ª edição, São Paulo, 1998.

Argote, Jerónimo Contador de, *Regras da lingua portugueza*, T01, pág. 21.

BARBOZA, Jeronymo Soares. *Grammatica philosophica da lingual portugueza*, Typographia da Academia Real das Sciencias, 2ª edição, Lisboa, 1822, *apud* http://www.iel. unicamp.br/ biblioteca/gramatica.

BLUTEAU, Raphael. *Vocabulário Portuguez e Latino*, volume 6, pág. 622, 1720, *apud* brasiliana. usp.br.

_____. *Diccionário da Língua Portugueza*, Reformado e accrescentado por Antonio de Moraes Silva. Lisboa, vol. 2, 1789, pág. 220, *apud* http://www.brasiliana.usp.br/dicionario.

BUENO, Francisco da Silveira, *Dicionário Escolar da Língua Portuguesa*, editora FAE, 11ª edição, 1995.

Casimiro, João Joaquim. *Methodo grammatical resumido da lingua portugueza* - T01, pág 2, apud http://ctlf.ens-lyon.fr/.

COHEN, David, *A Invasão dos Gerúndios Assassinos*, revista Você S/A, edição de set/2000.

Dicionário online de português, http://www.dicio.com.br.

Dicionário Priberam da Língua Portuguesa, http://www.priberam.pt.

FARIA, Eduardo de, *Dicionario da Lingua Portugueza*, Typograpuia Imperial e Constitucional de J. Villeneuve e C., Rio de Janeiro, 4ª edição, volume 1.

FERREIRA, Aurélio B. H., *Novo Aurélio Século XXI*, Nova Fronteira, Rio de Janeiro, 3ª edição, 1999.

HOUAISS, Antônio, *Dicionário Houaiss da Língua Portuguesa*, Editora Objetiva, Rio de Janeiro, 1ª edição, 2009.

http://pensador.uol.com.br/parabens, 8.7.2012.

BARROS, João de. *Gramática da língua portuguesa*, Olyssippone, Portugal, 1540, *apud* http://www.iel.unicamp.br/biblioteca/gramatica.

LEONI, Francisco Evaristo. *Genio da Lingua Portugueza*, ou *Causas Racionaes e Philologicas de Todas as Formas e Derivações da Mesma Lingua*, tomo 1, Typographia do Panorama, Lisboa, 1858, pág. 236, *apud* http://www.iel.unicamp.br/biblioteca/gramatica.

Manual de Redação da Presidência da República.

MARTINS, José da Silva. *Coletânea de Pensamentos*, Martin Claret, 3ª edição, São Paulo.

MESQUITA, Antônio. *Tira-dúvidas da Língua Portuguesa*, CPAD, 2ª edição, Rio de Janeiro, 2004.

OLIVEIRA, Moisés M. de. *Sete Mil Ilustrações e Pensamentos*, 2ª edição, Raio de Janeiro, Juerp, 1981.

NASCENTES, Antenor. *Dic. da Língua Portuguesa*, 1988, Acad. Brasileira, nasc. 1886-1972.

PINTO, Luiz Maria da Silva. *Diccionario da Lingua Brasileira*, Typographia de Silva, 1832, *apud* http://www.brasiliana.usp.br/dicionario.

RIBEIRO, Julio, *Grammatica Portugueza*, 5ª edição, revisada por João Vieira de Almeida, editor Miguel Melillo, São Paulo, 1899, *apud* http://www.iel.unicamp.br/biblioteca/gramatica.

REIS, Carlos. *A internacionalização da língua portuguesa*, Jornal de Letras, Artes e Ideias, Portugal, nº. 986.

RYAN, Maria Aparecida. *Conjugação dos Verbos em Português*, Editora Ática, 14ª edição, 1997.

SACCONI, Luiz Antônio. *Nossa Gramática, Editora Atual*, 25ª edição, São Paulo, 1999.

SILVA, Adalberto Prado e. *Dic. Brasileiro da L. Portuguesa*, Enc. Britânica do Brasil, 1ª edição, 1975.

SILVA, Antônio de Moraes. *Diccionário da Língua Portugueza*, Typographia Lacerdina, 1789, *apud* http://www.brasiliana.usp.br/dicionario.

VIEIRA, Domingos. *Grande DiccionárioPortuguez*, Editores Ernesto Chardron e Bartolomeu H. de Moraes, Porto, 1871, *apud* http://www.brasiliana.usp.br/dicionario.

WEISZFLOG, Walter, *Dicionário Online Michaelis*, http://michaelis.uol.com.br.

Universidade Corporativa Caixa.

ANOTAÇÕES

ANOTAÇÕES

EDITORA *Jus*PODIVM
www.editorajuspodivm.com.br